国务院国有资产监督管理委员会
规章规范性文件汇编

(2003～2022)

GUOWUYUAN GUOYOU ZICHAN JIANDU GUANLI WEIYUANHUI
GUIZHANG GUIFANXING WENJIAN HUIBIAN

国务院国资委政策法规局/编

中国财经出版传媒集团
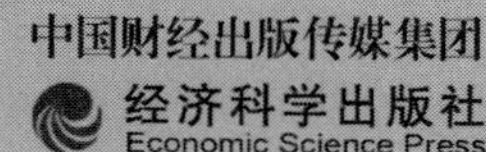

图书在版编目（CIP）数据

国务院国有资产监督管理委员会规章规范性文件汇编：2003－2022/国务院国资委政策法规局编．－－北京：经济科学出版社，2022.9（2024.3 重印）

ISBN 978－7－5218－4003－2

Ⅰ.①国…　Ⅱ.①国…　Ⅲ.①国有资产－资产管理－文件－汇编－中国－2003－2022　Ⅳ.①F123.7

中国版本图书馆 CIP 数据核字（2022）第 167639 号

责任编辑：于　源　姜思伊
责任校对：隗立娜　郑淑艳
责任印制：范　艳

国务院国有资产监督管理委员会规章规范性文件汇编（2003～2022）
GUOWUYUAN GUOYOU ZICHAN JIANDU GUANLI WEIYUANHUI
GUIZHANG GUIFANXING WENJIAN HUIBIAN
国务院国资委政策法规局/编
经济科学出版社出版、发行　新华书店经销
社址：北京市海淀区阜成路甲 28 号　邮编：100142
总编部电话：010－88191217　发行部电话：010－88191522
网址：www.esp.com.cn
电子邮箱：esp@esp.com.cn
天猫网店：经济科学出版社旗舰店
网址：http：//jjkxcbs.tmall.com
北京季蜂印刷有限公司印装
787×1092　16 开　46.5 印张　1050000 字
2022 年 9 月第 1 版　2024 年 3 月第 2 次印刷
印数：5001—8000 册
ISBN 978－7－5218－4003－2　定价：178.00 元

编辑说明

国务院国资委成立以来，根据《中华人民共和国企业国有资产法》《企业国有资产监督管理暂行条例》等法律法规要求，积极推进国资监管规章制度建设，定期出版《国务院国有资产监督管理委员会规章规范性文件汇编》，受到了社会各界、广大国有企业以及国资监管机构工作人员的欢迎。

党的十九大以来，国务院国资委深入学习贯彻习近平法治思想，坚决落实新时代全面依法治国的部署要求，紧密结合国资国企改革发展形势，自觉践行法治、推进法治，国资监管法规制度建设取得积极成效。一是坚持服务高质量发展。认真落实中央决策部署，制修订《关于中央企业加快建设世界一流财务管理体系的指导意见》《关于推进中央企业知识产权工作高质量发展的指导意见》《中央企业合规管理办法》等文件，有效统筹稳增长、强创新、防风险等多重监管目标，助力企业实现高质量发展。二是坚持改革和法治同步推进。紧密围绕国企改革三年行动方案，出台《国有企业公司章程制定管理办法》《关于进一步加强中央企业境外国有产权管理有关事项的通知》《关于深化中央企业内部审计监督工作的实施意见》等文件，涉及董事会建设、产权管理、内部监督等多个方面，为深化国有企业改革提供了重要制度保障。三是坚持法治化监管理念。深入开展规章规范性文件体系化建设，在法治轨道上推进监管体系和监管能力现代化。五年来共制修订规章规范性文件 84 件；废止和宣布失效规章规范性文件 77 件，截至目前，国务院国资委现行有效规章 28 件、规范性文件 226 件，为依法监管提供了重要制度保障。

现将 2003 年至 2022 年 9 月底国务院国资委制定的现行有效的规章规范性文件（涉密文件除外）汇编出版，供广大读者在学习工作中使用。

本书编写组

2022 年 9 月

目　　录

规划发展

财务监督与评价

产权管理

企业改革

公司治理

考核分配

资本运营与收益管理

科技创新

综合监督与追责

企业法治

指导监督地方

社会责任

其　　他

附　　录

规划发展

中央企业发展战略和规划管理办法（试行）

2004 年 11 月 26 日　国务院国有资产监督管理委员会令第 10 号

第一条　为规范中央企业发展战略和规划的编制与管理工作，提高企业发展战略和规划的科学性和民主性，依法履行出资人职责，根据《中华人民共和国公司法》《企业国有资产监督管理暂行条例》等法律法规，制定本办法。

第二条　本办法所称中央企业，是指国务院国有资产监督管理委员会（以下简称国资委）履行出资人职责的企业（以下简称企业）。

第三条　本办法所称企业发展战略和规划，是指企业根据国家发展规划和产业政策，在分析外部环境和内部条件现状及其变化趋势的基础上，为企业的长期生存与发展所作出的未来一定时期内的方向性、整体性、全局性的定位、发展目标和相应的实施方案。

第四条　企业发展战略和规划的管理，是指国资委根据出资人职责依法对企业发展战略和规划的制订程序、内容进行审核，并对其实施情况进行监督。

第五条　国资委对企业发展战略和规划进行管理应当坚持以下原则：

（一）依法履行出资人职责；

（二）尊重企业的合法权益；

（三）推动国有经济布局和结构的战略性调整，指导企业进行结构调整；

（四）客观、公正、科学、统筹；

（五）提高工作效率，遵守职业道德，严守国家机密和商业秘密。

第六条　企业要明确负责发展战略和规划编制的工作机构，建立相应的工作制度并报国资委备案。

第七条　企业应当按照本办法规定，制订本企业的发展战略和规划。有条件的企业可以设立发展战略和规划决策委员会。

第八条　企业发展战略和规划包括 3～5 年中期发展规划和 10 年远景目标。编制重点为 3～5 年发展规划，并根据企业外部环境和内部情况的变化和发展适时滚动调整。

第九条　企业发展战略和规划应当包括下列主要内容：

（一）现状与发展环境。包括企业基本情况、发展环境分析和竞争力分析等；

（二）发展战略与指导思想；

（三）发展目标；

（四）三年发展、调整重点与实施计划；

（五）规划实施的保障措施；

（六）需要包括的其他内容。

第十条 企业在制订发展战略和规划时，可参照国资委编制的《中央企业发展战略与规划编制大纲》，并可根据实际情况进行适当调整，但应当涵盖其提出的内容。

第十一条 企业应当按照国资委要求在规定时间内报送发展战略和规划草案。报送内容包括企业发展战略和规划草案文本及编制说明。

第十二条 国资委组织对企业的发展战略和规划草案进行审核，在规定时间内将审核意见反馈企业。

第十三条 国资委对企业报送的企业发展战略和规划内容的审核主要包括：

（一）是否符合国家发展规划和产业政策；

（二）是否符合国有经济布局和结构的战略性调整方向；

（三）是否突出主业，提升企业核心竞争力；

（四）是否坚持效益优先和可持续发展原则。

第十四条 国有独资企业、国有独资公司应当根据国资委的审核意见，对企业发展战略和规划进行修订。

第十五条 国有控股、国有参股企业中国资委派出的股东代表、董事，应当在企业股东会或董事会上充分表述国资委对企业发展战略和规划的审核意见。

第十六条 企业按照内部决策程序对发展战略和规划修订后，应当将企业发展战略和规划正式文本报国资委备案。

第十七条 企业在实施发展战略和规划过程中应当制定年度计划，对实施情况与发展目标进行对比评价，及时调整。

第十八条 国资委将企业发展战略和规划的目标和实施，纳入对中央企业负责人经营业绩考核的内容。

第十九条 本办法自2005年1月1日起施行。

中央企业投资监督管理办法

2017年1月7日　国务院国有资产监督管理委员会令第34号

第一章　总　　则

第一条 为依法履行出资人职责，建立完善以管资本为主的国有资产监管体制，推动中央企业规范投资管理，优化国有资本布局和结构，更好地落实国有资本保值增值责任，根据《中华人民共和国公司法》《中华人民共和国企业国有资产法》《关于深化国有企业改革的指导意见》（中发〔2015〕22号）和《关于改革和完善国有资产管理体制的若干意见》（国发〔2015〕63号）等法律法规和文件，制定本办法。

第二条　本办法所称中央企业是指国务院国有资产监督管理委员会（以下简称国资委）代表国务院履行出资人职责的国家出资企业。本办法所称投资是指中央企业在境内从事的固定资产投资与股权投资。本办法所称重大投资项目是指中央企业按照本企业章程及投资管理制度规定，由董事会研究决定的投资项目。本办法所称主业是指由中央企业发展战略和规划确定并经国资委确认公布的企业主要经营业务；非主业是指主业以外的其他经营业务。

第三条　国资委以国家发展战略和中央企业五年发展规划纲要为引领，以把握投资方向、优化资本布局、严格决策程序、规范资本运作、提高资本回报、维护资本安全为重点，依法建立信息对称、权责对等、运行规范、风险控制有力的投资监督管理体系，推动中央企业强化投资行为的全程全面监管。

第四条　国资委指导中央企业建立健全投资管理制度，督促中央企业依据其发展战略和规划编报年度投资计划，对中央企业年度投资计划实行备案管理，制定中央企业投资项目负面清单，对中央企业投资项目进行分类监管，监督检查中央企业投资管理制度的执行情况、重大投资项目的决策和实施情况，组织开展对重大投资项目后评价，对违规投资造成国有资产损失以及其他严重不良后果的进行责任追究。

第五条　中央企业投资应当服务国家发展战略，体现出资人投资意愿，符合企业发展规划，坚持聚焦主业，大力培育和发展战略性新兴产业，严格控制非主业投资，遵循价值创造理念，严格遵守投资决策程序，提高投资回报水平，防止国有资产流失。

第六条　中央企业是投资项目的决策主体、执行主体和责任主体，应当建立投资管理体系，健全投资管理制度，优化投资管理信息系统，科学编制投资计划，制定投资项目负面清单，切实加强项目管理，提高投资风险防控能力，履行投资信息报送义务和配合监督检查义务。

第二章　投资监管体系建设

第七条　中央企业应当根据本办法规定，结合本企业实际，建立健全投资管理制度。企业投资管理制度应包括以下主要内容：

（一）投资应遵循的基本原则；

（二）投资管理流程、管理部门及相关职责；

（三）投资决策程序、决策机构及其职责；

（四）投资项目负面清单制度；

（五）投资信息化管理制度；

（六）投资风险管控制度；

（七）投资项目完成、中止、终止或退出制度；

（八）投资项目后评价制度；

（九）违规投资责任追究制度；

（十）对所属企业投资活动的授权、监督与管理制度。

企业投资管理制度应当经董事会审议通过后报送国资委。

第八条 国资委和中央企业应当建立并优化投资管理信息系统。国资委建立中央企业投资管理信息系统，对中央企业年度投资计划、季度及年度投资完成情况、重大投资项目实施情况等投资信息进行监测、分析和管理。中央企业建立完善本企业投资管理信息系统，加强投资基础信息管理，提升投资管理的信息化水平，通过信息系统对企业年度投资计划执行、投资项目实施等情况进行全面全程的动态监控和管理。中央企业按本办法规定向国资委报送的有关纸质文件和材料，应当同时通过中央企业投资管理信息系统报送电子版信息。

第九条 国资委根据国家有关规定和监管要求，建立发布中央企业投资项目负面清单，设定禁止类和特别监管类投资项目，实行分类监管。列入负面清单禁止类的投资项目，中央企业一律不得投资；列入负面清单特别监管类的投资项目，中央企业应报国资委履行出资人审核把关程序；负面清单之外的投资项目，由中央企业按照企业发展战略和规划自主决策。中央企业投资项目负面清单的内容保持相对稳定，并适时动态调整。

中央企业应当在国资委发布的中央企业投资项目负面清单基础上，结合企业实际，制定本企业更为严格、具体的投资项目负面清单。

第十条 国资委建立完善投资监管联动机制，发挥战略规划、法律合规、财务监督、产权管理、考核分配、资本运营、干部管理、外派监事会监督、纪检监察、审计巡视等相关监管职能合力，实现对中央企业投资活动过程监管全覆盖，及时发现投资风险，减少投资损失。

第三章　投资事前管理

第十一条 中央企业应当按照企业发展战略和规划编制年度投资计划，并与企业年度财务预算相衔接，年度投资规模应与合理的资产负债水平相适应。企业的投资活动应当纳入年度投资计划，未纳入年度投资计划的投资项目原则上不得投资，确需追加投资项目的应调整年度投资计划。

第十二条 中央企业应当于每年 3 月 10 日前将经董事会审议通过的年度投资计划报送国资委。年度投资计划主要包括以下内容：

（一）投资主要方向和目的；

（二）投资规模及资产负债率水平；

（三）投资结构分析；

（四）投资资金来源；

（五）重大投资项目情况。

第十三条 国资委依据中央企业投资项目负面清单、企业发展战略和规划，从中央企业投资方向、投资规模、投资结构和投资能力等方面，对中央企业年度投资计划进行备案管理。对存在问题的企业年度投资计划，国资委在收到年度投资计划报告（含调整计划）后的 20 个工作日内，向有关企业反馈书面意见。企业应根据国资委意见对年度投资计划作出修改。

进入国资委债务风险管控“特别监管企业”名单的中央企业，其年度投资计划需经国资委审批后方可实施。

第十四条 列入中央企业投资项目负面清单特别监管类的投资项目，中央企业应在履行完企业内部决策程序后、实施前向国资委报送以下材料：

（一）开展项目投资的报告；

（二）企业有关决策文件；

（三）投资项目可研报告（尽职调查）等相关文件；

（四）投资项目风险防控报告；

（五）其他必要的材料。

国资委依据相关法律、法规和国有资产监管规定，从投资项目实施的必要性、对企业经营发展的影响程度、企业投资风险承受能力等方面履行出资人审核把关程序，并对有异议的项目在收到相关材料后20个工作日内向企业反馈书面意见。国资委认为有必要时，可委托第三方咨询机构对投资项目进行论证。

第十五条 中央企业应当根据企业发展战略和规划，按照国资委确认的各企业主业、非主业投资比例及新兴产业投资方向，选择、确定投资项目，做好项目融资、投资、管理、退出全过程的研究论证。对于新投资项目，应当深入进行技术、市场、财务和法律等方面的可行性研究与论证，其中股权投资项目应开展必要的尽职调查，并按要求履行资产评估或估值程序。

第十六条 中央企业应当明确投资决策机制，对投资决策实行统一管理，向下授权投资决策的企业管理层级原则上不超过两级。各级投资决策机构对投资项目做出决策，应当形成决策文件，所有参与决策的人员均应在决策文件上签字背书，所发表意见应记录存档。

第四章　投资事中管理

第十七条 国资委对中央企业实施中的重大投资项目进行随机监督检查，重点检查企业重大投资项目决策、执行和效果等情况，对发现的问题向企业进行提示。

第十八条 中央企业应当定期对实施、运营中的投资项目进行跟踪分析，针对外部环境和项目本身情况变化，及时进行再决策。如出现影响投资目的实现的重大不利变化时，应当研究启动中止、终止或退出机制。中央企业因重大投资项目再决策涉及年度投资计划调整的，应当将调整后的年度投资计划报送国资委。

第十九条 中央企业应当按照国资委要求，分别于每年一、二、三季度终了次月10日前将季度投资完成情况通过中央企业投资管理信息系统报送国资委。季度投资完成情况主要包括固定资产投资、股权投资、重大投资项目完成情况，以及需要报告的其他事项等内容。部分重点行业的中央企业应按要求报送季度投资分析情况。

第五章　投资事后管理

第二十条　中央企业在年度投资完成后，应当编制年度投资完成情况报告，并于下一年1月31日前报送国资委。年度投资完成情况报告包括但不限于以下内容：

（一）年度投资完成总体情况；

（二）年度投资效果分析；

（三）重大投资项目进展情况；

（四）年度投资后评价工作开展情况；

（五）年度投资存在的主要问题及建议。

第二十一条　中央企业应当每年选择部分已完成的重大投资项目开展后评价，形成后评价专项报告。通过项目后评价，完善企业投资决策机制，提高项目成功率和投资收益，总结投资经验，为后续投资活动提供参考，提高投资管理水平。国资委对中央企业投资项目后评价工作进行监督和指导，选择部分重大投资项目开展后评价，并向企业通报后评价结果，对项目开展的有益经验进行推广。

第二十二条　中央企业应当开展重大投资项目专项审计，审计的重点包括重大投资项目决策、投资方向、资金使用、投资收益、投资风险管理等方面。

第六章　投资风险管理

第二十三条　中央企业应当建立投资全过程风险管理体系，将投资风险管理作为企业实施全面风险管理、加强廉洁风险防控的重要内容。强化投资前期风险评估和风控方案制订，做好项目实施过程中的风险监控、预警和处置，防范投资后项目运营、整合风险，做好项目退出的时点与方式安排。

第二十四条　国资委指导督促中央企业加强投资风险管理，委托第三方咨询机构对中央企业投资风险管理体系进行评价，及时将评价结果反馈中央企业。相关中央企业应按照评价结果对存在的问题及时进行整改，健全完善企业投资风险管理体系，提高企业抗风险能力。

第二十五条　中央企业商业性重大投资项目应当积极引入社会各类投资机构参与。中央企业股权类重大投资项目在投资决策前应当由独立第三方有资质咨询机构出具投资项目风险评估报告。纳入国资委债务风险管控的中央企业不得因投资推高企业的负债率水平。

第七章　责 任 追 究

第二十六条　中央企业违反本办法规定，未履行或未正确履行投资管理职责造成国有资产损失以及其他严重不良后果的，依照《中华人民共和国企业国有资产法》《国务院办公厅关于建立国有企业违规经营投资责任追究制度的意见》（国办发〔2016〕63号）等有关规定，由有关部门追究中央企业经营管理人员的责任。对瞒报、谎报、不及时报送投资信息的中央企业，国资委予以通报批评。

第二十七条 国资委相关工作人员违反本办法规定造成不良影响的，由国资委责令其改正；造成国有资产损失的，由有关部门按照干部管理权限给予处分；涉嫌犯罪的，依法移送司法机关处理。

第八章 附 则

第二十八条 本办法由国资委负责解释。

第二十九条 本办法自公布之日起施行。国资委于2006年公布的《中央企业投资监督管理暂行办法》（国资委令第16号）同时废止。

中央企业境外投资监督管理办法

2017年1月7日 国务院国有资产监督管理委员会令第35号

第一章 总 则

第一条 为加强中央企业境外投资监督管理，推动中央企业提升国际化经营水平，根据《中华人民共和国公司法》《中华人民共和国企业国有资产法》《关于深化国有企业改革的指导意见》（中发〔2015〕22号）和《关于改革和完善国有资产管理体制的若干意见》（国发〔2015〕63号）等法律法规和文件，制定本办法。

第二条 本办法所称中央企业是指国务院国有资产监督管理委员会（以下简称国资委）代表国务院履行出资人职责的国家出资企业。本办法所称境外投资是指中央企业在境外从事的固定资产投资与股权投资。本办法所称境外重大投资项目是指中央企业按照本企业章程及投资管理制度规定，由董事会研究决定的境外投资项目。本办法所称主业是指由中央企业发展战略和规划确定并经国资委确认公布的企业主要经营业务；非主业是指主业以外的其他经营业务。

第三条 国资委按照以管资本为主加强监管的原则，以把握投资方向、优化资本布局、严格决策程序、规范资本运作、提高资本回报、维护资本安全为重点，依法建立信息对称、权责对等、运行规范、风险控制有力的中央企业境外投资监督管理体系，推动中央企业强化境外投资行为的全程全面监管。

第四条 国资委指导中央企业建立健全境外投资管理制度，强化战略规划引领、明确投资决策程序、规范境外经营行为、加强境外风险管控、推动走出去模式创新，制定中央企业境外投资项目负面清单，对中央企业境外投资项目进行分类监管，监督检查中央企业境外投资管理制度的执行情况、境外重大投资项目的决策和实施情况，组织开展对境外重大投资项目后评价，对境外违规投资造成国有资产损失以及其他严重不良后果的进行责任追究。

第五条 中央企业是境外投资项目的决策主体、执行主体和责任主体。中央企业应当建立境外投资管理体系，健全境外投资管理制度，科学编制境外投资计划，研究制定境外投资项目负面清单，切实加强境外项目管理，提高境外投资风险防控能力，组织开展境外检查与审计，按职责进行责任追究。

第六条 中央企业境外投资应当遵循以下原则：

（一）战略引领。符合企业发展战略和国际化经营规划，坚持聚焦主业，注重境内外业务协同，提升创新能力和国际竞争力。

（二）依法合规。遵守我国和投资所在国（地区）法律法规、商业规则和文化习俗，合规经营，有序发展。

（三）能力匹配。投资规模与企业资本实力、融资能力、行业经验、管理水平和抗风险能力等相适应。

（四）合理回报。遵循价值创造理念，加强投资项目论证，严格投资过程管理，提高投资收益水平，实现国有资产保值增值。

第二章　境外投资监管体系建设

第七条 中央企业应当根据本办法规定，结合本企业实际，建立健全境外投资管理制度。企业境外投资管理制度应包括以下主要内容：

（一）境外投资应遵循的基本原则；

（二）境外投资管理流程、管理部门及相关职责；

（三）境外投资决策程序、决策机构及其职责；

（四）境外投资项目负面清单制度；

（五）境外投资信息化管理制度；

（六）境外投资风险管控制度；

（七）境外投资项目的完成、中止、终止或退出制度；

（八）境外投资项目后评价制度；

（九）违规投资责任追究制度；

（十）对所属企业境外投资活动的授权、监督与管理制度。

企业境外投资管理制度应经董事会审议通过后报送国资委。

第八条 国资委和中央企业应当建立并优化投资管理信息系统，提升境外投资管理信息化水平，采用信息化手段实现对境外投资项目的全覆盖动态监测、分析与管理，对项目面临的风险实时监控，及时预警，防患于未然。中央企业按本办法规定向国资委报送的有关纸质文件和材料，应同时通过中央企业投资管理信息系统报送电子版信息。

第九条 国资委根据国家有关规定和监管要求，建立发布中央企业境外投资项目负面清单，设定禁止类和特别监管类境外投资项目，实行分类监管。列入负面清单禁止类的境外投资项目，中央企业一律不得投资；列入负面清单特别监管类的境外投资项目，中央企业应当报送国资委履行出资人审核把关程序；负面清单之外的境外投资项目，由中央企业按照企业发展战略和规划自主决策。中央企业境外投资项目负面清单的内容保持相对稳定，并适时动态调整。

中央企业应当在国资委发布的中央企业境外投资项目负面清单基础上，结合企业实际，制定本企业更为严格、具体的境外投资项目负面清单。

第十条 国资委建立完善投资监管联动机制，发挥战略规划、法律合规、财务监督、产权管理、考核分配、资本运营、干部管理、外派监事会监督、纪检监察、审计巡视等相关监管职能合力，实现对中央企业境外投资活动过程监管全覆盖，及时发现投资风险，减少投资损失。

第三章　境外投资事前管理

第十一条 中央企业应当根据国资委制定的中央企业五年发展规划纲要、企业发展战略和规划，制定清晰的国际化经营规划，明确中长期国际化经营的重点区域、重点领域和重点项目。中央企业应当根据企业国际化经营规划编制年度境外投资计划，并纳入企业年度投资计划，按照《中央企业投资监督管理办法》管理。

第十二条 列入中央企业境外投资项目负面清单特别监管类的境外投资项目，中央企业应当在履行企业内部决策程序后、在向国家有关部门首次报送文件前报国资委履行出资人审核把关程序。中央企业应当报送以下材料：

（一）开展项目投资的报告；

（二）企业有关决策文件；

（三）项目可研报告（尽职调查）等相关文件；

（四）项目融资方案；

（五）项目风险防控报告；

（六）其他必要的材料。

国资委依据相关法律、法规和国有资产监管规定等，从项目风险、股权结构、资本实力、收益水平、竞争秩序、退出条件等方面履行出资人审核把关程序，并对有异议的项目在收到相关材料后20个工作日内向企业反馈书面意见。国资委认为有必要时，可委托第三方咨询机构对项目进行论证。

第十三条 中央企业应当根据企业发展战略和规划，按照经国资委确认的主业，选择、确定境外投资项目，做好境外投资项目的融资、投资、管理、退出全过程的研究论证。对于境外新投资项目，应当充分借助国内外中介机构的专业服务，深入进行技术、市场、财务和法律等方面的可行性研究与论证，提高境外投资决策质量，其中股权类投资项目应开展必要的尽职调查，并按要求履行资产评估或估值程序。

第十四条　中央企业原则上不得在境外从事非主业投资。有特殊原因确需开展非主业投资的，应当报送国资委审核把关，并通过与具有相关主业优势的中央企业合作的方式开展。

第十五条　中央企业应当明确投资决策机制，对境外投资决策实行统一管理，向下授权境外投资决策的企业管理层级原则上不超过二级。各级境外投资决策机构对境外投资项目做出决策，应当形成决策文件，所有参与决策的人员均应当在决策文件上签字背书，所发表意见应记录存档。

第四章　境外投资事中管理

第十六条　国资委对中央企业实施中的境外重大投资项目进行随机监督检查，重点检查企业境外重大投资项目决策、执行和效果等情况，对发现的问题向企业进行提示。

第十七条　中央企业应当定期对实施、运营中的境外投资项目进行跟踪分析，针对外部环境和项目本身情况变化，及时进行再决策。如出现影响投资目的实现的重大不利变化时，应研究启动中止、终止或退出机制。中央企业因境外重大投资项目再决策涉及到年度投资计划调整的，应当将调整后的年度投资计划报送国资委。

第十八条　中央企业应当建立境外投资项目阶段评价和过程问责制度，对境外重大投资项目的阶段性进展情况开展评价，发现问题，及时调整，对违规违纪行为实施全程追责，加强过程管控。

第十九条　中央企业应当按照国资委要求，分别于每年一、二、三季度终了次月10日前将季度境外投资完成情况通过中央企业投资管理信息系统报送国资委。季度境外投资完成情况主要包括固定资产投资、股权投资、重大投资项目完成情况，以及需要报告的其他事项等内容。部分重点行业的中央企业应当按要求报送季度境外投资分析情况。

第五章　境外投资事后管理

第二十条　中央企业在年度境外投资完成后，应当编制年度境外投资完成情况报告，并于下一年1月31日前报送国资委。年度境外投资完成情况报告包括但不限于以下内容：

（一）年度境外投资完成总体情况；

（二）年度境外投资效果分析；

（三）境外重大投资项目进展情况；

（四）年度境外投资后评价工作开展情况；

（五）年度境外投资存在的主要问题及建议。

第二十一条　境外重大投资项目实施完成后，中央企业应当及时开展后评价，形成后评价专项报告。通过项目后评价，完善企业投资决策机制，提高项目成功率和投资收益，总结投资经验，为后续投资活动提供参考，提高投资管理水平。国资委对中央企业境外投资项目后评价工作进行监督和指导，选择部分境外重大投资项目开展后评价，并向企业通报后评价结果，对项目开展的有益经验进行推广。

第二十二条 中央企业应当对境外重大投资项目开展常态化审计，审计的重点包括境外重大投资项目决策、投资方向、资金使用、投资收益、投资风险管理等方面。

第二十三条 国资委建立中央企业国际化经营评价指标体系，组织开展中央企业国际化经营年度评价，将境外投资管理作为经营评价的重要内容，评价结果定期报告和公布。

第六章　境外投资风险管理

第二十四条 中央企业应当将境外投资风险管理作为投资风险管理体系的重要内容。强化境外投资前期风险评估和风控预案制订，做好项目实施过程中的风险监控、预警和处置，防范投资后项目运营、整合风险，做好项目退出的时点与方式安排。

第二十五条 中央企业境外投资项目应当积极引入国有资本投资、运营公司以及民间投资机构、当地投资者、国际投资机构入股，发挥各类投资者熟悉项目情况、具有较强投资风险管控能力和公关协调能力等优势，降低境外投资风险。对于境外特别重大投资项目，中央企业应建立投资决策前风险评估制度，委托独立第三方有资质咨询机构对投资所在国（地区）政治、经济、社会、文化、市场、法律、政策等风险做全面评估。纳入国资委债务风险管控的中央企业不得因境外投资推高企业的负债率水平。

第二十六条 中央企业应当重视境外项目安全风险防范，加强与国家有关部门和我驻外使（领）馆的联系，建立协调统一、科学规范的安全风险评估、监测预警和应急处置体系，有效防范和应对项目面临的系统性风险。

第二十七条 中央企业应当根据自身风险承受能力，充分利用政策性出口信用保险和商业保险，将保险嵌入企业风险管理机制，按照国际通行规则实施联合保险和再保险，减少风险发生时所带来的损失。

第二十八条 中央企业应当树立正确的义利观，坚持互利共赢原则，加强与投资所在国（地区）政府、媒体、企业、社区等社会各界公共关系建设，积极履行社会责任，注重跨文化融合，营造良好的外部环境。

第七章　责 任 追 究

第二十九条 中央企业违反本办法规定，未履行或未正确履行投资管理职责造成国有资产损失以及其他严重不良后果的，依照《中华人民共和国企业国有资产法》《国务院办公厅关于建立国有企业违规经营投资责任追究制度的意见》（国办发〔2016〕63号）等有关规定，由有关部门追究中央企业经营管理人员的责任。对瞒报、谎报、不及时报送投资信息的中央企业，国资委予以通报批评。

第三十条 国资委相关工作人员违反本办法规定造成不良影响的，由国资委责令其改正；造成国有资产损失的，由有关部门按照干部管理权限给予处分；涉嫌犯罪的，依法移送司法机关处理。

第八章 附 则

第三十一条 本办法由国资委负责解释。

第三十二条 本办法自公布之日起施行。国资委于 2012 年公布的《中央企业境外投资监督管理暂行办法》（国资委令第 28 号）同时废止。

关于印发《中央企业固定资产投资项目后评价工作指南》的通知

2005 年 5 月 25 日 国资发规划〔2005〕92 号

各中央企业：

为贯彻落实《国务院关于投资体制改革的决定》（国发〔2004〕20 号）精神，更好地履行出资人职责，指导中央企业提高投资决策水平、管理水平和投资效益，规范投资项目后评价工作，推动投资项目后评价制度和责任追究制度的建立，我委组织编制了《中央企业固定资产投资项目后评价工作指南》（以下简称《工作指南》），现印发给你们，请参照执行，并就有关事项通知如下：

一、《工作指南》是中央企业开展投资项目后评价工作的指导性文件，各中央企业可根据《工作指南》的要求，编制本企业的固定资产投资项目后评价实施细则，对项目后评价工作的内容和范围可有所侧重和取舍。

二、《工作指南》适用范围为固定资产投资类项目后评价，对于股权投资、资产并购、证券、期货等其他类型的投资项目，仅供参考。

三、企业是投资主体，也是后评价工作的主体。各中央企业要制订本企业的投资项目后评价年度工作计划，有目的地选取一定数量的投资项目开展后评价工作。要加强投资项目后评价信息和成果的反馈，及时总结经验教训，以实现后评价工作的目的。

四、中央企业的后评价工作由国资委规划发展局具体负责指导、管理。我委每年将选择少数具有典型意义的项目组织实施后评价，督促检查中央企业后评价制度的建立和后评价工作的开展，及时反馈后评价工作信息和成果，组织开展后评价工作的培训和交流活动。

附件：中央企业固定资产投资项目后评价工作指南

附件：

中央企业固定资产投资项目后评价工作指南

一、总则

（一）为加强中央企业固定资产投资项目管理，提高企业投资决策水平和投资效益，完善投资决策机制，建立投资项目后评价制度，根据《中华人民共和国公司法》、《企业国有资产监督管理暂行条例》（国务院令第378号）、《国务院关于投资体制改革的决定》（国发〔2004〕20号）以及《国务院办公厅关于印发国务院国有资产监督管理委员会主要职责内设机构和人员编制规定的通知》（国办发〔2003〕28号）赋予国资委的职责，国务院国有资产监督管理委员会（以下简称国资委）编制《中央企业固定资产投资项目后评价工作指南》（以下简称《工作指南》）。

（二）《工作指南》所称中央企业是指经国务院授权由国资委履行出资人职责的企业。本指南适用于指导中央企业固定资产投资项目后评价工作（以下简称项目后评价）。

（三）《工作指南》所称固定资产投资项目，是指为特定目的而进行投资建设，并含有一定建筑或建筑安装工程，且形成固定资产的建设项目。

二、项目后评价概念及一般要求

（一）项目后评价是投资项目周期的一个重要阶段，是项目管理的重要内容。项目后评价主要服务于投资决策，是出资人对投资活动进行监管的重要手段。项目后评价也可以为改善企业经营管理提供帮助。

（二）项目后评价一般是指项目投资完成之后所进行的评价。它通过对项目实施过程、结果及其影响进行调查研究和全面系统回顾，与项目决策时确定的目标以及技术、经济、环境、社会指标进行对比，找出差别和变化，分析原因，总结经验，汲取教训，得到启示，提出对策建议，通过信息反馈，改善投资管理和决策，达到提高投资效益的目的。

（三）按时点划分，项目后评价又可分为项目事后评价和项目中间评价。项目事后评价是指对已完工项目进行全面系统的评价；项目中间评价是指从项目开工到竣工验收前的阶段性评价。

（四）项目后评价应坚持独立、科学、公正的原则。

（五）项目后评价要有畅通、快捷的信息流系统和反馈机制。项目后评价的结果和信息应用于指导规划编制和拟建项目策划，调整投资计划和在建项目，完善已建成项目。项目后评价还可用于对工程咨询、施工建设、项目管理等工作的质量与绩效进行检验、监督和评价。

（六）中央企业的项目后评价应注重分析、评价项目投资对行业布局、产业结构调整、企业发展、技术进步、投资效益和国有资产保值增值的作用和影响。

三、项目后评价内容

（一）项目全过程的回顾。

1. 项目立项决策阶段的回顾，主要内容包括：项目可行性研究、项目评估或评审、项目决策审批、核准或批准等。

2. 项目准备阶段的回顾，主要内容包括：工程勘察设计、资金来源和融资方案、采购招投标（含工程设计、咨询服务、工程建设、设备采购）、合同条款和协议签订、开工准备等。

3. 项目实施阶段的回顾，主要内容包括：项目合同执行、重大设计变更、工程“三大控制”（进度、投资、质量）、资金支付和管理、项目管理等。

4. 项目竣工和运营阶段的回顾，主要内容包括：工程竣工和验收、技术水平和设计能力达标、试生产运行、经营和财务状况、运营管理等。

（二）项目绩效和影响评价。

1. 项目技术评价，主要内容包括：工艺、技术和装备的先进性、适用性、经济性、安全性，建筑工程质量及安全，特别要关注资源、能源合理利用。

2. 项目财务和经济评价，主要内容包括：项目总投资和负债状况；重新测算项目的财务评价指标、经济评价指标、偿债能力等。财务和经济评价应通过投资增量效益的分析，突出项目对企业效益的作用和影响。

3. 项目环境和社会影响评价，主要内容包括：项目污染控制、地区环境生态影响、环境治理与保护；增加就业机会、征地拆迁补偿和移民安置、带动区域经济社会发展、推动产业技术进步等。必要时，应进行项目的利益群体分析。

4. 项目管理评价，主要内容包括：项目实施相关者管理、项目管理体制与机制、项目管理者水平；企业项目管理、投资监管状况、体制机制创新等。

（三）项目目标实现程度和持续能力评价。

1. 项目目标实现程度从以下四个方面进行判断：

项目工程（实物）建成，项目的建筑工程完工、设备安装调试完成、装置和设施经过试运行，具备竣工验收条件。

项目技术和能力，装置、设施和设备的运行达到设计能力和技术指标，产品质量达到国家或企业标准。

项目经济效益产生，项目财务和经济的预期目标，包括运营（销售）收入、成本、利税、收益率、利息备付率、偿债备付率等基本实现。

项目影响产生，项目的经济、环境、社会效益目标基本实现，项目对产业布局、技术进步、国民经济、环境生态、社会发展的影响已经产生。

2. 项目持续能力的评价，主要分析以下因素及条件：

持续能力的内部因素，包括财务状况、技术水平、污染控制、企业管理体制与激励机制等，核心是产品竞争能力。

持续能力的外部条件，包括资源、环境、生态、物流条件、政策环境、市场变化及其趋势等。

（四）经验教训和对策建议。

项目后评价应根据调查的真实情况认真总结经验教训，并在此基础上进行分析，得出启示和对策建议，对策建议应具有借鉴和指导意义，并具有可操作性。项目后评价的经验教训和对策建议应从项目、企业、行业、宏观4个层面分别说明。

上述内容是项目后评价的总体框架。大型和复杂项目的后评价应该包括以上主要内容，进行完整、系统的评价。一般项目应根据后评价委托的要求和评价时点，突出项目特点等，选做一部分内容。项目中间评价应根据需要有所区别、侧重和简化。

四、项目后评价方法

（一）项目后评价方法的基础理论是现代系统工程与反馈控制的管理理论。项目后评价亦应遵循工程咨询的方法与原则。

（二）项目后评价的综合评价方法是逻辑框架法。逻辑框架法是通过投入、产出、直接目的、宏观影响四个层面对项目进行分析和总结的综合评价方法。《项目后评价逻辑框架表》见附件1。

（三）项目后评价的主要分析评价方法是对比法，即根据后评价调查得到的项目实际情况，对照项目立项时所确定的直接目标和宏观目标，以及其他指标，找出偏差和变化，分析原因，得出结论和经验教训。项目后评价的对比法包括前后对比、有无对比和横向对比。

1. 前后对比法是项目实施前后相关指标的对比，用以直接估量项目实施的相对成效。

2. 有无对比法是指在项目周期内“有项目”（实施项目）相关指标的实际值与“无项目”（不实施项目）相关指标的预测值对比，用以度量项目真实的效益、作用及影响。

3. 横向对比是同一行业内类似项目相关指标的对比，用以评价企业（项目）的绩效或竞争力。

（四）项目后评价调查是采集对比信息资料的主要方法，包括现场调查和问卷调查。后评价调查重在事前策划。

（五）项目后评价指标框架。

1. 构建项目后评价的指标体系，应按照项目逻辑框架构架，从项目的投入、产出、直接目的3个层面出发，将各层次的目标进行分解，落实到各项具体指标中。

2. 评价指标包括工程咨询评价常用的各类指标，主要有：工程技术指标、财务和经济指标、环境和社会影响指标、管理效能指标等。不同类型项目后评价应选用不同的重点评价指标。项目后评价通用的参考指标可参阅附件2。

3. 项目后评价应根据不同情况，对项目立项、项目评估、初步设计、合同签订、开工报告、概算调整、完工投产、竣工验收等项目周期中几个时点的指标值进行比较，特别应分析比较项目立项与完工投产（或竣工验收）两个时点指标值的变化，并分析变化原因。

五、项目后评价的实施

（一）项目后评价实行分级管理。中央企业作为投资主体，负责本企业项目后评价的组织和管理；项目业主作为项目法人，负责项目竣工验收后进行项目自我总结评价并配合企业具体实施项目后评价。

1. 项目业主后评价的主要工作有：完成项目自我总结评价报告；在项目内及时反馈评价信息；向后评价承担机构提供必要的信息资料；配合后评价现场调查以及其他相关事宜。

2. 中央企业后评价的主要工作有：制订本企业项目后评价实施细则；对企业投资的重要项目的自我总结评价报告进行分析评价；筛选后评价项目；制订后评价计划；安排相对独立的项目后评价；总结投资效果和经验教训，配合完成国资委安排的项目后评价工作等。

（二）中央企业投资项目后评价的实施程序。

1. 企业重要项目的业主在项目完工投产后6～18个月内必须向主管中央企业上报《项目自我总结评价报告》（简称自评报告）。

2. 中央企业对项目的自评报告进行评价，得出评价结论。在此基础上，选择典型项目，组织开展企业内项目后评价。

（三）中央企业选择后评价项目应考虑以下条件：

1. 项目投资额巨大，建设工期长、建设条件较复杂，或跨地区、跨行业；

2. 项目采用新技术、新工艺、新设备，对提升企业核心竞争力有较大影响；

3. 项目在建设实施中，产品市场、原料供应及融资条件发生重大变化；

4. 项目组织管理体系复杂（包括境外投资项目）；

5. 项目对行业或企业发展有重大影响；

6. 项目引发的环境、社会影响较大。

（四）中央企业内部的项目后评价应避免出现“自己评价自己”，凡是承担项目可行性研究报告编制、评估、设计、监理、项目管理、工程建设等业务的机构不宜从事该项目的后评价工作。

（五）项目后评价承担机构要按照工程咨询行业协会的规定，遵循项目后评价的基本原则，按照后评价委托合同要求，独立自主认真负责地开展后评价工作，并承担国家机密、商业机密相应的保密责任。受评项目业主应如实提供后评价所需要的数据和资料（详见附件3），并配合组织现场调查。

（六）《项目自我总结评价报告》和《项目后评价报告》要根据规定的内容和格式编写（详见附件3和附件5），报告应观点明确、层次清楚、文字简练，文本规范。与项目后评价相关的重要专题研究报告和资料可以附在报告之后。

（七）项目后评价所需经费原则上由委托单位支付。

六、项目后评价成果应用

（一）中央企业投资项目后评价成果（经验、教训和政策建议）应成为编制规划和投资决策的参考和依据。《项目后评价报告》应作为企业重大决策失误责任追究的重要依据。

（二）中央企业在新投资项目策划时，应参考过去同类项目的后评价结论和主要经验教训（相关文字材料应附在立项报告之后，一并报送决策部门）。在新项目立项后，应尽可能参考项目后评价指标体系，建立项目管理信息系统，随项目进程开展监测分析，改善项目日常管理，并为项目后评价积累资料。

七、附则

各中央企业可参照本《工作指南》，制订本企业的项目后评价实施细则。《工作指南》也可供其他不同类型、不同形式的投资项目后评价参考。

附件：

1. 项目后评价逻辑框架表（略）
2. 项目后评价参考指标集（略）
3. 项目后评价需要提供的资料目录（略）
4. 《项目自我总结评价报告》编写提纲（略）
5. 《投资项目后评价报告》标准格式（略）

关于对中央企业发展规划进行滚动调整的通知

2006 年 2 月 21 日　国资厅发规划〔2006〕5 号

各中央企业：

根据《关于开展中央企业发展战略与规划编制工作的通知》（国资厅发规划〔2004〕10 号）和《关于开展中央企业发展战略与规划编制工作的补充通知》（国资厅发规划〔2004〕68 号）要求，中央企业普遍开展了发展战略和规划编制工作，研究制定了 2004～2006 年企业发展战略和规划。通过编制发展战略和规划，企业建立健全了规划工作机构，锻炼了规划工作队伍，强化了企业负责人的战略意识，进一步提高了企业发展战略和规划管理的质量和水平。

为指导中央企业发展战略和规划编制工作，进一步明确企业发展战略，突出主业，推进中央企业国有经济布局和结构的战略性调整，根据《中央企业发展战略和规划管理办法（试行）》（国资委令第 10 号）的要求，我委分别对已公布主业的中央企业的发展战略和规划进行了评议和审核，对中央企业发展战略和规划的进一步修订完善和企业在规划实施中应注意的问题提出了明确的意见。

为贯彻落实《中共中央关于制定国民经济和社会发展第十一个五年规划的建议》精神，完成2005年中央企业负责人会议提出的“认真研究企业‘十一五’发展思路，搞好三年滚动规划调整”工作任务，现将有关要求通知如下：

一、关系国家安全和国民经济命脉的重要行业和关键领域的企业、支柱产业中的大企业和其他对国民经济发展有重要影响的大企业，要结合国家“十一五”规划的编制工作，研究提出企业“十一五”发展战略和规划思路，编制完成2006～2008年企业发展规划，并可根据工作进展情况对滚动规划周期进行适当调整。

其他行业或领域的企业要结合国家“十一五”规划的编制工作和本企业发展战略，编制完成2006～2008年企业发展规划，并可根据工作进展情况对滚动规划周期进行适当调整。

二、今后企业编制三年发展规划要逐年进行滚动调整，形成工作制度，即企业三年规划编制完成后，要在规划实施的第一年后，对后两年规划内容和主要目标进行必要调整，并研究提出新的第三年规划目标，形成新的三年发展规划。

企业三年滚动规划编制工作周期是：2006年3月底前编制完成2006～2008年发展规划（由于企业目前尚未形成编制三年滚动规划的工作制度，工作启动较晚，因此企业2006～2008年发展规划编制工作完成时间可适当推后，但最迟应在6月底前完成编制工作），并将规划文本报送国资委；2007年3月底前编制完成2007～2009年发展规划并报送国资委；2008年3月底前编制完成2008～2010年发展规划并报送国资委，依此类推。企业可根据实际情况对滚动规划编制工作完成时间作适当调整。

三、国资委将根据工作需要对企业滚动规划编制工作进行沟通、交流、指导，同时组织力量适时对企业发展规划进行评议。

四、企业2006～2008年发展规划编制工作可继续参考《中央企业发展战略与规划编制大纲》（详见国资厅发规划〔2004〕68号文，以下简称《编制大纲》）的要求。由于《编制大纲》是针对企业中长期发展战略和规划编制工作提出的，有些内容规定比较具体，企业在编制三年滚动发展规划时，根据实际情况，可对《编制大纲》的要求进行适当调整。

五、企业要根据编制完成的滚动发展规划抓好组织实施工作，推进企业发展和结构调整，进一步精干主业，增强核心竞争力。

请你们结合实际，认真做好新一轮滚动规划调整工作，并于2006年6月底前将编制完成的2006～2008年企业发展规划一式3份报我委规划发展局。

关于印发《中央企业发展战略与规划编制大纲（修订稿）》的通知

2006年5月26日　国资厅发规划〔2006〕26号

各中央企业：

根据《关于对中央企业发展规划进行滚动调整的通知》（国资厅发规划〔2006〕5号）精神，为指导中央企业做好规划滚动调整工作，我委对《中央企业发展战略与规划编制大纲》进行了修订，现印发给你们。《中央企业发展战略与规划编制大纲（修订稿）》（以下简称《编制大纲》）的内容是中央企业编制发展战略与规划的基本要求，企业编制的发展战略与规划应涵盖《编制大纲》提出的内容，表格要求填写完整。

附件：中央企业发展战略与规划编制大纲（修订稿）

附件：

中央企业发展战略与规划编制大纲（修订稿）

一、企业现状与发展环境

（一）基本情况。

1. 概况。

包括企业发展的历史沿革、现状综合描述，重点包括资产规模、产权结构、业务范围等。

2. 组织机构。

文字叙述和列明企业组织结构图。

3. 法人治理结构。

文字叙述或图表。说明目前企业组织形式（是按公司法还是企业法注册的）、法人治理结构的状况，包括重大问题决策层、执行层、监督层、咨询层的层级和权责关系等。

4. 二级企业（公司）基本情况。

文字叙述和表格。

表 1—1　　××××年（本规划期之前一年）二级企业（公司）基本情况

企业（公司）名称	产权状况		是否上市公司	资产总额（万元）	净资产（万元）	国有资产权益（万元）	在职职工人数（人）	所在国家或地区（省、市）
	属性	比重（%）						
1								
2								
……								
总　计								

注：产权状况属性指企业（公司）属全资、控股（绝对控股、相对控股）或参股

5. 主要经济指标。

包括本规划期之前三年的主要财务数据。

表 1—2　　（本规划期之前三年）主要财务数据

年　　度	××××年	××××年	××××年
主营业务收入（万元）			
利润总额（万元）			
净利润（万元）			
资产总额（万元）			
国有资产总量（万元）			
负债总额（万元）			
净资产（万元）			
所有者权益（万元）			
成本费用总额（万元）			
人工成本（万元）			
在岗职工（人）			
净资产收益率（%）			
总资产报酬率（%）			
国有资产保值增值率（%）			
年度科技支出总额（万元）			
技术投入比率（%）			
……			

6. 企业主要业务构成情况。

表 1—3　　××××年（本规划期之前一年）企业业务构成

业务分类名称	资产		主营业务收入		利润总额		在职职工（人）
	数量（万元）	比重（%）	数量（万元）	比重（%）	数量（万元）	比重（%）	
主业：							
板块 1（名称）							
板块 2（名称）							
……							
非主业：							
板块 1（名称）							
板块 2（名称）							
……							

7. 其他情况。

文字叙述和表格。

（二）企业发展环境分析。

1. 宏观环境分析。

包括法律、政策、经济、科技等与企业发展相关的国内外环境分析。

2. 企业所在领域的国内外现状和发展趋势分析。

包括产业结构调整、重组、技术发展趋势等。

3. 企业主业和主导产品国内外市场分析。

包括主要产品（服务）的国际国内市场需求预测、市场份额（市场占有率）等。

（三）竞争力分析。

分析企业的发展条件及与竞争对手在主业方面的优劣势、面临的发展机遇和挑战等。

1. 企业发展条件对比分析。

本企业与国际国内对标企业在体制、机制、地域、资源控制能力、管理、人才、技术、营销等方面的比较分析。

2. 企业主要经济技术指标对标。

表 1—4　　企业与国内外对标企业同期主要指标对标

企业名称	对标企业 1	对标企业 2	本企业
年度	××××年	××××年	××××年
国际权威机构排名情况			
资产总额（亿美元）			
销售收入（亿美元）			

续表

企业名称	对标企业 1	对标企业 2	本企业
年度	××××年	××××年	××××年
利润总额（亿美元）			
所有者权益（亿美元）			
雇员（职工）（人）			
净资产收益率（%）			
全员劳动生产率（美元/人）			
技术投入比率（%）			
主要专业技术经济指标 1			
主要专业技术经济指标 2			
主要专业技术经济指标 3			
……			

注：若对标企业同期指标难以收集，所选用指标应注明时间（年份）

3. 核心竞争力分析。

包括企业的资源获取能力、成本控制能力、自主知识产权与技术控制能力（包括专利、发明专利和专有技术）、企业文化和可持续发展能力等。

4. 存在的主要问题。

文字叙述和表格。

二、发展战略与指导思想

（一）企业战略定位与战略描述。

（二）企业发展指导思想。

三、企业发展规划目标

（一）远景规划目标。

（二）五年发展目标。

（三）三年滚动发展规划目标及年度目标分解。

1. 总体目标。

文字叙述。

2. 主业结构调整目标。

文字叙述和表格，其中主业构成填报表见表 3－1。

表 3—1　　××××年（三年滚动规划期末）主业构成表

业务分类名称	资产		主营业务收入		利润总额		在职职工（人）
	数量（万元）	比重（%）	数量（万元）	比重（%）	数量（万元）	比重（%）	
主业：							
板块 1（名称）							
板块 2（名称）							
……							
非主业：							
板块 1（名称）							
板块 2（名称）							
……							

3. 主要经济指标。

填报表见表 3－2、表 3－3。

表 3—2　　（三年滚动规划期）主要产品（业务）量

序号	产品（业务）名称	单位	数　量		
			××××年	××××年	××××年
1					
2					
3					
……					

表 3—3　　（三年滚动规划期）主要经济指标

年　度	××××年	××××年	××××年
主营业务收入（万元）			
利润总额（万元）			
净利润（万元）			
资产总额（万元）			
国有资产总量（万元）			
净资产（万元）			
所有者权益（万元）			
成本费用总额（万元）			
人工成本（万元）			

续表

年　　度	××××年	××××年	××××年
在岗职工（人）			
总资产报酬率（%）			
净资产收益率（%）			
资产负债率（%）			
国有资产保值增值率（%）			
固定资产投资总额（万元）			
年度科技支出总额（万元）			
技术投入比率（%）			
年度经营业绩考核指标1			
年度经营业绩考核指标2			
年度经营业绩考核指标3			
……			

4. 产权结构调整目标。

说明集团及重要子企业产权结构（在三年滚动规划期末）调整目标。

5. 产品结构调整目标。

简要文字叙述和填报表3－4。

表3—4　　　　（三年滚动规划期）主要产品（业务）的市场目标

主要产品（业务）名称	国内市场						出口（海外业务）			
	××××年（规划期第一年）			××××年（规划期第三年）			××××年（规划期第一年）		××××年（规划期第三年）	
	数量	市场占有率	排名	数量	市场占有率	排名	数量	比重（%）	数量	比重（%）
产品（业务）1										
产品（业务）2										
……										

注：比重为出口产品（业务）占企业该项产品（业务）总量的比重。

6. 企业组织结构调整目标。

文字叙述和表格，说明组织结构调整方向、目标。

7. 企业技术进步指标。

文字叙述和表格，说明技术进步方向、目标。

8. 人力资源目标。

简要文字叙述。

9. 投资风险控制目标。

（1）资产负债率控制目标。

文字简要叙述和图表，要求企业在对其自身资产负债率进行分析的基础上，提出本企业在规划期内的资产负债率控制区间目标。

例：某企业规划期内资产负债率控制区间图

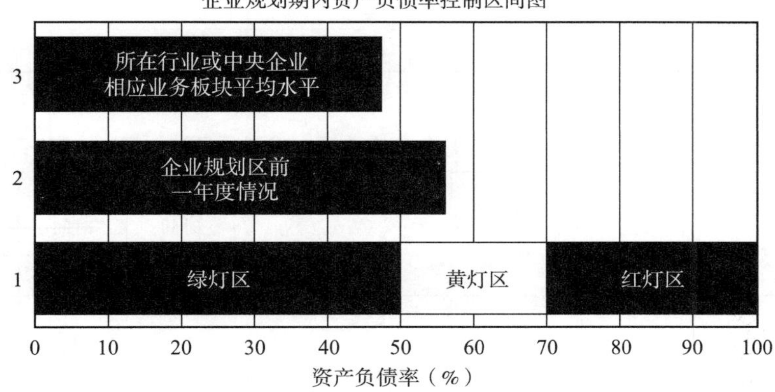

注：绿灯区为企业正常投资区。黄灯区为企业投资的预警区，在此区间内应慎重投资。即企业资产负债率在此区间内时，对投资来源中增加负债部分进行分析，企业应慎重考虑负债率提高问题。红灯区为企业投资的严格控制区，原则上在投资时不应形成新的负债。

（2）非主业投资控制目标。

企业应根据当前所在行业发展情况、趋势和企业自身发展情况与阶段，提出本企业规划期内非主业及非主业投资控制水平。

例：某企业提出在规划期内，非主业资产占企业总资产的比重不超过10%，用于非主业投资占企业总投资的比重不超过5%。

四、三年滚动发展规划期内调整重点与实施计划

（一）发展调整重点。

除列明主营业务发展重点外，还应包括企业改革、改组、改造与加强管理的内容。

（二）实施计划。

1. 体制、机制创新计划。

文字叙述主要内容。

2. 组织结构调整和资源优化计划。

文字叙述主要内容和表格，包含兼并重组内容。

3. 产业和产品结构调整计划。

文字叙述主要内容和表格。

4. 投融资计划。

文字叙述主要内容和表格，其中投资计划分年度填报表 4－1、表4－2、表 4－3 和表 4－4。

表 4—1　　（三年滚动规划期内）年度投资计划情况表　　金额单位：万元

年度	计划总投资	按投资方向分		按项目阶段分		按资金来源分			备注
		主业	非主业	新开工	续建	自有资金	贷款	其他	
××××年									
××××年									
××××年									
合计									

表 4—2　　（三年滚动规划期内）年度主业重大投资项目计划表　　年度：（××××年）

编号	项目名称	项目主要内容	总投资（万元）	其中：自有资金（万元）	起始时间	完成时间	投资收益率（%）
1							
2							
3							
……							
合计							

表 4—3　　（三年滚动规划期内）年度非主业投资项目计划表

（表格样式同表 4—2）

表 4—4　　（三年滚动规划期内）年度境外投资项目计划表

（表格样式同表 4—2）

5. 自主创新与科研开发计划。

文字叙述企业开展自主创新与科研工作方面的主要内容，包括科技投入计划、研发机构建设、知识产权保护等方面的内容。

6. 国际化经营计划。

文字叙述企业“走出去”，利用两种资源、开拓两个市场的计划。

7. 企业文化建设及其他计划。

文字简要叙述。

五、规划实施的保障措施及建议

关于积极参与保障性住房开发建设有关事项的通知

2011 年 4 月 7 日　国资厅发规划〔2011〕28 号

各中央企业：

全面推进保障性住房建设，加快解决城镇中低收入家庭的住房困难问题，促进实现“住有所居”的目标，是党中央、国务院作出的重大决策。为贯彻落实国家关于保障性住房开发建设的有关部署，推动中央企业积极参与保障性住房开发建设，现将有关事项通知如下：

一、深刻认识保障性住房开发建设的重要意义

加快建设保障性住房是保障和改善民生、促进社会和谐稳定的必然要求，是调整住房供应结构、促进房地产市场健康发展的重要途径。《国民经济和社会发展第十二个五年规划纲要》明确提出，“十二五”时期要“建设城镇保障性住房和棚户区改造住房 3600 万套”。中央企业要深刻认识国家推进保障性住房开发建设的重要意义，把积极参与保障性住房开发建设作为企业履行社会责任的重要途径，进一步加大对保障性住房开发建设的投入力度，发挥中央企业的骨干和带头作用。

二、通过多种方式积极参与保障性住房开发建设

按照国务院的有关部署，地方政府是落实和推进保障性住房建设的主体。有关中央企业要及时收集掌握地方政府在保障性住房方面的规划、进度安排、项目资料和政策支持等信息，加强与地方政府有关部门的沟通，争取地方政府的支持，在地方政府的领导下，按照市场化运作方式，通过多种途径参与保障性住房开发建设。

勘察设计企业要充分发挥在人员、资质、经验等方面的优势，主动承接保障性住房的规划和设计。房地产开发企业要抓住各地在保障性住房土地供应、投资补助、财政贴息、融资、税费等方面出台优惠政策的机会，将保障性住房与商业性房地产开发有机结合起来。工程建设企业要利用企业在规模、质量、成本和信誉等方面的优势，积极承担保障性住房项目的建设任务。建材企业要努力保障各地对保障性住房建设所需建材的供应，提供质优价廉的材料，推广使用新型节能建材。矿区企业要利用有关优惠政策，争取将本企业棚户区改造工作纳入当地保障性住房建设计划中。

三、切实保证保障性住房的质量

在保障性住房开发建设中，要始终树立“质量第一”的意识，强化对开发建设各个

环节的过程管理，控制工程造价，保证工期，切实防止质量安全事故的发生。在设计方面，要根据保障性住房的特点，合理优化设计方案，努力做到功能齐全、布局合理、节能环保、经济适用。在项目建设中，要严格按照相关设计文件和技术标准进行施工，使用合格建筑材料，健全质量保证体系。

有关中央企业要加强组织领导，结合本企业实际研究制订参与保障性住房开发建设的实施方案。在开发建设过程中，要注意总结经验、研究问题，并及时将有关情况向国资委报告。

关于印发《关于国有企业功能界定与分类的指导意见》的通知

2015 年 12 月 7 日　国资发研究〔2015〕170 号

各省、自治区、直辖市人民政府，国务院各部委、各直属机构：

经国务院同意，现将《关于国有企业功能界定与分类的指导意见》印发给你们，请结合实际认真贯彻执行。

附件：关于国有企业功能界定与分类的指导意见

附件：

关于国有企业功能界定与分类的指导意见

国有企业功能界定与分类是新形势下深化国有企业改革的重要内容，是因企施策推进改革的基本前提，对推动完善国有企业法人治理结构、优化国有资本布局、加强国有资产监管具有重要作用。为贯彻落实党的十八大和十八届二中、三中、四中、五中全会精神以及国务院决策部署，根据《中共中央　国务院关于深化国有企业改革的指导意见》（中发〔2015〕22 号）有关要求，准确界定不同国有企业功能，有针对性地推进国有企业改革，经国务院同意，现提出以下意见。

一、划分类别

立足国有资本的战略定位和发展目标，结合不同国有企业在经济社会发展中的作用、现状和需要，根据主营业务和核心业务范围，将国有企业界定为商业类和公益类。

商业类国有企业以增强国有经济活力、放大国有资本功能、实现国有资产保值增值为主要目标，按照市场化要求实行商业化运作，依法独立自主开展生产经营活动，实现优胜劣汰、有序进退。其中，主业处于关系国家安全、国民经济命脉的重要行业和关键领域、主要承担重大专项任务的商业类国有企业，要以保障国家安全和国民经济运行为目标，重点发展前瞻性战略性产业，实现经济效益、社会效益与安全效益的有机统一。

公益类国有企业以保障民生、服务社会、提供公共产品和服务为主要目标，必要的产品或服务价格可以由政府调控；要积极引入市场机制，不断提高公共服务效率和能力。

商业类国有企业和公益类国有企业作为独立的市场主体，经营机制必须适应市场经济要求；作为社会主义市场经济条件下的国有企业，必须自觉服务国家战略，主动履行社会责任。

二、分类施策

（一）分类推进改革。

商业类国有企业要按照市场决定资源配置的要求，加大公司制股份制改革力度，加快完善现代企业制度，成为充满生机活力的市场主体。其中，主业处于充分竞争行业和领域的商业类国有企业，原则上都要实行公司制股份制改革，积极引入其他资本实现股权多元化，国有资本可以绝对控股、相对控股或参股，加大改制上市力度，着力推进整体上市。主业处于关系国家安全、国民经济命脉的重要行业和关键领域、主要承担重大专项任务的商业类国有企业，要保持国有资本控股地位，支持非国有资本参股。处于自然垄断行业的商业类国有企业，要以“政企分开、政资分开、特许经营、政府监管”为原则积极推进改革，根据不同行业特点实行网运分开、放开竞争性业务，促进公共资源配置市场化。对需要实行国有全资的企业，要积极引入其他国有资本实行股权多元化。

公益类国有企业可以采取国有独资形式，具备条件的也可以推行投资主体多元化，还可以通过购买服务、特许经营、委托代理等方式，鼓励非国有企业参与经营。

（二）分类促进发展。

商业类国有企业要优化资源配置，加大重组整合力度和研发投入，加快科技和管理创新步伐，持续推动转型升级，培育一批具有创新能力和国际竞争力的国有骨干企业。其中，对主业处于充分竞争行业和领域的商业类国有企业，要支持和鼓励发展有竞争优势的产业，优化国有资本投向，推动国有产权流转，及时处置低效、无效及不良资产，提高市场竞争能力。对主业处于关系国家安全、国民经济命脉的重要行业和关键领域、主要承担重大专项任务的商业类国有企业，要合理确定主业范围，根据不同行业特点，加大国有资本投入，在服务国家宏观调控、保障国家安全和国民经济运行、完成特殊任务等方面发挥更大作用。

公益类国有企业要根据承担的任务和社会发展要求，加大国有资本投入，提高公共服务的质量和效率。严格限定主业范围，加强主业管理，重点在提供公共产品和服务方面作出更大贡献。

（三）分类实施监管。

对商业类国有企业要坚持以管资本为主加强国有资产监管，重点管好国有资本布局、提高国有资本回报、规范国有资本运作、维护国有资本安全。建立健全监督体制机制，依法依规实施信息公开，严格责任追究，在改革发展中防止国有资产流失。其中，对主业处于充分竞争行业和领域的商业类国有企业，重点加强对集团公司层面的监管，落实和维护董事会依法行使重大决策、选人用人、薪酬分配等权利，保障经理层经营自主权，积极推行职业经理人制度。对主业处于关系国家安全、国民经济命脉的重要行业和关键领域、主要承担重大专项任务的商业类国有企业，重点加强对国有资本布局的监管，引导企业突出主业，更好地服务国家重大战略和宏观调控政策。

对公益类国有企业，要把提供公共产品、公共服务的质量和效率作为重要监管内容，加大信息公开力度，接受社会监督。

（四）分类定责考核。

对商业类国有企业，要根据企业功能定位、发展目标和责任使命，兼顾行业特点和企业经营性质，明确不同企业的经济效益和社会效益指标要求，制定差异化考核标准，建立年度考核和任期考核相结合、结果考核与过程评价相统一、考核结果与奖惩措施相挂钩的考核制度。其中，对主业处于充分竞争行业和领域的商业类国有企业，重点考核经营业绩指标、国有资产保值增值和市场竞争能力。对主业处于关系国家安全、国民经济命脉的重要行业和关键领域、主要承担重大专项任务的商业类国有企业，要合理确定经营业绩和国有资产保值增值指标的考核权重，加强对服务国家战略、保障国家安全和国民经济运行、发展前瞻性战略性产业以及完成特殊任务情况的考核。

对公益类国有企业，重点考核成本控制、产品质量、服务水平、营运效率和保障能力，根据企业不同特点有区别地考核经营业绩和国有资产保值增值情况，考核中要引入社会评价。

有关方面在研究制定国有企业业绩考核、领导人员管理、工资收入分配制度改革等具体方案时，要根据国有企业功能界定与分类，提出有针对性、差异化的政策措施。

三、组织实施

按照谁出资谁分类的原则，履行出资人职责机构负责制定所出资企业的功能界定与分类方案，报本级人民政府批准；履行出资人职责机构直接监管的企业，根据需要对所出资企业进行功能界定和分类。根据经济社会发展和国家战略需要，结合企业不同发展阶段承担的任务和发挥的作用，在保持相对稳定的基础上，适时对国有企业功能定位和类别进行动态调整。

各地要结合实际合理界定本地国有企业功能类别，实施分类改革、发展和监管。

金融、文化等国有企业的分类改革，中央另有规定的依其规定执行。

财务监督与评价

国有企业清产核资办法

2003年9月9日　国务院国有资产监督管理委员会令第1号

第一章　总　　则

第一条　为加强对企业国有资产的监督管理，规范企业清产核资工作，真实反映企业的资产及财务状况，完善企业基础管理，为科学评价和规范考核企业经营绩效及国有资产保值增值提供依据，根据《企业国有资产监督管理暂行条例》等法律、法规，制定本办法。

第二条　本办法所称清产核资，是指国有资产监督管理机构根据国家专项工作要求或者企业特定经济行为需要，按照规定的工作程序、方法和政策，组织企业进行账务清理、财产清查，并依法认定企业的各项资产损溢，从而真实反映企业的资产价值和重新核定企业国有资本金的活动。

第三条　国务院，省、自治区、直辖市人民政府，设区的市、自治州级人民政府履行出资人职责的企业及其子企业或分支机构的清产核资，适用本办法。

第四条　企业清产核资包括账务清理、资产清查、价值重估、损溢认定、资金核实和完善制度等内容。

第五条　企业清产核资清出的各项资产损失和资金挂账，依据国家清产核资有关法律、法规、规章和财务会计制度的规定处理。

第六条　各级国有资产监督管理机构是企业清产核资工作的监督管理部门。

第二章　清产核资的范围

第七条　各级国有资产监督管理机构对符合下列情形之一的，可以要求企业进行清产核资：

（一）企业资产损失和资金挂账超过所有者权益，或者企业会计信息严重失真、账实严重不符的；

（二）企业受重大自然灾害或者其他重大、紧急情况等不可抗力因素影响，造成严重资产损失的；

（三）企业账务出现严重异常情况，或者国有资产出现重大流失的；

（四）其他应当进行清产核资的情形。

第八条　符合下列情形之一，需要进行清产核资的，由企业提出申请，报同级国有资产监督管理机构批准：

（一）企业分立、合并、重组、改制、撤销等经济行为涉及资产或产权结构重大变动情况的；

（二）企业会计政策发生重大更改，涉及资产核算方法发生重要变化情况的；

（三）国家有关法律法规规定企业特定经济行为必须开展清产核资工作的。

第三章　清产核资的内容

第九条　账务清理是指对企业的各种银行账户、会计核算科目、各类库存现金和有价证券等基本财务情况进行全面核对和清理，以及对企业的各项内部资金往来进行全面核对和清理，以保证企业账账相符，账证相符，促进企业账务的全面、准确和真实。

第十条　资产清查是指对企业的各项资产进行全面的清理、核对和查实。在资产清查中把实物盘点同核实账务结合起来，把清理资产同核查负债和所有者权益结合起来，重点做好各类应收及预付账款、各项对外投资、账外资产的清理，以及做好企业有关抵押、担保等事项的清理。

企业对清查出的各种资产盘盈和盘亏、报废及坏账等损失按照清产核资要求进行分类排队，提出相关处理意见。

第十一条　价值重估是对企业账面价值和实际价值背离较大的主要固定资产和流动资产按照国家规定方法、标准进行重新估价。

企业在以前清产核资中已经进行资产价值重估或者因特定经济行为需要已经进行资产评估的，可以不再进行价值重估。

第十二条　损溢认定是指国有资产监督管理机构依据国家清产核资政策和有关财务会计制度规定，对企业申报的各项资产损溢和资金挂账进行认证。

企业资产损失认定的具体办法另行制定。

第十三条　资金核实是指国有资产监督管理机构根据企业上报的资产盘盈和资产损失、资金挂账等清产核资工作结果，依据国家清产核资政策和有关财务会计制度规定，组织进行审核并批复准予账务处理，重新核定企业实际占用的国有资本金数额。

第十四条　企业占用的国有资本金数额经重新核定后，应当作为国有资产监督管理机构评价企业经营绩效及考核国有资产保值增值的基数。

第四章　清产核资的程序

第十五条　企业清产核资除国家另有规定外，应当按照下列程序进行：

（一）企业提出申请；

（二）国有资产监督管理机构批复同意立项；

（三）企业制定工作实施方案，并组织账务清理、资产清查等工作；

（四）聘请社会中介机构对清产核资结果进行专项财务审计和对有关损溢提出鉴证

证明；

（五）企业上报清产核资工作结果报告及社会中介机构专项审计报告；

（六）国有资产监督管理机构对资产损溢进行认定，对资金核实结果进行批复；

（七）企业根据清产核资资金核实结果批复调账；

（八）企业办理相关产权变更登记和工商变更登记；

（九）企业完善各项规章制度。

第十六条 所出资企业由于国有产权转让、出售等发生控股权转移等产权重大变动需要开展清产核资的，由同级国有资产监督管理机构组织实施并负责委托社会中介机构。

第十七条 子企业由于国有产权转让、出售等发生控股权转移等重大产权变动的，可以由所出资企业自行组织开展清产核资工作。对有关资产损溢和资金挂账的处理，按规定程序申报批准。

第十八条 企业清产核资申请报告应当说明清产核资的原因、范围、组织和步骤及工作基准日。

对企业提出的清产核资申请，同级国有资产监督管理机构根据本办法和国家有关规定进行审核，经同意后批复企业开展清产核资工作。

第十九条 企业实施清产核资按下列步骤进行：

（一）指定内设的财务管理机构、资产管理机构或者多个部门组成的清产核资临时办事机构，统称为清产核资机构，负责具体组织清产核资工作；

（二）制定本企业的清产核资实施方案；

（三）聘请符合资质条件的社会中介机构；

（四）按照清产核资工作的内容和要求具体组织实施各项工作；

（五）向同级国有资产监督管理机构报送由企业法人代表签字、加盖公章的清产核资工作结果申报材料。

第二十条 企业清产核资实施方案以及所聘社会中介机构的名单和资质情况应当报同级国有资产监督管理机构备案。

第二十一条 企业清产核资工作结果申报材料主要包括下列内容：

（一）清产核资工作报告。主要反映本企业的清产核资工作基本情况，包括：企业清产核资的工作基准日、范围、内容、结果，以及基准日资产及财务状况；

（二）按规定表式和软件填报的清产核资报表及相关材料；

（三）需申报处理的资产损溢和资金挂账等情况，相关材料应当单独汇编成册，并附有关原始凭证资料和具有法律效力的证明材料；

（四）子企业是股份制企业的，还应当附送经该企业董事会或者股东会同意对清产核资损溢进行处理的书面证明材料；

（五）社会中介机构根据企业清产核资的结果，出具经注册会计师签字的清产核资专项财务审计报告并编制清产核资后的企业会计报表；

（六）其他需提供的备查材料。

第二十二条 国有资产监督管理机构收到企业报送的清产核资工作结果申报材料

后，应当进行认真核实，在规定时限内出具清产核资资金核实的批复文件。

第二十三条 企业应当按照国有资产监督管理机构的清产核资批复文件，对企业进行账务处理，并将账务处理结果报国有资产监督管理机构备案。

第二十四条 企业在接到清产核资的批复30个工作日内，应当到同级国有资产监督管理机构办理相应的产权变更登记手续，涉及企业注册资本变动的，应当在规定的时间内到工商行政管理部门办理工商变更登记手续。

第五章 清产核资的组织

第二十五条 企业清产核资工作按照统一规范、分级管理的原则，由同级国有资产监督管理机构组织指导和监督检查。

第二十六条 各级国有资产监督管理机构负责本级人民政府批准或者交办的企业清产核资组织工作。

第二十七条 国务院国有资产监督管理委员会在企业清产核资中履行下列职责：

（一）制定全国企业清产核资规章、制度和办法；

（二）负责所出资企业清产核资工作的组织指导和监督检查；

（三）负责对所出资企业的各项资产损溢进行认定，并对企业占用的国有资本进行核实；

（四）指导地方国有资产监督管理机构开展企业清产核资工作。

第二十八条 地方国有资产监督管理机构在企业清产核资中履行下列监管职责：

（一）依据国家有关清产核资规章、制度、办法和规定的工作程序，负责本级人民政府所出资企业清产核资工作的组织指导和监督检查；

（二）负责对本级人民政府所出资企业的各项资产损溢进行认定，并对企业占用的国有资本进行核实；

（三）指导下一级国有资产监督管理机构开展企业清产核资工作；

（四）向上一级国有资产监督管理机构及时报告工作情况。

第二十九条 企业清产核资机构负责组织企业的清产核资工作，向同级国有资产监督管理机构报送相关资料，根据同级国有资产监督管理机构清产核资批复组织企业本部及子企业进行调账。

第三十条 企业投资设立的各类多元投资企业的清产核资工作，由实际控股或协议主管的上级企业负责组织，并将有关清产核资结果及时通知其他有关各方。

第六章 清产核资的要求

第三十一条 各级国有资产监督管理机构应当加强企业清产核资的组织领导，加强监督检查，对企业清产核资工作结果的审核和资产损失的认定，应当严格执行国家清产核资有关的法律、法规、规章和有关财务会计制度规定，严格把关，依法办事，严肃工作纪律。

第三十二条 各级国有资产监督管理机构应当对企业清产核资情况及相关社会中介机构清产核资审计情况进行监督，对社会中介机构所出具专项财务审计报告的程序和内容进行检查。

第三十三条 企业进行清产核资应当做到全面彻底、不重不漏、账实相符，通过核实“家底”，找出企业经营管理中存在的矛盾和问题，以便完善制度、加强管理、堵塞漏洞。

第三十四条 企业在清产核资工作中应当坚持实事求是的原则，如实反映存在问题，清查出来的问题应当及时申报，不得瞒报虚报。

企业清产核资申报处理的各项资产损失应当提供具有法律效力的证明材料。

第三十五条 企业在清产核资中应当认真清理各项长期积压的存货，以及各种未使用、剩余、闲置或因技术落后淘汰的固定资产、工程物资，并组织力量进行处置，积极变现或者收回残值。

第三十六条 企业在完成清产核资后，应当全面总结，认真分析在资产及财务日常管理中存在的问题，提出相应整改措施和实施计划，强化内部财务控制，建立相关的资产损失责任追究制度，以及进一步完善企业经济责任审计和企业负责人离任审计制度。

第三十七条 企业清产核资中产权归属不清或者有争议的资产，可以在清产核资工作结束后，依据国家有关法规，向同级国有资产监督管理机构另行申报产权界定。

第三十八条 企业对经批复同意核销的各项不良债权、不良投资及实物资产损失，应当加强管理，建立账销案存管理制度，组织力量或成立专门机构积极清理和追索，避免国有资产流失。

第三十九条 企业应当在清产核资中认真清理各项账外资产、负债，对经批准同意入账的各项盘盈资产及同意账务处理的有关负债，应当及时纳入企业日常资产及财务管理的范围。

第四十条 企业对清产核资中反映出的各项管理问题应当认真总结经验，分清工作责任，建立各项管理制度，并严格落实。应当建立健全不良资产管理机制，巩固清产核资成果。

第四十一条 除涉及国家安全的特殊企业以外，企业清产核资工作结果须委托符合资质条件的社会中介机构进行专项财务审计。

第四十二条 社会中介机构应当按照独立、客观、公正的原则，履行必要的审计程序，认真核实企业的各项清产核资材料，并按规定进行实物盘点和账务核对。对企业资产损溢按照国家清产核资政策和有关财务会计制度规定的损溢确定标准，在充分调查研究、论证的基础上进行职业推断和合规评判，提出经济鉴证意见，并出具鉴证证明。

第四十三条 进行清产核资的企业应当积极配合社会中介机构的工作，提供审计工作和经济鉴证所必要的资料和线索。企业和个人不得干预社会中介机构的正常执业行为。社会中介机构的审计工作和经济鉴证工作享有法律规定的权力，承担法律规定的义务。

第四十四条 企业及社会中介机构应当根据会计档案管理的要求，妥善保管有关清产核资各项工作的底稿，以备检查。

第七章 法律责任

第四十五条 企业在清产核资中违反本办法所规定程序的，由同级国有资产监督管理机构责令其限期改正；企业清产核资工作质量不符合规定要求的，由同级国有资产监督管理机构责令其重新开展清产核资。

第四十六条 企业在清产核资中有意瞒报情况，或者弄虚作假、提供虚假会计资料的，由同级国有资产监督管理机构责令改正，根据《中华人民共和国会计法》和《企业国有资产监督管理暂行条例》等有关法律、法规规定予以处罚；对企业负责人和直接责任人员依法给予行政和纪律处分。

第四十七条 企业负责人和有关工作人员在清产核资中，采取隐瞒不报、低价变卖、虚报损失等手段侵吞、转移国有资产的，由同级国有资产监督管理机构责令改正，并依法给予行政和纪律处分；构成犯罪的，依法追究刑事责任。

第四十八条 企业负责人对申报的清产核资工作结果真实性、完整性承担责任；社会中介机构对企业清产核资审计报告的准确性、可靠性承担责任。

第四十九条 社会中介机构及有关当事人在清产核资中与企业相互串通，弄虚作假、提供虚假鉴证材料的，由同级国有资产监督管理机构会同有关部门依法查处；构成犯罪的，依法追究刑事责任。

第五十条 国有资产监督管理机构工作人员在对企业清产核资工作结果进行审核过程中徇私舞弊，造成重大工作过失的，应当依法给予行政和纪律处分；构成犯罪的，依法追究刑事责任。

第八章 附　　则

第五十一条 各省、自治区、直辖市和计划单列市的国有资产监督管理机构可依据本办法制定本地区的具体实施办法。

第五十二条 各中央部门管理的企业的清产核资工作参照本办法执行。

第五十三条 本办法实施前的有关企业清产核资工作的规章制度与本办法不一致的，依照本办法的规定执行。

第五十四条 本办法由国务院国有资产监督管理委员会负责解释。

第五十五条 本办法自发布之日起施行。

企业国有资产统计报告办法

2004 年 2 月 12 日　国务院国有资产监督管理委员会令第 4 号

第一章　总　　则

第一条　为加强企业国有资产监督管理，了解掌握企业国有资产营运等情况，建立全国国有资本金统计报告工作规范，依据《企业国有资产监督管理暂行条例》及国家有关财务会计制度，制定本办法。

第二条　国有及国有控股企业、国有参股企业的国有资产统计报告工作，适用本办法。

第三条　本办法所称国有资产统计报告，是指企业按照国家财务会计制度规定，根据统一的报告格式和填报要求，编制上报的反映企业年度会计期间资产质量、财务状况、经营成果等企业国有资产营运基本情况的文件。

第四条　各省、自治区、直辖市国有资产监督管理机构（以下简称省级国有资产监督管理机构）和各有关部门应当按照本办法的统一要求，认真组织实施本地区、本部门监管企业国有资产统计报告工作，并依据规定向国务院国有资产监督管理委员会（以下简称国务院国资委）报备。

第五条　凡占用国有资产的企业应当按照《企业国有资产监督管理暂行条例》和国家财务会计制度有关规定，在做好财务会计核算工作的基础上，根据国家统一的要求，认真编制国有资产统计报告，如实反映本企业占用的国有资产及其营运情况。

第二章　报告内容

第六条　国有资产年度统计报告由企业会计报表和国有资产营运分析报告两部分构成。

第七条　企业会计报表按照国家财务会计统一规定由资产负债表、利润及利润分配表、现金流量表、所有者权益变动表、资产减值准备计提情况表及相关附表构成。企业会计报表应当经过中介机构审计。

第八条　国有资产营运分析报告是对本地区、本部门或者本企业占用的国有资产及营运情况进行分析说明的文件，具体包括：

（一）国有资产总量与分布结构；

（二）企业资产质量、财务状况及经营成果分析；

（三）国有资产增减变动情况及其原因分析；

（四）国有资产保值增值结果及其影响因素分析；

（五）其他需说明的事项。

第三章　编制范围

第九条　应当编制国有资产统计报告的企业包括：由国务院，省、自治区、直辖市人民政府，设区的市、自治州级人民政府履行出资人职责的具有法人资格、独立核算、能够编制完整会计报表的境内外国有及国有控股企业。

第十条　国有参股企业的国有资产及投资收益依据合并会计报表的规定，纳入国有投资单位的国有资产统计范围，原则上不单独编制国有资产统计报告。但对于重要参股企业，应当根据国有资产监管需要单独编制国有资产统计报告。

重要参股企业的标准或者名单由相关国有资产监督管理机构确定。

第十一条　企业国有资产统计报告基本填报单位的级次为：大型企业（含大型企业集团）为第三级以上（含第三级）各级子企业，第三级以下子企业并入第三级进行填报；中小型企业为第二级以上（含第二级）各级子企业，第二级以下子企业并入第二级进行填报。

第十二条　企业应当组织做好总部及各级境内外子企业的国有资产统计报告编制工作，并编制集团或者总公司合并（汇总）的国有资产统计报告，以全面反映企业国有资产营运情况，并与所属境内外子企业的分户国有资产统计数据一同报送同级国有资产监督管理机构或者主管部门。

第四章　组织管理

第十三条　企业国有资产统计报告工作应当遵循统一规范、分级管理的原则，按照企业的财务关系或者产权关系分别组织实施。

第十四条　省级国有资产监督管理机构、各有关部门应当编制本地区、本部门所监管企业的汇总国有资产统计报告，并与所监管企业的分户国有资产统计数据一同报送国务院国资委。

第十五条　国务院国资委在国有资产统计报告工作中履行下列职责：

（一）制定全国企业国有资产统计报告规章、制度和工作规范；

（二）统一制定企业国有资产统计报告格式、编报要求和数据处理软件；

（三）负责所出资企业国有资产统计报告工作具体组织实施；

（四）负责收集、审核和汇总各地区、各有关部门国有资产统计报告，并向国务院报告全国企业国有资产营运情况；

（五）组织开展对企业国有资产统计报告质量监控工作，并组织开展企业国有资产统计报告编报质量的抽样核查。

第十六条 省级国有资产监督管理机构在企业国有资产统计报告工作中履行下列职责：

（一）依据统一的企业国有资产统计报告规章制度和工作规范，负责本地区监管企业国有资产统计报告工作的组织实施和监督检查；

（二）指导下一级国有资产监督管理机构开展企业国有资产统计报告工作；

（三）负责收集、审核、汇总本地区管理企业国有资产统计报告，并向同级人民政府报告本地区监管企业国有资产营运情况；

（四）负责向国务院国资委报送本地区监管企业国有资产统计报告；

（五）组织开展对本地区监管企业国有资产统计报告质量的核查工作。

第十七条 各有关部门在企业国有资产统计报告工作中履行下列职责：

（一）依据统一的企业国有资产统计报告规章制度和工作规范，负责本部门监管企业国有资产统计报告工作的组织实施和监督检查；

（二）负责收集、审核、汇总本部门监管企业国有资产统计报告；

（三）负责向国务院国资委报送本部门监管企业国有资产统计报告；

（四）组织开展对本部门监管企业国有资产报告质量的核查工作。

第十八条 省级国有资产监督管理机构和各有关部门应当指定专门机构或者人员具体负责国有资产统计报告工作，并与国务院国资委建立相应工作联系。

第十九条 省级国有资产监督管理机构和各有关部门应当加强对企业国有资产统计报告相关数据资料的管理，做好归档整理、建档建库和保密管理等工作。

第五章 编报规范

第二十条 企业应当在全面清理核实资产、负债、收入、支出并做好财务核算的基础上，按照统一的报告格式、内容、指标口径和操作软件，认真编制并按时上报企业国有资产统计报告，做到账实相符、账证相符、账账相符、账表相符。

第二十一条 企业应当严格按照国家财务会计制度和统一的编制要求，编制企业国有资产统计报告，做到内容完整、数字真实，不得虚报、漏报、瞒报和拒报，并按照财务关系或产权关系采取自下而上方式层层审核和汇总。

第二十二条 企业应当在认真做好总部及各级子企业分户报表编制范围与编制质量的审核工作基础上，编制集团或总公司合并报表，并按照国家财务会计制度的统一规定，做好合并范围和抵消事项的审核工作，对于未纳入范围和未抵消或者未充分抵消的事项应当单独说明。

第二十三条 企业主要负责人对本企业编制的国有资产统计报告的真实性和完整性负责。

企业财务会计等人员应当按照统一规定认真编制国有资产统计报告，如实反映本企业有关财务会计和国有资产营运信息。

第二十四条 省级国有资产监督管理机构和各有关部门应当加强对本地区、本部门监管企业国有资产统计报告工作的组织领导，加强督促指导，对企业报送的国有资产统计报告各项内容进行规范性审核。审核内容主要包括：

（一）编制范围是否全面完整；

（二）编制方法是否符合国家统一的财务会计制度，是否符合企业国有资产统计报告的编制要求；

（三）填报内容是否全面、真实；

（四）报表中相关指标之间、表间相关数据之间、分户数据与汇总数据之间、报表数据与计算机录入数据之间是否衔接一致。

第二十五条 省级国有资产监督管理机构和各有关部门应当认真做好本地区、本部门监管企业国有资产统计报告的审核工作，确保国有资产统计报告各项数据资料的完整和真实。凡发现报表编制不符合规定，存在漏报、错报、虚报、瞒报以及相关数据不衔接等情况，应当要求有关企业立即纠正，并限期重报。

第二十六条 企业国有资产统计报告采取自下而上、逐户审核、层层汇总方式收集上报。企业应当将国有资产统计报告经企业负责人、总会计师或主管财务工作负责人和报告编制人员签字并盖章后，于规定时间内上报。

第二十七条 中央企业国有资产统计报告工作应当遵守财务决算报告工作的相关规定。

第六章　奖　　惩

第二十八条 授意、指使、强令企业财务会计等人员编制和提供虚假国有资产统计报告的，除依照《中华人民共和国会计法》《企业国有资产监督管理暂行条例》和《企业财务会计报告条例》等有关法律法规处理外，还应对企业负责人给予纪律处分；有犯罪嫌疑的，依法移送司法机关处理。

第二十九条 对于玩忽职守、编制虚假财务会计信息，严重影响国有资产统计报告质量的，除依照《中华人民共和国会计法》《企业国有资产监督管理暂行条例》和《企业财务会计报告条例》等有关法律法规处理外，还应对有关责任人员给予纪律处分；有犯罪嫌疑的，依法移送司法机关处理。

第三十条 省级国有资产监督管理机构和各有关部门工作组织不力或者不当，给企业国有资产统计报告工作造成不良影响的，应当给予通报。

第三十一条 省级国有资产监督管理机构和各有关部门应当认真做好本地区、本部门监管企业国有资产统计报告的总结工作，对在企业国有资产统计报告工作中取得优秀成绩的单位和个人给予表彰。

第七章　附　　则

第三十二条 省级国有资产监督管理机构和各有关部门可依据本办法，结合各自实际，制定相应的实施细则。

第三十三条 本办法自公布之日起施行。

中央企业财务决算报告管理办法

2004 年 2 月 12 日　国务院国有资产监督管理委员会令第 5 号

第一章　总　　则

第一条 为加强国务院国有资产监督管理委员会（以下简称国资委）所出资企业（以下简称企业）的财务监督，规范企业年度财务决算报告编制工作，全面了解和掌握企业资产质量、经营效益状况，依据《企业国有资产监督管理暂行条例》和国家有关财务会计制度规定，制定本办法。

第二条 企业编制上报年度财务决算报告应当遵守本办法。

第三条 本办法所称年度财务决算报告，是指企业按照国家财务会计制度规定，根据统一的编制口径、报表格式和编报要求，依据有关会计账簿记录和相关财务会计资料，编制上报的反映企业年末结账日资产及财务状况和年度经营成果、现金流量、国有资本保值增值等基本经营情况的文件。

企业财务决算报告由年度财务决算报表、年度报表附注和年度财务情况说明书，以及国资委规定上报的其他相关生产经营及管理资料构成。

第四条 除涉及国家安全的特殊企业外，企业年度财务决算报表和报表附注应当按照国家有关规定，由符合资质条件的会计师事务所及注册会计师进行审计。

会计师事务所出具的审计报告是企业年度财务决算报告的必备附件，应当与企业年度财务决算报告一并上报。

第五条 国资委依法对企业年度财务决算报告的编制工作、审计质量等进行监督，并组织对企业财务决算报告的真实性、完整性进行核查。

第二章　财务决算报告的编制

第六条 企业及各级子企业在每个会计年度终了，应当严格按照国家财务会计制度及相关会计准则规定，在全面财产清查、债权债务确认、资产质量核实的基础上，认真组织编制年度财务决算报告，以全面、完整、真实、准确反映企业年度财务状况和经营成果。

本办法所称各级子企业包括企业所有境内外全资子企业、控股子企业，以及各类独立核算的分支机构、事业单位和基建项目。

第七条 企业及各级子企业编制年度财务决算报告应当遵循会计全面性、完整性原则，并符合下列规定：

（一）企业财务决算报告应当以经营年度内发生的全部经济业务事项及会计账簿为基础进行编制，全面、完整反映企业各项经济业务的收入、成本（费用）以及现金流入（出）等状况，不得漏报；

（二）企业不得存有未反映在财务决算报告中的财务、会计事项，不得有账外资产或设立账外账，不得以任何理由设立“小金库”；

（三）企业应当按规定将各级子企业全部纳入年度财务决算编制范围，以全面反映企业的财务状况；

（四）企业所属经营性事业单位应当按照规定要求执行统一的企业会计制度；暂未执行企业会计制度的所属事业单位，应当将相关财务决算内容一并纳入企业财务决算范围，以完整反映企业的经营成果；

（五）企业所属基建项目应当按照规定要求与企业财务并账；暂未并账的，应当将基建项目的相关财务决算内容一并纳入企业财务决算范围，以完整反映企业的资产状况。

第八条 企业及各级子企业编制年度财务决算报告应当遵循会计真实性、准确性原则，并符合下列规定：

（一）企业财务决算报告应当以经过核对无误的相关会计账簿进行编制，做到账实相符、账证相符、账账相符、账表相符；

（二）企业编制财务决算报告应当根据真实的交易事项、会计记录等资料，按照规定的会计核算原则及具体会计处理方法，对各项会计要素进行合理确认和计量；

（三）企业应当严格遵守会计核算规定，不得应提不提、应摊不摊或者多提多摊成本（费用），造成企业经营成果不实，影响企业财务决算报告的真实性；

（四）企业不得采取利用会计政策、会计估计变更，以及减值准备计提、转回等方式，人为掩饰企业真实经营状况；不得计提秘密减值准备，影响企业财务决算报告的真实性；

（五）企业应当客观地反映实际发生的资产损失，以保证财务决算报告的真实、可靠。

第九条 企业及各级子企业应当遵循会计稳健性原则，按有关资产减值准备计提的标准和方法，合理预计各项资产可能发生的损失，定期对计提的各项资产减值准备逐项进行认定、计算。

第十条 企业及各级子企业编制财务决算报告应当遵循会计可比性原则，编制基础、编制原则、编制依据和编制方法及各项财务指标口径应当保持前、后各期一致，各年度期间财务决算数据保持衔接，如实反映年度间企业财务状况、经营成果的变动情况。

第十一条 除国家另有规定外，企业及各级子企业所执行的会计制度应当按照国家财务会计制度的有关规定和要求保持一致；因特殊情形不能保持一致的，应当事先报国资委备案，并陈述相关理由。

第十二条 企业及各级子企业的各项会计政策、会计估计一经确定，不得随意变更；因特殊情形发生较大变更的，应当事先报国资委备案，并陈述相关理由。

第十三条 企业在年度财务决算报告编制中，对报表各项指标的数据填报不得遗漏，报表内项目之间和表式之间各项指标的数据应当相互衔接，保证勾稽关系正确。

第三章 财务决算报表的合并

第十四条 集团型企业应当按照国家财务会计制度有关规定，将各级子企业年度财务决算进行层层合并，逐级编制企业集团年度财务决算合并报表。企业年度财务决算合并报表范围包括：

（一）执行企业会计制度的境内全部子企业；

（二）境外（含香港、澳门、台湾地区）子企业；

（三）所属各类事业单位；

（四）各类基建项目或者基建财务（含技改，下同）；

（五）按照规定执行金融会计制度的子企业；

（六）所属独立核算的其他经济组织。

第十五条 企业编制年度财务决算合并报表，应当将企业及各级子企业之间的内部交易、内部往来进行充分抵销，对涉及资产、负债、所有者权益、收入、成本和费用、利润及利润分配、现金流量等财务决算的相关指标数据均应当按照合并口径进行剔除。

第十六条 各级子企业执行的会计制度与企业总部不一致的，企业总部在编制财务决算合并报表时，应当按照国家统一会计制度的规定和要求将企业总部或者子企业的财务决算的数据进行调整，然后再进行企业财务决算报表的合并工作。

第十七条 企业所属合营子企业应当按照比例合并方式进行企业财务决算报表的合并工作；国有投资各方占等额股份的子企业，应当由委托管理一方按合并会计报表制度进行合并，或者按照股权比例进行企业财务决算报表的合并。

第十八条 企业财务决算报表合并过程中，境外子企业与企业总部会计期间或者会计结账日不一致时，应当以企业总部的会计期间和会计结账日为准进行调整。因特殊情形暂不能进行调整的，企业应当事先报国资委备案，并在报表附注中予以说明。

第十九条 凡年度内涉及产权划转的企业，财务决算报表合并原则上应当以企业年末结账日的产权隶属关系确定。结账日尚未办理产权划转手续的，由原企业合并编制；结账日已办理完产权划转关系的，由接收企业合并编制。

第二十条 按照国家财务会计有关规定，符合下列情形之一的，各级子企业可以不纳入年度财务决算合并报表范围，但企业应当向国资委报备具有法律效力的文件或者经济鉴证证明：

（一）已宣告破产的子企业；

（二）按照破产程序，已宣告被清理整顿的子企业；

（三）已实际关停并转的子企业；

（四）近期准备售出而短期持有其半数以上权益性资本的子企业；

（五）非持续经营的、所有者权益为负数的子企业；

（六）受所在国或地区外汇管制及其他管制，资金调度受到限制的境外子企业。

企业财务决算报表合并范围发生变更，应当于年度结账日之前，将变更范围及原因报国资委备案。

第四章　财务决算信息的披露

第二十一条　为便于理解企业财务决算报表，了解和分析企业资产质量、财务状况，核实企业真实经营成果，企业应当在报表附注和财务情况说明书中，对企业财务决算报表和财务决算合并报表的重要内容进行详尽说明和披露。

企业财务决算报告所披露的信息内容应当真实、全面、详尽，不得隐瞒企业有关重大违规事项。

第二十二条　企业财务决算的报表附注应当重点披露以下内容：

（一）企业报告期内采用的主要会计政策、会计估计和合并财务决算报表的编制方法；报告期内会计政策、会计估计变更的内容、理由、影响数额；

（二）财务决算报表合并的范围及其依据，将未纳入合并财务决算报表范围的子企业资产、负债、销售收入、实现利润、税后利润以及对企业合并财务决算报告的影响分户列示；

（三）企业年内各种税项缴纳的有关情况；

（四）控股子企业及合营企业的情况；

（五）财务决算报表项目注释。企业在财务决算合并报表附注中，除对财务决算合并报表项目注释外，还应当对企业总部财务决算报表的主要项目注释；

（六）子企业与企业总部会计政策不一致时对财务决算合并报表的影响；

（七）关联方关系及其交易的披露；

（八）或有事项、承诺事项及其资产负债表日后事项；

（九）重大会计差错的调整；

（十）按照规定应当披露的有助于理解和分析报表的其他重要财务会计事项，以及国资委要求披露的其他专门事项。

第二十三条　企业财务情况说明书应当重点说明下列内容：

（一）企业生产经营的基本情况；

（二）企业预算执行情况及实现利润、利润分配和企业盈亏情况；

（三）企业重大投融资及资金变动、周转情况；

（四）企业重大改制、改组情况；

（五）重大产权变动情况；

（六）对企业财务状况、经营成果和现金流量、资本保全等有重大影响的其他事项；

（七）上一会计年度企业经营管理、财务管理中存在的问题及整改情况；

（八）本年度企业经营管理、财务管理中存在的问题，拟采取的整改措施；

（九）其他情况。

第二十四条 企业及各级子企业对外提供的财务决算数据应当与报送国资委的财务决算报告数据及披露的财务信息保持一致。

第五章 财务决算的审计

第二十五条 为保证企业年度财务状况及经营成果的真实性，根据财务监督工作的需要，国资委统一委托会计师事务所对企业年度财务决算进行审计。

第二十六条 国资委统一委托会计师事务所，按照“公开、公平、公正”的原则，采取国资委公开招标或者企业推荐报国资委核准等方式进行。其中，国有控股企业采取企业推荐报国资委核准的方式进行。

第二十七条 国资委暂未委托会计师事务所进行年度财务决算审计工作的企业，应当按照“统一组织、统一标准、统一管理”的原则，经国资委同意，由企业总部依照有关规定采取招标等方式委托会计师事务所对企业及各级子企业的年度财务决算进行审计。

第二十八条 企业年度财务决算审计内容应当包括企业财务决算报表中的资产负债表、利润及利润分配表、现金流量表、所有者权益变动表等相关指标数据和报表附注，以及国资委要求的其他重要财务指标有关数据。

编制财务决算合并报表的企业，其财务决算合并报表应当纳入审计范围。

第二十九条 企业及各级子企业应当根据会计师事务所及注册会计师提出的审计意见进行财务决算调整；企业对审计意见存有异议且未进行财务决算调整的，应当在上报财务决算报告时，向国资委提交说明材料。

第三十条 会计师事务所及注册会计师出具的审计报告应当按照有关规定，对企业违反国家财务会计制度规定或者未按注册会计师意见进行调整的重大会计事项进行披露。

第三十一条 企业应当为会计师事务所及注册会计师开展财务决算审计、履行必要的审计程序、取得充分审计证据提供必要的条件和协助，不得干预会计师事务所及注册会计师的审计业务，以保证审计结论的独立、客观、公正。

第三十二条 境外子企业年度财务决算审计工作按照所在国家或地区的规定进行。为适应境外子企业的特殊性，企业应当建立和完善对境外子企业的内审制度，并出具内审报告，保证境外子企业财务决算数据的真实性、完整性。

第三十三条 对于涉及国家安全的特殊子企业，以及国家法律法规未规定须委托会计师事务所进行审计的有关单位，企业应当建立和完善对其年度财务决算内审制度，并出具内审报告，以保证财务决算数据的真实性、完整性。

第六章　财务决算报告的报送

第三十四条　企业应当按财务关系或者产权关系负责各级子企业财务决算报告的组织、收集、审核、汇总、合并等工作，并按规定及时将企业年度财务决算报告报送国资委。

第三十五条　企业向国资委报送的年度财务决算报告应当做到“统一编报口径、统一编报格式、统一编报要求”。

（一）符合国资委规定的报表格式、指标口径要求；

（二）使用统一下发的财务决算报表软件填报各项财务决算数据；

（三）按照要求报送纸质文件和电子文档的财务决算报表、报表附注、财务情况说明书、审计报告及国有资本保值增值说明等资料。

第三十六条　企业财务决算报告的报送级次如下：

（一）企业集团除报送企业合并财务决算报告外，还应当报送企业总部及二级子企业的分户财务决算报告，二级以下子企业财务决算数据应当并入第二级子企业报送；

设立境外子企业的企业集团，应当报送境外子企业的分户财务决算报告；

（二）企业总部设立在境外的企业集团，除报送合并财务决算报告外，还应当报送企业总部及所属二级以上子企业的分户财务决算报告；

（三）级次划分特殊的企业集团财务决算报告报送级次由国资委另行规定。

第三十七条　企业财务决算报告具体内容如下：

（一）企业集团（含企业总部设在境外企业集团）应当报送合并财务决算报告（含报表附注、财务情况说明书、国有资本保值增值情况说明等材料）和审计报告的纸质文件及电子文档；

（二）企业集团总部及二级子企业应当报送财务决算报告（含报表附注、财务情况说明书、国有资本保值增值情况说明等材料）和审计报告的电子文档；

（三）企业集团应当附报三级子企业年度财务决算报表的电子文档。

第三十八条　企业应当以正式文函向国资委报送财务决算报告。文函主要包括下列内容：

（一）年度财务决算工作组织情况；

（二）企业年度间主要财务决算数据的变化情况；

（三）纳入企业财务决算合并的范围；

（四）对于被出具非标准无保留意见审计报告的企业，应当对有关情况进行说明；

（五）需要说明的其他有关情况。

第三十九条　企业财务决算报告应当加盖企业公章，并由企业的法定代表人、总会计师或主管会计工作的负责人、会计机构负责人签名并盖章。

企业报送的财务决算报告及附送的各类资料应当按顺序装订成册，材料较多时应当编排目录，注明备查材料页码。

第四十条 企业主要负责人、总会计师或主管会计工作的负责人等应当对企业编制的财务决算报告真实性、完整性负责。承办企业年度财务决算审计业务的会计师事务所及注册会计师对其出具的审计报告真实性、合法性负责。

第四十一条 企业报送财务决算报告后，国资委应当在规定时间内对企业资产质量、财务状况及经营成果进行核批，并依据核批后的财务决算报告进行企业负责人业绩考核、企业绩效评价和企业国有资产保值增值结果确认等工作，有关办法另行制定。

第七章 罚 则

第四十二条 企业报送的财务决算报告内容不完整、信息披露不充分，或者数据差错较大，造成财务决算不实，以及财务决算报告不符合规范要求的，由国资委责令其重新编报，并予以通报批评。

第四十三条 在财务决算编制工作中弄虚作假、提供虚假财务信息，以及严重故意漏报、瞒报，尚不构成犯罪嫌疑的，由国资委责令改正，并依照《中华人民共和国会计法》《企业国有资产监督管理暂行条例》《企业财务会计报告条例》等有关法律法规予以处罚；有犯罪嫌疑的，依法移送司法机关处理。

第四十四条 会计师事务所及注册会计师在企业财务决算报告审计工作中参与做假账，或者在审计程序、审计内容、审计方法等方面存在严重问题和缺陷，造成审计结论失实的，国资委应当禁止其今后承办企业财务决算审计业务，并通报或者会同有关部门依法查处；有犯罪嫌疑的，依法移送司法机关处理。

第四十五条 国资委相关工作人员在对企业财务决算信息的收集、汇总、审核和管理过程中徇私舞弊，造成重大工作过失或者泄露国家机密或企业商业秘密的，依法给予行政处分；有犯罪嫌疑的，依法移送司法机关处理。

第八章 附 则

第四十六条 各省、自治区、直辖市国有资产监督管理机构可以参照本办法，制定本地区相关工作规范。

第四十七条 本办法自公布之日起施行。

企业国有资本保值增值结果确认暂行办法

2004 年 8 月 25 日　国务院国有资产监督管理委员会令第 9 号

第一章　总　　则

第一条　为加强对企业国有资产的监督管理，真实反映企业国有资本运营状况，规范国有资本保值增值结果确认工作，维护国家所有者权益，根据《企业国有资产监督管理暂行条例》和国家有关财务会计规定，制定本办法。

第二条　国务院，各省、自治区、直辖市人民政府，设区的市、自治州级人民政府履行出资人职责的企业（以下简称企业）国有资本保值增值结果确认工作，适用本办法。

第三条　本办法所称企业国有资本，是指国家对企业各种形式的投资和投资所形成的权益，以及依法认定为国家所有的其他权益。对于国有独资企业，其国有资本是指该企业的所有者权益，以及依法认定为国家所有的其他权益；对于国有控股及参股企业，其国有资本是指该企业所有者权益中国家应当享有的份额。

第四条　本办法所称企业国有资本保值增值结果确认是指国有资产监督管理机构依据经审计的企业年度财务决算报告，在全面分析评判影响经营期内国有资本增减变动因素的基础上，对企业国有资本保值增值结果进行核实确认的工作。

第五条　国务院国有资产监督管理机构负责中央企业国有资本保值增值结果核实确认工作。各地国有资产监督管理机构负责监管职责范围内的企业国有资本保值增值结果核实确认工作。

第六条　企业应当在如实编制年度财务决算报告的基础上，认真分析和核实经营期内国有资本增减变化的各项主客观因素，真实、客观地反映国有资本运营结果，促进实现国有资本保值增值经营目标，并为企业财务监管与绩效评价、企业负责人业绩考核、企业工效挂钩核定等出资人监管工作提供基础依据。

第二章　国有资本保值增值率的计算

第七条　企业国有资本保值增值结果主要通过国有资本保值增值率指标反映，并设置相应修正指标和参考指标，充分考虑各种客观增减因素，以全面、公正、客观地评判经营期内企业国有资本运营效益与安全状况。

第八条　本办法所称国有资本保值增值率是指企业经营期内扣除客观增减因素后的

期末国有资本与期初国有资本的比率。其计算公式如下：

国有资本保值增值率=（扣除客观因素影响后的期末国有资本÷期初国有资本）×100%

国有资本保值增值率分为年度国有资本保值增值率和任期国有资本保值增值率。

第九条 企业国有资本保值增值修正指标为不良资产比率。其计算公式为：

不良资产比率=（期末不良资产÷期末资产总额）×100%

本办法所称不良资产是指企业尚未处理的资产净损失和潜亏（资金）挂账，以及按财务会计制度规定应提未提资产减值准备的各类有问题资产预计损失金额。

第十条 因经营期内不良资产额增加造成企业不良资产比率上升，应当在核算其国有资本保值增值率时进行扣减修正。

（一）暂未执行《企业会计制度》的企业，经营期内企业不良资产比率上升，其增加额在核算国有资本保值增值率时进行直接扣减。计算公式为：

修正后国有资本保值增值率=（扣除客观影响因素的期末国有资本-不良资产增加额）÷期初国有资本×100%

不良资产增加额=期末不良资产-期初不良资产

（二）已执行《企业会计制度》的企业，经营期内对有问题资产未按财务会计制度计提资产减值准备，应当在核算国有资本保值增值率时进行扣除修正。其计算公式为：

修正后国有资本保值增值率=（扣除客观影响因素的期末国有资本-有问题资产预计损失额）÷期初国有资本×100%

有问题资产预计损失额=各类有问题资产×相关资产减值准备计提比例

（三）国有控股企业修正国有资本保值增值率，应当按股权份额进行核算。

第十一条 企业国有资本保值增值参考指标为净资产收益率、利润增长率、盈余现金保障倍数、资产负债率。

（一）净资产收益率：指企业经营期内净利润与平均净资产的比率。计算公式如下：

净资产收益率=（净利润÷平均净资产）×100%

其中：平均净资产=（期初所有者权益+期末所有者权益）÷2

（二）利润增长率：指企业经营期内利润增长额与上期利润总额的比率。计算公式如下：

利润增长率=（利润增长额÷上期利润总额）×100%

其中：利润增长额=本期利润总额-上期利润总额

（三）盈余现金保障倍数：指企业经营期内经营现金净流量与净利润的比率。计算公式如下：

盈余现金保障倍数=经营现金净流量/净利润

（四）资产负债率：指本经营期负债总额与资产总额的比率。计算公式如下：

资产负债率=（负债总额÷资产总额）×100%

第十二条 本办法所称客观增加因素主要包括下列内容：

（一）国家、国有单位直接或追加投资：是指代表国家投资的部门（机构）或企业、事业单位投资设立子企业、对子企业追加投入而增加国有资本；

（二）无偿划入：是指按国家有关规定将其他企业的国有资产全部或部分划入而增加国有资本；

（三）资产评估：是指因改制、上市等原因按国家规定进行资产评估而增加国有资本；

（四）清产核资：是指按规定进行清产核资后，经国有资产监督管理机构核准而增加国有资本；

（五）产权界定：是指按规定进行产权界定而增加国有资本；

（六）资本（股票）溢价：是指企业整体或以主要资产溢价发行股票或配股而增加国有资本；

（七）税收返还：是指按国家税收政策返还规定而增加国有资本；

（八）会计调整和减值准备转回：是指经营期间会计政策和会计估计发生重大变更、企业减值准备转回、企业会计差错调整等导致企业经营成果发生重大变动而增加国有资本；

（九）其他客观增加因素：是指除上述情形外，经国有资产监督管理机构按规定认定而增加企业国有资本的因素，如接受捐赠、债权转股权等。

第十三条 本办法所称客观减少因素主要包括下列内容：

（一）专项批准核销：是指按国家清产核资等有关政策，经国有资产监督管理机构批准核销而减少国有资本；

（二）无偿划出：是指按有关规定将本企业的国有资产全部或部分划入其他企业而减少国有资本；

（三）资产评估：是指因改制、上市等原因按规定进行资产评估而减少国有资本；

（四）产权界定：是指因产权界定而减少国有资本；

（五）消化以前年度潜亏和挂账：是指经核准经营期消化以前年度潜亏挂账而减少国有资本；

（六）自然灾害等不可抗拒因素：是指因自然灾害等不可抗拒因素而减少国有资本；

（七）企业按规定上缴红利：是指企业按照有关政策、制度规定分配给投资者红利而减少企业国有资本；

（八）资本（股票）折价：是指企业整体或以主要资产折价发行股票或配股而减少国有资本；

（九）其他客观减少因素：是指除上述情形外，经国有资产监督管理机构按规定认定而减少企业国有资本的因素。

第十四条 国有资本保值增值率计算以企业合并会计报表为依据。企业所有境内外全资子企业、控股子企业，以及各类独立核算分支机构、事业单位和基建项目等应当按规定全部纳入合并会计报表编制范围。

第十五条 企业应当按国家有关财务会计制度和企业财务决算管理规定，委托会计师事务所审计经营期内影响企业国有资本变化的客观增减因素，并由会计师事务所在审计报告中披露或出具必要鉴证证明。

第十六条 企业本期期初国有资本口径应当与上期期末口径衔接一致。企业对期初国有资本进行口径调整应当符合国家财务会计制度有关规定，并对调整情况作出必要说明。

本期期初国有资本口径调整范围具体包括：

（一）对企业年度财务决算进行追溯调整；

（二）经营期内子企业划转口径调整；

（三）企业财务决算合并范围变化口径调整；

（四）其他影响企业期初国有资本的有关调整。

第十七条 根据企业国有资产监督管理工作需要，企业保值增值结果按照会计年度、企业负责人任期分别确认。企业负责人任期国有资本保值增值结果以任职期间年度企业财务决算数据为依据。

第三章 国有资本保值增值结果的确认

第十八条 企业应当在规定的时间内，将经营期国有资本保值增值情况和相关材料随年度财务决算报告一并报送国有资产监督管理机构。报送材料应当包括：

（一）《国有资本保值增值结果确认表》及其电子文档；

（二）企业国有资本保值增值情况分析说明，具体内容包括国有资本保值增值完成情况、客观增减因素、期初数据口径、与上期确认结果的对比分析、相关参考指标大幅波动或异常变动的分析说明以及其他需要报告的情况；

（三）客观增减因素证明材料。

第十九条 企业国有资本保值增值客观增减因素的证明材料除年度财务决算审计报告外，还应当包括：

（一）国家有关部门的文件；

（二）有关专项鉴证证明；

（三）企业的有关入账凭证；

（四）其他证明材料。

第二十条 企业上报国有资本保值增值材料应当符合下列要求：

（一）各项指标真实、客观，填报口径符合规定；

（二）电子文档符合统一要求；

（三）各项客观增减因素的材料真实、完整，并分类说明有关情况。

第二十一条 企业负责人、总会计师或主管会计工作的负责人应当对企业上报的国有资本保值增值材料的真实性、完整性负责。承办企业年度财务决算审计业务的会计师事务所及注册会计师应当对其审计的企业国有资本保值增值材料及出具的相关鉴证证明的真实性、合法性负责。

第二十二条 根据出资人财务监督工作需要，国有资产监督管理机构依照《中央企业财务决算报告管理办法》（国资委令第5号）及其他有关规定，对企业财务会计资料及保值增值材料进行核查，并对企业国有资本保值增值结果进行核实确认。

第二十三条 国有资本保值增值结果核实确认工作，应当根据核批后的企业年度财务决算报表数据，剔除影响国有资本变动的客观增减因素，并在对企业不良资产变动因素分析核实的基础上，认定企业国有资本保值增值的实际状况，即国有资本保值增值率。

第二十四条 企业国有资本保值增值结果分为以下三种情况：

（一）企业国有资本保值增值率大于100%，国有资本实现增值；

（二）企业国有资本保值增值率等于100%，国有资本为保值；

（三）企业国有资本保值增值率小于100%，国有资本为减值。

第二十五条 企业国有资本存在下列特殊情形的，不核算国有资本保值增值率，但应当根据经营期国有资本变动状况分别作出增值或减值的判定。

（一）经调整后企业国有资本期初为正值、期末为负值，国有资本保值增值完成情况判定为减值；

（二）经调整后企业国有资本期初为负值、期末为正值，国有资本保值增值完成情况判定为增值。

第二十六条 国有资产监督管理机构应当以经核实确认的企业国有资本保值增值实际完成指标与全国国有企业国有资本保值增值行业标准进行对比分析，按照“优秀、良好、中等、较低、较差”五个档次，评判企业在行业中所处的相应水平。

中央企业国有资产保值增值率未达到全国国有企业保值增值率平均水平的，无论其在行业中所处水平，不予评判“优秀”档次。

第二十七条 下列情形之一的企业国有资本保值增值水平确认为“较差”档次：

（一）存在重大财务问题、年度财务决算严重失实的；

（二）年度财务决算报告被会计师事务所出具否定意见、无法表示意见审计报告的；

（三）持续资不抵债的。

持续资不抵债企业，在经营期间弥补国有资本亏损的，可确认其国有资本减亏率。

第二十八条 经营期内没有实现国有资本保值增值目标的企业，其负责人延期绩效年薪按《中央企业负责人经营业绩考核暂行办法》（国资委令第2号）及其他有关规定扣减。

实行工效挂钩的企业，经营期内没有实现国有资本保值增值的，不得提取新增效益工资。

第二十九条 企业在对外提供国有资本保值增值结果时，应当以经国有资产监督管理机构核实确认的结果为依据。

第三十条 国有资本保值增值指标行业标准由国务院国有资产监督管理机构根据每年全国国有资本总体运营态势，以全国国有企业年度财务决算信息为基础，按行业分类统一测算并公布。

第四章　罚　　则

第三十一条　企业报送的年度财务决算报告及国有资本保值增值相关材料内容不完整、各项客观因素证据不充分或数据差错较大，造成企业国有资本保值增值确认结果不真实的，由国有资产监督管理机构责令其重新编报，并进行通报批评。

第三十二条　企业在国有资本保值增值结果确认工作中存在弄虚作假或者提供虚假材料，以及故意漏报、瞒报等情况的，由国有资产监督管理机构责令其改正；情节严重的，按照《企业国有资产监督管理暂行条例》等有关法律法规予以处罚，并追究有关人员责任。

第三十三条　会计师事务所及注册会计师在企业国有资本保值增值有关材料的审计工作中参与作假，提供虚假证明，造成国有资本保值增值结果严重不实的，国有资产监督管理机构应当禁止所出资企业聘请其承担相关审计业务，并通报或会同有关部门依法进行查处。

第三十四条　国有资产监督管理机构相关工作人员在国有资本保值增值结果核实确认过程中徇私舞弊，造成重大工作过失或者泄露企业商业秘密的，依法给予纪律处分；涉嫌犯罪的依法移交司法机关处理。

第五章　附　　则

第三十五条　各省、自治区、直辖市国有资产监督管理机构可依照本办法，结合本地区，制定相应工作规范。

第三十六条　本办法实施前的有关企业国有资本保值增值结果确认工作的规章制度与本办法不一致的，依照本办法的规定执行。

第三十七条　本办法自2004年8月30日起施行。

中央企业总会计师工作职责管理暂行办法

2006年4月14日　国务院国有资产监督管理委员会令第13号

第一章　总　　则

第一条　为加强对国务院国有资产监督管理委员会（以下简称国资委）所出资企业（以下简称企业）总会计师工作职责管理，规范企业财务会计工作，促进建立健全企业内部控制机制，有效防范企业经营风险，依据《企业国有资产监督管理暂行条例》和国家有关规定，制定本办法。

第二条 企业总会计师工作职责管理，适用本办法。

第三条 本办法所称总会计师是指具有相应专业技术资格和工作经验，在企业领导班子成员中分工负责企业会计基础管理、财务管理与监督、财会内控机制建设、重大财务事项监管等工作，并按照干部管理权限通过一定程序被任命（或者聘任）为总会计师的高级管理人员。

第四条 本办法所称总会计师工作职责是指总会计师在企业会计基础管理、财务管理与监督、财会内控机制建设，以及企业投融资、担保、大额资金使用、兼并重组等重大财务事项监管工作中的职责。

第五条 企业及其各级子企业应当按规定建立和完善总会计师管理制度，明确总会计师的工作权限与责任，加强总会计师工作职责履行情况的监督管理。

第六条 国资委依法对企业总会计师工作职责履行情况进行监督管理。

第二章 职位设置

第七条 企业应当按照规定设置总会计师职位，配备符合条件的总会计师有效履行工作职责。符合条件的各级子企业，也应当按规定设置总会计师职位。

（一）现分管财务工作的副总经理（副院长、副所长、副局长），符合总会计师任职资格和条件的，可以兼任或者转任总会计师，人选也可以通过交流或公开招聘等方式及时配备。

（二）设置属于企业高管层的财务总监、首席财务官等类似职位的企业或其各级子企业，可不再另行设置总会计师职位，但应当明确指定其履行总会计师工作职责。

第八条 企业总会计师的任免按照国资委有关规定办理：

（一）已设立董事会的国有独资公司和国有控股公司的总会计师，应当经董事会审议批准，并按照有关干部管理权限与程序任命。

（二）未设立董事会的国有独资公司、国有独资企业的总会计师，按照有关干部管理权限与程序任命。

第九条 企业可以按照有关规定对其各级子企业实施总会计师或者财务总监委派等方式，积极探索完善总会计师工作职责监督管理的有效途径和方法。

第十条 担任企业总会计师应当具备以下条件：

（一）具有相应政治素养和政策水平，坚持原则、廉洁奉公、诚信至上、遵纪守法；

（二）大学本科以上文化程度，一般应当具有注册会计师、注册内部审计师等职业资格，或者具有高级会计师、高级审计师等专业技术职称或者类似职称；

（三）从事财务、会计、审计、资产管理等管理工作 8 年以上，具有良好的职业操守和工作业绩；

（四）分管企业财务会计工作或者在企业（单位）财务、会计、审计、资产管理等相关部门任正职3年以上，或者主管子企业或单位财务、会计、审计、资产管理等相关部门工作3年以上；

（五）熟悉国家财经法规、财务会计制度，以及现代企业管理知识，熟悉企业所属行业基本业务，具备较强组织领导能力，以及较强的财务管理能力、资本运作能力和风险防范能力。

第十一条 具有下列情形之一的，不得担任总会计师：

（一）不具备第十条规定的；

（二）曾严重违反法律法规和国家有关财经纪律，有弄虚作假、贪污受贿、挪用公款等重大违法行为，被判处刑罚或者受过党纪政纪处分的；

（三）曾因渎职或者决策失误造成企业重大经济损失的；

（四）对企业财务管理混乱、经营成果严重不实负主管或直接责任的；

（五）个人所负企业较大数额债务到期未清偿的；

（六）党纪、政纪、法律法规规定的其他情形。

第十二条 具有下列情形之一的，总会计师任职或者工作应当回避：

（一）按照国家关于干部任职回避工作有关规定应当进行任职回避的；

（二）除国资委或公司董事会批准外，在所在企业或其各级子企业、关联企业拥有股权，以及可能影响总会计师正常履行职责的其他重要利益的；

（三）在重大项目投资、招投标、对外经济技术合作等工作中，涉及与本人及本人亲属利益的。

第三章 职责权限

第十三条 企业应当结合董事会建设，积极推动建立健全内部控制机制，逐步规范企业主要负责人、总会计师、财务机构负责人的职责权限，促进建立分工协作、相互监督、有效制衡的经营决策、执行和监督管理机制。

第十四条 总会计师的主要职责包括：企业会计基础管理、财务管理与监督、财会内控机制建设和重大财务事项监管等。

第十五条 企业会计基础管理职责主要包括：

（一）贯彻执行国家方针政策和法律法规，遵守国家财经纪律，运用现代管理方法，组织和规范本企业会计工作；

（二）组织制定企业会计核算方法、会计政策，确定企业财务会计管理体系；

（三）组织实施企业财务收支核算与管理，开展财务收支的分析、预测、计划、控制和监督等工作，组织开展经济活动分析，提出加强和改进经营管理的具体措施；

（四）组织制定财会人员管理制度，提出财会机构人员配备和考核方案；

（五）组织企业会计诚信建设，依法组织编制和及时提供财务会计报告；

（六）推动实施财务信息化建设，及时掌控财务收支状况。

第十六条 企业财务管理与监督职责主要包括：

（一）组织制定企业财务管理规章制度，并监督各项财务管理制度执行情况；

（二）组织制定和实施财务战略，组织拟订和下达财务预算，评估分析预算执行情况，促进企业预算管理与发展战略实施相连接，推行全面预算管理工作；

（三）组织编制和审核企业财务决算，拟订公司的利润分配方案和弥补亏损方案；

（四）组织制定和实施长短期融资方案，优化企业资本结构，开展资产负债比例控制和财务安全性、流动性管理；

（五）制定企业增收节支、节能降耗计划，组织成本费用控制，落实成本费用控制责任；

（六）制定资金管控方案，组织实施大额资金筹集、使用、催收和监控工作，推行资金集中管理；

（七）及时评估监测集团及其各级子企业财务收支状况和财务管理水平，组织开展财务绩效评价，组织实施企业财务收支定期稽核检查工作；

（八）定期向股东会或者出资人、董事会、监事会和相关部门报告企业财务状况和经济效益情况。

第十七条 企业财会内控机制建设职责主要包括：

（一）研究制定本企业财会内部控制制度，促进建立健全企业财会内部控制体系；

（二）组织评估、测试财会内部控制制度的有效性；

（三）组织建立多层次的监督体制，落实财会内部控制责任，对本单位经济活动的全过程进行财务监督和控制；

（四）组织建立和完善企业财务风险预警与控制机制。

第十八条 企业重大财务事项监管职责主要包括：

（一）组织审核企业投融资、重大经济合同、大额资金使用、担保等事项的计划或方案；

（二）对企业业务整合、技术改造、新产品开发及改革改制等事项组织开展财务可行性论证分析，并提供资金保障和实施财务监督；

（三）对企业重大投资、兼并收购、资产划转、债务重组等事项组织实施必要的尽职调查，并独立发表专业意见；

（四）及时报告重大财务事件，组织实施财务危机或者资产损失的处理工作。

第十九条 企业应当赋予总会计师有效履行职责的相应工作权限，具体包括：对企业重大事项的参与权、重大决策和规章制度执行情况的监督权、财会人员配备的人事建议权，以及企业大额资金支出联签权。

第二十条 总会计师对企业重大事项的参与权是指总会计师应参加总经理办公会议或者企业其他重大决策会议，参与表决企业重大经营决策，具体包括：

（一）拟订企业年度经营目标、中长期发展规划以及企业发展战略；

（二）制定企业资金使用和调度计划、费用开支计划、物资采购计划、筹融资计划以及利润分配（派）、亏损弥补方案；

（三）贷款、担保、对外投资、企业改制、产权转让、资产重组等重大决策和企业资产管理工作；

（四）企业重大经济合同的评审。

第二十一条 总会计师对重大决策和规章制度执行情况的监督权具体包括：

（一）按照职责对董事会或总经理办公会议批准的重大决策执行情况进行监督；

（二）对企业的财务运作和资金收支情况进行监督、检查，有权向董事会或者总经理办公会提出内部审计或委托外部审计建议；

（三）对企业的内部控制制度和程序的执行情况进行监督。

第二十二条 财会人员配备的人事权是指企业财务部门负责人的任用、晋升、调动、奖惩，应当事先征求总会计师的意见。企业总会计师应当参与组织财务部门负责人或下一级企业总会计师的业务培训和考核工作。

第二十三条 总会计师大额资金支出联签权是指企业按规定对大额资金使用，应当建立由总会计师与企业主要负责人联签制度；对于应当实施联签的资金，未经总会计师签字或者授权，财会人员不得支出。

第二十四条 企业行为有下列情形之一的，总会计师有权拒绝签字：

（一）违反法律法规和国家财经纪律；

（二）违反企业财务管理规定；

（三）违反企业经营决策程序；

（四）对企业可能造成经济损失或者导致国有资产流失。

第二十五条 总会计师对企业作出的重大经营决策应当发表独立的专业意见，有不同意见或者有关建议未被采纳可能造成经济损失或者国有资产流失的情况，应当及时向国资委报告。

第四章　履职评估

第二十六条 为督促企业总会计师正确履行工作职责，应当建立规范的企业总会计师工作履职评估制度。

第二十七条 总会计师履职评估工作分为年度述职和任期履职评估。年度述职应当结合企业年度财务决算工作和下一年度财务预算工作，对总会计师年度履职情况予以评估；任期履职评估应当结合经济责任审计工作，对总会计师任职期间的履职情况进行评估。

第二十八条 设立董事会的公司，总会计师应当在会计年度终了向董事会述职，董事会应当对总会计师工作进行履职评议，董事会评议结果及总会计师述职报告应当抄报股东会或者出资人备案；未建立董事会的企业，总会计师应当将述职报告报送出资人，出资人根据企业财会管理状况对总会计师工作进行履职评估。

第二十九条 总会计师年度述职报告应当围绕企业当年重大经营活动、财务状况、资产质量、经营风险、内控机制等全面报告本人的履职情况，对本人在其中发挥的监督制衡作用进行自我评价，并提出改进措施。

第三十条　企业应当按照人事管理权限，做好对其各级子企业总会计师履职评估工作。

第三十一条　对总会计师履职情况评估，应当根据总会计师在企业中的职责权限，全面考核总会计师职责的履行情况，具体应当包括以下内容：

（一）企业会计核算规范性、会计信息质量，以及企业财务预算、决算和财务动态编制工作质量情况；

（二）企业经营成果及财务状况，资金管理和成本费用控制情况；

（三）企业财会内部控制制度的完整性和有效性，企业财务风险控制情况；

（四）在企业重大经营决策中的监督制衡情况，有无重大经营决策失误；

（五）财务信息化建设情况；

（六）其他需考核的事项。

第五章　工作责任

第三十二条　为充分发挥企业总会计师财务监督管理作用，建立健全企业内部控制机制，企业应当保障总会计师相应的工作权限。

第三十三条　企业主要负责人对企业提供和披露的财务会计报告信息的真实性、完整性负领导责任；总会计师对企业提供和披露的财务会计报告信息的真实性、完整性负主管责任；企业财务机构负责人对企业提供和披露的财务会计信息的真实性、完整性负直接责任。对可能存在问题的财务会计报告，总会计师有责任提请总经理办公会讨论纠正，有责任向董事会、股东会（出资人）报告。

第三十四条　企业总会计师对下列事项负有主管责任：

（一）企业提供和披露的财务会计信息的真实性、完整性；

（二）企业会计核算规范性、合理性以及财务管理合规性、有效性；

（三）企业财会内部控制机制的有效性；

（四）企业违反国家财经法规造成严重后果的财务会计事项。

第三十五条　总会计师对下列事项负有相应责任：

（一）企业管理不当造成的重大经济损失；

（二）企业决策失误造成的重大经济损失；

（三）企业财务联签事项形成的重大经济损失。

第三十六条　企业总会计师应当严格遵守国家法律法规规定。对于企业出现严重违反法律法规和国家财经纪律行为的，以及企业内部控制制度存在严重缺陷的，应当依法追究企业总会计师的工作责任；造成重大损失的，应当追究其法律责任。

第三十七条　在企业财务会计工作中，对于违反国家法律法规和财经纪律行为，总会计师不抵制、不制止、不报告的，应当依法追究总会计师工作责任；造成重大损失的，应当追究其法律责任。

第三十八条　企业总会计师未履行或者未正确履行工作职责，致使出现下列情形之一的，应当引咎辞职：

（一）企业财务会计信息严重失真的；

（二）企业财务基础管理混乱且在规定时间内整改不力的；

（三）企业出现重大财务决策失误造成重大资产损失的。

第三十九条 在企业重大经营决策过程中，总会计师未能正确履行责任造成失误的，根据情节轻重，给予通报批评、经济处罚、撤职等处分，或给予职业禁入处理；涉嫌犯罪的，依法移交司法机关处理。

企业总会计师认真履行职责，成绩突出的，由本企业或者由本企业建议国资委给予表彰奖励。

第四十条 对于企业总会计师玩忽职守，造成企业财务会计工作严重混乱的，或以权谋私、滥用职权、徇私舞弊以及其他渎职行为致使国有资产遭受损失的，依照国家有关规定给予相应纪律处分；涉嫌犯罪的，依法移交司法机关处理。

第四十一条 在追究总会计师工作责任时，发现企业负责人、财务审计部门负责人和其他有关人员应当承担相关责任的，一并进行工作责任追究。

第四十二条 企业未按规定设置总会计师职位，或者未按规定明确分管财务负责人及类似职位人员兼任总会计师并履行总会计师工作职责的，或者企业总会计师未被授予必要管理权限有效履行工作职责的，本办法第三十五条、第三十六条、第三十七条、第三十八条规定的工作责任应当由企业主要负责人承担。

第六章　附　　则

第四十三条 各企业可结合本企业实际情况，制定总会计师工作职责管理具体实施细则。

第四十四条 各省、自治区、直辖市国有资产监督管理机构可以参照本办法，制定本地区所出资企业总会计师工作职责管理相关工作规范。

第四十五条 本办法自 2006 年 5 月 14 日起施行。

中央企业财务预算管理暂行办法

2007 年 5 月 25 日　国务院国有资产监督管理委员会令第 18 号

第一章　总　　则

第一条 为加强对国务院国有资产监督管理委员会（以下简称国资委）履行出资人

职责企业（以下简称企业）的财务监督，规范企业财务预算管理，根据《中华人民共和国公司法》《企业国有资产监督管理暂行条例》和国家有关财务会计制度规定，制定本办法。

第二条　企业年度财务预算编制、报告、执行与监督工作，适用本办法。

第三条　本办法所称财务预算是指企业在预测和决策的基础上，围绕战略规划，对预算年度内企业各类经济资源和经营行为合理预计、测算并进行财务控制和监督的活动。

财务预算报告是指反映企业预算年度内企业资本运营、经营效益、现金流量及重要财务事项等预测情况的文件。

第四条　企业应当建立财务预算管理制度，组织开展内部财务预算编制、执行、监督和考核工作，完善财务预算工作体系，推进实施全面预算管理。

第五条　企业应当在规定的时间内按照国家财务会计制度规定和国资委财务监督工作有关要求，以统一的编制口径、报表格式和编报规范，向国资委报送年度财务预算报告。

第六条　国资委依据本办法对企业财务预算编制、报告及执行工作进行监督管理，督促和引导企业切实建立以预算目标为中心的各级责任体系。

第二章　工 作 组 织

第七条　企业应当按照国家有关规定，组织做好财务预算工作，配备相应工作人员，明确职责权限，加强内部协调，完善编制程序和方法，强化执行监督，并积极推行全面预算管理。

第八条　企业应当按照加强财务监督和完善内部控制机制的要求，成立预算委员会或设立财务预算领导小组行使预算委员会职责。在设立董事会的企业中，预算委员会（财务预算领导小组）成员应当有熟悉企业财务会计业务并具备相应组织能力的董事参加。

第九条　企业预算委员会（财务预算领导小组）应当履行以下主要职责：

（一）拟订企业财务预算编制与管理的原则和目标；

（二）审议企业财务预算方案和财务预算调整方案；

（三）协调解决企业财务预算编制和执行中的重大问题；

（四）根据财务预算执行结果提出考核和奖惩意见。

第十条　企业财务管理部门为财务预算管理机构，在企业预算委员会（财务预算领导小组）领导下，依据国家有关规定和国资委有关工作要求，负责组织企业财务预算编制、报告、执行和日常监控工作。企业财务预算管理机构应当履行以下主要职责：

（一）组织企业财务预算的编制、审核、汇总及报送工作；

（二）组织下达财务预算，监督企业财务预算执行情况；

（三）制订企业财务预算调整方案；

（四）协调解决企业财务预算编制和执行中的有关问题；

（五）分析和考核企业内部各业务机构及所属子企业财务预算完成情况。

第十一条 企业内部各业务机构和所属子企业为财务预算执行单位。企业财务预算执行单位应当在企业预算管理机构的统一指导下，组织开展本部门或者本企业财务预算编制工作，严格执行经核准的财务预算方案。企业财务预算执行单位应当履行以下主要职责：

（一）负责本单位财务预算编制和上报工作；

（二）负责将本单位财务预算指标层层分解，落实到各部门、各环节和各岗位；

（三）按照授权审批程序严格执行各项预算，及时分析预算执行差异原因，解决财务预算执行中存在的问题；

（四）及时总结分析本单位财务预算编制和执行情况，并组织实施考核和奖惩工作；

（五）配合企业预算管理机构做好企业预算的综合平衡、执行监控等工作。

第三章 财务预算编制

第十二条 企业编制财务预算应当坚持以战略规划为导向，正确分析判断市场形势和政策走向，科学预测年度经营目标，合理配置内部资源，实行总量平衡和控制。

第十三条 企业编制财务预算应当将内部各业务机构和所属子企业、事业单位和基建项目等所属单位的全部经营活动纳入财务预算编制范围，全面预测财务收支和经营成果等情况。

第十四条 企业编制财务预算应当以资产、负债、收入、成本、费用、利润、资金为核心指标，合理设计基础指标体系，注重预算指标相互衔接。

第十五条 企业应当根据不同的预算项目，合理选择固定预算、弹性预算、滚动预算、零基预算、概率预算等方法编制财务预算，并积极开展与行业先进水平、国际先进水平的对标。

第十六条 企业编制财务预算应当按照国家相关规定，加强对外投资、收购兼并、固定资产投资以及股票、委托理财、期货（权）及衍生品等投资业务的风险评估和预算控制；加强非主业投资和无效投资的清理，严格控制非主业投资预算。

资产负债率过高、偿债能力下降以及投资回报差的企业，应当严格控制投资规模；不具备从事高风险业务的条件、发生重大投资损失的企业，不得安排高风险业务的投资预算。

第十七条 企业编制财务预算应当正确预测预算年度现金收支、结余与缺口，合理规划现金收支与配置，加强应收应付款项的预算控制，增强现金保障和偿债能力，提高资金使用效率。

第十八条 企业编制财务预算应当规范制定成本费用开支标准，严格控制成本费用开支范围和规模，加强投入产出水平的预算控制。

对于成本费用增长高于收入增长、成本费用利润率下降、经营效益下滑的企业，财务预算编制应当突出降本增效，适当压低成本费用的预算规模，其中，经营效益下滑的企业，不得扩大工资总额的预算规模。

第十九条 企业编制财务预算应当注重防范财务风险，严格控制担保、抵押和金融负债等规模。

资产负债率高于行业平均水平、存在较大偿债压力的企业，应当适当压缩金融债务预算规模；担保余额相当于净资产比重超过50%或者发生担保履约责任形成重大损失的企业（投资、担保类企业另行规定），原则上不再安排新增担保预算；企业不得安排与业务无关的集团外担保预算。

第二十条 企业编制财务预算应当将逾期担保、逾期债务、不良投资、不良债权等问题的清理和处置作为重要内容，积极消化潜亏挂账，合理预计资产减值准备，不得出现新的潜亏。

第二十一条 企业应当按照“上下结合、分级编制、逐级汇总”的程序，依据财务管理关系，层层组织做好各级子企业财务预算编制工作。

第二十二条 企业应当建立财务预算编制制度。企业内部计划、生产、市场营销、投资、物资、技术、人力资源、企业管理等职能部门应当配合做好财务预算编制工作。企业财务预算编制应当遵循以下基本工作程序：

（一）企业预算委员会及财务预算管理机构应当于每年9月底以前提出下一年度本企业预算总体目标；

（二）企业所属各级预算执行单位根据企业预算总体目标，并结合本单位实际，于每年10月底以前上报本单位下一年度预算目标；

（三）企业财务预算委员会及财务预算管理机构对各级预算执行单位的预算目标进行审核汇总并提出调整意见，经董事会会议或总经理办公会议审议后下达各级预算执行单位；

（四）企业所属各级预算执行单位应当按照下达的财务预算目标，于每年年底以前上报本单位财务预算；

（五）企业在对所属各级预算执行单位预算方案审核、调整的基础上，编制企业总体财务预算。

第四章　财务预算报告

第二十三条 企业应当在组织开展内部各级子企业财务预算编制管理的基础上，按照国资委统一印发的报表格式、编制要求，编制上报年度财务预算报告。企业年度财务预算报告由以下部分构成：

（一）年度财务预算报表；

（二）年度财务预算编制说明；

（三）其他相关材料。

第二十四条 企业年度财务预算报表重点反映以下内容：

（一）企业预算年度内预计资产、负债及所有者权益规模、质量及结构；

（二）企业预算年度内预计实现经营成果及利润分配情况；

（三）企业预算年度内为组织经营、投资、筹资活动预计发生的现金流入和流出情况；

（四）企业预算年度内预计达到的生产、销售或者营业规模及其带来的各项收入、发生的各项成本和费用；

（五）企业预算年度内预计发生的产权并购、长短期投资以及固定资产投资的规模及资金来源；

（六）企业预算年度内预计对外筹资总体规模与分布结构。

第二十五条 企业应当采用合并口径编制财务预算报表，合并范围应当包括：

（一）境内外子企业；

（二）所属各类事业单位；

（三）各类基建项目或者基建财务；

（四）按照规定执行金融会计制度的子企业；

（五）所属独立核算的其他经济组织。

第二十六条 企业应当对年度财务预算报表编制及财务预算管理有关情况进行分析说明。企业年度财务预算编制说明应当反映以下内容：

（一）预算编制工作组织情况；

（二）预算年度内生产经营主要预算指标分析说明；

（三）预算编制基础、基本假设及采用的重要会计政策和估计；

（四）预算执行保障措施以及可能影响预算指标事项说明；

（五）其他需说明的情况。

第二十七条 企业应当按规定组织开展所属子企业开展财务预算报告收集、审核、汇总工作，并按时上报财务预算报告。企业除报送合并财务预算报告外，还应当附送企业总部及二级子企业的分户财务预算报告电子文档。三级及三级以下企业的财务预算数据应当并入二级子企业报送。

级次划分特殊的企业集团财务预算报告报送级次由国资委另行规定。

第二十八条 企业应当按照下列程序，以正式文函向国资委报送财务预算报告：

（一）设董事会的国有独资企业和国有独资公司的财务预算报告，应当经董事会审议后与审议决议一并报送国资委；

（二）尚未设董事会的国有独资企业和国有独资公司的财务预算报告，应当经总经理办公会审议后与审议决议一并报送国资委；

（三）国有控股公司的财务预算报告，应当经董事会审议并提交股东会批准后抄送国资委。

第二十九条 企业财务预算报告应当加盖企业公章，并由企业的主要负责人、总会计师（或分管财务负责人）、财务管理部门负责人签名并盖章。

第三十条 国资委对企业财务预算实行分类管理制度，对于尚未设董事会的国有独资企业和国有独资公司的财务预算实行核准制；对于设董事会的国有独资公司和国有独资企业、国有控股公司的财务预算实行备案制。

第三十一条 国资委依据财务预算编制管理要求，建立企业财务预算报告质量评估制度，评估内容不少于以下方面：

（一）是否符合国家有关法律法规规定；

（二）是否符合国家宏观政策和产业政策规划；

（三）是否符合企业战略规划、主业发展方向；

（四）是否客观反映预算年度内经济形势和企业生产经营发展态势；

（五）是否符合财务预算编制管理要求；

（六）主要财务预算指标的年度间变动情况是否合理；

（七）预算执行保障和监督措施是否有效。

第三十二条 国资委根据质量评估结果，在规定时间内对企业财务预算提出审核意见并反馈企业。对于存在质量问题的，要求企业及时整改，其中对于严重脱离实际、各相关预算指标不衔接的，要求企业重新编制上报财务预算报告。

第五章 财务预算执行与监督

第三十三条 企业应当及时将各业务机构及所属各级企业重点财务预算指标进行层层分解。各预算执行单位应当将分解下达的年度财务预算指标细化为季度、月度预算，层层落实财务预算执行责任。

第三十四条 企业应当严格执行经核定的年度财务预算，切实加强投资、融资、担保、资金调度、物资采购、产品销售等重大事项以及成本费用预算执行情况的跟踪和监督，明确超预算资金追加审批程序和权限。

第三十五条 企业应当对财务预算执行情况进行跟踪监测，及时分析预算执行差异原因，及时采取相应的解决措施。

第三十六条 企业财务预算执行过程中出现以下情形之一，导致预算编制基本假设发生重大变化的，可予以调整：

（一）自然灾害等不可抗力因素；

（二）市场环境发生重大变化；

（三）国家经济政策发生重大调整；

（四）企业发生分立、合并等重大资产重组行为。

第三十七条 企业应当将财务预算调整情况及时报国资委备案。具体备案内容包括：

（一）主要财务指标的调整情况；

（二）调整的原因；

（三）预计执行情况及保障措施。

第三十八条 企业应当建立财务预算执行结果考核制度，将财务预算目标执行情况纳入考核及奖惩范围。

第三十九条 企业应当在预算年度终了及时撰写预算工作总结报告，认真总结年度财务预算工作经验和存在的不足，分析财务预算与实际执行结果的差异程度和影响因素，研究制定改进措施。

第四十条 国资委根据月度财务报告建立企业财务预算分类监测和反馈制度，对主要财务预算指标执行情况进行分类跟踪监测，对经营风险进行预测评估，并将监测和评估结果及时反馈企业，督促企业加强预算执行情况监督和控制。

第四十一条 国资委在预算年度终了，依据企业年度财务决算结果组织财务预算执行情况核查，对主要财务预算指标完成值与预算目标偏离的程度和影响因素进行分析，并将核查和分析结果作为企业财务预算报告质量评估的重要内容。

第六章 罚 则

第四十二条 企业负责人、总会计师（或分管财务负责人）应当对企业财务预算编制、报告、执行和监督工作负责；企业总会计师（或分管财务负责人）、财务管理部门负责人对财务预算编制的合规性、合理性及完整性负责。

第四十三条 国资委将企业财务预算管理情况作为总会计师履职评估的内容。

第四十四条 企业不按时上报财务预算报告或者上报财务预算报告不符合统一编制要求、存在严重质量问题，以及财务预算执行监督不力的，国资委将责令整改。

第四十五条 企业在财务预算管理工作中弄虚作假的，或者上报的财务预算报告与内部财务预算不符的，国资委将给予通报批评。

第四十六条 企业编制年度财务预算主要指标与实际完成值差异较大的，国资委将要求企业作出专项说明，无正当理由的，国资委将给予警示。

第四十七条 国资委工作人员在企业财务预算监督管理工作中玩忽职守，导致重大工作过失或者泄露企业商业秘密的，视情节轻重予以行政处分。

第七章 附 则

第四十八条 企业应当根据本办法规定制定本企业财务预算管理工作制度。

第四十九条 各省、自治区、直辖市国有资产监督管理机构可以参照本办法，制定本地区相关工作规范。

第五十条 本办法自 2007 年 6 月 25 日起施行。

国务院国有资产监督管理委员会关于印发《国有企业资产损失认定工作规则》的通知

2003年9月13日　国资评价〔2003〕72号

党中央有关部门，国务院各部委、各直属机构，各省、自治区、直辖市及计划单列市国有资产监督管理机构，新疆生产建设兵团，各中央企业：

为了加强对国有及国有控股企业清产核资工作的监督管理，规范企业资产损失的核实和认定工作，根据《国有企业清产核资办法》（国资委令第1号）和国家有关财务会计制度，我们制定了《国有企业资产损失认定工作规则》，现印发给你们。请结合企业自身实际，认真遵照执行，并及时反映工作中有关情况和问题。

附件：国有企业资产损失认定工作规则

附件：

国有企业资产损失认定工作规则

第一章　总　　则

第一条　为加强对国有及国有控股企业（以下简称企业）清产核资工作的监督管理，规范企业资产损失的核实和认定工作，根据《国有企业清产核资办法》和国家有关财务会计制度，制定本规则。

第二条　本规则所称的资产损失，是指企业清产核资清查出的在基准日之前，已经发生的各项财产损失和以前年度的经营潜亏及资金挂账等。

第三条　企业清产核资中清查出的各项资产损失，依据《国有企业清产核资办法》及本规则规定进行核实和认定。

第四条　企业清产核资中清查出各项资产损失的核实和认定，依据有关会计科目，按照货币资金损失、坏账损失、存货损失、待摊费用挂账损失、投资损失、固定资产损失、在建工程和工程物资损失、无形资产损失、其他资产损失等分类分项进行。

第五条　国有资产监督管理机构按照国家有关规定负责对企业清产核资中清查出的资产损失进行审核和认定工作。

第二章　资产损失认定的证据

第六条　在清产核资工作中，企业需要申报认定的各项资产损失，均应提供合法证据，包括：具有法律效力的外部证据、社会中介机构的经济鉴证证明和特定事项的企业内部证据。

第七条　具有法律效力的外部证据，是指企业收集到的司法机关、公安机关、行政部门、专业技术鉴定部门等依法出具的与本企业资产损失相关的具有法律效力的书面文件，主要包括：

（一）司法机关的判决或者裁定；

（二）公安机关的立案结案证明、回复；

（三）工商管理部门出具的注销、吊销及停业证明；

（四）企业的破产清算公告及清偿文件；

（五）政府部门的公文及明令禁止的文件；

（六）国家及授权专业技术鉴定部门的鉴定报告；

（七）保险公司对投保资产出具的出险调查单，理赔计算单等；

（八）符合法律条件的其他证据。

第八条　社会中介机构的经济鉴证证明，是指社会中介机构按照独立、客观、公正的原则，在充分调查研究、论证和分析计算基础上，进行职业推断和客观评判，对企业的某项经济事项发表的专项经济鉴证证明或鉴证意见书，包括：会计师事务所、资产评估机构、律师事务所、专业鉴定机构等出具的经济鉴证证明或鉴证意见书。

第九条　特定事项的企业内部证据，是指本企业在财产清查过程中，对涉及财产盘盈、盘亏或者实物资产报废、毁损及相关资金挂账等情况的内部证明和内部鉴定意见书等，主要包括：

（一）会计核算有关资料和原始凭证；

（二）资产盘点表；

（三）相关经济行为的业务合同；

（四）企业内部技术鉴定小组或内部专业技术部门的鉴定文件或资料（数额较大、影响较大的资产损失项目，应当聘请行业内专家参加技术鉴定和论证）；

（五）企业的内部核批文件及有关情况说明；

（六）由于经营管理责任造成的损失，要有对责任人的责任认定及赔偿情况说明。

第十条　对作为资产损失的所有证据，企业都应当根据内部控制制度和财务管理制度，进行逐级审核，认真把关；承担企业清产核资专项财务审计业务的中介机构应根据独立审计准则规定做好相关证据的复核、甄别工作，逐项予以核实和确认。

第三章　资产损失认定的原则

第十一条　为保证企业资产状况的真实性和财务信息的准确性，企业对清产核资中清查出的已丧失了使用价值或者转让价值、不能再为企业带来经济利益的账面无效资产，凡事实确凿、证明充分的，依据国家财务会计制度和清产核资政策规定，认定为损失，经批准后可予以财务核销。

第十二条　企业对清产核资中清查出的各项资产损失，应当积极组织力量逐户逐项进行认真清理和核对，取得足以说明损失事实的合法证据，并对损失的资产项目及金额按规定的工作程序和工作要求进行核实和认定。

对数额较大、影响较大的资产损失项目，企业应当逐项作出专项说明，承担专项财务审计业务的中介机构应当重点予以核实。

第十三条　企业对清产核资中清查出的各项资产损失，虽取得外部法律效力证明，但其损失金额无法根据证据确定的，或者难以取得外部具有法律效力证明的有关资产损失，应当由社会中介机构进行经济鉴证后出具鉴证意见书。

第十四条　企业对经批准核销的不良债权、不良投资等损失，应当认真加强管理，建立“账销案存”管理制度，组织力量或成立专门机构进一步清理和追索，避免国有资产流失。

第十五条　企业对经批准核销的报废毁损固定资产、存货、在建工程等实物资产损失，应当分类排队，进行认真清理，对有利用价值或者能收回残值的，应当积极进行处理，以最大限度降低损失。

第十六条　企业清查出的由于会计技术性差错引起的资产不实，不属于资产损失的认定范围，应当由企业依据会计准则规定的会计差错更正办法，经会计师事务所审计提出相关意见后自行处理。

第十七条　企业集团内部单位之间、母公司与子公司之间的互相往来款项、投资和关联交易，债务人核销债务要与债权人核销债权同等金额、同时进行，并签订书面协议，互相提供处理债权或者债务的财务资料。

第四章　货币资金损失的认定

第十八条　货币资金损失是指企业清查出的现金短缺和各类金融机构存款发生的有关损失。

第十九条　企业清查出的现金短缺，将现金短缺数扣除责任人赔偿后的数额，依据下列证据，确认为损失：

（一）现金保管人确认的现金盘点表（包括倒推至基准日的记录）；

（二）现金保管人对于短款的说明及相关核准文件；

（三）由于管理责任造成的，应当有对责任人的责任认定及赔偿情况说明；

（四）涉及刑事犯罪的应当提供有关司法涉案材料。

第二十条 企业清查出的存款中金融机构已付、企业未付的款项，依据财产清查基准日的银行对账单及相应的银行存款余额调节表，要逐笔查明银行已付、企业未付款项的形成原因，确认与收款人的债权债务关系，核实情况分清责任。对不能收回款项，比照本规则坏账损失的认定要求，进行损失认定。

第五章 坏账损失的认定

第二十一条 坏账损失是指企业不能收回的各项应收款项造成的损失，主要包括：应收账款和其他应收款、应收票据、预付账款等发生坏账造成的损失。

第二十二条 对在清产核资中清查出的各项坏账，企业应当逐项分析形成原因，对有合法证据证明确实不能收回的应收款项，分别不同情况，认定为损失。

第二十三条 债务单位已被宣告破产、注销、吊销工商登记或者被政府责令关闭等，造成应收款项无法收回的，依据下列证据，认定为损失：

（一）法院的破产公告和破产清算的清偿文件；

（二）工商部门的注销、吊销证明；

（三）政府部门有关行政决定文件。

对上述情形中已经清算的，应当扣除债务人清算财产实际清偿部分后，对不能收回的款项，认定为损失。

对尚未清算的，由社会中介机构进行职业推断和客观评判后出具经济鉴证证明，对确实不能收回的部分，认定为损失。

第二十四条 债务人已失踪、死亡的应收款项，在取得公安机关出具的债务人已失踪、死亡的证明后，确定其遗产不足清偿部分或无法找到承债人追偿债务的，由社会中介机构进行职业推断和客观评判后出具经济鉴证证明，认定为损失。

第二十五条 债务人因遭受战争、国际政治事件及自然灾害等不可抗力因素影响，对确实无法收回的应收款项，由企业作出专项说明，经社会中介机构进行职业推断和客观评判后出具经济鉴证证明，认定为损失。

第二十六条 逾期不能收回的应收款项，有败诉的法院判决书、裁定书，或者胜诉但无法执行或债务人无偿债能力被法院裁定终（中）止执行的，依据法院的判决、裁定或终（中）止执行的法律文书，认定为损失。

第二十七条 在逾期不能收回的应收款项中，单笔数额较小、不足以弥补清收成本的，由企业作出专项说明，经社会中介机构进行职业推断和客观评判后出具经济鉴证证明，认定为损失。

第二十八条 逾期3年以上的应收款项，企业有依法催收磋商记录，确认债务人已资不抵债、连续3年亏损或连续停止经营3年以上的，并能认定在最近3年内没有任何业务往来，由社会中介机构进行职业推断和客观评判后出具鉴证证明，认定为损失。

第二十九条 逾期3年以上的应收款项，债务人在境外及港、澳、台地区的，经依法催收仍不能收回的，在取得境外中介机构出具的有关证明，或者取得我国驻外使（领）馆或商务机构出具的有关证明后，认定为损失。

第三十条 对逾期3年以上的应收款项，企业为了减少坏账损失而与债务人协商，按一定比例折扣后收回（含收回的实物资产）的，根据企业董事会或者经理（厂长）办公会审议决定（二级及以下企业应有上级母公司的核准文件）和债权债务双方签订的有效协议，以及已收回资金的证明，其折扣部分，认定为损失。

第六章 存货损失的认定

第三十一条 存货损失是指有关商品、产成品、半成品，在产品以及各类材料、燃料、包装物、低值易耗品等发生的盘盈、盘亏、变质、毁损、报废、淘汰、被盗等造成的净损失，以及存货成本的高留低转资金挂账等。

第三十二条 对盘盈和盘亏的存货，扣除责任人赔偿后的差额部分，依据下列证据，认定为损失：

（一）存货盘点表；

（二）社会中介机构的经济鉴证证明；

（三）其他应当提供的材料：

1. 存货保管人对于盘盈和盘亏的情况说明；

2. 盘盈存货的价值确定依据（包括相关入库手续、相同相近存货采购发票价格或者其他确定依据）；

3. 盘亏存货的价值确定依据；

4. 企业内部有关责任认定、责任人赔偿说明和内部核批文件。

第三十三条 对报废、毁损的存货，将其账面价值扣除残值及保险赔偿或责任人赔偿后的差额部分，依据下列证据，认定为损失：

（一）单项或者批量金额较小的存货，由企业内部有关部门出具技术鉴定证明；

（二）单项或者批量金额较大的存货，应取得国家有关技术鉴定部门或具有技术鉴定资格的社会中介机构出具的技术鉴定证明；

（三）涉及保险索赔的，应当有保险公司理赔情况说明；

（四）其他应当提供的材料：

1. 企业内部关于存货报废、毁损情况说明及审批文件；

2. 残值情况说明；

3. 企业内部有关责任认定、责任人赔偿说明和内部核批文件。

第三十四条 对被盗的存货，将其账面价值扣除保险理赔以及责任人赔偿后的差额部分，依据以下证据，认定为损失：

（一）向公安机关的报案记录；公安机关立案、破案和结案的证明材料；

（二）涉及责任人的责任认定及赔偿情况说明；

（三）涉及保险索赔的，应有保险公司理赔情况说明。

第三十五条 对已削价、折价处理的存货，由企业有关部门说明情况，依据有关会计凭证将原账面价值与已收回价值的差额部分，认定为损失。

第三十六条 对清查出的存货成本高留低转部分，由企业作出专项说明，经社会中介机构进行职业推断和客观评判后出具经济鉴证证明，认定为损失。

第七章 待摊费用挂账损失的认定

第三十七条 企业清查出的已经失去摊销意义的费用项目，由企业作出相关事项说明，经社会中介机构进行职业推断和客观评判后出具经济鉴证证明，认定为损失。

第三十八条 企业清查出的长期应摊未摊费用，由企业作出难以自行消化的未摊销专项说明，经社会中介机构进行职业推断和客观评判后出具经济鉴证证明，认定为损失。

第三十九条 企业清查出的有关应提未提费用，由企业作出专项说明，经社会中介机构进行职业推断和客观评判后出具经济鉴证证明，认定为损失。

第四十条 企业清查出的以前年度由于国家外汇汇率政策调整引起的汇兑损失挂账，由企业作出专项说明，经社会中介机构进行职业推断和客观评判后出具经济鉴证证明，认定为损失。

第八章 投资损失的认定

第四十一条 投资损失是指企业发生的不良股权或者债权投资造成的损失，包括长期投资损失和短期投资损失。对清查出的不良投资，企业要逐项进行原因分析，对有合法证据证明不能收回的，认定为损失。

第四十二条 被投资单位已破产、清算、被撤销、关闭或被注销、吊销工商登记等，造成难以收回的不良投资，依据下列证据，认定为损失：

（一）法院的破产公告或者破产清算的清偿文件；

（二）工商部门的注销、吊销文件；

（三）政府部门的有关行政决定文件；

对已经清算的，扣除清算财产清偿后的差额部分，认定为损失。

尚未清算的，由社会中介机构经过职业推断和客观评判后出具经济鉴证证明，对被投资单位剩余财产确实不足清偿投资的差额部分，认定为损失。

第四十三条 对企业有关参股投资项目金额较小，确认被投资单位已资不抵债、连续经营亏损 3 年以上或连续停止经营 3 年以上的，由社会中介机构进行职业推断和客观评判后出具经济鉴证证明，对确实不能收回的部分，认定为损失。

第四十四条 企业经营期货、证券、外汇等短期投资未进行交割或清理的，不能认定为损失。

第九章　固定资产损失的认定

第四十五条　固定资产损失是指企业房屋建筑物、机器设备、运输设备、工具器具等发生的盘盈、盘亏、淘汰、毁损、报废、丢失、被盗等造成的净损失。

第四十六条　对盘盈的固定资产，依据下列证据，确认为固定资产盘盈入账：

（一）固定资产盘点表；

（二）使用保管人对于盘盈情况说明材料；

（三）盘盈固定资产的价值确定依据（同类固定资产的市场价格、类似资产的购买合同、发票或竣工决算资料）；

（四）单项或批量数额较大固定资产的盘盈，企业难以取得价值确认依据的，应当委托社会中介机构进行估价，出具估价报告。

第四十七条　对盘亏的固定资产，将其账面净值扣除责任人赔偿后的差额部分，依据下列证据，认定为损失：

（一）固定资产盘点表；

（二）盘亏情况说明（单项或批量金额较大的固定资产盘亏，企业要逐项作出专项说明，由社会中介机构进行职业推断和客观评判后出具经济鉴证证明）；

（三）社会中介机构的经济鉴证证明；

（四）企业内部有关责任认定和内部核准文件等。

第四十八条　对报废、毁损的固定资产，将其账面净值扣除残值、保险赔偿和责任人赔偿后的差额部分，依据下列证据，认定为损失：

（一）企业内部有关部门出具的鉴定证明；

（二）单项或批量金额较大的固定资产报废、毁损，由企业作出专项说明，应当委托有技术鉴定资格的机构进行鉴定，出具鉴定证明；

（三）不可抗力原因（自然灾害、意外事故）造成固定资产毁损、报废的，应当有相关职能部门出具的鉴定报告：如消防部门出具的受灾证明；公安部门出具的事故现场处理报告、车辆报损证明；房管部门的房屋拆除证明；锅炉、电梯等安检部门的检验报告等；

（四）企业固定资产报废、毁损情况说明及内部核批文件；

（五）涉及保险索赔的，应当有保险理赔情况说明。

第四十九条　对被盗的固定资产，将其账面净值扣除责任人的赔偿和保险理赔后的差额部分，依据下列证据，认定为损失：

（一）向公安机关的报案记录；公安机关立案、破案和结案的证明材料；

（二）企业内部有关责任认定、责任人赔偿说明和内部核批文件；

（三）涉及保险索赔的，应当有保险理赔情况说明。

第十章　在建工程和工程物资损失的认定

第五十条　在建工程损失和工程物资损失是指企业已经发生的因停建、废弃和报废、拆除的在建工程项目造成的损失，以及因此而引起的相应工程物资报废或者削价处理等发生的损失。

第五十一条　因停建、废弃和报废、拆除的在建工程，将其账面投资扣除残值后的差额部分，依据下列证据，认定为损失：

（一）国家明令停建项目的文件；

（二）规划等有关政府部门出具的工程停建、拆除通知文件；

（三）企业对报废、废弃的在建工程项目出具的鉴定意见和原因说明及核批文件；单项数额较大的在建工程报废，应当有行业专家参与的技术鉴定意见；

（四）工程项目实际投入的价值确定依据。

第五十二条　由于自然灾害和意外事故毁损的在建工程，将其账面投资扣除残值、保险赔偿及责任赔偿后的差额部分，依据下列证据，认定为损失：

（一）有关自然灾害或者意外事故证明；

（二）涉及保险索赔的，应当有保险理赔情况说明；

（三）企业内部有关责任认定、责任人赔偿说明和核准文件。

第五十三条　工程物资发生损失的，比照本规则存货损失的认定要求，进行损失认定。

第十一章　无形资产和其他资产损失的认定

第五十四条　无形资产损失是指某项无形资产已经被其他新技术所代替或已经超过了法律保护的期限，已经丧失了使用价值和转让价值，不能给企业再带来经济利益，而使该无形资产成为无效资产，其账面尚未摊销的余额，形成无形资产损失。

第五十五条　企业清查出的无形资产损失，依据有关技术部门提供的鉴定材料，或者已经超过了法律保护的期限证明文件，将尚未摊销的无形资产账面余额，认定为损失。

第五十六条　企业或有负债（包括担保、抵押、委托贷款等行为造成的损失）成为事实负债后，对无法追回的债权，分别按有关资产损失认定要求，进行损失认定。

（一）对外提供担保损失。被担保人由于不能按期偿还债务，本企业承担了担保连带还款责任，经清查和追索，被担保人无偿还能力，对无法追回的，比照本规则坏账损失的认定要求，进行损失认定。

（二）抵押损失。由于企业没能按期赎回抵押资产，使抵押资产被拍卖或变卖，其账面价值与拍卖或变卖价值的差额部分，依据拍卖或变卖证明，认定为损失。

（三）委托贷款损失。企业委托金融机构向其他单位贷出的款项，对贷款单位不能按期偿还的，比照本规则投资损失的认定要求，进行损失认定。

第五十七条 国家特准储备物资发生损失的，按有关规定的审批程序另行报批。

第十二章 附 则

第五十八条 企业应按照《会计档案管理办法》的规定，妥善保管清产核资工作档案，清产核资各种工作底稿、各项资产损失认定证明和会计基础材料，应分类装订成册，按规定期限保存。

第五十九条 本规则自公布之日起施行。

关于印发《国有企业清产核资工作规程》的通知

2003 年 9 月 13 日 国资评价〔2003〕73 号

党中央有关部门，国务院各部委、各直属机构，各省、自治区、直辖市及计划单列市国有资产监督管理机构，新疆生产建设兵团，各中央企业：

为了加强对企业国有资产监督管理，规范企业清产核资工作，根据《国有企业清产核资办法》（国资委令第 1 号）及清产核资政策的有关规定，我们制定了《国有企业清产核资工作规程》，现印发给你们。请结合企业自身实际，认真遵照执行，并及时反映工作中有关情况和问题。

附件：国有企业清产核资工作规程

附件：

国有企业清产核资工作规程

第一章 总 则

第一条 为规范国有及国有控股企业（以下简称企业）清产核资工作，保证工作质量，提高工作效率，根据《国有企业清产核资办法》和国家有关财务会计制度，制定本工作规程。

第二条 企业开展清产核资工作，应当依据《国有企业清产核资办法》规定及本工作规程明确的工作程序、工作方法、工作要求和工作步骤等组织进行。

第三条 企业开展清产核资工作，有关立项申请、账务清理、资产清查、价值重估、损溢认定、报表编制、中介审计、结果申报、资金核实、账务处理、完善制度等工作任务，应当遵循本工作规程相关要求。

第四条 制定企业清产核资工作规程的目的，是为了促进建立依法管理、公开透明、监督制衡的企业清产核资工作基本程序和工作规范。

第二章 立项申请

第五条 企业开展清产核资工作，除国有资产监督管理机构特殊规定外，均应当根据实际情况和国家清产核资有关要求提出申请，经批准同意后组织实施。

属于由国有资产监督管理机构要求开展清产核资工作的，企业依据国有资产监督管理机构的工作通知或者工作方案，组织实施。

第六条 企业发生《国有企业清产核资办法》第八条所规定的有关经济行为的，依据国家清产核资有关政策和企业经济行为需要，由母公司统一向同级国有资产监督管理机构提出开展清产核资工作申请报告。

第七条 企业清产核资工作申请报告主要包括以下内容：

（一）企业情况简介；

（二）开展清产核资工作的原因；

（三）开展清产核资工作基准日（清查时点）；

（四）清产核资工作范围；

（五）清产核资工作组织方式；

（六）需要说明的其他事项。

第八条 企业清产核资工作申请报告，应当附报能够说明开展清产核资理由的相关文件或材料。

国有控股企业开展或者参加清产核资工作，应当附报企业董事会或者股东会的相关决议。

第九条 企业开展清产核资工作的范围应当包括：企业总部及所属全部的子企业（含下属事业单位、分支机构、境外子企业等，下同）。对于因特殊原因不能参加清产核资工作的子企业，企业应当附报有关名单并说明原因，经批准后可以账面数作为清产核资工作结果。

第十条 企业所属下列子企业可以不列入参加清产核资工作范围，直接以企业账面数作为企业清产核资工作结果：

（一）子企业新成立不到 1 年的；

（二）子企业因某种特定经济行为在上一年度已组织进行过资产评估的；

（三）子企业资产、财务状况良好，经财务审计确实不存在较大资产损失或者潜亏挂账的。

第十一条 国有资产监督管理机构在收到企业报送的清产核资工作申请报告后，应当依据清产核资制度及时予以审核和答复。

（一）对于符合开展清产核资工作条件的，国有资产监督管理机构应在规定时间内出具同意企业开展清产核资工作的文件；

（二）对于不符合开展清产核资工作条件的，国有资产监督管理机构应当及时通知企业并告之原因。

第十二条 企业经核准同意开展清产核资工作后，应当指定内设的财务管理或资产管理等机构或者成立多部门组成的临时机构作为具体工作办事机构，负责本企业清产核资有关工作的组织和协调，并与国有资产监督管理机构建立工作联系。

第十三条 企业经核准同意开展清产核资工作后，应当于接到同意文件15个工作日内，根据国家有关清产核资工作政策、工作制度和工作要求，制定本企业清产核资工作的具体实施方案，并报同级国有资产监督管理机构备案（其中应当抄报本企业监事会1份）。

第十四条 企业清产核资工作的具体实施方案，主要包括以下内容：

（一）企业开展清产核资工作目标；

（二）企业清产核资办事机构基本情况；

（三）企业清产核资工作组织方式；

（四）企业清产核资工作内容；

（五）企业清产核资工作步骤和时间安排；

（六）企业清产核资工作要求及工作纪律；

（七）需要说明的其他事项。

第十五条 企业在清产核资中，应当认真做好本企业内部户数清理工作，确定基本清查单位或项目，明确工作范围，落实工作责任制。基本清查单位和清产核资工作组织，原则上按照企业财务隶属关系划分和确定。

第三章 账务清理

第十六条 为保证企业的账账相符、账证相符，企业在清产核资工作中必须认真做好账务清理工作，即：对企业总公司及子企业所有账户进行清理，以及总公司同各子企业之间的各项内部资金往来、存借款余额、库存现金和有价证券等基本账务情况进行全面核对和清理，以保证企业各项账务的全面和准确。

第十七条 企业账务清理应当以清产核资工作基准日为时点，采取倒轧账的方式对各项账务进行全面清理，认真做好内部账户结算和资金核对工作。

通过账务清理要做到总公司内部各部门、总公司同各子企业之间、子企业相互之间往来关系清楚、资金关系明晰。

第十八条 企业对在金融机构开立的人民币支付结算的银行基本存款账户、一般存款账户、临时存款账户、专用存款账户，以及经常项目外汇账户、资本项目外汇账户等要进行全面清理。

第十九条 企业在清产核资中，应当认真清理企业及所属子企业各种违规账户或者账外账，按照国家现行有关金融、财会管理制度规定，检查本企业在各种金融机构中开立的银行账户是否合规，对违规开立的银行账户应当坚决清理；对于账外账的情况，一经发现，应当坚决纠正。

第二十条 企业在清产核资工作中，应当认真清查公司总部及所有子企业的各项账外现金，对违反国家财经法规及其他有关规定侵占、截留的收入，或者私存私放的各项现金（即“小金库”）进行全面清理，应当认真予以纠正，及时纳入企业账内。

第二十一条 企业在清产核资中，应当认真对企业总部及所属子企业对内或者对外的担保情况、财产抵押和司法诉讼等情况进行全面清理，并根据实际情况分类排队，并采取有效措施防范风险。

第二十二条 企业在账务清理中，对清理出来的各种由于会计技术性差错因素造成的错账，应当根据会计准则关于会计差错调整的规定自行进行账务调整。

第四章 资产清查

第二十三条 企业应当在清产核资过程中认真组织力量做好资产清查工作，对企业的各项资产进行全面的清理、核对和查实。社会中介机构应按照独立审计准则的相关规定对资产盘点进行监盘。

第二十四条 企业在组织资产清查时，应当把实物盘点同核实账务结合起来，在盘点过程中要以账对物、以物核账，做好细致的核对工作，保证企业做到账实相符。

（一）企业资产清查工作应当把清理资产同核查负债和所有者权益结合起来，对企业的负债、权益认真清理，对于因会计技术差错造成的不实债权、债务进行甄别并及时改正；对清查出来的账外权益、负债要及时入账，以确保企业的资产、负债及权益的真实、准确。

（二）企业资产清查工作应当重点做好各类应收及预付账款、各项对外投资、账外资产的清理，查实应收账款的债权是否存在，核实对外投资初始成本的现有实际价值。

第二十五条 企业对流动资产清查核实的范围和内容包括现金、各种存款、各种应收及预付款项、短期投资和存货等。

第二十六条 现金清查主要是确定货币资金是否存在；货币资金的收支记录是否完整；库存现金、银行存款以及其他货币资金账户的余额是否正确。

第二十七条 对库存现金的清查，应当查看库存现金是否超过核定的限额，现金收支是否符合现金管理规定；核对库存现金实际金额与现金日记账户余额是否相符；编制库存现金盘点表。对库存外币依币种清查，并以清查时点当日之银行外币买入牌价换算。

备用金余额加上各项支出凭证的金额应等于当初设置备用金数额。截至清查时点时，应当核对企业现金日记账的余额与库存现金的盘点金额是否相符；如有差异，应说明原因。

第二十八条 对其他货币资金，主要是清查外埠存款、银行汇票存款、银行本票存款、在途货币资金、信用卡存款、信用证存款等，按其他货币资金账户及其明细分类账逐一核对。

第二十九条 对银行存款，主要清查企业在开户银行及其他金融机构各种存款账面余额与银行及其他金融机构中该企业的账面余额是否相符；对银行存款的清查，应根据银行存款对账单、存款种类及货币种类逐一查对、核实。检查银行存款余额调节表中未达账项的真实性；检查非记账本位币折合记账本位币所采用的折算汇率是否正确，折算差额是否已按规定进行账务处理。

（一）存款明细要依不同银行账户分列明细，应当区分人民币及各种外币；

（二）定期存款应当出具银行定期存款单；

（三）各项存款应当由银行出具证明文件；

（四）外币存款应当按外币币种及银行分列；

（五）银行存款账列有利息收入时应当详加注明。

第三十条 应收及预付款项的清查内容包括应收票据、应收账款、其他应收款、预付账款和待摊费用。

（一）清查应收票据时，企业应当按其种类逐笔与购货单位或者银行核对查实；

（二）清查应收账款、其他应收款和预付账款时，企业应当逐一与对方单位核对，以双方一致金额记账。对有争议的债权要认真清理、查证、核实，重新明确债权关系。对长期拖欠，要查明原因，积极催收；对经确认难以收回的款项，应当明确责任，做好有关取证工作；

（三）应当认真清理企业职工个人借款并限期收回。

第三十一条 短期投资的清查主要对国库券、各种特种债券、股票及其他短期投资进行清理，取得股票、债券及基金账户对账单，与明细账余额核对，盘点库存有价证券，与相关账户余额进行核对。

第三十二条 存货的清查内容主要包括：原材料、辅助材料、燃料、修理用备件、包装物、低值易耗品、在产品、半成品、产成品、外购商品、协作件以及代保管、在途、外存、外借、委托加工的物资（商品）等。

（一）各企业都应当认真组织清仓查库，对所有存货全面清查盘点；对清查出的积压、已毁损或需报废的存货，应当查明原因，组织相应的技术鉴定，并提出处理意见；

（二）对长期外借未收回的存货，应当查明原因，积极收回或按规定作价转让；

（三）代保管物资由代保管单位协助清查，并将清查结果告知产权单位。

第三十三条 固定资产清查的范围主要包括房屋及建筑物、机器设备、运输设备、工具器具和土地等。

（一）对固定资产要查清固定资产原值、净值，已提折旧额，清理出已提足折旧的固定资产、待报废和提前报废固定资产的数额及固定资产损失、待核销数额等；

（二）租出的固定资产由租出方负责清查，没有登记入账的要将清查结果与租入方进行核对后，登记入账；

（三）对借出和未按规定手续批准转让出去的资产，应当认真清理收回或者补办手续；

（四）对清查出的各项账面盘盈（含账外）、盘亏固定资产，要认真查明原因，分清工作责任，提出处理意见；

（五）经过清查后的各项固定资产，依据用途（指生产性或非生产性）和使用情况（指在用、未使用或不需用等）进行重新登记，建立健全实物账卡；

（六）对清查出的各项未使用、不需用的固定资产，应当查明购建日期、使用时间、技术状况和主要参数等，按调拨（其价值转入受拨单位）、转生产用、出售、待报废等提出处理意见；

（七）土地清查的范围包括企业依法占用和出租、出借给其他企业使用的土地，企业举办国内联营、合资企业以使用权作价投资或入股的土地，企业与外方举办的中外合资、合作经营企业以使用权作价入股的土地。

第三十四条 长期投资的清查主要包括总公司和子企业以流动资产、固定资产、无形资产等各种资产的各种形式投资。

（一）在清查对外长期投资时，凡按股份或者资本份额拥有实际控制权的，一般应采用权益法进行清查；没有实际控制权的，按企业目前对外投资的核算方式进行清查。核查内容包括：有关长期投资的合同、协议、章程，有权力部门的批准文件，确认目前拥有的实际股权、原始投入、股权比例、分红等项内容；

（二）企业在境外的长期投资清查主要包括以资金、实物资产、无形资产在境外投资举办的各类独资、合资、联营、参股公司等企业中的各项资产，由中方投资企业认真查明管理情况和投资效益。

第三十五条 在建工程（包括基建项目）清查的范围和内容主要是在建或停缓建的国家基建项目、技术改造项目，包括完工未交付使用（含试车）、交付使用未验收入账等工程项目、长期挂账但实际已经停工报废的项目。在建工程要由建设单位负责按项目逐一进行清查，主要登记在建工程的项目性质、投资来源、投资总额、实际支出、实际完工进度和管理状况。

对在建工程的毁损报废要详细说明原因，提供合规证明材料。对清理出来的在建工程中已完工未交付使用和交付使用未验收入账的工程，企业应当及时入账。

第三十六条 无形资产清查的范围和内容包括各项专利权、商标权、特许权、版权、商誉、土地使用权及房屋使用权等。对无形资产的清查进行全面盘点，确定其真实价值及完整内容，核实权属证明材料，检查实际摊销情况。

第三十七条 递延资产及其他资产清查的范围和内容包括开办费、租入固定资产改良支出及特准储备物资等，应当逐一清理，认真核查摊销余额。

第三十八条 负债清查的范围和内容包括各项流动负债和长期负债。流动负债要清查各种短期借款、应付及预收款项、预提费用及应付福利费等；长期负债要清查各种长期借款、应付债券、长期应付款、住房周转金等。对负债清查时企业、单位要与债权单位逐一核对账目，达到双方账面余额一致。

第三十九条 企业在对以上资产进行全面清查的基础上，根据国家有关清产核资损失认定的有关规定，在社会中介机构的配合下，收集相关证据，为资产损失、资金挂账的认定工作做好准备。

第五章　价值重估

第四十条　企业凡在以前开展清产核资工作（包括第五次全国清产核资工作，配合军队、武警部队和政法机关移交企业，中央党政机关脱钩企业，科研机构整体转制及日常开展的清产核资工作）时已进行过资产价值重估的，或者因特定经济行为需要已经组织过资产评估工作的，原则上不再进行资产价值重估。

第四十一条　中央企业在清产核资中，属第四十条规定以外，且企业账面价值和实际价值背离较大的主要固定资产和流动资产确需进行重新估价的，须在企业清产核资立项申请报告中就有关情况及原因进行专项说明，由国务院国有资产监督管理委员会审批。

第四十二条　地方所出资企业需在清产核资中进行资产价值重估的，须由省级国有资产监督管理机构核准同意。

第四十三条　企业在清产核资中经核准同意进行资产价值重估工作的，原则上应当采取物价指数法。对于特殊情况经批准后，也可采用重置成本法等其他方法进行。

第四十四条　物价指数法是以资产购建年度价格为基准价格，按国家有关部门制定的《清产核资价值重估统一标准目录》（1995 年）中列出的价格指数，对资产价值进行统一调整估价的方法。

第六章　损溢认定

第四十五条　企业在进行账务清理、资产清查的基础上，对各项清理出来的资产盘盈、资产损失和资金挂账，依据国家清产核资政策和有关财务会计制度规定，认真、细致地做好资产损溢的认定工作。

第四十六条　企业在清产核资中对清理出来的各项资产盘盈、资产损失和资金挂账的核实和认定，具体按照《国有企业资产损失认定工作规则》的有关规定进行。

第四十七条　企业在清产核资中对各项资产盘盈、资产损失和资金挂账的核实和认定都必须取得合法证据。合法证据包括：

（一）具有法律效力的外部证据；

（二）社会中介机构的经济鉴证证明；

（三）特定经济行为的企业内部证据。

第四十八条　企业在清产核资中，要认真组织做好资产盘盈、资产损失和资金挂账有关证明的取证与证据甄别。在取得各项相关证据和资料后，企业应当认真甄别各项证明材料的可靠性和合理性；承担清产核资专项财务审计业务的社会中介机构要对企业提供的各项证据的真实性、可靠性进行核实和确认。

第四十九条 企业在清产核资中对清理出的各种账外资产以及账外的债权、债务等情况在进行认真分析的基础上，作出详细说明，报国有资产监督机构审核批准后及时调整入账。

第五十条 企业在清产核资工作中，对证据充分、事实确凿的各项资产损失、资金挂账，经社会中介机构专项财务审计后，可以按照国家清产核资政策规定向国有资产监督管理机构申报认定和核销。

第五十一条 企业在清产核资中应当严格区分内部往来、内部关联交易的损失情况，在上报子企业的资产损失时，作为投资方采用权益法核算的，母公司不重复确认为损失。

第七章 报表编制

第五十二条 《企业清产核资报表》是在清产核资各项工作的基础上，依据各工作阶段所获得的数据和资料，进行整理、归类、汇总和分析，编制反映企业清产核资基准日资产状况、清查结果和资金核实的报告文件。

国务院国有资产监督管理委员会负责统一制定和下发《企业清产核资报表》格式。

第五十三条 企业在清产核资工作中，在进行账务清理、资产清查等工作并填制《清产核资工作基础表》的基础上，应当认真、如实地分别填制《企业清产核资报表》。

第五十四条 《清产核资工作基础表》是企业开展资产清查工作的基本底表。企业在清产核资过程中可根据企业自身情况对《清产核资工作基础表》进行必要的修改或调整。

第五十五条 《企业清产核资报表》分为清产核资工作情况表和清产核资损失挂账分项明细表两个部分：

（一）清产核资工作情况表主要包括：资产清查表、基本情况表、资金核实申报表、资金核实分户表、损失挂账情况表；

（二）清产核资损失挂账分项明细表反映企业申报的资产盘盈、资产损失和资金挂账分项明细情况，具体按照不同单位、损失类别等列示。

第五十六条 《企业清产核资报表》编制工作，要明确分工，精心组织，积极做好内部相关业务机构的协调和配合，确保报表数据的真实、合法和完整，并依次装订成册，由企业法人签字并加盖公章。

第五十七条 企业在清产核资工作中编制的《企业清产核资报表》和《清产核资工作基础表》应当作为工作档案的一部分，按照有关档案管理的要求妥善保管。

第八章 中介审计

第五十八条 企业清产核资工作结果应当按照规定委托符合资质条件的社会中介机构进行专项财务审计。涉及国家安全的特殊企业经同意后，由企业自行组织开展清产核资工作。

第五十九条 社会中介机构要按照独立、客观、公正的原则，履行必要的审计程序，依据独立审计准则等相关规定，认真核实企业的各项清产核资材料，并按照规定参与清点实物实施监盘。

第六十条 企业在清产核资工作中要分清与社会中介机构的职责分工，明确工作关系，细化工作程序，分清工作责任。如选择多家社会中介机构的，应当指定其中一家社会中介机构为主审机构牵头负责，并明确主审所与协作所的分工、责任等关系。

第六十一条 社会中介机构在清产核资专项财务审计工作和经济鉴证中享有法律规定的权力，承担法律规定的义务。任何企业和个人不得干涉社会中介机构的正常职业行为。社会中介机构要在清产核资工作中保守企业的各项商业秘密。

第六十二条 社会中介机构对企业资产损溢，应当在充分调查研究、论证的基础上，进行职业推断和客观评判，出具经济鉴证证明，并对其真实性、可靠性负责。

社会中介机构对企业清产核资结果，应当在认真核实和详细分析的基础上，根据独立、客观、公正原则，出具专项财务审计报告，并对其准确性、可靠性负责。

第六十三条 社会中介机构在清产核资专项财务审计工作结束后，应当在对企业的内控机制等情况进行审核的基础上，出具管理意见书，提出企业改进相关管理的具体措施和建议。

第九章 结果申报

第六十四条 企业对清查出的各项资产盘盈（包括账外资产）、资产损失和资金挂账等，应当区别情况，按照国家有关清产核资政策规定，分别提出具体处理意见，及时向同级国有资产监督管理机构报送清产核资结果申报材料。

第六十五条 从企业收到清产核资立项批复文件起，应于6个月内完成清产核资各项主体工作，并向国有资产监督管理机构报送清产核资工作报告；在规定时间内不能完成工作的，需报经国有资产监督管理机构同意。

第六十六条 清产核资结果申报材料具体包括：清产核资工作报告、清产核资报表、专项财务审计报告及有关备查材料。

第六十七条 企业清产核资工作报告主要包含以下内容：

（一）企业清产核资基本情况简介；

（二）清产核资工作结果；

（三）对清产核资暴露出来的企业资产、财务管理中存在的问题、原因进行分析并提出改进措施等。

第六十八条 企业清产核资报表应包括企业总部及所属全部子企业的资产状况，以反映企业总体经营实力，并采取合并方式编制。企业所属子企业的清产核资报表以送电子文档格式附报。

第六十九条 专项财务审计报告由社会中介机构出具，主要内容包括：清产核资范围及内容；清产核资行为依据及法律依据；清产核资组织实施情况；清产核资审核意见；社会中介机构认为需要专项说明的重大事项；报告使用范围说明等。另外，还应当附申报资产损失分项明细表；资产损失申报核销项目说明及相关工作材料等。

第七十条 企业各项资产损失、资金挂账的原始凭证资料及具有法律效力证明材料的复印件，如材料较多应单独汇编成册，编注页码，列出目录。

清产核资企业及相关社会中介机构要对所提供证明材料的复印件与原件的一致性负责。

第十章 资金核实

第七十一条 国有资产监督管理机构对企业经过账务清理、资产清查等基础工作后上报的各项资产盘盈、资产损失、资金挂账等进行认定，重新核实企业实际占用的全部法人财产和国家资本金。

第七十二条 国有资产监督管理机构在收到企业报送的清产核资报告后，按照国家有关清产核资政策、国家现行的财务会计制度及相关规定，对上报材料的内容进行审核。

属于国有控股企业的应向国有资产监督管理机构附报董事会或者股东会相关决议。

第七十三条 对企业上报的各项资产损失、资金挂账有充分证据的，国有资产监督管理机构在清产核资企业申报的处理意见及社会中介机构的专项财务审计意见基础上，依据企业的承受能力等实际情况，提出相应的损失挂账处理意见。企业有消化能力的应以企业自行消化为主；如企业确无消化能力的可按相关规定冲减所有者权益。

第七十四条 对确实因客观原因在企业申报清产核资资金核实结果时，相关资产损失、资金挂账的证据不够充分，国有资产监督管理机构无法审定核准的，经同意企业可继续收集证据，在不超过一年的时间内另行补报（1 次）。

第十一章 账务处理

第七十五条 企业在接到清产核资资金核实批复文件后，依据批复文件的要求，按照国家现行的财务、会计制度的规定，对企业总公司及子企业进行账务处理。

第七十六条 企业对因采用权益法核算引起的由于子企业损失被核销造成的长期投资损失，在经批准核销后，按照会计制度的规定同时调整相关会计科目。

第七十七条 企业在接到清产核资的批复 60 个工作日内要将账务处理结果报同级国有资产监督管理机构并抄送企业监事会（1 份）。主要内容有：

（一）总公司按照国有资产监督管理机构批复的清产核资资金核实结果，对列入清产核资范围的各子企业下达的账务调整批复；

（二）企业应当对未能按照国有资产监督管理机构批复的清产核资资金核实结果调账部分的原因进行详细说明并附相关证明材料；

（三）企业所属控股、参股子企业按照批复的损失额等比例进行摊销。

第七十八条 企业对经同意核销的各项不良债权、不良投资，要建立账销案存管理制度，组织力量和建立相关机构积极清理和追索；对同意核销的各项实物资产损失，应当组织力量积极处置、回收残值，避免国有资产流失。

第七十九条 企业在接到清产核资的批复30个工作日内，按规定程序到同级国有资产监督管理机构办理相应的产权变更登记手续。企业注册资本发生变动的，在接到清产核资的批复后，在规定的时间内，按规定程序到工商行政管理部门办理工商变更登记手续。

第十二章 完善制度

第八十条 企业在清产核资的基础上，应当针对清产核资工作中暴露出来的资产及财务管理等方面问题，对资产盘盈、资产损失和资金挂账等形成原因进行认真分析，分清管理责任，提出相关整改措施，巩固清产核资工作成果，防止前清后乱。

第八十一条 企业在清产核资的基础上，按照国家现行的财务、会计及资产管理制度规定并结合企业实际情况，建立健全各项资产包括固定资产、流动资产、无形资产、递延资产、在建工程等管理制度，完善内部资产与财务管理办法。

第八十二条 企业在清产核资的基础上，应当进一步加强会计核算，完善各项内控机制，加强对企业内部各级次的财务监督，建立资产损失责任制度，完善经济责任审计和子企业负责人离任审计制度。

第八十三条 企业在清产核资的基础上，应当认真研究各项风险控制管理制度，尤其是对企业担保、委托贷款资金等事项，提出控制风险的可行的办法，加强担保及委托资金的管理与控制。

第八十四条 企业在清产核资的基础上，应当建立和完善财务信息披露制度，将本企业投资、经营、财务以及企业经营过程中的重大事项，按照国家法律、法规的要求及时向出资人、董事会和股东披露，规范会计信息的披露。

第八十五条 企业应当根据清产核资工作结果，对所属各子企业的资产及财务状况进行认真分析，对确已资不抵债或不能持续经营的，应当根据实际情况提出合并、分立、解散、清算和关闭破产等工作措施，促进企业内部结构的调整，提高企业资产运营效益。

第八十六条 企业内部的纪检监察部门应当积极介入本企业的清产核资工作，对发现的严重违纪违规问题，应当移交有关部门调查处理；涉嫌违法的问题，应当及时移送司法机关处理。

第十三章 附 则

第八十七条 企业应当按照《会计档案管理办法》的规定，妥善保管清产核资工作档案。清产核资各种工作底稿、各项证明材料原件等会计基础材料应装订成册，按规定存档。

第八十八条 本工作规程自公布之日起施行。

国务院国有资产监督管理委员会关于印发《国有企业清产核资资金核实工作规定》的通知

2003 年 9 月 13 日　国资评价〔2003〕74 号

党中央有关部门，国务院各部委、各直属机构，各省、自治区、直辖市及计划单列市国有资产监督管理机构，新疆生产建设兵团，各中央企业：

为规范国有控股企业清产核资工作，真实反映企业的资产质量和财务状况，依据《国有企业清产核资办法》（国资委令第 1 号）及国家有关清产核资政策，我们制定了《国有企业清产核资资金核实工作规定》，现印发给你们。请结合企业实际，认真遵照执行，并及时反映工作中有关情况和问题。

附件：国有企业清产核资资金核实工作规定

附件：

国有企业清产核资资金核实工作规定

第一条　为规范国有及国有控股企业（以下简称企业）清产核资工作，促使解决企业历史遗留问题，真实反映企业的资产质量和财务状况，依据《国有企业清产核资办法》和国家有关清产核资政策，制定本规定。

第二条　资金核实是指国有资产监督管理机构根据清产核资企业上报的各项资产盘盈、资产损失和资金挂账等清产核资工作结果，依据国家清产核资政策和有关财务会计制度规定，组织进行审核并批复予以账务处理，重新核定企业实际占用国有资本金数额的工作。

第三条　企业开展清产核资工作，应当按照《国有企业清产核资办法》的有关规定，认真组织做好账务清理、资产清查等各项基础工作，如实反映企业资产质量和财务状况，做到全面彻底、账账相符、账实相符，保证企业清产核资结果的真实性、可靠性和完整性，严禁弄虚作假，避免国有资产流失。

第四条　企业清产核资工作结果应当按照规定经社会中介机构进行专项财务审计，查出的资产盘盈、资产损失和资金挂账应当提供相关合法证据或者社会中介机构经济鉴证证明等具有法律效力的证明材料。

承担企业清产核资专项财务审计工作和出具经济鉴证证明的社会中介机构，应当依据《独立审计准则》等有关规定，对企业清理出的各项资产盘盈、资产损失和资金挂账等清产核资工作结果进行客观、公正的审计和经济鉴证，并对审计结果和经济鉴证证明的真实性、可靠性承担责任。

第五条 企业清理出的各项资产盘盈、资产损失和资金挂账等的认定与处理，按照事实确凿、证据充分、程序合规的原则，依据《企业清产核资办法》规定的工作程序和工作要求，由清产核资企业向国有资产监督管理机构申报批准，并按照资金核实批复结果调整账务。

第六条 企业应当按照规定要求在清产核资资金核实工作中向国有资产监督管理机构提交以下申报材料：

（一）企业清产核资工作报告，主要包括：清产核资工作基准日、工作范围、工作内容、工作结果和基准日的资产财务状况，以及相关处理意见；

（二）企业清产核资报表，包括：基准日企业基本情况表、各类资产损失明细情况表等；

（三）社会中介机构专项财务审计报告；

（四）企业申报处理的资产盘盈、资产损失和资金挂账的有关意见专项说明，企业申报处理的资产盘盈、资产损失和资金挂账的专项说明和各类资产损失明细情况表，应当逐笔写明发生日期、损失原因、政策依据、处理方式以及有关原始凭证资料和具有法律效力的证明材料齐全情况，并分类汇编成册；

（五）有关资产盘盈、资产损失和资金挂账备查材料，主要包括：企业清产核资原始凭证材料和具有法律效力的证明材料（可以用复印件），作为企业清产核资工作备查和存档资料，应当分类汇编成册，并列出目录，以便于工作备查；

（六）需要提供的其他材料。

第七条 企业清产核资资金核实工作按照以下程序进行：

（一）企业在账务清理、资产清查等工作基础上，经社会中介机构对清产核资专项财务审计和有关资产损失提出合规证据或者经济鉴证证明后，对清理出的各项资产盘盈、资产损失和资金挂账，按照国家清产核资政策和有关财务会计制度，分项提出处理意见，编制清产核资报表，撰写企业清产核资工作报告；

（二）企业向国有资产监督管理机构上报企业清产核资工作报告、清产核资报表、社会中介机构专项财务审计报告，并附相关合法证据及经济鉴证证明等材料；

（三）国有资产监督管理机构在规定工作时限内，对上报的企业清产核资工作报告、清产核资报表、社会中介机构专项财务审计报告及相关材料进行审核，并对资金核实结果进行批复；

（四）企业按照国有资产监督管理机构有关资金核实批复文件，依据国家财务会计制度有关规定，调整企业会计账务，并按照有关规定办理相关产权变更登记及工商变更登记。

第八条 对于企业在清产核资中查出的资产盘盈与资产损失相抵后，盘盈资产大于资产损失部分，根据财政部等六部门联合下发的《关于进一步贯彻落实国务院办公厅有关清产核资政策的通知》（财清〔1994〕15号，以下简称财清15号文件）的规定，经国有资产监督管理机构审核批准后，相应增加企业所有者权益。

第九条 依据《国务院办公厅关于扩大清产核资试点工作有关政策的通知》（国办发〔1993〕29号）和财清15号文件规定，企业清产核资中查出的各项资产损失和资金挂账数额较小，企业能够自行消化的，可以按照国家有关财务会计制度规定，经国有资产监督管理机构征求财政部门意见批准后分年计入损溢处理；对查出的企业各项资产损失和资金挂账数额较大、企业无能力自行消化弥补的，经国有资产监督管理机构审核批准后，可冲减企业所有者权益。

第十条 企业查出的各项资产损失和资金挂账，经国有资产监督管理机构审核批准冲减所有者权益的，可依次冲减盈余公积金、资本公积金和实收资本。

对企业执行《企业会计制度》查出的各项资产损失和资金挂账，依据国家有关清产核资政策规定，以及财政部《关于国有企业执行〈企业会计制度〉有关财务政策问题的通知》（财企〔2002〕310号，以下简称财企310号文件）有关规定，经国有资产监督管理机构审核批准的，可以依次冲减以前年度未分配利润、公益金、盈余公积金、资本公积金和实收资本。

第十一条 企业应当依据国有资产监督管理机构资金核实批复文件，及时调整会计账务，并将调账结果在规定时限内报国有资产监督管理机构备案（其中抄送国有重点大型企业监事会1份）。

第十二条 企业有关资产损失和资金挂账经国有资产监督管理机构审核批准后，冲减所有者权益应当保留的资本金数额不得低于法定注册资本金限额，不足冲减部分依据财企310号文件规定，暂作待处理专项资产损失，并在3年内分期摊销，尚未摊销的余额，在资产负债表“其他长期资产”项目中列示，并在年度财务决算报告中的会计报表附注中加以说明。

第十三条 企业经批准冲销的有关不良债权、不良投资和有关实物资产损失等，应当建立“账销案存”管理制度，并组织力量或者成立专门机构进一步清理和追索，避免国有资产流失；对以后追索收回的残值或者资金应当按国家有关财务会计制度规定，及时入账并作有关收入处理。

第十四条 企业对清产核资各项基础工作资料应当认真整理，建立档案，妥善保管，并按照会计档案保管期限予以保存。

第十五条 企业对清产核资中反映出的各项经营管理中的矛盾和问题，应当认真总结经验，分清责任，建立和健全各项管理制度，完善相关内部控制机制，并做好组织落实工作。企业应当在清产核资工作的基础上，建立资产损失责任追究制度和健全企业不良资产管理制度，巩固清产核资成果。

第十六条 本规定自公布之日起施行。

国务院国有资产监督管理委员会关于印发《国有企业清产核资经济鉴证工作规则》的通知

2003 年 9 月 18 日　国资评价〔2003〕78 号

党中央有关部门，国务院各部委、各直属机构，各省、自治区、直辖市及计划单列市国有资产监督管理机构，新疆生产建设兵团，各中央企业：

为加强对企业国有资产的监督管理，规范企业清产核资经济鉴证工作，保证企业清产核资结果的真实、可靠和完整，根据《国有企业清产核资办法》（国资委令第 1 号）及清产核资的有关规定，我们制定了《国有企业清产核资经济鉴证工作规则》，现印发给你们。请结合企业实际，认真执行，并及时反映工作中有关情况和问题。

附件：国有企业清产核资经济鉴证工作规则

附件：

国有企业清产核资经济鉴证工作规则

第一章　总　　则

第一条　为规范国有及国有控股企业（以下简称企业）清产核资经济鉴证行为，保证企业清产核资结果的真实、可靠和完整，根据《国有企业清产核资办法》（以下简称《办法》）和国家有关财务会计制度规定，制定本规则。

第二条　本规则适用于组织开展清产核资工作的企业以及承办企业清产核资经济鉴证及专项财务审计业务的有关社会中介机构（以下简称中介机构）。

第三条　本规则所称清产核资经济鉴证工作，是指中介机构按照国家清产核资政策和有关财务会计制度规定，对企业清理出的有关资产盘盈、资产损失及资金挂账（以下简称损失及挂账）进行经济鉴证，对企业清产核资结果进行专项财务审计，以及协助企业资产清查和提供企业建章建制咨询意见等工作。

第四条　本规则所称中介机构主要是指具有经济鉴证业务执业资质的会计师事务所、资产评估事务所和律师事务所等。

第五条　中介机构在企业清产核资经济鉴证工作中，应根据《办法》和国家有关财务会计制度规定的工作要求、工作程序和工作方法，按照独立、客观、公正的原则，在充分调查研究、论证和分析基础上，对企业提供的清产核资资料和清查出的损失及挂账进行职业推断和客观评判，提出鉴证意见，出具清产核资专项财务审计报告和经济鉴证证明。

第二章　中介委托

第六条　按照《办法》规定，除涉及国家安全的特殊企业外，企业开展清产核资工作均须委托中介机构承办其经济鉴证业务，并应当依法签订业务委托约定书，明确委托目的、业务范围及双方责任、权利和义务。

第七条　企业按照国家有关法律法规规定或者特定经济行为要求申请进行清产核资的，以及企业所属子企业由于国有产权转让、出售等经济行为使产权发生重大变动（涉及控股权转移）需开展清产核资的，由企业母公司统一委托中介机构，并将委托结果报同级国有资产监督管理机构备案。

第八条　企业根据各级国有资产监督管理机构的要求必须开展清产核资工作的，以及企业母公司由于国有产权转让、出售等经济行为使产权发生重大变动（涉及控股权转移）需开展清产核资的，由同级国有资产监督管理机构统一委托中介机构。

第九条　承办企业清产核资经济鉴证业务的中介机构，必须具备以下条件：

（一）依法成立，具有经济鉴证或者财务审计业务执业资格；

（二）3年内未因违法、违规执业受到有关监管机构处罚，机构内部执业质量控制管理制度健全；

（三）中介机构的资质条件与委托企业规模相适应。

第十条　承办企业清产核资经济鉴证业务的中介机构专业工作人员应当具备以下条件：

（一）项目负责人应当为具有有效执业资格的注册会计师、注册评估师、律师等；

（二）相关工作人员应当具有相应的专业技能，并且熟悉国家清产核资操作程序和资金核实政策规定。

第十一条　承办企业清产核资经济鉴证业务的中介机构或者相关工作人员，与委托企业存在可能损害独立性利害关系的，应当按照规定回避。

第十二条　承办企业清产核资经济鉴证业务的中介机构在接受企业委托后，应当根据清产核资经济鉴证业务量需要，选定相对固定的专业人员参加清产核资经济鉴证工作，以保证工作按期完成。

第三章　损失及挂账鉴证

第十三条　企业在清产核资工作过程中，对于清查出的下列损失及挂账，应当委托中介机构进行经济鉴证：

（一）企业虽然取得了外部具有法律效力的证据，但其损失金额无法根据证据确定的；

（二）企业难以取得外部具有法律效力证据的有关不良应收款项和不良长期投资损失；

（三）企业损失金额较大或重要的单项存货、固定资产、在建工程和工程物资的报废、毁损；

（四）企业各项盘盈和盘亏资产；

（五）企业各项潜亏及挂账。

第十四条 在企业损失及挂账经济鉴证工作中，中介机构和相关工作人员应当实施必要的、合理的鉴证程序：

（一）督促和协助企业及时取得相关损失及挂账的具有法律效力的外部证据；

（二）在企业难以取得相关损失及挂账具有法律效力的外部证据时，中介机构及相关工作人员应当要求企业提供相关损失及挂账的内部证据；

（三）中介机构赴工作现场进行深入调查研究，取得相关调查资料；

（四）根据收集的上述材料，中介机构进行职业推断和客观评判，对企业相关损失及挂账的发生事实和可能结果进行鉴证；

（五）通过认真核对与分析计算，对企业相关损失及挂账的金额进行估算及确认；

（六）对收集的上述材料进行整理，形成经济鉴证材料；

（七）出具鉴证意见书。

第十五条 企业损失及挂账的鉴证意见书应符合以下要求：

（一）对于企业的相关损失及挂账应按照类别逐项出具鉴证意见；

（二）鉴证意见应当内容真实、表述客观、依据充分、结论明确。

第十六条 在企业损失及挂账经济鉴证工作中，中介机构及相关工作人员必须认真查阅企业有关财务会计资料和文件，勘察业务现场和设施，向有关单位和个人进行调查与核实；对企业故意不提供或者提供虚假会计资料和相关损失及挂账证据的，中介机构及相关工作人员有权对相关损失及挂账不予鉴证或者不发表鉴证意见。

第四章　专项财务审计

第十七条 企业清产核资专项财务审计业务，原则上应当由一家中介机构承担，但若开展清产核资的企业所属子企业分布地域较广，清产核资专项财务审计业务量较大时，多家中介机构（一般不超过5家）可以同时承办同一户企业的清产核资专项财务审计业务，并由承担母公司专项财务审计业务的中介机构担任主审，负责总审计工作。

第十八条 主审中介机构一般应承担企业清产核资专项财务审计业务量的50%以上（含50%），负责全部专项审计工作的组织、协调和质量控制，并对出具的企业清产核资专项财务审计报告的真实性、合法性负责。

第十九条 在企业清产核资专项财务审计工作中，中介机构及相关审计人员应当实施必要的审计流程，取得充分的审计证据。具体包括：

（一）制定清产核资专项财务审计工作计划，明确审计目的、审计范围和审计内容，拟订审计工作基础表和审计工作底稿格式，并对参加专项审计工作的相关审计人员进行培训；

（二）对企业清产核资基准日的会计报表进行审计，以保证企业清产核资基准日账面数的准确；

（三）负责企业资产清查的监盘工作；

（四）核对、询证、查实企业债权、债务；

（五）对企业损失及挂账进行审核，协助和督促企业取得损失及挂账所必需的外部具有法律效力的证据，其他中介机构出具的经济鉴证证明，以及提供特定事项的内部证明，并对其真实性和合规性进行审计；

（六）出具企业清产核资专项财务审计报告。

第二十条 在企业清产核资专项财务审计工作中，中介机构及相关审计人员应当审计的重点事项有：

（一）货币资金：重点审计企业的现金是否存在短缺，各类银行存款是否与银行对账单存在差异，其他货币资金是否存在损失等；

（二）应收款项：重点审计应收款项的账龄分析及其回函确认的情况，坏账损失的确认情况；

（三）存货：重点审计存放时间长、闲置、毁损和待报废的存货；

（四）长期投资：重点审核企业的长期投资产权清晰状况、核算方法、被投资单位的财务状况等；

（五）固定资产：重点审计固定资产的主要类型、折旧年限、折旧方法和使用状况；

（六）在建工程：重点审计在建工程的主要项目和工程结算情况，停建和待报废工程的主要原因；

（七）待摊费用、递延资产及无形资产：重点审计是否存在潜亏挂账的项目；

（八）各类盘盈资产：重点审计盘盈的原因和作价依据；

（九）各类盘亏资产：重点审计盘亏的原因、责任及金额；

（十）各项待处理资产损失：重点审核其申报审批程序是否符合企业内部控制制度和相关管理办法及相关政府部门的有关规定；

（十一）企业的内部控制制度：重点审计企业内部控制制度是否健全、有效。

第五章 审计报告

第二十一条 在实施了必要的审计流程和收集了充分、适当的审计证据后，承办企业清产核资专项财务审计业务的中介机构应当及时出具企业清产核资专项财务审计报告。

第二十二条 对于单独承办同一企业全部清产核资专项财务审计业务的中介机构，

不仅应当出具该企业清产核资专项财务审计报告，还应当对该企业有较大损失的子企业出具分户清产核资专项财务审计报告。

第二十三条 对于同时承办同一企业清产核资专项财务审计业务的多家中介机构，应当分别对其审计的子企业出具分户清产核资专项财务审计报告，并报送主审中介机构，主审中介机构在此基础上出具企业清产核资专项财务审计报告。

第二十四条 企业清产核资专项财务审计报告的基本格式为：

（一）封面：标明清产核资专项审计项目的名称、中介机构名称、项目工作日期等；

（二）目录：应对专项审计报告全文编注页码，并以此列出报告正文及附表或者附件的目录；

（三）报告正文：应做到内容真实、证据确凿、依据充分、结论清楚、数据准确、文字严谨；

（四）相关工作附表及附件：

1. 损失挂账分项明细表；

2. 损失挂账申报核销项目审核说明；

3. 损失挂账的证明材料（应当分类装订成册，若证明材料过多，则作为备查材料）；

4. 主审会计师的资质证明和中介机构营业执照复印件；

5. 其他有关材料。

第二十五条 清产核资专项审计报告正文的格式为：清产核资工作范围、清产核资行为依据及法律依据、清产核资组织实施情况、清产核资审核结果、清产核资处理意见、中介机构认为需要专项说明的重大事项及报告使用范围说明等。

第二十六条 在损失挂账分项明细表中，应当将企业申报处理的损失挂账按单位和会计科目逐笔列示。具体格式为：损失项目名称、损失原因、发生时间、项目原值、申报损失金额、企业处理意见、关键证据及索引号和中介机构处理意见等。

第二十七条 在损失挂账申报核销项目审核说明中，中介机构应当对损失挂账分项明细表中列示的各类损失项目，按单位和会计科目逐项编写损失挂账项目说明。具体格式为：序号、申报损失项目名称、申报核销金额（以人民币元为单位）、关键证据、中介机构的审核意见等。

第二十八条 中介机构及相关审计人员在清产核资专项财务审计报告中应当重点披露的内容有：

（一）企业的会计责任和中介机构的审计责任；

（二）审计依据、审计方法、审计范围和已实施的审计流程；

（三）对企业损失及挂账的核实情况；

（四）处理损失及挂账，对企业的经营和财务状况将产生的影响；

（五）在清产核资专项财务审计工作中发现的有可能对企业损失及挂账的认定产生重大影响的事项；

（六）在清产核资专项财务审计工作中发现的企业重大资产和财务问题以及向企业

提出的有关改进建议；

（七）对企业内部控制制度的完整性、适用性、有效性以及执行情况发表意见。

第六章 工作责任与监督

第二十九条 企业负责人对企业提供的会计资料以及申报的清产核资工作结果的真实性、完整性承担责任；中介机构对所出具的清产核资专项财务审计报告和损失及挂账经济鉴证意见的准确性、可靠性承担责任。

第三十条 承办企业清产核资经济鉴证业务的中介机构及相关工作人员应认真遵循相关执业道德规范：

（一）严格按照《办法》和国家有关财务会计制度规定，认真做好企业清产核资损失及挂账经济鉴证和专项财务审计工作；

（二）恪守独立、客观、公正的原则，做到诚信为本，不虚报、瞒报和弄虚作假；

（三）认真按照业务约定书的约定履行责任；

（四）严守企业的商业秘密，未经许可不得擅自对外公布受托企业的清产核资结果及相关材料。

第三十一条 国有资产监督管理机构负责中介机构及相关工作人员的企业清产核资经济鉴证监督工作，建立企业清产核资经济鉴证质量抽查工作制度，对中介机构出具的清产核资专项财务审计报告和企业损失及挂账经济鉴证意见的质量进行必要检查和监督。

第三十二条 承办企业清产核资经济鉴证业务的中介机构及相关工作人员在实际工作中违反国家有关法律法规规定的，国有资产监督管理机构可及时终止其清产核资经济鉴证业务，并视情节轻重，移交有关部门依法进行处罚；触犯刑律的，依法移送司法机关处理。

第三十三条 在国有资产监督管理机构对资金核实结果批复后，承办企业清产核资经济鉴证业务的中介机构应当及时协助企业按批复文件的要求进行调账。

第七章 附 则

第三十四条 企业和承办企业清产核资经济鉴证业务的中介机构，应当按照《会计档案管理办法》的规定，妥善保管好清产核资各类工作底稿及相关材料，并做好归档管理工作。

第三十五条 本规则自公布之日起施行。

国务院国有资产监督管理委员会关于印发《中央企业财务决算审计工作规则》的通知

2004年2月5日　国资发评价〔2004〕173号

各中央企业：

为加强中央企业财务监督，规范中央企业年度财务决算审计工作，促进提高企业会计信息质量，根据《企业国有资产监督管理暂行条例》和国家有关财务会计制度，我们制定了《中央企业财务决算审计工作规则》，现印发给你们。请结合企业自身实际，认真遵照执行，并及时反映工作中有关情况和问题。

附件：中央企业财务决算审计工作规则

附件：

中央企业财务决算审计工作规则

第一章　总　　则

第一条　为加强中央企业（以下简称企业）财务监督，规范企业年度财务决算审计工作，促进提高企业会计信息质量，依据《企业国有资产监督管理暂行条例》和国家有关财务会计制度规定，制定本规则。

第二条　本规则所称年度财务决算审计，是指按照有关规定委托具有资质条件的会计师事务所及注册会计师，以国家财务会计制度为依据，对企业编制的年度财务决算报告及经济活动进行审查并发表独立审计意见的监督活动。

第三条　本规则所称年度财务决算报告，是指企业按照国家财务会计制度规定，根据统一的编制口径、报表格式和编报要求，依据有关会计账簿记录和相关财务会计资料，编制上报的反映企业年末结账日资产及财务状况和年度经营成果、现金流量、国有资本保值增值等基本经营情况的文件。企业年度财务决算审计报告是企业年度财务决算报告的必备附件。

第四条　国务院国有资产监督管理委员会（以下简称国资委）依法对企业年度财务决算的审计工作进行监督。

第二章　审计机构委托

第五条　为保障企业年度财务状况及经营成果的真实性，根据财务监督工作的需要，国资委统一委托会计师事务所对企业年度财务决算进行审计。

第六条　国资委统一委托会计师事务所，按照“公开、公平、公正”的原则，采取国资委公开招标或者企业推荐报国资委核准等方式进行。其中，国有控股企业采取企业推荐报国资委核准的方式进行。

第七条　国资委暂未实行统一委托会计师事务所进行年度财务决算审计工作的企业，应当按照“统一组织、统一标准、统一管理”的工作原则，经国资委同意，由企业总部按照有关规定，采用公开招标等方式，委托会计师事务所对企业及各级子企业年度财务决算进行审计。

第八条　对于企业总部统一委托会计师事务所的企业，应当事先报国资委同意，并在与所委托会计师事务所签订年度财务决算审计业务约定书之日起 15 日内，将约定书及会计师事务所有关资质证明材料报国资委审核备案。

（一）业务约定书应当明确企业与会计师事务所双方在年度财务决算审计工作中的权利、义务和责任。

业务约定书应当明确规定，会计师事务所不得将承揽企业的年度财务决算审计业务再转包或分包给其他会计师事务所。会计师事务所下属分所不得单独出具企业年度财务决算审计报告。

（二）会计师事务所相关资质证明材料包括：

1. 会计师事务所营业执照、执业证书复印件；
2. 注册会计师名单；
3. 会计师事务所最近 3 年执业情况总结；
4. 要求提供的其他有关证明材料。

第九条　企业年度财务决算审计工作，原则上统一委托 1 家会计师事务所承办；对于所属子企业分布地域较广的，可由企业总部委托多家会计师事务所共同承办（一般不超过 5 家）。

第十条　委托多家会计师事务所共同承办年度财务决算审计业务的，应当明确由承办企业总部审计业务的会计师事务所担任主审会计师事务所。主审会计师事务所承担的审计业务量一般不得低于 50%（特殊情形企业另行规定），同时负责该企业全部审计工作的组织、质量控制及集团合并报表的审计，并对出具的该企业年度财务决算审计报告负责。

对于多家会计师事务所共同承办年度财务决算审计的，企业应当做好主审会计师事务所与参审会计师事务所的分工协作，并在业务约定书中予以明确。

第十一条　企业委托的会计师事务所应当连续承担不少于 2 年的企业年度财务决算审计业务，因特殊情形需变更会计师事务所的，应当将变更原因及重新委托的会计师事务所有关情况及时报国资委同意。

被更换会计师事务所对变更有异议的，可以向国资委提交陈述报告。

第十二条 同一会计师事务所承办企业年度财务决算审计业务不应连续超过5年。

第十三条 企业与承办企业年度财务决算审计业务的会计师事务所及注册会计师之间不应当存有利害关系。

第十四条 承办企业年度财务决算审计的会计师事务所（含参审会计师事务所）应当具有较完善的内部执业质量控制管理制度，执业质量应当符合国家有关规定要求，并且其资质条件应当与企业规模相适应。

第三章 审计工作要求

第十五条 承办企业年度财务决算审计业务的会计师事务所及注册会计师实施审计的范围应当包括：

（一）资产负债表、利润及利润分配表、现金流量表、所有者权益变动表；

（二）会计报表附注；

（三）国资委要求的专项审计事项；

（四）企业要求的其他专项审计事项。

第十六条 企业应当为会计师事务所及注册会计师开展年度财务决算审计、履行必要审计程序、取得充分审计证据提供必要条件，不得干预会计师事务所及注册会计师的审计活动，以保证审计结论的独立、客观、公正。

第十七条 承办企业年度财务决算审计业务的会计师事务所及注册会计师，应当认真遵照《独立审计准则》以及其他职业规范，并按照国家有关财务会计制度规定和国资委对年度财务决算的统一工作要求，对企业年度财务决算实施审计。

第十八条 会计师事务所及注册会计师对企业年度财务决算出具的审计结论及意见应当准确恰当，审计结论与审计证据对应关系应当适当、严密，审计结论披露信息应当全面完整。

第十九条 会计师事务所应当在企业年度财务决算报告规定上报时间前完成审计业务工作，并出具审计报告。对不能按期完成企业年度财务决算审计工作的会计师事务所，企业报国资委同意后可予以更换。

第二十条 承办企业年度财务决算审计业务的会计师事务所，应当按照国家有关规定，妥善保管好年度财务决算审计工作底稿及相关材料，并做好归档管理工作，以备查用。

第二十一条 企业及各级子企业应当根据会计师事务所及注册会计师提出的审计意见进行财务决算调整；企业对审计意见或审计结论存有异议未进行财务决算调整的，应当在上报年度财务决算报告中向国资委专门说明。

第二十二条 企业总部设在港澳地区的企业年度财务决算审计工作，以所在地区法律规定为依据。

第二十三条 企业对下列特殊情形的子企业，应当建立完善的内部审计制度，并出具内部审计报告，以保证年度财务决算的真实、完整。

（一）按照国家有关规定，涉及国家安全不适宜会计师事务所审计的特殊子企业；

（二）依据所在国家及地区法律规定进行审计的境外子企业；

（三）国家法律、法规未规定须委托会计师事务所审计的有关单位。

第四章　审计事项披露

第二十四条　承办企业年度财务决算审计业务的会计师事务所及注册会计师，在审计工作中要按照国家有关财务会计制度、独立审计准则和年度财务决算工作要求，对企业重要财务会计事项予以关注，并在审计报告中予以披露；对于国资委提出的专项工作要求，可以专项报告的形式予以披露。

第二十五条　会计师事务所及注册会计师在年度财务决算审计中，应当重点关注企业年度财务决算编报范围是否齐全、报表合并口径和方法是否正确、合并内容是否完整及对资产和财务状况的影响，并应当对应纳入而未纳入合并范围的子企业对资产和财务状况的影响作重点说明。主要说明内容包括：

（一）未按照规定纳入合并报表范围的所属子企业户数情况；

（二）未按照规定将企业所属实行金融或者事业会计制度的子企业或者单位资产及效益并入年度财务决算报表情况；

（三）企业所属境外子企业和分支机构资产及效益是否并入年度财务决算报表情况；

（四）未按照规定对具有控制权或者重大影响力的长期投资情况进行权益法核算；

（五）其他需要说明的事项。

第二十六条　主审会计师事务所应当关注与披露企业所属各子企业的分户年度财务决算审计情况，逐户列明审计机构、审计结论及审计保留事项的原因，以及对企业财务状况的影响程度或金额。

第二十七条　会计师事务所及注册会计师应当关注与披露企业实际发生的各项经济业务是否按照国家统一的财务会计制度规定予以确认、计量和登记，会计核算方法和会计政策是否符合国家财务会计制度规定。具体披露内容应当包括：

（一）采用的会计核算方法和会计政策是否正确，年度间是否一致，发生变更是否经过核准或者备案；

（二）资产、负债和所有者权益的确认标准和计量方法是否准确；

（三）固定资产主要类型及计提折旧情况，在建工程项目及结算情况；

（四）各种资产损失情况及处理办法；

（五）各项减值准备的计提方法、变更情况及减值准备转回情况；

（六）企业从事高风险投资经营情况，如证券买卖、期货交易、房地产开发等业务占用资金和效益情况；

（七）财产抵押、对外担保、未决诉讼等或有事项，是否如实在年度财务决算中予以反映；

（八）财务成果的核算是否真实、完整，影响企业财务经营成果的各种因素是否合理及其金额；

（九）所有者权益增减变动因素是否真实可靠。

第二十八条 会计师事务所及注册会计师在审计过程中发现企业内部会计控制制度存在重大缺陷的，应当予以披露，并按照要求出具管理建议书。

第二十九条 会计师事务所及注册会计师在年度财务决算审计报告或者报告附件中，根据国资委要求应当关注和披露下列有关专项审计事项：

（一）国有资本保值增值及主客观因素变动情况；

（二）企业年度财务决算中主要指标年初数与上年年末数不一致的情况及主要原因；

（三）按照国家政策开展清产核资、主辅分离、债务重组、改制改组、破产出售、资产处置、债转股等工作的企业，依据有关部门批复文件调整会计账务情况；

（四）企业本年度财务决算中依据会计师事务所对上年度财务决算出具的审计意见予以会计账务调整情况；

（五）企业本年度财务决算中依据会计师事务所审计意见所进行的主要账务调整事项；

（六）其他需要关注和披露事项。

第五章　审计意见处理

第三十条 企业对会计师事务所及注册会计师对年度财务决算出具的审计报告中提出的意见和问题，应当依据国家有关财务会计制度，认真对照检查，对确实存在问题的，应当采取有效整改措施。

第三十一条 对会计师事务所及注册会计师出具的审计结论有不同意见的，应当在年度财务决算报告中予以说明；存在较大分歧的，应当向国资委提交专项报告予以说明。

第三十二条 对会计师事务所及注册会计师出具的审计报告为保留意见的，企业应当在年度财务决算报告中，对保留事项予以说明。

第三十三条 对会计师事务所及注册会计师出具审计报告属否定意见和无法表示意见的，企业应当在上报年度财务决算报告时提交专项报告予以说明。

第六章　审计工作责任

第三十四条 企业应当对向会计师事务所及注册会计师提供的会计记录和财务数据的真实性、合法性和完整性承担责任。会计师事务所及注册会计师应当对出具的审计报告承担相应责任。

对按照国家有关规定不适宜会计师事务所审计的子企业或所属单位，注册会计师和会计师事务所可以依据内部审计报告发表审计意见。企业应对内部审计报告的真实性、完整性承担责任。

第三十五条 会计师事务所及注册会计师对企业年度财务决算的审计工作或者审计质量不符合统一工作要求，国资委可要求补充相关资料或者重新审计；审计结论及意见不准确或审计质量存在较多问题的，国资委可更换或者要求企业更换会计师事务所重新审计。

第三十六条 企业拒绝或者故意不提供有关财务会计资料和文件，影响和妨碍注册会计师正常审计业务，会计师事务所应当及时向国资委反映情况。

第三十七条 国资委将建立企业年度财务决算审计工作质量档案管理制度，对于在企业年度财务决算审计工作中存在以下问题或行为的会计师事务所，将予以通报或者限制其审计业务：

（一）对企业年度财务决算审计程序、范围、依据、内容、审计工作底稿等存在问题和缺陷，以及审计结论避重就轻、含糊其词、依据严重不足的，予以内部通报；

（二）对连续 2 年（含 2 年）或者同一年度承担的两家企业年度财务决算审计工作均被给予通报的，3 年内不得承担企业有关审计业务；

（三）在企业年度财务决算审计中存在重大错漏，应当披露未披露重大财务事项，或者发生重大违法违规行为的，今后不得承担企业有关审计业务。

第三十八条 会计师事务所和注册会计师违反《中华人民共和国注册会计师法》等有关法律法规，与企业及相关人员串通，弄虚作假，出具不实或虚假内容的审计报告的，国资委将通报有关部门依法予以处罚。

第三十九条 国资委通过企业年度财务决算审核和监事会稽核等工作制度，对企业年度财务决算审计质量进行监督。

第七章 附 则

第四十条 各省、自治区、直辖市国有资产监督管理机构可以参照本规则，制定本地区相关工作规范。

第四十一条 本规则自公布之日起施行。

关于印发中央企业账销案存资产管理工作规则的通知

2005 年 2 月 4 日 国资发评价〔2005〕13 号

各中央企业：

为进一步加强清产核资后续管理工作，规范企业账销案存资产管理，促进企业建立和完善内部控制制度，根据《国有企业清产核资办法》（国资委令第 1 号）和国家有关财务会计制度规定，我们制定了《中央企业账销案存资产管理工作规则》，现印发给你们。请结合企业实际，认真遵照执行，并及时反馈工作中有关情况和问题。

附件：中央企业账销案存资产管理工作规则

附件：

中央企业账销案存资产管理工作规则

第一章 总 则

第一条 为加强国务院国有资产监督管理委员会（以下简称国资委）所出资企业（以下简称企业）财务监督，规范企业账销案存资产管理，建立和完善企业内部控制制度，依据《国有企业清产核资办法》（国资委令第1号）和国家有关财务会计制度规定，制定本规则。

第二条 企业在清产核资中清理出来的属于账销案存资产的管理工作，适用本规则。

第三条 本规则所称账销案存资产是指企业通过清产核资经确认核准为资产损失，进行账务核销，但尚未形成最终事实损失，按规定应当建立专门档案和进行专项管理的债权性、股权性及实物性资产。

（一）债权性资产包括应收账款、其他应收款、预付账款、短期债权性投资、长期债权投资、委托贷款和未入账的因承担连带责任产生的债权及应由责任人或保险公司赔偿的款项等；

（二）股权性资产包括短期股权性投资及长期股权投资等；

（三）实物性资产包括存货、固定资产、在建工程、工程物资等；

第四条 本规则所称资产的事实损失是指企业有确凿和合法的证据表明有关账销案存资产的使用价值和转让价值发生了实质性且不可恢复的灭失，已不能给企业带来未来经济利益的流入。

第五条 账销案存资产是企业资产的组成部分。企业应当按照规定对清产核资中清理出的各项资产损失进行认真甄别分类，对不符合直接销案条件的债权性、股权性及实物性资产，应当按照规定建立账销案存管理制度，组织进行专项管理。

第六条 国资委依法对企业账销案存资产管理工作进行监督。

第二章 账销案存资产清理与追索

第七条 企业应当对清产核资中清理出的各项资产损失进行认真剖析，查找原因，明确责任，提出整改措施，建立和完善各项管理和内部控制制度，防止前清后乱；同时应当按照《国有企业清产核资办法》规定，组织力量对账销案存资产进行进一步清理和追索，通过法律诉讼等多种途径尽可能收回资金或残值，防止国有资产流失。

第八条 企业应当根据实际情况，对账销案存资产清理和追索采取多种方式处理，可以指定内部相关部门、成立专门工作小组或机构进行处理，也可以委托社会专业机构按照市场化原则处理。清理与追索工作应坚持公开透明原则，制定相关配套制度和措施，接受监督，避免暗箱操作。

（一）企业指定内部相关机构对账销案存资产进行清理追索，应当建立追索责任制，明确清欠任务和工作责任，加强对清理和追索工作的领导和督促。

（二）企业成立专门工作小组或机构对账销案存资产进行清理追索，在明确清理任务和工作责任的基础上，可以建立适当的追索奖励制度。对造成损失直接责任人的追索工作不得奖励，但可以根据追索结果适当减轻其相关责任。

（三）企业委托社会专业机构对账销案存资产进行清理和追索，可以采取按收回金额一定比例支付手续费或折价出售等多种委托方式。委托工作应通过市场公开竞价，不能市场公开竞价的应以多种方案择优比较后确定。

第九条 企业对账销案存的债权性资产、股权性资产进行清理和追索，可以采取债务重组、折价出售等处理方法，但应当建立严格的核准工作程序和监管制度。企业账销案存资产的债务重组、折价出售等，应当经企业董事会或经理（厂长）办公会讨论批准，并报上级企业（单位）核准。

第十条 企业对小额账销案存债权性资产进行清理和追索，其清欠收入不足以弥补清欠成本的，经企业董事会或经理（厂长）办公会讨论批准，并报上级企业（单位）备案后可以停止催收。

第十一条 企业对账销案存股权性资产进行清理和追索，属于有控制权的投资，必须按规定依法组织破产或注销清算，其清算结果应报上级企业（单位）备案；属于无控制权的投资，必须认真参与破产和注销工作，维护企业自身权益，并取得相关销案证据。

第十二条 企业对账销案存实物性资产进行清理，应当认真做好变现处置工作，尽量利用、及时变卖或按其他市场方式进行处置，尽可能收回残值。

第十三条 企业对账销案存资产清理和追索收回的资金，应当按国家有关财务会计制度规定及时入账，不得形成“小金库”或账外资产，并建立账销案存资产定期核对制度，及时做好销案和报备工作。

第三章　账销案存资产销案依据

第十四条 企业账销案存资产销案时应当取得合法的证据作为销案依据，包括具有法律效力的外部证据、社会中介机构的法律鉴证或公证证明和特定事项的企业内部证据等。

第十五条 债权性资产依据下列证据进行销案：

（一）债务单位被宣告破产的，应当取得法院破产清算的清偿文件及执行完毕证明；

（二）债务单位被注销、吊销工商登记或被政府部门责令关闭的，应当取得清算报告及清算完毕证明；

（三）债务人失踪、死亡（或被宣告失踪、死亡）的，应当取得有关方面出具的债务人已失踪、死亡的证明及其遗产（或代管财产）已经清偿完毕或无法清偿或没有承债人可以清偿的证明；

（四）涉及诉讼的，应当取得司法机关的判决或裁定及执行完毕的证据；无法执行或债务人无偿还能力被法院终止执行的，应当取得法院的终止执行裁定书等法律文件；

（五）涉及仲裁的，应当取得相应仲裁机构出具的仲裁裁决书，以及仲裁裁决执行完毕的相关证明；

（六）与债务人进行债务重组的，应当取得债务重组协议及执行完毕证明；

（七）债权超过诉讼时效的，应当取得债权超过诉讼时效的法律文件；

（八）可以公开买卖的期货、证券、外汇等短期投资，应当取得买卖的交割单据或清理凭证；

（九）清欠收入不足以弥补清欠成本的，应当取得清欠部门的情况说明及企业董事会或经理（厂长）办公会讨论批准的会议纪要；

（十）其他足以证明债权确实无法收回的合法、有效证据。

第十六条 股权性资产依据下列证据进行销案：

（一）被投资单位被宣告破产的，应当取得法院破产清算的清偿文件及执行完毕证明；

（二）被投资单位被注销、吊销工商登记或被政府部门责令关闭的，应当取得清算报告及清算完毕证明；

（三）涉及诉讼的，应当取得司法机关的判决或裁定及执行完毕的证据；无法执行或债务人无偿还能力被法院终止执行的，应当取得法院的终止执行裁定书等法律文件；

（四）涉及仲裁的，应当取得具有仲裁资格的社会仲裁机构出具的仲裁裁决书及执行完毕证明；

（五）其他足以证明股权确实无法收回的合法、有效证据。

第十七条 实物性资产依据下列证据进行销案：

（一）需要拆除、报废或变现处理的，应当取得已拆除、报废或变现处理的证据，有残值的应当取得残值入账凭证；

（二）应由责任人或保险公司赔偿的，应当取得责任人缴纳赔偿的收据或保险公司的理赔计算单及银行进账单；

（三）涉及诉讼的，应当取得司法机关的判决或裁定及执行完毕的证据；无法执行或债务人无偿还能力被法院终止执行的，应当取得法院的终止执行裁定书等法律文件；

（四）涉及仲裁的，应当取得具有仲裁资格的社会仲裁机构出具的仲裁裁决书及执行完毕证明；

（五）抵押资产损失应当取得抵押资产被拍卖或变卖证明；

（六）其他足以证明资产确实无法收回的合法、有效证据。

第四章 账销案存资产销案程序

第十八条 企业应当建立健全账销案存资产销案管理的内部控制制度，明确审批工作程序，并依据企业实际情况划定内部核准权限。

第十九条 企业账销案存资产销案应遵循以下基本工作程序：

（一）企业内部相关部门提出销案报告，说明对账销案存资产的损失原因和清理追索工作情况，并提供符合规定的销案证据材料；

（二）企业内部审计、监察、法律或其他相关部门对资产损失发生原因及处理情况进行审核，并提出审核意见；

（三）企业财务部门对销案报告和销案证据材料进行复核，并提出复核意见；

（四）设立董事会的企业由董事会会议核准同意，未设立董事会的企业由经理（厂长）办公会核准同意，并形成会议纪要；

（五）按照企业内部管理权限，需报上级企业（单位）核准确认的，应当报上级企业（单位）核准确认；

（六）根据企业会议纪要、上级企业（单位）核准批复及相关证据，由企业负责人、总会计师（或主管财务负责人）签字确认后，进行账销案存资产的销案。

第二十条 企业应当在每年报送财务决算时向国资委同时报备账销案存资产清理情况表（格式附后）及年度账销案存资产管理情况专项报告。专项报告主要内容包括：

（一）企业账销案存资产本年度的清理、追索情况；

（二）企业对于追索收回的资金或残值的账务处理情况；

（三）企业账销案存资产本年度的销案情况；

（四）其他需要说明的事项。

第二十一条 企业应当对账销案存资产的销案情况建立专门档案管理制度，以备查询和检查，并按照会计档案保存期限规定进行保管。存档资料内容主要包括：

（一）销案资产的基本情况；

（二）销案资产的清理和追索情况；

（三）销案资产的销案依据；

（四）销案资产的销案程序；

（五）销案资产损失原因分析及责任追究情况；

（六）其他相关材料。

第五章 工作责任与监督

第二十二条 企业负责人、总会计师（或主管财务负责人）对企业账销案存资产的管理负领导责任，企业具体清理与追索部门对账销案存资产的追索及销案工作负具体管理责任，企业财务、审计、监察、法律等部门对账销案存资产的追索及销案工作负监督责任。

第二十三条 企业集团总部对所属企业账销案存资产的管理工作负组织和监督责任。企业集团总部应当认真组织和监督所属企业按照规定建立账销案存资产管理制度，采取有效措施加大清理和追索力度。

第二十四条 国资委对企业账销案存资产管理建立必要的抽查制度，以加强对企业账销案存资产管理工作的监督。

第二十五条 企业在账销案存资产管理过程中有下列行为之一的，国资委将责令限期改正，并给予通报批评：

（一）未按照规定建立账销案存资产相关管理制度，或建立的管理制度不符合有关规定或企业实际情况，在实际工作中未得到有效执行的；

（二）未遵循本规则规定和企业内部程序，擅自对账销案存资产进行销案的；

（三）未按照规定对账销案存资产的损失原因进行分析、整改，因内部管理原因致使企业又产生新的同类资产损失的；

（四）未按照规定对因工作失职、渎职或者违反规定，造成损失的人员进行责任追究和处理的。

第二十六条 企业在账销案存资产管理过程中有下列行为之一的，国资委将给予通报批评，并追究企业负责人和相关责任人的责任；构成犯罪的，依法追究刑事责任：

（一）在账销案存资产的处理过程中进行私下交易、个人从中获利的；

（二）将账销案存资产恶意低价出售或无偿被其他单位、个人占有的；

（三）对账销案存资产的追索及变现收入不入账、私设“小金库”或私分、侵吞的；

（四）其他严重违反账销案存管理制度规定或国家有关财务会计制度规定的行为。

第六章 附 则

第二十七条 企业应当依据本规则规定制定企业账销案存资产管理工作制度。

第二十八条 各省、自治区、直辖市国有资产监督管理机构可参照本规则规定制定本地区管理工作规则。

第二十九条 执行《企业会计制度》企业计提的各项资产减值准备财务核销管理规定另行制定。

第三十条 本规则自公布之日起施行。

附件：企业账销案存资产清理情况表（略）

关于加强中央企业财务决算审计工作的通知

2005 年 10 月 7 日 国资厅发评价〔2005〕43 号

各中央企业：

为加强中央企业财务监督，规范企业财务决算审计工作，促进企业会计信息质量的提高，根据《中央企业财务决算报告管理办法》（国资委令第 5 号）和《关于印发〈中央企业财务决算审计工作规则〉的通知》（国资发评价〔2004〕173 号）等有关规定，现就进一步做好中央企业财务决算审计工作有关事项通知如下：

一、进一步加强财务决算审计管理工作

财务决算审计是对企业年度财务状况、经营成果和现金流量真实性、合法性的综合

检验，也是出资人考核企业经营业绩、评价企业财务状况和资产质量的重要依据。认真做好企业财务决算审计管理工作，有助于检验企业会计核算的规范性、内部控制的有效性，及时发现企业财务管理的薄弱环节，并采取有效措施加强和改进企业财务管理；有助于及时发现企业经营管理中存在的问题，堵塞管理漏洞，提高经营决策与管理水平。各中央企业要高度重视财务决算审计管理工作，切实加强组织领导，层层落实责任，确保财务决算审计工作质量，提高财务管理工作水平。

二、严格财务决算审计范围与内容

各中央企业要严格遵循有关财务决算审计范围与内容的规定：一是除涉及国家安全或难以实施外部审计的特殊子企业，经国资委核准可由企业内部审计机构审计外，企业年度财务决算必须由符合资质条件的会计师事务所及注册会计师进行审计；二是承担中央企业财务决算审计业务的会计师事务所及注册会计师应按规定对企业财务决算报告中的资产负债表、利润及利润分配表、现金流量表、资产减值准备及资产损失情况表、所有者权益变动表等重要报表数据和报表附注进行审计，恰当发表审计意见；对财务决算报告中其他报表及指标数据应按有关要求进行复核并作专项说明，其中对财务决算报告信息质量有重大影响的财务会计事项可发表审计意见。

三、统一规范会计师事务所选聘工作

各中央企业要严格按照财务决算审计工作的统一要求，规范会计师事务所的选聘工作。承担中央企业财务决算审计业务的会计师事务所资质条件必须与企业规模相适应。具体应符合以下要求：

（一）会计师事务所注册会计师人数要求。承担中央企业财务决算审计业务的会计师事务所注册会计师人数最低不得少于 40 名，其中：企业资产总额在 50 亿～500 亿元的，主审会计师事务所注册会计师人数不得少于 60 名；企业资产总额在 500 亿～1000 亿元的，主审会计师事务所注册会计师人数不得少于 80 名；企业资产总额在 1000 亿元以上的，主审会计师事务所注册会计师人数不得少于 100 名。

（二）会计师事务所执业资信条件。会计师事务所存在下列情况之一的不得承担中央企业财务决算审计业务：一是近 3 年内因违法违规行为被国家相关主管部门给予没收违法所得、罚款、暂停执行部分或全部业务、吊销有关执业许可证和撤销会计师事务所等行政处罚；二是近 3 年内因审计质量等问题被国家相关主管部门给予警告或通报批评两次（含）以上；三是近 3 年内在承担中央企业有关审计业务中出现重大审计质量问题被国资委警示两次（含）以上；四是国资委根据会计师事务所执业质量明确不适合承担中央企业财务决算审计工作。

（三）会计师事务所数量要求。为保证企业财务决算审计工作的顺利进行，减少信息沟通障碍，提高审计工作质量，企业合并资产总额在 100 亿元以下的，其全部境内子企业（包括实体在境内的境外上市公司，下同）原则上只能由 1 家会计师事务所独立审计；企业合并资产总额在 100 亿元以上、子企业户数在 50 户以上且地域分布较广的，其全部境内子企业最多可由不超过5家会计师事务所进行联合审计。对于多家会计师事务所联合审计的，主审会计师事务所承担的审计业务量一般不低于50%，且企业总部报表和合并报表必须由主审会计师事务所审计。

（四）会计师事务所审计年限要求。根据《中央企业财务决算审计工作规则》（国资发评价〔2004〕173号）的规定，中央企业委托会计师事务所连续承担财务决算审计业务应不少于2年，同一会计师事务所连续承担企业财务决算审计业务不应超过5年。连续承担企业财务决算审计业务的起始年限从会计师事务所实际承担企业财务决算审计业务的当年开始计算。各中央企业要严格执行上述要求，对连续承担企业财务决算审计业务已超过5年的会计师事务所必须进行更换。

（五）会计师事务所变更要求。各中央企业应严格按照“统一组织、统一标准、统一管理”原则和财务决算审计工作的统一要求，做好会计师事务所的选聘工作。需要变更会计师事务所的，应由企业总部按照国资委有关委托会计师事务所的规定，采用招标等方式确定。凡上年度纳入国资委统一委托审计范围的企业，如需变更会计师事务所，应向国资委报告变更原因，经国资委核准同意后，按规定采用招标等方式选聘。

四、切实加强财务决算审计组织工作

各中央企业应认真加强财务决算审计的组织管理工作：一是指定专门机构和人员负责协调工作，明确分工，落实责任；二是积极做好企业内部相关业务部门、所属各级子企业的协调配合工作；三是根据审计工作需要，及时提供审计所需相关材料，为会计师事务所及注册会计师履行必要的审计程序，获取充分、适当的审计证据提供必要的条件；四是做好与会计师事务所及注册会计师的沟通协调工作，但不得干预会计师事务所及注册会计师的审计活动，确保审计工作独立、客观、公正。

五、认真做好财务决算内部审计工作

各中央企业应当建立完善的内部审计制度，对企业所属涉及国家安全或难以实施外部审计的特殊子企业财务决算进行内部审计，并出具内部审计报告。企业财务决算的内部审计工作应当符合有关规定：一是在财务决算审计备案中应对所属子企业财务决算采用内部审计方式的原因、涉及的户数及采用内部审计方式的全部子企业名单进行说明；二是企业内部审计机构应当严格按照财务决算审计工作相关要求实施审计，切实履行审计程序，恰当发表审计意见；三是企业内部审计机构应当严格按照规定的格式和内容出具内部审计报告，并承担相应的审计责任。

六、逐步规范上市公司财务决算审计

各中央企业应加强对所属上市公司（包括实体在境内的境外上市公司，下同）财务决算审计工作的管理：一是合理安排上市公司财务决算审计工作计划，不得因为上市公司年度财务决算公告时间滞后而影响企业集团财务决算工作的整体进度；二是对企业与所属上市公司之间的投资、往来和关联交易等事项进行认真清理，并做好合并报表的抵销工作，确保审计结果的真实、完整；三是企业所属上市公司审计报告信息披露的格式和内容必须满足财务决算工作的统一要求。

七、切实提高财务决算审计工作质量

各中央企业要加强财务决算审计质量管理，努力提高审计工作质量：一是按照财务决算审计工作的统一要求，在审计业务约定书中明确相关内容和要求，确保审计报告信息披露的内容和格式符合财务决算工作统一要求；二是建立重大问题报告制度，对于在财务决算审计中发现的重大问题要及时报告国资委；三是企业及各级子企业应当根据会计师事务所及注册会计师提出的审计意见对财务决算进行调整，对审计意见或审计结论存有异议未进行财务决算调整的，应当在年度财务决算报告中说明，存在较大分歧的，应当向国资委提交专项报告予以说明；四是对所属企业财务决算审计质量严格把关，并对审计质量进行评估，对审计质量存在严重问题、审计结果达不到要求的会计师事务所应及时向国资委报告。

八、有效运用财务决算审计工作结果

各中央企业应当提高财务决算审计结果的运用效率：一是对审计报告中的保留意见事项、无法表示意见事项和否定意见事项逐项进行核实，在年度财务决算报告中说明或提交专项报告予以说明，对需要调整账务的应及时调整有关账务；二是对企业财务决算审计报告和管理建议书中所反映的其他财务管理和经营管理问题，应当认真研究，切实整改，努力提高财务管理和经营管理水平；三是对上年度财务决算批复中提及的问题进行认真研究、落实整改，并在年度财务决算报告中将落实整改情况向国资委报告；四是国资委将在企业财务决算审计结束后组织审计质量审核和评估，并将审核和评估结果及时通报企业，各中央企业应认真对照，积极整改。

九、认真做好财务决算审计备案工作

各中央企业应提早安排2005年度财务决算审计相关工作，并按照财务决算审计的统一要求完成备案工作。各中央企业应于2005年11月30日之前以正式文件向国资委报送中央企业2005年度财务决算审计备案报告（具体要求另行通知），并将会计师事务所相关资质证明材料和审计业务约定书一并报国资委备案。企业本年度变更会计师事务所的，应当在备案报告中说明原因。企业选聘的会计师事务所不符合国资委财务决算审计工作统一要求的，国资委将要求企业纠正并重新选聘；企业未按要求重新选聘的，国资委将在企业年度财务决算报告上报后另行组织专项审计调查，在审计调查结束之前暂不确认企业年度业绩考核有关指标。

各中央企业要加强对财务决算审计工作的统一管理，严格执行国资委关于财务决算审计工作的统一要求，切实提高审计工作质量，确保企业财务会计信息的真实性、完整性，充分发挥财务决算审计的监督和服务作用，努力提高财务管理水平，提高企业经济效益，确保国有资本保值增值。

关于印发中央企业资产减值准备财务核销工作规则的通知

2005 年 3 月 25 日　国资发评价〔2005〕67 号

各中央企业：

为加强中央企业财务监督，规范企业资产减值准备财务核销行为，促进企业建立和完善内部控制制度，根据《中央企业财务决算报告管理办法》（国资委令第 5 号）和国家有关财务会计制度，我们制定了《中央企业资产减值准备财务核销工作规则》，现印发给你们。请结合企业实际，认真执行，并及时反映工作中有关情况和问题。

附件：1.《中央企业资产减值准备财务核销工作规则》（略）

2. 企业资产减值准备财务核销备案表（略）

关于印发《中央企业财务决算审计工作有关问题解答》的通知

2006 年 5 月 22 日　国资厅发评价〔2006〕23 号

各中央企业：

为贯彻落实《关于印发〈中央企业财务决算审计工作规则〉的通知》（国资发评价〔2004〕173 号）和《关于加强中央企业财务决算审计工作的通知》（国资厅发评价〔2005〕43 号）等文件精神，帮助各中央企业更好地了解和执行国资委关于财务决算审计工作的统一要求，现将《中央企业财务决算审计工作有关问题解答》印发给你们，请遵照执行。在执行过程中有何问题，请及时反映。

附件：中央企业财务决算审计工作有关问题解答

附件：

中央企业财务决算审计工作有关问题解答

《关于加强中央企业财务决算审计工作的通知》（国资厅发评价〔2005〕43 号，以下简称《通知》）印发后，不少中央企业和会计师事务所陆续反映了一些情况和问题，现解答如下：

一、关于连续5年审计年限是否区分主审会计师事务所和参审会计师事务所的问题

《通知》中关于连续5年审计年限是指连续承担中央企业及其所属子企业财务决算审计的年限，既包括主审会计师事务所，也包括参审会计师事务所。

二、关于中央企业发生合并、分立等重组事项时连续审计年限计算的问题

（一）新设合并或分立出来新成立的企业集团，由集团统一招标选聘的会计师事务所连续审计年限从集团委托之日起开始计算。否则，连续审计年限仍然从实际承担审计业务当年开始计算。

（二）吸收合并后继续存续或分立后继续存续的企业集团，会计师事务所连续审计年限一律从实际承担审计业务当年开始计算。

（三）因企业名称等事项变更而发生变更工商登记的企业集团，会计师事务所连续审计年限在其变更前后连续计算。

三、关于会计师事务所发生合并、分立等重组事项时连续审计年限计算的问题

（一）采取新设合并方式重组，合并后新成立的会计师事务所承担的审计业务，连续审计年限从新会计师事务所注册工商登记之日起开始计算。

（二）采取吸收合并方式重组，合并后继续存续的会计师事务所原来承担的审计业务，审计年限连续计算；被合并会计师事务所注销后原审计业务转由合并后会计师事务所继续承担的，连续审计年限从合并之后开始计算。

（三）采取分立方式重组，分立后继续存续的会计师事务所承担的审计业务，审计年限连续计算；分立后新成立的会计师事务所承担的审计业务，连续审计年限从新会计师事务所注册工商登记之日起开始计算。

（四）因会计师事务所名称等事项变更而发生变更工商登记的，审计年限在变更前后连续计算。

四、关于拟上市企业会计师事务所连续审计年限满5年的问题

中央企业所属处于上市辅导期的企业，同一会计师事务所连续审计年限已经超过5年的，凡是能够提供证据表明该企业已经通过证监会发审委审核的，两年内可以暂不变更会计师事务所，待企业上市后再按照法定程序变更。

五、关于会计师事务所连续审计满5年轮换的问题

根据《关于印发〈中央企业财务决算审计工作规则〉的通知》（国资发评价〔2004〕173号）的有关规定，同一会计师事务所连续承担中央企业财务决算审计业务不应超过5年。为平稳地推进会计师事务所轮换工作，提高中央企业审计工作质量，根据目前中央企业审计质量情况，企业聘请中国注册会计师协会2005年公布的会计师事务所百强排名中前15位的会计师事务所，至承担2005年度财务决算审计业务为止，连续审计年限已经达到或超过5年，但未达到10年的，经国资委核准后，可以延缓3年变更，但连续审计年限最长不得超过10年。会计师事务所在延缓变更期间应当更换审计报告的签字合伙人、签字注册会计师。

国务院国有资产监督管理委员会关于加强中央企业对外捐赠管理有关事项的通知

2009年11月5日　国资发评价〔2009〕317号

各中央企业：

近年来，中央企业认真履行社会责任，积极参与国家救灾、扶危济困等救助活动，有效推动了我国公益事业发展。为进一步规范中央企业对外捐赠行为，维护国有股东权益，引导中央企业正确履行社会责任，根据《中华人民共和国公益事业捐赠法》和《国有企业领导人员廉洁从业若干规定》等有关规定，现就加强中央企业对外捐赠管理的有关事项通知如下：

一、加强对外捐赠行为规范管理。随着我国公益事业的发展，企业对外捐赠支出的范围和规模不断扩大，各中央企业要加强对外捐赠事项的管理，认真履行社会责任，积极参与救助捐赠活动，规范对外捐赠行为，有效维护股东权益。集团总部应当制订和完善对外捐赠管理制度，对集团所属各级子企业对外捐赠行为实行统一管理，明确对外捐赠事项的管理部门，落实管理责任，规范内部审批程序，细化对外捐赠审核流程；要根据自身经营实力和承受能力，明确规定对外捐赠支出范围，合理确定集团总部及各级子企业对外捐赠支出限额和权限；应将日常对外捐赠支出纳入预算管理体系，细化捐赠项目和规模，严格控制预算外捐赠支出，确保对外捐赠行为规范操作。

二、规范界定对外捐赠范围。企业对外捐赠范围为：向受灾地区、定点扶贫地区、定点援助地区或者困难的社会弱势群体的救济性捐赠，向教科文卫体事业和环境保护及节能减排等社会公益事业的公益性捐赠，以及社会公共福利事业的其他捐赠等。各中央企业用于对外捐赠的资产应当权属清晰、权责明确，应为企业有权处分的合法财产，包括现金资产和实物资产等，不具处分权的财产或者不合格产品不得用于对外捐赠。中央企业经营者或者其他职工不得将企业拥有的资产以个人名义对外捐赠。除国家有特殊规定的捐赠项目之外，中央企业对外捐赠应当通过依法成立的接受捐赠的慈善机构、其他公益性机构或政府部门进行。对于有关社会机构、团体的摊派性捐赠，企业应当依法拒绝。企业对外捐赠应当诚实守信，严禁各类虚假宣传或许诺行为。

三、合理确定对外捐赠规模。各中央企业对外捐赠应当充分考虑自身经营规模、盈利能力、负债水平、现金流量等财务承受能力，坚持量力而行原则，合理确定对外捐赠支出规模和标准。中央企业对外捐赠支出规模一般不得超过企业内部制度规定的最高限额；盈利能力大幅下降、负债水平偏高、经营活动现金净流量为负数或者大幅减少的企业，对外捐赠规模应当进行相应压缩；资不抵债、经营亏损或者捐赠行为影响正常生产经营的企业，除特殊情况外，一般不得安排对外捐赠支出。

四、严格捐赠审批程序。各中央企业应当加强对外捐赠的审批管理，严格内部决策程序，规范审批流程。企业每年安排的对外捐赠预算支出应当经过企业董事会或类似决策机构批准同意。对外捐赠应当由集团总部统一管理，所属各级子企业未经集团总部批准或备案不得擅自对外捐赠。对于内部制度规定限额内并纳入预算范围的对外捐赠事项，企业捐赠管理部门应当在支出发生时逐笔审核，并严格履行内部审批程序；对于因重大自然灾害等紧急情况需要超出预算规定范围的对外捐赠事项，企业应当提交董事会或类似决策机构专题审议，并履行相应预算追加审批程序。

五、建立备案管理制度。国资委对中央企业对外捐赠事项实行备案管理制度。以下情况应当专项报国资委（评价局）备案，同时抄送派驻本企业监事会：

（一）各中央企业应当结合本通知要求，对本企业对外捐赠管理制度进行修订或完善，并于2009年12月31日前报国资委备案。以后年度需要对管理流程、支出限额等关键因素进行调整的，应当对管理制度进行修改完善，并及时报国资委备案。

（二）中央企业对外捐赠支出应当纳入企业年度预算管理，并形成专项报告，对全年对外捐赠预算支出项目、支出方案及支出规模等预算安排作出详细说明，并对上年捐赠的实施情况及捐赠预算执行情况进行总结。中央企业对外捐赠预算专项报告随年度财务预算报告报送国资委。

（三）中央企业捐赠行为实际发生时捐赠项目超过以下标准的，应当报国资委备案同意后实施：净资产（指集团上年末合并净资产，下同）小于100亿元的企业，捐赠项目超过100万元的；净资产在100亿元至500亿元的企业，捐赠项目超过500万元的；净资产大于500亿元的企业，捐赠项目超过1000万元的。

（四）对于突发性重大自然灾害或者其他特殊事项超出预算范围需要紧急安排对外捐赠支出，不论金额大小，中央企业在履行内部决策程序之后，及时逐笔向国资委备案。

六、加强监督检查。各中央企业应当加强对外捐赠事项的财务监督工作，在实际发生对外捐赠支出后，应当规范账务处理，并将有关支出情况向社会公开。企业应当重视对外捐赠项目实施效果的后续跟踪，有条件的企业，应当组织对重大捐赠项目进行现场检查或审计，督促受益对象发挥捐赠的最大效益。企业应当通过纪检监察、内部审计、中介机构审计等多种渠道开展监督检查工作，及时查找企业在制度建设、工作组织、决策程序、预算安排、项目实施和财务处理等方面存在的问题，认真整改。派驻企业的监事会应当将企业对外捐赠管理与实施情况纳入监督检查范围。国资委将不定期组织对企业捐赠管理情况进行抽查，对制度不健全、未按规定程序决策、未及时向国资委报备等不规范行为，督促企业及时整改；对在对外捐赠过程中存在营私舞弊、滥用职权、转移国有资产等违法违规行为的，予以依法处理。

各中央企业要高度重视对外捐赠管理工作，积极参与社会公益事业，认真履行社会责任，坚持量力而行原则，完善制度，严格程序，规范管理，切实有效维护股东权益。

关于进一步深化中央企业全面预算管理工作的通知

2011 年 11 月 8 日　国资发评价〔2011〕167 号

各中央企业：

近年来，中央企业大力开展管理创新，普遍建立了预算管理工作体系，预算在企业优化资源配置、提高运行效率、加强风险管控中的作用日益显现，为中央企业实现稳健快速发展提供了重要支撑。但随着经济全球化、网络化步伐加快，以及中央企业产业结构调整和内部资源整合力度不断加大，部分企业现有的预算管理模式已难以适应企业快速发展的需要。为推动中央企业不断改进预算管理，加快实施全面预算，有效应对复杂形势，实现做强做优，提升国际竞争能力，现就进一步深化中央企业全面预算管理工作通知如下：

一、切实加强组织领导，完善全面预算管理组织体系。全面预算管理是现代大企业围绕发展战略，运用现代网络与信息技术，融经营（业务）预算、资本预算、薪酬预算、财务预算于一体的综合管理系统，是企业在全球范围内优化资源配置、提高运行质量、改善经营效益、加强风险管控的有效管理工具和管理机制。全面预算管理水平直接决定大型企业战略和决策的执行力、集团管控力、内部各单元的协同力和各要素的集成力，是现代企业市场竞争能力的重要体现。各中央企业要充分认识全面预算管理工作对企业做强做优、提升国际竞争力的重要作用，进一步加强组织领导，完善组织体系，加强制度建设，落实工作责任，梳理工作流程，规范工作内容，明确质量标准，不断增强预算管理工作的系统性和协同性。各中央企业主要负责人要高度重视并组织推动全面预算管理工作，努力营造全面预算管理的工作氛围。各中央企业预算管理决策机构不仅要负责审议全面预算目标的合理性，还要高度关注预算组织机制、编制方法、编制基础、执行、监督与考核等预算管理关键环节的合理性和有效性。各中央企业应当建立以业务流程为导向、以责任分工为基础、各相关职能部门相互配合、各管理层级密切联动的全面预算管理工作体系，形成分工明确、责任清晰、相互协同、高效配合的工作机制和责任机制，为全面预算管理工作提供有效的组织保障。

二、树立全面预算管理理念，坚持战略引领与价值导向。各中央企业在全面预算管理体系建设中，要紧紧围绕“培育具有国际竞争力的世界一流企业”目标，坚持持续不断地完善并优化全面预算管理体系：一是树立全面预算管理理念。全面预算管理是一项全员参与、涵盖企业各类生产要素、贯穿企业经营全过程的系统工程，各中央企业要以全员为基础，全过程为标准，全方位为要求，将企业的人、财、物全部纳入全面预算管理体系，统一协调配置内部资源，强化预算全过程控制，充分发挥全面预算管理的执行效率与效果。二是坚持战略引领。战略规划是企业资源配置的方向和目标，全面预算是战略实施的工具和机制。各中央企业应当依据国家国民经济和社会发展“十二五”规划纲要和国资委确定的中央企业“十二五”发展目标，结合行业发展形势和企业实际，研究制定本企业战略规划，并在持续论证战略规划科学性和合理性的基础上，紧紧围绕发展战略，通过实施年度滚动预算，确定年度发展目标和资源配置方式，确保战略落地，并不断得到验证和改进。三是坚持价值导向。企业的竞争力最终体现为价值的创造能力。各中央企业要强化全面预算管理的价值导向，将风险可控前提下的企业价值最大化作为衡量资源配置效果的标准，坚持成本费用定额与责任管理，坚持将投资回报水平作为项目取舍的依据，严格控制低效、无效甚至亏损的投资项目，加强低效资产的处置和亏损企业治理，加快资金周转，并将预算执行主体的价值创造水平作为考核评价的主要内容。四是坚持稳健发展原则。各中央企业全面预算工作要始终坚持稳健发展理念，注重转变发展方式，提升发展质量，合理确定财务能力可承受的发展边界，严格控制超出财务承受能力、盲目追求规模扩张的行为，兼顾好规模、速度与效益、质量、风险的平衡，保持健康、可持续的财务结构。

三、改进预算编制方法，提高全面预算管理科学化水平。一是切实发挥好集团总部在预算编制过程中的统领和总控作用。集团总部预算组织管理机构要依据企业战略规划、市场分析预测、可控资源、内部运营情况以及以往年度预算执行情况等因素，对未来的主要经营指标进行估测，对各种可能的变化情况进行模拟，选择确定主要预算目标并编制方案，作为各部门、各层级、各单元预算编制的目标指引；通过实施“先总后分、总分结合”和“先下后上、上下结合”等编制流程，强化集团总部的统领和总控作用，以提升战略执行力和预算准确性。二是以经营预算为基础，推动经营预算与财务预算、投资预算与资金预算的有机结合。业务部门处于市场前端，要做好主要产品产量、主要经营业务规模与效益等指标的分析预测工作，确定年度经营计划；投资管理部门要围绕企业战略和业务计划，结合企业资金保障状况和投资项目预期效益，合理确定各项资本性开支的规模与标准；财务部门要依据各类预算编制情况，结合预算标杆和资源配置模型，详细测算财务资源的承受能力和重大支出的预期效益，综合确定各项财务预算指标，模拟现金流量，并对各类分项预算的合理性和可行性进行财务审核，以提升企业预算的合理性和可行性。三是根据业务流程特点，针对不同的预算项目探索采用固定预算、弹性预算、零基预算、滚动预算、作业预算等不同的预算编制方法。有条件的企业，预算要逐级逐步细化到以季度、月度为周期的基于工作计划的滚动预算，并与中长期规划有效衔接，更好地保障战略实施。

四、积极推动对标管理，突出做强做优。各中央企业要坚持把对标管理理念引入全面预算管理，探索对标管理与全面预算管理的有机结合。一是要强化各类定额、标准的制订工作，通过收集整理各类对标数据，将企业的历史标准、行业标准与国际先进标准相结合，明确成本费用、科技投入、资产效率等经营指标的管理定额和标准，并纳入预算编制、执行、监督、考核体系。二是要广泛开展预算目标对标工作，在深入分析研判国内外市场形势的基础上，充分参考国内外同行业企业的情况，制定既有挑战性又有可实现性的预算目标。三是要强化预算管控的对标工作，加强对可控成本费用的对标管理，实现降本增效，提高盈利空间；加强对应收账款、存货、现金流量、投资回报等指标的对标管理，不断提高企业运行效率和运行质量。四是要积极推行与优秀企业的对标管理，选取国际、国内同行领先企业作为预算标杆，通过持续不断的对标推动企业做强做优，不断提升国际竞争力。

五、加强关键指标预算控制，努力提升企业运行质量。各中央企业在全面预算管理工作中，要以提高运营质量、努力为未来健康发展提供保障为目标，紧紧抓住企业生产经营各环节的关键性指标，从业务前端入手，加大管控力度，确保预算对各项生产经营活动的有效控制。一是加强成本费用预算控制。通过强化定额和对标管理，明确制订成本费用控制标准，落实成本费用管控责任，积极推动各预算单位改进生产流程、开展技术创新、采用集中招标采购等措施压缩可控费用，努力实现降本增效。二是加强投资项目预算控制。各中央企业在确定年度投资项目时要坚持效益优先和资金保障原则，严控亏损或低效投资，严控资金难以落实的投资，严控超越财务承受能力、过度依赖负债的投资。三是加强现金流量预算管理。结合企业面临的市场形势、创现能力等因素，合理确定赊销和库存规模，加强应收款项和存货的预算管控，加快资金周转，提升现金保障能力。四是加强债务规模与结构的预算管理。通过对预算资产负债率、带息负债比率等债务风险类指标设定合理的目标控制线等措施，严格控制债务规模过快增长；结合速动比率、流动负债比率等指标分析，优化债务结构，切实防范债务风险。

六、强化预算刚性约束，做好预算执行监控与分析工作。预算的执行与控制是全面预算管理的核心环节，是预算管理中授权与承诺的实现过程。各中央企业在预算管理工作中，一是要加强预算的刚性约束，上级预算管理单位正式下达的预算应具有严肃性，一般不得调整；企业确因市场经营环境、监管政策等发生重大变化导致预算编制基础和假设产生重要变化，或发生重大临时预算项目，或出现重大不可控因素等，可以申请调整预算，但必须履行相关的预算审批程序。二是要加强预算执行监控，预算管理部门要加强与各执行部门的沟通，动态监控预算执行情况，反馈预算执行的进度与效果，及时发现和纠正预算执行中存在的偏差与问题；严格预算执行审批程序，严控预算外项目，预算管控应逐步由金额控制向项目控制转变。三是要加强预算执行分析，建立定期的预算执行分析制度及重大事项应急分析制度，并将预算分析的对象，横向分解到各业务流程，纵向深化到各预算责任中心，以提高分析的针对性和实效性；客观分析预算执行差异与原因，及时采取有效的应对措施，修正预算执行差异，防止出现预算编制和执行脱节现象；对于重大预算执行差异，企业应就此展开审慎的分析调查，认真查明原因，以保证预算目标的实现。四是加强预算执行情况总结，认真分析以前年度预算管理与执行中存在的经验与不足，充分发挥预算执行先进单位或先进业务板块的示范效应，不断改进预算管理机制，持续优化全面预算管理工作。

七、加强预算执行结果考核，实现预算闭环管理。预算执行结果考核是落实各预算责任主体权责的重要手段，是实现全面预算闭环管理、发挥全面预算管理价值创造功能的关键环节。一是要加强对预算执行结果的考核，建立预算考核制度，明确预算考核程序，确定预算考核指标，结合预算重要节点与关键环节定期开展预算考核工作，将考核贯通到每个预算责任主体，实现预算的闭环管理。二是要探索实行预算执行结果的非合理性偏差问责制，做到职责到位，责任到人，激发企业全员参与价值创造的积极性。三是要创新预算考核方式方法，结合企业实际探索建立行之有效的预算考核评价模型，提高预算执行结果考核的科学性，发挥预算考核对促进全面预算管理工作的作用。

八、大力推进信息化建设，保障全面预算管理顺利实施。当今时代科学技术飞速发展，企业经营环境复杂多变，内部管理要求不断提高。为有效应对内外环境的快速变化，充分发挥全面预算管理合理预测、提前防范、有效控制的功能，各中央企业要积极推动预算信息系统建设，充分利用信息化手段，规范预算管理流程，提高预算管理效用。一是要构建覆盖企业全部重点业务、连接各级子企业、体现中长期战略规划的全面预算管理信息系统，满足企业全面预算管理庞大的数据需求，促进企业发展战略的分解与落地。二是通过信息化手段固化预算管理流程，提高预算管理工作的效率和标准化水平，提高预算编制的科学性，执行的有效性。三是要加强预算信息化系统集成，将企业的会计核算系统、资金管理系统、人力资源管理系统和资源计划系统（ERP系统）等资源配置系统实现互联互通，满足多方面、多层次信息高度融合的要求。四是要充分利用预算管理信息系统的在线分析监测功能，及时追踪分析预算执行情况，不断调整修正生产经营行为，实现全面预算管理的事前、事中和事后全过程监控，为重大经营决策提供有效支撑。

国资委将进一步加强对中央企业全面预算管理工作的指导，检查全面预算管理工作推进情况，研究解决全面预算管理工作实施过程中存在的问题，推进中央企业全面预算管理工作再上新台阶。

关于印发《加强中央企业有关业务管理、防治“小金库”若干规定》的通知

2012年1月12日　国资发评价〔2012〕5号

各中央企业：

为建立健全中央企业防治“小金库”长效机制，规范有关业务管理，国资委制订了《加强中央企业有关业务管理、防治“小金库”若干规定》，现印发给你们，请遵照执行。

附件：加强中央企业有关业务管理、防治“小金库”若干规定

附件：

加强中央企业有关业务管理、防治“小金库”若干规定

第一条 为加强国务院国有资产监督管理委员会（以下简称国资委）履行出资人职责的企业（以下简称中央企业）的监督管理，规范企业经营业务行为，根据《企业国有资产监督管理暂行条例》《国有及国有控股企业“小金库”专项治理实施办法》和国家有关法律法规，制定本规定。

第二条 中央企业及其各级独资、控股子企业（以下简称各级子企业）应当以“小金库”专项治理工作为契机，坚持综合治理、纠建并举、注重预防的原则，从深化改革、完善制度、加强监督、注重教育等方面入手，进一步加强有关业务管理，完善内控制度，规范会计核算，强化审计监督，建立和完善防治“小金库”的长效机制。

第三条 中央企业及其各级子企业应当根据国家有关薪酬管理政策和规定，进一步完善内部薪酬管理体系，规范基层单位绩效薪酬（奖金）分配，可采取基层单位制订分配方案、劳资管理部门审核、财务部门依据明细表直接发放至职工个人的方式操作，纪检监察、审计部门应当加强对绩效薪酬（奖金）分配情况的监督，不得单独留存、二次分配或挪作他用。

第四条 中央企业及其各级子企业在合同金额之外取得的项目业主以“赶工费”等名义支付施工单位的各类奖励、补贴，是施工单位工程收入的组成部分。企业应当加强工程建设项目“赶工费”管理，统一纳入施工单位工程收入核算，不得以个人、其他单位名义单独留存或直接用于发放职工奖励、福利等。

第五条 中央企业及其各级子企业开展代扣代缴个人所得税等工作过程中取得的各类手续费收入，应当纳入企业收入统一核算，不得以往来款挂账方式自行列支，或账外存放、单独处理。

第六条 中央企业应当加强改制上市剥离资产管理，建立健全剥离资产管理制度，落实责任部门（管理机构），明确管理责任和授权权限，细化资产管理业务流程，设置剥离资产管理台账，跟踪剥离资产变动及收益状况，确保剥离资产出租、出借、处置、清理及投资等全过程得到有效控制，对所形成的资产收益应当按规定纳入企业法定账簿核算。

第七条 中央企业及其各级子企业应当本着提高效率、勤俭节约的原则，进一步强化各类会议费管理，完善各类会议申请、审批及报销程序，严格控制会议的规模、频次，压缩不必要的会议开支，规范会议报销单据、凭证管理，严禁虚构会议名目预存会议费或挪作他用。

第八条 中央企业及其各级子企业应当加强所属报纸杂志、职工食堂、物业公司等各类辅助经营实体，以及内部设立的协会、学会（分会）等各类社会团体的资产财务管理，规范财务收支核算和报账方式，定期开展资产盘点，不得账外留存任何资金和资

产。上述单位代企业收取的各类费用收入均应当纳入企业账簿核算，不得单独留存或直接坐支。

第九条 中央企业应当认真做好各类废旧物资清收处置工作，规范各类材料实物的入库、领用、实际消耗及处置管理，将边角余料、报废资产等废旧物资管理，作为降本增效、增收节支活动的重要举措之一，落实废旧物资鉴定、回收、保管、处置等环节的管理责任，明确相关管理要求，建立大宗废旧物资管理和处置台账，如实记载流转情况。废旧物资处置及综合利用收入应当及时纳入企业法定账簿核算，不得账外留存或直接坐支。

第十条 中央企业应当进一步加强现金和备用金管理，建立健全现金账目，逐笔记载现金收付，做到日清月结、账款相符。对收取现金的业务，应当明确现金入账期限和管理责任，不得以个人名义存放或账外留存；对各类备用金，应当明确管理程序和报账期限，对超期限备用金应当加紧催收，不得谎报用途套取现金。

关于加强中央企业特殊资金（资产）管理的通知

2012 年 1 月 12 日　国资发评价〔2012〕6 号

各中央企业：

根据《关于开展中央企业“小金库”专项治理工作的通知》（国资发评价〔2010〕107 号），各中央企业将“小金库”治理与管理隐患排查相结合，对各类代管资金、表外资产等不属于“小金库”范围但存在管理隐患的特殊资金（资产）一并进行了清理。从清理结果看，中央企业普遍存在以上各类特殊资金（资产）。为推动中央企业加强特殊资金（资产）管理，明确管理责任，健全管理机制，保护职工合法权益，确保资产安全，现就有关事项通知如下：

一、明确管理机构，落实管理责任。本通知所称特殊资金（资产）包括职工互助基金，企业慈善基金会管理的资金，企业工会管理的资金，职工持股会管理资金，企业代管的社会保险资金、企业年金、住房公积金等企业虽不拥有所有权但承担资金安全管理责任的资金（资产），以及属于企业所有但尚未并表的各类资金（资产）。各中央企业要高度重视，提高认识，切实加强特殊资金（资产）管理，集团总部及所属各级子企业要加强组织管理，针对不同类型特殊资金（资产）明确管理机构，落实管理责任，实行专业、规范管理。各中央企业要严格执行国家有关法律法规和政策规定，认真履行管理职责，规范管理行为和资金运作，确保资金（资产）安全。

二、完善内控制度，规范业务流程。各中央企业要依据国家有关管理规定和要求，结合本企业实际情况和各类代管资金的特点，建立健全各类特殊资金（资产）的内控制度或专项管理办法。对于国家有明确管理规定的，要在符合国家规定的基础上进一步细化管理措施，完善内控机制；对于国家没有统一管理要求的，要结合本企业实际情况制订专项管理办法。企业制定的特殊资金（资产）管理制度要对资金管理机构、岗位设置和职责、收入支出范围和标准、日常管理、投资运作、监督检查、损失责任追究等内容进行明确，规范资金筹集、支出和投资的决策、授权、审批、报告等环节的业务流程，严格规定资金支出的审批权限和程序，对不相容岗位采取分离牵制措施。要严格遵守国家法律法规和财经纪律，规范代管资金的会计核算和财务管理，建立必要的经费审查制度，加强预算执行监督和控制。

三、严格收支管理，加强资金监控。各中央企业要切实加强各类特殊资金（资产）的收支管理，不得“坐收坐支”。代管资金来源必须合法、规范，符合国家有关法律规定和财务会计制度要求，不得随意扩大资金来源渠道或提高标准。代管资金支出必须符合有关规定，不得超范围、超标准开支；要加强资金支出的审核，支出报销必须做到凭证完整、手续齐全；要明确不同支出金额的审批权限，对大额资金支出实行集体决策或联签制度。特殊资金账户开立要纳入集团统一管理，实行专户存储、专款专用、独立核算，不得挤占、截留、挪用或私存。各中央企业要将代管资金账户及其收支纳入集团资金管理系统进行监控，加强对代管资金账户的统一监管、对资金收支的审查监督和资金流向的动态监控，建立代管资金收支预算管理和运作分析制度，定期与有关方面进行核对，防范资金损失风险。

四、规范投资运作，确保资金安全。各中央企业要对特殊资金（资产）的对外投资情况进行一次全面清查，对于国家明确规定不得用于投资的特殊资金（资产），企业一律不得开展投资活动；对于投资方向有限制性规定的特殊资金（资产），企业可在允许投资的范围内开展投资活动；对投资运作没有明确规定的特殊资金（资产），企业可在保障资金安全的前提下，适当开展固定收益类投资活动，以实现资金（资产）保值增值，但要严格控制投资规模，防范投资风险。严禁将特殊资金（资产）用于投资风险不可认知的业务或高风险业务；严禁将特殊资金（资产）用于对外拆借、担保或抵押、质押。企业按规定将特殊资金（资产）用于投资的，要严格执行决策审批程序，实行专业化运作、规范化管理，确保投资效果；要加强对投资项目的动态跟踪，及时掌握投资项目的风险变动状况，制定完善应急止损措施；要规范投资增值收益的管理，各类特殊资金（资产）投资增值收益一律纳入规定账户核算和管理，用于规定的用途或支出范围不得挪作他用。

五、加强审计监督，建立问责制度。各中央企业应当根据各类代管资金的有关管理规定，定期对企业特殊资金（资产）开展内部审计或专项检查，重点关注特殊资金（资产）收缴、支出的规范性和投资经营的风险，检查内控制度的执行情况及业务操作的规范性，评价投资运作效果，及时发现存在的突出问题和主要风险，并负责督促整改，对特殊资金（资产）管理失职行为建立问责制度。国资委将会同有关部门探索建立联合审计监管机制，对审计检查发现的违规运作，造成资产损失的，将依据《中央企业资产损失责任追究暂行办法》（国资委令第 20 号）等有关规定，开展资产损失责任追究工作。对疏于管理造成重大损失的，将追究企业人员责任，并依据《中央企业负责人经营业绩考核暂行办法》(国资委令第 22 号) 的有关规定予以处理。

六、采取有效措施，加强表外资产管理。部分中央企业因各种历史原因，一些不符合《企业会计准则》规定报表合并条件的资产，形成未纳入企业财务决算合并范围的表外资产，易造成管理隐患。各中央企业应当加大清理力度，规范表外资产管理。对于因历史原因或政策原因等尚未确权的资产及权属存在瑕疵的资产，企业应当积极协调有关方面，采取有效措施尽快明确权属，符合条件的应当尽快纳入企业账内统一核算和管理；对于暂时难以确权未纳入账内核算的，应当纳入企业统一的资产管理体系，建立健全资产管理台账，加强实物资产管理，防止国有资产流失。一经确权的表外资产及其投资形成的产权，应当按照相关规定办理产权登记等手续。对于委托工会等内部机构管理的资产及其投资，应抓紧进行清理处置，并将清理处置收入及时纳入企业账内核算，一时难以清理处置的，也应建立健全管理台账，规范表外资产管理，落实管理责任。

七、建立报告制度，增强管理透明度。企业特殊资金（资产）的权属无论是企业所有还是职工所有，各中央企业作为管理主体，承担资金安全管理责任，应当依法履行报告职责，增强资金使用和管理透明度，自觉接受有关管理部门和职工群众的监督。各中央企业应当依据特殊资金（资产）的性质以及委托管理机构的要求，分类建立报告、公示制度，定期报告或公布相关资金的提取、汇缴、上解、开支及运作、收益情况，保障资金缴纳人或受益人对资金使用情况的知情权。特殊资金（资产）发生大额损失的，应当及时向国资委报告。

各中央企业要高度重视特殊资金（资产）管理工作，建立健全内控制度，落实管理责任，加强特殊资金（资产）监管。负责特殊资金（资产）管理的业务部门应认真履行业务管理责任，其他相关部门应当各负其责，加强对特殊资产账户和资金流的监控，依法对特殊资金（资产）进行审计监督，防范资产损失风险，确保特殊资金（资产）安全和保值增值。

关于印发《中央企业重组后选聘会计师事务所及会计师事务所受短期暂停承接新业务处理有关问题解答》的通知

2017 年 11 月 14 日　国资厅发财管〔2017〕55 号

各中央企业：

为促进中央企业提高决算工作质量，规范决算审计工作，国资委印发了《中央企业财务决算审计工作规则》(国资发评价〔2004〕173 号)、《关于加强中央企业财务决算审计工作的通知》(国资厅发评价〔2005〕43 号)、《关于印发〈中央企业财务决算审计有关问题解答〉的通知》（国资厅发评价〔2006〕23号），国资委与财政部联合印发了《关于会计师事务所承担中央企业财务决算审计有关问题的通知》（财会〔2011〕24号）等有关规定，建立了中央企业决算审计中介机构资质、数量、轮换管理制度体系，在执行中不断完善，既保障了中央企业在政策框架内的自主选聘权，又促进了审计质量提高和审计行业健康发展。近期，企业在实践中遇到一系列新情况，如中央企业重组后事务所如何管理、会计师事务所被行业主管部门（财政部）短期暂停新承接业务如何处理等，为帮助各中央企业更好地执行国资委关于财务决算工作统一要求，现将《中央企业重组后选聘会计师事务所及会计师事务所受短期暂停承接新业务处理有关问题解答》印发给你们，在执行过程中有何问题，请及时反映。

附件：中央企业重组后选聘会计师事务所及会计师事务所受短期暂停承接新业务处理有关问题解答

附件：

中央企业重组后选聘会计师事务所及会计师事务所受短期暂停承接新业务处理有关问题解答

随着中央企业重组步伐加快，以及会计师行业整合重组力度加强，近期不少中央企业和会计师事务所陆续反映财务决算审计会计师事务所选聘中的一些新情况和问题，现解答如下：

一、关于选聘会计师事务所的基本原则

除国资委根据工作需要统一委托会计师事务所对企业年度财务决算进行审计以外，企业决算审计会计师事务所选聘由企业依法合规自主决策。选聘会计师事务所应符合财政部、国资委有关会计师事务所资质、年限等要求。

二、关于中央企业重组后会计师事务所家数、连续审计年限计算等问题

（一）对经国资委批准，2家以上中央企业集团进行重组的，重组后新集团全部境内子企业（含注册地境外、实体经营在境内企业）的决算审计会计师事务所应控制到5家以内，遇有特殊情况（如重组时间紧张未能及时更换等）需要过渡的，过渡期原则上为重组后1次决算审计，最多不超过2次。

（二）重组后新集团在编报第2次集团合并决算以前，由集团统一组织招标更换会计师事务所的，承担重组前各企业决算审计的事务所（含主审与参审）如果参与投标并中标的，其连续审计年限从新集团统一选聘之日起重新计算。重组后新集团第2次决算以后再更换会计师事务所的，视同未发生重组的企业，各事务所审计年限从实际承担审计业务起连续计算。

（三）年限连续计算既包括主审所，也包括参审所，只要承担过集团部分企业决算审计业务，其年限均连续计算。

（四）重组后新集团在子企业审计业务分派中应注意：一是主审会计师事务所承担的审计业务量一般不低于50%，且企业总部报表和合并报表必须由主审会计师事务所审计；二是同一会计师事务所从实际承担某子企业审计时起，原则上连续年限不应超过8年。

（五）境外子企业因跨多个国别确有需要的，决算审计中介机构可根据工作需要安排，原则上同一事务所连续审计年限不应超过8年。

三、关于对受到行业主管部门短期内暂停承接新业务处理的会计师事务所是否可以选聘问题

鉴于行业主管部门作出的短期内暂停承接新业务处理与《关于加强中央企业财务决算审计工作的通知》（国资厅发评价〔2005〕43号）中关于3年内被国家相关主管部门暂停执行部分或全部业务情形不完全相同，是否选聘由企业依法合规决定。选聘时应把握：

（一）被处罚的会计师3年内不应作为中央企业审计报告签字会计师。

（二）在被处理的会计师事务所完成整改、有关主管部门恢复其新承接业务资格前，不应选聘该所，业务资格恢复后是否选聘由企业自定。

（三）如果引起处理的案例为中央企业审计业务，在该事务所恢复业务资格后一段时间内（1年或以上，视相关问题严重程度调整）不应选聘该所。

《关于加强中央企业财务决算审计工作的通知》（国资厅发评价〔2005〕43号）、《关于印发〈中央企业财务决算审计有关问题解答〉的通知》（国资厅发评价〔2006〕23号）等相关规定与本解答不一致的，以本解答为准。

关于切实加强金融衍生业务管理有关事项的通知

2020年1月13日　国资发财评规〔2020〕8号

各中央企业：

近年来，中央企业按照监管要求，审慎开展金融衍生业务，强化业务监督管理，有效利用金融衍生工具的套期保值功能，对冲大宗商品价格和利率汇率波动风险，对稳定生产经营发挥了积极作用。但监管中也发现，部分企业存在集团管控不到位、业务审批不严格、操作程序不规范、激励趋向投机以及业务报告不及时、不准确、不全面等问题。为督促中央企业切实加强金融衍生业务管理，建立“严格管控、规范操作、风险可控”的金融衍生业务监管体系，现将有关事项通知如下：

一、落实监管责任

本通知所指金融衍生业务，主要包括中央企业在境内外从事的商品类衍生业务（指以商品为标的资产的金融衍生业务，包括大宗商品期货、期权等）和货币类衍生业务（指以货币或利率为标的资产的金融衍生业务，包括远期合约、期货、期权、掉期等）。金融衍生业务具有杠杆性、复杂性和风险性。各中央企业要切实增强风险意识，强化集团管控，建立健全统一管理体系，严格业务审批，落实监管责任。

（一）坚持专业化集中管理原则，集团内部同类金融衍生业务原则上由统一平台进行集中操作。集团董事会负责核准具体开展金融衍生业务的子企业（以下简称操作主体）业务资质，集团负责审批年度业务计划。资产负债率高于国资委管控线、连续3年经营亏损且资金紧张的子企业，不得开展金融衍生业务。

（二）集团董事会核准业务资质时，要充分论证业务开展的客观需求和必要性，严格审核评估业务管理制度、风险管理机制的健全性和有效性，以及机构设置的合理性、人员专业胜任能力，核准事项应当明确交易场所、品种、工具等内容。核准事项变更时，应当由集团董事会重新审批。董事会下设的风险管理委员会或承担风险管理职责的专业委员会应当对业务资质核准提出明确的审核意见，作为提交董事会决策的必备要件。集团董事会核准的业务资质，应当及时报国资委备案。

（三）集团审批年度业务计划时，要认真审核实货规模、保值规模、套保策略、资金占用规模、止损限额（或亏损预警线）等内容，对场外业务要进行严格审核和风险评估。

（四）集团应当明确金融衍生业务的分管负责人，指定归口管理部门，落实有关部门监管责任。风险管理部门负责业务风险监控；财务部门负责资金特别是保证金的监测；法律部门负责合同文本的法律风险评估；审计部门负责定期开展审计监督。

二、严守套保原则

开展金融衍生业务要严守套期保值原则，以降低实货风险敞口为目的，与实货的品种、规模、方向、期限相匹配，与企业资金实力、交易处理能力相适应，不得开展任何形式的投机交易。

（一）交易品种应当与主业经营密切相关，不得超越规定的经营范围。交易工具应当结构简单、流动性强、风险可认知。持仓时间一般不得超过12个月或实货合同规定的时间，不得盲目从事长期业务或展期。

（二）商品类衍生业务年度保值规模不超过年度实货经营规模的90%，其中针对商品贸易开展的金融衍生业务年度保值规模不超过年度实货经营规模的80%。时点净持仓规模不得超过对应实货风险敞口。要实行品种分类管理，不同子企业、不同交易品种的规模指标不得相互借用、串用。套期保值对应关系的建立、调整和撤销应当符合生产经营的实际需要，避免频繁短线交易。

（三）货币类衍生业务的规模、期限等应当在资金需求合同范围内，原则上应当与资金需求合同一一对应。

（四）新开展业务或以前年度因违规操作等产生重大损失的企业应当谨慎设定业务规模，进行适当压缩和控制。

（五）建立科学合理的激励约束机制，将金融衍生业务盈亏与实货盈亏进行综合评判，客观评估业务套保效果，不得将绩效考核、薪酬激励与金融衍生业务单边盈亏简单挂钩，防止片面强调金融衍生业务单边盈利导致投机行为。

三、有效管控风险

建立有效的金融衍生业务风险管理体系，健全内控机制，完善信息系统，强化风险预警，覆盖事前防范、事中监控和事后处理的各个环节。

（一）集团应当制定金融衍生业务管理制度，明确相关部门职责、业务审批程序、风险管理要求、止损限额（或亏损预警线）、应急处理、监督检查与责任追究等内容。操作主体应当制定专门的业务操作手册或合规手册。

（二）集团应当建立金融衍生业务风险管理垂直体系，操作主体风险管理部门应当独立向集团上报风险或违规事项。

（三）集团应当通过风险管理信息系统等信息化手段监控业务风险，实现全面覆盖、在线监测。商品类衍生业务的操作主体要建立健全业务信息系统，准确记录、传递各类交易信息，固化制度要求，规范操作流程，阻断违规操作。

（四）集团及操作主体应当建立风险预警和处置机制，采用定量及定性的方法，及时识别市场风险、信用风险、操作风险和流动性风险等，针对不同类型、不同程度的风险事项，明确处置权限及程序。

（五）出现重大风险时，要及时启动风险应急处理机制，成立专门工作组织，制定详细的处置方案，妥善做好仓位止损、法律纠纷案件处置、舆情应对等工作，建立日报或周报制度，防止风险扩大和蔓延。

四、规范业务操作

操作主体要强化内控执行，严格合规管理，规范开展授权审批、交易操作、资金使用、定期报告。

（一）设置独立的风险管理部门、交易部门、财务部门，严格执行前中后台岗位、人员分离原则。建立定期轮岗和培训制度。仅开展货币类衍生业务且开展频次较低、业务规模较小的企业，可不单独设置风险管理部门、交易部门，但必须严格执行不相容岗位及人员分离原则。

（二）本企业董事会或类似决策机构负责交易授权审批。授权应当明确有交易权限的人员名单、交易品种和额度。人员职责发生变更时应当及时中止授权或重新授权。严禁企业负责人直接操盘。

（三）交易部门应当根据经批准的业务计划制定具体操作方案，按规定程序审批后操作。对于未经批准的操作方案，财务部门不得拨付资金，不得进行交易结算。

（四）开展场外业务时，应当对交易工具、对手信用、合同文本等进行单独的风险评估，审慎选择交易对手，慎重开展业务。

（五）对保证金等资金账户实行专门管理，规范资金划拨和使用程序，加强日常监控，动态开展资金风险评估和压力测试。严格履行保证金追加审批程序。不得以个人账户（或个人名义）开展金融衍生业务。

（六）风险管理部门要建立每日报告制度；风险管理部门、交易部门与财务部门要进行每月核对；风险管理部门、交易部门每季度要向经营管理层报告业务开展情况。

五、强化监督检查

各中央企业应当建立健全金融衍生业务审计监督体系，完善监督机制，加强监督检查，提高监督质量，充分发挥审计监督功能作用。

（一）集团归口管理部门应当每季度抽取部分企业或业务开展专项监督检查，重点关注业务合规性，是否存在超品种、超规模、超期限、超授权等违规操作，是否存在重大损失风险。

（二）集团内审部门应当每年对所有操作主体进行审计，重点关注业务制度的健全性和执行有效性，会计核算的真实性等。

（三）对于审计检查中发现的问题，要及时向集团报告并督促整改到位。对于开展投机业务或产生重大损失风险、重大法律纠纷、造成严重影响的，要及时处置应对，并暂停该操作主体开展金融衍生业务，进行整改问责。恢复开展业务的，需报集团董事会批准。

（四）应当根据《中央企业违规经营投资责任追究实施办法（试行）》（国资委令第37号）等有关规定，制定责任追究制度，对违规事项进行追责。涉嫌违纪或职务违法的问题和线索，移送纪检监察机构。涉嫌犯罪的问题和线索，移送国家监察机关或司法机关。对于发生重大损失风险、造成严重影响等问题的，国资委将在业绩考核中予以扣分或降级处理，并根据干部管理权限开展责任追究。

六、建立报告制度

各中央企业应当定期向国资委报告金融衍生业务开展情况，及时报告重大事项，确保报送信息准确、完整。

（一）对于业务日常开展情况，应当于每季度末随财务快报一并报送金融衍生业务报表。未开展金融衍生业务的企业要进行“零申报”。集团要加强对上报数据的检查和核实，避免瞒报、漏报、错报。

（二）对于业务年度经营情况，集团应当向国资委报送专项报告，报告内容包括年度业务开展情况（如业务品种、保值规模、盈亏情况、年末持仓风险评估等）、套期保值效果评估、审计检查中发现的问题及整改情况、其他重大事项等，并将中介机构出具的专项审计意见，与年度财务决算报告一并报送国资委。

（三）对于开展投机业务或产生重大损失风险、重大法律纠纷、造成严重影响的，应当于24小时内向国资委专项报告，并对采取的处理措施及处理情况建立周报制度。对于有特殊业务需求，期限、规模等超过本通知的，要提前向国资委报告。

（四）对于瞒报、漏报、错报以及未按要求及时报告的，国资委将予以通报、约谈。

对于上报信息严重失实、隐瞒资产损失以及不配合监管工作的，国资委将严肃问责。

国资委将与发展改革委、财政部、商务部、人民银行、银保监会、证监会、外汇局等有关部门，通过定期会商、信息共享、联合检查等方式，形成监管合力，强化监管力度。企业开展境外金融衍生业务所需外汇额度按相关规定及程序办理。

银行、期货、保险、证券等持牌类金融机构开展金融衍生业务，应当严格遵循监管机构的有关规定。各省、自治区、直辖市及计划单列市和新疆生产建设兵团国资委可参照本通知开展本地区金融衍生业务监管工作。

《关于进一步加强中央企业金融衍生业务监管的通知》（国资发评价〔2009〕19号)、《关于建立中央企业金融衍生业务临时监管机制的通知》(国资发评价〔2010〕187号）和《关于取消中央企业境外商品衍生业务核准事项的通知》（国资发评价〔2015〕42号）自本通知印发之日起废止。

关于加强中央企业融资担保管理工作的通知

2021年10月9日　国资发财评规〔2021〕75号

各中央企业：

近年来，中央企业认真执行国资委关于担保管理有关要求，建立担保制度、规范担保行为，担保规模总体合理，担保风险基本可控，但也有部分企业存在担保规模增长过快、隐性担保风险扩大、代偿损失风险升高等问题。为贯彻落实党中央、国务院关于统筹发展和安全的决策部署，进一步规范和加强中央企业融资担保管理，有效防范企业相互融资担保引发债务风险交叉传导，推动中央企业提升抗风险能力，加快实现高质量发展，现将有关事项通知如下：

一、完善融资担保管理制度

融资担保主要包括中央企业为纳入合并范围内的子企业和未纳入合并范围的参股企业借款和发行债券、基金产品、信托产品、资产管理计划等融资行为提供的各种形式担保，如一般保证、连带责任保证、抵押、质押等，也包括出具有担保效力的共同借款合同、差额补足承诺、安慰承诺等支持性函件的隐性担保，不包括中央企业主业含担保的金融子企业开展的担保以及房地产企业为购房人按揭贷款提供的阶段性担保。中央企业应当制定和完善集团统一的融资担保管理制度，明确集团本部及各级子企业融资担保权限和限额、融资担保费率水平，落实管理部门和管理责任，规范内部审批程序，细化审核流程。制定和修订融资担保管理制度需经集团董事会审批。加强融资担保领域的合规管理，确保相关管理制度和业务行为符合法律法规和司法解释规定。

二、加强融资担保预算管理

中央企业开展融资担保业务应当坚持量力而行、权责对等、风险可控原则。将年度融资担保计划纳入预算管理体系，包括担保人、担保金额、被担保人及其经营状况、担保方式、担保费率、违规担保清理计划等关键要素，提交集团董事会或其授权决策主体审议决定。担保关键要素发生重大变化或追加担保预算，需重新履行预算审批程序。

三、严格限制融资担保对象

中央企业严禁对集团外无股权关系的企业提供任何形式担保。原则上只能对具备持续经营能力和偿债能力的子企业或参股企业提供融资担保。不得对进入重组或破产清算程序、资不抵债、连续三年及以上亏损且经营净现金流为负等不具备持续经营能力的子企业或参股企业提供担保，不得对金融子企业提供担保，集团内无直接股权关系的子企业之间不得互保，以上三种情况确因客观情况需要提供担保且风险可控的，需经集团董事会审批。中央企业控股上市公司开展融资担保业务应符合《中华人民共和国证券法》和证券监管等相关规定。

四、严格控制融资担保规模

中央企业应当转变子企业过度依赖集团担保融资的观念，鼓励拥有较好资信评级的子企业按照市场化方式独立融资。根据自身财务承受能力合理确定融资担保规模，原则上总融资担保规模不得超过集团合并净资产的40%，单户子企业（含集团本部）融资担保额不得超过本企业净资产的50%，纳入国资委年度债务风险管控范围的企业总融资担保规模不得比上年增加。

五、严格控制超股比融资担保

中央企业应当严格按照持股比例对子企业和参股企业提供担保。严禁对参股企业超股比担保。对子企业确需超股比担保的，需报集团董事会审批，同时，对超股比担保额应由小股东或第三方通过抵押、质押等方式提供足额且有变现价值的反担保。对所控股上市公司、少数股东含有员工持股计划或股权基金的企业提供超股比担保且无法取得反担保的，经集团董事会审批后，在符合融资担保监管等相关规定的前提下，采取向被担保人依据代偿风险程度收取合理担保费用等方式防范代偿风险。

六、严格防范代偿风险

中央企业应当将融资担保业务纳入内控体系，建立融资担保业务台账，实行定期盘点并对融资担保业务进行分类分析和风险识别，重点关注被担保人整体资信状况变化情况、融资款项使用情况、用款项目进展情况、还款计划及资金筹集情况，对发现有代偿风险的担保业务及时采取资产保全等应对措施，最大程度减少损失。

七、及时报告融资担保管理情况

中央企业应当随年度预算、决算报送融资担保预算及执行情况，应当按季度向国资委报送融资担保监测数据，融资担保余额按照实际提供担保的融资余额填报，应当如实填报对参股企业的超股比担保金额和对集团外无股权关系企业的担保金额，不得瞒报漏报。中央企业应当加强融资担保信息化建设应用，并做好与国资国企在线监管系统的融合。

八、严格追究违规融资担保责任

中央企业应当对集团内违规融资担保问题开展全面排查，对集团外无股权关系企业和对参股企业超股比的违规担保事项，以及融资担保规模占比超过规定比例的应当限期整改，力争两年内整改50%，原则上三年内全部完成整改。对因划出集团或股权处置形成的无股权关系的担保、对参股企业超股比担保，应当在两年内清理完毕。融资担保应当作为企业内部审计、巡视巡查的重点，因违规融资担保造成国有资产损失或其他严重不良后果的，应当按照有关规定对相关责任人严肃追究责任。

收到本通知后，各中央企业应当立即组织贯彻落实，切实扛起主体责任，全面开展自查自纠，对存量违规融资担保行为设立整改台账，明确整改责任人、时间进度，并于2021年底前报送国资委（财务监管与运行评价局）。《关于加强中央企业资金管理有关事项的补充通知》（国资厅发评价〔2012〕45号）等文件有关担保管理要求与本通知不符的，以本通知为准。

关于中央企业加快建设世界一流财务管理体系的指导意见

2022年2月18日　国资发财评规〔2022〕23号

各中央企业：

财务管理是企业管理的中心环节，是企业实现基业长青的重要基础和保障。近年来，中央企业认真贯彻落实党中央、国务院决策部署，高度重视财务管理工作，持续优化管理手段，不断创新管理模式，积极应用先进管理工具，财务报告、全面预算、资金管理、财务信息化、财务内控、财会队伍建设等工作取得显著成效，前瞻性、有效性稳步增强，规范化、标准化明显提高，有力支撑了中央企业持续健康发展。同时也要看到，部分中央企业集团化财务管控建设不到位、财务管理功能发挥不充分、财务管理手段落后于技术进步，与新时期中央企业高质量发展目标不匹配、不适应。为推动中央企业进一步提升财务管理能力水平，加快建设世界一流财务管理体系，现提出如下意见。

一、总体要求

以习近平新时代中国特色社会主义思想为指导，深入贯彻落实习近平总书记关于国有企业改革发展和党的建设重要论述，全面贯彻党的十九大和十九届历次全会精神，完整、准确、全面贯彻新发展理念，服务构建新发展格局，以高质量发展为主题，以深化供给侧结构性改革为主线，以更好履行经济责任、政治责任、社会责任为目标，坚定不移做强做优做大国有资本和国有企业，推动财务管理理念变革、组织变革、机制变革、手段变革，更好统筹发展和安全，更加注重质量和效率，更加突出“支撑战略、支持决策、服务业务、创造价值、防控风险”功能作用，以“规范、精益、集约、稳健、高效、智慧”为标准，以数字技术与财务管理深度融合为抓手，固根基、强职能、优保障，加快构建世界一流财务管理体系，有力支撑服务国家战略，有力支撑建设世界一流企业，有力支撑增强国有经济竞争力、创新力、控制力、影响力、抗风险能力。通过5年左右的努力，中央企业整体财务管理水平明显跃上新台阶，通过10～15年左右的努力，绝大多数中央企业建成与世界一流企业相适应的世界一流财务管理体系，一批中央企业财务管理水平位居世界前列。

二、着力推动四个变革

（一）推动财务管理理念变革。

——立足实际。借鉴先进但不照搬照抄，坚持独立自主、贴合自身，建立与企业行业特点、愿景文化、战略规划、发展阶段、组织架构相适应，与中国特色现代企业制度相匹配的财务管理体系。

——守正创新。既要坚守“支撑战略、支持决策、服务业务、创造价值、防控风险”的基本功能定位，更要积极顺应内外部环境变化，着眼未来，主动变革，把财务管理转型升级放到国资国企改革发展大局中去谋划、去推动。

——开放协同。对内深化业财融合、产融协同，对外保持与投资者、债权人的有效沟通，强化产业链、供应链的有效链接，推动各方主体、各类资源、各种要素协同联动聚合发力，实现内外部利益相关者价值共生、共享。

——精益求精。深入践行全员、全要素、全价值链精益管理理念，强化精准投入、精细作业、精确评价，实现资源配置更优化、业务管控更科学、考核导向更明确，促进企业不断提高劳动、资本、技术、管理、数据等全要素生产率。

——技术赋能。主动运用大数据、人工智能、移动互联网、云计算、区块链等新技术，充分发挥财务作为天然数据中心的优势，推动财务管理从信息化向数字化、智能化转型，实现以核算场景为基础向业务场景为核心转换，努力成为企业数字化转型的先行者、引领者、推动者，为加快产业数字化、数字产业化注智赋能。

——坚守底线。严守财经法纪，确保会计信息真实可靠；严把合规关口，强化经营管理活动监督与控制，促进依法合规经营理念深入人心；坚持底线思维，严控财务边界，有效保障经营稳健、资产安全，牢牢守住不发生重大风险的底线。

（二）推动财务管理组织变革。

——健全职能配置。树立“大财务”观，坚持不缺位、不越位、不错位，建立健全各级财务职能和岗位设置，不断夯实财务报告、资金管控、税务管理等基础保障职能，深化拓展成本管控、投融资管理、资本运作等价值创造职能，确保财务资源科学配置、财务运作高效协同。

——优化管控模式。坚持集团化运作、集约化管理，强化集团重要财务规则制定权、重大财务事项管理权、重点经营活动监督权，实现集团对各级企业财务管控的“远程投放”和“标准化复制”；坚持因企施策、因业施策、因地制宜，区分不同业务特点、上市非上市、国际国内等情况，探索完善差异化管控模式，实现集中监管与放权授权相统一、管好与放活相统一。

——转变运行机制。结合数字化时代企业管理转型需要，探索推动财务运行机制从金字塔模式向前中后台模式转变，从流程驱动为主向流程驱动与数据驱动并重转变，努力实现管理层级扁平化、管理颗粒精细化、管理视角多维化、管理场景动态化、管理信息实时化，确保反应敏捷、运转高效。

——拓展服务对象。以资本和业务为纽带，将财务服务对象由单个企业或集团的利益相关者，延伸到整个产业链、供应链、生态链，促进数据、信息、技术、标准、金融等全方位协同融合，实现价值共生、共建、共享、共赢，努力促进企业成为产业发展的引领者、产业协同的组织者，助力打造原创技术“策源地”和现代产业链“链长”。

（三）推动财务管理机制变革。

——加强关键指标硬约束。坚持质量第一、效益优先，建立以资产负债率、净资产收益率、自由现金流、经济增加值等关键指标为核心的财务边界，科学测算投资、负债、利润、现金流等指标的平衡点，保持企业整体资本结构稳健、风险可控在控。

——加强资源配置硬约束。坚守主责主业，建立资本收益目标约束，限制资源流向盈利低、占资多、风险高的业务领域，加强金融、境外等重点领域管控，加快低效资本回笼、无效资本清理、亏损资本止损，促进资本布局动态优化。

——加强风控规则硬约束。统筹发展和安全，健全与公司治理架构及管控要求相适应的财务内控体系，扎紧扎牢制度的笼子，健全完善风险管理机制，以规则的确定性应对风险的不确定性。

——加强政策激励软引导。科学制定个性化、差异化指标体系和激励措施，统筹利用财务资源，促进企业更好发挥在落实国家安全、国计民生等重大战略任务中的主力军作用，加强对创新能力体系建设和前瞻性战略性新兴产业投入的支持，助力科技自立自强和国有经济布局优化。

（四）推动财务管理功能手段变革。

——支撑战略。科学配置财务资源，平衡好资本结构，建立由战略规划到年度预算、由预算到考核的闭环联动机制，推动上下贯通、协调一致，促进企业实现发展质量、结构、规模、速度、效益、安全的有机统一。

——支持决策。积极有效参与重大决策全过程，提供准确、高效、多维数据信息，主动、及时发表专业性、建设性意见，支持理性决策、科学决策。

——服务业务。主动融入业务事前、事中、事后全流程，有效识别业务改进的机会和目标，帮助解决业务痛点和难点，为生产运行优化赋能。

——创造价值。运用全面预算、成本管控、税务规划等有效工具，通过资金运作、资产管理、资源配置、资本运营等有效手段，主动创造财务价值，促进提升企业价值。

——防控风险。健全风险防控体系，加强源头治理，强化穿透监测，实现经营、财务风险精准识别、及时预警、有效处置，为企业持续健康发展保驾护航。

三、重点强化五项职能

（一）强化核算报告，实现合规精准。建立健全统一的财务核算和报告体系，统一集团内同行业、同板块、同业务的会计科目、会计政策和会计估计，统一核算标准和流程，确保会计核算和报告规范化、标准化。优化核算和报告信息系统，实现会计核算智能化、报表编制自动化。强化决算管理，通过财务决算复盘经营成果、全面清查财产、确认债权债务、核实资产质量。加强审计管理，依规选聘、统一管理中介机构，做好审计沟通协调，抓好审计问题整改，充分发挥审计作用。完善财务稽核机制，加强会计信息质量监督检查，对违规问题严肃惩戒。构建业财融合的财务报告分析体系，利用报表、数据、模型、管理会计工具，建立纵贯企业全部经营管理链条，覆盖各个产品、市场、项目等的多维度指标体系，开展价值跟踪分析，准确反映价值结果，深入揭示价值成因。探索研究利益相关方和行业利益共生报表，更好地用财务语言反映企业发展生态。

（二）强化资金管理，实现安全高效。加强司库管理体系顶层设计，科学制定总体规划，完善制度体系和管理架构，建立总部统筹、平台实施、基层执行“三位一体”的组织体系和“统一管理、分级授权”的管理模式。加快推进司库管理体系落地实施，将银行账户管理、资金集中、资金预算、债务融资、票据管理等重点业务纳入司库体系，强化信息归集、动态管理和统筹调度，实现对全集团资金的集约管理和动态监控，提高资金运营效率、降低资金成本、防控资金风险。逐步将司库管理延伸到境外企业，加强境外资金动态监测，实现“看得到、管得住”。切实加强“两金”管控和现金流管理，强化客户和供应商信用风险管理，减少资金占用，做到应收尽收、“颗粒归仓”，实现收入、效益和经营现金流的协同增长。完善资金内控体系，将资金内控规则嵌入信息系统。建立健全资金舞弊、合规性、流动性、金融市场等风险监测预警机制。加强对担保、借款等重大事项的统一管理，严格落实各项监管规定。

（三）强化成本管控，实现精益科学。牢固树立过“紧日子”思想，坚持一切成本费用皆可控，坚持无预算不开支，健全全员、全要素、全价值链、全生命周期成本费用管控机制。注重源头管控，着力加强产品研发设计、工程造价等环节管理，实现前瞻性成本控制。抓好过程管控，通过科技创新、工艺优化、流程再造、采购协同、供应链管理、物流和营销渠道整合等方式，持续推进降本增效。创新管控方式，推进目标成本管理，强化对标管理，开展多维度成本分析。有效运用作业成本法、标准成本法、量本利分析、价值工程等工具，持续完善标准成本体系，细化成本定额标准。严控各项费用性开支和非生产性支出。强化考核激励，层层压实责任，激发内生动力。

（四）强化税务管理，实现规范高效。推进集团化税务管理，建立税务政策、资源、信息、数据的统筹调度和使用机制。加强财税政策研究，不断完善税务政策库、信息库，及时指导各级子企业用足用好优惠政策，做到“应缴尽缴，应享尽享”。完善对重大经营决策的税务支持机制，强化业务源头涉税事项管控，积极主动参与投资并购、改制重组等重大事项及新业务模式、交易架构、重大合同等前期设计规划，深入研判相关税务政策，提出专业意见。完善税务管理信息系统，努力实现税务管理工作流程、政策解读、计税规则等事项的统一，提高自动化处理水平。开展税务数据分析，挖掘税务数据价值。加强税务风险防控，分业务、分税种、分国别梳理涉税风险点，制定针对性防控措施，定期开展税务风险监督检查。注重加强境外税收政策研究和涉税事项管理，统筹风险控制与成本优化。

（五）强化资本运作，实现动态优化。加强制度和规则设计，立足国有经济布局优化和结构调整，服务企业战略，聚焦主责主业，遵循价值创造理念，尊重资本市场规律，适应财务承受能力，优化资本结构，激发资本活力。通过债务重组、破产重整、清算注销等法制化方式，主动减量；有效运用专业化整合、资产证券化等运作手段，盘活存量；有序推进改制上市、引战混改等改革措施，做优增量，促进资本在流动中增值，实现动态优化调整。加大“两非”剥离、“两资”清理工作力度，加快亏损企业治理、历史遗留问题处理，优化资产和业务质量，提升资本效益。强化上市公司管理，提升上市公司市值和价值创造能力。强化金融业务管理，严防脱实向虚，加大产融协同力度，实现产融衔接、以融促产。强化价值型、战略型股权管理，完善股权治理体系，优化股权业务结构、产业结构、地域结构，不断提高股权投资回报水平。强化参股企业管理，依法行使股东权责，严格财务监管，规范字号等无形资产使用，有效保障股东权益。

四、持续完善五大体系

（一）完善纵横贯通的全面预算管理体系。完善覆盖全部管理链条、全部企业和预算单元，跨部门协同、多方联动的全面预算组织体系、管理体系和制度体系，实现财务预算与业务、投资、薪酬等预算的有机融合。建立高效的资源配置机制，实现全面预算与企业战略、中长期发展规划紧密衔接。完善预算编制模型，优化预算指标体系，科学测算资本性支出预算，持续优化经营性支出预算，搭建匹配企业战略的中长期财务预测模型。统筹兼顾当期效益和中长期资本积累，以财务承受能力作为业务预算和投资预算的边界和红线。加强预算执行跟踪、监测、分析，及时纠偏。按照“无预算不开支、无预算不投资”原则，严控预算外经济行为。强化预算执行结果考核评价，增强刚性约束，实现闭环管理。

（二）完善全面有效的合规风控体系。建立健全财务内部控制体系，细化关键环节管控措施。提高自动控制水平，实现财务内控标准化、流程化、智能化。严格财务内控执行，定期开展有效性评价。严把合规关口，深度参与企业重要规章制度的制定，参与战略规划、改制重组、投资并购等重大事项决策，参与业务模式设计、项目评估、合同评审等重点环节，强化源头合规把控、过程合规管控、结果合规监控。完善债务风险、资金风险、投资风险、税务风险、汇率风险等各类风险管控体系，加强对重要子企业和重点业务管控，针对不同类型、不同程度的风险，建立分类、分级风险评估和应对机制。采用信息化、数字化手段，建立风险量化评估模型和动态监测预警机制，实现风险“早发现、早预警、早处置”。积极主动防范境外国有资产风险，合理安排境外资产负债结构，努力推动中高风险国家（地区）资产与负债相匹配，降低风险净敞口。加强财会监督与纪检、巡视、审计等监督主体的协同联动，形成合力。

（三）完善智能前瞻的财务数智体系。统筹制定全集团财务数字化转型规划，完善制度体系、组织体系和管控体系，加强跨部门、跨板块协同合作，建立智慧、敏捷、系统、深入、前瞻的数字化、智能化财务。统一底层架构、流程体系、数据规范，横向整合各财务系统、连接各业务系统，纵向贯通各级子企业，推进系统高度集成，避免数据孤岛，实现全集团“一张网、一个库、一朵云”。推动业财信息全面对接和整合，构建因果关系的数据结构，对生产、经营和投资活动实施主体化、全景化、全程化、实时化反映，实现业、财、技一体化管控和协同优化，推进经营决策由经验主导向数据和模型驱动转变。建立健全数据产生、采集、清洗、整合、分析和应用的全生命周期治理体系，完善数据标准、规则、组织、技术、模型，加强数据源端治理，提升数据质量，维护数据资产，激活数据价值。积极探索依托财务共享实现财务数字化转型的有效路径，推进共享模式、流程和技术创新，从核算共享向多领域共享延伸，从账务集中处理中心向企业数据中心演进，不断提高共享效率、拓展共享边界。加强系统、平台、数据安全管理，筑牢安全防护体系。具备条件的企业应探索建立基于自主可控体系的数字化、智能化财务。

（四）完善系统科学的财务管理能力评价体系。构建与企业战略和业务特点相适应、与财务管理规划和框架相匹配的财务管理能力评价体系，促进各级企业财务管理能力水平渐进改善、持续提升。科学设计评价指标，分类、分级制定评价标准、评价方式和分值权重。坚持导向性原则，充分满足财经法规约束和监管要求、体现财务管理发展目标；坚持系统性原则，覆盖全部财务管理职能要素、全级次企业、全业务板块，涵盖财务管理基本规范、过程表现及成效结果；坚持适用性原则，统筹通用性标准与个性化特点，根据不同子企业经营规模、业务特点等设置不同基础系数或差异化指标；坚持重要性原则，对重点子企业和关键流程，予以分值或权重倾斜。完善评价工作机制，建立健全制度体系、组织体系，深化评价结果应用。结合财务管理提升进程，动态优化评价体系。

（五）完善面向未来的财务人才队伍建设体系。健全财务人才选拔、培养、使用、管理和储备机制，打造政治过硬、作风优良、履职尽责、专业高效、充满活力的财务人才队伍，实现能力更多元、结构更优化，数量和质量充分适应时代进步、契合企业需求。科学构建与企业高质量发展目标相匹配的复合型财务人才能力提升框架，着重增强科学思维能力、创新提效能力、风险管控能力、统筹协调能力、国际经营能力。建立健全多层次财务人才培养培训体系。加强中高端财务人才队伍建设，提高中高级财务人才占比，推动财务人才结构从金字塔型向纺锤型转变。配强配优各级总会计师和财务部门负责人，深入开展重要子企业总会计师委派。加大轮岗交流力度，探索开展业务和项目派驻制。加强境外财务人才管理，全面落实向境外派出财务主管人员要求。加强履职管理，建立关键岗位任职资格要求和科学评价体系，强化正向引导激励，畅通职业发展通道。强化党建引领和文化建设，营造干事创业的良好环境，培养风清气正的团队氛围和健康向上的财务文化，推动财务人才不断提高政治素质和党性修养，坚守职业操守和道德底线。

五、做好组织实施

（一）加强组织领导。各中央企业要高度重视世界一流财务管理体系建设，强化组织领导，健全工作机制，主要负责人抓总负责，总会计师或分管财务工作负责人牵头落实，财务部门具体组织实施，各职能部门和各级子企业协同联动，共同推动落地见效。

（二）抓好贯彻落实。各中央企业要把建设世界一流财务管理体系列入重要议事日程，做好与各项改革发展工作的统筹结合，研究重大问题，把握改革方向，蹄疾步稳扎实推进。结合企业实际制定完善规划方案，明确工作目标，细化时间节点，分解工作任务，层层落实责任。

（三）强化培训交流。各中央企业要加强世界一流财务管理体系建设理念、方法、措施、任务的培训宣贯，统一思想，凝聚共识，营造良好氛围。深入总结企业财务管理先进经验，搭建沟通交流平台，对标先进找差距，相互交流促提升。鼓励具备条件的企业建立专门的财务研究机构。

（四）持续跟踪评估。各中央企业要将世界一流财务管理体系建设融入年度工作目标，及时跟进落地实施情况，分阶段评估执行效果，适当与企业内部绩效考核挂钩，探索建立财务管理提升的长效机制。

国资委将加强财务管理理论研究和实践总结，健全多层次财会人才队伍培训体系，适时开展成效评估，及时总结推广经验，加强工作指导，统筹推进落实。

关于加强中央企业商誉管理的通知

2022 年 5 月 24 日　国资发财评规〔2022〕41 号

各中央企业：

近年来，随着中央企业投资并购不断增加，形成的商誉规模大幅增长。但在日常工作中我们发现，部分企业存在高溢价、高商誉、高减值的连锁风险，以及商誉初始金额确认不准确、减值测试不规范、信息披露不充分等问题。为加强中央企业商誉管理，夯实财务会计信息质量，有效防范化解风险，推动企业高质量发展，实现国有资产保值增值，现将有关事项通知如下：

一、高度重视商誉管理，维护国有资产安全

本通知所指商誉，是指企业在对外并购中形成，合并成本超过被并购企业可辨认净资产公允价值份额且单项入账的资产。过高的商誉预示可能存在较大的减值风险，如果管理不当将对企业权益、会计信息质量产生重大影响，还会加剧企业经营业绩的波动，影响企业平稳运行。

各中央企业要正确认识、高度重视商誉管理的重要性，切实落实主体责任，不断提升全链条、全周期的商誉管理能力，特别要将境外项目以及溢价率（即支付对价/经备案的收购股份对应评估价值－1）高于两年内可比行业或企业平均水平50%以上的项目（以下称高溢价项目）作为管理重点，实施从严管控，及时化解高商誉潜在风险，切实夯实资产质量，维护国有资产安全。

二、切实加强源头管控，防范商誉虚增风险

（一）进一步规范投前管理，严控定价风险。并购投资是商誉的源头。中央企业要按照《中央企业投资监督管理办法》（国资委令第34号）及实施细则有关要求，加强并购投资的源头管理，确保并购项目与发展战略相一致、与年度预算相衔接、与投资能力相匹配。要秉持谨慎性原则扎实开展并购前可研论证和尽职调查，充分获取被并购方的财务和非财务、内部和外部信息，全面了解标的企业的行业背景、财务状况、未来盈利能力、管理团队水平等情况。要规范实施资产评估，严格履行评估工作程序；敦促评估机构结合行业发展趋势审慎开展业绩预测，合理选用评估方法；对不同方法评估值差异较大的项目，要重新论证业绩预测、折现率、可比对象等关键要素的科学合理性。要重点关注评估增值和收购溢价，对其必要性、合理性进行充分论证，对高溢价项目要按照企业现有决策权限至少上提内部一个层级进行决策，实施从严审查，防止溢价过高虚增商誉规模，从源头降低对企业资产结构和财务状况的潜在影响。

（二）进一步规范运营管理，严控业绩风险。中央企业要合理规范运用业绩承诺、对价分期递延支付等手段对并购项目建立业绩保险、惩罚和激励机制，保障并购项目长期盈利能力。要加强对并购企业的管理，按照投资预设的发展目标、经营方针和战略规划加强协同整合，强化运行情况的跟踪分析和投后评价，提前预判、及时化解各类经营风险，持续提升其成长性和盈利能力。要充分发挥相关企业核心竞争力的增益效应，把并购商誉转化为企业现实的发展能力，对未达到投资预期的并购项目要研究制定针对性的改进提升措施或项目退出安排，从根本上防范商誉减值风险。

三、规范商誉计量管理，夯实会计信息质量

（一）严格商誉初始确认。商誉初始确认计量是后续会计处理的基础。中央企业应当严格根据《企业会计准则》将合并成本在并购日资产负债中（有形资产、无形资产、

确认负债、或有负债）进行合理分配，确实不可分配的部分才可确认为商誉。应当充分识别被并购企业专利权、非专利技术、特定客户关系、商标权、著作权、土地使用权、特许权等符合可辨认性标准的无形资产，不得将其确认为商誉。商誉应当在购买日分摊至相关资产组，认定资产组要以独立产生现金流入为主要依据，不应包括与商誉无关的资产及负债，后续会计期间应当保持一致、不得随意变更；确因业务重组、整合等原因发生变化，需及时将商誉账面价值重新分摊至受影响的资产组，并提供充分的理由及依据。后续发现商誉初始确认计量、资产组认定或商誉分摊出现差错，应当及时进行账务调整处理。

（二）严格商誉减值测试。商誉减值测试是商誉管理的重点。中央企业应当梳理、明确商誉减值迹象的具体情形，包括但不限于现金流和效益持续恶化或明显低于预期、主要产品技术升级迭代、行业环境或产业政策发生根本改变、所在国别地区宏观环境风险突出等。要加强对减值迹象的动态跟踪监控，严格按照会计准则要求，在减值迹象出现时及时进行减值测试，每年年度终了应当集中对商誉进行减值测试。要重点关注减值迹象对未来现金净流量、折现率、预测期等关键参数的影响，合理确定可收回金额，必要时可聘请相关专家或独立第三方参与减值测试；对于连续 3 年出现减值迹象但测试结果未显示发生减值的要重新审视关键参数的合理性。要合理区分并分别处理商誉减值事项和并购重组相关方的业绩补偿事项，不得以存在业绩补偿承诺为由不进行商誉减值测试。

（三）严格商誉信息披露。商誉信息披露是商誉管理的重要内容。中央企业应当按照会计准则要求规范披露所有与商誉减值有关的重要有用信息，不断提高完整性、真实性和可比性，严禁出现虚假、误导性陈述或重大遗漏等情形。要全面反映商誉所在资产组的相关信息，资产组构成发生变化应当充分披露导致其变化的事实与依据。要全面反映商誉对应资产组并购预期实现情况，以及减值测试的关键参数、过程与方法，与以前年度不一致的应当说明存在的差异及原因。

（四）严格商誉终止确认。商誉终止确认是商誉全生命周期管理的最后环节。根据《企业会计准则》相关规定，对并购子企业或项目整体进行再转让的，应当及时将商誉一同转让；对资产组进行再转让的应当确认转让损益，并终止确认该资产组对应商誉；对并购子企业由于设计寿命到期、政府主管部门不再授权等原因停止生产经营，需要提前判断资产组预期现金流入，及时计提减值损失，到期退出后及时终止确认商誉。

四、持续完善长效机制，落实商誉管理责任

（一）加快制度机制建设。制度机制是规范商誉管理的保障。中央企业要制定并不断完善商誉管理专门制度，明确商誉管理各环节责任部门，探索建立涵盖规划、投资、运营、财务、审计等部门的商誉协同管理机制，细化操作流程以及关键管控点，形成贯穿于投资前、中、后全过程的具体操作规范指引，特别是要结合自身实际和所在行业特点明确商誉减值迹象和减值测试的触发条件，降低自由裁量空间，避免减值测试流于形式。要加强商誉相关内容培训，切实提高商誉管理的能力和水平。

（二）加强中介服务支撑。中央企业可以借助中介机构的力量和专业优势，有效识别和管控商誉风险。开展并购交易时应当充分利用独立、客观、公正的第三方评估机构确保交易价格的公允性，合理控制商誉规模。需借助中介机构开展商誉减值测试时，应当聘请有胜任能力的中介机构对商誉实施充分的风险评估、控制测试、实质性测试等程序，审核商誉减值的假设、参数和测试模型的合理性，杜绝滥用会计估计甚至违反会计准则的行为。要明确区分中央企业自身和中介机构在商誉管理方面的责任。要督促中介机构规范执业、勤勉尽责，中央企业如发现中介机构存在违规执业行为，要及时采取法律手段维护合法权益。

（三）加大监督检查力度。加强监督检查是防范化解商誉风险的关键。中央企业应对商誉管理涉及投资并购、生产运营、会计核算等全过程开展审计监督，重点关注高溢价和高减值项目，及时发现管理漏洞和违规问题，重大资产损失及损失风险应按照有关规定及时向国资委报告。要高度重视外部审计监管机构对商誉管理特别是商誉减值及减值风险的审计检查意见，要强化整改落实，不断规范经营管理，夯实资产质量。对违规造成国有资产损失、会计信息失真等严重不良后果的问题，国资委将依据有关规定严肃开展专项调查和责任追究工作，涉嫌违纪违法的，依法依规移送有关部门处理。

产权管理

企业国有资产评估管理暂行办法

2005 年 8 月 25 日　国务院国有资产监督管理委员会令第 12 号

第一章　总　　则

第一条　为规范企业国有资产评估行为，维护国有资产出资人合法权益，促进企业国有产权有序流转，防止国有资产流失，根据《中华人民共和国公司法》、《企业国有资产监督管理暂行条例》（国务院令第 378 号）和《国有资产评估管理办法》（国务院令第 91 号）等有关法律法规，制定本办法。

第二条　各级国有资产监督管理机构履行出资人职责的企业（以下统称所出资企业）及其各级子企业（以下统称企业）涉及的资产评估，适用本办法。

第三条　各级国有资产监督管理机构负责其所出资企业的国有资产评估监管工作。

国务院国有资产监督管理机构负责对全国企业国有资产评估监管工作进行指导和监督。

第四条　企业国有资产评估项目实行核准制和备案制。

经各级人民政府批准经济行为的事项涉及的资产评估项目，分别由其国有资产监督管理机构负责核准。

经国务院国有资产监督管理机构批准经济行为的事项涉及的资产评估项目，由国务院国有资产监督管理机构负责备案；经国务院国有资产监督管理机构所出资企业（以下简称中央企业）及其各级子企业批准经济行为的事项涉及的资产评估项目，由中央企业负责备案。

地方国有资产监督管理机构及其所出资企业的资产评估项目备案管理工作的职责分工，由地方国有资产监督管理机构根据各地实际情况自行规定。

第五条　各级国有资产监督管理机构及其所出资企业，应当建立企业国有资产评估管理工作制度，完善资产评估项目的档案管理，做好项目统计分析报告工作。

省级国有资产监督管理机构和中央企业应当于每年度终了 30 个工作日内将其资产评估项目情况的统计分析资料上报国务院国有资产监督管理机构。

第二章　资 产 评 估

第六条　企业有下列行为之一的，应当对相关资产进行评估：

（一）整体或者部分改建为有限责任公司或者股份有限公司；

（二）以非货币资产对外投资；

（三）合并、分立、破产、解散；

（四）非上市公司国有股东股权比例变动；

（五）产权转让；

（六）资产转让、置换；

（七）整体资产或者部分资产租赁给非国有单位；

（八）以非货币资产偿还债务；

（九）资产涉讼；

（十）收购非国有单位的资产；

（十一）接受非国有单位以非货币资产出资；

（十二）接受非国有单位以非货币资产抵债；

（十三）法律、行政法规规定的其他需要进行资产评估的事项。

第七条 企业有下列行为之一的，可以不对相关国有资产进行评估：

（一）经各级人民政府或其国有资产监督管理机构批准，对企业整体或者部分资产实施无偿划转；

（二）国有独资企业与其下属独资企业（事业单位）之间或其下属独资企业（事业单位）之间的合并、资产（产权）置换和无偿划转。

第八条 企业发生第六条所列行为的，应当由其产权持有单位委托具有相应资质的资产评估机构进行评估。

第九条 企业产权持有单位委托的资产评估机构应当具备下列基本条件：

（一）遵守国家有关法律、法规、规章以及企业国有资产评估的政策规定，严格履行法定职责，近3年内没有违法、违规记录；

（二）具有与评估对象相适应的资质条件；

（三）具有与评估对象相适应的专业人员和专业特长；

（四）与企业负责人无经济利益关系；

（五）未向同一经济行为提供审计业务服务。

第十条 企业应当向资产评估机构如实提供有关情况和资料，并对所提供情况和资料的真实性、合法性和完整性负责，不得隐匿或虚报资产。

第十一条 企业应当积极配合资产评估机构开展工作，不得以任何形式干预其正常执业行为。

第三章　核准与备案

第十二条 凡需经核准的资产评估项目，企业在资产评估前应当向国有资产监督管理机构报告下列有关事项：

（一）相关经济行为批准情况；

（二）评估基准日的选择情况；

（三）资产评估范围的确定情况；

（四）选择资产评估机构的条件、范围、程序及拟选定机构的资质、专业特长情况；

（五）资产评估的时间进度安排情况。

第十三条 企业应当及时向国有资产监督管理机构报告资产评估项目的工作进展情况。国有资产监督管理机构认为必要时，可以对该项目进行跟踪指导和现场检查。

第十四条 资产评估项目的核准按照下列程序进行：

（一）企业收到资产评估机构出具的评估报告后应当逐级上报初审，经初审同意后，自评估基准日起 8 个月内向国有资产监督管理机构提出核准申请；

（二）国有资产监督管理机构收到核准申请后，对符合核准要求的，及时组织有关专家审核，在 20 个工作日内完成对评估报告的核准；对不符合核准要求的，予以退回。

第十五条 企业提出资产评估项目核准申请时，应当向国有资产监督管理机构报送下列文件材料：

（一）资产评估项目核准申请文件；

（二）资产评估项目核准申请表（附件 1）；

（三）与评估目的相对应的经济行为批准文件或有效材料；

（四）所涉及的资产重组方案或者改制方案、发起人协议等材料；

（五）资产评估机构提交的资产评估报告（包括评估报告书、评估说明、评估明细表及其电子文档）；

（六）与经济行为相对应的审计报告；

（七）资产评估各当事方的相关承诺函；

（八）其他有关材料。

第十六条 国有资产监督管理机构应当对下列事项进行审核：

（一）资产评估项目所涉及的经济行为是否获得批准；

（二）资产评估机构是否具备相应评估资质；

（三）评估人员是否具备相应执业资格；

（四）评估基准日的选择是否适当，评估结果的使用有效期是否明示；

（五）资产评估范围与经济行为批准文件确定的资产范围是否一致；

（六）评估依据是否适当；

（七）企业是否就所提供的资产权属证明文件、财务会计资料及生产经营管理资料的真实性、合法性和完整性做出承诺；

（八）评估过程是否符合相关评估准则的规定；

（九）参与审核的专家是否达成一致意见。

第十七条 资产评估项目的备案按照下列程序进行：

（一）企业收到资产评估机构出具的评估报告后，将备案材料逐级报送给国有资产监督管理机构或其所出资企业，自评估基准日起 9 个月内提出备案申请；

（二）国有资产监督管理机构或者所出资企业收到备案材料后，对材料齐全的，在 20 个工作日内办理备案手续，必要时可组织有关专家参与备案评审。

第十八条 资产评估项目备案需报送下列文件材料：

（一）国有资产评估项目备案表一式三份（附件2）；

（二）资产评估报告（评估报告书、评估说明和评估明细表及其电子文档）；

（三）与资产评估项目相对应的经济行为批准文件；

（四）其他有关材料。

第十九条 国有资产监督管理机构及所出资企业根据下列情况确定是否对资产评估项目予以备案：

（一）资产评估所涉及的经济行为是否获得批准；

（二）资产评估机构是否具备相应评估资质，评估人员是否具备相应执业资格；

（三）评估基准日的选择是否适当，评估结果的使用有效期是否明示；

（四）资产评估范围与经济行为批准文件确定的资产范围是否一致；

（五）企业是否就所提供的资产权属证明文件、财务会计资料及生产经营管理资料的真实性、合法性和完整性作出承诺；

（六）评估程序是否符合相关评估准则的规定。

第二十条 国有资产监督管理机构下达的资产评估项目核准文件和经国有资产监督管理机构或所出资企业备案的资产评估项目备案表是企业办理产权登记、股权设置和产权转让等相关手续的必备文件。

第二十一条 经核准或备案的资产评估结果使用有效期为自评估基准日起1年。

第二十二条 企业进行与资产评估相应的经济行为时，应当以经核准或备案的资产评估结果为作价参考依据；当交易价格低于评估结果的90%时，应当暂停交易，在获得原经济行为批准机构同意后方可继续交易。

第四章 监督检查

第二十三条 各级国有资产监督管理机构应当加强对企业国有资产评估工作的监督检查，重点检查企业内部国有资产评估管理制度的建立、执行情况和评估管理人员配备情况，定期或者不定期地对资产评估项目进行抽查。

第二十四条 各级国有资产监督管理机构对企业资产评估项目进行抽查的内容包括：

（一）企业经济行为的合规性；

（二）评估的资产范围与有关经济行为所涉及的资产范围是否一致；

（三）企业提供的资产权属证明文件、财务会计资料及生产经营管理资料的真实性、合法性和完整性；

（四）资产评估机构的执业资质和评估人员的执业资格；

（五）资产账面价值与评估结果的差异；

（六）经济行为的实际成交价与评估结果的差异；

（七）评估工作底稿；

（八）评估依据的合理性；

（九）评估报告对重大事项及其对评估结果影响的披露程度，以及该披露与实际情况的差异；

（十）其他有关情况。

第二十五条 省级国有资产监督管理机构应当于每年度终了30个工作日内将检查、抽查及处理情况上报国务院国有资产监督管理机构。

第二十六条 国有资产监督管理机构应当将资产评估项目的抽查结果通报相关部门。

第五章 罚 则

第二十七条 企业违反本办法，有下列情形之一的，由国有资产监督管理机构通报批评并责令改正，必要时可依法向人民法院提起诉讼，确认其相应的经济行为无效：

（一）应当进行资产评估而未进行评估；

（二）聘请不符合相应资质条件的资产评估机构从事国有资产评估活动；

（三）向资产评估机构提供虚假情况和资料，或者与资产评估机构串通作弊导致评估结果失实的；

（四）应当办理核准、备案而未办理。

第二十八条 企业在国有资产评估中发生违法违规行为或者不正当使用评估报告的，对负有直接责任的主管人员和其他直接责任人员，依法给予处分；涉嫌犯罪的，依法移送司法机关处理。

第二十九条 受托资产评估机构在资产评估过程中违规执业的，由国有资产监督管理机构将有关情况通报其行业主管部门，建议给予相应处罚；情节严重的，可要求企业不得再委托该中介机构及其当事人进行国有资产评估业务；涉嫌犯罪的，依法移送司法机关处理。

第三十条 有关资产评估机构对资产评估项目抽查工作不予配合的，国有资产监督管理机构可以要求企业不得再委托该资产评估机构及其当事人进行国有资产评估业务。

第三十一条 各级国有资产监督管理机构工作人员违反本规定，造成国有资产流失的，依法给予处分；涉嫌犯罪的，依法移送司法机关处理。

第六章 附 则

第三十二条 境外国有资产评估，遵照相关法规执行。

第三十三条 政企尚未分开单位所属企事业单位的国有资产评估工作，参照本办法执行。

第三十四条 省级国有资产监督管理机构可以根据本办法，制定本地区相关工作规范，并报国务院国有资产监督管理机构备案。

第三十五条 本办法自2005年9月1日起施行。

中央企业境外国有产权管理暂行办法

2011 年 6 月 14 日　国务院国有资产监督管理委员会令第 27 号

第一条　为加强和规范中央企业境外国有产权管理，根据《中华人民共和国企业国有资产法》、《企业国有资产监督管理暂行条例》（国务院令第 378 号）和国家有关法律、行政法规的规定，制定本办法。

第二条　国务院国有资产监督管理委员会（以下简称国资委）履行出资人职责的企业（以下简称中央企业）及其各级独资、控股子企业（以下简称各级子企业）持有的境外国有产权管理适用本办法。国家法律、行政法规另有规定的，从其规定。

本办法所称境外国有产权是指中央企业及其各级子企业以各种形式对境外企业出资所形成的权益。

前款所称境外企业，是指中央企业及其各级子企业在我国境外以及香港特别行政区、澳门特别行政区和台湾地区依据当地法律出资设立的企业。

第三条　中央企业是其境外国有产权管理的责任主体，应当依照我国法律、行政法规建立健全境外国有产权管理制度，同时遵守境外注册地和上市地的相关法律规定，规范境外国有产权管理行为。

第四条　中央企业应当完善境外企业治理结构，强化境外企业章程管理，优化境外国有产权配置，保障境外国有产权安全。

第五条　中央企业及其各级子企业独资或者控股的境外企业所持有的境内国有产权的管理，比照国资委境内国有产权管理的相关规定执行。

第六条　境外国有产权应当由中央企业或者其各级子企业持有。境外企业注册地相关法律规定须以个人名义持有的，应当统一由中央企业依据有关规定决定或者批准，依法办理委托出资等保全国有产权的法律手续，并以书面形式报告国资委。

第七条　中央企业应当加强对离岸公司等特殊目的公司的管理。因重组、上市、转让或者经营管理需要设立特殊目的公司的，应当由中央企业决定或者批准并以书面形式报告国资委。已无存续必要的特殊目的公司，应当及时依法予以注销。

第八条　中央企业及其各级子企业发生以下事项时，应当由中央企业统一向国资委申办产权登记：

（一）以投资、分立、合并等方式新设境外企业，或者以收购、投资入股等方式首次取得境外企业产权的。

（二）境外企业名称、注册地、注册资本、主营业务范围等企业基本信息发生改变，或者因企业出资人、出资额、出资比例等变化导致境外企业产权状况发生改变的。

（三）境外企业解散、破产，或者因产权转让、减资等原因不再保留国有产权的。

（四）其他需要办理产权登记的情形。

第九条 中央企业及其各级子企业以其拥有的境内国有产权向境外企业注资或者转让，或者以其拥有的境外国有产权向境内企业注资或者转让，应当依照《企业国有资产评估管理暂行办法》（国资委令第 12 号）等相关规定，聘请具有相应资质的境内评估机构对标的物进行评估，并办理评估备案或者核准。

第十条 中央企业及其各级子企业独资或者控股的境外企业在境外发生转让或者受让产权、以非货币资产出资、非上市公司国有股东股权比例变动、合并分立、解散清算等经济行为时，应当聘请具有相应资质、专业经验和良好信誉的专业机构对标的物进行评估或者估值，评估项目或者估值情况应当由中央企业备案；涉及中央企业重要子企业由国有独资转为绝对控股、绝对控股转为相对控股或者失去控股地位等经济行为的，评估项目或者估值情况应当报国资委备案或者核准。

中央企业及其各级子企业独资或者控股的境外企业在进行与评估或者估值相应的经济行为时，其交易对价应当以经备案的评估或者估值结果为基准。

第十一条 境外国有产权转让等涉及国有产权变动的事项，由中央企业决定或者批准，并按国家有关法律和法规办理相关手续。其中，中央企业重要子企业由国有独资转为绝对控股、绝对控股转为相对控股或者失去控股地位的，应当报国资委审核同意。

第十二条 中央企业及其各级子企业转让境外国有产权，要多方比选意向受让方。具备条件的，应当公开征集意向受让方并竞价转让，或者进入中央企业国有产权转让交易试点机构挂牌交易。

第十三条 中央企业在本企业内部实施资产重组，转让方为中央企业及其直接或者间接全资拥有的境外企业，受让方为中央企业及其直接或者间接全资拥有的境内外企业的，转让价格可以以评估或者审计确认的净资产值为底价确定。

第十四条 境外国有产权转让价款应当按照产权转让合同约定支付，原则上应当一次付清。确需采取分期付款的，受让方须提供合法的担保。

第十五条 中央企业及其各级子企业独资或者控股的境外企业在境外首次公开发行股票，或者中央企业及其各级子企业所持有的境外注册并上市公司的股份发生变动的，由中央企业按照证券监管法律、法规决定或者批准，并将有关情况以书面形式报告国资委。境外注册并上市公司属于中央企业重要子企业的，上述事项应当由中央企业按照《国有股东转让所持上市公司股份管理暂行办法》（国资委令第 19 号）等相关规定报国资委审核同意或者备案。

第十六条 中央企业应当按照本办法落实境外国有产权管理工作责任，完善档案管理，并及时将本企业境外国有产权管理制度、负责机构等相关情况以书面形式报告国资委。

第十七条 中央企业应当每年对各级子企业执行本办法的情况进行监督检查，并及时将检查情况以书面形式报告国资委。

国资委对中央企业境外国有产权管理情况进行不定期抽查。

第十八条 中央企业及其各级子企业有关责任人员违反国家法律、法规和本办法规定，未履行对境外国有产权的监管责任，导致国有资产损失的，由有关部门按照干部管理权限和有关法律法规给予处分；涉嫌犯罪的，依法移交司法机关处理。

第十九条 地方国有资产监督管理机构可以参照本办法制定所出资企业境外国有产权管理制度。

第二十条 本办法自2011年7月1日起施行。

国家出资企业产权登记管理暂行办法

2012年4月12日 国务院国有资产监督管理委员会令第29号

第一章 总 则

第一条 为了加强国家出资企业产权登记管理，及时、真实、动态、全面反映企业产权状况，根据《中华人民共和国企业国有资产法》、《企业国有资产监督管理暂行条例》（国务院令第378号）等法律和行政法规，制定本办法。

第二条 本办法所称国家出资企业产权登记（以下简称产权登记），是指国有资产监督管理机构对本级人民政府授权管理的国家出资企业的产权及其分布状况进行登记管理的行为。

第三条 国家出资企业、国家出资企业（不含国有资本参股公司）拥有实际控制权的境内外各级企业及其投资参股企业（以下统称企业），应当纳入产权登记范围。国家出资企业所属事业单位视为其子企业进行产权登记。

前款所称拥有实际控制权，是指国家出资企业直接或者间接合计持股比例超过50%，或者持股比例虽然未超过50%，但为第一大股东，并通过股东协议、公司章程、董事会决议或者其他协议安排能够实际支配企业行为的情形。

第四条 本办法所指出资人分为以下五类：

（一）履行出资人职责的机构；

（二）履行出资人职责的机构、国有独资企业、国有独资公司单独或者共同出资设立的企业；

（三）以上两类出资人直接或者间接合计持股比例超过50%不足100%的企业；

（四）以上三类出资人直接或者间接合计持股比例未超过50%但为第一大股东，并通过股东协议、公司章程、董事会决议或者其他协议安排能够实际支配企业行为的企业；

（五）以上四类出资人以外的企业、自然人或者其他经济组织。

以上（二）、（三）、（四）类出资人统称为履行出资人职责的企业。

第五条 企业为交易目的持有的下列股权不进行产权登记：

（一）为了赚取差价从二级市场购入的上市公司股权；

（二）为了近期内（一年以内）出售而持有的其他股权。

第六条 办理产权登记的企业应当权属清晰。存在产权纠纷的企业，应当在及时处理产权纠纷后申请办理产权登记。

第七条 各级国有资产监督管理机构分别负责本级人民政府授权管理的国家出资企业的产权登记管理。国务院国有资产监督管理机构对地方国有资产监督管理机构的产权登记工作进行指导和监督。

第八条 国家出资企业负责对其履行出资人职责的企业的产权登记工作进行管理，并向国有资产监督管理机构申请办理企业产权登记。

第九条 各级国有资产监督管理机构、国家出资企业应当定期对产权登记数据进行汇总分析。

省级国有资产监督管理机构应当于每年 1 月 31 日前，将本地区上年度企业产权登记数据汇总分析后，报国务院国有资产监督管理机构。

第二章 产权登记类型

第十条 产权登记分为占有产权登记、变动产权登记和注销产权登记。

第十一条 履行出资人职责的机构和履行出资人职责的企业有下列情形之一的，应当办理占有产权登记：

（一）因投资、分立、合并而新设企业的；

（二）因收购、投资入股而首次取得企业股权的；

（三）其他应当办理占有产权登记的情形。

第十二条 占有产权登记应包括下列内容：

（一）企业出资人及出资人类别、出资额、出资形式；

（二）企业注册资本、股权比例；

（三）企业名称及在国家出资企业中所处级次；

（四）企业组织形式；

（五）企业注册时间、注册地；

（六）企业主营业务范围；

（七）国有资产监督管理机构要求的其他内容。

第十三条 有下列情形之一的，应当办理变动产权登记：

（一）履行出资人职责的机构和履行出资人职责的企业名称、持股比例改变的；

（二）企业注册资本改变的；

（三）企业名称改变的；

（四）企业组织形式改变的；

（五）企业注册地改变的；

（六）企业主营业务改变的；

（七）其他应当办理变动产权登记的情形。

第十四条 有下列情形之一的，应当办理注销产权登记：

（一）因解散、破产进行清算，并注销企业法人资格的；

（二）因产权转让、减资、股权出资、出资人性质改变等导致企业出资人中不再存续履行出资人职责的机构和履行出资人职责的企业的；

（三）其他应当办理注销产权登记的情形。

第三章 产权登记程序

第十五条 企业发生产权登记相关经济行为时，应当自相关经济行为完成后 20 个工作日内，在办理工商登记前，申请办理产权登记。企业注销法人资格的，应当在办理工商注销登记后，及时办理注销产权登记。

第十六条 企业申请办理产权登记，应当由履行出资人职责的企业按照填报要求，填写有关登记内容和相关经济行为合规性资料目录，逐级报送国家出资企业，国家出资企业负责对登记内容及相关经济行为的合规性进行审核后，向国有资产监督管理机构申请登记。

同一国有资产监督管理机构及其管理的多个履行出资人职责的企业共同出资的企业，由拥有实际控制权的一方负责申请办理产权登记；任一方均不拥有实际控制权的，由持股比例最大的一方负责申请办理产权登记；各方持股比例相等的，由其共同推举一方负责申请办理产权登记。

非同一国有资产监督管理机构及其管理的多个履行出资人职责的企业共同出资的企业，由各方分别申请办理产权登记。

第十七条 国有资产监督管理机构自国家出资企业报送产权登记信息 10 个工作日内，对符合登记要求的企业予以登记；对相关经济行为操作过程中存在瑕疵的企业，国有资产监督管理机构应当向国家出资企业下发限期整改通知书，完成整改后予以登记。

第十八条 已办理产权登记的国家出资企业，由国有资产监督管理机构核发产权登记证；已办理产权登记的其他企业，由国有资产监督管理机构或者由国有资产监督管理机构授权国家出资企业核发产权登记表。

产权登记证、登记表是企业办结产权登记的证明，是客观记载企业产权状况基本信息的文件。产权登记证、登记表的格式和内容由国务院国有资产监督管理机构统一制发，企业在使用过程中不得擅自修改。

第十九条 企业应当在办理工商登记后 10 个工作日内，将企业法人营业执照或者工商变更登记表报送国有资产监督管理机构；工商登记信息与产权登记信息存在不一致的，企业应当核实相关资料，涉及变更产权登记信息的，企业应当修改后重新报送，国有资产监督管理机构或者国家出资企业对相关登记信息进行确认后重新核发产权登记证、登记表。

第二十条 产权登记仅涉及企业名称、注册地、主营业务等基础信息改变的，可在办理工商登记后申请办理产权登记。

第四章 产权登记管理

第二十一条 国家出资企业应当建立健全产权登记制度和工作体系，落实产权登记管理工作责任，并对制度执行情况进行监督检查。年度检查结果应当书面报告国有资产监督管理机构。

第二十二条 各级国有资产监督管理机构应当对企业产权登记工作的日常登记情况、年度检查情况和限期整改事项落实情况等进行检查，并予以通报。

第二十三条 国有资产监督管理机构、国家出资企业应当建立健全产权登记档案管理制度；国家出资企业对办理完成的产权登记事项，应当及时将合规性资料目录中所列资料整理归档，分户建立企业产权登记档案。

第二十四条 企业违反本办法规定，有下列行为之一的，由国有资产监督管理机构责令改正或者予以通报，造成国有资产损失的，依照有关规定追究企业领导和相关人员的责任：

（一）未按本办法规定及时、如实申请办理产权登记的；

（二）未按期进行整改的；

（三）伪造、涂改产权登记证、登记表的。

第五章 附　　则

第二十五条 省级国有资产监督管理机构可以依据本办法制定本地区的具体实施办法。

第二十六条 本办法自 2012 年 6 月 1 日起施行。

企业国有资产交易监督管理办法

2016 年 6 月 24 日　国资委　财政部令第 32 号

第一章 总　　则

第一条 为规范企业国有资产交易行为，加强企业国有资产交易监督管理，防止国有资产流失，根据《中华人民共和国企业国有资产法》《中华人民共和国公司法》《企业国有资产监督管理暂行条例》等有关法律法规，制定本办法。

第二条 企业国有资产交易应当遵守国家法律法规和政策规定，有利于国有经济布局和结构调整优化，充分发挥市场配置资源作用，遵循等价有偿和公开公平公正的原则，在依法设立的产权交易机构中公开进行，国家法律法规另有规定的从其规定。

第三条 本办法所称企业国有资产交易行为包括：

（一）履行出资人职责的机构、国有及国有控股企业、国有实际控制企业转让其对企业各种形式出资所形成权益的行为（以下称企业产权转让）；

（二）国有及国有控股企业、国有实际控制企业增加资本的行为（以下称企业增资），政府以增加资本金方式对国家出资企业的投入除外；

（三）国有及国有控股企业、国有实际控制企业的重大资产转让行为（以下称企业资产转让）。

第四条 本办法所称国有及国有控股企业、国有实际控制企业包括：

（一）政府部门、机构、事业单位出资设立的国有独资企业（公司），以及上述单位、企业直接或间接合计持股为100%的国有全资企业；

（二）本条第（一）款所列单位、企业单独或共同出资，合计拥有产（股）权比例超过50%，且其中之一为最大股东的企业；

（三）本条第（一）、（二）款所列企业对外出资，拥有股权比例超过50%的各级子企业；

（四）政府部门、机构、事业单位、单一国有及国有控股企业直接或间接持股比例未超过50%，但为第一大股东，并且通过股东协议、公司章程、董事会决议或者其他协议安排能够对其实际支配的企业。

第五条 企业国有资产交易标的应当权属清晰，不存在法律法规禁止或限制交易的情形。已设定担保物权的国有资产交易，应当符合《中华人民共和国物权法》《中华人民共和国担保法》等有关法律法规规定。涉及政府社会公共管理事项的，应当依法报政府有关部门审核。

第六条 国有资产监督管理机构（以下简称国资监管机构）负责所监管企业的国有资产交易监督管理；国家出资企业负责其各级子企业国有资产交易的管理，定期向同级国资监管机构报告本企业的国有资产交易情况。

第二章 企业产权转让

第七条 国资监管机构负责审核国家出资企业的产权转让事项。其中，因产权转让致使国家不再拥有所出资企业控股权的，须由国资监管机构报本级人民政府批准。

第八条 国家出资企业应当制定其子企业产权转让管理制度，确定审批管理权限。其中，对主业处于关系国家安全、国民经济命脉的重要行业和关键领域，主要承担重大专项任务子企业的产权转让，须由国家出资企业报同级国资监管机构批准。

转让方为多家国有股东共同持股的企业，由其中持股比例最大的国有股东负责履行相关批准程序；各国有股东持股比例相同的，由相关股东协商后确定其中一家股东负责履行相关批准程序。

第九条 产权转让应当由转让方按照企业章程和企业内部管理制度进行决策，形成书面决议。国有控股和国有实际控制企业中国有股东委派的股东代表，应当按照本办法规定和委派单位的指示发表意见、行使表决权，并将履职情况和结果及时报告委派单位。

第十条 转让方应当按照企业发展战略做好产权转让的可行性研究和方案论证。产权转让涉及职工安置事项的，安置方案应当经职工代表大会或职工大会审议通过；涉及债权债务处置事项的，应当符合国家相关法律法规的规定。

第十一条 产权转让事项经批准后，由转让方委托会计师事务所对转让标的企业进行审计。涉及参股权转让不宜单独进行专项审计的，转让方应当取得转让标的企业最近一期年度审计报告。

第十二条 对按照有关法律法规要求必须进行资产评估的产权转让事项，转让方应当委托具有相应资质的评估机构对转让标的进行资产评估，产权转让价格应以经核准或备案的评估结果为基础确定。

第十三条 产权转让原则上通过产权市场公开进行。转让方可以根据企业实际情况和工作进度安排，采取信息预披露和正式披露相结合的方式，通过产权交易机构网站分阶段对外披露产权转让信息，公开征集受让方。其中正式披露信息时间不得少于 20 个工作日。

因产权转让导致转让标的企业的实际控制权发生转移的，转让方应当在转让行为获批后 10 个工作日内，通过产权交易机构进行信息预披露，时间不得少于 20 个工作日。

第十四条 产权转让原则上不得针对受让方设置资格条件，确需设置的，不得有明确指向性或违反公平竞争原则，所设资格条件相关内容应当在信息披露前报同级国资监管机构备案，国资监管机构在 5 个工作日内未反馈意见的视为同意。

第十五条 转让方披露信息包括但不限于以下内容：

（一）转让标的基本情况；

（二）转让标的企业的股东结构；

（三）产权转让行为的决策及批准情况；

（四）转让标的企业最近一个年度审计报告和最近一期财务报表中的主要财务指标数据，包括但不限于资产总额、负债总额、所有者权益、营业收入、净利润等（转让参股权的，披露最近一个年度审计报告中的相应数据）；

（五）受让方资格条件（适用于对受让方有特殊要求的情形）；

（六）交易条件、转让底价；

（七）企业管理层是否参与受让，有限责任公司原股东是否放弃优先受让权；

（八）竞价方式，受让方选择的相关评判标准；

（九）其他需要披露的事项。

其中信息预披露应当包括但不限于以上（一）、（二）、（三）、（四）、（五）款内容。

第十六条 转让方应当按照要求向产权交易机构提供披露信息内容的纸质文档材料，并对披露内容和所提供材料的真实性、完整性、准确性负责。产权交易机构应当对信息披露的规范性负责。

第十七条 产权转让项目首次正式信息披露的转让底价，不得低于经核准或备案的转让标的评估结果。

第十八条 信息披露期满未征集到意向受让方的，可以延期或在降低转让底价、变更受让条件后重新进行信息披露。

降低转让底价或变更受让条件后重新披露信息的，披露时间不得少于20个工作日。新的转让底价低于评估结果的90%时，应当经转让行为批准单位书面同意。

第十九条 转让项目自首次正式披露信息之日起超过12个月未征集到合格受让方的，应当重新履行审计、资产评估以及信息披露等产权转让工作程序。

第二十条 在正式披露信息期间，转让方不得变更产权转让公告中公布的内容，由于非转让方原因或其他不可抗力因素导致可能对转让标的价值判断造成影响的，转让方应当及时调整补充披露信息内容，并相应延长信息披露时间。

第二十一条 产权交易机构负责意向受让方的登记工作，对意向受让方是否符合受让条件提出意见并反馈转让方。产权交易机构与转让方意见不一致的，由转让行为批准单位决定意向受让方是否符合受让条件。

第二十二条 产权转让信息披露期满、产生符合条件的意向受让方的，按照披露的竞价方式组织竞价。竞价可以采取拍卖、招投标、网络竞价以及其他竞价方式，且不得违反国家法律法规的规定。

第二十三条 受让方确定后，转让方与受让方应当签订产权交易合同，交易双方不得以交易期间企业经营性损益等理由对已达成的交易条件和交易价格进行调整。

第二十四条 产权转让导致国有股东持有上市公司股份间接转让的，应当同时遵守上市公司国有股权管理以及证券监管相关规定。

第二十五条 企业产权转让涉及交易主体资格审查、反垄断审查、特许经营权、国有划拨土地使用权、探矿权和采矿权等政府审批事项的，按照相关规定执行。

第二十六条 受让方为境外投资者的，应当符合外商投资产业指导目录和负面清单管理要求，以及外商投资安全审查有关规定。

第二十七条 交易价款应当以人民币计价，通过产权交易机构以货币进行结算。因特殊情况不能通过产权交易机构结算的，转让方应当向产权交易机构提供转让行为批准单位的书面意见以及受让方付款凭证。

第二十八条 交易价款原则上应当自合同生效之日起5个工作日内一次付清。

金额较大、一次付清确有困难的，可以采取分期付款方式。采用分期付款方式的，首期付款不得低于总价款的30%，并在合同生效之日起5个工作日内支付；其余款项应当提供转让方认可的合法有效担保，并按同期银行贷款利率支付延期付款期间的利息，付款期限不得超过1年。

第二十九条 产权交易合同生效后，产权交易机构应当将交易结果通过交易机构网站对外公告，公告内容包括交易标的名称、转让标的评估结果、转让底价、交易价格，公告期不少于5个工作日。

第三十条 产权交易合同生效，并且受让方按照合同约定支付交易价款后，产权交易机构应当及时为交易双方出具交易凭证。

第三十一条 以下情形的产权转让可以采取非公开协议转让方式：

（一）涉及主业处于关系国家安全、国民经济命脉的重要行业和关键领域企业的重组整合，对受让方有特殊要求，企业产权需要在国有及国有控股企业之间转让的，经国资监管机构批准，可以采取非公开协议转让方式；

（二）同一国家出资企业及其各级控股企业或实际控制企业之间因实施内部重组整合进行产权转让的，经该国家出资企业审议决策，可以采取非公开协议转让方式。

第三十二条 采取非公开协议转让方式转让企业产权，转让价格不得低于经核准或备案的评估结果。

以下情形按照《中华人民共和国公司法》、企业章程履行决策程序后，转让价格可以资产评估报告或最近一期审计报告确认的净资产值为基础确定，且不得低于经评估或审计的净资产值：

（一）同一国家出资企业内部实施重组整合，转让方和受让方为该国家出资企业及其直接或间接全资拥有的子企业；

（二）同一国有控股企业或国有实际控制企业内部实施重组整合，转让方和受让方为该国有控股企业或国有实际控制企业及其直接、间接全资拥有的子企业。

第三十三条 国资监管机构批准、国家出资企业审议决策采取非公开协议方式的企业产权转让行为时，应当审核下列文件：

（一）产权转让的有关决议文件；

（二）产权转让方案；

（三）采取非公开协议方式转让产权的必要性以及受让方情况；

（四）转让标的企业审计报告、资产评估报告及其核准或备案文件。其中属于第三十二条（一）、（二）款情形的，可以仅提供企业审计报告；

（五）产权转让协议；

（六）转让方、受让方和转让标的企业的国家出资企业产权登记表（证）；

（七）产权转让行为的法律意见书；

（八）其他必要的文件。

第三章 企业增资

第三十四条 国资监管机构负责审核国家出资企业的增资行为。其中，因增资致使国家不再拥有所出资企业控股权的，须由国资监管机构报本级人民政府批准。

第三十五条 国家出资企业决定其子企业的增资行为。其中，对主业处于关系国家安全、国民经济命脉的重要行业和关键领域，主要承担重大专项任务的子企业的增资行为，须由国家出资企业报同级国资监管机构批准。

增资企业为多家国有股东共同持股的企业，由其中持股比例最大的国有股东负责履行相关批准程序；各国有股东持股比例相同的，由相关股东协商后确定其中一家股东负责履行相关批准程序。

第三十六条 企业增资应当符合国家出资企业的发展战略，做好可行性研究，制定增资方案，明确募集资金金额、用途、投资方应具备的条件、选择标准和遴选方式等。增资后企业的股东数量须符合国家相关法律法规的规定。

第三十七条 企业增资应当由增资企业按照企业章程和内部管理制度进行决策，形成书面决议。国有控股、国有实际控制企业中国有股东委派的股东代表，应当按照本办法规定和委派单位的指示发表意见、行使表决权，并将履职情况和结果及时报告委派单位。

第三十八条 企业增资在完成决策批准程序后，应当由增资企业委托具有相应资质的中介机构开展审计和资产评估。

以下情形按照《中华人民共和国公司法》、企业章程履行决策程序后，可以依据评估报告或最近一期审计报告确定企业资本及股权比例：

（一）增资企业原股东同比例增资的；

（二）履行出资人职责的机构对国家出资企业增资的；

（三）国有控股或国有实际控制企业对其独资子企业增资的；

（四）增资企业和投资方均为国有独资或国有全资企业的。

第三十九条 企业增资通过产权交易机构网站对外披露信息公开征集投资方，时间不得少于40个工作日。信息披露内容包括但不限于：

（一）企业的基本情况；

（二）企业目前的股权结构；

（三）企业增资行为的决策及批准情况；

（四）近三年企业审计报告中的主要财务指标；

（五）企业拟募集资金金额和增资后的企业股权结构；

（六）募集资金用途；

（七）投资方的资格条件，以及投资金额和持股比例要求等；

（八）投资方的遴选方式；

（九）增资终止的条件；

（十）其他需要披露的事项。

第四十条 企业增资涉及上市公司实际控制人发生变更的，应当同时遵守上市公司国有股权管理以及证券监管相关规定。

第四十一条 产权交易机构接受增资企业的委托提供项目推介服务，负责意向投资方的登记工作，协助企业开展投资方资格审查。

第四十二条 通过资格审查的意向投资方数量较多时，可以采用竞价、竞争性谈判、综合评议等方式进行多轮次遴选。产权交易机构负责统一接收意向投资方的投标和报价文件，协助企业开展投资方遴选有关工作。企业董事会或股东会以资产评估结果为基础，结合意向投资方的条件和报价等因素审议选定投资方。

第四十三条 投资方以非货币资产出资的，应当经增资企业董事会或股东会审议同意，并委托具有相应资质的评估机构进行评估，确认投资方的出资金额。

第四十四条 增资协议签订并生效后，产权交易机构应当出具交易凭证，通过交易机构网站对外公告结果，公告内容包括投资方名称、投资金额、持股比例等，公告期不少于5个工作日。

第四十五条 以下情形经同级国资监管机构批准，可以采取非公开协议方式进行增资：

（一）因国有资本布局结构调整需要，由特定的国有及国有控股企业或国有实际控制企业参与增资；

（二）因国家出资企业与特定投资方建立战略合作伙伴或利益共同体需要，由该投资方参与国家出资企业或其子企业增资。

第四十六条 以下情形经国家出资企业审议决策，可以采取非公开协议方式进行增资：

（一）国家出资企业直接或指定其控股、实际控制的其他子企业参与增资；

（二）企业债权转为股权；

（三）企业原股东增资。

第四十七条 国资监管机构批准、国家出资企业审议决策采取非公开协议方式的企业增资行为时，应当审核下列文件：

（一）增资的有关决议文件；

（二）增资方案；

（三）采取非公开协议方式增资的必要性以及投资方情况；

（四）增资企业审计报告、资产评估报告及其核准或备案文件。其中属于第三十八条（一）、（二）、（三）、（四）款情形的，可以仅提供企业审计报告；

（五）增资协议；

（六）增资企业的国家出资企业产权登记表（证）；

（七）增资行为的法律意见书；

（八）其他必要的文件。

第四章　企业资产转让

第四十八条 企业一定金额以上的生产设备、房产、在建工程以及土地使用权、债权、知识产权等资产对外转让，应当按照企业内部管理制度履行相应决策程序后，在产权交易机构公开进行。涉及国家出资企业内部或特定行业的资产转让，确需在国有及国有控股、国有实际控制企业之间非公开转让的，由转让方逐级报国家出资企业审核批准。

第四十九条 国家出资企业负责制定本企业不同类型资产转让行为的内部管理制度，明确责任部门、管理权限、决策程序、工作流程，对其中应当在产权交易机构公开转让的资产种类、金额标准等作出具体规定，并报同级国资监管机构备案。

第五十条 转让方应当根据转让标的情况合理确定转让底价和转让信息公告期：

（一）转让底价高于100万元、低于1000万元的资产转让项目，信息公告期应不少于10个工作日；

（二）转让底价高于1000万元的资产转让项目，信息公告期应不少于20个工作日。

企业资产转让的具体工作流程参照本办法关于企业产权转让的规定执行。

第五十一条 除国家法律法规或相关规定另有要求的外，资产转让不得对受让方设置资格条件。

第五十二条 资产转让价款原则上一次性付清。

第五章 监督管理

第五十三条 国资监管机构及其他履行出资人职责的机构对企业国有资产交易履行以下监管职责：

（一）根据国家有关法律法规，制定企业国有资产交易监管制度和办法；

（二）按照本办法规定，审核批准企业产权转让、增资等事项；

（三）选择从事企业国有资产交易业务的产权交易机构，并建立对交易机构的检查评审机制；

（四）对企业国有资产交易制度的贯彻落实情况进行监督检查；

（五）负责企业国有资产交易信息的收集、汇总、分析和上报工作；

（六）履行本级人民政府赋予的其他监管职责。

第五十四条 省级以上国资监管机构应当在全国范围选择开展企业国有资产交易业务的产权交易机构，并对外公布名单。选择的产权交易机构应当满足以下条件：

（一）严格遵守国家法律法规，未从事政府明令禁止开展的业务，未发生重大违法违规行为；

（二）交易管理制度、业务规则、收费标准等向社会公开，交易规则符合国有资产交易制度规定；

（三）拥有组织交易活动的场所、设施、信息发布渠道和专业人员，具备实施网络竞价的条件；

（四）具有较强的市场影响力，服务能力和水平能够满足企业国有资产交易的需要；

（五）信息化建设和管理水平满足国资监管机构对交易业务动态监测的要求；

（六）相关交易业务接受国资监管机构的监督检查。

第五十五条 国资监管机构应当对产权交易机构开展企业国有资产交易业务的情况进行动态监督。交易机构出现以下情形的，视情节轻重对其进行提醒、警告、通报、暂停直至停止委托从事相关业务：

（一）服务能力和服务水平较差，市场功能未得到充分发挥；

（二）在日常监管和定期检查评审中发现问题较多，且整改不及时或整改效果不明显；

（三）因违规操作、重大过失等导致企业国有资产在交易过程中出现损失；

（四）违反相关规定，被政府有关部门予以行政处罚而影响业务开展；

（五）拒绝接受国资监管机构对其相关业务开展监督检查；

（六）不能满足国资监管机构监管要求的其他情形。

第五十六条 国资监管机构发现转让方或增资企业未执行或违反相关规定、侵害国有权益的，应当责成其停止交易活动。

第五十七条 国资监管机构及其他履行出资人职责的机构应定期对国家出资企业及其控股和实际控制企业的国有资产交易情况进行检查和抽查，重点检查国家法律法规政策和企业内部管理制度的贯彻执行情况。

第六章 法律责任

第五十八条 企业国有资产交易过程中交易双方发生争议时，当事方可以向产权交易机构申请调解；调解无效时可以按照约定向仲裁机构申请仲裁或向人民法院提起诉讼。

第五十九条 企业国有资产交易应当严格执行“三重一大”决策机制。国资监管机构、国有及国有控股企业、国有实际控制企业的有关人员违反规定越权决策、批准相关交易事项，或者玩忽职守、以权谋私致使国有权益受到侵害的，由有关单位按照人事和干部管理权限给予相关责任人员相应处分；造成国有资产损失的，相关责任人员应当承担赔偿责任；构成犯罪的，依法追究其刑事责任。

第六十条 社会中介机构在为企业国有资产交易提供审计、资产评估和法律服务中存在违规执业行为的，有关国有企业应及时报告同级国资监管机构，国资监管机构可要求国有及国有控股企业、国有实际控制企业不得再委托其开展相关业务；情节严重的，由国资监管机构将有关情况通报其行业主管部门，建议给予其相应处罚。

第六十一条 产权交易机构在企业国有资产交易中弄虚作假或者玩忽职守、给企业造成损失的，应当承担赔偿责任，并依法追究直接责任人员的责任。

第七章 附 则

第六十二条 政府部门、机构、事业单位持有的企业国有资产交易，按照现行监管体制，比照本办法管理。

第六十三条 金融、文化类国家出资企业的国有资产交易和上市公司的国有股权转让等行为，国家另有规定的，依照其规定。

第六十四条 国有资本投资、运营公司对各级子企业资产交易的监督管理，相应由各级人民政府或国资监管机构另行授权。

第六十五条 境外国有及国有控股企业、国有实际控制企业在境内投资企业的资产交易，比照本办法规定执行。

第六十六条 政府设立的各类股权投资基金投资形成企业产（股）权对外转让，按照有关法律法规规定执行。

第六十七条 本办法自发布之日起施行，现行企业国有资产交易监管相关规定与本办法不一致的，以本办法为准。

上市公司国有股权监督管理办法

2018 年 5 月 16 日　国资委　财政部　证监会令第 36 号

第一章　总　　则

第一条 为规范上市公司国有股权变动行为，推动国有资源优化配置，平等保护各类投资者合法权益，防止国有资产流失，根据《中华人民共和国公司法》《中华人民共和国证券法》《中华人民共和国企业国有资产法》《企业国有资产监督管理暂行条例》等法律法规，制定本办法。

第二条 本办法所称上市公司国有股权变动行为，是指上市公司国有股权持股主体、数量或比例等发生变化的行为，具体包括：国有股东所持上市公司股份通过证券交易系统转让、公开征集转让、非公开协议转让、无偿划转、间接转让、国有股东发行可交换公司债券；国有股东通过证券交易系统增持、协议受让、间接受让、要约收购上市公司股份和认购上市公司发行股票；国有股东所控股上市公司吸收合并、发行证券；国有股东与上市公司进行资产重组等行为。

第三条 本办法所称国有股东是指符合以下情形之一的企业和单位，其证券账户标注“SS”：

（一）政府部门、机构、事业单位、境内国有独资或全资企业；

（二）第一款中所述单位或企业独家持股比例超过 50%，或合计持股比例超过 50%，且其中之一为第一大股东的境内企业；

（三）第二款中所述企业直接或间接持股的各级境内独资或全资企业。

第四条 上市公司国有股权变动行为应坚持公开、公平、公正原则，遵守国家有关法律、行政法规和规章制度规定，符合国家产业政策和国有经济布局结构调整方向，有利于国有资本保值增值，提高企业核心竞争力。

第五条 上市公司国有股权变动涉及的股份应当权属清晰，不存在受法律法规规定限制的情形。

第六条 上市公司国有股权变动的监督管理由省级以上国有资产监督管理机构负责。省级国有资产监督管理机构报经省级人民政府同意，可以将地市级以下有关上市公司国有股权变动的监督管理交由地市级国有资产监督管理机构负责。省级国有资产监督管理机构需建立相应的监督检查工作机制。

上市公司国有股权变动涉及政府社会公共管理事项的，应当依法报政府有关部门审核。受让方为境外投资者的，应当符合外商投资产业指导目录或负面清单管理的要求，以及外商投资安全审查的规定，涉及该类情形的，各审核主体在接到相关申请后，应就转让行为是否符合吸收外商投资政策向同级商务部门征求意见，具体申报程序由省级以上国有资产监督管理机构商同级商务部门按《关于上市公司国有股向外国投资者及外商投资企业转让申报程序有关问题的通知》（商资字〔2004〕1号）确定的原则制定。

按照法律、行政法规和本级人民政府有关规定，须经本级人民政府批准的上市公司国有股权变动事项，国有资产监督管理机构应当履行报批程序。

第七条 国家出资企业负责管理以下事项：

（一）国有股东通过证券交易系统转让所持上市公司股份，未达到本办法第十二条规定的比例或数量的事项；

（二）国有股东所持上市公司股份在本企业集团内部进行的无偿划转、非公开协议转让事项；

（三）国有控股股东所持上市公司股份公开征集转让、发行可交换公司债券及所控股上市公司发行证券，未导致其持股比例低于合理持股比例的事项；国有参股股东所持上市公司股份公开征集转让、发行可交换公司债券事项；

（四）国有股东通过证券交易系统增持、协议受让、认购上市公司发行股票等未导致上市公司控股权转移的事项；

（五）国有股东与所控股上市公司进行资产重组，不属于中国证监会规定的重大资产重组范围的事项。

第八条 国有控股股东的合理持股比例（与国有控股股东属于同一控制人的，其所持股份的比例应合并计算）由国家出资企业研究确定，并报国有资产监督管理机构备案。

确定合理持股比例的具体办法由省级以上国有资产监督管理机构另行制定。

第九条 国有股东所持上市公司股份变动应在作充分可行性研究的基础上制定方案，严格履行决策、审批程序，规范操作，按照证券监管的相关规定履行信息披露等义务。在上市公司国有股权变动信息披露前，各关联方要严格遵守保密规定。违反保密规定的，应依法依规追究相关人员责任。

第十条 上市公司国有股权变动应当根据证券市场公开交易价格、可比公司股票交易价格、每股净资产值等因素合理定价。

第十一条 国有资产监督管理机构通过上市公司国有股权管理信息系统（以下简称管理信息系统）对上市公司国有股权变动实施统一监管。

国家出资企业应通过管理信息系统，及时、完整、准确将所持上市公司股份变动情况报送国有资产监督管理机构。

其中，按照本办法规定由国家出资企业审核批准的变动事项须通过管理信息系统作备案管理，并取得统一编号的备案表。

第二章　国有股东所持上市公司股份通过证券交易系统转让

第十二条　国有股东通过证券交易系统转让上市公司股份，按照国家出资企业内部决策程序决定，有以下情形之一的，应报国有资产监督管理机构审核批准：

（一）国有控股股东转让上市公司股份可能导致持股比例低于合理持股比例的；

（二）总股本不超过10亿股的上市公司，国有控股股东拟于一个会计年度内累计净转让（累计转让股份扣除累计增持股份后的余额，下同）达到总股本5%及以上的；总股本超过10亿股的上市公司，国有控股股东拟于一个会计年度内累计净转让数量达到5000万股及以上的；

（三）国有参股股东拟于一个会计年度内累计净转让达到上市公司总股本5%及以上的。

第十三条　国家出资企业、国有资产监督管理机构决定或批准国有股东通过证券交易系统转让上市公司股份时，应当审核以下文件：

（一）国有股东转让上市公司股份的内部决策文件；

（二）国有股东转让上市公司股份方案，内容包括但不限于：转让的必要性，国有股东及上市公司基本情况、主要财务数据，拟转让股份权属情况，转让底价及确定依据，转让数量、转让时限等；

（三）上市公司股份转让的可行性研究报告；

（四）国家出资企业、国有资产监督管理机构认为必要的其他文件。

第三章　国有股东所持上市公司股份公开征集转让

第十四条　公开征集转让是指国有股东依法公开披露信息，征集受让方转让上市公司股份的行为。

第十五条　国有股东拟公开征集转让上市公司股份的，在履行内部决策程序后，应书面告知上市公司，由上市公司依法披露，进行提示性公告。国有控股股东公开征集转让上市公司股份可能导致上市公司控股权转移的，应当一并通知上市公司申请停牌。

第十六条　上市公司发布提示性公告后，国有股东应及时将转让方案、可行性研究报告、内部决策文件、拟发布的公开征集信息等内容通过管理信息系统报送国有资产监督管理机构。

第十七条　公开征集信息内容包括但不限于：拟转让股份权属情况、数量，受让方应当具备的资格条件，受让方的选择规则，公开征集期限等。

公开征集信息对受让方的资格条件不得设定指向性或违反公平竞争要求的条款，公开征集期限不得少于10个交易日。

第十八条 国有资产监督管理机构通过管理信息系统对公开征集转让事项出具意见。国有股东在获得国有资产监督管理机构同意意见后书面通知上市公司发布公开征集信息。

第十九条 国有股东收到拟受让方提交的受让申请及受让方案后，应当成立由内部职能部门人员以及法律、财务等独立外部专家组成的工作小组，严格按照已公告的规则选择确定受让方。

第二十条 公开征集转让可能导致上市公司控股权转移的，国有股东应当聘请具有上市公司并购重组财务顾问业务资格的证券公司、证券投资咨询机构或者其他符合条件的财务顾问机构担任财务顾问（以下简称财务顾问）。财务顾问应当具有良好的信誉，近三年内无重大违法违规记录，且与受让方不存在利益关联。

第二十一条 财务顾问应当勤勉尽责，遵守行业规范和职业道德，对上市公司股份的转让方式、转让价格、股份转让对国有股东和上市公司的影响等方面出具专业意见；并对拟受让方进行尽职调查，出具尽职调查报告。尽职调查应当包括但不限于以下内容：

（一）拟受让方受让股份的目的；

（二）拟受让方的经营情况、财务状况、资金实力及是否有重大违法违规记录和不良诚信记录；

（三）拟受让方是否具有及时足额支付转让价款的能力、受让资金的来源及合法性；

（四）拟受让方是否具有促进上市公司持续发展和改善上市公司法人治理结构的能力。

第二十二条 国有股东确定受让方后，应当及时与受让方签订股份转让协议。股份转让协议应当包括但不限于以下内容：

（一）转让方、上市公司、拟受让方的名称、法定代表人及住所；

（二）转让方持股数量、拟转让股份数量及价格；

（三）转让方、受让方的权利和义务；

（四）股份转让价款支付方式及期限；

（五）股份登记过户的条件；

（六）协议生效、变更和解除条件、争议解决方式、违约责任等。

第二十三条 国有股东公开征集转让上市公司股份的价格不得低于下列两者之中的较高者：

（一）提示性公告日前30个交易日的每日加权平均价格的算术平均值；

（二）最近一个会计年度上市公司经审计的每股净资产值。

第二十四条 国有股东与受让方签订协议后，属于本办法第七条规定情形的，由国家出资企业审核批准，其他情形由国有资产监督管理机构审核批准。

第二十五条 国家出资企业、国有资产监督管理机构批准国有股东所持上市公司股份公开征集转让时，应当审核以下文件：

（一）受让方的征集及选择情况；

（二）国有股东基本情况、受让方基本情况及上一年度经审计的财务会计报告；

（三）股份转让协议及股份转让价格的定价说明；

（四）受让方与国有股东、上市公司之间在最近12个月内股权转让、资产置换、投资等重大情况及债权债务情况；

（五）律师事务所出具的法律意见书；

（六）财务顾问出具的尽职调查报告（适用于上市公司控股权转移的）；

（七）国家出资企业、国有资产监督管理机构认为必要的其他文件。

第二十六条 国有股东应在股份转让协议签订后5个工作日内收取不低于转让价款30%的保证金，其余价款应在股份过户前全部结清。在全部转让价款支付完毕或交由转让双方共同认可的第三方妥善保管前，不得办理股份过户登记手续。

第二十七条 国有资产监督管理机构关于国有股东公开征集转让上市公司股份的批准文件或国有资产监督管理机构、管理信息系统出具的统一编号的备案表和全部转让价款支付凭证是证券交易所、中国证券登记结算有限责任公司办理上市公司股份过户登记手续的必备文件。

上市公司股份过户前，原则上受让方人员不能提前进入上市公司董事会和经理层，不得干预上市公司正常生产经营。

第四章 国有股东所持上市公司股份非公开协议转让

第二十八条 非公开协议转让是指不公开征集受让方，通过直接签订协议转让上市公司股份的行为。

第二十九条 符合以下情形之一的，国有股东可以非公开协议转让上市公司股份：

（一）上市公司连续两年亏损并存在退市风险或严重财务危机，受让方提出重大资产重组计划及具体时间表的；

（二）企业主业处于关系国家安全、国民经济命脉的重要行业和关键领域，主要承担重大专项任务，对受让方有特殊要求的；

（三）为实施国有资源整合或资产重组，在国有股东、潜在国有股东（经本次国有资源整合或资产重组后成为上市公司国有股东的，以下统称国有股东）之间转让的；

（四）上市公司回购股份涉及国有股东所持股份的；

（五）国有股东因接受要约收购方式转让其所持上市公司股份的；

（六）国有股东因解散、破产、减资、被依法责令关闭等原因转让其所持上市公司股份的；

（七）国有股东以所持上市公司股份出资的。

第三十条 国有股东在履行内部决策程序后，应当及时与受让方签订股份转让协议。涉及上市公司控股权转移的，在转让协议签订前，应按本办法第二十条、第二十一条规定聘请财务顾问，对拟受让方进行尽职调查，出具尽职调查报告。

第三十一条 国有股东与受让方签订协议后，属于本办法第七条规定情形的，由国家出资企业审核批准，其他情形由国有资产监督管理机构审核批准。

第三十二条 国有股东非公开协议转让上市公司股份的价格不得低于下列两者之中的较高者：

（一）提示性公告日前30个交易日的每日加权平均价格的算术平均值；

（二）最近一个会计年度上市公司经审计的每股净资产值。

第三十三条 国有股东非公开协议转让上市公司股份存在下列特殊情形的，可按以下原则确定股份转让价格：

（一）国有股东为实施资源整合或重组上市公司，并在其所持上市公司股份转让完成后全部回购上市公司主业资产的，股份转让价格由国有股东根据中介机构出具的该上市公司股票价格的合理估值结果确定；

（二）为实施国有资源整合或资产重组，在国有股东之间转让且上市公司中的国有权益并不因此减少的，股份转让价格应当根据上市公司股票的每股净资产值、净资产收益率、合理的市盈率等因素合理确定。

第三十四条 国家出资企业、国有资产监督管理机构批准国有股东非公开协议转让上市公司股份时，应当审核以下文件：

（一）国有股东转让上市公司股份的决策文件；

（二）国有股东转让上市公司股份的方案，内容包括但不限于：不公开征集受让方的原因，转让价格及确定依据，转让的数量，转让收入的使用计划等；

（三）国有股东基本情况、受让方基本情况及上一年度经审计的财务会计报告；

（四）可行性研究报告；

（五）股份转让协议；

（六）以非货币资产支付的说明；

（七）拟受让方与国有股东、上市公司之间在最近12个月内股权转让、资产置换、投资等重大情况及债权债务情况；

（八）律师事务所出具的法律意见书；

（九）财务顾问出具的尽职调查报告（适用于上市公司控股权转移的）；

（十）国家出资企业、国有资产监督管理机构认为必要的其他文件。

第三十五条 以现金支付股份转让价款的，转让价款收取按照本办法第二十六条规定办理；以非货币资产支付股份转让价款的，应当符合国家相关规定。

第三十六条 国有资产监督管理机构关于国有股东非公开协议转让上市公司股份的批准文件或国有资产监督管理机构、管理信息系统出具的统一编号的备案表和全部转让价款支付凭证（包括非货币资产的交割凭证）是证券交易所、中国证券登记结算有限责任公司办理上市公司股份过户登记手续的必备文件。

第五章　国有股东所持上市公司股份无偿划转

第三十七条　政府部门、机构、事业单位、国有独资或全资企业之间可以依法无偿划转所持上市公司股份。

第三十八条　国有股东所持上市公司股份无偿划转属于本办法第七条规定情形的，由国家出资企业审核批准，其他情形由国有资产监督管理机构审核批准。

第三十九条　国家出资企业、国有资产监督管理机构批准国有股东所持上市公司股份无偿划转时，应当审核以下文件：

（一）国有股东无偿划转上市公司股份的内部决策文件；

（二）国有股东无偿划转上市公司股份的方案和可行性研究报告；

（三）上市公司股份无偿划转协议；

（四）划转双方基本情况、上一年度经审计的财务会计报告；

（五）划出方债务处置方案及或有负债的解决方案，及主要债权人对无偿划转的无异议函；

（六）划入方未来12个月内对上市公司的重组计划或未来三年发展规划（适用于上市公司控股权转移的）；

（七）律师事务所出具的法律意见书；

（八）国家出资企业、国有资产监督管理机构认为必要的其他文件。

第四十条　国有资产监督管理机构关于国有股东无偿划转上市公司股份的批准文件或国有资产监督管理机构、管理信息系统出具的统一编号的备案表是证券交易所、中国证券登记结算有限责任公司办理股份过户登记手续的必备文件。

第六章　国有股东所持上市公司股份间接转让

第四十一条　本办法所称国有股东所持上市公司股份间接转让是指因国有产权转让或增资扩股等原因导致国有股东不再符合本办法第三条规定情形的行为。

第四十二条　国有股东拟间接转让上市公司股份的，履行内部决策程序后，应书面通知上市公司进行信息披露，涉及国有控股股东的，应当一并通知上市公司申请停牌。

第四十三条　国有股东所持上市公司股份间接转让应当按照本办法第二十三条规定确定其所持上市公司股份价值，上市公司股份价值确定的基准日应与国有股东资产评估的基准日一致，且与国有股东产权直接持有单位对该产权变动决策的日期相差不得超过一个月。

国有产权转让或增资扩股到产权交易机构挂牌时，因上市公司股价发生大幅变化等原因，导致资产评估报告的结论已不能反映交易标的真实价值的，原决策机构应对间接转让行为重新审议。

第四十四条　国有控股股东所持上市公司股份间接转让，应当按本办法第二十条、

第二十一条规定聘请财务顾问，对国有产权拟受让方或投资人进行尽职调查，并出具尽职调查报告。

第四十五条 国有股东所持上市公司股份间接转让的，国有股东应在产权转让或增资扩股协议签订后，产权交易机构出具交易凭证前报国有资产监督管理机构审核批准。

第四十六条 国有资产监督管理机构批准国有股东所持上市公司股份间接转让时，应当审核以下文件：

（一）产权转让或增资扩股决策文件、资产评估结果核准、备案文件及可行性研究报告；

（二）经批准的产权转让或增资扩股方案；

（三）受让方或投资人征集、选择情况；

（四）国有产权转让协议或增资扩股协议；

（五）国有股东资产作价金额，包括国有股东所持上市公司股份的作价说明；

（六）受让方或投资人基本情况及上一年度经审计的财务会计报告；

（七）财务顾问出具的尽职调查报告（适用于国有控股股东国有产权变动的）；

（八）律师事务所出具的法律意见书；

（九）国有资产监督管理机构认为必要的其他文件。

第四十七条 国有股东产权转让或增资扩股未构成间接转让的，其资产评估涉及上市公司股份作价按照本办法第四十三条规定确定。

第七章　国有股东发行可交换公司债券

第四十八条 本办法所称国有股东发行可交换公司债券，是指上市公司国有股东依法发行、在一定期限内依据约定条件可以交换成该股东所持特定上市公司股份的公司债券的行为。

第四十九条 国有股东发行的可交换公司债券交换为上市公司每股股份的价格，应不低于债券募集说明书公告日前 1 个交易日、前 20 个交易日、前 30 个交易日该上市公司股票均价中的最高者。

第五十条 国有股东发行的可交换公司债券，其利率应当在参照同期银行贷款利率、银行票据利率、同行业其他企业发行的债券利率，以及标的公司股票每股交换价格、上市公司未来发展前景等因素的前提下，通过市场询价合理确定。

第五十一条 国有股东发行可交换公司债券属于本办法第七条规定情形的，由国家出资企业审核批准，其他情形由国有资产监督管理机构审核批准。

第五十二条 国家出资企业、国有资产监督管理机构批准国有股东发行可交换公司债券时，应当审核以下文件：

（一）国有股东发行可交换公司债券的内部决策文件；

（二）国有股东发行可交换公司债券的方案，内容包括但不限于：国有股东、上市公司基本情况及主要财务数据，预备用于交换的股份数量及保证方式，风险评估论证情况、偿本付息及应对债务风险的具体方案，对国有股东控股地位影响的分析等；

（三）可行性研究报告；

（四）律师事务所出具的法律意见书；

（五）国家出资企业、国有资产监督管理机构认为必要的其他文件。

第八章　国有股东受让上市公司股份

第五十三条　本办法所称国有股东受让上市公司股份行为主要包括国有股东通过证券交易系统增持、协议受让、间接受让、要约收购上市公司股份和认购上市公司发行股票等。

第五十四条　国有股东受让上市公司股份属于本办法第七条规定情形的，由国家出资企业审核批准，其他情形由国有资产监督管理机构审核批准。

第五十五条　国家出资企业、国有资产监督管理机构批准国有股东受让上市公司股份时，应当审核以下文件：

（一）国有股东受让上市公司股份的内部决策文件；

（二）国有股东受让上市公司股份方案，内容包括但不限于：国有股东及上市公司的基本情况、主要财务数据、价格上限及确定依据、数量及受让时限等；

（三）可行性研究报告；

（四）股份转让协议（适用于协议受让的）、产权转让或增资扩股协议（适用于间接受让的）；

（五）财务顾问出具的尽职调查报告和上市公司估值报告（适用于取得控股权的）；

（六）律师事务所出具的法律意见书；

（七）国家出资企业、国有资产监督管理机构认为必要的其他文件。

第五十六条　国有股东将其持有的可转换公司债券或可交换公司债券转换、交换成上市公司股票的，通过司法机关强制执行手续取得上市公司股份的，按照相关法律、行政法规及规章制度的规定办理，并在上述行为完成后10个工作日内将相关情况通过管理信息系统按程序报告国有资产监督管理机构。

第九章　国有股东所控股上市公司吸收合并

第五十七条　本办法所称国有股东所控股上市公司吸收合并，是指国有控股上市公司之间或国有控股上市公司与非国有控股上市公司之间的吸收合并。

第五十八条　国有股东所控股上市公司应当聘请财务顾问，对吸收合并的双方进行尽职调查和内部核查，并出具专业意见。

第五十九条　国有股东应指导上市公司根据股票交易价格，并参考可比交易案例，合理确定上市公司换股价格。

第六十条　国有股东应当在上市公司董事会审议吸收合并方案前，将该方案报国有资产监督管理机构审核批准。

第六十一条 国有资产监督管理机构批准国有股东所控股上市公司吸收合并时，应当审核以下文件：

（一）国家出资企业、国有股东的内部决策文件；

（二）国有股东所控股上市公司吸收合并的方案，内容包括但不限于：国有控股股东及上市公司基本情况、换股价格的确定依据、现金选择权安排、吸收合并后的股权结构、债务处置、职工安置、市场应对预案等；

（三）可行性研究报告；

（四）律师事务所出具的法律意见书；

（五）国有资产监督管理机构认为必要的其他文件。

第十章 国有股东所控股上市公司发行证券

第六十二条 本办法所称国有股东所控股上市公司发行证券包括上市公司采用公开方式向原股东配售股份、向不特定对象公开募集股份、采用非公开方式向特定对象发行股份以及发行可转换公司债券等行为。

第六十三条 国有股东所控股上市公司发行证券，应当在股东大会召开前取得批准。属于本办法第七条规定情形的，由国家出资企业审核批准，其他情形报国有资产监督管理机构审核批准。

第六十四条 国家出资企业、国有资产监管机构批准国有股东所控股上市公司发行证券时，应当审核以下文件：

（一）上市公司董事会决议；

（二）国有股东所控股上市公司发行证券的方案，内容包括但不限于：相关国有股东、上市公司基本情况，发行方式、数量、价格，募集资金用途，对国有股东控股地位影响的分析，发行可转换公司债券的风险评估论证情况、偿本付息及应对债务风险的具体方案等；

（三）可行性研究报告；

（四）律师事务所出具的法律意见书；

（五）国家出资企业、国有资产监督管理机构认为必要的其他文件。

第十一章 国有股东与上市公司进行资产重组

第六十五条 本办法所称国有股东与上市公司进行资产重组是指国有股东向上市公司注入、购买或置换资产并涉及国有股东所持上市公司股份发生变化的情形。

第六十六条 国有股东就资产重组事项进行内部决策后，应书面通知上市公司，由上市公司依法披露，并申请股票停牌。在上市公司董事会审议资产重组方案前，应当将可行性研究报告报国家出资企业、国有资产监督管理机构预审核，并由国有资产监督管理机构通过管理信息系统出具意见。

第六十七条 国有股东与上市公司进行资产重组方案经上市公司董事会审议通过后，应当在上市公司股东大会召开前获得相应批准。属于本办法第七条规定情形的，由国家出资企业审核批准，其他情形由国有资产监督管理机构审核批准。

第六十八条 国家出资企业、国有资产监督管理机构批准国有股东与上市公司进行资产重组时，应当审核以下文件：

（一）国有股东决策文件和上市公司董事会决议；

（二）资产重组的方案，内容包括但不限于：资产重组的原因及目的，涉及标的资产范围、业务情况及近三年损益情况、未来盈利预测及其依据，相关资产作价的说明，资产重组对国有股东及上市公司权益、盈利水平和未来发展的影响等；

（三）资产重组涉及相关资产的评估备案表或核准文件；

（四）律师事务所出具的法律意见书；

（五）国家出资企业、国有资产监督管理机构认为必要的其他文件。

第六十九条 国有股东参股的非上市企业参与非国有控股上市公司的资产重组事项由国家出资企业按照内部决策程序自主决定。

第十二章 法律责任

第七十条 在上市公司国有股权变动中，相关方有下列行为之一的，国有资产监督管理机构或国家出资企业应要求终止上市公司股权变动行为，必要时应向人民法院提起诉讼：

（一）不履行相应的内部决策程序、批准程序或者超越权限，擅自变动上市公司国有股权的；

（二）向中介机构提供虚假资料，导致审计、评估结果失真，造成国有资产损失的；

（三）相关方恶意串通，签订显失公平的协议，造成国有资产损失的；

（四）相关方采取欺诈、隐瞒等手段变动上市公司国有股权，造成国有资产损失的；

（五）相关方未在约定期限内履行承诺义务的；

（六）违反上市公司信息披露规定，涉嫌内幕交易的。

第七十一条 违反有关法律、法规或本办法的规定变动上市公司国有股权并造成国有资产损失的，国有资产监督管理机构可以责令国有股东采取措施限期纠正；国有股东、上市公司负有直接责任的主管人员和其他直接责任人员，由国有资产监督管理机构或者相关企业按照权限给予纪律处分，造成国有资产损失的，应负赔偿责任；涉嫌犯罪的，依法移送司法机关处理。

第七十二条 社会中介机构在上市公司国有股权变动的审计、评估、咨询和法律等服务中违规执业的，由国有资产监督管理机构将有关情况通报其行业主管部门，建议给予相应处罚；情节严重的，国有股东三年内不得再委托其开展相关业务。

第七十三条 上市公司国有股权变动批准机构及其有关人员违反有关法律、法规或本办法的规定，擅自批准或者在批准中以权谋私，造成国有资产损失的，由有关部门按照权限给予纪律处分；涉嫌犯罪的，依法移送司法机关处理。

国有资产监督管理机构违反有关法律、法规或本办法的规定审核批准上市公司国有股权变动并造成国有资产损失的，对直接负责的主管人员和其他责任人员给予纪律处分；涉嫌犯罪的，依法移送司法机关处理。

第十三章　附　　则

第七十四条　不符合本办法规定的国有股东标准，但政府部门、机构、事业单位和国有独资或全资企业通过投资关系、协议或者其他安排，能够实际支配其行为的境内外企业，证券账户标注为“CS”，所持上市公司股权变动行为参照本办法管理。

第七十五条　政府部门、机构、事业单位及其所属企业持有的上市公司国有股权变动行为，按照现行监管体制，比照本办法管理。

第七十六条　金融、文化类上市公司国有股权的监督管理，国家另有规定的，依照其规定。

第七十七条　国有或国有控股的专门从事证券业务的证券公司及基金管理公司转让、受让上市公司股份的监督管理按照相关规定办理。

第七十八条　国有出资的有限合伙企业不作国有股东认定，其所持上市公司股份的监督管理另行规定。

第七十九条　本办法自2018年7月1日起施行。

关于印发《企业国有产权无偿划转管理暂行办法》的通知

2005年8月29日　国资发产权〔2005〕239号

各中央企业，各省、自治区、直辖市及计划单列市、新疆生产建设兵团国有资产监督管理机构：

为规范企业国有产权无偿划转行为，保障企业国有产权有序流动，防止国有资产流失，我们制定了《企业国有产权无偿划转管理暂行办法》，现印发给你们，请遵照执行。在执行中有何问题，请及时反馈我委。

附件：企业国有产权无偿划转管理暂行办法

附件：

企业国有产权无偿划转管理暂行办法

第一章　总　　则

第一条　为规范企业国有产权无偿划转行为，保障企业国有产权有序流动，防止国有资产流失，根据《企业国有资产监督管理暂行条例》（国务院令第378号）等有关规定，制定本办法。

第二条　本办法所称企业国有产权无偿划转，是指企业国有产权在政府机构、事业单位、国有独资企业、国有独资公司之间的无偿转移。

国有独资公司作为划入或划出一方的，应当符合《中华人民共和国公司法》的有关规定。

第三条　各级人民政府授权其国有资产监督管理机构（以下简称国资监管机构）履行出资人职责的企业（以下统称所出资企业）及其各级子企业国有产权无偿划转适用本办法。

股份有限公司国有股无偿划转，按国家有关规定执行。

第四条　企业国有产权无偿划转应当遵循以下原则：

（一）符合国家有关法律法规和产业政策的规定；

（二）符合国有经济布局和结构调整的需要；

（三）有利于优化产业结构和提高企业核心竞争力；

（四）划转双方协商一致。

第五条　被划转企业国有产权的权属应当清晰。权属关系不明确或存在权属纠纷的企业国有产权不得进行无偿划转。被设置为担保物权的企业国有产权无偿划转，应当符合《中华人民共和国担保法》的有关规定。有限责任公司国有股权的划转，还应当遵循《中华人民共和国公司法》的有关规定。

第二章　企业国有产权无偿划转的程序

第六条　企业国有产权无偿划转应当做好可行性研究。无偿划转可行性论证报告一般应当载明下列内容：

（一）被划转企业所处行业情况及国家有关法律法规、产业政策规定；

（二）被划转企业主业情况及与划入、划出方企业主业和发展规划的关系；

（三）被划转企业的财务状况及或有负债情况；

（四）被划转企业的人员情况；

（五）划入方对被划转企业的重组方案，包括投入计划、资金来源、效益预测及风险对策等；

（六）其他需说明的情况。

第七条 划转双方应当在可行性研究的基础上，按照内部决策程序进行审议，并形成书面决议。

划入方（划出方）为国有独资企业的，应当由总经理办公会议审议；已设立董事会的，由董事会审议。划入方（划出方）为国有独资公司的，应当由董事会审议；尚未设立董事会的，由总经理办公会议审议。所涉及的职工分流安置事项，应当经被划转企业职工代表大会审议通过。

第八条 划出方应当就无偿划转事项通知本企业（单位）债权人，并制订相应的债务处置方案。

第九条 划转双方应当组织被划转企业按照有关规定开展审计或清产核资，以中介机构出具的审计报告或经划出方国资监管机构批准的清产核资结果作为企业国有产权无偿划转的依据。

第十条 划转双方协商一致后，应当签订企业国有产权无偿划转协议。划转协议应当包括下列主要内容：

（一）划入划出双方的名称与住所；

（二）被划转企业的基本情况；

（三）被划转企业国有产权数额及划转基准日；

（四）被划转企业涉及的职工分流安置方案；

（五）被划转企业涉及的债权、债务（包括拖欠职工债务）以及或有负债的处理方案；

（六）划转双方的违约责任；

（七）纠纷的解决方式；

（八）协议生效条件；

（九）划转双方认为必要的其他条款。

无偿划转事项按照本办法规定程序批准后，划转协议生效。划转协议生效以前，划转双方不得履行或者部分履行。

第十一条 划转双方应当依据相关批复文件及划转协议，进行账务调整，按规定办理产权登记等手续。

第三章 企业国有产权无偿划转的批准

第十二条 企业国有产权在同一国资监管机构所出资企业之间无偿划转的，由所出资企业共同报国资监管机构批准。

企业国有产权在不同国资监管机构所出资企业之间无偿划转的，依据划转双方的产权归属关系，由所出资企业分别报同级国资监管机构批准。

第十三条 实施政企分开的企业，其国有产权无偿划转所出资企业或其子企业持有的，由同级国资监管机构和主管部门分别批准。

第十四条 下级政府国资监管机构所出资企业国有产权无偿划转上级政府国资监管

机构所出资企业或其子企业持有的，由下级政府和上级政府国资监管机构分别批准。

第十五条 企业国有产权在所出资企业内部无偿划转的，由所出资企业批准并抄报同级国资监管机构。

第十六条 批准企业国有产权无偿划转事项，应当审查下列书面材料：

（一）无偿划转的申请文件；

（二）总经理办公会议或董事会有关无偿划转的决议；

（三）划转双方及被划转企业的产权登记证；

（四）无偿划转的可行性论证报告；

（五）划转双方签订的无偿划转协议；

（六）中介机构出具的被划转企业划转基准日的审计报告或同级国资监管机构清产核资结果批复文件；

（七）划出方债务处置方案；

（八）被划转企业职代会通过的职工分流安置方案；

（九）其他有关文件。

第十七条 企业国有产权无偿划转事项经批准后，划出方和划入方调整产权划转比例或者划转协议有重大变化的，应当按照规定程序重新报批。

第十八条 有下列情况之一的，不得实施无偿划转：

（一）被划转企业主业不符合划入方主业及发展规划的；

（二）中介机构对被划转企业划转基准日的财务报告出具否定意见、无法表示意见或保留意见的审计报告的；

（三）无偿划转涉及的职工分流安置事项未经被划转企业的职工代表大会审议通过的；

（四）被划转企业或有负债未有妥善解决方案的；

（五）划出方债务未有妥善处置方案的。

第十九条 下列无偿划转事项，依据中介机构出具的被划转企业上一年度（或最近一次）的审计报告或经国资监管机构批准的清产核资结果，直接进行账务调整，并按规定办理产权登记等手续。

（一）由政府决定的所出资企业国有产权无偿划转本级国资监管机构其他所出资企业的；

（二）由上级政府决定的所出资企业国有产权在上、下级政府国资监管机构之间的无偿划转；

（三）由划入、划出方政府决定的所出资企业国有产权在互不隶属的政府的国资监管机构之间的无偿划转；

（四）由政府决定的实施政企分开的企业，其国有产权无偿划转国资监管机构持有的；

（五）其他由政府或国资监管机构根据国有经济布局、结构调整和重组需要决定的无偿划转事项。

第四章　附　　则

第二十条　企业国有产权无偿向境外划转及境外企业国有产权无偿划转办法另行制定。

第二十一条　企业实物资产等无偿划转参照本办法执行。

第二十二条　本办法自公布之日起施行。

国务院国资委　财政部　国家发改委　监察部　国家工商总局　中国证监会关于做好企业国有产权转让监督检查工作的通知

2005 年 11 月 17 日　国资发产权〔2005〕294 号

各省、自治区、直辖市、计划单列市国有资产监督管理机构、财政厅（局）、发展改革委、监察厅（局）、工商局、证监局，新疆生产建设兵团，各中央企业：

根据中央纪委关于严格执行产权交易制度和国务院关于规范发展产权交易市场的有关工作要求，为进一步贯彻落实《企业国有产权转让管理暂行办法》（国务院国资委、财政部令第 3 号，以下简称《办法》）及其配套文件精神，不断规范企业国有产权转让，各级国资监管机构、财政、发展改革、监察、工商、证券监管等部门要有计划、有重点地组织做好企业国有产权转让监督检查工作。现就做好监督检查工作有关问题通知如下：

一、监督检查的范围是《办法》及其配套文件施行以来，企业国有产权转让所涉及的相关部门、企业、社会中介机构、产权交易机构以及其他组织等的规范操作情况。

二、监督检查工作要以国家有关规范企业国有产权转让政策规定和工作要求的贯彻落实和实际执行情况为重点，认真做好相关重点环节的审核把关。主要内容为：

（一）企业国有产权转让监管制度的贯彻落实情况。各地区、部门和相关企业是否对相关制度规定进行了全面贯彻落实，并结合各自实际制定了相应的管理办法；企业国有产权转让监管的职能部门、人员和工作责任是否明确；对产权交易机构的选择和监管工作是否到位。

（二）企业国有产权转让进场交易情况。企业国有产权转让是否在经国资监管机构选择确定的产权交易机构中进行；符合竞价条件的产权转让项目，是否通过竞价方式进行交易；对于直接采取协议转让方式转让国有产权的，是否符合《办法》的相关规定。

（三）产权交易机构的规范操作情况。《办法》及其配套文件规定的贯彻落实和实际执行情况；企业国有产权交易的要件及标准审查把关情况；企业国有产权交易活动中遵守国家相关法律法规的情况；企业国有产权交易中出现纠纷的调处情况；企业国有产权交易信息的统计报告情况；是否存在将企业国有产权拆细后连续交易行为。

（四）企业国有产权转让规定程序的执行情况。是否按照《办法》的要求履行了相应的批准程序和操作程序，以及是否对内部决策、转让行为批准、清产核资、财务审计、资产评估、价格确定、转让价款支付以及产权登记等全过程进行了规范操作；内部决策机构、职代会、审核批准机构、社会中介机构、产权交易机构等出具的材料是否齐全、有效。

（五）企业国有产权转让信息的披露情况。是否按照《办法》规定的内容、方式、时间公开披露产权转让信息，广泛征集受让方；产权转让信息发布后，对意向受让方的确定是否符合规定；对受让方提出的条件有无违反公平竞争原则。

（六）职工合法权益的保护情况。产权转让中涉及职工合法权益的事项是否经过职代会审议；职工安置等事项是否经职代会讨论通过并由劳动保障部门审核；转让后职工安置等事项是否落实。

（七）相关方面履行职责情况。产权转让涉及各方是否按照规定履行相应职责，是否存在越权批准或违规操作等问题，是否存在干预社会中介机构独立、公正执业问题。

（八）国家有关政策规定的执行情况。产权转让中涉及上市公司国有股权管理，向外商转让国有产权，向管理层转让企业国有产权，国有划拨土地使用权转让和国家出资形成的探矿权、采矿权转让等是否符合国家法律和有关政策规定，是否经过相关部门审核或批准；转让方是否按照规定收取产权转让价款，对取得的净收益是否按照国家有关规定处理。

（九）对暴露问题的处理情况。对企业国有产权转让过程中的违法违规行为是否及时作出处理。

三、各有关部门要坚持“执法必严、违法必究”的原则，通过监督检查进一步规范企业国有产权转让。在监督检查的方式上，可以采取地方（部门、企业）工作自查与相关部门对项目的重点抽查相结合、定期检查与不定期抽查相结合、组织工作调研与督查指导相结合、国有产权转让项目检查与对产权交易机构检查评审相结合、举报和媒体曝光的案件处理与专项检查相结合以及检查问题、总结交流经验与完善政策相结合等多种方式进行。

四、企业国有产权转让监督检查工作，由各级国资监管机构牵头，会同财政、发展改革、监察、工商、证券监管等部门共同组织进行。具体工作可以由有关部门结合自身业务进行监督检查，也可以在同级国资监管机构的统一协调下，建立日常的监督检查工作机制，通过各有关部门分工合作或组成监督检查工作组等多种形式，对企业国有产权转让工作进行监督检查。

五、在监督检查工作中，对于发现的各种问题，要视情节轻重，依据国家有关法律、法规和《办法》及其配套文件的规定严肃处理。在对有关具体问题的处理上，要区别自查、自纠和被查、被纠的界限，实事求是地进行处理。

六、逐步建立企业国有产权转让监督检查总结报告制度。各级国资监管机构应当依照本通知要求，根据具体情况确定监督检查的重点内容和重点企业、机构，并与有关部门协商制定监督检查工作方案，结合有关部门业务具体组织实施；企业国有产权转让涉及的相关企业、机构应当按照国家有关规定，认真组织开展自查工作，确保工作规范和质量，不留死角；各级国资监管机构在每年年终要对监督检查工作组织情况及时总结报告，对重大问题要形成专题报告。

七、企业国有产权转让涉及面广、政策性强，各有关方面要严格履行各自的职责和义务，认真组织和配合做好监督检查工作。

（一）各级国资监管机构要充分做好有关部门的协调工作，在组织进行监督检查工作中做到有计划、有重点和不重复。

（二）各级国资监管机构、财政、发展改革、监察、工商、证券监管等部门，在企业国有产权转让监督检查工作中，应加强工作联系和沟通，检查后有关部门要对检查情况进行通报，对发现的问题要及时处理。

（三）在监督检查工作中，涉及的相关部门、企业（单位）、社会中介机构以及产权交易机构应积极配合有关部门的监督检查工作，如实反映情况，主动提供有关资料。

（四）在监督检查工作中，各级国资监管机构在做好监督检查情况总结的基础上，要注重做好宣传，推广好的经验和做法，抓好对发现问题的督促整改工作。

（五）在监督检查工作中，参与检查的工作人员要坚持原则，深入细致，求真务实，依法检查，廉洁奉公，遵守纪律。对于违反检查纪律的行为和相关工作人员要及时纠正、查处。

关于加强企业国有资产评估管理工作有关问题的通知

2006 年 12 月 12 日　国资发产权〔2006〕274 号

各省、自治区、直辖市国资委，各中央企业：

《企业国有资产评估管理暂行办法》（国资委令第 12 号，以下简称《暂行办法》）的施行，进一步规范了企业国有资产评估管理工作，有效提高了资产评估工作水平。结合《暂行办法》施行以来的实际情况，企业国有资产评估管理过程中的一些具体问题需进一步明确。经研究，现就有关问题通知如下：

一、中央企业国有资产评估项目备案管理有关问题

经国务院国有资产监督管理机构批准经济行为的事项涉及的资产评估项目，其中包括采用协议方式转让企业国有产权事项涉及的资产评估项目和股份有限公司国有股权设

置事项涉及的资产评估项目，由国务院国有资产监督管理机构负责备案。

经国务院国有资产监督管理机构批准进行主辅分离辅业改制项目中，按限额专项委托中央企业办理相关资产评估项目备案。其中，属于国家授权投资机构的中央企业负责办理资产总额账面值5000万元（不含）以下资产评估项目的备案，5000万元以上的资产评估项目由国务院国有资产监督管理机构办理备案；其他中央企业负责办理资产总额账面值2000万元（不含）以下资产评估项目的备案，2000万元以上的资产评估项目由国务院国有资产监督管理机构办理备案。

二、资产评估项目的委托

根据《暂行办法》第八条规定，企业发生应当进行资产评估的经济行为时，应当由其产权持有单位委托具有相应资质的资产评估机构进行评估。针对不同经济行为，资产评估工作的委托按以下情况处理：经济行为事项涉及的评估对象属于企业法人财产权范围的，由企业委托；经济行为事项涉及的评估对象属于企业产权等出资人权利的，按照产权关系，由企业的出资人委托。企业接受非国有资产等涉及非国有资产评估的，一般由接受非国有资产的企业委托。

三、涉及多个国有产权主体的资产评估项目的管理方式

有多个国有股东的企业发生资产评估事项，经协商一致可由国有股最大股东依照其产权关系办理核准或备案手续；国有股股东持股比例相等的，经协商一致可由其中一方依照其产权关系办理核准或备案手续。

国务院批准的重大经济事项同时涉及中央和地方的资产评估项目，可由国有股最大股东依照其产权关系，逐级报送国务院国有资产监督管理机构进行核准。

四、涉及非国有资产评估项目的核准或备案

企业发生《暂行办法》第六条所列经济行为，需要对接受的非国有资产进行评估的，接受企业应依照其产权关系将评估项目报国有资产监督管理机构或其所出资企业备案；如果该经济行为属于各级人民政府批准实施的，接受企业应依照其产权关系按规定程序将评估项目报同级国有资产监督管理机构核准。

五、资产评估备案表及其分类

为适应《暂行办法》第六条所列各类经济行为资产评估项目备案的需要，将资产评估项目备案表分为国有资产评估项目备案表和接受非国有资产评估项目备案表两类。各级企业进行资产评估项目备案时，应按附件的格式和内容填报办理。

六、企业价值评估

涉及企业价值的资产评估项目，以持续经营为前提进行评估时，原则上要求采用两种以上方法进行评估，并在评估报告中列示，依据实际状况充分、全面分析后，确定其中一个评估结果作为评估报告使用结果。同时，对企业进行价值评估，企业应当提供与经济行为相对应的评估基准日审计报告。

附件：1. 国有资产评估项目备案表（略）

2. 接受非国有资产评估项目备案表（略）

3.《国有资产评估项目备案表》、《接受非国有资产评估项目备案表》填报说明（略）

国务院国有资产监督管理委员会关于印发《中央企业债券发行管理暂行办法》的通知

2008 年 4 月 3 日　国资发产权〔2008〕70 号

各中央企业：

为加强对中央企业的监督管理，规范中央企业债券发行行为，根据国家有关法律、行政法规，特制定《中央企业债券发行管理暂行办法》。现印发给你们，请结合实际，遵照执行，并及时反映工作中有关情况和问题。

附件：中央企业债券发行管理暂行办法

附件：

中央企业债券发行管理暂行办法

第一条　为加强对国务院国有资产监督管理委员会（以下简称国资委）履行出资人职责企业（以下简称中央企业）的监督管理，规范中央企业债券发行行为，防范和控制企业债务风险，根据《中华人民共和国公司法》、《中华人民共和国证券法》和《企业国有资产监督管理暂行条例》（国务院令第 378 号）等有关法律、行政法规，制定本办法。

第二条　中央企业公开发行企业债券、公司债券等中长期债券（以下统称债券）应当符合国家有关法律法规的规定，并按本办法的规定履行相应的决策程序。

中央企业发行前款规定以外的其他债券，按照有关法律、行政法规的规定，由中央企业董事会或总经理办公会议决定。

第三条　中央企业应当加强风险防范意识，建立健全有关债券发行的风险防范和控制制度。

中央企业发行债券或为其他企业发行债券提供担保，应当符合国资委有关风险控制的相关规定。

第四条 中央企业应当按照突出主业发展的原则，做好债券发行事项的可行性研究，可行性研究报告应当包括下列主要内容：

（一）宏观经济环境、债券市场环境、企业所处行业状况、同行业企业近期债券发行情况；

（二）企业产权结构、生产经营、财务状况和发展规划，本企业已发行债券情况；

（三）筹集资金的规模、用途和效益预测，发行债券对企业财务状况和经营业绩的影响，企业偿债能力分析；

（四）风险控制机制和流程，可能出现的风险及应对方案。

第五条 中央企业在可行性研究基础上制订债券发行方案。国有独资企业的债券发行方案由总经理办公会议审议，并形成书面意见；公司制企业的债券发行方案由董事会负责制订。

第六条 中央企业中的国有独资企业和国有独资公司发行债券，由国资委依照法定程序作出决定。

国有独资企业、国有独资公司应当向国资委报送下列文件资料：

（一）债券发行申请；

（二）债券发行可行性研究报告；

（三）债券发行方案（国有独资企业同时附送总经理办公会议审议意见）；

（四）企业章程及产权登记证；

（五）具有相应资质的会计师事务所出具的近三个会计年度的审计报告；

（六）国资委要求提供的其他材料。

第七条 中央企业中的国有控股或参股公司的发行债券，由其股东会（股东大会）作出决议；公司在召开股东会（股东大会）前，应当按照《中华人民共和国公司法》和公司章程的有关规定，将债券发行方案及相关材料报送包括国资委在内的全体股东，国资委出具意见后，由其股东代表在股东会（股东大会）上行使表决权，并及时将审议情况报告国资委。

国有控股或参股公司向国资委报送的文件资料比照第六条第二款的规定执行。

第八条 国资委根据国有经济布局和结构调整的总体要求，主要从企业主业发展资金需求、企业法人治理结构、资产负债水平、风险防范和控制机制建设等方面，对中央企业债券发行事项进行审核，并作出决定或出具意见。

第九条 国资委作出同意发行债券的决定、股东会（股东大会）作出同意发行债券的决议后，中央企业按规定向国家有关主管部门报送发行债券的申请。

第十条 国家有关主管部门对企业债券发行作出核准或不予核准的决定5日内，中央企业应将有关情况报告国资委。

中央企业应当在债券发行工作结束15日内及兑付工作结束15日内，将发行情况、兑付情况书面报告国资委。

债券存续期内，发生可能影响债券持有人实现其债权的重大事项时，中央企业应当及时向国资委报告。

第十一条 中央企业发行债券未按本办法规定履行相关决策程序的，国资委将按照《企业国有资产监督管理暂行条例》等有关规定，追究企业及其相关责任人员的责任。

第十二条 中央企业应当根据本办法精神，制订各级子企业的债券发行事项管理工作规范。

第十三条 国资委建立中央企业债券发行情况统计报告制度，中央企业应将本企业及各级子企业已发行债券、还本付息等情况随同年度决算一并报国资委。

国务院国有资产监督管理委员会关于印发《企业国有产权无偿划转工作指引》的通知

2009年2月16日　国资发产权〔2009〕25号

各中央企业：

为进一步规范中央企业国有产权无偿划转行为，更好地实施政务公开，服务企业，提高办事效率，国资委制定了《企业国有产权无偿划转工作指引》，现印发给你们，请遵照执行。执行中有何问题和建议，请及时反馈我委。

附件：企业国有产权无偿划转工作指引

附件：

企业国有产权无偿划转工作指引

第一条 为进一步规范中央企业国有产权无偿划转行为，根据国务院国有资产监督管理委员会（以下简称国资委）《企业国有产权无偿划转管理暂行办法》（以下简称《办法》），制定本指引。

第二条 国有独资企业、国有独资公司、国有事业单位投资设立的一人有限责任公司及其再投资设立的一人有限责任公司（以下统称国有一人公司），可以作为划入方（划出方）。

国有一人公司作为划入方（划出方）的，无偿划转事项由董事会审议；不设董事会的，由股东作出书面决议，并加盖股东印章。

国有独资企业产权拟无偿划转国有独资公司或国有一人公司持有的，企业应当依法改制为公司。

第三条 中央企业及其子企业无偿划入（划出）企业国有产权的，适用本指引。

第四条 中央企业及其子企业无偿划入企业国有产权，应当符合国资委有关减少企业管理层次的要求，划转后企业管理层次原则上不超过三级。

第五条 划转双方应当严格防范和控制无偿划转的风险，所作承诺事项应严谨合理、切实可行，且与被划转企业直接相关；划转协议的内容应当符合《办法》的规定，不得以重新划回产权等作为违约责任条款。

第六条 划入方（划出方）应当严格按照《办法》第二章的有关规定做好无偿划转的相关工作。无偿划转事项需报国资委批准的，按以下程序办理：

（一）中央企业应按规定对无偿划转事项进行审核，履行内部程序后，向国资委报送申请文件及相关材料。

（二）国资委收到申请文件及相关材料后，应当在5个工作日内提出初审意见。

对初审中发现的问题，国资委审核人员应及时与中央企业进行沟通；中央企业无异议的，应在5个工作日内修改完善相关材料并报国资委。对材料齐备、具备办理条件的，国资委应及时予以办理。

第七条 中央企业应当按照《办法》第十六条的规定向国资委报送文件材料，其中：

（一）申请文件的主要内容包括：

1. 请示的具体事项。

2. 划出方、划入方及被划转企业的基本情况。

主要包括设立时间、组织形式、注册资本、股权结构、级次、主营业务、生产经营和财务状况等。

3. 无偿划转的理由。

4. 划入方关于被划转企业发展规划、效益预测等。

5. 被划转企业风险（负担）情况。

(1) 人员情况。在岗人员、内退人员及离退休人员人数，职工分流安置方案，离退休人员管理方式、统筹外费用等。

(2) 或有负债情况。对外担保、未决诉讼等具体情况，相关解决方案，风险判断及其影响等。

(3) 办社会职能情况。企业办各类社会职能情况，相关解决方案等。

6. 相关决策及协议签订情况。

划出方、划入方、职代会、中央企业、政府主管部门、地市级以上政府或国有资产监督管理机构相关决策（批准）情况。

涉及有限责任公司国有股权无偿划转的，相关股东会决议情况；涉及中外合资企业国有股权无偿划转的，相关董事会决议情况。

协议签订及主要内容。

7. 相关承诺事项。

(1) 被划转企业国有产权权属清晰，不存在限制或者妨碍产权转移的情形。

（2）除已报送国资委的划转协议和承诺事项外，未与划转他方签订任何补充协议，也无其他承诺事项。

申请文件中有关被划转企业的主营业务、财务状况、或有负债、人员安置等内容，应与可行性论证报告、划转协议及审计报告等相关内容一致。

（二）需提交的其他有关文件主要指：

1. 中央企业子企业作为划入方（划出方）的，中央企业相关决议或批准文件；

2. 企业国有产权在中央企业与非中央企业之间无偿划转的，相关政府主管部门、地市级以上政府或国有资产监督管理机构的批准文件；

3. 涉及有限责任公司国有股权无偿划转的，相关股东会决议或有法律效力的其他证明文件；涉及中外合资企业国有股权无偿划转的，相关董事会决议或有法律效力的其他证明文件。

第八条 国资委主要从以下方面对无偿划转事项进行审核：

（一）划转双方主体资格适格，被划转企业产权关系清晰；

（二）符合中央企业主业及发展规划，有利于提高企业核心竞争力；

（三）划转所涉及各方决策程序合法合规，相关文件齐备、有效；

（四）相关风险防范和控制情况，划转协议规定内容齐备，无可能出现纠纷的条款。

第九条 本指引自公布之日起施行。

国务院国有资产监督管理委员会关于印发《企业国有产权交易操作规则》的通知

2009年6月15日 国资发产权〔2009〕120号

各省、自治区、直辖市及计划单列市和新疆生产建设兵团国资委，各中央企业，上海联合产权交易所、北京产权交易所、天津产权交易中心、重庆联合产权交易所：

为统一规范企业国有产权交易行为，根据《中华人民共和国企业国有资产法》、《企业国有资产监督管理暂行条例》（国务院令第378号）、《企业国有产权转让管理暂行办法》（国资委、财政部令第3号）等有关规定，我们制定了《企业国有产权交易操作规则》。现印发给你们，请结合实际遵照执行。执行中有何问题，请及时反馈我委。

附件：企业国有产权交易操作规则

附件：

企业国有产权交易操作规则

第一章　总　　则

第一条　为统一规范企业国有产权交易行为，根据《中华人民共和国企业国有资产法》、《企业国有资产监督管理暂行条例》（国务院令第 378 号）、《企业国有产权转让管理暂行办法》（国资委、财政部令第 3 号）等有关规定，制定本规则。

第二条　省级以上国资委选择确定的产权交易机构（以下简称产权交易机构）进行的企业国有产权交易适用本规则。

第三条　本规则所称企业国有产权交易，是指企业国有产权转让主体（以下统称转让方）在履行相关决策和批准程序后，通过产权交易机构发布产权转让信息，公开挂牌竞价转让企业国有产权的活动。

第四条　企业国有产权交易应当遵循等价有偿和公开、公平、公正、竞争的原则。产权交易机构应当按照本规则组织企业国有产权交易，自觉接受国有资产监督管理机构的监督，加强自律管理，维护市场秩序，保证产权交易活动的正常进行。

第二章　受理转让申请

第五条　产权转让申请的受理工作由产权交易机构负责承担。实行会员制的产权交易机构，应当在其网站上公布会员的名单，供转让方自主选择，建立委托代理关系。

第六条　转让方应当向产权交易机构提交产权转让公告所需相关材料，并对所提交材料的真实性、完整性、有效性负责。按照有关规定需要在信息公告前进行产权转让信息内容备案的转让项目，由转让方履行相应的备案手续。

第七条　转让方提交的材料符合齐全性要求的，产权交易机构应当予以接收登记。

第八条　产权交易机构应当建立企业国有产权转让信息公告的审核制度，对涉及转让标的信息披露的准确性和完整性，交易条件和受让方资格条件设置的公平性与合理性，以及竞价方式的选择等内容进行规范性审核。符合信息公告要求的，产权交易机构应当予以受理，并向转让方出具受理通知书；不符合信息公告要求的，产权交易机构应当将书面审核意见及时告知转让方。

第九条　转让方应当在产权转让公告中披露转让标的基本情况、交易条件、受让方资格条件、对产权交易有重大影响的相关信息、竞价方式的选择、交易保证金的设置等内容。

第十条　产权转让公告应当对转让方和转让标的企业基本情况进行披露，包括但不限于：

（一）转让方、转让标的及受托会员的名称；

（二）转让标的企业性质、成立时间、注册地、所属行业、主营业务、注册资本、职工人数；

（三）转让方的企业性质及其在转让标的企业的出资比例；

（四）转让标的企业前十名出资人的名称、出资比例；

（五）转让标的企业最近一个年度审计报告和最近一期财务报表中的主要财务指标数据，包括所有者权益、负债、营业收入、净利润等；

（六）转让标的（或者转让标的企业）资产评估的备案或者核准情况，资产评估报告中总资产、总负债、净资产的评估值和相对应的审计后账面值；

（七）产权转让行为的相关内部决策及批准情况。

第十一条 转让方在产权转让公告中应当明确为达成交易需要受让方接受的主要交易条件，包括但不限于：

（一）转让标的挂牌价格、价款支付方式和期限要求；

（二）对转让标的企业职工有无继续聘用要求；

（三）产权转让涉及的债权债务处置要求；

（四）对转让标的企业存续发展方面的要求。

第十二条 转让方可以根据标的企业实际情况，合理设置受让方资格条件。受让方资格条件可以包括主体资格、管理能力、资产规模等，但不得出现具有明确指向性或者违反公平竞争的内容。产权交易机构认为必要时，可以要求转让方对受让方资格条件的判断标准提供书面解释或者具体说明，并在产权转让公告中一同公布。

第十三条 转让方应当在产权转让公告中充分披露对产权交易有重大影响的相关信息，包括但不限于：

（一）审计报告、评估报告有无保留意见或者重要提示；

（二）管理层及其关联方拟参与受让的，应当披露其目前持有转让标的企业的股权比例、拟参与受让国有产权的人员或者公司名单、拟受让比例等；

（三）有限责任公司的其他股东或者中外合资企业的合营他方是否放弃优先购买权。

第十四条 产权转让公告中应当明确在征集到两个及以上符合条件的意向受让方时，采用何种公开竞价交易方式确定受让方。选择招投标方式的，应当同时披露评标方法和标准。

第十五条 转让方可以在产权转让公告中提出交纳交易保证金的要求。产权交易机构应当明示交易保证金的处置方式。

第三章　发布转让信息

第十六条 企业国有产权转让信息应当在产权交易机构网站和省级以上公开发行的经济或者金融类报刊上进行公告。

中央企业产权转让信息由相关产权交易机构在其共同选定的报刊以及各自网站联合公告，并在转让标的企业注册地或者转让标的企业重大资产所在地选择发行覆盖面较大的经济、金融类报刊进行公告。

第十七条 转让方应当明确产权转让公告的期限。首次信息公告的期限应当不少于20个工作日，并以省级以上报刊的首次信息公告之日为起始日。

第十八条 信息公告期按工作日计算，遇法定节假日以政府相关部门公告的实际工作日为准。产权交易机构网站发布信息的日期不应当晚于报刊公告的日期。

第十九条 信息公告期间不得擅自变更产权转让公告中公布的内容和条件。因特殊原因确需变更信息公告内容的，应当由产权转让批准机构出具文件，由产权交易机构在原信息发布渠道进行公告，并重新计算公告期。

第二十条 在规定的公告期限内未征集到符合条件的意向受让方，且不变更信息公告内容的，转让方可以按照产权转让公告的约定延长信息公告期限，每次延长期限应当不少于5个工作日。未在产权转让公告中明确延长信息公告期限的，信息公告到期自行终结。

第二十一条 企业国有产权转让首次信息公告时的挂牌价不得低于经备案或者核准的转让标的资产评估结果。如在规定的公告期限内未征集到意向受让方，转让方可以在不低于评估结果90%的范围内设定新的挂牌价再次进行公告。如新的挂牌价低于评估结果的90%，转让方应当重新获得产权转让批准机构批准后，再发布产权转让公告。

第二十二条 信息公告期间出现影响交易活动正常进行的情形，或者有关当事人提出中止信息公告书面申请和有关材料后，产权交易机构可以作出中止信息公告的决定。

第二十三条 信息公告的中止期限由产权交易机构根据实际情况设定，一般不超过1个月。产权交易机构应当在中止期间对相关的申请事由或者争议事项进行调查核实，也可转请相关部门进行调查核实，及时作出恢复或者终结信息公告的决定。如恢复信息公告，在产权交易机构网站上的累计公告期不少于20个工作日，且继续公告的期限不少于10个工作日。

第二十四条 信息公告期间出现致使交易活动无法按照规定程序正常进行的情形，并经调查核实确认无法消除时，产权交易机构可以作出终结信息公告的决定。

第四章 登记受让意向

第二十五条 意向受让方在信息公告期限内，向产权交易机构提出产权受让申请，并提交相关材料。产权交易机构应当对意向受让方逐一进行登记。

第二十六条 意向受让方可以到产权交易机构查阅产权转让标的的相关信息和材料。

第二十七条 产权交易机构应当对意向受让方提交的申请及材料进行齐全性和合规性审核，并在信息公告期满后5个工作日内将意向受让方的登记情况及其资格确认意见书面告知转让方。

第二十八条 转让方在收到产权交易机构的资格确认意见后，应当在5个工作日内予以书面回复。如对受让方资格条件存有异议，应当在书面意见中说明理由，并提交相关证明材料。转让方逾期未予回复的，视为同意产权交易机构作出的资格确认意见。

第二十九条 经征询转让方意见后，产权交易机构应当以书面形式将资格确认结果告知意向受让方，并抄送转让方。

第三十条 转让方对产权交易机构确认的意向受让方资格有异议，应当与产权交易机构进行协商，必要时可以就有关争议事项征询国有资产监督管理机构意见。

第三十一条 通过资格确认的意向受让方在事先确定的时限内向产权交易机构交纳交易保证金（以到达产权交易机构指定账户为准）后获得参与竞价交易资格。逾期未交纳保证金的，视为放弃受让意向。

第五章 组织交易签约

第三十二条 产权转让信息公告期满后，产生两个及以上符合条件的意向受让方的，由产权交易机构按照公告的竞价方式组织实施公开竞价；只产生一个符合条件的意向受让方的，由产权交易机构组织交易双方按挂牌价与买方报价孰高原则直接签约。涉及转让标的企业其他股东依法在同等条件下享有优先购买权的情形，按照有关法律规定执行。

第三十三条 公开竞价方式包括拍卖、招投标、网络竞价以及其他竞价方式。

第三十四条 产权交易机构应当在确定受让方后的次日起3个工作日内，组织交易双方签订产权交易合同。

第三十五条 产权交易合同条款包括但不限于：

（一）产权交易双方的名称与住所；

（二）转让标的企业的基本情况；

（三）产权转让的方式；

（四）转让标的企业职工有无继续聘用事宜，如何处置；

（五）转让标的企业的债权、债务处理；

（六）转让价格、付款方式及付款期限；

（七）产权交割事项；

（八）合同的生效条件；

（九）合同争议的解决方式；

（十）合同各方的违约责任；

（十一）合同变更和解除的条件。

第三十六条 产权交易机构应当依据法律法规的相关规定，按照产权转让公告的内容以及竞价交易结果等，对产权交易合同进行审核。

第三十七条 产权交易涉及主体资格审查、反垄断审查等情形，产权交易合同的生效需经政府相关部门批准的，交易双方应当将产权交易合同及相关材料报政府相关部门批准，产权交易机构应当出具政府相关部门审批所需的交易证明文件。

第六章 结算交易资金

第三十八条 产权交易资金包括交易保证金和产权交易价款，一般以人民币为计价单位。

产权交易机构实行交易资金统一进场结算制度，开设独立的结算账户，组织收付产权交易资金，保证结算账户中交易资金的安全，不得挪作他用。

第三十九条 受让方应当在产权交易合同约定的期限内，将产权交易价款支付到产权交易机构的结算账户。受让方交纳的交易保证金按照相关约定转为产权交易价款。产权交易合同约定价款支付方式为分期付款的，首付交易价款数额不低于成交金额的30%。

第四十条 受让方将产权交易价款交付至产权交易机构结算账户后，产权交易机构应当向受让方出具收款凭证。对符合产权交易价款划出条件的，产权交易机构应当及时向转让方划出交易价款。转让方收到交易价款后，应当向产权交易机构出具收款凭证。

第四十一条 交易双方为同一实际控制人的，经产权交易机构核实后，交易资金可以场外结算。

第四十二条 产权交易的收费标准应当符合产权交易机构所在地政府物价部门的有关规定，并在产权交易机构的工作场所和信息平台公示。

交易双方应当按照产权交易机构的收费标准支付交易服务费用，交易机构在收到服务费用后，应当出具收费凭证。

第七章　出具交易凭证

第四十三条 产权交易双方签订产权交易合同，受让方依据合同约定将产权交易价款交付至产权交易机构资金结算账户，且交易双方支付交易服务费用后，产权交易机构应当在3个工作日内出具产权交易凭证。

第四十四条 产权交易涉及主体资格审查、反垄断审查等情形时，产权交易机构应当在交易行为获得政府相关部门批准后出具产权交易凭证。

第四十五条 产权交易凭证应当载明：项目编号、签约日期、挂牌起止日、转让方全称、受让方全称、转让标的全称、交易方式、转让标的评估结果、转让价格、交易价款支付方式、产权交易机构审核结论等内容。

第四十六条 产权交易凭证应当使用统一格式打印，不得手写、涂改。

第八章　附　　则

第四十七条 产权交易过程中发生争议时，当事人可以向产权交易机构申请调解。争议涉及产权交易机构时，当事人可以向产权交易机构的监管机构申请调解，也可以按照约定向仲裁机构申请仲裁或者向人民法院提起诉讼。

第四十八条 国有产权转让过程中，涉嫌侵犯国有资产合法权益的，国有资产监督管理机构可以要求产权交易机构终结产权交易。

第四十九条 产权交易中出现中止、终结情形的，应当在产权交易机构网站上公告。

第五十条 本规则自2009年7月1日起施行。

国务院国有资产监督管理委员会关于企业国有资产评估报告审核工作有关事项的通知

2009 年 9 月 11 日　国资产权〔2009〕941 号

各省、自治区、直辖市及计划单列市和新疆生产建设兵团国资委，各中央企业：

为规范企业国有资产评估行为，加强企业国有资产评估报告审核工作，现将有关事项通知如下：

一、各级国有资产监督管理机构及国家出资企业对企业国有资产评估报告核准、备案时，应依照中国资产评估协会公布的《企业国有资产评估报告指南》（以下简称《指南》）进行审核，进一步提高核准和备案工作质量。

二、各级国有资产监督管理机构及国家出资企业对企业国有资产评估报告核准、备案时，发现评估报告中存在《指南》第二十二条所列示下列情况时，应当要求申请核准、备案单位妥善解决相关问题后，方予受理。

（一）权属资料不全面或者存在瑕疵；

（二）评估程序受到限制；

（三）资产评估对应的经济行为中存在可能对评估结论产生重大影响的瑕疵。

三、申请核准、备案单位报送的评估报告中有关收益法说明部分应包括下列参数、依据及测算过程：

（一）收入预测表及说明；

（二）成本及费用预测表及说明；

（三）折旧和摊销预测表及说明；

（四）营运资金预测表及说明；

（五）资本性支出预测表及说明；

（六）折现率选取、计算、分析及说明；

（七）负债预测表及说明；

（八）溢余资产分析及说明；

（九）非经营性资产分析及说明。

四、企业国有产权持有单位或被评估单位应如实提供相关评估资料，确保资料真实、完整、有效。企业国有资产评估报告中的《企业关于进行资产评估有关事项的说明》应由委托方或产权持有单位按照《指南》要求编写，对实际存在但未入账的无形资产应详细说明。《企业关于进行资产评估有关事项的说明》应加盖编写单位公章。

五、《国有资产评估项目备案表》及《接受非国有资产评估项目备案表》（见附件）已进行调整，企业申请资产评估项目备案时，可从国务院国有资产监督管理委员会网站下载，并按要求填报办理。

附件：1. 国有资产评估项目备案表

2. 接受非国有资产评估项目备案表（略）

备注：

1. 本备案表应与资产评估报告书同时使用，评估报告的使用各方应关注评估报告书中所揭示的特别事项和评估报告的法律效力等内容，合理使用评估结果。

2. 本项目所出具的资产评估报告的法律责任由受托评估机构和在评估报告中签字的具有相应执业资格的评估人员共同承担，不因本备案而转移其法律责任。

3. 本表一式三份。一份留存备案单位，一份送产权持有单位，一份送上级单位。

附件1：

备案编号：__________

国有资产评估项目备案表

产权持有单位（盖章）：__________

法定代表人（签字）：__________

填　报　日　期：__________

国务院国有资产监督管理委员会制

资产评估项目基本情况

<table>
<tr><td>评 估 对 象</td><td colspan="5"></td></tr>
<tr><td>产权持有单位</td><td colspan="2"></td><td>企业管理级次</td><td colspan="2"></td></tr>
<tr><td>资产评估委托方</td><td colspan="5"></td></tr>
<tr><td colspan="2">所出资企业（有关部门）</td><td colspan="4"></td></tr>
<tr><td>经济行为类型</td><td colspan="5">□整体或者部分改建为有限责任公司或者股份有限公司　□以非货币资产对外投资
□合并、分立、破产、解散　□非上市公司国有股东股权比例变动
□产权转让　□资产转让、置换　□整体资产或者部分资产租赁给非国有单位
□以非货币资产偿还债务　□资产涉讼　□其他</td></tr>
<tr><td>评估报告书编号</td><td colspan="3"></td><td>主要评估方法</td><td></td></tr>
<tr><td>评估机构名称</td><td colspan="3"></td><td>资质证书编号</td><td></td></tr>
<tr><td>注册评估师姓名</td><td></td><td colspan="2"></td><td>注册评估师编号</td><td></td></tr>
<tr><td>产权持有单位
联系人</td><td></td><td>电话</td><td></td><td>通讯
地址</td><td></td></tr>
<tr><td>所出资企业
（有关部门）联系人</td><td></td><td>电话</td><td></td><td>通讯
地址</td><td></td></tr>
<tr><td colspan="2">申报备案

产权持有单位盖章

法定代表人签字：

年　月　日</td><td colspan="2">同意转报备案

上级单位盖章

单位领导签字：

年　月　日</td><td colspan="2">备　案

国有资产监督管理机构

（所出资企业、有关部门）

年　月　日</td></tr>
</table>

资产评估结果

评　估　基　准　日：　　　年　月　日
评估结果使用有效期至：　　　年　月　日
金额单位：人民币万元

项　目	账面价值	评估价值	增减值	增减率（%）
流动资产				
非流动资产				
其中：长期股权投资				
投资性房地产				
固定资产				
在建工程				
无形资产				
其中：无形资产——土地使用权				
其他非流动资产				
资产总计				
流动负债				
非流动负债				
负债总计				
净资产				

国务院国有资产监督管理委员会办公厅关于建立国有控股上市公司运行情况信息报告制度的通知

2010 年 1 月 19 日　国资厅发产权〔2010〕5 号

各省、自治区、直辖市及计划单列市和新疆生产建设兵团国资委（局），各中央企业：

当前，随着国有企业公司制股份制改革以及改制上市工作的加快推进，国有股东主营业务资产日益向所控股上市公司集中，所控股上市公司在国有股东经营发展中发挥着越来越重要的作用，国有资产监管重点也应向上市公司国有股权转移。为及时了解和掌握国有资本控股上市公司（以下简称国有控股上市公司）基本运行情况，加强并不断完善上市公司国有股权监管，促进国有股东及其所控股上市公司做优做强，有必要建立国有控股上市公司运行情况信息报告制度。根据《中华人民共和国公司法》《中华人民共和国证券法》《中华人民共和国企业国有资产法》以及《企业国有资产监督管理暂行条例》（国务院令第378号）等法律、行政法规的规定，现将有关事项通知如下：

一、本通知所称国有控股上市公司是指全部国有控股的境内外上市公司。

二、本通知所称国有控股上市公司运行情况信息报告是指上市公司国有控股股东，在上市公司季（年）度报告披露后，按照统一要求向国有资产监督管理机构报告所控股上市公司的运行情况，分为季度、半年度和年度报告。

三、国有控股上市公司运行情况信息报告文件内容主要包括：企业基本信息、主要指标表、股东情况表等（详见附件1、2)，其中主要指标表由企业的经营情况、资产质量情况、偿债能力、市场情况和职工情况五部分组成。

四、省级国有资产监督管理机构及各中央企业分别负责本地区、本企业范围内的国有控股上市公司运行情况信息报告的组织实施工作，要确保数据资料真实、准确和规范，并将汇总结果上报国务院国资委。

五、上市公司各国有控股股东应当在所控股上市公司季（年）度报告披露后2个工作日内，依据国务院国资委编制的表式、填报说明及软件操作要求，完成企业基本信息和有关指标表的填报。填报完成后，应当按照内部管理程序报经企业负责人审核后，逐级报送省级国有资产监督管理机构或中央企业。

六、各省级国有资产监督管理机构及中央企业应当在明确内部工作职责基础上，指定专人负责，在所控股上市公司季（年）度报告全部披露完毕后10个工作日内，完成国有控股上市公司运行情况信息汇总报送工作。

七、各省级国有资产监督管理机构及中央企业应当在做好上市公司运行情况信息报告的同时，结合国内外市场形势和政策走向，认真分析本地区、本企业范围内国有控股上市公司运行情况，为加强上市公司国有股权管理，规范国有股东行为，以及领导决策提供依据。

八、各省级国有资产监督管理机构及中央企业在进行国有控股上市公司运行情况信息填报时，应当按照《国有控股上市公司运行情况信息填报说明》（见附件3）进行，表式、填报说明可在 http：//www. sasac. gov. cn 或 http：//www. jiuqi. com. cn 网站下载，信息系统可通过 http：//gqgl. sasac. gov. cn 进行登录。

在国有控股上市公司运行情况信息采集、编制、报送过程中，如有问题，请及时与国务院国资委产权管理局联系。

联系人：王　敏

电　话：010－63193949

附件：1. 国有控股上市公司主要指标表（略）

2. 国有控股上市公司股东情况表（略）

3. 国有控股上市公司运行情况信息填报说明（略）

国务院国有资产监督管理委员会关于印发《中央企业资产评估项目核准工作指引》的通知

2010 年 5 月 25 日　国资发产权〔2010〕71 号

各中央企业：

为进一步规范企业国有资产评估项目核准工作，提高评估核准工作效率，国资委制定了《中央企业资产评估项目核准工作指引》，现印发给你们。请遵照执行，并及时反馈工作中的有关情况和问题。

附件：中央企业资产评估项目核准工作指引

附件：

中央企业资产评估项目核准工作指引

第一条　为确保中央企业（以下简称企业）改制重组工作顺利进行，进一步规范企业国有资产评估项目核准工作，依据《企业国有资产评估管理暂行办法》（国资委令第 12 号）（以下简称 12 号令）等规定，制定本指引。

第二条　按照 12 号令规定应当进行核准的资产评估项目，企业在确定评估基准日前，应当向国务院国有资产监督管理委员会（以下简称国资委）书面报告下列有关事项：

（一）国家有关部门对相关经济行为的批复情况；

（二）评估基准日的选择情况及理由；

（三）资产评估范围的确定情况，包括拟纳入评估范围的资产占企业全部资产比例关系、拟纳入评估范围的资产是否与经济行为一致及拟剥离资产处置方案等；

（四）资产评估机构选聘情况，包括选聘评估机构的条件、范围、程序及拟选定机构的资质、专业特长情况等；

（五）资产评估的时间进度安排情况，包括资产评估的现场工作时间、评估报告的出具时间及报国资委申请核准时间。

第三条　在评估项目开展过程中，企业应当及时向国资委报告资产评估项目的工作进展情况，包括评估、审计、土地、矿产资源等相关工作的进展情况，工作中发现问题应当及时沟通。必要时，国资委可对评估项目进行跟踪指导和现场检查。

第四条 企业将评估报告报国资委申请核准前，应当完成以下事项：

（一）取得国家有关部门对相关经济行为的正式批准文件；

（二）确认所聘请中介机构及相关人员具有相应资质；

（三）纳入评估范围的房产、土地及矿产资源等资产权属要件齐全，并依法办理相关企业产权变动事宜；

（四）纳入评估范围的资产与经济行为批复、重组改制方案内容一致；

（五）对评估报告进行审核并督促评估机构修改完善。

第五条 企业应当自评估基准日起 8 个月内向国资委提出核准申请，并报送下列文件材料：

（一）资产评估项目核准申请文件，主要包括经济行为批准情况、资产评估工作情况和资产评估账面值、评估值等。

（二）资产评估项目核准申请表（一式三份）。

（三）与评估目的相对应的经济行为批准文件或有效材料，包括国务院批复文件、相关部门批复文件以及企业董事会或总经理办公会议决议等。

（四）所涉及的资产重组方案或者改制方案、发起人协议等材料。

（五）资产评估机构提交的资产评估报告及其主要引用报告（包括评估报告书、评估说明、评估明细表及其电子文档）。

（六）所涉及的企业或资产的产权变动完成法律程序的证明文件。

（七）与经济行为相对应的无保留意见审计报告。如有强调事项段，需提供企业对有关事项的书面说明及意见。

（八）拟上市项目或已上市公司的重大资产置换与收购项目，评估基准日在 6 月 30 日（含）之前的，需提供最近三个完整会计年度和本年度截至评估基准日的审计报告；评估基准日在 6 月 30 日之后的，需提供最近两个完整会计年度和本年度截至评估基准日的审计报告。其他经济行为需提供最近一个完整会计年度和本年度截至评估基准日的审计报告。

（九）资产评估各当事方的相关承诺函。评估委托方、评估机构均应当按照评估准则的相关规定出具承诺函。

（十）企业对评估报告审核情况的说明。

（十一）其他有关材料。

第六条 国资委收到核准申请后，经审核符合本指引第五条规定要求的，应当在 5 个工作日内组织召开核准会议。参加核准会议人员包括国资委聘请的专家、被审核企业人员和中介机构人员等。

第七条 核准会议上，企业应当组织中介机构汇报核准项目的以下相关工作情况：

（一）企业基本情况及相关工作。

1. 企业基本情况概述；

2. 近三年主要经营及财务状况；

3. 涉及项目经济行为基本情况；

4. 被评估企业改制重组前后的股权架构及产权变动情况；

5. 各中介机构工作进展总体情况；

6. 后续工作及时间安排。

（二）资产评估工作情况。

1. 资产评估的组织，包括项目组织结构、基本工作程序、人员安排、时间进度等；

2. 资产清查工作中发现的资产权属瑕疵，重要资产的运行或使用情况及盘点盈亏情况；

3. 评估要素介绍，包括评估基准日、评估范围和对象，重大、特殊资产评估方法，主要评估参数的选取；

4. 评估基准日后评估范围内重大资产变动和重组情况；

5. 土地使用权评估结果的引用情况；

6. 矿业权评估结果的引用情况；

7. 境外估值机构与资产评估机构就同类评估对象估值差异分析；

8. 其他中介机构工作成果的引用情况；

9. 评估机构对评估报告的内部质量控制情况；

10. 评估结论及增减值原因分析；

11. 评估报告体例。

（三）土地估价工作情况。

1. 估价工作总协调情况和合作评估机构的介绍；

2. 评估项目涉及的执业土地估价师名单；

3. 评估项目涉及的土地权属状况；

4. 土地估价技术方案和评估基本过程描述；

5. 评估项目涉及的土地、房屋的房地匹配说明及附表；

6. 完善土地权属的预计费用支出情况；

7. 土地资产处置审批与土地估价报告备案情况。

（四）涉及矿产资源的，应当汇报矿业权评估情况。

1. 评估项目涉及的矿业权评估师名单；

2. 矿业权人、矿业权评估对象的主要情况；

3. 矿业权价款处置及本次评估的处理情况；

4. 评估项目涉及的矿产资源储量核实和评审备案情况；

5. 评估技术方案和评估基本过程描述；

6. 评估项目涉及的固定资产和土地使用权投资参数与资产评估、土地使用权评估的对接情况；

7. 完善矿业权权属的预计费用支出情况。

（五）审计工作情况。

1. 审计工作的组织，包括项目组织结构、基本工作程序、人员安排、时间进度等；

2. 所审计财务报表的编制基础，对于特殊的编制基础或有模拟的企业架构，应当重点予以介绍；

3. 对所审计财务报表有重大影响的事项，包括重要重组行为及其会计处理等，说明事项及其影响金额；

4. 合并报表的合并范围说明；

5. 对于拟境外上市的公司或境外上市公司实施收购的核准项目，需说明所审计报表与境外报表之间净利润与净资产的主要差异项目及金额；

6. 审计结论。

（六）律师工作情况。

1. 相关经济行为的合法性情况；

2. 房产、土地、矿产资源等资产权属文件办理情况及其合规性，存在瑕疵的处理方法及其合规性承诺；

3. 尽职调查情况。

（七）聘请财务顾问的，应当汇报的情况。

1. 企业经济行为总体方案及要点；

2. 企业经济行为的重要性和必要性；

3. 总体时间安排及进度；

4. 各中介机构工作协调情况及存在问题；

5. 对资本市场趋势变化分析；

6. 定价底线是否高于评估值。

（八）其他需汇报的情况。

第八条 国资委聘请的专家应当遵守国家有关法律、法规及国资委工作要求，并签署保密承诺函。专家应当独立开展审核工作，重点对下列事项进行审核：

（一）评估基准日的选择是否适当，评估结果的使用有效期是否明示。重点审查评估基准日的选择是否符合有关评估准则的规定要求等。

（二）资产评估范围与经济行为批准文件确定的资产范围是否一致。

（三）评估方法运用是否合理。重点审核评估方法是否符合相关评估准则的规定要求，评估方法及技术参数选取是否合理等。

（四）评估依据是否适当。重点审核评估工作过程中所引用的法律法规和技术参数资料等是否适当。

（五）企业是否就所提供的资产权属证明文件、财务会计资料及生产经营管理资料的真实性、合法性和完整性作出承诺。

（六）评估过程是否符合相关评估准则的规定。重点审核评估机构在评估过程中是否履行了必要评估程序，评估过程是否完整，是否存在未履行评估准则规定的必要评估步骤的行为等。

（七）评估报告是否符合《企业国有资产评估报告指南》规定要求。

第九条 评估报告需经两名以上专家审核并独立提出意见。国资委组织专家与被审核企业及相关中介机构交换意见，被审核企业及相关中介机构应当就专家提出的审核意见作出解释和说明。企业的解释和说明达不到核准要求的，国资委将向企业提出审核意见。

第十条 国资委向企业提出审核意见后，企业应当及时组织相关中介机构对评估、审计、土地、矿业权等报告进行补充完善，并将完善后的评估报告及审核意见的书面答复报送国资委。

第十一条 国资委收到企业报送的答复意见及经修改的评估报告后，应当在5个工作日内组织专家召开复审会。

第十二条 经审核符合本指引第八条规定的核准要求的，国资委应当在10个工作日内完成对评估报告的核准批复。

第十三条 本指引自印发之日起施行。

关于规范中央企业选聘评估机构工作的指导意见

2011年5月28日　国资发产权〔2011〕68号

各中央企业：

为进一步加强中央企业国有资产评估管理工作，规范企业选聘评估机构行为，维护国有资产出资人合法权益，根据《中华人民共和国企业国有资产法》、《企业国有资产评估管理暂行办法》（国资委令第12号）等有关法律和规定，现就中央企业选聘评估机构工作提出以下意见：

一、中央企业应当依据国家有关法律法规的要求，结合本企业具体情况，制订评估机构选聘管理制度，完善评估机构选聘工作程序，明确评估机构选聘条件，建立评估机构执业质量评价标准及考核体系。

二、中央企业选聘的评估机构应当符合以下条件：

（一）遵守国家有关法律、法规以及企业国有资产评估的政策规定，严格履行法定职责，近3年内没有违法、违规执业记录。

（二）掌握企业所在行业的经济行为特点和相关市场信息，具有与企业评估需求相适应的资质条件、专业人员和专业特长。

（三）熟悉与企业及其所在行业相关的法规、政策。

三、中央企业应当按照“公开、公平、公正”的原则，根据自身及其各级子企业规模、区域分布和资产评估业务特点等，结合评估机构的资质条件、人员规模、执业质量、执业信誉、技术特长和区域分布等因素，建立适应本企业各类评估业务需求的评估机构备选库。

中央企业确定评估机构备选库后，应当在本企业公告备选评估机构名单，并在公告期截止之日起10个工作日内将备选评估机构名单及选聘情况报送国资委备案。国资委根据备案情况，将中央企业备选评估机构名单在国资委网站上向社会公布。

四、中央企业及其各级子企业在聘请评估机构执行业务时，应当在本企业评估机构备选库内实行差额竞争选聘。个别临时业务中确有原因不能在本企业备选库内选聘的，应当在国资委公布的中央企业备选评估机构名单中竞争选聘，并向国资委报告相关情况。

五、中央企业应当根据评估机构执业质量评价结果和企业评估业务需要，对评估机构备选库实行动态管理，原则上每两年调整一次，调整时应当根据执业质量评价结果对备选评估机构予以一定比例的更换。

六、受聘评估机构在执业过程中发生故意违规行为的，中央企业应终止其执行该业务；情节严重的，应将该评估机构从本企业评估机构备选库中删除，同时将相关情况报告国资委及有关部门，由国资委通告各中央企业三年内不再选聘该评估机构；涉嫌犯罪的，依法移送司法机关处理。

七、中央企业在选聘评估机构过程中，应当严格按照本指导意见执行。国资委定期对中央企业评估机构备选库建立工作及企业重大重组改制涉及的评估机构选聘工作进行抽查和监督。

关于中央企业国有产权置换有关事项的通知

2011 年 9 月 7 日　国资发产权〔2011〕121 号

各中央企业：

为规范中央企业国有产权置换行为，进一步推动企业资源整合，提高核心竞争力，根据《中华人民共和国企业国有资产法》《企业国有资产监督管理暂行条例》（国务院令第 378 号）等法律、行政法规和国有产权管理的有关规定，现就中央企业国有产权置换有关事项通知如下：

一、本通知所称国有产权置换，是指中央企业实施资产重组时，中央企业及其全资、绝对控股企业（以下统称国有单位）相互之间以所持企业产权进行交换，或者国有单位以所持企业产权与中央企业实际控制企业所持产权、资产进行交换，且现金作为补价占整个资产交换金额比例低于 25%的行为。

二、本通知所称实际控制企业，是指中央企业虽未直接或者间接绝对控股，但为第一大股东并通过章程、董事会或者其他安排能够实际支配，且其他股东不构成一致行动人的企业。

三、国有产权置换应当遵循以下原则：

（一）符合国家有关法律法规和产业政策的规定；

（二）符合国有经济布局和结构调整的需要；

（三）有利于做强主业和优化资源配置，提高企业核心竞争力；

（四）置换标的权属清晰，标的交付或转移不存在法律障碍。

四、国有单位应当做好国有产权置换的可行性研究，认真分析本次置换对经营业绩和未来发展的影响、与中央企业结构调整和发展规划的关系，并提出可行性论证报告；如涉及职工安置和债权债务处理等事宜，应当制订相关解决方案。

五、国有单位应当按照有关法律法规以及企业章程的有关规定，履行内部决策程序，并形成书面决议。

六、置换双方应当委托具有相应资质的资产评估机构，对相关置换标的进行资产评估，并按照规定办理评估备案手续。经备案的资产评估结果，作为确定置换价格的依据。

七、置换双方协商一致后，应当签订置换协议。置换协议应当明确置换价格及补价方式、置换标的交割、违约责任和纠纷解决方式以及协议生效条件等。

八、国有产权置换事项由中央企业按照内部决策程序审议后批准或者出具意见，同时抄报国务院国资委；其中，实际控制企业为上市公司的，由国务院国资委审核批准或者出具意见。

九、对国有产权置换进行批准或者出具意见，应当审查以下文件资料：

（一）关于置换的请示及相关决策文件；

（二）置换的可行性论证报告；

（三）置换双方签订的置换协议；

（四）资产评估备案表；

（五）其他。

十、国有单位为公司制企业，且置换事项需由股东会、股东大会作出决议的，应当在中央企业或者国务院国资委出具意见后，提交股东会、股东大会审议。

十一、中央企业之间、中央企业与地方国资委监管企业之间的产权置换，置换双方应为国有及国有绝对控股企业，并遵守本通知和有关法律法规，由中央企业报国务院国资委批准；其中，中央企业与地方国资委监管企业之间的产权置换，地方国资委监管企业应事先报经地方国资委批准。

十二、中央企业应当严格遵守有关法律法规及本通知的规定，落实工作责任，完善管理制度，明确内部程序，健全档案管理，不得自行扩大国有产权置换范围和下放审批权限。

十三、国务院国资委每年对部分中央企业国有产权置换工作情况进行监督检查。对于违反有关法律法规及本通知规定的中央企业及相关责任人员予以通报批评；导致国有资产损失的，依法追究相关人员的责任。

十四、国有单位以所持上市公司股份进行置换，国有单位与上市公司之间置换并涉及国有单位所持上市公司股份发生变化的，按照相关规定办理。

关于加强中央企业境外国有产权管理有关工作的通知

2011 年 9 月 29 日　国资发产权〔2011〕144 号

各中央企业：

《中央企业境外国有产权管理暂行办法》（国资委令第 27 号，以下简称《境外产权办法》）已经于 2011 年 7 月 1 日起正式实施。为进一步推动《境外产权办法》的贯彻落实工作，现将有关事项通知如下：

一、围绕培育具有国际竞争力的世界一流企业的总体目标，深入贯彻落实《境外产权办法》

《境外产权办法》是落实党中央、国务院对加强境外国有资产监管提出的要求、保障国际化经营战略有序有效实施、强化国有产权监管薄弱环节的重要举措。各中央企业要紧紧围绕“做强做优中央企业、培育具有国际竞争力的世界一流企业”的总体目标贯彻落实好《境外产权办法》。要深入学习《境外产权办法》，要充分发挥好产权管理的基础性、枢纽性和战略性作用，规范境外国有产权管理，优化境外国有产权配置，保障境外国有产权安全。

二、认真做好组织实施工作，建立健全境外国有产权管理的各项制度

各中央企业要在深入学习研究《境外产权办法》的基础上，依照我国法律、行政法规，同时遵守境外注册地和上市地的相关法律规定，尽快建立健全本企业境外国有产权管理的各项制度，不得自行下放审核管理权限；要落实负责机构和人员，明确工作责任，完善档案管理；要按照“制度化、程序化、规范化、信息化”的要求，加强过程管理和责任追究，把《境外产权办法》的各项要求落实到每一个环节。各中央企业应当于 2011 年 12 月 31 日前将本企业境外国有产权管理制度、负责机构、人员等相关情况以书面形式报告国资委。

三、严格规范个人代持境外国有产权和设立离岸公司行为，积极清理各类历史遗留问题

各中央企业要按照《境外产权办法》第六条、第七条的规定，切实规范个人代持境外国有产权和设立离岸公司等特殊目的的公司的行为。要对个人代持境外国有产权和设立离岸公司等特殊目的的公司的情况进行一次全面清理，建立专项管理制度，完善专项档案资料，具备条件的应当于 2011 年 12 月 31 日前按照《境外产权办法》要求完成变更或依法注销，清理规范情况应当于 2012 年 3 月 31 日前以书面形式报告国资委。

四、摸清核实境外国有产权“家底”，建立境外国有产权管理状况报告制度

各中央企业应当对本企业以各种形式对境外企业出资所形成的权益进行一次认真全面清理，摸清核实境外企业户数、区域分布、行业分布、产权结构、占有国有权益数额以及经营管理状况，组织各级子企业及时办理境外国有产权登记。要建立起境外国有产权管理状况报告制度，中央企业应当于每年 4 月 30 日前将本企业境外国有产权管理状况以书面形式报告国资委。

五、履行各项程序和要求，做好境外国有产权管理的规范衔接工作

各中央企业要对正在进行的境外国有产权注资或转让、境外红筹上市等国有产权变动相关事项进行清理。对 2011 年 7 月 1 日前经有关部门、机构或集团公司批准且正式签订合同或协议的，可按照有关批复以及合同、协议的约定组织实施，但后续工作应当按《境外产权办法》的规定予以规范；对于 2011 年 7 月 1 日前尚未经有关部门、机构或集团公司批准或未正式签订合同或协议的，应当按照《境外产权办法》的相关规定重新予以规范。

六、规范评估机构选聘，完善境外国有资产评估管理工作

中央企业及其各级子企业独资或者控股的境外企业发生《境外产权办法》第十条规定的应评估或者估值的经济行为时，应当聘请具有相应资质、专业经验、良好信誉并与经济行为相适应的境内外专业机构对标的物进行评估或者估值。其中：选择的境内评估机构应当具有国家相关部门确认的专业资质；选择的境外评估或估值机构应当遵守标的物所在国家或地区对评估或估值机构专业资质的相关规定。评估或者估值情况应当按照《境外产权办法》相关规定进行备案或核准。报送备案或核准的评估或者估值报告书及其相关说明等资料应为中文文本。

七、定期开展监督检查，加强对境外国有产权管理的监管

中央企业应当自 2012 年开始，每年组织对各级子企业执行《境外产权办法》的情况进行监督检查，并将检查情况以书面形式报告国资委。我委每年将对中央企业境外国有产权管理情况进行不定期抽查。

中央企业在执行《境外产权办法》过程中对新情况、新问题要注意收集，及时汇报，遇有重要情况和重大问题应当及时请示或报告。

关于加强上市公司国有股东内幕信息管理有关问题的通知

2011 年 10 月 28 日　国资发产权〔2011〕158 号

国务院各部委、各直属机构，各省、自治区、直辖市、计划单列市和新疆生产建设兵团国有资产监督管理机构，各中央企业：

为进一步加强上市公司国有股东内幕信息管理，防控内幕交易，根据《国务院办公厅转发证监会等部门关于依法打击和防控资本市场内幕交易意见的通知》（国办发〔2010〕55 号）及证券和国有资产监督管理有关法律法规的规定，现将有关问题通知如下：

一、上市公司国有股东、实际控制人应明确本单位内幕信息管理机构，负责内幕信息管理，督促、协调上市公司信息披露，配合上市公司实施内幕信息知情人登记等事项。

本通知所称上市公司国有股东，是指直接持有上市公司股份的国有及国有控股企业、有关机构、部门、事业单位等；所称上市公司实际控制人，是指虽不是公司股东，但能够实际支配公司行为的国家出资企业。

二、上市公司国有股东、实际控制人应当建立健全内幕信息管理规章制度，对涉及上市公司重大事项的决策程序、内幕信息的流转与保密、信息披露、内幕信息知情人登记等方面作出明确规定。

三、上市公司国有股东、实际控制人在涉及上市公司重大事项的策划、研究、论证、决策过程中，应当在坚持依法合规的前提下，采取必要且充分的保密措施，严格控制参与人员范围，减少信息知悉及传递环节；简化决策流程，缩短决策时间，并建立责任追究制度。有关事项的决策原则上应在相关股票停牌后或非交易时间进行。

四、上市公司国有股东、实际控制人就涉及内幕信息的相关事项决策后，应当按照相关规定及时书面通知上市公司，由上市公司依法披露。

五、在相关信息披露前，上市公司国有股东、实际控制人中的内幕信息知情人不得在公司内部网站，或以内部讲话、接受访谈、发表文章等形式将信息向外界泄露，也不得利用内幕信息为本人、亲属或他人牟利。一旦出现市场传闻或上市公司证券及其衍生品异常交易等情况，应当及时督促、配合上市公司披露或澄清相关信息。必要时，应当督促上市公司依照有关规定及时申请股票停牌。

六、上市公司国有股东、实际控制人应支持和配合上市公司按规定做好内幕信息知情人登记工作，保证内幕信息知情人登记信息的真实、准确、完整。由上市公司国有股东或实际控制人研究、发起涉及上市公司的重大事项并可能产生内幕信息时，上市公司国有股东或实际控制人应按照证券监管机构要求填写内幕信息知情人档案，及时记录重要信息，并在通知上市公司相关事项时将知情人档案一并抄送。

七、上市公司国有股东、实际控制人就涉及内幕信息的有关事项向有关政府部门、监管机构汇报、沟通时，应告知其保密义务，并将情况记录备查。

八、上市公司国有股东、实际控制人应通过多种形式，加强内幕信息管理及规范股东行为等方面的教育培训工作，强化守法合规意识。

九、国有资产监督管理机构、政府有关部门直接持有上市公司股份的，按照本通知规定执行。

十、国有资产监督管理机构、上市公司国有股东、实际控制人应依据职责分工，对泄露内幕信息或从事内幕交易的相关人员进行处分；涉嫌犯罪的，依法移送司法机关处理。

十一、本通知印发后，上市公司国有股东、实际控制人要按照国办发〔2010〕55号文件及本通知要求，对本单位内幕信息管理工作开展一次全面梳理与自查，抓紧完善制度、落实责任，并将内幕信息管理制度和负责机构及联系人报省级或省级以上人民政府国有资产监督管理机构。

关于印发《关于国有企业改制重组中积极引入民间投资的指导意见》的通知

2012年5月23日　国资发产权〔2012〕80号

各中央企业，各省、自治区、直辖市及计划单列市和新疆生产建设兵团国资委：

为贯彻落实《国务院关于鼓励和引导民间投资健康发展的若干意见》（国发〔2010〕13号）和《国务院办公厅关于鼓励和引导民间投资健康发展重点工作分工的通知》（国办函〔2010〕120号）精神，积极引导和鼓励民间投资参与国有企业改制重组，我们商有关部门研究制定了《关于国有企业改制重组中积极引入民间投资的指导意见》，现印发给你们，请认真贯彻执行。

附件：关于国有企业改制重组中积极引入民间投资的指导意见

附件：

关于国有企业改制重组中积极引入民间投资的指导意见

根据《国务院关于鼓励和引导民间投资健康发展的若干意见》（国发〔2010〕13号）和《国务院办公厅关于鼓励和引导民间投资健康发展重点工作分工的通知》（国办

函〔2010〕120号）精神，为了积极推动民间投资参与国有企业改制重组，现提出以下意见：

一、坚持毫不动摇地巩固和发展公有制经济、毫不动摇地鼓励支持和引导非公有制经济发展，深入推进国有经济战略性调整，完善国有资本有进有退、合理流动机制。

二、积极引入民间投资参与国有企业改制重组，发展混合所有制经济，建立现代产权制度，进一步推动国有企业转换经营机制、转变发展方式。

三、国有企业改制重组中引入民间投资，应当符合国家对国有经济布局与结构调整的总体要求和相关规定，遵循市场规律，尊重企业意愿，平等保护各类相关利益主体的合法权益。

四、国有企业在改制重组中引入民间投资时，应当通过产权市场、媒体和互联网广泛发布拟引入民间投资项目的相关信息。

五、国有企业改制重组引入民间投资，应当优先引入业绩优秀、信誉良好和具有共同目标追求的民间投资主体。

六、民间投资主体参与国有企业改制重组可以用货币出资，也可以用实物、知识产权、土地使用权等法律、行政法规允许的方式出资。

七、民间投资主体可以通过出资入股、收购股权、认购可转债、融资租赁等多种形式参与国有企业改制重组。

八、民间投资主体之间或者民间投资主体与国有企业之间可以共同设立股权投资基金，参与国有企业改制重组，共同投资战略性新兴产业，开展境外投资。

九、国有企业改制上市或国有控股的上市公司增发股票时，应当积极引入民间投资。国有股东通过公开征集方式或通过大宗交易方式转让所持上市公司股权时，不得在意向受让人资质条件中单独对民间投资主体设置附加条件。

十、企业国有产权转让时，除国家相关规定允许协议转让者外，均应当进入由省级以上国资监管机构选择确认的产权市场公开竞价转让，不得在意向受让人资质条件中单独对民间投资主体设置附加条件。

十一、从事国有产权转让的产权交易机构，应当积极发挥市场配置资源功能，有序聚集和组合民间资本，参与受让企业国有产权。

十二、国有企业改制重组引入民间投资，要遵守国家相关法律、行政法规、国有资产监管制度和企业章程，依法履行决策程序，维护出资人权益。

十三、国有企业改制重组引入民间投资，应按规定履行企业改制重组民主程序，依法制定切实可行的职工安置方案，妥善安置职工，做好劳动合同、社会保险关系接续、偿还拖欠职工债务等工作，维护职工合法权益，维护企业和社会的稳定。

十四、改制企业要依法承继债权债务，维护社会信用秩序，保护金融债权人和其他债权人的合法权益。

关于印发《国家出资企业产权登记管理工作指引》的通知

2012年7月24日　国资发产权〔2012〕104号

各省、自治区、直辖市及计划单列市和新疆生产建设兵团国资委，各中央企业：

为进一步规范国家出资企业产权登记管理工作，我们制定了《国家出资企业产权登记管理工作指引》，现印发给你们，请遵照执行。执行中有何问题和建议，请及时反馈我委。

附件：国家出资企业产权登记管理工作指引

附件：

国家出资企业产权登记管理工作指引

第一章　总　　则

第一条　为进一步规范国家出资企业产权登记管理工作，根据《国家出资企业产权登记管理暂行办法》（国资委令第29号，以下简称《暂行办法》），制定本指引。

第二条　国家出资企业产权登记管理信息系统（以下简称产权登记系统）是产权登记管理的工作平台。企业办理产权登记应当符合《暂行办法》和本指引的有关规定，并按照产权登记系统的操作说明进行。

第三条　《暂行办法》第二条所称“授权管理”，是指各级人民政府授权本级国有资产监督管理机构依法履行出资人职责，或者履行产权登记等国有资产基础管理职责的情形。

第四条　《暂行办法》第四条所称各类出资人在产权登记系统中简称为：

（一）“履行出资人职责的机构”简称为“国家出资人”，各级人民政府以及政府授权履行出资人职责的机构、部门按此项填列；

（二）“履行出资人职责的机构、国有独资企业、国有独资公司单独或者共同出资设立的企业”简称为“国有出资人”；

（三）“以上两类出资人直接或者间接合计持股比例超过50%不足100%的企业”简称为“国有绝对控股出资人”；

（四）“以上三类出资人直接或者间接合计持股比例未超过50%但为第一大股东，并通过股东协议、公司章程、董事会决议或者其他协议安排能够实际支配企业行为的企业”简称为“国有实际控制出资人”；

（五）以上四类出资人统称为“国有控制出资人”，除此以外的出资人统称为“其他出资人”。

第五条 《暂行办法》第五条所称“为了近期内（一年以内）出售而持有的其他股权”，是指企业以短期获利为目的而持有的、按照会计准则应当记入“交易性金融资产”科目的股权。

第二章 产权登记管理程序

第六条 国有控制出资人办理产权登记应当通过产权登记系统填报企业基础信息、经济行为信息，以及合规性资料目录。

企业基础信息是指企业办理产权登记时点的基本情况和产权状况信息。经济行为信息是指企业办理产权登记所涉及经济行为的操作过程信息。合规性资料目录是指企业办理产权登记时需要准备的有关材料目录及其相关信息。

第七条 国有控制出资人应当在填写完成上述信息后，按照企业产权级次或者管理级次通过产权登记系统逐级审核、报送国家出资企业。

第八条 国家出资企业对企业基础信息、经济行为信息、合规性资料目录的相关内容，以及相关经济行为的合规性进行审核后，向国有资产监督管理机构申请办理产权登记。

第九条 国家出资企业向国有资产监督管理机构申请办理产权登记，应当出具申请文件。申请文件应当加盖国家出资企业产权登记专用章，并通过产权登记系统报送国有资产监督管理机构。

申请文件的主要内容包括产权登记相关经济行为的发生时间、决策批准、实施过程等情况描述，以及国家出资企业的审核意见等。

第十条 国有资产监督管理机构根据国家出资企业的产权登记申请文件、企业基础信息、经济行为信息，以及合规性资料目录，对产权登记事项进行审核，对符合登记要求的予以登记，对不符合登记要求的予以退回。

第十一条 国有资产监督管理机构经与国家出资企业确认，对相关经济行为操作过程中存在违反有关法律或者国有资产监督管理制度规范等瑕疵的产权登记事项，应当向国家出资企业下发限期整改通知书，完成整改后符合登记要求的予以登记。

第十二条 国家出资企业收到限期整改通知书时，应当按照以下原则认真按期整改，并将整改情况书面报告国有资产监督管理机构：

（一）对于有关经济行为尚未产生法律效力的，应当及时予以纠正，严格按照有关法律和国有资产监督管理制度规范操作；

（二）对于有关经济行为已产生法律效力，无法进行追溯改正的，应当分析原因、明确责任、完善制度、加强管理。

第十三条 国有资产监督管理机构向国家出资企业下发限期整改通知书应当以书面形式，内容应当包括整改事项、要求和期限等。对未按要求进行整改的国家出资企业，国有资产监督管理机构应当予以通报，并追究相关人员责任。

第十四条 产权登记证由国务院国有资产监督管理机构印制，产权登记表由产权登记系统生成，产权登记证、产权登记表的式样见附件1、附件2。

第十五条 国务院国有资产监督管理机构授权国家出资企业对其履行出资人职责的企业核发产权登记表。国家出资企业核发产权登记表，应当通过产权登记系统向国务院国有资产监督管理机构申请统一编号，并加盖国家出资企业产权登记专用章。

第十六条 省级国有资产监督管理机构可根据本地区的实际情况，决定产权登记表的发放方式，采用授权国家出资企业发放方式的，按照本指引第十五条规定办理。

第三章 国家出资企业所属事业单位产权登记管理

第十七条 事业单位“注册资本”按照事业单位法人证书中“开办资金”填写；事业单位出资人的“实缴资本”按照事业单位会计报表“固定资产基金”中属于国家拨款形成的部分和“周转金”中属于无需偿还的部分加总填写。

第十八条 事业单位“企业级次”按照其所在国家出资企业的管理层级对应填写，国家出资企业为一级，国家出资企业直接管理的事业单位为二级，依次类推；事业单位“出资人名称”按照直接对其履行管理职责的单位名称填写。

第四章 境外企业产权登记管理

第十九条 纳入产权登记范围的境外企业，是指国家出资企业、国家出资企业（不含国有资本参股公司）拥有实际控制权的各级子企业在我国境外以及香港特别行政区、澳门特别行政区和台湾地区依据当地法律出资设立的企业。国家出资企业所属境外代表处、办事处，以及其他非法人资格的经济组织，不纳入产权登记范围。

第二十条 境外企业产权登记涉及金额的登记指标应当分别按照外币和人民币填写，外币折算人民币的汇率应当按照相关经济行为发生时点的中间汇率确定。

第二十一条 境外企业“企业级次”按照企业所在的国家出资企业的产权级次对应填写，国家出资企业为一级，国家出资企业直接持股的境外企业为二级，依次类推。

第二十二条 因重组、上市、转让或者经营管理等需要而设立的特殊目的公司，应当在产权登记系统内的企业基础信息中予以标注，并填写“注册目的”和“存续时限”。

第二十三条 因特殊原因以个人或者以个人名义设立的公司代为持股的境外企业，应当在产权登记系统内的企业基础信息中予以标注，并对应填写“持股人名称”和“实际出资人”。

第二十四条 境外企业（不含参股企业）在境内投资设立的企业，按照境内企业进行登记管理。

第五章　产权登记档案管理和数据分析

第二十五条　各级国有资产监督管理机构、国家出资企业应当建立健全产权登记档案管理制度，确保产权登记档案的完整、准确、系统、安全和有效利用。

第二十六条　产权登记档案分为电子档案和纸质档案。

电子档案是指产权登记系统中记载的产权登记相关信息。各级国有资产监督管理机构、国家出资企业分别负责本系统的电子档案管理，确保电子档案安全。

纸质档案是指企业办理产权登记时填报的合规性资料目录中所列资料。国家出资企业应当对已完成的产权登记事项，按照合规性资料目录所列资料整理归档，分户建立产权登记档案。

第二十七条　各级国有资产监督管理机构、国家出资企业应当定期对产权登记数据进行汇总分析，每季度形成分析信息，每年度形成分析报告。

第二十八条　产权登记分析报告应当包括但不限于产权在企业组织形式、级次、主辅业、行业、区域等方面的分布情况，以及产权形成、变动、注销情况及其原因。

第六章　产权登记管理监督检查

第二十九条　国家出资企业应当于每年 3 月 31 日前完成对其履行出资人职责的企业上年度产权登记情况的检查工作，并将检查结果书面报告本级国有资产监督管理机构。

监督检查重点关注企业产权登记的及时性、真实性、准确性，以及产权登记涉及相关经济行为的合规性。

第三十条　各级国有资产监督管理机构应当对企业产权登记工作的日常登记、档案管理、监督检查、整改事项落实等情况进行检查，并将检查结果予以通报。

档案管理检查的重点是对照产权登记系统中合规性资料目录检查纸质档案的完整性，对照纸质档案检查产权登记系统中相关信息的真实性、准确性。

第三十一条　国有资产监督管理机构、国家出资企业进行产权登记检查时可采用自查与抽查相结合、专项检查与综合检查相结合等方式进行，必要时可聘请中介机构协助完成。

第七章　附　　则

第三十二条　本指引由国务院国有资产监督管理委员会负责解释。

第三十三条　本指引自印发之日起施行。

关于印发《企业国有资产评估项目备案工作指引》的通知

2013 年 5 月 10 日　国资发产权〔2013〕64 号

各中央企业：

为进一步规范企业国有资产评估项目备案工作，提高评估备案工作效率，国资委制定了《企业国有资产评估项目备案工作指引》，现印发给你们。请遵照执行，并及时反馈工作中的有关情况和问题。

附件：企业国有资产评估项目备案工作指引

附件：

企业国有资产评估项目备案工作指引

第一章　总　　则

第一条　为进一步规范中央企业及其各级子企业（以下简称企业）国有资产评估项目备案管理工作，确保企业改制重组、产权流转等工作顺利进行，依据《中华人民共和国企业国有资产法》《企业国有资产评估管理暂行办法》（国资委令第 12 号，以下简称《评估管理办法》）等规定，制定本指引。

第二条　国务院国有资产监督管理委员会和中央企业（以下简称备案管理单位），按照《评估管理办法》规定对应当备案的资产评估项目进行备案管理工作，适用本指引。

第二章　备案工作程序

第三条　企业发生需要进行资产评估的经济行为时，应当按照《关于规范中央企业选聘评估机构工作的指导意见》（国资发产权〔2011〕68 号）等文件规定聘请具有相应资质的评估机构。

第四条　在资产评估项目开展过程中，企业应当就工作情况及时通过中央企业资产评估管理信息系统向备案管理单位报告，包括评估基准日选定、资产评估、土地估价、矿业权评估和相关审计等情况。必要时，备案管理单位可对资产评估项目进行跟踪指导和现场检查。

第五条 企业收到评估机构出具的评估报告后，应当在评估基准日起 9 个月内将备案申请材料逐级报送备案管理单位。在报送备案管理单位之前，企业应当进行以下初步审核：

（一）相关经济行为是否符合国家有关规定要求。

（二）评估基准日的选择是否合理。

（三）执业评估机构及人员是否具备相应资质。

（四）评估范围是否与经济行为批准文件或重组改制方案内容一致。

（五）纳入评估范围的房产、土地及矿产资源等资产权属要件是否齐全。

（六）被评估企业是否依法办理相关产权登记事宜。

（七）评估报告、审计报告等资料要件是否齐全。

第六条 企业提出资产评估项目备案申请时，应当向备案管理单位报送下列文件材料：

（一）资产评估项目备案申请文件。

（二）资产评估项目备案表（一式三份）。

（三）与评估目的相对应的经济行为批准文件或其他有效文件，包括相关单位批复文件以及企业董事会决议或总经理办公会议纪要等。

（四）评估所涉及的资产改制重组、产权流转方案或发起人协议等材料。

（五）评估机构提交的评估报告（包括评估报告书、评估说明、评估明细表及其电子文档等）及其主要引用报告（包括审计报告、土地估价报告、矿业权评估报告等）。

（六）被评估资产权属证明文件。

（七）与经济行为相对应的无保留意见标准审计报告。如为非标准无保留意见的审计报告时，对其附加说明段、强调事项段或修正性用语，企业需提供对有关事项的书面说明及承诺。

（八）拟上市项目或已上市公司的重大资产重组项目，评估基准日在 6 月 30 日（含）之前的，需提供最近三个完整会计年度和本年度截至评估基准日的审计报告；评估基准日在 6 月 30 日之后的，需提供最近两个完整会计年度和本年度截至评估基准日的审计报告。其他经济行为需提供最近一个完整会计年度和本年度截至评估基准日的审计报告。

（九）资产评估各当事方的相关承诺函。评估委托方、评估机构、被评估企业（产权持有单位）均应当按照评估准则的相关规定出具承诺函。

（十）需要提供的其他材料。

第七条 企业应当按照《关于启用中央企业资产评估管理信息系统有关事项的通知》（国资厅产权〔2012〕201 号），及时将项目基本情况、评估报告等录入中央企业资产评估管理信息系统，并组织开展审核工作。必要时可组织有关专家参与评估项目评审工作。

第八条 备案管理单位收到备案申请材料后，应当在 10 个工作日内向企业出具审核意见。企业应当及时组织相关中介机构逐条答复审核意见，并根据审核要求对资产评估报告、土地估价报告、矿业权评估报告和相关审计报告等进行补充修改，并将调整完善后的备案申请材料和审核意见答复在10个工作日内报送备案管理单位，备案管理单位应当及时组织复审。经审核符合备案要求的，应当在10个工作日内办理完成备案手续。

第三章　资产评估报告审核要点

第九条　备案管理单位应当严格按照《评估管理办法》《企业国有资产评估报告指南》等企业国有资产评估管理法规和相关评估准则，对备案事项相关行为的合规性、评估结果的合理性等进行审核。

第十条　备案管理单位应当对资产评估报告以下内容进行重点审核：

（一）评估委托方、被评估企业（产权持有单位）概况。

（二）评估目的。

（三）评估对象和评估范围。

（四）价值类型及其定义。

（五）评估基准日。

（六）评估依据。

（七）评估程序实施过程和情况。

（八）评估方法。

（九）评估结论。

（十）特别事项说明。

（十一）签字盖章。

（十二）评估报告附件。

第十一条　备案管理单位审核评估委托方、被评估企业（产权持有单位）概况，应当关注是否对被评估企业历史沿革、股权结构（图）、股权变更、经营管理等情况进行了必要说明，是否反映了近三年的资产、财务、经营状况。存在关联交易的，应当关注是否披露了关联方、交易方式等基本情况。

第十二条　备案管理单位审核评估目的，应当关注评估报告中是否清晰、明确地说明本次资产评估的经济行为目的；以及评估所对应的经济行为获得批准的情况或者其他经济行为依据。

第十三条　备案管理单位审核评估对象和评估范围，应当关注评估对象的基本情况，包括法律权属状况、经济状况和物理状况等；关注评估范围是否与经济行为批准文件、评估业务委托约定书等确定的资产范围一致。

企业价值评估中，备案管理单位应当关注评估范围是否包括了企业拥有的实物资产和专利技术、非专利技术、商标权等无形资产，以及明确的未来权利、义务（负债），特别是土地使用权、探矿权、采矿权等。对实际存在但未入账或已摊销完毕的无形资产、未来义务及或有事项等是否在《企业关于进行资产评估有关事项的说明》中进行了详细说明。

第十四条 备案管理单位审核价值类型及其定义，应当关注评估报告是否列明了所选择的价值类型及其定义。选择市场价值以外的价值类型，应当关注其选择理由和选取的合理性。

第十五条 备案管理单位审核评估基准日，应当关注评估基准日的选择是否接近评估目的对应的经济行为或特定事项的实施日期。企业在评估基准日后如遇重大事项，如汇率变动、国家重大政策调整、企业资产权属或数量、价值发生重大变化等，可能对评估结果产生重大影响时，应当关注评估基准日或评估结果是否进行了合理调整。

备案管理单位审核涉及上市公司股份间接转让项目时，应当关注所选择的评估基准日是否符合《国有股东转让所持上市公司股份管理暂行办法》（国资委　证监会令第19号）规定，即上市公司股份价格确定的基准日应与国有股东资产评估的基准日一致。国有股东资产评估的基准日与国有股东产权持有单位对该国有股东产权变动决议的日期相差不得超过一个月。

第十六条 备案管理单位审核评估依据，应当关注以下内容：

（一）经济行为依据。

重点关注经济行为依据的合规性和完整性。

（二）法律法规、评估准则、权属、取价等依据。

1．重点关注评估工作过程中所引用的法律法规和技术参数资料等是否适当。评估依据是否明确、规范、具体，便于查阅和理解；评估依据是否具有代表性，且在评估基准日有效。

2．收集的价格信息、工程定额标准等是否与评估对象具有较强的关联性。结合评估目的、业务性质和行业特点等，重点关注取价依据、法律法规依据的相关性及其对资产评估结果的影响。

3．关注土地、房屋建筑物及无形资产等重要资产的权属和使用状况。被评估资产是否权属清晰、权属证明文件齐备。对重要资产权属资料不全面或存在瑕疵的，企业是否已经妥善解决。

4．《企业国有资产评估报告指南》、国资委有关资产评估管理及评估报告审核相关规范文件等是否列示在评估依据文件中。

第十七条 备案管理单位审核评估程序实施过程和情况，应当重点关注评估机构在评估过程中是否履行了必要评估程序，评估过程是否完整，是否存在未履行评估准则规定的必要评估步骤的行为。

备案管理单位应当重点关注资产清查情况。针对评估报告中关于资产清查情况的说明，应当结合特别事项说明、资产评估明细表和资产权属证明文件，以及改制方案、审计报告等资料，对评估范围进行核对，核实是否有账外资产、或有负债、资产（土地、车辆等）权利人与实际使用人不一致等情况。应当关注对企业资产状况的描述，尤其是房地产、无形资产、长期股权投资等重大资产，核实是否存在隐匿或遗漏。

第十八条 备案管理单位审核评估方法，应当重点关注评估方法选择是否合理，是否符合相关评估准则的规定要求，以及评估过程中评估参数选取是否合理等。以持续经营为前提进行企业价值评估时，对企业（含其拥有实际控制权的长期股权投资企业）是否采用了两种或两种以上方法进行评估，并分别说明了选取每种评估方法的理由和确定评估结论的依据。

第十九条 对使用收益法评估的，备案管理单位审核时应当重点关注以下内容：

（一）对企业资产、财务情况的分析是否充分、合理。是否对被评估企业财务报表的编制基础、不具有代表性的收入和支出，如非正常和偶然性的收入和支出等进行了合理调整；是否对被评估企业的非经营性资产、负债和溢余资产进行单独分析，合理判断资产、债务、经营业务配置的有效性，划分与收益存在直接相关性的资产、债务情况。对于不能或不需归集的，是否单独进行评估。

（二）收益预测是否合理。是否根据企业资本结构、经营模式、收益情况等选择了恰当的收益模型，对应的折现率确定过程和依据是否合理。在确定收益预测期间时，是否合理考虑被评估企业经营状况和发展前景，及其所在行业现状、发展前景，国家相关行业政策、企业经营期限及主要产品的经济寿命年限等，并恰当考虑预测期后的收益情况及相关终值的计算。

是否合理预测了相关参数，如被评估企业的收入、成本及费用、折旧和摊销、营运资金、资本性支出、折现率、负债、溢余资产和非经营性资产等。关注相关参数确定的依据是否充分，测算过程是否完整，是否有完整的预测表及说明。

第二十条 对使用市场法评估的，备案管理单位审核时应当重点关注以下内容：

（一）选择的可比案例是否与被评估企业具有可比性，是否处于同一行业或相近行业，或者是受共同因素决定或影响。是否对可比案例及被评估企业的数据进行了必要的分析调整，并消除了偶然性因素的影响。

（二）选择的可比因素是否是企业价值的决定因素，选择的价值比率是否适当可靠，是否经过了必要的修正调整。是否选择了多种可比因素，对于不同可比因素得到的不同评估值是否能够合理的选择计算。

第二十一条 备案管理单位审核评估结论，应当关注评估结果是否涵盖了评估范围，及其与评估目的和经济行为的一致性和适用性。采用两种或两种以上方法进行企业价值评估时，应当关注不同评估方法结果的差异及其原因和最终确定评估结论的理由。

第二十二条 备案管理单位审核特别事项说明，应当关注以下内容：

（一）企业是否逐条分析特别事项说明中的披露事项，了解特别事项形成原因、性质及对评估结果影响程度，并分别对以下事项进行了处理：

1．对权属资料不全面、评估资料不完整、经济行为有瑕疵等情形，企业是否已经补充完善。

2．对评估机构未履行必要程序，通过特别事项说明披露大量问题，影响评估结论的，企业和评估机构是否已经妥善解决。

（二）企业是否通过内部审核论证，对未在评估报告中说明但可能对评估结论产生重大影响的事项，与评估机构沟通确定是否须在特别事项说明中披露；对于不宜在报告中披露的，企业是否形成了专项处理意见。

第二十三条 备案管理单位审核签字盖章，应当对照《企业国有资产评估报告指南》等规定，关注评估报告签字盖章是否齐全、规范、清晰。应当关注公司制评估机构的法定代表人或者合伙制评估机构负责该评估业务的合伙人是否在评估报告上签字。关注《企业关于进行资产评估有关事项的说明》是否已经由评估委托方单位负责人和被评估企业（产权持有单位）负责人签字，加盖相应单位公章并签署日期。

第二十四条 备案管理单位审核评估报告附件，应当关注附件是否齐全，评估报告附件内容及其所涉及的签章是否清晰、完整，相关内容是否与评估报告摘要、正文一致。附件为复印件的，评估机构是否与原件进行了核对。

备案管理单位审核《评估业务约定书》，应当关注资产评估项目的评估委托方式是否合规，签署内容是否完整，经济行为与评估报告披露内容是否一致等。

第四章 其他报告审核要点

第二十五条 备案管理单位应当关注审计报告中的以下内容：

（一）审计报告与评估报告之间数据勾稽关系是否合理一致；审计范围是否与经济行为批准文件、审计业务委托约定书等确定的资产范围一致，以及合并报表的合并范围是否合理。

（二）审计报告报表与报表附注之间勾稽关系是否一致；主要会计政策是否合理，包括收入确认原则、成本核算原则等。

（三）企业整体改制涉及资产剥离时，剥离原则是否与改制方案一致，以及模拟的时点是否合理。

（四）涉及计提减值准备时，各项资产计提减值准备的依据和比例是否合理。

第二十六条 备案管理单位应当关注土地使用权估价报告中的以下内容：

（一）土地估价范围、权属、土地资产处置审批与土地估价报告备案情况。如果评估基准日存在划拨土地，应当重点关注划拨土地的处置情况：

1. 关注是否有划拨土地处置审批文件，审批文件是否合法有效、审批内容是否与实际评估土地一致等；

2. 如果是未经处置的划拨土地，应当关注其未处置理由的合规性以及评估中处理方式的合理性等。

（二）土地地价定义是否符合相关准则要求。关注估价方法选取的合理性；相关参数选取依据是否充分、计算过程是否完整及评估结果选取是否合理等。

第二十七条 备案管理单位应当关注矿业权评估报告中的以下内容：

（一）矿业权评估范围、权属、矿业权价款缴纳情况、矿产资源储量评审备案情况。

（二）矿业权评估报告是否符合相关准则要求；评估方法选取是否合理；相关参数选取依据是否充分、计算过程是否完整、确定的结果是否合理。

第二十八条 资产评估结果引用土地使用权、矿业权或者其他相关专业评估报告评估结论的，应当关注以下事项：

（一）资产评估师是否对所引用报告进行了必要的专业判断，并声明其了解所引用报告结论的取得过程，承担引用报告结论的相关责任。

（二）所引用报告评估目的、价值类型是否一致；评估基准日、评估结论使用有效期是否一致；评估假设是否一致，资产评估引用结果是否与所引用报告披露的结果一致，所引用报告披露的相关事项说明是否与资产评估报告一致。

第五章 境外评估或估值报告审核要点

第二十九条 备案管理单位审核境外评估或估值报告，应当关注评估或估值机构的选聘是否符合《中央企业境外国有产权管理暂行办法》（国资委令第 27 号）和《关于加强中央企业境外国有产权管理有关工作的通知》（国资发产权〔2011〕144 号）等规定。

第三十条 对境外企业国有资产评估或估值项目，备案管理单位应当关注评估或估值机构是否协助企业进行尽职调查、询价，是否参与交易过程。经济行为涉及的交易对价是否以评估或估值结果为基础，确有差异的是否具有充足合理的理由。

第三十一条 审核境外评估及估值机构出具的评估或估值报告，应当关注其是否明示了所依据的评估准则，是否合理参考了境内评估准则及要求。评估或估值结果是否以人民币为计量币种。使用其他币种计量的，是否注明了该币种与人民币在评估基准日的汇率。如果评估或估值结果为区间值的，应关注是否在区间之内确定了一个最大可能值，并说明确定依据。

第三十二条 备案管理单位可以使用备案表或者备案确认函的方式对境外评估或估值机构出具的评估或者估值报告予以备案。备案确认函应当简要描述评估项目有关情况，包括评估行为各当事方及经济行为、评估基准日、评估结果使用有效期、评估对象账面价值等内容，明确评估结果区间值及最大可能值，明确评估行为各当事方的权、责、利等执行情况。

第六章 附 则

第三十三条 地方各级国有资产监督管理机构可以参照本指引，根据当地国有资产产权管理实际情况，制定适合本地使用的国家出资企业资产评估项目备案工作指引。

第三十四条 本指引自印发之日起施行。

关于印发《关于推动国有股东与所控股上市公司解决同业竞争规范关联交易的指导意见》的通知

2013年8月20日　国资发产权〔2013〕202号

国务院各部委、各直属机构，各省、自治区、直辖市及计划单列市和新疆生产建设兵团国资委，各中央企业，中国证监会各监管局，上海证券交易所、深圳证券交易所、中国证券登记结算有限责任公司：

为进一步规范国有股东与所控股上市公司关系，推动解决同业竞争、规范关联交易，促进国有经济和证券市场健康发展，根据国家有关法律、行政法规，我们制定了《关于推动国有股东与所控股上市公司解决同业竞争　规范关联交易的指导意见》，现印发给你们，请结合各自实际，认真遵照执行，并及时反映工作中的有关问题和情况。

附件：关于推动国有股东与所控股上市公司解决同业竞争　规范关联交易的指导意见

附件：

关于推动国有股东与所控股上市公司解决同业竞争　规范关联交易的指导意见

为进一步规范上市公司国有控股股东和实际控制人（以下简称国有股东）行为，促进国有控股上市公司持续发展，保护各类投资者合法权益，根据国有资产监管、证券监管等法律法规，提出以下指导意见。

一、国有股东与所控股上市公司要结合发展规划，明确战略定位。在此基础上，对各自业务进行梳理，合理划分业务范围与边界，解决同业竞争，规范关联交易。

二、国有股东与所控股上市公司要按照"一企一策、成熟一家、推进一家"的原则，结合企业实际以及所处行业特点与发展状况等，研究提出解决同业竞争的总体思路。要综合运用资产重组、股权置换、业务调整等多种方式，逐步将存在同业竞争的业务纳入同一平台，促进提高产业集中度和专业化水平。

三、国有股东与所控股上市公司应严格按照相关法律法规，建立健全内控体系，规范关联交易。对于正常经营范围内且无法避免的关联交易，双方要本着公开、公平、公正的原则确定交易价格，依法订立相关协议或合同，保证关联交易的公允性。上市公司应当严格按照规定履行关联交易审议程序和信息披露义务，审议时与该交易有关联关系的董事或股东应当回避表决，并不得代理他人行使表决权。

四、国有股东与所控股上市公司在依法合规、充分协商的基础上，可针对解决同业竞争、规范关联交易的解决措施和期限，向市场作出公开承诺。国有股东与所控股上市公司要切实履行承诺，并定期对市场公布承诺事项的进展情况。对于因政策调整、市场变化等客观原因确实不能履行或需要作出调整的，应当提前向市场公开做好解释说明，充分披露承诺需调整或未履行的原因，并提出相应处置措施。

五、国有股东在推动解决同业竞争、规范关联交易等事项中，要依法与上市公司平等协商。有条件的国有股东在与所控股上市公司充分协商的基础上，可利用自身品牌、资源、财务等优势，按照市场原则，代为培育符合上市公司业务发展需要、但暂不适合上市公司实施的业务或资产。上市公司与国有股东约定业务培育事宜，应经上市公司股东大会授权。国有股东在转让培育成熟的业务时，上市公司在同等条件下有优先购买的权利。上市公司对上述事项作出授权决定或者放弃优先购买权的，应经股东大会无关联关系的股东审议通过。

六、国有股东要依法行使股东权利，履行股东义务，配合所控股上市公司严格按照法律、法规和证券监管的规定，及时、公平地披露相关信息。相关信息公开披露前，应当按照规定做好内幕信息知情人的登记管理工作，严格防控内幕交易。

七、国有资产监管机构和证券监管机构，应以服务实体经济为根本出发点，充分尊重企业发展规律和证券市场规律，不断改进工作方式，完善监管手段，形成政策合力，推动国有经济和证券市场健康发展。

关于促进企业国有产权流转有关事项的通知

2014 年 7 月 11 日　国资发产权〔2014〕95 号

各省、自治区、直辖市及计划单列市和新疆生产建设兵团国资委，各中央企业：

为全面贯彻党的十八届三中全会精神，进一步简政放权，促进国家出资企业加快结构调整，优化产权配置，降低改革成本，现就有关事项通知如下：

一、国有全资企业发生原股东增资、减资，经全体股东同意，可依据评估报告或最近一期审计报告确认的净资产值为基准确定股权比例。

本通知所称国有全资企业，是指全部由国有资本形成的企业。

二、国有控股的企业与其直接间接全资拥有的子企业，或其直接、间接全资拥有的子企业之间转让所持股权，按照《中华人民共和国公司法》、公司章程规定履行决策程序后，可依据评估报告或最近一期审计报告确认的净资产值为基准确定转让价格。

三、国有全资企业之间或国有全资企业与国有独资企业、国有独资公司之间，经双方全体股东一致同意，其所持股权可以实施无偿划转。具体程序按照《国有股东转让所持上市公司股份管理暂行办法》（国资委　证监会令第19号）、《企业国有产权无偿划转管理暂行办法》（国资发产权〔2005〕239号）的规定办理。

四、国有股东因破产、清算、注销、合并、分立等原因导致上市公司股份持有人变更，以及国有股东质押所持上市公司股份，由国家出资企业依法办理，并通过国务院国资委上市公司国有股权管理信息系统，取得《上市公司股份持有人变更备案表》或《国有股东所持上市公司股份质押备案表》，到中国证券登记结算有限责任公司办理相关手续。

五、中央企业实施资产重组时，中央企业及其全资、绝对控股企业以所持企业产权，与该中央企业实际控制上市公司所持产权、资产进行交换，且现金作为补价占整个资产交换金额比例低于25%的，由中央企业按照内部决策程序批准或者出具意见，同时抄报国务院国资委备案。

六、国有股东参股的非上市企业参与非国有控股上市公司资产重组的，该国有股东所涉及的国有股权管理事项，由国家出资企业依法办理。重组后国有股东持有上市公司股份的，应按照《国有单位受让上市公司股份管理暂行规定》（国资发产权〔2007〕109号）等相关规定报省级以上国有资产监督管理机构备案，对其证券账户标注“SS”标识。

七、省级国资委报经省级人民政府同意，可将地市级以下企业国有产权协议转让的审批权限下放给地市级国有资产监督管理机构。下放相关审批权限的，省级国资委需建立相应的监督检查工作机制。

八、本通知规定事项适用于境内企业。境外企业的国有产权管理事项按照《中央企业境外国有产权管理暂行办法》（国资委令第27号）及相关规定办理。

九、地方国有资产监督管理机构、国家出资企业要严格执行相关法律、法规及本通知的有关规定，不得自行扩大适用范围。

各地方国有资产监督管理机构和中央企业在执行本通知过程中，遇到问题应当及时向国务院国资委反映。

关于建立中央企业资产评估项目公示制度有关事项的通知

2016年3月22日　国资发产权〔2016〕41号

各中央企业：

为加强中央企业资产评估管理工作，建立有效监督机制，做到资产评估管理工作规则公开、过程公开、结果公开，防止国有资产流失，现就建立中央企业资产评估项目公示制度有关事项通知如下：

一、中央企业应当依据国家有关法律法规的要求，结合本企业实际，建立资产评估项目公示制度，落实责任主体，依法保障资产评估项目相关各方的知情权和监督权。

二、资产评估项目公示制度应当包括公示范围、公示流程、公示期限、公示途径、公示内容、公示反馈意见收集及处理方式等主要内容。

三、公示范围一般包括中央企业集团公司、评估委托方、资产占有方等资产评估项目相关单位。涉及国家秘密或企业商业秘密的资产评估项目，应当在内部可知悉范围内公示。国有企业之间资源整合的资产评估项目，可以在经济行为相关方一并公示。

四、国资委核准、备案的资产评估项目，中央企业应当在报国资委核准、备案前完成公示；中央企业备案的资产评估项目，应当在备案前完成公示。公示期限一般不得少于5个工作日。

五、公示途径一般包括企业内部信息系统、公示栏、书面文件等。

六、公示内容一般包括经济行为批准文件、评估机构选聘方式、评估机构及评估师资质、评估程序履行情况、评估报告摘要和特别事项说明、评估结果汇总表、评估资料查阅方式、公示反馈意见收集及处理方式等。

七、中央企业应当合理保障公示范围内企业员工的知情权。公示范围内企业员工依据有关保密规定签署保密承诺函，并履行必要的程序后，可以查阅评估资料。

八、中央企业应当及时处理公示反馈意见。反馈意见对经济行为和评估结果有重大影响的，应当妥善解决相关问题后备案。

九、中央企业应当就资产评估项目公示反馈意见及处理结果形成公示结论，作为评估项目备案必要文件。

十、中央企业应当及时将资产评估项目公示制度报送国资委备案。在执行本通知过程中，如遇到问题应当及时向国资委反映。

十一、各地方国有资产监督管理机构可以参照本通知，建立适应当地企业国有产权管理需求的资产评估项目公示制度。

关于加强中央企业评估机构备选库管理有关事项的通知

2016年3月22日　国资发产权〔2016〕42号

各中央企业：

《关于规范中央企业选聘评估机构工作的指导意见》（国资发产权〔2011〕68号）实施以来，中央企业建立了评估机构备选库，评估机构选聘和使用工作逐步规范。为进一步加强评估机构备选库管理，促进评估机构独立、客观、公正执业，维护国有资产出资人合法权益，现将有关事项通知如下：

一、中央企业应当进一步健全评估机构国有资产评估项目执业质量评价标准及考核体系，综合评价评估机构执业质量，动态管理评估机构备选库。

二、中央企业确定入库评估机构数量应当与本企业评估项目数量、规模和经济行为类型相匹配。中央企业动态管理评估机构备选库时，应当根据企业业务需求调整入库评估机构数量，不得继续选聘连续四年未承担本企业评估业务的在库评估机构。

三、中央企业建立或调整评估机构备选库，集团公司产权管理、财务、审计、法律、纪检监察等相关部门人员应当参与选聘；必要时可邀请评估协会等相关单位人员参加。

四、中央企业选聘评估机构入库，应当签订书面协议。书面协议需明确评估机构在库期间出现本通知第五条、第六条、第七条情形的处理方式，并约定评估机构如因违法违规执业等受到行政处罚或者行业协会惩戒，必须在收到处罚决定后 5 个工作日内主动告知中央企业。

五、评估机构有下列情形之一的，中央企业应当在书面协议中明确评估机构需制订整改措施并限期 3 个月完成整改，整改不见成效的解除聘用合同，并将相关情况报告国资委：

（一）以恶性压价、支付回扣、虚假宣传或者贬损、诋毁其他评估机构等不正当手段招揽业务的；

（二）未能按照业务约定书要求派出足够数量、相应执业能力的评估师执业的；

（三）分别接受利益冲突双方的委托，对同一评估对象进行评估的；

（四）企业资产评估项目接受国资委监督检查时，不配合相关工作的；

（五）受理与自身有利害关系业务的；

（六）受到行业协会警告、限期整改惩戒的。

六、评估机构有下列情形之一的，中央企业应在书面协议中明确解除与评估机构聘用合同，中央企业调整评估机构备选库时，不再出现下列情形的，可重新聘用（中央企业应及时将相关情况报告国资委，国资委应将相关情况通报各中央企业）：

（一）履行评估程序严重不到位的；

（二）出具虚假评估报告或者有重大遗漏评估报告的；

（三）利用开展业务之便，谋取不正当利益的；

（四）受到行业协会行业内通报批评惩戒的。

七、评估机构有下列情形之一的，中央企业应当在书面协议中明确解除与评估机构聘用合同，近三年不再出现下列情形的，可重新聘用（中央企业应当及时将相关情况报告国资委，国资委应当将相关情况通报各中央企业、地方国资委和相关行业协会）：

（一）以欺诈、利诱、强迫等不正当手段取得评估业务的；

（二）与评估项目相关单位串通作弊，出具虚假或具有误导性评估报告的；

（三）经相关部门依法认定，出具的评估结果严重偏离评估标的客观价值的；

（四）泄露国家秘密或企业商业秘密的；

（五）因违法违规执业受到业务主管部门或其他监管部门的处罚，情节严重的；

（六）受到行业协会公开谴责惩戒的；

（七）因违法违规执业受到相关部门处罚后，未及时告知中央企业的；

（八）其他造成国有资产流失的情形。

八、地方国有资产监督管理机构可以参照本通知，根据当地企业国有产权管理实际情况，进一步加强评估机构备选库管理。

关于印发《中央企业实施混合所有制改革有关事项的规定》的通知

2016 年 12 月 6 日　国资发产权〔2016〕295 号

各中央企业：

为贯彻落实《国务院关于国有企业发展混合所有制经济的意见》（国发〔2015〕54 号），稳妥有序推进中央企业混合所有制改革，特制定《中央企业实施混合所有制改革有关事项的规定》，现印发给你们，请结合实际，认真遵照执行，并及时反映工作中有关情况和问题。

附件：中央企业实施混合所有制改革有关事项的规定

附件：

中央企业实施混合所有制改革有关事项的规定

一、各中央企业全面深化改革领导小组负责统筹本企业混合所有制改革总体工作，组织集团公司及各级子企业改革方案的研究制订，统一部署和推动改革方案落实，协调解决改革过程中的重大问题，及时跟踪、评估改革成效，确保改革依法合规进行。

二、中央企业实施混合所有制改革，应当遵守《中华人民共和国公司法》《中华人民共和国企业国有资产法》等法律、行政法规及公司章程的有关规定，并履行以下操作流程：

（一）可行性研究。拟实施混合所有制改革的企业，应当在本企业功能界定和分类的基础上，按照《国务院关于国有企业发展混合所有制经济的意见》（国发〔2015〕54 号，以下简称《意见》）确定的改革原则，结合企业发展需要，做好改革的必要性、可行性研究。

（二）方案制定。经研究适宜推进混合所有制改革的企业，应制定具体改革方案，明确改革内容，做好风险评估和合规性审查，必要时聘请专家进行论证。

（三）内部决策。改革方案制订后，应当按照中央企业“三重一大”决策机制，履行企业内部决策程序，涉及职工安置的，职工安置方案应当经职工代表大会或职工大会审议通过。

（四）方案审批。改革方案经企业内部决策后，应当按照本规定履行相应审核批准程序。

（五）组织实施。企业按照经批准的改革方案推动具体工作，做好改革组织动员，规范开展审计、资产评估，严格执行国有资产交易制度，确保改革依法合规及公开、公平、公正进行。

三、中央企业制订混合所有制改革方案，应当立足企业功能定位和发展战略，根据《意见》明确的不同类别企业发展混合所有制经济原则，确定改革的内容、目标、途径等。改革方案应主要包括企业基本情况，改革基本原则和思路，企业面临的主要问题和相应改革措施，引进非国有资本的条件要求、方式、定价办法，改革风险评估与防范措施，改革组织保障和进度安排等内容，方案要重点明确企业在转换经营机制、完善现代企业制度、提高资本配置和运行效率等方面的措施和目标。

四、中央企业进行混合所有制改革，必须严格履行相应的审核批准程序。中央企业集团公司的混合所有制改革方案，由国资委审核报国务院批准。中央企业中主业处于关系国家安全、国民经济命脉的重要行业和关键领域、主要承担重大专项任务的子企业混合所有制改革方案，由中央企业审核报国资委批准，其中报国务院批准的按照有关法律、行政法规和国务院文件规定执行。中央企业其他子企业的混合所有制改革方案，由中央企业批准。

中央企业中主业处于关系国家安全、国民经济命脉的重要行业和关键领域、主要承担重大专项任务的子企业名单，由中央企业按照关于中央企业功能界定与分类的有关文件要求确定并报国资委审核。

五、国资委、中央企业审核批准企业混合所有制改革方案时，应重点审核以下方面内容：

（一）改革方案内容是否符合《中共中央国务院关于深化国有企业改革的指导意见》（中发〔2015〕22号）、《意见》等文件精神和要求，是否有利于实现国有资本保值增值、提高国有经济竞争力、放大国有资本功能，切实解决企业运营中存在的问题。

（二）改革领导机构是否健全、责任落实是否到位，是否规范履行了本文件规定的操作流程。

（三）对拟引进合作方的条件要求是否公平、合理，引进方式、定价办法是否符合规定。中介机构选聘程序是否合规，相关机构从业资质是否符合要求。涉及上市公司的是否履行了信息披露义务。涉及员工持股的是否符合国有控股混合所有制企业开展员工持股试点的有关工作要求。

（四）国有权益保障、风险防范和应对机制是否健全。涉及职工安置的，职工安置方案是否经职工代表大会或职工大会审议通过。企业债权债务处置是否符合规定。

六、中央企业要切实做好混合所有制改革的组织领导，重点做好以下工作：

（一）做好与企业改革相关部门的沟通，对改革中遇到的问题及时报告、提出政策建议，将混合所有制改革实施情况报告国资委并抄报派驻本企业监事会。

（二）保持改革过程中各项生产经营活动正常进行和职工队伍稳定，充分发挥工人阶级主人翁作用，维护好职工群众合法权益，保障企业职工对改革的知情权和参与权。

（三）做好企业混合所有制改革中有关涉密事项的保密工作，聘请中介机构参与的应当签订保密协议，重大改革事项未经批准前，严禁擅自对外发布信息。

（四）实施信息公开加强社会监督。相关资产评估、定价结果应按要求实施信息公开，涉及转让产权或增资扩股、上市公司增发引进投资人的应在产权、股权、证券市场公开进行。

（五）充分发挥企业内部监督、国有资产监管机构监督、监事会监督和审计、纪检监察、巡视等内外部监督合力，建立监督意见反馈工作机制，对改革过程中出现的问题及时纠偏提醒，形成监督闭环，对违规操作造成国有资产流失的，要对有关责任人员严肃追责。

（六）营造良好的改革舆论环境，及时宣传成功经验，正确引导社会舆论，积极回应社会关切。

关于印发《有限合伙企业国有权益登记暂行规定》的通知

2020 年 1 月 3 日　国资发产权规〔2020〕2 号

各中央企业，各省、自治区、直辖市及计划单列市和新疆生产建设兵团国资委：

《有限合伙企业国有权益登记暂行规定》已经国资委第 20 次委务会议审议通过，现印发给你们，请遵照执行。

有限合伙企业国有权益登记暂行规定

第一条　为加强有限合伙企业国有权益登记管理，及时、准确、全面反映有限合伙企业国有权益状况，根据《中华人民共和国企业国有资产法》《中华人民共和国合伙企业法》《企业国有资产监督管理暂行条例》（国务院令第 378 号）等有关法律法规，制定本规定。

第二条　本规定所称有限合伙企业国有权益登记，是指国有资产监督管理机构对本级人民政府授权履行出资人职责的国家出资企业（不含国有资本参股公司，下同）及其拥有实际控制权的各级子企业（以下统称出资企业）对有限合伙企业出资所形成的权益及其分布状况进行登记的行为。

前款所称拥有实际控制权，是指国家出资企业直接或间接合计持股比例超过 50%，或者持股比例虽然未超过 50%，但为第一大股东，并通过股东协议、公司章程、董事会决议或者其他协议安排能够实际支配企业行为的情形。

第三条 有限合伙企业国有权益登记分为占有登记、变动登记和注销登记。

第四条 出资企业通过出资入伙、受让等方式首次取得有限合伙企业财产份额的，应当办理占有登记。

第五条 占有登记包括下列内容：

（一）企业名称；

（二）成立日期、合伙期限（如有）、主要经营场所；

（三）执行事务合伙人；

（四）经营范围；

（五）认缴出资额与实缴出资额；

（六）合伙人名称、类型、类别、出资方式、认缴出资额、认缴出资比例、实缴出资额、缴付期限；

（七）对外投资情况（如有），包括投资标的名称、统一信用编码、所属行业、投资额、投资比例等；

（八）合伙协议；

（九）其他需登记的内容。

第六条 有限合伙企业有下列情形之一的，应当办理变动登记：

（一）企业名称改变的；

（二）主要经营场所改变的；

（三）执行事务合伙人改变的；

（四）经营范围改变的；

（五）认缴出资额改变的；

（六）合伙人的名称、类型、类别、出资方式、认缴出资额、认缴出资比例改变的；

（七）其他应当办理变动登记的情形。

第七条 有限合伙企业有下列情形之一的，应当办理注销登记：

（一）解散、清算并注销的；

（二）因出资企业转让财产份额、退伙或出资企业性质改变等导致有限合伙企业不再符合第二条登记要求的。

第八条 出资企业负责填报其对有限合伙企业出资所形成权益的相关情况，并按照出资关系逐级报送国家出资企业；国家出资企业对相关信息进行审核确认后完成登记，并向国有资产监督管理机构报送相关信息。多个出资企业共同出资的有限合伙企业，由各出资企业分别进行登记。

第九条 有限合伙企业国有权益登记应当在相关情形发生后 30 个工作日内办理。出资企业应当于每年 1 月 31 日前更新上一年度所出资有限合伙企业的实缴出资情况及对外投资情况等信息。

第十条 国家出资企业应当建立有限合伙企业国有权益登记工作流程，落实登记管理责任，做好档案管理、登记数据汇总等工作。

第十一条 国有资产监督管理机构定期对有限合伙企业国有权益登记情况进行核对，发现企业未按照本规定进行登记或登记信息与实际情形严重不符的，责令改正。

第十二条 各地方国有资产监督管理机构可以依据本规定制定本地区的具体规定。

第十三条 本规定自印发之日起施行。

关于进一步加强中央企业境外国有产权管理有关事项的通知

2020年11月20日　国资发产权规〔2020〕70号

各中央企业：

为进一步加强中央企业境外国有产权管理，提高中央企业境外管理水平，优化境外国有产权配置，防止境外国有资产流失，根据《中央企业境外国有产权管理暂行办法》（国资委令第27号）等有关规定，现就有关事项进一步通知如下：

（一）中央企业要切实履行境外国有产权管理的主体责任，将实际控制企业纳入管理范围。落实岗位职责，境外产权管理工作应当设立专责专岗，确保管理要求落实到位。

中央企业要立足企业实际，不断完善相关制度体系，具备条件的应当结合所在地法律、监管要求和自身业务，建立分区域、分板块等境外产权管理操作规范及流程细则，提高境外国有产权管理的针对性和有效性。

（二）中央企业要严格境外产权登记管理，应当通过国资委产权管理综合信息系统（以下简称综合信息系统）逐级申请办理产权登记，确保及时、完整、准确掌握境外产权情况。

（三）中央企业要加强对个人代持境外国有产权和特殊目的公司的管理，持续动态管控。严控新增个人代持境外国有产权，确有必要新增的，统一由中央企业批准并报送国资委备案。对于个人代持境外国有产权，要采取多种措施做好产权保护，并根据企业所在地法律和投资环境变化，及时予以调整规范。对于特殊目的公司，要逐一论证存续的必要性，依法依规及时注销已无存续必要的企业。确有困难的，要明确处置计划，并在年度境外产权管理状况报告中专项说明。

（四）中央企业要强化境外国有资产交易的决策及论证管理，境外国有产权（资产）对外转让、企业引入外部投资者增加资本要尽可能多方比选意向方。具备条件的，应当公开征集意向方并竞价交易。

中央企业在本企业内部实施重组整合，境外企业国有产权在国有全资企业之间流转的，可以比照境内国有产权无偿划转管理相关规定，按照所在地法律法规，采用零对价、1元（或1单位相关货币）转让方式进行。

（五）中央企业要加强境外资产评估管理，规范中介机构选聘工作，条件允许的依法选用境内评估机构。

中央企业要认真遴选评估（估值）机构，并对使用效果进行评价，其中诚实守信、资质优良、专业高效的，可以通过综合信息系统推荐给其他中央企业参考，加强中介机构的评价、共享工作。

（六）中央企业在本企业内部实施重组整合，中央企业控股企业与其直接、间接全资拥有的子企业之间或中央企业控股企业直接、间接全资拥有的子企业之间转让所持境外国有产权，按照法律法规、公司章程规定履行决策程序后，可依据评估（估值）报告或最近一期审计报告确认的净资产值为基础确定价格。

注销已无存续必要的特殊目的公司，已无实际经营、人员的休眠公司，或境外企业与其全资子企业以及全资子企业之间进行合并，中央企业经论证不会造成国有资产流失的，按照法律法规、公司章程规定履行决策程序后，可以不进行评估（估值）。

（七）中央企业要加大境外产权管理监督检查力度，与企业内部审计、纪检监察、巡视、法律、财务等各类监督检查工作有机结合，实现境外检查全覆盖。每年对境外产权管理状况进行专项分析，包括但不限于境外产权主要分布区域、资产规模、经营业务、公司治理、上一年度个人代持境外国有产权和特殊目的公司整体情况及规范情况、境外国有资产评估（估值）及流转情况、境外产权监督检查情况等。

中央企业对境外产权管理中出现的重要情况和重大问题要及时请示或报告国资委。

（八）中央企业及各级子企业经营管理人员违反境外国有产权管理制度等规定，未履行或未正确履行职责，造成国有资产损失或其他严重不良后果的，按照《中央企业违规经营投资责任追究实施办法（试行）》（国资委令第37号）等有关规定，对相关责任人严肃追究责任，重大决策终身问责；涉嫌违纪违法的问题和线索，移送有关部门查处。

（九）各地方国有资产监督管理机构可参照本通知，结合实际情况，制定境外国有产权管理操作细则。

关于企业国有资产交易流转有关事项的通知

2022年5月17日　国资发产权规〔2022〕39号

各中央企业，各省、自治区、直辖市及计划单列市和新疆生产建设兵团国资委：

《企业国有资产交易监督管理办法》（国资委 财政部令第32号）等国有资产交易流转制度印发以来，在推动国有资产规范流转、防止国有资产流失方面发挥了重要作用。

为推动国有经济布局优化和结构调整，助力企业实现高质量发展，加强国有资产交易流转管理，现有关事项通知如下：

一、涉及政府或国有资产监督管理机构主导推动的国有资本布局优化和结构调整，以及专业化重组等重大事项，企业产权在不同的国家出资企业及其控股企业之间转让，且对受让方有特殊要求的，可以采取协议方式进行。

二、主业处于关系国家安全、国民经济命脉的重要行业和关键领域，主要承担重大专项任务的子企业，不得因产权转让、企业增资失去国有资本控股地位。国家出资企业内部重组整合中涉及该类企业时，以下情形可由国家出资企业审核批准：

（一）企业产权在国家出资企业及其控股子企业之间转让的。

（二）国家出资企业直接或指定其控股子企业参与增资的。

（三）企业原股东同比例增资的。

其他情形由国家出资企业报同级国有资产监督管理机构批准。

三、国家出资企业及其子企业通过发行基础设施 REITs 盘活存量资产，应当做好可行性分析，合理确定交易价格，对后续运营管理责任和风险防范作出安排，涉及国有产权非公开协议转让按规定报同级国有资产监督管理机构批准。

四、采取非公开协议方式转让企业产权，转让方、受让方均为国有独资或全资企业的，按照《中华人民共和国公司法》、企业章程履行决策程序后，转让价格可以资产评估报告或最近一期审计报告确认的净资产值为基础确定。

五、国有控股、实际控制企业内部实施重组整合，经国家出资企业批准，该国有控股、实际控制企业与其直接、间接全资拥有的子企业之间，或其直接、间接全资拥有的子企业之间，可比照国有产权无偿划转管理相关规定划转所持企业产权。

六、企业增资可采取信息预披露和正式披露相结合的方式，通过产权交易机构网站分阶段对外披露增资信息，合计披露时间不少于 40 个工作日，其中正式披露时间不少于 20 个工作日。信息预披露应当包括但不限于企业基本情况、产权结构、近 3 年审计报告中的主要财务指标、拟募集资金金额等内容。

七、产权转让可在产权直接持有单位、企业增资可在标的企业履行内部决策程序后进行信息预披露，涉及需要履行最终批准程序的，应当进行相应提示。

八、产权转让、资产转让项目信息披露期满未征集到意向受让方，仅调整转让底价后重新披露信息的，产权转让披露时间不少于 10 个工作日，资产转让披露时间不少于 5 个工作日。

九、产权转让、企业增资导致国家出资企业及其子企业失去标的企业实际控制权的，交易完成后标的企业不得继续使用国家出资企业及其子企业的字号、经营资质和特许经营权等无形资产，不得继续以国家出资企业子企业名义开展经营活动。上述要求应当在信息披露中作为交易条件予以明确，并在交易合同中对工商变更、字号变更等安排作出相应约定。

企业改革

国务院国资委　财政部　劳动和社会保障部　国家税务总局关于进一步明确国有大中型企业主辅分离辅业改制有关问题的通知

2003 年 7 月 4 日　国资分配〔2003〕21 号

各省、自治区、直辖市、计划单列市及新疆生产建设兵团经贸委（经委）、财政厅（局）、劳动和社会保障厅（局）、国家税务局、地方税务局，各中央企业：

为进一步做好国有大中型企业主辅分离辅业改制分流安置富余人员工作，现就原国家经贸委等 8 部门《印发〈关于国有大中型企业主辅分离辅业改制分流安置富余人员的实施办法〉的通知》（国经贸企改〔2002〕859 号，以下简称 859 号文件）中的有关问题通知如下：

一、关于国有控股企业的界定标准。859 号文件规定国有大中型企业（以下简称企业）主辅分离、辅业改制的范围是国有及国有控股的大中型企业，其中国有控股是指国有绝对控股。根据国家统计局《关于印发〈关于统计上划分经济成分的规定〉的通知》（国统字〔1998〕204 号），国有绝对控股是指在企业的全部资本中，国家资本（股本）所占比例大于 50%的企业。

859 号文件提出的改制后为国有法人控股的企业指国有法人绝对控股。国有法人控股企业应尽量减少控股比重，一般不得超过 75%。改制为国有法人控股的企业再改制为非国有法人控股时，符合 859 号文件适用范围的，按照该文件的有关规定执行。

二、关于国有大中型企业划分标准。按照原国家经贸委、原国家计委、财政部、国家统计局联合下发的《关于印发中小企业标准暂行规定的通知》（国经贸中小企〔2003〕143 号，以下简称 143 号文件）规定的企业划分标准执行。143 号文件中的中小企业标准上限即为大企业标准的下限。

三、关于解除劳动关系的经济补偿标准。按照劳动和社会保障部《违反和解除劳动合同的经济补偿办法》（劳部发〔1994〕481 号）有关规定执行。根据劳动者在本单位工作年限，每满一年发给相当于一个月工资的经济补偿金。工作时间不满一年的按一年的标准发给经济补偿金。经济补偿金的工资计算标准是指企业正常生产情况下劳动者解除劳动合同前 12 个月的月平均工资。其中，职工月平均工资低于企业月平均工资的，按企业月平均工资计发；职工月平均工资高于企业月平均工资 3 倍或 3 倍以上的，可按不高于企业月平均工资 3 倍的标准计发。企业经营者也应按照上述办法执行。

四、关于企业辅业资产的界定范围。企业要按照 859 号文件要求，以精干壮大主业、放开搞活辅业、提高企业核心竞争力为目标，合理确定企业辅业资产。实施改制分流的辅业资产主要是与主体企业主营业务关联不密切，有一定生存发展潜力的业务单位及相应资产，主要包括为主业服务的零部件加工、修理修配、运输、设计、咨询、科研院所等单位。

五、关于中央企业实施主辅分离改制分流的范围。由于部分中央企业经营业务较宽，主业和辅业的界线不易界定，辅业企业资产规模较大、人员较多，在实施主辅分离时，这部分中央企业辅业改制的范围原则上应确定为辅业中的中小企业。中小企业划分标准按照本通知第二条规定执行。

六、关于中央企业改制分流总体方案联合批复程序。中央企业所属企业改制分流总体方案分别报国资委、财政部、劳动和社会保障部，总体方案的批复采取国资委、财政部、劳动和社会保障部分别审核、联合批复的形式，由国资委代章出具联合批复意见。

国务院国有资产监督管理委员会关于印发《国务院各部门所属企业移交国资委或国资委所出资企业管理的意见》的通知

2003 年 12 月 31 日　国资改革〔2003〕144 号

各有关中央企业，委内各厅局：

为贯彻落实党的十六大和十六届三中全会精神，规范国务院各部门所属企业移交国资委或国资委履行出资人职责企业的管理工作，我委制定了《国务院各部门所属企业移交国资委或国资委所出资企业管理的意见》，现印发给你们，请遵照执行。

附件：国务院各部门所属企业移交国资委或国资委所出资企业管理的意见

附件：

国务院各部门所属企业移交国资委或国资委所出资企业管理的意见

为贯彻落实党的十六大和十六届三中全会精神，促进政企分开，适应国有资产管理体制改革的要求，规范国务院各部门（以下简称移交方）所属企业移交国务院国有资产监督管理委员会（以下简称国资委）或国资委履行出资人职责的企业（以下简称接收方或国资委所出资企业）管理工作，明确交接工作的原则、形式、条件和程序等，制定本意见。

一、交接工作的主要原则

（一）促进移交方与所属企业政企分开。根据国务院公布的《企业国有资产监督管理暂行条例》规定，政企尚未分开的单位，应当加快改革，实现政企分开。政企分开后的企业，由国有资产监督管理机构依法对企业国有资产进行监督管理。对需移交国资委或接收方管理的企业，要积极接收并依法履行出资人职责。

（二）符合国有经济布局和结构战略性调整的需要。交接工作要有利于促进关系国家安全和国民经济命脉的重要行业和关键领域的大型骨干企业的改革与发展，促进中小企业放开搞活。长期亏损、资不抵债、扭亏无望的企业，应关闭破产，不再进行移交。

（三）有利于提高企业竞争力。移交企业与国资委所出资企业产业关联度高和互补性强的，应尽可能通过企业间重组实现资源优化配置，培育具有国际竞争力的大公司大企业集团。要以企业移交为契机，加快建立现代企业制度，积极推进主辅分离和辅业改制，分离企业办社会职能，分流安置富余人员。移交企业存在的困难和问题，移交方应积极采取措施帮助解决。

（四）依法规范操作，防止国有资产流失。严格执行有关法律法规，确保交接工作规范有序进行。要通过财务审计、清产核资等，核实移交企业的资产、负债、所有者权益以及对外担保等或有债务，按照《国有企业清产核资办法》（国资委令第 1 号）及相关配套文件的规定组织实施。移交企业的国有产权实行无偿划转。

（五）积极推进，稳步实施。各有关方面在交接过程中要深入细致、有条不紊地做好各项工作，尤其是移交企业职工思想政治工作，确保企业和社会的稳定。

二、接收企业的形式和条件

（一）移交企业直接作为国资委所出资企业。移交后直接作为国资委所出资企业应具备的条件是：属于关系国民经济命脉和国家安全、基础设施和重要自然资源领域以及支柱产业和高新技术产业中的大型骨干企业；或者企业资产规模和营业收入超过 50 亿元，具有良好的经营业绩和财务状况，主营业务突出，在国内同行业居重要或领先地位。此类移交企业应与国资委所出资企业的产业关联度不高，或虽有一定的产业关联度但无过度竞争。移交企业不完全具备上述条件但与其他移交企业或国资委所出资企业没有产业关联的，也可暂作为国资委所出资企业。

（二）移交企业与国资委所出资企业通过合并、重组设立新企业，新企业作为国资委所出资企业。具体分为两种形式：一种是移交企业与国资委所出资企业合并设立新企业。参与合并的企业的法人资格取消（即实行新设合并）；另一种是移交企业与国资委所出资企业重组设立一个新的企业，参与重组的企业成为新企业的子企业。此类移交企业应与参与重组的国资委所出资企业有较高的产业关联度、明显的互补优势和战略协同效应，且在经营规模、经营业绩、财务状况等方面差别不大。

（三）移交企业通过重组进入国资委所出资企业。具体分为两种形式：一种是移交企业的国有产权由国资委所出资企业或其子企业持有；另一种是国资委所出资企业吸收合并移交企业，移交企业的法人资格取消。

此类移交企业应与国资委所出资企业有一定的产业关联度或互补性，但在经营规模、经营业绩、财务状况等方面有明显差距。

三、对拟移交企业的管理

自国务院或交接双方决定企业移交之日起，到接收移交企业得到正式批准之日止，拟移交企业由交接双方共同管理。在此期间，依照有关法律法规需由出资人同意的拟移交企业的投融资等决策事项，经交接双方同意后方可实施；拟移交企业的资产变动、职工调入、各级管理人员的提职等原则上暂停，情况特殊的，需交接双方同意后方可办理；禁止乱发钱物突击花钱。接收方要组织拟移交企业清产核资并聘请会计师事务所审计，对拟移交企业的财务状况等进行核实。

四、交接工作程序

（一）移交方或移交企业向接收方提供最近两年移交企业生产经营现状和经中介机构审计的拟移交企业财务报告等基础性资料，接收方予以核实。

（二）接收方研究后提出初步意向并与移交方协商，意见不一致的，暂不接收；需报请国务院决定的，按照国务院决定办理。

（三）交接双方协商意见一致的，双方签订交接协议。交接协议应明确交接企业的名称、资产、负债、所有者权益、领导班子成员名单、职工人数以及交接双方认为需要明确的其他重要事项。其中资产、负债、所有者权益以清产核资或中介机构审计的数据为准；领导班子成员人数以纳入原主管部门管理并符合国资委党委管理的企业领导人员职务范围为准；职工人数以决定移交时在册的具有国有职工身份的人数为准。交接协议由交接双方签字盖章。对生产经营困难或财务状况较差的拟移交企业，交接双方商定应采取的措施并纳入交接协议。

（四）国资委与移交方商定将移交企业作为国资委所出资企业，由国资委与移交方联合报请国务院批准；商定将移交企业与国资委所出资企业重组新设企业的，由重组所涉及的企业共同拟订重组方案，经国资委与移交方同意后联合报请国务院批准。

（五）国资委与移交方商定移交企业通过重组进入国资委所出资企业的，由国资委所出资企业决定接收的具体方式，并由其向国资委提交接收移交企业的申请。申请内容应包括移交企业的生产经营状况、接收的可行性以及拟采取的主要措施等，并参照原国家经贸委、财政部《关于国有企业管理关系变更有关问题的通知》（国经贸企改〔2001〕257号）有关规定提供有关材料，进行清产核资的，要附清产核资报告。国资委商移交方后对该申请进行批复。

（六）接收方、移交企业按照有关规定办理企业领导班子交接和资产、财务、劳动、工资划转以及工商登记或变更登记等手续。移交企业属于公司制企业的，按照有关规定划转原由有关部门持有的移交企业的国家股权。新设立的国资委所出资企业，应在办理工商登记手续后5个工作日内将企业营业执照复印件送国资委备案。

（七）移交企业党的关系交接工作，按照《中共中央关于成立中共国务院国有资产监督管理委员会有关问题的通知》（中发〔2003〕6号）的有关规定办理。

五、国资委有关厅局在接收企业工作中的职能分工

企业改革局牵头组织接收企业工作，研究提出接收意见、与移交方沟通协调、征求拟接收或参与重组的国资委所出资企业的意见、审核重组方案、草拟上报国务院的文件和对外发布公告等。

统计评价局按照国资委《国有企业清产核资办法》等有关规定，审核移交企业财务审计报告，组织开展清产核资工作并对结果进行批复。

产权管理局依据《关于企业国有资产办理无偿划转手续的规定》（财管字〔1999〕301号）和《企业国有资产产权登记管理办法》（国务院令第192号）及其实施细则等规定，办理移交企业资产、股权划转和产权登记手续。

企业分配局根据移交方提供的移交工资关系的移交报告、劳动工资划转单，以及对移交企业工资总量管理的有关政策、办法和劳动工资统计资料等，办理移交企业劳动工资关系的划转手续。

企业领导人员管理一局、企业领导人员管理二局分别负责办理作为国资委所出资企业的领导班子管理交接手续；考察组建移交企业与国资委所出资企业合并、重组新设企业的领导班子。

党建工作局办理移交企业中作为国资委所出资企业的党组织关系交接手续。移交企业领导机构在京设立的，党组织关系交国资委党委管理；领导机构在京外设立的，交地方党委管理或仍维持地方党委管理的现状；中组部另有规定的，按中组部有关规定办理。

需办理其他交接手续的，依据有关规定办理。

六、有关问题的处理

（一）移交企业保留法人资格的，债权、债务（含担保）由该法人主体承担；以新设合并或吸收合并方式进行重组的，按有关法律法规处理。移交企业欠移交方的债务，由交接双方协商解决。

（二）移交企业所办学校、医疗卫生机构、公检法机构等社会职能机构及其资产、在册职工等与移交企业分离，不纳入移交范围。

（三）按照《中共中央办公厅国务院办公厅关于转发劳动和社会保障部等部门的通知》（中办发〔2003〕16号）的精神，移交企业退休人员实行社会化管理。移交企业退休人员的统筹项目外养老金，由该企业继续按有关政策发放。

（四）移交企业应按照国家有关规定实施主辅分离、辅业改制，分流安置富余人员，移交方应给予相应的支持。

（五）政企分开并将其企业移交后，移交方不再新组建与移交企业同类的经营实体。

国务院国有资产监督管理委员会
劳动和社会保障部　国土资源部
关于进一步规范国有大中型企业
主辅分离辅业改制的通知

2005年9月20日　国资发分配〔2005〕250号

各中央企业，各省、自治区、直辖市和计划单列市及新疆生产建设兵团国资监管机构、劳动保障厅（局）、国土资源厅（局）：

为进一步规范国有大中型企业主辅分离辅业改制分流安置富余人员工作，根据《印发〈关于国有大中型企业主辅分离辅业改制分流安置富余人员的实施办法〉的通知》（国经贸企改〔2002〕859号，以下简称859号文件）及有关配套文件，结合主辅分离辅业改制工作实际，现就有关问题通知如下：

一、关于主辅分离辅业改制过程中资产处置问题

（一）根据《关于企业国有产权转让有关问题的通知》（国资发产权〔2004〕268号）的规定，在国有大中型企业主辅分离辅业改制过程中，经国资监管机构及相关部门确定列入主辅分离、辅业改制范围企业的资产处置，按照859号文件及有关配套文件的规定执行。对于改制企业国有净资产按规定进行各项支付和预留的剩余部分，采取向改制企业的员工或外部投资者出售的，按照国家有关规定办理，具体交易方式可由所出资企业或其主管部门（单位）决定。具备条件的辅业企业，应尽可能进入产权交易市场公开挂牌交易。

（二）根据《关于中央企业主辅分离辅业改制分流安置富余人员资产处置有关问题的通知》（国资发产权〔2004〕9号）的有关规定，中央企业所属辅业改制企业可用国有净资产进行支付和预留的有关费用如下：

1. 为移交社会保障机构管理的退休人员和改制企业职工支付和预留的费用。主要包括辅业单位改制时因参加医疗保险向当地社会保险经办机构一次性缴纳的改制企业退休人员医疗保险费，符合省级政府和国家有关部门规定由企业为退休人员支付的统筹项目外养老金，以及未列入改制企业负债的欠缴职工社会保险费等。

2. 内部退养职工有关费用。主要包括预留的生活费、社会保险费及住房公积金等。

内部退养职工生活费预留标准由企业根据有关规定确定，最高不超过按所在省（区、市）计算正常退休养老金的办法核定的数额；内部退养职工社会保险费预留标准根据内部退养人员退养前12个月平均工资乘以规定的缴费比例为基数一次核定，其中

社会保险包括养老、失业、医疗、工伤、生育五项基本保险；内部退养职工住房公积金预留标准按照内部退养职工退养前企业实际月缴纳额确定。

距法定退休年龄不足5年的内部退养职工按以上规定预留的费用全额冲减国有权益；符合国家有关规定实行内部退养的职工按以上规定最多可预留5年的相关费用并冲减国有权益，其余费用由原主体企业按规定列支。

二、关于主辅分离辅业改制过程中劳动关系处理问题

国有大中型企业实施主辅分离改制分流与职工解除劳动关系，要严格按照《关于印发国有大中型企业主辅分离辅业改制分流安置富余人员的劳动关系处理办法的通知》(劳社部发〔2003〕21号，以下简称21号文件）有关规定执行。其中工资是指用人单位根据国家有关规定或劳动合同的约定，以货币形式直接支付给本单位劳动者的劳动报酬，包括计时工资或计件工资、奖金、津贴和补贴等。计发经济补偿金的职工月平均工资是指职工本人解除劳动合同前12个月实发工资的平均数。计发经济补偿金的企业月平均工资应严格按照国家统计局的工资统计口径计算。

企业月平均工资超过改制企业所在市（地）职工平均工资两倍的，原则上按不高于两倍的标准确定。

三、关于改制企业管理层持股问题

主辅分离辅业改制过程中，企业管理层参与改制的，解除劳动关系经济补偿金应按照21号文件标准执行。辅业改制单位净资产进行各项支付和预留后的剩余部分向参与改制的管理层转让的，管理层不得参与资产转让方案的制订以及与此相关的清产核资、财务审计、资产评估及底价确定等重大事项；不得以各种名义低价出售、无偿转让量化国有资产；管理层应当与其他拟受让方平等竞买，并提供其受让资金来源的相关证明，不得向改制企业及主体国有企业借款，不得以这些企业的资产为管理层融资提供保证、抵押、质押、贴现等；管理层要取得改制企业绝对控股权的，国有产权转让应进入国有资产管理机构选定的产权交易机构公开进行，并在公开国有产权转让信息时对有关事项进行详尽披露。主体企业要加强对企业资产转让中涉及管理层受让相关事项的审查，认真履行有关职责，切实维护出资人及职工的合法权益。

四、关于主辅分离辅业改制过程中国有划拨土地使用权处置有关问题

企业按照859号文件有关规定实施主辅分离的，根据原主体企业与改制企业双方的分离方案和实际用地情况，经所在地县级以上人民政府批准，可将原划拨土地使用权分割后分别确定给主体企业和辅业企业以划拨方式使用。企业改制时，只要改制后的土地用途符合《划拨用地目录》，经所在地县级以上人民政府批准可仍以划拨方式使用；不符合《划拨用地目录》的，应依法办理土地有偿使用手续。划拨土地使用权价格可以根据《关于改革土地估价结果确认和土地资产处置审批办法的通知》（国土资发〔2001〕44号）的有关规定，经有土地估价资质的中介机构评估确定后，作为

土地使用者的权益。

五、关于主辅分离辅业改制过程中退休人员的管理问题

辅业改制时，要按照《关于转发劳动保障部等部门〈关于积极推进企业退休人员社会化管理服务工作的意见〉的通知》（中办发〔2003〕16号）要求，将企业退休人员移交街道社区或社保机构实行社会化管理。退休人员在移交社会化管理前，原则上继续由原主体企业管理，也可由原主体企业与改制企业协商具体管理方式，原主体企业要按照有关规定，落实所需经费，做好相关工作。

六、关于改制企业党的组织关系隶属问题

主辅分离辅业改制过程中，要按照《关于在深化国有企业改革中党组织设置和领导关系等有关问题的通知》（中组发〔1998〕9号）精神，本着有利于推进国有企业改革和有利于加强国有企业改革中党的建设的原则，适时调整辅业企业党组织的隶属关系。改制辅业企业与原主体企业分离后，其党组织原则上应当移交企业所在地党组织管理。原主体企业党组织要主动与辅业企业所在地党组织沟通、联系，通过认真协商，妥善做好改制企业党组织关系移交工作。辅业企业更名或重新设立党组织，应当向企业所在地党组织提出申请，有关部门应当按照有关规定及时办理审批手续。

七、关于主辅分离改制分流实施结果备案问题

各中央企业在将改制分流方案实施结果报有关部门的同时，须将下列内容报送国资委备案：

（一）改制企业的资产处置情况，包括资产清查结果、资产评估报告的核准文件或备案表、资产处置结果等。资产评估备案按照《关于委托中央企业对部分主辅分离辅业改制项目进行资产评估备案管理的通知》（国资产权〔2005〕193号）执行。

（二）职工安置结果，包括改制企业人员分流安置情况，劳动关系处理情况，经济补偿金支付情况（包括实际支付经济补偿金标准、总额及资金来源），社会保险关系接续情况等。

（三）预留费用说明，包括提取预留费用的人员范围，预留费用构成内容、标准、年限、总额及预留费用的管理。

（四）企业改制后的股权结构及法人治理结构情况。对于改制企业主辅分离辅业改制的实施方案、职工代表大会通过实施主辅分离改制分流的决议、省级劳动保障部门出具的审核意见书等，由各中央企业集团公司（总公司）进行备案管理。

各中央企业集团公司（总公司）要进一步加强对主辅分离辅业改制工作的组织领导，强化改革意识，发挥主导作用，规范改制工作。在具体实施操作过程中要严格按照859号文及有关配套文件的要求，认真组织好改制方案的审核、实施，严格执行和落实资产处置、人员安置等各项政策，切实负起责任。

关于贯彻落实《国务院批转证监会关于提高上市公司质量意见的通知》的通知

2005 年 11 月 21 日 国资发改革〔2005〕293 号

各中央企业，各省、自治区、直辖市国资委，证监会各监管局：

最近，国务院印发了《国务院批转证监会关于提高上市公司质量意见的通知》（国发〔2005〕34 号，以下简称 34 号文件），对发挥资本市场优化资源配置功能、保护投资者的合法权益、促进我国资本市场健康稳定发展，以及加快国有企业股份制改革、完善公司治理结构，具有十分重要的意义。为贯彻落实 34 号文件提出的各项要求，提高国有控股上市公司的质量，现就有关问题通知如下：

一、充分认识提高上市公司质量的重要意义。各级国有资产监督管理机构和国有及国有控股企业要认真学习 34 号文件，把全面贯彻落实 34 号文件摆到重要议程，并作为深化国有企业改革、建立现代企业制度的一件大事，加强组织领导，认真总结提高国有控股上市公司质量工作的经验，仔细查找、深入分析存在的问题和原因，制定切实可行的措施，把 34 号文件的各项要求落到实处。

二、大力推进资产优良的国有企业改制上市。鼓励具备条件的优质大型企业实现整体上市，使优质资源向上市公司集中。规范企业改制上市行为，做到上市公司机构独立、业务独立，实现与国有控股股东在人员、资产、财务方面的实质性分开。对于已有控股上市公司的国有及国有控股企业，要以主营业务资产统一运作、做优做强上市公司为目标，以维护中小投资者合法权益、规范操作为前提，通过增资扩股、收购资产等方式把优良主营业务资产全部注入上市公司。

三、完善国有控股股东和国有控股上市公司的法人治理结构。作为上市公司控股股东的国有企业，条件具备的要加快股份制改革的步伐；目前条件不具备、尚需在一段时期内采取国有独资公司形式的国有企业，要建立规范的董事会，由董事会行使对上市公司的国有股东权利，以确保上市公司规范运作，促进上市公司做强做大。国有控股上市公司要按照 34 号文件的要求完善法人治理结构，重点是健全独立董事制度，充分发挥独立董事的作用。

四、国有控股股东要牢固树立诚信意识。上市公司的国有控股股东要切实维护中小投资者的合法权益，严格按照上市公司的股东大会、董事会运作程序行使股东权利，不得违反程序干预上市公司经营决策和内部管理。

五、规范国有控股股东与其控股的上市公司之间的关联交易。国有控股股东要严格执行《中华人民共和国公司法》、《中华人民共和国证券法》、国务院有关法规和证监会的有关规定，履行相应的信息披露义务，保证关联交易的公允和交易行为的透明度，严禁发生拖欠关联交易往来款项。今后，凡有国有控股股东违反有关规定，强迫上市公司接受非公允关联交易、利用关联交易侵占上市公司利益的，国有资产监管机构要对相关负责人和直接责任人给予纪律处分；情节恶劣、后果严重的，要给予撤职处分。

六、按期偿还侵占上市公司的资金。凡以向上市公司借款、由上市公司提供担保、代偿债务、代垫款项等各种名目侵占上市公司资金的国有及国有控股企业，必须于2005年底前制订出切实可行的偿还资金计划，报本级国有资产监管机构和证券监管机构审核、备案，采取现金清偿、红利抵债、股权转让、以股抵债和以资抵债等方式，确保于2006年底前全部偿还所侵占的上市公司资金。

七、各级国有资产监管机构要加强对国有及国有控股企业偿还所侵占上市公司资金的检查督促。建立责任追究制度，推动国有及国有控股企业抓紧落实偿还资金计划。除确实没有偿清侵占资金能力的国有控股股东外，对限期内未偿清侵占上市公司资金的国有控股股东的相关负责人和直接责任人，各级国有资产监管机构要给予纪律处分，直至撤销职务；对于确实没有能力在2006年底前全部偿还的国有控股股东，各级国有资产监管机构要加大对其的重组、改组力度，必要时报本级政府组织实施托管，确保在限期内彻底解决侵占上市公司资金的问题。

八、各地国有资产监管机构要与当地证券监管机构密切配合，督促国有控股股东正确行使出资人职责、国有控股上市公司完善内部控制制度，杜绝侵占资金问题的再度发生。凡今后新发生侵占上市公司资金情况的国有及国有控股企业相关负责人，国有资产监管机构要给予纪律处分，并对直接责任人给予撤销职务的处分；对资金被国有控股股东及其所属企业侵占负有责任的上市公司董事和高级管理人员，各证券监管机构要责成上市公司及时按照公司章程的规定给予处罚，情节严重的要向证监会提出实行严格市场禁入的建议。

关于贯彻落实《国务院办公厅转发国资委关于进一步规范国有企业改制工作实施意见的通知》的通知

2006年7月21日　国资发改革〔2006〕131号

各中央企业：

为进一步贯彻落实《国务院办公厅转发国资委关于进一步规范国有企业改制工作实施意见的通知》（国办发〔2005〕60号，以下简称60号文件），推进国务院国资委所出资企业（以下简称中央企业）规范改制，防止国有资产流失，维护职工合法权益，维护企业稳定，现提出以下意见：

一、要认真贯彻落实党的十六届三中、五中全会有关精神，加大中央企业布局和结构调整力度，加快推进中央企业改制。除国有大中型企业实施主辅分离辅业改制以及通过境内外首次公开发行股票并上市改制为国有控股企业、国有控股的上市公司增资扩股和收购资产按国家有关规定执行外，中央企业及其直接和间接投资的企业实施改制，必须严格执行 60 号文件和《国务院办公厅转发国务院国有资产监督管理委员会关于规范国有企业改制工作意见的通知》（国办发〔2003〕96 号，以下简称 96 号文件）、《企业国有产权转让管理暂行办法》（国资委、财政部令第 3 号，以下简称 3 号令）、《关于印发〈企业国有产权向管理层转让暂行规定〉的通知》（国资发产权〔2005〕78 号）等文件的规定。

二、按照《关于贯彻落实〈国务院办公厅转发国务院国有资产监督管理委员会关于规范国有企业改制工作意见的通知〉的通知》（国资发改革〔2004〕4 号）的规定，中央企业及其重要子企业改制方案需报国务院国资委批准；中央企业直接和间接投资的其他企业改制方案的批准，由中央企业自行规定，其中涉及协议转让事项的应按 3 号令有关规定报国务院国资委批准。凡负责批准改制方案的单位，必须按照权利、义务和责任相统一的原则，尽快建立和完善批准改制方案的程序、权限、责任等制度，并严格贯彻执行。中央企业有关批准改制方案的程序、权限、责任等制度，报国务院国资委备案。

三、负责批准改制方案的单位必须就改制方案的审批及清产核资、产权登记、财务及离任审计、资产评估、进场交易、定价、转让价款、落实债权、职工安置等工作中涉及的重要资料，建立规范的档案管理制度。改制企业的国有产权持有单位要妥善保管相关资料，做到有案可查。

四、中央企业及其直接和间接投资的企业进行改制，凡涉及职工分流安置的，在实施改制前要将改制方案包括职工安置方案抄送改制企业所在地国有资产监管机构。

各中央企业要切实加强对改制工作的管理和监督，不断总结经验，及时发现和纠正改制工作中存在的问题，对改制中的违纪违法行为，要依法严肃查处，以保证改制工作健康、有序、规范地进行。

国务院国有资产监督管理委员会　国家发展和改革委员会　财政部　国家电力监管委员会关于印发《关于规范电力系统职工投资发电企业的意见》的通知

2008 年 1 月 28 日　国资发改革〔2008〕28 号

各省、自治区、直辖市人民政府，新疆生产建设兵团，国务院各部委，各直属机构，各有关中央企业：

国资委、发展改革委、财政部、电监会《关于规范电力系统职工投资发电企业的意见》，已经国务院同意，现印发给你们，请认真贯彻执行。

附件：关于规范电力系统职工投资发电企业的意见

附件：

关于规范电力系统职工投资发电企业的意见

近年来，各地一些国有电力企业通过成立职工持股会等方式，组织职工在发电企业改制中持股和投资新建发电企业，对于形成企业多元股东结构、鼓励职工参与公司治理、调动生产积极性起到了一定作用，但由于操作不规范，引发了不公平竞争、国有企业利润转移和国有资产流失等问题。根据《国务院办公厅转发电力体制改革工作小组关于“十一五”深化电力体制改革实施意见的通知》（国办发〔2007〕19号）精神，经国务院同意，现就规范电力系统职工投资发电企业行为提出以下意见：

一、指导思想和基本原则

规范电力系统职工投资发电企业的指导思想是：以邓小平理论和“三个代表”重要思想为指导，深入贯彻落实科学发展观，按照深化电力体制改革的要求，妥善解决电网企业职工持有发电企业股权问题，理顺发电企业产权关系，优化资源配置，维护公平竞争，防止国有资产流失，促进电力工业又好又快发展。

规范电力系统职工投资发电企业的基本原则：一是尊重历史，实事求是；二是区别对待，分类指导；三是稳妥操作，确保稳定；四是加强领导，强化监督。

二、规范电力系统职工投资发电企业行为

电力系统职工投资发电企业应当遵循自愿、公平和诚实守信、风险自担的原则，依法享有投资者权益。国有电力企业不得以企业名义组织各类职工投资活动。

规范电网企业职工持有发电企业股权的行为。地（市）级电网企业的领导班子成员和省级以上电网企业的电力调度人员、财务人员、中层以上管理人员，不得直接或间接持有本省（区、市）电网覆盖范围内发电企业的股权，已持有本省（区、市）电网覆盖范围内发电企业股权的，应自本意见印发之日起1年内全部予以清退或转让，发电企业可以优先回购。电网企业其他职工自本意见印发之日起不得增持本省（区、市）电网覆盖范围内发电企业的股权，自愿清退或转让已持有股权的，发电企业可以优先回购。存在电网企业职工持股行为的发电企业应依照有关法规规定披露电力交易信息，自觉接受电力监管等机构的监督检查。

规范发电企业职工投资发电企业的行为。发电企业职工不得直接投资于共用同一基础设施或同一生产经营管理系统的发电机组，不得在水坝溢流洞、泄洪洞投资安装发电

机组。已持有共用同一基础设施、同一生产经营管理系统的不同发电机组股权的，应自本意见印发后逐步予以清退或转让，发电企业可以优先回购。国有发电企业应当针对共用同一基础设施或同一生产经营管理系统的不同发电机组，制定合理分摊各项费用和合理分配对外供热比例的具体办法并严格执行，严禁侵占和损害国有权益。

三、加强组织领导，强化监督管理

国有电力企业是规范电力系统职工投资发电企业工作的责任主体。要认真贯彻执行本意见各项要求，加强领导，认真组织，周密部署，强化企业内部管理，规范企业投资和改制行为，避免国有资产流失。同时，要加强政治思想工作，强化宣传教育和舆论引导，切实维护电力系统安全稳定运行和职工队伍稳定。

各级国有资产监督管理、发展改革、财政、电力监管等部门要加强协调配合，强化监督管理，进一步规范电力调度秩序和交易行为，维护公平竞争的市场秩序，确保规范电力系统职工投资发电企业的各项工作落到实处。国有资产监督管理机构、电力监管机构具体负责本意见贯彻执行情况的督促检查，对违反国家有关法律法规及本意见要求并造成国有资产流失的，要予以严肃查处并追究有关人员责任，涉嫌犯罪的，依法移送司法机关处理。

国务院国有资产监督管理委员会关于规范国有企业职工持股、投资的意见

2008 年 9 月 16 日　国资发改革〔2008〕139 号

各中央企业，各省、自治区、直辖市及计划单列市和新疆生产建设兵团国资委：

近年来，国有企业职工（含管理层，下同）投资参与国有中小企业改制、国有大中型企业辅业改制以及科技骨干参股科研院所改制，为推进企业股份制改革、完善公司法人治理结构、增强企业活力起到重要作用。但由于目前缺乏统一的规定，操作不规范，企业改制引入职工持股以及职工投资新设公司过程中出现了一些问题。为规范国有企业改制，加强企业管理，防止国有资产流失，维护企业和职工合法权益，根据《国务院办公厅转发国务院国有资产监督管理委员会关于规范国有企业改制工作意见的通知》（国办发〔2003〕96 号）、《国务院办公厅转发国资委关于进一步规范国有企业改制工作实施意见的通知》（国办发〔2005〕60 号）和《关于印发〈关于规范电力系统职工投资发电企业的意见〉的通知》（国资发改革〔2008〕28 号）精神，现就国有企业（包括国有独资和国有控股企业）职工持股、投资的有关问题（国有控股上市公司实施股权激励以及企业职工在证券市场购买股票除外），提出以下意见：

一、指导思想和基本原则

（一）指导思想：以邓小平理论和“三个代表”重要思想为指导，深入贯彻落实科学发展观，深化国有企业股份制改革，完善公司法人治理结构，促进国有资本有进有退合理流动，规范国有企业改制和企业职工投资行为，防止国有资产流失，维护企业和职工合法权益，实现国有企业又好又快发展。

（二）基本原则：一是区别对待，分类指导。进一步规范企业管理层持股、投资行为，妥善解决职工持股、投资存在的问题。二是规范操作，强化管理。引入职工持股应当公开透明，公平公正，严格执行国家有关企业改制和产权转让的各项规定；加强企业内部管理，防止通过不当行为向职工持股、投资的企业转移国有企业利益。三是维护企业职工合法权益，增强企业活力。职工持股要有利于深化企业内部人事、劳动、分配制度改革，切实转变经营机制；落实好职工参与改制的民主权利，尊重和维护职工股东的合法权益。

二、规范国有企业改制中的职工持股行为

（三）积极推进各类企业股份制改革。放开搞活国有中小企业，鼓励职工自愿投资入股，制订改制方案，要从企业实际出发，综合考虑职工安置、机制转换、资金引入等因素。国有大中型企业主辅分离辅业改制，鼓励辅业企业的职工持有改制企业股权，但国有企业主业企业的职工不得持有辅业企业股权。国有大型企业改制，要着眼于引进先进技术和管理、满足企业发展资金需求、完善公司法人治理结构，提高企业竞争力，择优选取投资者，职工持股不得处于控股地位。国有大型科研、设计、高新技术企业改制，按照有关规定，对企业发展作出突出贡献或对企业中长期发展有直接作用的科技管理骨干，经批准可以探索通过多种方式取得企业股权，符合条件的也可获得企业利润奖励，并在本企业改制时转为股权；但其子企业（指全资、控股子企业，下同）改制应服从集团公司重组上市的要求。

（四）严格控制职工持股企业范围。职工入股原则限于持有本企业股权。国有企业集团公司及其各级子企业改制，经国资监管机构或集团公司批准，职工可投资参与本企业改制，确有必要的，也可持有上一级改制企业股权，但不得直接或间接持有本企业所出资各级子企业、参股企业及本集团公司所出资其他企业股权。科研、设计、高新技术企业科技人员确因特殊情况需要持有子企业股权的，须经同级国资监管机构批准，且不得作为该子企业的国有股东代表。

国有企业中已持有上述不得持有的企业股权的中层以上管理人员，自本意见印发后1年内应转让所持股份，或者辞去所任职务。在股权转让完成或辞去所任职务之前，不得向其持股企业增加投资。已持有上述不得持有的企业股权的其他职工晋升为中层以上管理人员的，须在晋升后6个月内转让所持股份。法律、行政法规另有规定的，从其规定。

（五）依法规范职工持股形式。国有企业改制，可依据《中华人民共和国公司法》等有关法律法规的规定，通过向特定对象募集资金的方式设立股份公司引入职工持股，也可

探索职工持股的其他规范形式。职工投资持股应当遵循自愿、公平和诚实守信、风险自担的原则，依法享有投资者权益。国有企业不得以企业名义组织各类职工的投资活动。

（六）明确职工股份转让要求。改制为国有控股企业的，批准企业改制单位应依据有关法律、行政法规对职工所持股份的管理、流转等重要事项予以明确，并在改制企业公司章程中作出规定。

（七）规范入股资金来源。国有企业不得为职工投资持股提供借款或垫付款项，不得以国有产权或资产作标的物为职工融资提供保证、抵押、质押、贴现等；不得要求与本企业有业务往来的其他企业为职工投资提供借款或帮助融资。对于历史上使用工效挂钩和百元产值工资含量包干结余以全体职工名义投资形成的集体股权现象应予以规范。

三、规范国有企业职工投资关联企业的行为

（八）关联企业指与本国有企业有关联关系或业务关联且无国有股份的企业。严格限制职工投资关联关系企业；禁止职工投资为本企业提供燃料、原材料、辅料、设备及配件和提供设计、施工、维修、产品销售、中介服务或与本企业有其他业务关联的企业；禁止职工投资与本企业经营同类业务的企业。

国有企业中已投资上述不得投资的企业的中层以上管理人员，自本意见印发后 1 年内转让所持股份，或者辞去所任职务。在股权转让完成或辞去所任职务之前，不得向其投资企业增加投资。已投资上述不得投资的企业的其他职工晋升为中层以上管理人员的，须在晋升后 6 个月内转让所持股份。

四、规范国有企业与职工持股、投资企业的关系

（九）国有企业剥离出部分业务、资产改制设立新公司需引入职工持股的，该新公司不得与该国有企业经营同类业务；新公司从该国有企业取得的关联交易收入或利润不得超过新公司业务总收入或利润的三分之一。通过主辅分离辅业改制设立的公司，按照国家有关规定执行。

（十）加强国有企业内部管理。国有企业要严格依照有关法律、行政法规规定，采取招投标方式择优选取业务往来单位，不得定向采购或接受职工投资企业的产品或服务，产品、服务交易应当价格公允。国有企业向职工投资企业提供资金、设备、技术等资产和劳务、销售渠道、客户资源等，应参考资产评估价或公允价确定有偿使用费或租赁费，不得无偿提供。不得向职工投资企业提供属于本企业的商业机会。

国有企业应当在年度财务报告中披露与职工投资企业构成关联交易的种类、定价、数量、资金总额等情况。

（十一）国有企业中层以上管理人员，不得在职工或其他非国有投资者投资的非国有企业兼职；已经兼职的，自本意见印发后 6 个月内辞去所兼任职务。

五、加强对国有企业职工持股、投资的管理和监督

（十二）严格执行企业改制审批制度。国有企业改制引入职工持股，必须履行批准

程序，严格执行国家有关规定。由集团公司批准的引入职工持股的企业改制，完成改制后须由集团公司将改制的相关文件资料报送同级国资监管机构备案。

（十三）国有企业是规范职工持股、投资的责任主体，要认真贯彻执行本意见各项要求，加强领导，认真组织，规范企业改制，强化内部管理，做好职工思想工作。各级国资监管机构要加强监督管理，对本意见的贯彻执行情况进行督促检查，发现违反本意见要求的，要立即予以制止和纠正，并按照相关规定追究有关责任人的责任。

关于贯彻落实《关于电力系统职工投资发电企业的意见》有关问题的通知

2008 年 6 月 4 日　国资发改革〔2008〕323 号

《关于印发〈关于规范电力系统职工投资发电企业的意见〉的通知》（国资发改革〔2008〕28 号，以下简称《意见》）印发后，有关电力企业反映在实际操作过程中遇到一些具体问题需要进一步明确。经研究，现就有关问题通知如下：

一、作为规范电力系统职工投资发电企业工作的责任主体，各有关电力企业要加强领导，周密部署，认真贯彻执行《意见》各项要求，在规定期限内完成有关职工股份的清退或转让工作。

二、涉及电力企业收购电力系统职工所持股份的，凡职工所持股份属于《意见》要求清退或转让范围内的，经国务院国资委确认后，可以不进行资产评估，收购价格按照审计后的净资产价值确定。

各有关电力企业要规范操作，切实维护职工合法权益，防止国有资产流失。同时，要做好职工的思想工作，确保职工队伍稳定和电力系统安全运行。

国务院国有资产监督管理委员会关于实施《关于规范国有企业职工持股、投资的意见》有关问题的通知

2009 年 3 月 24 日　国资发改革〔2009〕49 号

各中央企业，各省、自治区、直辖市及计划单列市和新疆生产建设兵团国资委：

国务院国资委《关于规范国有企业职工持股、投资的意见》（国资发改革〔2008〕139 号，以下简称《规范意见》）印发以来，有关中央企业和地方国资委反映在执行过

程中遇到一些具体问题需进一步明确。经研究，现就有关问题通知如下：

一、需清退或转让股权的企业中层以上管理人员的范围

《规范意见》所称国有企业，是指各级国有及国有控股（含绝对控股和相对控股）企业及其授权经营单位（分支机构）。企业中层以上管理人员是指国有企业的董事会成员、监事会成员、高级经营管理人员、党委（党组）领导班子成员以及企业职能部门正副职人员等。企业返聘的原中层以上管理人员、或退休后返聘担任中层以上管理职务的人员亦在《规范意见》规范范围之内。

二、涉及国有股东受让股权的基本要求

国有企业中层以上管理人员清退或转让股权时，国有股东是否受让其股权，应区别情况、分类指导。国有企业要从投资者利益出发，着眼于国有资产保值增值，结合企业发展战略，围绕主业，优先受让企业中层以上管理人员所持国有控股子企业股权，对企业中层以上管理人员持有的国有参股企业或其他关联企业股权原则上不应收购。企业中层以上管理人员所持股权不得向其近亲属，以及这些人员所有或者实际控制的企业转让。

三、国有股东收购企业中层以上管理人员股权的定价原则

经同级国资监管机构确认，确属《规范意见》规范范围内的企业中层以上管理人员，国有股东收购其所持股权时，原则上按不高于所持股企业上一年度审计后的净资产值确定收购价格。

四、国有企业改制违规行为的处理方式

经核查，国有企业在改制过程中，违反《国务院办公厅转发国务院国有资产监督管理委员会关于规范国有企业改制工作意见的通知》（国办发〔2003〕96 号）、《国务院办公厅转发国资委关于进一步规范国有企业改制工作实施意见的通知》（国办发〔2005〕60 号）等规定，有下列情况的，在实施《规范意见》时，必须予以纠正。

（一）购股资金来源于国有企业借款、垫付款项，或以国有产权（资产）作为标的通过保证、抵押、质押、贴现等方式筹集。改制为国有控股企业的，改制企业的国有产权持有单位中层以上管理人员违规所得股权须上缴集团公司或同级国资监管机构指定的其他单位（以下统称指定单位），其个人出资所购股权按原始实际出资与专项审计后净资产值孰低的价格清退；持有改制企业股权的其他人员须及时还清购股借、贷款和垫付款项；违规持股人员须将其所持股权历年所获收益（包括分红和股权增值收益，下同）上缴指定单位。改制为非国有企业的，国有产权持有单位参照上述规定进行纠正，也可通过司法或仲裁程序追缴其违规所得。

（二）纳入企业改制资产范围的国有实物资产和专利技术、非专利技术、商标权、商誉等无形资产，以及土地使用权、探矿权、采矿权、特许经营权等，全部或部分资产未经评估作价。改制企业的国有产权持有单位中层以上管理人员须按原始实际出资与专

项审计后净资产值孰低的价格清退所持股权，改制企业的国有产权持有单位管理层、改制企业管理层及参与改制事项其他人员须将其所持股权历年所获收益上缴指定单位；未经评估资产须进行资产评估作价，重新核定各股东所持股权。情况特殊的，也可经同级国资监管机构批准，采取其他方式进行纠正。

（三）无偿使用未进入企业改制资产范围的国有实物资产和专利技术、非专利技术、商标权、商誉等无形资产，以及土地使用权、探矿权、采矿权、特许经营权。国有产权持有单位应按资产评估价或同类资产的市场价确定租赁费，改制企业须补交已发生的租赁费。

对于故意转移、隐匿资产，或者在改制中通过关联交易影响企业净资产；向中介机构提供虚假资料，导致审计、评估结果失真，或者与有关方面串通，压低资产评估值以及国有资产折股价等违法违规行为要依法严肃查处，并依据《中央企业资产损失责任追究暂行办法》（国资委令第20号）的有关规定，追究该国有企业相关责任人责任。

五、进一步加强对股权清退转让的监督管理

各级国资监管机构要掌握所监管企业中层以上管理人员持股情况，督促相关企业严格规范有关人员持股行为。国有企业要对中层以上管理人员持股情况进行摸底，按《规范意见》和本通知的要求做好有关工作，要认真制订股权清退、转让方案，在规定的期限内完成工作，并将股权清退、转让方案和完成情况报同级国资监管机构备案；逾期不规范有关人员持股行为的，要追究当事人及企业负责人的责任，隐匿持股情况或不按要求进行规范的要严肃查处。

股权清退、转让的责任主体是国有企业。相关企业负责人要高度重视，认真做好有关人员的思想工作，保持企业稳定，促进企业健康发展。

国务院国有资产监督管理委员会办公厅关于继续做好规范国有企业职工持股、投资工作有关问题的通知

2009年7月31日　国资厅发改革〔2009〕78号

各中央企业：

国资委《关于规范国有企业职工持股、投资的意见》（国资发改革〔2008〕139号，以下简称《意见》）印发以来，中央企业认真贯彻《意见》精神，对职工持股情况进行摸底调查，积极开展规范国有企业职工持股、投资工作，部分企业已完成有关人员股权清退或转让工作。从前期工作进展情况来看，因国有企业职工持股有其历史成因，情况

复杂，规范难度较大，下一步在落实《意见》解决以往企业改制中形成的管理人员持股问题过程中，请结合实际，因企制宜，可适当延长期限，以保证规范工作的实效，维护企业稳定，促进企业健康发展。工作中有何问题，请及时与我委沟通。

关于开展中央企业非主业宾馆酒店分离重组工作有关问题的通知

2010 年 1 月 11 日　国资发改革〔2010〕6 号

为贯彻落实党的十七大和十七届三中、四中全会以及中央经济工作会议精神，进一步推进中央企业国有资本合理流动，优化资源配置，提升企业竞争力，根据《国务院办公厅转发国资委关于推进国有资本调整和国有企业重组指导意见的通知》（国办发〔2006〕97 号，以下简称 97 号文件）要求，国资委决定从 2010 年起开展中央企业非主业宾馆酒店（含宾馆、酒店、饭店、疗养院、度假村、培训中心、会议中心、接待中心等，下同）分离重组工作。现就有关问题通知如下：

一、充分认识开展中央企业非主业宾馆酒店分离重组工作的重要性

（一）推进非主业宾馆酒店分离重组是贯彻落实国务院要求的重要措施。97 号文件明确提出，要“围绕突出主业，积极推进企业非主业资产重组。要通过多种途径，使部分企业非主业资产向主业突出的企业集中，促进企业之间非主业资产的合理流动。”在 2008 年和 2009 年底召开的中央企业负责人会议上，国务院领导同志进一步要求，中央企业要以企业发展质量和效益为主线，更加注重调整优化布局结构，坚定不移发展主营业务，大力清理与主业无关的各类业务。开展中央企业非主业宾馆酒店分离重组，是贯彻落实国务院要求，进一步推进中央企业国有资本调整的一项重要工作。

（二）推进非主业宾馆酒店分离重组是中央企业优化资源配置的有效途径。国资委成立以来，围绕突出主业、做强主业，积极引导中央企业加强内部重组整合，剥离非主业资产和低效资产，中央企业内部资源配置不合理问题得到较大程度改善。但从整体看，中央企业内部资源整合力度还不够，还有相当一部分中央企业的非主业尚未与主业分离。积极推进非主业宾馆酒店分离重组，可以促进有效的非主业宾馆酒店资产向以宾馆酒店为主业的中央企业集中，有利于进一步优化资源配置，提高中央企业宾馆酒店资产的整体运行质量。

（三）推进非主业宾馆酒店分离重组是中央企业增强市场竞争力的现实要求。中央企业非主业宾馆酒店总体经营资质较低，经营规模较小，经济效益较差，且大部分亏损严重，长期依靠主业补贴维持运转。加快推进中央企业非主业宾馆酒店的分离重组，有利于遏制继续亏损的态势，防止国有资产进一步损失，有利于减少主业的经营负担，促进企业

集中主要精力，不断巩固和提升主业的竞争优势；有利于提高规模经济效应，促进以宾馆酒店为主业的中央企业增强实力，加快形成具有较强市场竞争力的行业领先企业。

二、开展中央企业非主业宾馆酒店分离重组工作的主要目标和基本原则

（一）主要目标。

积极推进中央企业所属宾馆酒店资产从非主业向主业合理集中，整体规划、分步实施、稳妥操作，力争用3～5年的时间，基本完成中央企业非主业宾馆酒店的分离重组工作，不以宾馆酒店为主业的中央企业基本不再经营宾馆酒店，同时培育几家具有较强国际竞争力的优势宾馆酒店企业集团。

（二）基本原则。

一是突出主业。中央企业要进一步调整完善企业发展战略和业务定位，围绕突出和精干主业，加快清理与主业不相关的各项业务，全面优化结构，不断提升主业核心竞争力。

二是行业推进。中央企业非主业宾馆酒店分离重组工作由国资委按行业整体推进，原则上同一行业的中央企业在同一年度集中实施；需分离重组的宾馆酒店数量较多、情况复杂的中央企业，可分批组织实施。

三是整体操作。原则上将纳入分离范围的非主业宾馆酒店从所属的中央企业打包整体分离，由接收的中央企业整体接收。具体操作时，可根据分离重组宾馆酒店的实际情况，经国资委批准后，采用不同方式组织分离。

四是适当补贴。发挥出资人主导和国有资本经营预算的引导支持作用，对积极参与非主业宾馆酒店分离重组工作的有关中央企业，由中央企业国有资本经营预算资金给予适当补贴。

五是规范实施。严格执行国家有关法律法规，确保分离重组工作规范有序进行，确保国有资产不流失，确保企业和职工队伍稳定。

三、中央企业非主业宾馆酒店分离重组的范围和方式

（一）范围。

中央企业及其各级子企业投资兴办的各类非主业宾馆酒店原则上均纳入分离重组范围。个别因工作需要不纳入分离重组范围的，须经国资委批准；其中拟保留对外经营的，盈利能力应当达到行业平均水平以上。

（二）方式。

中央企业非主业宾馆酒店分离重组原则上在中央企业之间进行。凡符合《关于印发〈企业国有产权无偿划转管理暂行办法〉的通知》（国资发产权〔2005〕239号，以下简称239号文件）规定条件的非主业宾馆酒店，采用国有产权（股权）无偿划转方式实施分离重组；不符合无偿划转条件的，可通过协议方式在中央企业之间实施转让；需通过市场方式转让的，须经国资委批准。对于经营亏损、扭亏无望的非主业宾馆酒店，以及通过以上方式难以实施分离重组的，经国资委批准，也可在中央企业内部自行处置。

中央企业非主业宾馆酒店的接收企业由国资委根据中央企业申请，经审核后确定。

原则上，接收企业应具备以下基本条件：一是经国资委核定以宾馆酒店或相关业务为主业，且企业发展战略和业务定位明确；二是宾馆酒店资产规模较大，盈利能力达到行业平均水平以上；三是宾馆酒店接待能力较强，拥有自身品牌优势；四是宾馆酒店经营管理人才较多，经营管理水平较高；五是具有较强的资源整合能力，已建立员工普遍认同的企业文化。国资委根据需要，也可选择其他中央企业作为接收企业。

四、中央企业非主业宾馆酒店分离重组工作的组织实施

（一）国资委统一规划和安排中央企业非主业宾馆酒店分离重组工作。根据中央企业布局结构调整总体要求和中央企业非主业宾馆酒店实际，先行推进关系国家安全和国民经济命脉的重要行业和关键领域的中央企业非主业宾馆酒店分离重组工作。其他行业和领域中央企业非主业宾馆酒店的分离重组工作，由国资委根据企业申请和分离重组工作实际情况，分步组织实施。

（二）国资委每年下达中央企业非主业宾馆酒店分离重组年度计划。列入当年计划的中央企业，要在做好各项基础工作的前提下，提出本企业非主业宾馆酒店分离工作方案（内容包括：宾馆酒店总体情况；拟纳入分离范围宾馆酒店名单及其资产、权益和人员状况，分离重组方式及理由；拟保留宾馆酒店名单、基本情况及保留理由；相关工作安排等），经法定程序通过后，报国资委批准。

（三）国资委对移交企业报送的分离重组工作方案进行审核。必要时国资委将组织对分离重组范围内有关宾馆酒店进行尽职调查，以核实资产、负债（含或有负债）等情况。对于尽职调查中发现存在严重问题的宾馆酒店，待问题处理后再进行分离。

（四）移交的中央企业按照国资委年度计划和批复的分离重组工作方案负责实施分离工作。以无偿划转方式实施分离重组的，由移交企业和国资委确认的接收企业，依照239号文件的规定，签订划转协议后，直接办理有关产权变动登记手续。以协议方式在中央企业之间转让或以市场方式转让的，按国家有关规定操作，有关转让和处置结果要及时报国资委备案。

（五）接收的中央企业按照接收重组工作方案负责实施接收重组工作。有关中央企业接收划转的宾馆酒店后，要全面加强管理，切实负起责任。要按照接收重组工作方案，根据接收划转的宾馆酒店实际情况，做好资产重组和人员安置工作。有关工作进展情况和重组成效应在接收划转的下一年末报国资委。

（六）国资委安排中央企业国有资本经营预算专项资金用于支持非主业宾馆酒店分离重组工作。对于按照国资委要求积极推进分离重组工作，采用无偿划转方式实施分离重组的移交企业，国资委将在有关工作完成后，根据实际情况，给予一定的资金补偿。对于接收的非主业宾馆酒店中因亏损、资不抵债企业较多，需投入较多重组资金的有关中央企业，国资委将在企业重组完成后，根据实际情况，给予适当的资金支持。

五、做好中央企业非主业宾馆酒店分离重组工作的有关要求

（一）加强组织领导。中央企业非主业宾馆酒店分离重组工作涉及面广、政策性强、情况复杂。各有关中央企业要高度重视，切实加强组织领导。要成立由本企业主要负责同志为组长的工作领导小组，明确具体牵头部门，落实相关工作责任。要抓紧做好所属非主业宾馆酒店的调查摸底和内部清理工作，并及时将有关情况报告国资委。

（二）严控新增投资。本通知印发后，不以宾馆酒店为主业的中央企业，未经国资委批准，不得再投资新建经营性的宾馆酒店，且不得对现有以及未来经批准保留经营的宾馆酒店自行处置、转让和追加任何形式的投资、借款、担保和补贴。

（三）加强考核管理。国资委将加强对中央企业非主业宾馆酒店分离重组工作的考核管理。对于因分离重组造成经营业绩较大变化的企业，国资委在企业负责人经营业绩考核认定时予以考虑。对于经批准保留经营非主业宾馆酒店的中央企业，国资委将按照同行业平均水平对其经营业绩进行考核，低于考核标准的，扣减相应考核分数，并不予保留其经营非主业宾馆酒店业务。

（四）加强监督检查。国资委将加大对中央企业非主业宾馆酒店分离重组工作的监督检查力度。派驻中央企业监事会将把中央企业非主业宾馆酒店分离重组工作作为加强当期监督工作的一项重要内容。国资委纪委将对中央企业非主业宾馆酒店分离重组工作中的违规违纪行为，依法予以严肃查处。

有关中央企业在落实非主业宾馆酒店分离重组工作过程中遇到的情况和问题，要及时报告国资委。中央企业根据本通知要求需报国资委的有关方案和报告，要同时抄送国资委派驻本企业监事会。

国务院国有资产监督管理委员会
关于建立国有企业改革重大事项
社会稳定风险评估机制的指导意见

2010 年 10 月 20 日　国资发〔2010〕157 号

各省、自治区、直辖市、新疆生产建设兵团及计划单列市国资委，各中央企业：

根据中共中央办公厅、国务院办公厅转发的《中央政法委、中央维护稳定工作领导小组关于深入推进社会矛盾化解、社会管理创新、公正廉洁执法的意见》（中办发〔2009〕46 号）精神，为从源头上预防和化解矛盾，维护企业和社会稳定，结合国有企业改革发展的实际情况，现就建立国有企业改革重大事项社会稳定风险评估机制提出如下指导意见：

一、充分认识建立国有企业改革重大事项社会稳定风险评估机制的重要意义

国有企业改革是经济体制改革的中心环节。近年来，各地各部门认真贯彻落实党中

央、国务院关于国有企业改革的方针政策，着眼于国有经济布局和结构调整，推进公司制股份制改革，大胆探索，勇于实践，国有企业改革取得了重大进展。与此同时，随着社会经济的发展，国有企业改革所处的内外部环境更加复杂，各种涉及职工切身利益的矛盾和不稳定风险仍然存在。

建立国有企业改革重大事项社会稳定风险评估机制，是推动科学发展、维护企业和社会稳定的现实需要，是坚持改革方向、深化国有企业改革的重要前提和保证，是落实改革政策、维护职工合法权益的制度保障。要充分认识建立社会稳定风险评估机制对从源头上预防和减少社会矛盾的重要性，把社会稳定风险评估作为国有企业改制重组、产权转让、关闭破产、厂办大集体改革、分离企业办社会职能等重大改革事项执行过程中的必要环节，科学识别、评价、应对和控制国有企业改革中的社会稳定风险，确保在风险可控的前提下推进改革。

二、基本原则

（一）坚持改革方向。

坚持国有企业改革的正确方向，毫不动摇地巩固和发展公有制经济，毫不动摇地鼓励、支持和引导非公有制经济发展。着力于国有经济布局和结构调整，着力于国有企业公司制股份制改革，保持经济平稳较快发展。

（二）坚持以人为本。

企业改革要着眼于企业的发展和职工的根本利益，处理好职工的眼前利益，保障职工各项民主权利；要争取职工支持改革、参与改革，让职工享受改革的成果。

（三）坚持源头治理。

注重改革政策的前瞻性和改革措施的协调性，建立重大改革事项决策的形成机制和科学公正公平的决策程序；进一步完善相关制度，做好社会稳定风险评估工作，把风险降到最低程度，从源头上预防和减少不稳定事件的发生。

（四）坚持统筹兼顾。

妥善处理改革发展稳定关系，把改革的力度、发展的速度与职工和社会的可承受程度结合起来；兼顾企业与所在地区、行业的稳定风险情况；注重企业改革政策的统筹协调，相互衔接。

三、明确责任主体，识别风险来源

（一）风险评估责任主体。

实施国有企业改革，产权持有人是进行社会稳定风险评估的责任主体。在企业改制重组、产权转让、关闭破产、厂办大集体改革、分离企业办社会职能等重大改革事项实施过程中，有关责任主体要对社会稳定风险进行评估，与企业所在地方政府有关部门密切协作，共同应对风险。对于社会稳定风险较大的事项，要积极化解，待风险可控后方可实施改革。

（二）风险评估的范围。

本意见所称国有企业改革风险评估范围，主要是指对国有企业改制重组、产权转让、关闭破产、厂办大集体改革、分离企业办社会职能等有关行为的风险评估。改革涉及职工切身利益，存在社会稳定风险，在实施前要对其内外部环境、利益相关方、改革方案、职工安置方案等重点环节和重要因素进行社会稳定风险评估。

1. 企业外部环境。包括宏观经济和政策环境、社会舆论环境、企业所处行业、所在地区人民群众对改革的承受能力等因素。

2. 企业内部环境。包括企业经营情况、管理水平；职工观念以及对改革的接受程度，对改革紧迫性和必要性的认识；职工对引入战略投资者，特别是民营企业的认同程度；职工对改革未来的预期等因素。

3. 企业管理层。包括企业管理层行为的合规性、对改革的支持程度等。

4. 改制重组、产权转让、关闭破产方案，厂办大集体改革方案和决策实施程序的合规性和合理性。

5. 职工切身利益。职工分流安置、劳动关系调整、经济补偿金支付、社会保险关系接续和偿还拖欠职工债务、补缴欠缴的社会保险费以及离退休人员社会化管理、相关待遇落实等。

6. 职工民主权利。包括维护职工的知情权、参与权、表达权和监督权，企业改制、产权转让等重大问题听取工会和职工意见，以及职工安置方案由职代会或职工大会审议通过的情况。

7. 债权人合法权益。按照有关法律规定，需告知债权人或征得债权人同意的，企业在采取有关改革措施前，应当告知债权人或征得债权人同意。

8. 战略投资者或产权受让方。包括其自身实力、对企业发展的战略规划、职工接受程度等。

9. 其他可能存在稳定风险的事项。

（三）风险评估的内容。

1. 合法性评估：是否符合国家有关法律法规，是否符合国有资产监管机构有关国有企业改革的政策规定。

2. 合理性评估：是否符合企业未来发展需要和职工的长期利益；是否兼顾不同群体的利益诉求；是否符合社会、企业和职工的承受能力；是否可能引起不同利益群体的攀比。

3. 可行性评估：是否经过可行性论证；改革和发展的人力、物力和财力成本是否在可承受的范围内；领导班子和各级负责人是否得力；职工群众是否接受和支持；实施方案是否周密、完善，具有可操作性和连续性。

4. 可控性评估：是否存在引发群体性事件的隐患；是否存在连带风险和隐患；是否有相应的风险监控措施和应急处置预案。

四、实施风险评估，确定风险等级

（一）制订评估方案，成立评估小组。

责任主体要把社会稳定风险评估作为实施重大改革事项的必要环节，在实施前制订科学、规范、详细、可操作的风险评估方案，吸收企业、企业所在地政府有关部门和专家参与，成立评估小组，负责具体评估工作的实施。

（二）掌握有关情况，识别风险来源。

责任主体要全面掌握评估事项的基本情况，并通过专家咨询、抽样调查、实地调研等形式广泛征求职工群众、维稳、信访等有关部门和社会有关方面的意见和建议。因地因企制宜、分类指导，找出可能引发不稳定的风险点。

（三）进行分析评估，形成评估报告。

责任主体要组织对风险来源进行认真分析预测。可采取定量和定性相结合的方式，建立设定参考指标体系，对评估事项的合法性、合理性、可行性和可控性进行全面分析研究；对于改革实施过程中可能引发的矛盾冲突的概率、负面影响程度和可能涉及的人员数量、范围和反应作出评估预测，形成评估报告，确定风险等级，提出对策建议，并制定相应的防范、化解和应急预案。

（四）确定风险等级。

事项风险可分为四个参考等级：

A 级事项：当前风险总体可控，实施过程中潜在风险较低，不存在明显的个别矛盾。

B 级事项：当前风险总体可控，实施过程中存在一定潜在风险，存在明显的个别矛盾。

C 级事项：当前存在明确的社会稳定风险，如实施可能引发一般不稳定问题。

D 级事项：当前存在较大的社会稳定风险，如实施可能引发较大不稳定问题。

五、进行科学决策，制定应对方案

责任主体根据风险评估报告进行决策前，应履行批准程序，听取企业所在地政府的意见，并协同有关部门制订风险应对预案，建立事前评估应对、事中跟踪监控、事后监督总结的全流程工作机制。

对当前风险可控，实施过程中潜在风险较低的 A 级事项可付诸实施。对当前风险可控，实施过程中存在一定潜在风险的 B 级事项，可付诸实施并在实施过程中密切关注并尽量化解潜在风险，做好预案。对当前存在一定社会稳定风险，如实施可能引发一般不稳定问题的 C 级事项，要认真落实解决矛盾、消除风险的具体措施，待不稳定风险消除后方可实施。对风险较大，短期内无法消除的 D 级事项，应暂缓实施，并考虑修改实施方案。

六、加强组织领导，维护社会稳定

各级国有资产监管机构及其所出资企业要高度重视国有企业改革的社会稳定风险评估工作，切实加强领导，肩负起促进发展、维护稳定的责任。要结合地区和企业实际，研究制订国有企业改革社会稳定风险评估的具体措施和方案，并认真严格落实。对未按照有关程序进行社会稳定风险评估或未根据风险评估报告相应落实防范和化解措施，造成国有资产流失、职工合法权益受损，引发大规模群体性事件的，有关责任主体要承担相应责任。

关于开展通信行业中央企业非主业宾馆酒店分离重组工作的通知

2010 年 3 月 26 日　国资改革〔2010〕209 号

根据《关于开展中央企业非主业宾馆酒店分离重组工作有关问题的通知》（国资发改革〔2010〕6 号，以下简称 6 号文件）精神和 2010 年 2 月 9 日召开的中央企业非主业宾馆酒店分离重组工作视频会议要求，结合通信行业中央企业的实际情况，经研究，决定从 2010 年 4 月起开展通信行业中央企业非主业宾馆酒店分离重组工作。

请你们按照 6 号文件精神和视频会议要求，做好本企业所属非主业宾馆酒店的调查摸底和核查清理工作，抓紧研究制订分离工作方案（方案主要内容见附件），履行内部程序决策后，于 2010 年 5 月底前报送国资委。

推进通信行业中央企业非主业宾馆酒店分离重组工作，是国资委根据中央企业非主业宾馆酒店分离重组工作总体规划作出的一项重要部署。请你们高度重视，精心组织，积极稳妥有序推进各项工作。工作中遇到的情况和问题，请及时向国资委改革局反馈。

联系人：杨立新、刘　虹

电　话：010－63193205、63193675

传　真：010－63193111

附件：通信行业中央企业非主业宾馆酒店分离工作方案主要内容

附件：

通信行业中央企业非主业宾馆酒店分离工作方案主要内容

一、总体方案

（一）本企业基本情况。

（二）本企业所属全部非主业宾馆酒店类单位的主要指标汇总情况。具体包括：截止到 2009 年底，宾馆酒店类单位数量，汇总后的资产、负债、所有者权益（其中归属于母公司所有者权益）情况；2009 年实现营业收入和利润总额情况；2009 年年末从业人员情况。

（三）拟采用不同分离（处置）方式的非主业宾馆酒店类单位的主要指标（同上）分类汇总情况。

（四）本企业组织推进所属非主业宾馆酒店分离重组工作的有关安排。包括：负责有关工作的领导小组人员名单、具体牵头部门、有关工作联系人；有关保障措施和其他工作安排等。

二、分户方案

（一）分户的宾馆酒店类单位的主要情况。内容包括：

1. 历史沿革及注册登记情况。

2. 股权构成及股东情况。

3. 基本建设情况。包括：投入使用年月，客房数、可接待住宿人数、可接待会议人数，配套设施情况，建筑物面积、占地面积等情况。

4. 2009 年的财务状况。

5. 2009 年的经营情况。应包括对集团内营业收入、GOP 经营毛利润、客房入住率等情况。

6. 从业人员情况。应包含截至 2009 年末从业人员人数及分类情况。

7. 其他情况。包括：地理位置及交通情况，星级和营业资质情况，占用建筑物、土地的权属、证照情况，酒店管理方式等情况。

（二）存在的主要问题。包括：土地、建筑物等资产权属未清、证照不全问题，有关资产、设施混用问题，涉及法律诉讼、担保、抵押问题等。

（三）拟采用分离的方式及理由。除采用无偿划转方式实施分离外，对拟通过协议转让和挂牌出售方式实施分离的、个别因工作需要拟保留的和拟在本企业内部处置的，均应详细说明理由。其中对拟保留并继续从事对外经营的，应提供中介机构出具的 2007、2008、2009 年度的审计报告；对拟在本企业内部处置的，应说明具体处置方式。

（四）主要存在问题的解决方案和措施。

三、其他需要说明的问题

关于推动中央企业规范做好厂办大集体改革工作有关事项的通知

2011 年 8 月 23 日　国资发分配〔2011〕111 号

有关中央企业（名单附后）：

为贯彻落实《国务院办公厅关于在全国范围内开展厂办大集体改革工作的指导意

见》（国办发〔2011〕18号，以下简称18号文件）精神，现就推动中央企业规范做好厂办大集体改革工作的有关事项通知如下：

一、中央企业可以用于支付改革成本的主要资产项目和方式

（一）厂办大集体改革所需费用首先应当以集体净资产或者有效资产支付，不足部分除按照规定争取财政补助外，主办国有企业可以根据实际情况给予适当补助。

（二）厂办大集体净资产支付改革成本后如有剩余，剩余部分作为主办国有企业持有改制企业的股权，也可以向改制企业的员工或者外部投资者转让，转让收益归主办国有企业所有。

（三）主办国有企业可以补助的资产项目主要包括：

1. 厂办大集体长期使用的主办国有企业的固定资产可以用于厂办大集体企业安置职工所需的费用。

2. 厂办大集体使用的主办国有企业的行政划拨土地，经所在地县级以上人民政府批准，可以将土地使用权与主办国有企业分割后确定给改制企业以划拨方式使用；不符合划拨用地目录条件的，应当依法办理土地有偿使用手续，土地出让收益可以用于支付职工安置费用。

3. 厂办大集体与主办国有企业之间至资产评估基准日前发生的一个经营年度以上的债权、债务可以进行轧差处理。轧差后厂办大集体欠主办国有企业的债务，在厂办大集体净资产不足以安置职工时，由主办国有企业予以豁免，并用于支付安置职工所需的费用。

4. 厂办大集体净资产不足以支付解除在职集体职工劳动关系经济补偿金的，除中央财政按照规定补助外，主办国有企业应当承担其余所需资金。

5. 按照地方人民政府规定收取的退休人员一次性移交社会化管理费用的缺口部分，以及困难厂办大集体改革工作组织、评估费用的缺口部分，主办国有企业可以予以补助。

6. 其他经有关部门批准可以支付的资产项目。

二、厂办大集体改革支付和预留成本的有关问题

（一）中央企业厂办大集体改革中支付和预留的改革成本项目和费用标准，应当按照《中华人民共和国劳动合作法》、18号文件、原国家经贸委等八部门《印发〈关于国有大中型企业主辅分离辅业改制分流安置富余人员的实施办法〉的通知》（国经贸企改〔2002〕859号）及其配套文件《关于进一步明确国有大中型企业主辅分离辅业改制有关问题的通知》（国资分配〔2003〕21号）、《关于中央企业主辅分离辅业改制分流安置富余人员资产处置有关问题的通知》（国资发产权〔2004〕9号）、《关于进一步规范国有大中型企业主辅分离辅业改制的通知》（国资发分配〔2005〕250号），以及厂办大集体所在地人民政府相关规定执行。

（二）对于停产、关闭等长期处于非正常经营情况下的厂办大集体企业，部分在职集体职工解除劳动合同时的工资标准难以确定的，经济补偿金的月工资计算标准可以根据所在地人民政府或者中央企业的有关规定确定。

（三）与主办国有企业签订劳动合同并派往厂办大集体工作的职工参与厂办大集体改制的，其经济补偿金或者预留费用可以由主办国有企业支付。

（四）中央企业应当对预留费用制订出切实可行的管理办法，设立专户进行专项管理，明确管理机构和管理责任，确保有关费用按时、足额支付。

三、中央企业用于支持改革有关费用的处理方式

（一）中央企业用于支持厂办大集体改革的部分资产、费用可以申请核销国有权益。

中央企业使用厂办大集体长期占用的主办国有企业固定资产、土地等国有资产支付改革成本的，可以采取核销国有权益的方式处理。中央企业使用轧差后豁免厂办大集体所欠主办国有企业债务支付改革成本的，对于账龄较长，且已按照规定在以前年度提足坏账准备的，按照现行会计制度的程序核销；对于扣除坏账准备后余额仍较大，且主办国有企业在当期费用中承担确有困难的，可以采用核销国有权益的方式处理。

中央企业需核销国有权益的，应当根据厂办大集体改革实际进展情况，对按照规定完成资产处置的厂办大集体分批次汇总后报送我委，并需报送以下材料：

1. 中央企业关于补助厂办大集体改革成本核销国有权益的申请文件；
2. 有关部门批准中央企业厂办大集体改革实施方案的文件；
3. 中央企业关于厂办大集体职工安置各项支付和预留费用情况的认定文件；
4. 中央企业关于资产评估结果的认定文件、备案表；
5. 中介机构关于资产处置、各项支付和预留费用情况的专项审计报告；
6. 申请核销国有权益情况汇总表；
7. 其他需要提供的材料。

（二）中央企业补助厂办大集体改革的有关费用，可以计入主办国有企业当期费用，并可以申请在我委对中央企业当年度业绩考核中将有关费用认定为业绩利润。

中央企业需认定业绩利润的，应当根据厂办大集体改革实际进展情况，对按照规定完成资产处置的厂办大集体分批次汇总后报送我委，并需报送以下材料：

1. 中央企业关于补助厂办大集体改革有关费用认定为业绩利润的申请文件；
2. 有关部门批准中央企业厂办大集体改革实施方案的文件；
3. 中央企业关于厂办大集体职工安置各项支付和预留费用情况的认定文件；
4. 中央企业关于资产评估结果的认定文件、备案表；
5. 中介机构关于资产处置、各项支付和预留费用情况的专项审计报告；
6. 申请认定业绩利润情况汇总表；
7. 其他需要提供的材料。

对于厂办大集体改革成本负担较重，计入当期费用对企业生产经营影响较大的中央企业，可以采用分期负担的方式解决。任期结束后，我委将根据企业实际支付费用的认

定情况，对任期考核指标完成情况进行调整。

（三）对于特别困难而厂办大集体改革任务又较重的中央企业，在落实中央和地方各项支持政策后，企业自身难以承担的部分，国有资本经营预算可以根据实际情况给予一定补贴。

四、有关工作要求

（一）有关中央企业要切实做好所属厂办大集体改革的组织工作，做好方案制订、组织实施、维护稳定等各项工作。按照《国务院关于同意东北地区厂办大集体改革试点工作指导意见的批复》（国函〔2005〕88号）有关规定参加东北地区厂办大集体改革试点的中央企业，厂办大集体改革可以继续在试点所在地人民政府统一组织下进行，有关资产处置等问题可以执行本通知的有关规定。

（二）有关中央企业应当对厂办大集体改革负起领导责任，严格执行国家有关规定，认真履行各项工作程序，防止国有及集体资产损失。要明确界定厂办大集体资产、人员范围，按照有关法律法规和政策规定确定职工安置标准。要组织做好厂办大集体改革涉及的相关资产清查、审计和评估等各项工作，妥善选择评估机构。中央企业要负责对厂办大集体资产评估结果予以确认和对主办国有企业用于支付改革成本的固定资产、土地等资产评估结果予以备案。具备条件的，有关资产应当进入产权交易市场进行交易。

（三）有关中央企业要高度重视并积极推进厂办大集体改革，主动与所在地人民政府建立工作联系，了解地方改革进展情况，争取与地方厂办大集体改革工作同步推进，取得地方人民政府对中央企业厂办大集体改革的支持。

（四）有关中央企业若在厂办大集体改革中遇到问题，请及时向我委反映。

关于印发《中央企业做强做优、培育具有国际竞争力的世界一流企业要素指引》的通知

2013年1月31日　国资发改革〔2013〕17号

各中央企业：

《中央企业做强做优、培育具有国际竞争力的世界一流企业要素指引》已经第125次国资委主任办公会议审议通过，现印发给你们，请认真学习宣贯并结合实际组织实施。为更好地理解把握指引内涵，做好学习贯彻工作，要求如下：

一、深刻领会实质要求，打造一流能力体系

做强做优、培育具有国际竞争力的世界一流企业是“十二五”乃至更长时期中央企业改革发展的核心目标。朝着核心目标扎实迈进并促进企业基业常青，必须打造具有持续竞争优势和卓越价值创造能力的核心能力体系。各中央企业要正确理解把握核心目标内涵，并可将要素体系及其配套实务指南作为共性与重要依据，作为指导或参照，打造一流核心能力体系。

二、紧密结合企业实际，完善一流要素体系

本指引提出的要素体系从中央企业整体出发，突出做强做优、培育世界一流的战略性、关键性与普适性等特征。各中央企业可以此为基础，根据企业实际情况，研究确定是否调整完善要素体系，对新增加的要素，应研究确定达到要素目标的基本标准以及实现的有效途径和关键举措，从而形成切合企业实际、具有企业特色的要素体系，以增强其针对性、指导性和有效性。

三、全面提升管理水平，形成一流支撑体系

未纳入要素体系的其他工作尤其是基础管理工作是做好要素体系的重要基础和有效支撑。企业既要着力抓好要素体系，又要重视抓好其他工作尤其是基础管理工作，形成相互促进的、一流的支撑体系，使做强做优、培育世界一流工作沿着正确的方向系统推进，不断取得实效。

四、“两个指引”有机结合，构建一流工作体系

对标是实现核心目标的必要举措和有效阶梯。为指导企业围绕、瞄准核心目标开展对标，国资委制定了《中央企业做强做优、培育具有国际竞争力的世界一流企业对标指引》。企业应将“两个指引”有机结合起来，将对标作为做强做优、培育世界一流的重要工作抓手，通过对标找准短板和差距，完善细化要素体系，并以此为指导开展对标工作，推动企业经营管理水平整体提升。

五、加强宣贯凝聚共识，培育一流理念体系

各中央企业要加强对“两个指引”的宣贯培训，加强对同行业以及其他行业世界一流企业的研究分析和借鉴，使员工特别是各级管理人员正确认识做强做优的实质内涵，正确认识什么是世界一流企业、如何建设世界一流企业，培育形成指导和支撑一流工作的先进理念体系并转化为正确的决策管理行为，引导企业不断做强做优、朝着世界一流的目标稳步推进。

附件：中央企业做强做优、培育具有国际竞争力的世界一流企业要素指引

附件：

中央企业做强做优、培育具有国际竞争力的世界一流企业要素指引

第一章　公司治理

【目标】公司治理各组成部分权责明确、各司其职、有效制衡、协调运转，形成科学高效的决策、执行、监督体系，保障企业拥有持续竞争优势和卓越价值创造能力，引领企业不断做强做优、向着具有国际竞争力的世界一流企业目标扎实迈进。

【指导原则】加快公司制股份制改革，推进国有资本和股权结构战略调整，优化公司治理基础。依法合规，诚实守信，兼顾股东和相关方利益，促进企业价值最大化。既体现中国和国有企业特色，又借鉴国际标准和最佳实践，既加强结构与制度建设，又致力于优秀企业家、高管团队和核心理念的培育建设，既有效制衡，又力求高效，既注重激励，又依规问责，促进科学治理。

【董事会建设】完善外部董事占多数的董事会建设，选聘具有全球视野和创新思维、管理经验丰富或专业精湛、决策能力强并能承担决策责任、勤勉尽职又谨遵法度的人为董事，优化董事队伍知识能力结构。加强制度建设，完善基础工作，使董事及董事会决策信息对称，审议讨论充分，战略管控到位，沟通协调顺畅，风险控制有效。充分发挥专门委员会的功能。选聘、造就高素质经理层，激发其积极性创造性。

【领导力提升】塑造并恪守立意高远、能够凝聚共识、指引方向、内生动力的企业使命、核心价值观和愿景，以此为内核培育企业文化、指导发展战略、制订行为规范。高层管理者要以身作则。增强组织学习力，提升执行力、创新力，并转化为持续竞争力和卓越绩效。营造员工聪明才智得以充分发挥、富有成就感和人才辈出的机制环境，完备领导人才开发与继任计划，支撑企业可持续发展。

【有效监督】加强董事会对重大决策执行的监督。完善监事会功能，提高监督的效果。充分发挥外派监事会的优势和作用，并随着改革深化不断完善创新。有效利用、整合企业内外各类监督资源，强化监督的独立性、权威性、协同性，为企业改革管理发展提供有力保障。

附：公司治理要素逻辑框架表

目标	治理结构目标	公司治理各组成部分权责明确、各司其职、有效制衡、协调运转，形成科学高效的决策、执行、监督体系
	治理绩效目标	保障企业拥有持续竞争优势和卓越价值创造能力，引领企业不断做优做强、向着具有国际竞争力的世界一流企业目标扎实迈进

续表

<table>
<tr><td rowspan="3">指导原则</td><td>优化治理基础</td><td>加快公司制股份制改革，推进国有资本和股权结构战略调整</td></tr>
<tr><td>基本原则</td><td>依法合规，诚实守信。
兼顾股东和相关方利益，促进企业价值最大化</td></tr>
<tr><td>兼容互补</td><td>既体现中国和国有企业特色，又借鉴国际标准和最佳实践，既加强结构与制度建设，又致力于优秀企业家、高管团队和核心理念培育建设，既有效制衡，又力求高效，既注重激励，又依规问责</td></tr>
<tr><td rowspan="3">关键举措</td><td>董事会建设</td><td>①完善外部董事占多数的董事会建设，选聘具有全球视野和创新思维、管理经验丰富或专业精湛、决策能力强并能承担决策责任、勤勉尽职又谨遵法度的人为董事，优化董事队伍知识能力结构；
②加强制度建设，完善基础工作，使董事及董事会决策信息对称，审议讨论充分，战略管控到位，沟通协调顺畅，风险控制有效；
③充分发挥专门委员会的功能；
④选聘、造就高素质经理层，激发其积极性创造性</td></tr>
<tr><td>领导力提升</td><td>①塑造并恪守企业使命、核心价值观和愿景，以此为内核培育企业文化、指导发展战略、制订行为规范；
②高层管理者以身作则；
③增强组织学习力，提升执行力、创新力；
④营造员工聪明才智得以充分发挥、富有成就感和人才辈出的机制环境，完备领导人才开发与继任计划</td></tr>
<tr><td>有效监督</td><td>①加强董事会对重大决策执行的监督；
②完善监事会功能，提高监督的效果；
③充分发挥外派监事会的优势和作用，不断完善创新；
④有效利用、整合监督资源，强化独立性、权威性、协同性</td></tr>
<tr><td colspan="2">要素关联度</td><td>☆☆☆☆：社会责任
☆☆☆：人才开发与企业文化、业务结构、风险管理、绩效衡量与管理
☆☆：集团管控、管理与商业模式
☆：其他5个要素</td></tr>
</table>

注：☆号表示关联度，☆号越多关联度越高，供研究与运用参考，下同。

第二章　人才开发与企业文化

【目标】通过培育富有激励、具有特色、积极向上的企业文化和构建高端引领、结构合理、素质优良的人才队伍体系，实现人与文化的和谐发展、整体提升，为做强做优、培育具有国际竞争力的世界一流企业提供有效支撑保障。

【指导原则】企业文化和人才开发应与发展战略相互适应，成为企业软实力和核心竞争力的重要源泉。企业文化应体现先进的价值主张，与管理制度、流程相融合。促进人才优先发展，梯次结构科学合理。

【人才开发】制订并不断完善人才发展规划。建立量才选用、人尽其才的动态管理机制，逐步实现人才资源的全球优化配置。打造具有全球视野和战略思维的高层领导人才、科技领军人才、复合型管理人才、职业化专业人才和高素质技能人才队伍。健全培训开发体系，制订职业生涯规划，促进员工全面发展。以能力和绩效为核心，完善考核评价体系，健全薪酬激励机制，促使员工能力与企业业绩相互促进、提升。

【文化培育】以责任、创新、卓越为核心元素，塑造各具特色的企业文化，充分发挥引导、凝聚、激励、规范等作用。培育文化对战略的匹配能力，对人才开发潜移默化的影响力以及持续向外部环境学习的导向作用。以领导垂范为基础、全员践行为目标，建设有效的企业文化传播与落地系统。

【支撑保障】建立以一流文化吸引一流人才、一流人才成就一流文化的相互支撑促进的体制机制。构建高层团队积极推动、各级管理者共同承担的责任体系和资源保障体系，形成专业化的管理团队和职能机构，健全评价体系，创新方式方法，推动人才开发与企业文化建设持续优化改善。

附：人才开发与企业文化要素逻辑框架表

<table>
<tr><td rowspan="3">目标</td><td>人才目标</td><td>构建高端引领、结构合理、素质优良的人才队伍</td></tr>
<tr><td>文化目标</td><td>培育富有激励、具有特色、积极向上的企业文化</td></tr>
<tr><td>整体绩效目标</td><td>人与文化和谐发展、整体提升，为做强做优、培育具有国际竞争力的世界一流企业提供有效支撑与保障</td></tr>
<tr><td rowspan="3">指导原则</td><td>战略契合</td><td>与发展战略相互适应，成为软实力和核心竞争力重要源泉</td></tr>
<tr><td>企业文化原则</td><td>企业文化应体现先进的价值主张，与管理制度、流程相融合</td></tr>
<tr><td>人才开发原则</td><td>促进人才优先发展，梯次结构科学合理</td></tr>
<tr><td rowspan="2">关键举措</td><td>人才开发</td><td>①制订并不断完善人才发展规划；
②建立量才选用、人尽其才的动态管理机制；
③打造五类人才：全球视野和战略思维的高层领导人才、科技领军人才、复合型管理人才、职业化专业人才、高素质技能人才；
④促进全面发展：健全培训开发体系，制订职业生涯规划；
⑤评价激励机制：以能力和绩效为核心，完善考核评价体系，健全薪酬激励机制，促使员工能力与企业业绩相互促进、提升；
⑥逐步实现人才资源全球优化配置</td></tr>
<tr><td>文化培育</td><td>①以责任、创新、卓越为核心元素，塑造各具特色的企业文化；
②充分发挥引导、凝聚、激励、规范等作用，培育文化对战略的匹配能力，对人才开发潜移默化的影响力以及持续向外部环境学习的导向作用；
③领导垂范为基础、全员践行为目标，建设有效的企业文化传播与落地系统</td></tr>
<tr><td colspan="2">支撑保障</td><td>①体制机制：建立以一流文化吸引一流人才、一流人才成就一流文化的相互支撑促进的体制机制；
②组织资源保障：构建高层团队积极推动、各级管理者共同承担的责任体系和资源保障体系，形成专业化管理团队和职能机构；
③持续优化：健全评价体系，创新方式方法，推动人才开发与企业文化建设持续优化改善</td></tr>
<tr><td colspan="2">要素关联度</td><td>☆☆☆：公司治理、管理与商业模式
☆☆：自主研发、集团管控、风险管理、国际化、社会责任
☆：其他 5 个要素</td></tr>
</table>

第三章 业务结构

【目标】核心业务及业务结构基于国家战略、国有经济布局结构调整发展战略和企业总体战略而确定，在国内外同行业具有较强竞争优势和价值创造能力，能够保障企业可持续发展，具备条件的要努力成为行业引领者和价值链整合者。

【指导原则】推动国有资本向关系国家安全和国民经济命脉的重要行业和关键领域集中，向附加值高、具有较强带动力和影响力的产业链高端领域延伸，统筹兼顾现有核心业务、发展业务和战略性新兴业务。以建设强有力的核心能力体系为支撑，充分发挥集团整体效能，促进整体价值最大化。通过结构调整和发展方式转变赢得主动、赢得优势、赢得未来。

【核心业务】根据市场与客户需求、自身核心能力确定企业发展战略，根据发展战略和发展阶段确定核心业务区。通过剥离、整合、并购、联盟等措施调整存量，突出、优化核心业务。将增量资源集中或优先配置于核心业务区。通过向与核心业务紧密关联的服务业特别是现代服务业延伸、产融结合以及可带来良好现金流的业务组合，支撑、促进核心业务发展。推动非核心业务、不具备优势的资产向优势企业合理流动。

【新兴产业】把发展战略性新兴产业作为承担国家赋予的重要使命、赶超世界一流的历史机遇、谋划长远发展的关键举措，集中力量，合作创新，重点突破，率先掌握一批核心技术，逐步实现产业化。

【支撑保障】培育具有企业特色和竞争优势的核心能力体系，着力增强自主创新能力，努力提高资源配置与业务整合能力，强化集团管控和风险防范能力，保持健全的财务结构。

附：业务结构要素逻辑框架表

<table>
<tr><td rowspan="2">目标</td><td>契合战略</td><td>根据国家战略、国有经济布局结构调整发展战略和企业总体战略确定核心业务及业务结构</td></tr>
<tr><td>绩效目标</td><td>在国内外同行业具有较强竞争优势和价值创造能力，保障企业可持续发展，具备条件的要努力成为行业引领者和价值链整合者</td></tr>
<tr><td rowspan="4">指导原则</td><td>战略调整</td><td>向关系国家安全和国民经济命脉的重要行业和关键领域集中，向附加值高、具有较强带动力和影响力的产业链高端领域延伸</td></tr>
<tr><td>统筹兼顾</td><td>统筹兼顾现有核心业务、发展业务和战略性新兴业务</td></tr>
<tr><td>突出整体优势</td><td>以建设强有力的核心能力体系为支撑，发挥集团整体效能，促进整体价值最大化</td></tr>
<tr><td>调结构转方式</td><td>通过结构调整和发展方式转变赢得主动、赢得优势、赢得未来</td></tr>
</table>

续表

关键举措	核心业务	①基于市场与客户需求、自身核心能力确定发展战略，根据发展战略和发展阶段确定核心业务区； ②通过剥离、整合、并购、联盟等手段调整存量，突出、优化核心业务； ③增量资源集中或优先配置于核心业务区； ④通过向与核心业务紧密关联的服务业特别是现代服务业延伸、产融结合以及可带来良好现金流的业务组合，支撑、促进核心业务发展； ⑤推动非核心业务、不具备优势的资产向优势企业合理流动
	新兴产业	①发展战略性新兴产业是国家赋予的重要使命，是赶超世界一流的历史机遇，是谋划长远发展的关键举措； ②集中力量，合作创新，重点突破，率先掌握一批核心技术，逐步实现产业化
支撑保障		①培育具有企业特色和竞争优势的核心能力体系，着力增强自主创新能力，努力提高资源配置与业务整合能力； ②强化集团管控和风险防范能力； ③保持健全的财务结构
要素关联度		☆☆☆：公司治理、自主研发、管理与商业模式、社会责任 ☆☆：自主品牌、集团管控、风险管理、并购重组、国际化、绩效衡量与管理 ☆：其他 2 个要素

第四章　自 主 研 发

【目标】企业应不断提升和保持自主创新能力，使核心业务、主导产品拥有自主知识产权的核心技术，支撑、带动产品乃至产业升级，适应和创造市场需求，具备条件的要努力成为国际标准的制定者、主导者。

【指导原则】根据国家战略、市场需求与企业实际，以自主创新、重点跨越、支撑发展、引领未来为指导，着力增强原始创新，积极推进集成创新，技术引进着眼于提升自主创新能力，更加注重协同创新，构建企业为主体、产学研相结合的开放的技术创新体系。

【路径举措】加强自主创新体系建设，形成前瞻性研究、应用基础研究、技术开发与转化相配套的梯次研发结构。运用先进适用技术和高新技术改造提升传统产业，在战略性新兴产业领域依靠自主创新实现技术跨越、抢占先机。充分利用外部创新资源，通过战略联盟、合作、并购等多种途径提升企业自主创新能力，逐步实现研发资源全球优化配置。研究制订有效的市场进入策略和商业模式，实现新技术新产品新业务的产业化、规模化发展。

【能力建设】造就具有战略眼光、创新精神的企业家和科技领军人才队伍，打造目标导向、组织灵活、运作高效的创新团队。持续加大研发投入，能够有力支撑自主创新能力提升、“做强做优、世界一流”目标的实现。围绕核心业务领域和未来发展方向，健全研发组织管理体系，加强研发平台建设，实施知识产权战略。有条件的企业可设立以战略性、前瞻性和关键技术研究为重点的中央研究院。借助信息化、网络化平台，构建高效集成的协同研发体系，加强知识管理和标准化体系建设。

【机制文化】营造敢为人先、争创一流、崇尚创新、宽容失败的创新文化，激发科研人员乃至全体员工的创新热情，并以技术入股、分红权等有效措施和政策体系，形成鼓励创新的长效激励机制，促使人才价值与企业价值融合统一。

附：自主研发要素逻辑框架表

<table>
<tr><td rowspan="2">目标</td><td>核心技术目标</td><td>核心业务、主导产品拥有自主知识产权的核心技术；
具备条件的要努力成为国际标准的制定者、主导者</td></tr>
<tr><td>市场绩效目标</td><td>产品、产业不断升级，能够适应并创造市场需求</td></tr>
<tr><td rowspan="3">指导原则</td><td>工作方针</td><td>根据国家战略、市场需求与企业实际，以自主创新、重点跨越、支撑发展、引领未来为指导</td></tr>
<tr><td>自主创新</td><td>着力增强原始创新，积极推进集成创新，技术引进着眼于提升自主创新能力，更加注重协同创新</td></tr>
<tr><td>体系建设</td><td>构建企业为主体、产学研相结合的开放的技术创新体系</td></tr>
<tr><td colspan="2">实现路径与关键举措</td><td>①自主创新体系：形成前瞻性研究、应用基础研究、技术开发与转化相配套的梯次研发结构；
②促进转型升级：运用先进适用技术和高新技术改造提升传统产业，战略性新兴产业领域依靠自主创新实现技术跨越、抢占先机；
③利用外部资源：通过战略联盟、合作、并购等多种途径提升企业自主创新能力，逐步实现研发资源全球优化配置；
④市场化产业化：研究制订有效的市场进入策略和商业模式，实现新技术新产品新业务的产业化、规模化发展</td></tr>
<tr><td rowspan="2">支撑保障</td><td>能力建设</td><td>①队伍建设：造就具有战略眼光、创新精神的企业家和科技领军人才队伍，打造目标导向、组织灵活、运作高效的创新团队；
②研发投入：持续加大投入，能够有力支撑自主创新能力提升、“做强做优、世界一流”目标的实现；
③组织保障：围绕核心业务领域和未来发展方向健全研发组织管理体系，加强研发平台建设，实施知识产权战略。有条件的企业可设立以战略性、前瞻性和关键技术研究为重点的中央研究院；
④基础管理：借助信息化、网络化平台构建协同研发体系，加强知识管理和标准化体系建设</td></tr>
<tr><td>机制文化</td><td>①文化：营造敢为人先、争创一流、崇尚创新、宽容失败的文化；
②机制：以技术入股、分红权等有效措施和政策体系，形成鼓励创新的长效激励机制</td></tr>
<tr><td colspan="2">要素关联度</td><td>☆☆☆：人才开发与企业文化、管理与商业模式、风险管理
☆☆：业务结构、自主品牌、信息化、并购重组
☆：其他 5 个要素</td></tr>
</table>

第五章　自主品牌

【目标】把自主品牌作为企业软实力和无形资产核心组成部分，通过实施品牌战略，努力使企业品牌成为具有卓越价值创造力、国际竞争力和可持续发展能力的有效保障和显著标志。

【指导原则】持续关注客户利益、需求与变化，以一流的产品质量、服务和研发为基础，实施有效的品牌规划、管理和传播，建设具有持久生命力的强势品牌。

【品牌推广】以企业整体发展战略和竞争战略为指导，充分开展市场、客户和竞争对手调研分析，研究制订以品牌知名度为基础、美誉度为核心、定位准确、着眼前瞻价值的品牌规划及推广方案，并根据市场变化、环境变迁、科技变革动态优化。

【实施要点】企业主要负责人及各级管理者要把品牌建设作为提升核心竞争力关键举措给予高度重视，通过内强素质、外塑形象，使组织各单元和每一个员工都成为一流品牌的坚强支撑和有效承载体。整合行业与社会力量，发挥专业机构作用，搞好品牌策划。合理运用传播手段，高度关注和有效利用新兴传媒影响，提高品牌社会接受力和影响力。制定和完善品牌危机防范预案，形成快捷灵敏的响应机制。

【支撑保障】健全组织机构，促进品牌管理部门与生产、研发、营销等相关部门的高效协同。以合理预算保障品牌建设。加强品牌知识产权的保护、品牌维护的监督，适时全面评估品牌管理的有效性，不断完善品牌保障体系。

附：自主品牌要素逻辑框架表

<table>
<tr><td rowspan="2">目标</td><td>品牌战略定位</td><td>实施品牌战略，使自主品牌成为软实力和无形资产核心组成部分</td></tr>
<tr><td>品牌绩效目标</td><td>企业品牌要成为具有卓越价值创造力、国际竞争力和可持续发展能力的有效保障和显著标志</td></tr>
<tr><td rowspan="2">指导原则</td><td>品牌建设驱动力</td><td>客户利益、需求与变化是品牌建设主要驱动源，因而要持续关注</td></tr>
<tr><td>品牌建设基础与重点</td><td>①持续一流的产品质量、服务和研发是基础；
②实施有效的品牌规划、管理和传播</td></tr>
<tr><td rowspan="2">关键举措</td><td>品牌推广</td><td>研究制订和实施品牌规划及推广方案，要
——以整体发展战略和竞争战略为指导；
——以充分的市场、客户和竞争对手调研分析为基础；
——以知名度、美誉度、定位准确和着眼前瞻价值为重要内容；
——并根据市场变化、环境变迁、科技变革动态优化</td></tr>
<tr><td>实施要点</td><td>①领导重视：企业主要负责人及各级管理者要把品牌建设作为提升核心竞争力关键举措给予高度重视；
②全员参与：各组织单元和每一个员工都是坚强支撑和有效载体；
③专业策划：整合行业与社会力量，发挥专业机构作用；
④有效传播：合理运用传播手段，高度关注和有效利用新兴传媒影响，提高品牌社会接受力和影响力；
⑤危机防范：制定和完善品牌危机防范预案，形成快捷灵敏的响应机制</td></tr>
<tr><td colspan="2">支撑保障</td><td>①组织保障：健全组织机构，促进品牌管理部门与生产、研发、营销等相关部门高效协同；
②资源保障：以合理预算保障品牌建设；
③维护完善：加强品牌知识产权的保护、品牌维护的监督，适时全面评估品牌管理有效性，不断完善品牌保障体系</td></tr>
<tr><td colspan="2">要素关联度</td><td>☆☆☆：自主研发、管理与商业模式、国际化
☆☆：人才开发与企业文化、业务结构、集团管控、并购重组
☆：其他 5 个要素</td></tr>
</table>

第六章　管理与商业模式

【目标】通过管理改进与创新，不断提升管理科学化、现代化水平，高效率地实现企业绩效与发展目标。把商业模式创新作为管理创新的重要内容和提升核心竞争力的重要途径，促使业务发展、价值创造模式适时优化创新，形成独特而持续的竞争优势。

【指导原则】根据市场环境变化和发展趋势推进管理变革，坚持客户至上、以人为本、价值为先。持续激发企业活力，着力培育软实力，不断固本培元。促进精益化、简约化管理，实现高效运行、科学发展。

【管理改进与创新】持续推进制度化、标准化、流程化、信息化的管理体系建设，为转型升级和商业模式创新提供支撑保障。通过创新驱动不断深化和丰富管理内涵，形成战略中心型组织。以商业模式创新牵引管理创新。在各个管理领域持续改进、动态优化。构建绩效导向、追求卓越、永不满足的内在动力机制。

【商业模式创新】根据行业和企业实际，不断寻求价值创造和收益实现的更好方式，构建企业内外多要素、多环节的有效竞争策略组合及运营体系，使传统业务焕发新的生命力，新兴产业走上稳定高效的发展轨道。通过重新定义目标市场、产品服务和顾客价值，重构价值链和产业链，创新收入方式，打造要素集聚平台，促进行业和跨行业整合，推进内部和外部协同，掌控技术和市场标准等方式或方式组合，创新商业模式，获得领先优势，促进高效发展。

【支撑保障】深化企业改革，完善决策、执行、监督体系，健全能够持续推进管理改进与创新的动力机制保障。将市场机会的把握、价值创造的洞见和内部资源的积累整合、核心能力的培育开发等有机结合起来，实现商业模式的不断优化与创新。

附：管理与商业模式要素逻辑框架表

目标	改进创新目标	不断提升管理科学化、现代化水平，高效率地实现绩效与发展目标
	商业模式目标	商业模式创新成为管理创新和提升核心竞争力的重要内容和途径； 优化创新业务发展、价值创造模式，形成独特、持续的竞争优势
指导原则	保持核心推进变革	根据市场环境变化和发展趋势推进管理变革，坚持客户至上、以人为本、价值为先
	激发活力	持续激发企业活力，着力培育软实力，不断固本培元
	精益简约	促进精益化、简约化管理，实现高效运行、科学发展

续表

<table>
<tr><td rowspan="2">关键举措</td><td>管理改进与创新</td><td>①持续推进制度化、标准化、流程化、信息化的管理体系建设；
②不断深化和丰富管理内涵，形成战略中心型组织；
③以商业模式创新牵引管理创新；
④在各个管理领域持续改进、动态优化；
⑤构建绩效导向、追求卓越、永不满足的动力机制</td></tr>
<tr><td>商业模式创新</td><td>①根据行业和企业实际，不断寻求价值创造和收益实现更好方式；
②构建企业内外多要素多环节的有效竞争策略组合及运营体系；
③促使传统业务焕发新的生命力，新兴产业稳定高效发展；
④商业模式创新的主要方式：
——重新定义目标市场、产品服务和顾客价值；
——重构价值链和产业链；
——创新收入方式；
——打造要素集聚平台；
——促进行业和跨行业整合；
——推进内部和外部协同；
——掌控技术和市场标准等</td></tr>
<tr><td colspan="2">支撑保障</td><td>①管理改进创新支撑保障：深化改革，完善决策、执行、监督体系，健全能够持续推进管理改进与创新的动力机制保障；
②商业模式创新支撑保障：将市场机会的把握、价值创造的洞见和内部资源的积累整合、核心能力的培育开发等有机结合起来，实现商业模式的不断优化和创新</td></tr>
<tr><td colspan="2">要素关联度</td><td>☆☆☆：公司治理、业务结构、集团管控、信息化
☆☆：人才开发与企业文化、自主研发、自主品牌、风险管理、国际化、绩效衡量与管理
☆：其他 2 个要素</td></tr>
</table>

第七章　集 团 管 控

【目标】集团管控要与企业发展阶段、发展战略、业务结构、组织文化等相适应，通过对业务单元的有效管理、控制，充分发挥总部统筹协同和资源优化配置作用，实现集团整体价值最大化。

【指导原则】集团管控应针对企业实际，坚持战略导向、责权匹配、简洁高效，并根据业务发展动态优化调整。构建管控层级合理、功能定位明确、责权关系清晰、专业能力胜任的管控体系。国际化战略的实施应与境外管控体系建设同步推进。

【模式选择】管控模式选择应与集团主营业务、核心能力相吻合。战略管控模式一般应成为中央企业的主要或主导模式，适合采用其他管控模式的，或具有较大差异性业务的，可根据需要另行选择更适用的模式。

【有效实施】依据管控模式设计调整组织结构、管理流程，加强支撑管控模式的核心流程、关键节点的控制，明晰部门、业务单元及岗位的相应功能和职责，并促进相互协同。管控措施要与管控模式相适应，不同的管控模式采取相应的管控措施来支撑、落实。实行战略管控模式的企业总部要强化公司战略发展、业务组合管理和战略绩效控制的能力，以确保卓有成效的集团管控。

【支撑保障】加强制度体系的一体化建设，健全预算管理和业绩考核评价体系，促使集团上下按照统一的目标与规范协调运作。加强人才队伍建设，提升能力素质，确保制度体系得到有效落实。加强分散职能的服务共享，通过有效整合、集中管理，促进降本增效和信息集成。

附：集团管控要素逻辑框架表

<table>
<tr><td rowspan="2">目标</td><td>适应性目标</td><td>适应企业发展阶段、发展战略、业务结构、组织文化</td></tr>
<tr><td>绩效目标</td><td>有效管理、控制业务单元，充分发挥总部统筹协同和资源优化配置作用，实现集团整体价值最大化</td></tr>
<tr><td rowspan="3">指导原则</td><td>基本原则</td><td>战略导向、责权匹配、简洁高效，并根据业务发展动态优化调整</td></tr>
<tr><td>体系构建</td><td>构建管控层级合理、功能定位明确、责权关系清晰、专业能力胜任的管控体系</td></tr>
<tr><td>境外管控</td><td>国际化战略的实施应与境外管控体系建设同步推进</td></tr>
<tr><td rowspan="2">关键举措</td><td>模式选择</td><td>①与集团主营业务、核心能力相吻合；
②战略管控模式一般应成为中央企业的主要或主导模式；
③适合采用其他管控模式的，或具有较大差异性业务的，可根据需要另行选择更适用的模式</td></tr>
<tr><td>有效实施</td><td>①组织载体：依据管控模式设计、优化或调整组织结构与管理流程，加强支撑管控模式的核心流程、关键节点的控制，明晰部门、业务单元及岗位的相应功能和职责，并促进相互协同；
②管控措施：不同的管控模式应采取相应的管控措施来支撑、落实。实行战略管控模式的企业总部要强化公司战略发展、业务组合管理和战略绩效控制的能力，以确保卓有成效的集团管控</td></tr>
<tr><td colspan="2">支撑保障</td><td>①制度建设：加强制度体系一体化建设，健全预算管理和业绩考核评价体系，促使集团上下按照统一的目标与规范协调运作；
②队伍建设：加强人才队伍建设，提升能力素质，确保制度体系有效落实；
③共享服务：加强分散职能的服务共享，通过有效整合、集中管理，促进降本增效和信息集成</td></tr>
<tr><td colspan="2">要素关联度</td><td>☆☆☆：人才开发与企业文化、业务结构、管理与商业模式
☆☆：公司治理、风险管理、信息化、国际化、绩效衡量与管理
☆：其他 4 个要素</td></tr>
</table>

第八章　风 险 管 理

【目标】风险管理要成为覆盖从战略决策到岗位操作的全过程、全方位、全员的管理，防范损失、创造价值，为企业可持续发展提供保障。

【指导原则】遵循国资委和相关部委、监管机构发布的风险管理规则要求，并根据企业发展战略和管理需要，借鉴国内外最佳实践，将风险管理融入制度建设、流程优化和生产经营全过程，持续提升风险管控能力。

【体系建设】公司治理、集团管控和组织设计能满足风险管理要求，内部控制覆盖全面、合规有效，风险管理策略清晰并具有量化的风险承受度，以信息化手段确保风险管理体系的规范高效运行。

【重点监控】明确各层级风险管控的重点领域、环节、事项和关键岗位，有效配置管控资源，构建预警指标体系并不断完善，持续监测评估风险，制定应对措施和预案并适时评价其有效性，防范和化解重大风险。

【制度文化】加强风险防范制度建设，完善风险防范机制，提高依法治企水平。着力培育与企业文化融为一体、支持风险管理体系有效运行的风险文化。不断强化员工风险意识，使管控风险成为全员自觉行为。

附：风险管理要素逻辑框架表

<table>
<tr><td rowspan="3">目标</td><td>管理目标</td><td>成为覆盖从战略决策到岗位操作的全过程、全方位、全员的管理</td></tr>
<tr><td>绩效目标</td><td>防范损失、创造价值</td></tr>
<tr><td>战略目标</td><td>为企业可持续发展提供保障</td></tr>
<tr><td rowspan="3">指导原则</td><td>规范合规</td><td>遵循国资委和相关部委、监管机构发布的风险管理规则要求</td></tr>
<tr><td>契合战略管理需要</td><td>适合企业特点，契合发展战略和管理需要，同时借鉴最佳实践</td></tr>
<tr><td>融入制度流程和管理</td><td>将风险管理融入制度建设、流程优化和生产经营全过程</td></tr>
<tr><td rowspan="3">关键举措</td><td>体系建设</td><td>①体系镶嵌：嵌入公司治理和集团管控、组织设计等管理体系；
②内部控制：做到覆盖全面、合规有效；
③风险策略：风险管理策略清晰并具有量化的风险承受度；
④信息化：以信息化手段确保风险管理体系的规范高效运行</td></tr>
<tr><td>重点监控</td><td>①关键控制：明确各层级风险管控的重点领域、环节、事项和关键岗位并有效配置管控资源；
②持续监测：构建预警指标体系并不断完善，持续监测评估风险；
③预防重大风险：制定应对措施和预案并适时评价其有效性，防范和化解重大风险</td></tr>
<tr><td>制度文化</td><td>①加强风险防范制度建设，完善风险防范机制，提高依法治企水平；
②培育与企业文化融合、支持风险管理体系有效运行的风险文化；
③不断强化员工风险意识，使管控风险成为全员自觉行为</td></tr>
<tr><td colspan="2">要素关联度</td><td>☆☆☆：公司治理、管理与商业模式、集团管控、信息化、并购重组、国际化、绩效衡量与管理
☆☆：人才开发与企业文化、业务结构、自主研发
☆：其他 2 个要素</td></tr>
</table>

第九章　信　息　化

【目标】信息化要成为支撑企业战略决策、研发设计、生产过程、经营管理、外部协同、客户服务等有效平台，达到国内外行业先进水平，具备条件的要达到国际领先水平。

【指导原则】信息化要与业务结构、行业特征相适应，按照集中统一的指导原则，以管理规范化、标准化为基础，与业务发展、流程优化、管理变革等统筹规划，同步推进。

【主要功能】以信息化促进高效管理，提升运营效率、集团管控能力和全面风险管理水平，支持管理模式、商业模式创新，加强对国际化、并购重组、资金运作、安全生产等重点领域、重要环节的管控。

【关键举措】加强信息化建设的组织领导，企业主要负责人要高度重视并发挥不可替代的重要作用，具备条件的企业要设立首席信息官（CIO）岗位并充分发挥其在战略管理中的作用。明确业务部门和信息部门职责，形成协同推进的工作机制。信息安全管理体系健全，技术保障措施有效。

【持续优化】企业要加强对信息化能力与水平的自我评估，密切跟踪、适时应用先进信息技术，注重实效，成本合理，安全可靠，持续优化信息化系统，不断提升管理现代化水平。

附：信息化要素逻辑框架表

目标	全覆盖平台	成为支撑战略决策、研发设计、生产过程、经营管理、外部协同、客户服务等有效平台
	支撑水平	达到国内外行业先进水平，具备条件的要达到国际领先水平
指导原则	适应业务	信息化要与业务结构、行业特征相适应
	集中统一	集团信息化建设应按照集中统一的指导原则推进
	夯实基础	以管理规范化、标准化作为信息化建设的重要基础
	统筹推进	信息化建设应与业务发展、流程优化、管理变革统筹规划，同步推进
主要功能		①基础功能：以信息化促进高效管理，提升运营效率、集团管控能力和全面风险管理水平； ②创新功能：支持管理模式、商业模式等的创新； ③重点管控功能：促进和有效实现对国际化、并购重组、资金运作、安全生产等重点领域、重要环节的管控
关键举措		①加强领导：企业主要负责人要对信息化建设高度重视并发挥不可替代的重要作用； ②设立 CIO：具备条件的要设立首席信息官（CIO）岗位并充分发挥其在战略管理中的作用； ③协同推进：明确业务部门和信息部门职责，形成协同推进的工作机制； ④安全保障：信息安全管理体系健全，技术保障措施有效
持续优化		①加强对信息化能力与水平的自我评估； ②密切跟踪、适时应用先进信息技术持续优化； ③成本合理，注重实效，不断提升； ④安全可靠，符合国家信息安全审查要求
要素关联度		☆☆☆：管理与商业模式、集团管控 ☆☆：自主研发、风险管理 ☆：其他 8 个要素

第十章　并购重组

【目标】根据企业发展战略和提升核心能力需要，适时发现和把握并购重组机会，并通过高效整合，不断优化资源配置，获取战略优势，实现预期收益。

【指导原则】符合企业发展战略，比内部发展能更有效地达到目标，契合核心业务区，有利于发挥集团整体优势。依法合规，有效管控风险，充分考虑相关方利益。

【战略决策】战略选择、并购实施、系统整合同步研究、同步决策、有序推进。完善相关信息收集、跟踪与分析系统，根据总体战略、能力条件确定并购重组优先级，并从交易条件基本可行、有利整合出发选择目标企业。非主业资产、低效资产有效剥离、合理流动也应作为一项重要战略选择而适时推进。

【有效实施】以客户、市场和价值创造为导向，做好尽职调查与价值评估，确定合理的风险可控的交易结构。注重发挥目标企业管理团队作用，高度重视和有效管理无形资产，避免人才和客户、技术等重要资源流失。加强沟通协调，推进人力资源、技术资源、品牌、文化及业务流程、管理制度等的整合，最大程度地追求协同效应和战略优势。

【支撑保障】建立健全相关制度、流程和组织体系，培育、搭建结构合理的专业团队，善于借助发挥外部专业机构作用，使并购重组能力成为企业一项重要的竞争力。

附：并购重组要素逻辑框架表

<table>
<tr><td rowspan="2">目标</td><td>战略目标</td><td>契合发展战略，有利于提升核心能力，使并购重组能力成为企业一项重要的竞争力</td></tr>
<tr><td>绩效目标</td><td>通过并购重组、高效整合，优化资源配置，获取战略优势，实现预期收益</td></tr>
<tr><td rowspan="2">指导原则</td><td>机会把握</td><td>①符合企业发展战略；
②相比内部发展能更有效地达到目标；
③契合核心业务区；
④有利于发挥集团整体优势</td></tr>
<tr><td>风险管控</td><td>依法合规，有效管控风险，充分考虑相关方利益</td></tr>
<tr><td rowspan="2">关键举措</td><td>战略决策</td><td>①战略选择、并购实施、系统整合同步研究、同步决策、有序推进；
②完善相关信息收集、跟踪与分析系统；
③根据企业总体战略、能力条件确定并购重组优先级；
④从交易条件基本可行、有利整合出发选择目标企业；
⑤非主业资产、低效资产有效剥离应作为一项重要战略选择而适时推进</td></tr>
<tr><td>有效实施</td><td>①以客户、市场和价值创造为导向，做好尽职调查与价值评估，确定合理的风险可控的交易结构；
②注重发挥目标企业管理团队作用，高度重视和有效管理无形资产，避免人才和客户、技术等重要资源流失；
③加强沟通协调，推进人力资源、技术资源、品牌、文化及业务流程、管理制度等的整合，最大程度地追求协同效应和战略优势</td></tr>
<tr><td colspan="2">支撑保障</td><td>①建立健全并购重组相关制度、流程和组织体系；
②搭建结构合理的专业团队，善于借助发挥外部专业机构作用</td></tr>
<tr><td colspan="2">要素关联度</td><td>☆☆☆：业务结构、风险管理
☆☆：人才开发与企业文化、自主研发、管理与商业模式、集团管控、国际化
☆：其他 5 个要素</td></tr>
</table>

第十一章　国　际　化

【目标】通过国际化战略的实施，逐步实现全球资源优化配置，发展成为具有国际知名品牌和较强国际化经营能力、在国际同行业综合指标居于先进水平的一流企业，具备条件的努力成为全球行业价值链整合者。

【指导原则】符合国家和企业长远发展战略。依法合规、规范决策、风险可控。国内外统筹优化，全球化与本土化有机结合。量力而行，有序推进，价值驱动，合作共赢。

【途径选择】基于企业国际化进程和优势，在对目标企业及所在国深入调查、综合研判基础上，选择国际贸易、工程服务、跨国并购、投资新建及战略联盟等一种或多种方式。创新业务模式，向价值链高端发展。统筹权衡政治、经济、法律、社会、文化、安全及用工等风险，优化设计资金筹措、税务安排、资本结构或股权结构。联手中央企业或国内其他优势企业，沿产业链或相关产业共同开发。

【支撑保障】着力培育软实力，支撑提升国际化能力。加强国际化管理团队和人才队伍建设，既要积极培养国际化人才，又要促进人才国际化，建立有效激励机制。熟悉相关法律法规、惯例规则。营造开放包容的企业文化，促进文化融合。完善国际化管控体系，加强关键业务流程特别是投资、资金等环节的控制，形成集团管控有力、当地市场响应及时高效的机制。加强外派人员人文关怀，善待外籍雇员，模范履行社会责任。防范安全及各种突发事件，建立快速反应机制。加强与境外利益相关方及媒体等沟通协调，促进和谐发展。

【跨国指数】不断增强企业国际化经营能力，促进境外资产资源掌控能力及集团境外资产比重、外籍雇员比重、销售收入比重和国际市场绩效水平、集团整体绩效水平稳步提升。中央企业来自于境外的销售收入、利润在集团所占比重努力做到不低于30%。

附：国际化要素逻辑框架表

<table>
<tr><td rowspan="3">目标</td><td>战略目标</td><td>逐步实现全球资源优化配置、具有国际知名品牌，具备条件的努力成为全球行业价值链整合者</td></tr>
<tr><td>绩效目标</td><td>具有较强国际化经营能力，在国际同行业综合指标居于先进水平</td></tr>
<tr><td>跨国指数</td><td>①稳步提升境外资产资源掌控能力及集团境外资产比重、外籍雇员比重、销售收入比重；
②稳步提升国际市场绩效水平、集团整体绩效水平，来自于境外的销售收入、利润在集团所占比重努力做到不低于30%</td></tr>
<tr><td rowspan="3">指导原则</td><td>契合战略</td><td>符合国家和企业长远发展战略</td></tr>
<tr><td>决策规范</td><td>依法合规、规范决策、风险可控</td></tr>
<tr><td>高效操作</td><td>①国内外统筹优化；
②全球化与本土化有机结合；
③量力而行，有序推进，价值驱动，合作共赢</td></tr>
<tr><td colspan="2">途径选择</td><td>①选择基准：基于企业国际化进程和优势，对目标企业及所在国深入调查、综合研判，统筹权衡政治、经济、法律、社会、文化、安全及用工等风险；
②选择方向：选择国际贸易、工程服务、跨国并购、投资新建及战略联盟等一种或多种方式；
③业务模式：创新业务模式，向价值链高端发展；
④优化设计：优化资金筹措、税务安排、资本结构或股权结构；
⑤合作开发：联手中央企业或国内其他优势企业，沿产业链或相关产业共同开发</td></tr>
</table>

续表

支撑保障	①着力培育软实力，支撑提升国际化能力； ②加强国际化管理团队和人才队伍建设，既要积极培养国际化人才，又要促进人才国际化，建立有效激励机制； ③熟悉相关法律法规、惯例规则； ④营造开放包容的企业文化，促进文化融合； ⑤完善国际化管控体系，加强关键业务流程特别是投资、资金等环节的控制，形成集团管控有力、当地市场响应及时高效的机制； ⑥加强外派人员人文关怀，善待外籍雇员，模范履行社会责任； ⑦防范安全及各种突发事件，建立快速反应机制； ⑧加强与境外利益相关方及媒体等沟通协调，促进和谐发展
要素关联度	☆☆☆☆：自主品牌、风险管理 ☆☆☆：人才开发与企业文化、业务结构、管理与商业模式、集团管控 ☆☆：信息化、并购重组、社会责任 ☆：其他 3 个要素

第十二章　社 会 责 任

【目标】把社会责任作为企业使命、核心价值观和愿景的重要组成部分，持续提高经济绩效与模范履行社会、环境责任和谐统一、平衡发展，促进企业核心竞争力提升，实现可持续发展。

【指导原则】以诚信为基础，合规为底线，崇高的责任理念和道德水准为指导，与加快转变发展方式、促进转型升级、加强生态文明建设相结合，与企业自身能力相匹配，与核心能力和发展机会的培育转化相统一，融入战略管理和日常经营管理全过程。遵循或参照国际标准和规范，适应经营地法律框架和文化环境要求，统筹兼顾各相关方利益。

【责任治理】健全社会责任决策机制，成立由主要负责人挂帅的社会责任委员会，审议决策社会责任重大事项，包括审定发展规划、审批管理办法、构建组织和资源保障体系，形成计划、实施、评估和改进提升的闭环治理系统。

【有效推进】社会责任要落实到各业务单元、各级管理者及各岗位，并向产业链、供应链及相关方延伸，加强重点领域、关键环节的责任推进。将社会责任履行纳入考核评价体系，奖惩兑现。加强社会责任专职队伍建设，归口管理部门要切实履行规划、指导、服务、沟通等职能。研究制订社会责任行为规范，加强培训、强化意识、增强能力、全员参与，推进诚信、绿色、平安、活力、责任和廉洁建设。

【加强沟通】高度重视与内外利益相关方沟通，定期发布履行社会责任的报告，提高透明度和公信力，有条件的要通过第三方审验。建立日常信息和重大、突发事件披露制度，充分利用、发挥互联网等媒体传播影响作用。

附：社会责任要素逻辑框架表

目标	目标定位	把社会责任作为企业使命、核心价值观和愿景的重要组成部分，持续提高经济绩效与模范履行社会、环境责任和谐统一、平衡发展
	战略绩效	促进企业核心竞争力提升，实现可持续发展

续表

指导原则	指导基准	以诚信为基础，合规为底线，崇高的责任理念和道德水准为指导
	结合统一	①与加快转变发展方式、促进转型升级、加强生态文明建设相结合； ②与企业自身能力相匹配； ③与核心能力和发展机会培育转化相统一； ④融入战略管理和日常经营管理全过程； ⑤适应经营地法律框架和文化环境要求，统筹兼顾各相关方利益
关键举措	建立责任治理体系	①健全决策机制：成立由主要负责人挂帅的社会责任委员会； ②审议决策重大事项：审定社会责任发展规划、审批管理办法、构建组织和资源保障体系等； ③形成闭环治理系统：建立健全计划、实施、评估和改进提升的闭环治理系统
	有效实施	①社会责任落实到各业务单元、各级管理者及各岗位； ②延伸到产业链、供应链及相关方； ③加强重点领域、关键环节的责任推进； ④将社会责任履行纳入考核评价体系，奖惩兑现； ⑤加强专职队伍建设，归口管理部门要切实履行规划、指导、服务、沟通等职能； ⑥研究制订社会责任行为规范； ⑦加强培训、强化意识、增强能力、全员参与； ⑧推进诚信、绿色、平安、活力、责任和廉洁建设
	加强沟通	①高度重视与内外利益相关方沟通，提高透明度和公信力； ②定期发布履行社会责任报告，有条件的要通过第三方审验； ③建立日常信息和重大、突发事件披露制度，充分利用、发挥互联网等媒体传播影响作用
要素关联度		☆☆☆☆：公司治理 ☆☆☆：人才开发与企业文化、业务结构、国际化、绩效衡量与管理 ☆☆：管理与商业模式、风险管理、并购重组 ☆：其他4个要素

第十三章　绩效衡量与管理

【目标】企业应将绩效作为衡量上述十二个要素乃至一切经营管理活动的基本宗旨和标准。通过价值驱动的绩效管理过程，不断超越自我、赶超先进，逐步接近、达到做强做优、发展成为具有国际竞争力的世界一流企业的目标。

【指导原则】以战略为导向，价值为核心，持久稳定的股东回报为基础，体现经济效益与社会责任、长期发展与短期目标、财务与非财务、个人与组织、结果考核与过程管理的综合、有效平衡。将价值创造贯穿于经营管理全过程，持续改善、逐步积累、稳步提升，尤其关注核心能力建设，注重无形资产的开发培育。

【关键流程】企业长远发展目标要落实到运营管理层面，以有效的经营管理计划、流程特别是关键业务流程来支撑。长期或年度绩效目标的设定应具有挑战性，将变革创新作为关键举措，以全面预算管理支持促进绩效目标的实现。基于驱动因素对目标层层分解，形成各级组织的关键绩效指标，并由明确的个人责任、工作目标予以保障。加强目标实施过程的监控、分析，因应市场环境变化适时调整。严格考核，奖惩及时兑现。加强绩效结果应用，不断提升绩效水平。

【标杆管理】企业及各业务单元、职能部门应将标杆管理作为绩效管理的有效工具，通过与企业内部、国内外同行业或跨行业先进企业、单位的最佳实践对标，寻找差距与不足。重点对比关键业务流程与关键绩效指标，追溯导致指标差异的深层次原因特别是关键驱动因素，根据企业实际制定改进或创新措施，挖掘绩效潜力，努力实现跨越式提升。

【支撑保障】倡导将业绩导向、追求卓越作为企业文化建设重要内容，并以相配套的制度、管理加以推动，以技术创新、商业模式创新和业务结构的优化调整为重要支撑保障，实现并保持卓越绩效，促进企业基业常青。

附：绩效衡量与管理要素逻辑框架表

目标	绩效衡量基准	将绩效作为衡量上述十二个要素乃至一切经营管理活动的基本宗旨和标准
	战略目标	通过价值驱动的绩效管理过程，不断超越自我、赶超先进，逐步接近、达到做强做优、发展成为具有国际竞争力世界一流企业目标
指导原则	基本原则	以战略为导向，价值为核心，持久稳定的股东回报为基础
	综合平衡	体现经济效益与社会责任、长期发展与短期目标、财务与非财务、个人与组织、结果考核与过程管理的综合、有效平衡
	价值创造方法重点	将价值创造贯穿于经营管理全过程，持续改善、逐步积累、稳步提升，尤其关注核心能力建设，注重无形资产开发培育
关键举措	关键流程	①以有效的经营管理计划、流程特别是关键业务流程支撑长远发展目标的落实； ②长期或年度绩效目标的设定应具有挑战性，将变革创新作为关键举措，用全面预算管理来支持促进绩效目标的实现； ③基于驱动因素对目标层层分解，形成各级组织的关键绩效指标，并由明确的个人责任、工作目标予以保障； ④加强目标实施过程的监控、分析，因应市场环境变化适时调整； ⑤严格考核，奖惩及时兑现； ⑥加强绩效结果应用，不断提升绩效水平
	标杆管理	①绩效管理工具：企业及各业务单元、职能部门应将标杆管理作为绩效管理的有效工具； ②标杆选择：与企业内部、国内外同行业或跨行业先进企业、单位的最佳实践对标； ③寻找差距不足：重点对比关键业务流程与关键绩效指标，追溯导致指标差异的深层次原因特别是关键驱动因素； ④制定措施：根据企业实际制定改进或创新措施，挖掘绩效潜力，努力实现跨越式提升
支撑保障		①倡导将业绩导向、追求卓越作为企业文化建设重要内容，以相配套的制度、管理加以推动； ②以技术创新、商业模式创新和业务结构的优化调整为支撑保障
要素关联度		☆☆☆☆：公司治理 ☆☆☆：业务结构、管理与商业模式、集团管控、社会责任 ☆☆：人才开发与企业文化、自主研发、绩效衡量与管理 ☆：其他4个要素

关于印发《中央企业做强做优、培育具有国际竞争力的世界一流企业对标指引》的通知

2013 年 1 月 31 日　国资发改革〔2013〕18 号

各中央企业：

《中央企业做强做优、培育具有国际竞争力的世界一流企业对标指引》已经第 125 次国资委主任办公会议审议通过，现印发你们，请认真学习宣贯并结合实际组织实施。为更好地理解把握指引内涵，做好学习贯彻工作，要求如下：

一、把握实质掌握精髓，学习创新追求卓越

在全球化、信息化、网络化的当今世界，学习能力尤其是比竞争对手更快更有效的学习能力是企业十分重要而持久的核心竞争力。对标是目的性、针对性、实效性、创新性极强的学习，是注重行动的学习。各中央企业要运用对标管理这一有效工具，向一切优于自己或可带来有益启示的东西学习借鉴并在此基础上改进创新，尤其要把世界一流企业作为标杆对象对标学习，不断超越自我，持续追求卓越，永不自满止步。

二、"两个指引"有机结合，找准短板认清自我

做强做优、培育具有国际竞争力的世界一流企业是"十二五"乃至更长时期中央企业改革发展的核心目标。各中央企业要在认真学习《中央企业做强做优、培育具有国际竞争力的世界一流企业要素指引》及配套实务指南的基础上，全面准确地把握核心目标的内涵尤其是关键成功领域、要素以及实现的有效途径和关键举措、达到目标的基本标准和要求，全面分析评价本企业改革发展现状，找准差距明晰目前所处位置，瞄准核心目标研究制订顶层设计、总体规划和实施方案并基于此开展对标工作。在对标工作中，应以核心目标为远景导向，以结合实际完善细化的要素体系及实务指南为指导，增强对标管理的目的性、系统性、针对性和实效性。

三、联系实际扎实推进，全面多层开展对标

各中央企业应全方位多层次地开展对标工作，使各层级、部门、环节和岗位经营管理和绩效水平都能得到显著提升，全面提高竞争力。企业各对标主体应基于总体发展战略和业务结构，根据对标主体不同情况、对标工作阶段，适时选择行之有效的对标类型包括类型组合开展对标。所有企业都应开展持续性内部对标，营造创先争优氛围，交流共享最佳实践。鼓励支持中央企业之间互为标杆合作伙伴开展对标，促进共同进步和提升。

四、全员参与加强培训，提升素质打造团队

各中央企业应通过对标管理，促使员工开拓视野、增进交流、增长知识、提高技能、更新观念。要加强对标培训工作，建设高效协同的对标工作团队，在对员工普及对标管理基本知识、提高对标工作重要性认识的基础上，每一对标项目实施前都应进行培训教育，统一员工特别是团队成员的思想认识，明确目标和责任。在对标管理全过程中，要使更多的员工尤其是一线员工参与进来，配合做好项目推进工作，并为将来有效实施及持续优化改进奠定良好基础。

五、健全激励约束机制，保障对标取得实效

各中央企业领导班子、主要负责人应对对标工作高度重视、有力推动，建立健全保障服务体系。要围绕企业战略目标和发展定位，探索建立符合本企业实际的对标指标体系，将各所属单位对标目标与分解的战略目标相结合，每年进行一次系统化对标，在总结分析与标杆差距及其原因的基础上，科学合理地确定年度对标工作目标，并选取部分关键绩效指标纳入业绩考核体系，分解落实到相关对标主体，形成科学有效的激励约束机制，使对标管理成为各级管理者和全体员工具有内在动力的一项重要工作，成为全面提升企业经营管理水平的一项重要举措，逐步接近和达到做强做优、培育世界一流的目标。

附件：中央企业做强做优、培育具有国际竞争力的世界一流企业对标指引

附件：

中央企业做强做优、培育具有国际竞争力的世界一流企业对标指引

第一章　总　　则

第一条　为指导国务院国有资产监督管理委员会（以下简称国资委）履行出资人职责的企业（以下简称中央企业或企业）开展对标工作，促进中央企业做强做优，培育具有国际竞争力的世界一流企业，依据《企业国有资产法》《企业国有资产监督管理暂行条例》等法律法规和国资委相关文件要求，制定本指引。

第二条　做强做优、培育具有国际竞争力的世界一流企业，是“十二五”乃至更长时期中央企业改革发展的核心目标。全面深入地开展对标工作，是实现这一核心目标的必要举措和有效阶梯。

第三条　本指引所称对标、对标工作或对标管理，指企业通过在经营管理的各个层次、业务单元及环节寻求达到卓越绩效的最佳实践，分析与最佳实践的差距及其原因，采取针对性措施实现根本改善和创新超越的持续实践过程。通过对标管理，达到了解最

佳实践、明确潜力目标、激励内部组织、制定实施行动计划促使业绩显著提升的目的。

对标由对标主体和对标客体构成，对标主体可以是企业整体，也可以是所属企业、业务单元、职能部门、业务流程、岗位及员工等；对标客体是对标主体学习的对象，是导致卓越绩效的最佳实践者，本指引称之为标杆对象。

第四条 本指引所称最佳实践，指在适度范围内尽力搜集到的、通过学习借鉴能够促使效率效益最大化或显著提升的先进的经营理念、管理思想、商业模式、管理组织、流程、技术和方式方法等。最佳实践选取应具有优于对标主体且与其能力特性较为适合和有目的的创新性等特征，为有效促进核心目标的实现，标杆对象瞄准应以国内外一流企业为重点。本指引所称卓越绩效，指通过综合有效的绩效管理方式方法，促使组织与个人绩效得到不断进步和发展，进而使组织综合绩效和关键绩效指标达到国内外同行业一流水平。

第五条 中央企业开展对标工作的指导思想是：坚持以科学发展为主题，加快转变发展方式为主线，增强竞争力特别是国际竞争力为核心，深化改革、创新发展为动力，深入实施转型升级、科技创新、国际化经营、人才强企、和谐发展“五大战略”为重点，构建全方位、多层次的对标工作体系和长效机制，促进做强做优、培育具有国际竞争力的世界一流企业目标的实现。

第六条 对标工作应坚持以下原则：（一）高层推动，全员参与。企业领导班子、主要负责人应充分认识开展对标工作对于做强做优、培育具有国际竞争力世界一流企业的重要性，采取有力措施积极推动，促使对标管理成为提升企业经营管理水平的一项重要举措，成为各级管理者和全体员工具有内在动力的一项重要工作。

（二）战略导向，价值驱动。以做强做优、培育一流作为愿景的发展战略来引导对标工作，将管理提升与对标措施有机结合，战略与运营有机连结，使战略转化为有效的行动。把促进质量效益作为对标工作立足点、着力点，以价值创造驱动对标工作，通过对标管理和价值管理有机结合，明确价值驱动因素及优先级，不断改善管理，提升经营绩效。

（三）整体推进，突出重点。既要将对标管理与企业日常经营管理有机结合、融入管理流程之中，全面开展对标，又要找准影响关键业务流程、关键绩效提升的薄弱环节、“短板”因素，通过与最佳实践对标，推进制度、技术和管理创新，不断突破“瓶颈”，以带动整体经营管理水平提升，实现跨越式发展。

对标工作重点应放在对提升经营管理水平最重要的指标上，做强做优、培育世界一流的关键成功领域、要素上，与标杆对象差距较大、同时对经营业绩影响较大的环节上。

（四）绩效对标，追根溯源。业绩指标尤其是关键绩效指标差异往往是对标的切入点和突破口。通过与标杆对象先进指标对标，了解自身差距与不足，在此基础上广泛收集信息，深入分析导致其指标先进的因果关系、途径措施，特别是自身绩效差异的内在原因，根据实际情况确定优先改进提升领域，为有针对性地研究制定措施提供依据。

鼓励企业在参照国际、国内同行业最好水平基础上探索推行对标式考核，把关键对标指标引入业绩考核体系，引导企业持续追赶世界一流标杆，逐步缩小差距甚至赶超。

（五）学创结合，创新为本。将对标管理作为赶超一流的有效工具和途径，坚持结合实际、博采众长、融合提炼、自成体系的工作方针，以谦逊、积极的态度学习一切最佳实践，勇于创新，形成有自身特色的管理模式和竞争优势。

企业应牢记：对标管理的灵魂在于创新。解决绩效差异，形成竞争优势，达到卓越绩效，简单抄袭、模仿往往不能成功。要通过对标杆对象最佳实践研究，吸收保留适宜内容、成分，启迪提升的思路方法，然后结合实际实施改进特别是变革创新，才能后来居上，各个层面的对标工作汇集成变革创新潮流，才能达到赶超一流的目标。

（六）注重行动，持续发展。对标管理涉及对标主体自我分析、研究选取标杆对象、吸收改进创新等实践过程，往往会遇到最佳实践信息难以收集、具体方法难以获取、对标主体内部存在变革创新阻力等困难，应勇于实践，克服困难，统筹规划，系统实施，扎实推进，重点突破，向着既定目标坚定地实施，并进行动态调整，持续监测实施有效性，不断加以改进。

第二章　对标要素评价体系

第七条　本指引提出的中央企业对标工作与一般对标或标杆管理的最大特色与不同，是围绕和瞄准做强做优、培育具有国际竞争力世界一流企业的总体目标和方向开展。企业实施对标管理，首先应全面准确地把握做强做优、培育世界一流的内涵。为指导企业把握其内涵特别是关键成功领域、要素以及实现的有效途径和关键举措、达到目标的基本标准和要求，通过对国内外先进企业特别是世界一流企业关键成功领域、要素最佳实践的提炼、概括和总结，结合中央企业发展现状、所面临突出问题，国资委研究制订了《中央企业做强做优、培育具有国际竞争力的世界一流企业要素指引》（国资发改革〔2013〕17号文，以下简称《要素指引》）及要素实务指南，企业应认真学习贯彻。

第八条　本指引所称对标要素或要素体系，指《要素指引》中提出的公司治理、人才开发与企业文化、业务结构、自主研发、自主品牌、管理与商业模式、集团管控、风险管理、信息化、并购重组、国际化、社会责任、绩效衡量与管理等。本指引所称要素实务指南，指与上述要素体系配套印发的、指导企业在实践中更好应用的系列指南。

第九条　要素体系及实务指南是企业做强做优、培育具有国际竞争力的世界一流企业应具备的基本特质，在关键成功领域、要素应借鉴的最佳实践和达到的基本水准，也是企业用以评价自身存在差距、明晰所处位置的一套普适性标杆体系。企业应以要素体系及实务指南为指导开展对标工作，以增强对标管理的目的性、系统性、针对性与实效性。

第十条　要素体系及实务指南可作为对标主体进行自测自评、全面分析评价改革发展现状的基础或参照，自测自评主体可结合实际确定，可以是企业自身，也可以是所属企业、业务单元。

第十一条　企业及其他自测自评主体主要负责人应对自测自评工作予以足够重视，明确具体领导者、组织实施者以及各要素测评的责任主体。

第十二条　在自测自评之前，为确保测评内容、过程和结果的科学性、全面性、系统性，至少应做到以下几点：

（一）认真学习研究、深刻理解国资委印发的相关文件特别是要素体系及实务指南的内涵，明确做强做优、培育世界一流的具体要求。

（二）深入研究、清楚认识自测自评主体外部环境、行业发展状况、特点、趋势和市场竞争格局，以增强测评的环境适应性和针对性。

（三）通过全面的“SWOT”（优势、劣势、机遇、威胁）分析，对自身有一个全面、客观的认识，明确自身发展战略、目标和重点。

第十三条 根据测评对象实际情况选择科学合理的测评方法，以达到全面准确地自我衡量、评价的目的。可以采用以下方法、步骤进行自测自评：

（一）根据企业发展战略规划研究确定是否调整完善要素体系。对于具有行业和企业特征、要素体系未包含但对自身发展有重大影响的内容，可适当添加，并研究确定达到目标的基本标准以及实现的有效途径和关键举措等，从而形成切合实际、具有自身特色的要素体系。

（二）根据战略及绩效贡献、管理重心等研究确定是否设置要素权重。可以根据发展战略和业务结构、要素对经营绩效的贡献和核心目标实现重要程度等赋予要素相应的权重。

（三）遵循指标分层原则研究确定要素指标评价体系。对要素进行分析细化，制定详细具体的、与各个层面、部门相对应的指标体系。难以量化的要素指标，可采用里克特量表等方法进行量化评价，使评价结果可衡量、可比较和简洁明了。

（四）通过雷达图、综合指数法等工具方法，多维度地进行综合评价，直观分析各要素领域的优劣、与最佳实践的差距。

（五）针对各要素量化测评结果进行详细分析、诊断。通过差异性分析找到与发展和管理目标之间的差距并确定主、客观因素及因果关系，通过典型性分析确定对关键成功领域、要素有重大影响的因素，通过综合性分析对整体发展状况进行定位与评价，为确定重点改进的方向、采取有效措施根本上解决问题提供必要帮助。

指引《附录》中运用以上方法、步骤对模拟企业进行了量化测评，得出测评结果，企业及其他自测自评主体可参照进行自我测评。

第十四条 要素测评、诊断完成后，有关责任主体应及时形成要素分析评价的专项报告和汇总报告，报告应明确各要素领域和整体所存在的问题和短板，对问题和短板进行深度分析，找到制约发展的根本问题、确定问题解决的优先级，为进一步开展对标工作指明方向、重点。

第三章 对标类型及主要特征

第十五条 企业开展对标工作，可采取不同的类型、在不同的范围进行。根据角度、范围及对标主、客体不同，对标可分为内部对标和外部对标两大类，并可进一步细分为同行业对标和跨行业对标、整体对标和功能对标、战略性对标和战术性对标等多种类型。

第十六条 本指引所称内部对标，指企业内部对标主体相互开展对标活动。内部对标较外部对标具有信息易收集分析、激励约束机制易建立健全、创先争优氛围易营造、最佳实践易交流推广等优势。企业应大力开展持续性内部对标，形成有效的工作体系和激励约束机制，促进内部沟通和良性竞争，培育浓厚的学习氛围，共享最佳实践和知识。

分子公司、业务单元或兼并重组事项较多、经营管理水平差距较大的企业，应加大内部对标力度，形成有效的比、学、赶、帮、超工作机制和氛围。

第十七条 既要重视同行业对标，也要重视跨行业对标。同行业对标往往具有技术业务管理流程相同相似性，指标高度相关可比，对标主体较熟悉，标杆易寻找、树立、借鉴、模仿和创新等特点与优势，有效实施可事半功倍。实施同行业对标特别与竞争性标杆对象对标，要努力克服商业敏感性数据指标难以收集等困难，在学习、借鉴基础上力争创新超越。

跨行业对标除通用流程可直接学习借鉴外，更可启发创新思路，促成企业在本行业率先实现突破，获取竞争优势。应广泛留意、收集、分析和学习各行业最佳实践，结合实际实施启发性对标。

第十八条 本指引所称整体对标，指企业及其他对标主体全方位、多维度地与某一或某些标杆对象特别是同行业或业务结构具有相同相似性的一流标杆对象对标。实施整体对标应选择适合的标杆对象，将标杆对象整体以及各层组织和经营管理的最佳实践纳入对标体系，实施全面对标。

整体对标既要全面学习、借鉴，又要突出重点、有所侧重，力争创新超越，切忌不顾实际照抄照搬，平均分配使用资源。

第十九条 本指引所称功能对标，指企业局部或某一功能领域、职能部门、业务流程、岗位特别是薄弱环节、短板领域与最佳实践对标。功能对标是使用较多、适应面较广的对标类型，既可单独运用，又可与其他对标类型结合运用。可根据对标主体自身情况，选择先进适合的标杆对象进行对标，以促进相关领域管理改进创新。

功能性对标涉及对标要素的，可以要素及实务指南为指导开展。

第二十条 本指引所称战略性对标，指从本企业或战略业务单元实际出发，通过分析研究和借鉴标杆对象的使命愿景塑造、经营理念创新、企业文化培育、管理架构再造、商业模式重构以及新兴产业规划等带有根本性、长远性、全局性重大问题，帮助对标主体在复杂多变的外部环境中反思、梳理发展思路和战略。战略性对标可以是同行业对标，某些跨地域跨国别同行业商业模式等模仿创新，也具有战略性对标的性质。战略性对标也可以是跨行业对标，卓越的跨行业战略性对标往往可率先在本行业实现突破性创新。战略性对标需要高层重视并亲自推动。

本指引所称战术性对标，指运营管理层面的流程、环节及产品、服务等的对标，与功能对标具有交叉、重叠关系。战术性对标应与战略性对标方向一致并在其指导下进行。

第二十一条 对标类型的划分旨在揭示不同类型特点和优势，而类型之间有着相互联系、渗透、补充的关系。企业及其他对标主体应根据总体发展战略、对标主体不同情况、对标工作阶段、业务结构等，适时选择行之有效的对标类型包括类型组合开展对标工作，使各个层级、部门、环节和岗位绩效都能够得到显著改善与提升，最终全面提升企业做强做优、培育具有国际竞争力世界一流企业能力和水平。

第四章　对标工作基本流程

第二十二条　明确方向，聚焦目标。企业在开展对标工作之初，应基于战略规划、对标要素分析评价结果，确定需提升方向、目标及对标工作总体规划、方案和年度工作方案。

（一）在通过要素分析评价等对自身现状进行全面系统分析、总结，对存在主要问题有较为清晰认识基础上，制订与中长期发展战略相结合的对标工作总体规划。总体规划应包括确定企业中长期对标工作目标，明确支撑目标实现的重要、关键指标及达到国内先进、领先或国际先进、领先水平的进度要求或远景规划。

（二）制订落实总体规划的对标工作总体方案。总体方案应包括对标工作组织领导、对标类型范围选择、对标工作进度计划、对标管理团队职责、监控反馈制度、对标工作绩效考核体系等。

（三）研究确定落实总体方案的年度对标工作方案，根据对标工作总体方案和年度经营管理计划，确定对标的具体目标、类型、范围和措施。

各级对标主体应基于企业对标工作总体规划、方案和年度工作方案，明确自身对标工作方向、聚焦对标工作目标。

第二十三条　抓住关键，选好项目。根据对标工作方案，各级对标主体应统筹考虑多种因素，选择标杆项目并确定优先级。

（一）选择影响企业做强做优、国际竞争力提升、与一流企业差距突出的战略性关键成功领域、要素。可以世界一流企业特别是同行业世界一流企业和要素体系为参照。

（二）选择影响绩效提升、潜力较大且具有持久性的关键业务流程和环节。以可较快见效和战略性关键瓶颈环节为切入点和工作重点积极推进，使对标管理沿着正确的方向不断取得实效，增强员工的信心。

（三）选择与对标主体关联度较高、可比性较强、合作沟通较好、数据材料较易获得、改善成本较低且不存在安全保密障碍等综合实施条件较好的标杆对象和标杆项目优先推进，以利于增强可操作性，学习掌握最佳实践。

第二十四条　构建团队，落实责任。建设与标杆项目相适应的工作团队及配合支援团队（或单位）并明确、落实各自责任。

（一）除员工个体、岗位对标等对标主体构不成工作团队外，都应根据标杆项目类型、实施范围等构建或明确对标工作团队。对标工作团队应由对标项目涉及组织的主要领导牵头进行组建，集团层面的战略性对标、整体对标，责任主体应是集团总部，由最高层亲自推动，并明确具体牵头部门；子公司及其所属单位实行对标，应由子公司及其所属单位主要领导牵头组建团队；其他类型对标，应根据具体对标类型、范围确定对标工作团队。对标工作团队负责对标项目的准备、计划、实施、评估以及持续改善等工作。

配合支援团队对于搞好对标工作十分重要，企业及其他对标主体应高度重视其建设，充分发挥好其对对标工作支持、保障、服务的功能作用。

（二）对标工作团队根据团队成员来源、组成不同，可以分为不同类型，包括团队成员来自同一组织的单一类型团队，来自多个组织的跨功能、跨部门复合型团队，围绕共同感兴趣标杆主题自觉组建的特别团队以及混合形成的其他团队。团队类型各有特色与优势，其选择应视具体对标项目、实施范围及时间、企业文化和单一组织对标主体人员结构、能力素质等情况而定。无论选择哪种类型，都应重视团队内部、团队之间以及与支持部门之间的协同协作。

（三）对标工作团队一般应由项目负责人、项目实施人员、项目支持人员等成员组成。项目负责人负责对标项目策划、组织实施、向团队成员分配任务并评价其成效，并往往是团队与上级领导和其他团队、支持部门或单位的汇报者或联络者，以便获取必要的资源与帮助。单一类型团队负责人往往也是内部组织负责人，可直接挑选项目实施人员并统一调度组织资源、协调推进。项目支持人员是为团队提供人员训练、流程协调、资讯支持、行政协助、法律咨询等帮助的人员，以协助团队更有效地完成项目实施任务。对标管理专家加入加盟团队尤其在缺乏经验的初始阶段加入加盟，有利于高效推进对标工作。

更多的员工参与尤其是项目完成后具体实施的一线员工的提前介入，有利于开阔其眼界、锻炼提高其能力、配合做好项目实施，并为将来有效实施奠定良好基础。

（四）精心挑选团队成员，使其知识能力结构与目标任务职责相匹配。尽量挑选业务精湛、沟通能力强、富有团队与创新精神的人作为团队成员。高层次、战略性对标，应确保有国际视野的专家型人才参与，以利于和世界一流企业对标、交流。请具有成功对标经验的国内外一流企业相关负责人或标杆管理专家对对标工作团队及员工进行指导咨询和培训，以提高项目成功率。企业要积极培养内部标杆管理专家。

（五）对标工作团队应根据对标工作方案和项目计划，每年或定期对项目实施进度、绩效改善程度、项目实施成本及预测项目完成可达效果等进行系统总结评估，形成报告向上级汇报。

第二十五条 广搜信息，精析深掘。标杆对象数据信息获取是开展对标的重要基础工作，也是外部对标的难点。应广开数据信息来源并进行科学分析挖掘，按照全面覆盖、突出重点、可以比较原则，建立符合自身特点的对标指标体系，为对标奠定必要基础。

（一）从各种合法渠道广泛收集标杆对象数据信息，包括标杆企业公开报告（企业年报、社会责任报告等）、第三方（行业协会、咨询机构、专家等）提供的相关报告、标杆对象交流访谈、专家访谈、客户问卷调查与访谈、逆向工程分析以及其他渠道来源。

对于难以直接得到的重要数据、关键驱动因素及其关联性，可对已获取的数据指标，基于业务逻辑模型和数据整体特性进行层层分解、深度挖掘、科学预测，提取隐含在背后的有价值的信息。有条件的企业，可指定或设立以专业人员为骨干的内部机构，负责收集、分析和挖掘对标所需数据信息。

（二）数据信息收集分析应兼顾定性与定量、统筹局部与整体、考虑横向与纵向。不同的对标类型对标重点不同，所收集信息特征存在差异。战略性信息应具有全局性、前瞻性，但往往较战术性信息定性、模糊。定性的对标，包括集团战略和管控模式等，其核心不在指标的比较，而是优劣势的把握。

（三）建立并利用数据库存储收集到的数据信息和对标工作历史信息，做好数据定期维护和更新，有效利用数据库及数据挖掘技术分析处理数据。运用标准化方法调整数据统计口径及其他不可比因素，确保数据具有可比性。关注数据所表现出的异同点，对有多个来源且存在差异的关键数据进行验证并选择最为准确的数据。根据行业、环境、规模、技术等方面特征，突出重点，对数据进行分组、系统处理。要通过不断加强和完善信息管理平台，实现数据资源的共享和科学管理。

企业应认识到：尽量广泛收集数据信息可为对标创造有利条件，但数据信息收集是有成本代价的，外部对标尤其是与同行业世界一流企业对标数据信息收集往往会遇到很多困难，既要防止将数据信息难以收集作为无法或难以对标的理由，也要避免陷入过度收集、分析而不注重行动导致进度、效果受到影响的误区，充分发挥主观能动性，积极迎接挑战，努力实现创新超越。

第二十六条 突出重点，比较差距。根据对标指标体系，对标主体将自身现状与标杆对象逐一比较，分析差异，查找差距，对关键绩效指标进行重点分析，以全面清晰地认识自身现状，明确存在的问题和短板。

沿着策略、产品/服务、流程和组织等维度，查找业绩指标尤其是关键绩效指标差距原因，识别导致差距的关键驱动因素，确定各关键驱动因素的关联性、相对对标主体的重要性，最终揭示对标主体与标杆对象业绩指标差距背后的根本原因。

第二十七条 借梯登高，改进创新。根据对标分析结果，学习吸收标杆对象成功经验，制订有效的实施计划，采取切实的行动，推动经营管理、绩效水平和市场竞争力从中国一流跨向世界一流。

（一）交流成果，制定目标。将对标分析结果与相关内部员工充分沟通交流，结合标杆对象最佳实践、自身现状与能力，上下结合，共同制订切实可行的改进提升目标。

（二）制订计划，确保实施。将所确定的目标逐层分解，转化为子目标或过程目标值，落实到业务单元、职能部门、岗位等责任主体，并制定切实可行的行动计划和时间表，确保对标工作进度和任务完成。

行动计划应有尽可能量化的目标与交付成果、关键的提升措施、明确的职责分工、合理保障的资源分配、高效的项目管理结构以及有效的监控机制等。项目目标责任者应同时针对项目团队和相关部门，相关管理层要直接参与；项目内部及项目间关系定义要清晰；项目实施应沿着关键提升措施推进；围绕关键里程碑进行全面、分层次监控；实行定期的过程回顾、评估及汇报，确保项目实施效果。

（三）循环提升，创新超越。将对标工作融入战略管理和日常经营管理活动中，健全闭环管理流程，根据发展需要和对标阶段优化调整工作方案，推动对标工作循环、持续开展，不断创造价值。

企业通过对标管理向标杆对象学习，应深刻理解其成功精髓，结合自身实际实施改进创新措施，最终实现超越标杆对象、成为具有国际竞争力的一流企业的目标。

第五章　对标工作保障服务体系

第二十八条　企业领导班子、主要负责人应把对标工作作为做强做优、培育具有国际竞争力世界一流企业的必要和有效战略举措给予高度重视，在围绕核心目标制订中长期发展战略和年度计划时，将对标工作作为一项重要的内容和支持依据，使各所属单位对标目标与分解的战略目标相结合。

第二十九条　企业应成立由主要负责人挂帅的对标工作领导机构，所属企业（包括控股企业）及单位也要建立相应领导机构，重点在“坚定信心，把握方向，推动变革，健全制度，资源保障”等方面，发挥促进和支持作用，及时激励表彰先进，加大对标工作推进和执行力度。对标工作领导机构可与做强做优、培育世界一流领导机构融为一体。

第三十条　企业应建立对标工作组织保障体系。总部及各级企业、机构应有负责对标工作的部门，形成常态工作机制，结合各种经营管理会议推进对标工作持续深入开展。

负责对标工作的部门的主要职责包括对标工作中长期规划和年度计划制订、对标体系的设计和管理、整体业绩对标和评估、对标绩效跟踪评估、对标管理各环节的协调，以及对标领导机构交办的其他任务和事项。

第三十一条　企业应健全对标工作协调机制。对标工作往往涉及多部门职能领域，为构建良好沟通协调机制，各对标项目和相关部门应明确对标工作协调人，各协调人也可组成项目协调小组以做好协调工作，包括在企业内部寻找潜在对标管理研究对象、协调与外部标杆企业之间的活动安排、协调资源的分配与利用等。

第三十二条　企业应形成对标工作制度保障体系，建立完善包括但不限于以下制度：

（一）对标绩效评价考核制度。围绕企业战略目标和发展定位，参照要素体系及实务指南，探索建立符合本企业和所处行业实际的对标指标体系，每年进行一次系统化对标，在总结分析与标杆差距及其原因的基础上，科学合理地确定年度对标工作目标，并分解、落实到相关对标主体。

（二）对标过程监控评估制度。制定对标项目绩效衡量标准，跟踪对标管理过程，定期对对标效果总结评估，及时发现偏差，提出控制、改进要求，制订、实施相关措施，解决工作中出现的问题，保证对标工作有目的有成效地开展。跟踪标杆对象动态发展变化及行业新动态，及时对项目和目标调整，鼓励根据业务需要创新升级。

（三）经验总结交流推广制度。对标过程中，及时将发掘的标杆对象最佳实践对员工交流；项目实施完毕，在充分交流基础上全面总结评估，形成正式报告报送上级，公司制企业应将每年的对标工作情况形成报告向董事会、监事会汇报，未改制企业向上级领导班子汇报。负责对标工作的领导机构及部门应根据报告及过程跟踪情况，总结发现好的经验、做法及时在团队之间和企业组织交流推广。

（四）信息发布、保密制度。为在企业内部共享最佳实践，可按对标周期发布各类指标结果，按年度发布综合分析结果和总结报告，适时发布对标专业管理典型经验，动态发布对标管理简报等。信息发布应遵守国家和企业保密制度。

（五）法律风险防范制度。对标过程中，要加强企业法律风险防范制度建设，完善法律风险防范机制，提升企业依法治企水平。

企业可自愿向国资委报送对标工作方案、计划、总结报告和典型经验。

第三十三条 企业应落实对标资金保障。用于员工培训、数据收集、现场考察、数据库建设、流程优化再造、逆向工程剖析、外部专家咨询等对标项目实施所需资金支出应列入预算，并规范项目资金管理，严格遵守资金拨付程序和专款专用规定，确保对标项目顺利实施。

第三十四条 企业应加强对标人力资源能力保障建设。在对全体员工普及对标管理基本知识、提高对标工作重要性认识的基础上，每一个对标项目实施前都应进行对标培训教育，介绍相关知识和经验，统一员工特别是团队成员思想认识，明确项目目标、拟采取措施等。通过实践积极培养企业内部标杆管理专家并充分发挥其作用。

第三十五条 企业应高度重视对标文化建设，通过对标管理塑造学习型组织。积极倡导以责任、创新、卓越为核心元素的企业文化，并将持续改进、争优思齐、比学赶超的对标管理思想融入其中，在企业内部形成学先进、树榜样，处处立标杆，时时对标杆，人人创标杆的氛围，最终使对标管理转化为一种自动持续的、不断改进的企业运转管理模式。

第三十六条 企业应根据需要借助行业协会和外部专家力量。各有关行业协会应积极主动配合企业对标工作，健全行业数据信息收集、归纳、总结、分析体系，加强对国内国际先进技术经济指标等数据信息的收集整理，提高准确性、时效性和实用性，为企业开展对标提供有效服务。

根据企业情况，聘请专业能力强、经验丰富的外部标杆管理专家、专业咨询机构提供有效咨询、辅导和培训等。

第三十七条 国资委要加强对中央企业对标工作的促进、指导与服务。结合规划发展、统计评价、薪酬管理、业绩考核、创先争优、改革管理指导和领导人员管理等各项工作，推动企业对标工作持续深入开展。加强业绩评价等有助于企业之间横向对标的数据信息的研究分析，国资委将基于企业对标指标体系选取部分关键绩效指标纳入业绩考核体系，依据《中央企业负责人经营业绩考核暂行办法》进行考核。及时向企业提供可比性强又可公开的数据信息，为企业对标做好信息服务。支持、鼓励中央企业之间在依法合规前提下互为标杆合作伙伴开展对标。组织开展对标专业知识培训，表彰对标成效显著企业，总结、交流和推广先进企业成功经验，有效激励、指导和帮助企业富有成效地开展对标工作。

派驻中央企业监事会加强企业开展对标管理工作情况的监督检查，在当期监督中关注并反映企业对标工作成效。

第六章　附　　则

第三十八条　本指引的《附录》对本指引涉及的有关主要技术方法和专业术语进行了说明，并运用有关技术方法对模拟企业进行了综合量化测评，供企业参照学习。

第三十九条　企业根据自身实际情况贯彻执行本指引。

附录：

一、对标工作常用技术方法和专业术语简介

（一）雷达图。

雷达图是一种能够直观展示和评价多个指标的图形化工具。本指引运用雷达图，通过将多个要素指标数据进行归一化处理，然后用科学量化的分析方法将该要素水平现状标记在辐射线的圆周上，再把代表每一要素水平现状的数据点连接起来，使用者便可以同时观察和分析评价各项要素指标值及其分布情况，为决策层和管理者提供重要信息，尤其可清楚明了对标主体短板、薄弱环节，明确下一步对标工作的重点和方向。图例见后面“模拟企业综合量化测评”介绍。

（二）综合指数法。

综合指数法是将一组精心选择、科学合理的指标，通过统计学的处理，使不同计量单位、不同性质的指标值标准化，然后将各个指标加权平均或利用其他算法得到一个综合指数，以反映被测评对象的综合情况。对标工作中可用综合指数法对对标主体整体情况进行综合评价。

（三）层次分析法。

层次分析法（AHP 方法）是将较为复杂的问题、要素等进行分解分析的一种有效方法，应用于标杆管理可帮助确定指标之间的相对重要性和权重，主要操作步骤包括：(1) 建立问题评价的（层级）指标体系；(2) 利用调查问卷要求决策人对任意两个指标进行比较，从极端重要、明显重要或稍微重要等九个级别中做出选择回答，在提取出指标两两比较结果基础上，构建出所有指标两两比较的相对重要性对应关系；(3) 进行一致性检验，计算比较矩阵的特征根求得权重系数；(4) 通过综合指数法完成（层级）指标的综合。

（四）里克特量表。

里克特量表是将定性评价转换为定量评价的有效工具。例如，调查消费者使用本企业产品时是否感觉比较轻松舒适这一定性问题，可设定 (1) 非常不同意、(2) 不同意、

(3) 不确定、(4) 同意、(5) 非常同意几种答案，每一种答案设置不同分数，最后进行评分加总，便可得到消费者的评价结果。对标工作中对于某些无法用精确数值评价分析的定性问题，可用此工具予以量化测评。

（五）SWOT 分析。

SWOT 为英文优势（Strengths）、劣势（Weaknesses）、机遇（Opportunities）、威胁（Threats）首字母，SWOT 分析是战略管理常用分析方法之一，可帮助企业更加清晰地认识和确定其内部优劣势及外部环境的机会和威胁，从而帮助企业在综合全面地分析内外部各方面情况及其相互关系基础上确定企业战略，为对标工作提供重要战略前提或依据。

（六）数据挖掘。

数据挖掘是运用数理技术、工具，从大量数据中寻找规律，获得隐含的有价值的信息，主要方法有回归分析、聚类分析、关联分析、异常分析等。对标工作中运用此方法可帮助对标主体获取难以直接收集到的有用数据和信息。

（七）逆向工程。

逆向工程是指通过对标杆对象的产品或服务的测量、分析及研究，根据所获得的信息数据推导出产品或服务的内部结构、功能特性和处理流程等内在要素，为改进创新自身产品服务提供依据。

二、运用有关技术方法对模拟企业综合量化测评简介

本指引第十条提出，企业可结合实际，以要素体系及实务指南为基础进行自测自评，全面分析评价企业改革发展现状。下面运用有关技术方法，对模拟企业进行综合量化测评，供企业参考。

（一）根据企业战略规划研究确定是否调整完善要素体系。在不调整要素体系的情况下，可直接以 13 个要素进行测评；也可通过 SWOT 分析，根据企业实际调整要素体系，形成 13 + N 的要素体系，如对生产过程安全性要求特别高、安全事故后果特别严重的企业，可增加安全生产作为关键成功要素，形成 13 要素 + 安全生产的要素体系。每个要素评价分值满分 100 分。

（二）根据企业发展战略和业务结构、要素对经营绩效和核心目标实现的贡献，综合考虑企业所处行业特征、竞争环境等因素赋予要素权重。经过研究分析，对以 13 要素 + 安全生产为要素体系的模拟企业，其要素赋予的权重分别为：公司治理 0.07、人才开发与企业文化 0.08、业务结构 0.06、自主研发 0.09、自主品牌 0.08、管理与商业模式 0.07、集团管控 0.07、风险管理 0.07、信息化 0.06、并购重组 0.05、国际化 0.06、社会责任 0.07、绩效衡量与管理 0.08、安全生产 0.09。

（三）根据企业实际，参照要素体系及实务指南，对要素进行分析细化，研究确定要素评价体系。如信息化要素根据模拟企业实际，可细分为企业主要负责人重视程度、组织保障健全程度（是否在公司高层设立 CIO）、信息化的覆盖面尤其对重要关键环节和关键领域的覆盖、信息化集成度、信息化对管理变革的促进及有效性、业务部门和信息部门协同性、支撑保障信息化的管理基础工作特别是数据的准确性及时性可靠性、软硬件及网络建设的适用有效性、信息系统的安全性、信息化建设的成本效益性等10个二级指标。企业可根据需要对二级评价指标设置权重。

（四）运用里克特量表等工具将难以量化测评的要素指标转换为定量的评价，得出评价分值。如评价信息化要素“企业主要负责人重视程度”，员工可采取无记名问卷等方式从“非常重视”“重视”“一般”“不重视”“非常不重视”等选项中选择回答，不同的选项可提供明确的陈述，如“非常重视”表现为“把握方向、关键决策、资源保障、有力推动”等方面。根据员工的回答，分别记为5、4、3、2、1等分值。将所有被选取的员工的评分平均，便可以获得该指标评分。

（五）运用综合指数法算出每一要素得分。如模拟企业信息化要素，经过定量评价，其10个主要二级指标平均每个满分10分，在二级指标权重均等的情况下，10个二级指标分别得分为：主要负责人重视程度6分、组织保障健全程度4分、信息化的覆盖面7分、信息化集成度5分、信息化对管理变革的促进及有效性5分、业务部门和信息部门协同性5分、支撑保障信息化的管理基础工作6分、软硬件及网络建设的适用有效性7分、信息系统的安全性8分、信息化建设的成本效益性6分，总计59分。在二级指标设置不均等权重的情况下，主要负责人重视程度（权重1.5）9分、组织保障健全程度（权重1）4分、信息化的覆盖面（权重0.7）4.9分、信息化集成度（权重1.2）6分、信息化对管理变革的促进及有效性（权重1.2）6分、业务部门和信息部门协同性（权重1）5分、支撑保障信息化的管理基础工作（权重1）6分、软硬件及网络建设的适用有效性（权重0.7）4.9分、信息系统的安全性（权重0.9）7.2分、信息化建设的成本效益性（权重0.8）4.8分，总计57.8分。

（六）运用雷达图等工具方法直观表现各要素及总体水平状况。将每一要素得分标记在雷达图辐射线圆周上，再将各要素数据点连接起来，便可比较分析各要素指标值及其分布情况，清楚明了企业实现做强做优、培育具有国际竞争力世界一流企业目标目前存在的短板和薄弱环节。根据模拟企业各要素得分，可形成图1所示的雷达图。

（七）计算企业综合得分。在要素权重均等情况下将各要素得分相加即可直接得出总分，要素权重不均等情况下，可运用综合指数法算出总分。如对模拟企业，14个要素测评满分1400分，根据要素二级指标权重是否均等算出每一要素得分，然后根据要素权重计算出企业总分及其水平状况。在要素二级指标权重均等情况下，计算出模拟企业总分为50＋69＋72＋35＋28＋44＋60＋61＋59＋53＋38＋80＋75＋78＝802，换算成百分制总分为50×0.07＋69×0.08＋72×0.06＋35×0.09＋28×0.08＋44×0.07＋60×0.07＋61×0.07＋59×0.06＋53×0.05＋38×0.06＋80×0.07＋75×0.08＋78×0.09＝57.37。

（八）在企业不增加其他要素，仅采用指引提出的13要素进行评测的情况下，经过对每一项要素的分析确定出要素的权重，它们分别是公司治理0.1、人才开发与企业文化0.09、业务结构0.06、自主研发0.09、自主品牌0.08、管理与商业模式0.09、集团管控0.07、风险管理0.08、信息化0.06、并购重组0.07、国际化0.06、社会责任

0.07、绩效衡量与管理 0.08；对应的得分分别是 50、69、72、35、28、44、60、61、59、53、38、80、75。则企业要素分析的总得分 $0.1\times50+0.09\times69+0.06\times72+0.09\times35+0.08\times28+0.09\times44+0.07\times60+0.08\times61+0.06\times59+0.07\times53+0.06\times38+0.07\times80+0.08\times75=55.09$。做出的雷达图如图 2 所示。

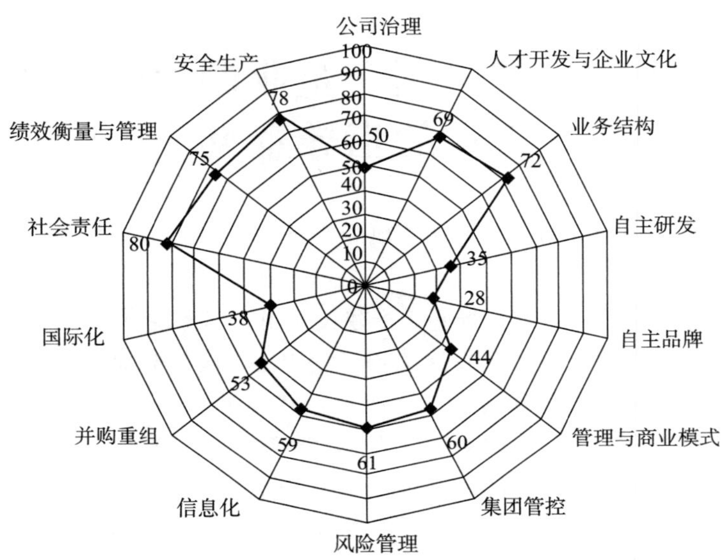

图 1　13 要素＋安全生产要素评测雷达图

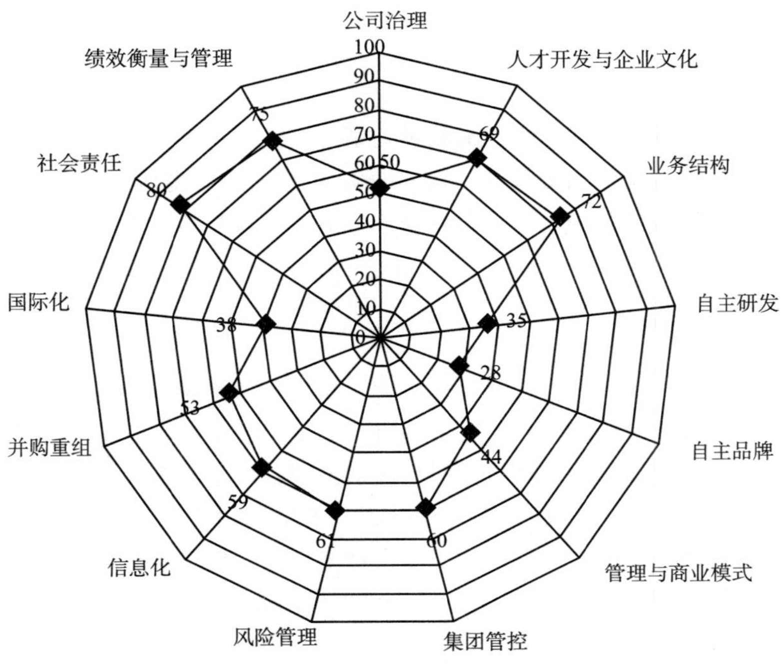

图 2　13 要素评测雷达图

（九）分析诊断。从以上得分情况总体看，模拟企业与做强做优、培育具有国际竞争力世界一流企业目标要求还有相当距离；从各要素得分情况单项看，自主品牌、自主研发、国际化、管理与商业模式是较为突出的短板和薄弱环节。企业既需要整体、有序推进，又需要突出重点，采取有效措施突破“瓶颈”，从而促进企业整体提升。

关于加快推进国有企业棚户区改造工作的指导意见

2014 年 1 月 15 日　国资发改组〔2014〕9 号

各省、自治区、直辖市人民政府，新疆生产建设兵团，国务院有关部门，各中央企业：

棚户区改造是重大民生工程和发展工程，党中央、国务院对此高度重视。近年来，国有企业发挥自身优势，积极参与棚户区改造，有效改善了部分棚户区职工的居住条件，对促进企业健康和谐发展、拉动经济增长、改善城市内部二元结构发挥了十分重要的作用。但要看到，目前仍有一定规模的国有企业棚户区未纳入改造范围，任务还很艰巨，特别是独立工矿区、三线地区和资源枯竭型城市的国有企业棚户区，因产业结构调整、企业改制破产等原因，面临较大困难。为贯彻落实《国务院关于加快棚户区改造工作的意见》（国发〔2013〕25 号），加大国有企业棚户区改造力度，经国务院批准，现提出以下意见：

一、总体要求

深入贯彻落实党的十八届三中全会精神，适应工业化、城镇化和企业持续健康发展的需要，发挥好政府的组织引导作用，履行好各有关企业的主体责任，到 2017 年基本完成国有企业棚户区改造，中央企业争取率先完成，使棚户区职工的居住条件得到明显改善。

二、加强计划管理

要区分轻重缓急，优先改造连片规模较大、住房条件困难、安全隐患严重、职工要求迫切的国有企业棚户区改造项目，有计划有步骤地组织实施。其中，位于城市规划区范围内的国有企业棚户区，纳入城市棚户区改造范围；位于城市规划区外的国有企业棚户区。纳入工矿棚户区改造范围。各国有企业要根据属地化原则，严格按照棚户区标准，进一步核实涉及的棚户区户数、面积、类型等情况，提出棚户区改造项目，做好改造规模和年度计划安排，2014 年 6 月底前报所在市、县人民政府，由发展改革、财政、国土资源、住房城乡建设、国资等部门联合审查后，统一纳入市、县棚户区改造规划和年度计划，并于 2014 年 8 月底前报省级人民政府。省级人民政府组织相关部门联合审核后，纳入棚户区改造规划和年度计划，同时汇总编制本地区国有企业棚户区改造规划和年度计划，并明确城市棚户区、国有工矿棚户区，资源枯竭型城市棚户区、独立工矿区棚户区、三线企业棚户区等类型，2014 年 9 月底前报发展改革委、财政部、国生资源部、住房城乡建设部和国资委，列入全国保障性安居工程规划和年度计划。

三、加大资金支持

国有企业棚户区改造采取财政补助、银行贷款、企业支持、职工自筹、市场开发等办法多渠道筹措资金。对纳入年度计划的国有企业棚户区改造项目，要按规定落实中央和地方补助资金。2014—2017 年，从中央国有资本经营预算中安排统一定规模的资金划转到公共财政预算，统筹用于国有企业棚户区改造；各级地方政府也要确保补助资金落实到位。鼓励金融机构向符合贷款条件的国有企业棚户区改造项目提供贷款或融资。经有关部门批准，国有企业可在符合法律法规的条件下，建立国有企业棚户区改造贷款偿还保障机制。有条件的国有企业可安排一定资金，对所属困难子企业棚户区改造项目予以支持。对困难国有企业特别是独立工矿区、三线地区和资源枯竭型城市国有企业棚户区改造的配套设施建设，财政部、国资委要商有关部门，研究从国有资本经营预算中安排资金予以支持。支持中央建筑施工企业按照市场化原则，积极参与国有企业棚户区改造项目。

四、保障用地供应

国有企业棚户区改造安置住房用地纳入当地土地供应计划优先安排，要简化行政审批程序，提高审批效率，安置住房实行原地和异地建设相结合，以就近安置为主；对纳入地方改造规划和计划的三线企业棚户区改造项目，涉及的新增建设用地按照棚户区改造用地支持政策予以保障。棚户区改造安置住房中涉及的经济适用住房和符合条件的公共租赁住房建设项目，可以通过划拨方式供应土地，同时明确约定保障性住房套型面积等土地使用条件。对涉及使用新增建设用地或变更土地利用性质的，国土资源、住房城乡建设部门要主动服务，及时办理相关手续。

五、落实税费优惠政策

对国有企业棚户区改造，按照《财政部关于切实落实相关财政政策积极推进城市和国有工矿棚户区改造工作的通知》（财综〔2010〕8 号）规定，切实免收各项行政事业性收费和政府性基金，严格按照规定免收土地出让收入。棚户区改造安置住房建设和通过收购筹集安置房源的，执行经济适用住房的税收优惠政策。电力、通信、市政公用事业等企业要对国有企业棚户区改造给予支持，适当减免入网、管网增容等经营性收费。国有企业符合一定条件的棚户区改造支出，按照《关于企业参与政府统一组织的棚户区改造有关企业所得税政策问题的通知》（财税〔2013〕65 号）的规定，在企业所得税前扣除。

六、强化组织领导

省级人民政府对辖区内国有企业棚户区改造负总责。市、县人民政府要明确具体工作责任和措施，把符合条件的国有企业棚户区纳入当地改造规划和计划，落实资金补助、土地供应、税费减免等优惠政策，扎实做好国有企业棚户区改造各项组织工作。中央企业集团公司要加强对所属企业棚户区改造工作的领导，落实责任部门，统筹安排，积极支持。各有关部门要加强对国有企业棚户区改造的工作指导和协调衔接，根据部门职责，完善配套政策，及时解决存在的突出问题。各级国资委要建立国有企业棚户区改造专项工作督导机制；在企业经营业绩考核中，因棚户区改造对企业当期利润等指标影响较大的要予以合理考虑，充分调动企业参与棚户区改造的积极性。在国有企业棚户区改造中，要把握好政策界限，加强立项、建设、分配等方面管理，防止突破政策规定借棚户区改造建设福利性住房等违规行为；安置住房供水、供电、供热、供气和物业管理等要实行社会化管理。

关于推进驻河南省、湖南省和重庆市中央企业分离移交“三供一业”工作的指导意见

2014年4月2日　国资改组〔2014〕161号

各中央企业：

为贯彻落实国务院领导同志关于妥善解决国有企业分离办社会职能有关批示精神，推进驻河南省、湖南省和重庆市中央企业分离移交供水、供电、供热和物业管理（以下简称驻豫、湘和渝央企分离移交“三供一业”）工作，根据《国务院关于试行国有资本经营预算的意见》（国发〔2007〕26号）和财政部《关于企业分离办社会职能有关财务管理问题的通知》（财企〔2005〕62号）等文件精神，经商财政部，现提出以下意见：

一、分离移交工作的基本原则

驻豫、湘和渝央企分离移交“三供一业”工作坚持以下原则：政策引导与企业自愿相结合；切实减轻企业负担，促进城市基础设施优化整合；执行市级以上地方人民政府已出台的相关政策，将“维修为主、改造为辅和技术合理、经济合算、运行可靠”，且不低于所在城市基础设施的平均水平，作为分离移交的基本标准，保证分离移交后设施的正常运行。

二、分离移交的范围

驻豫、湘和渝央企分离移交“三供一业”的范围包括驻河南省、湖南省和重庆市的

中央企业及其所属企业承担的职工家属区供水、供电、供热和物业管理等职能。如企业职工家属区已有管道燃气设施，且需分离移交的，也可纳入分离移交范围。

三、分离移交工作的支持政策

（一）国有资本经营预算资金对驻豫、湘和渝央企分离移交“三供一业”给予支持。遵循“先移交后拨付”原则，移交企业与接收单位签订分离移交协议，取得分离移交改造费用支付凭证，经审计核实后，国有资本经营预算资金按分离移交改造费用的50%给予支持。

有移交任务的中央企业集团公司应当按照国有资本经营预算管理的要求，申请分离移交“三供一业”支持资金，提交申报材料说明分离移交“三供一业”项目的基本情况和资金申请情况，包括分离移交“三供一业”总体情况及资金配套情况，各项目分离移交职能、费用、接收单位、协议生效时间、责任转移时间、资金申请情况等。同时提交以下证明材料：分离移交接收协议及相关资料复印件、分离移交改造费用清单及支付凭证复印件、资产交接清单，以及国资委确定的其他相关资料。国有资本经营预算分离移交“三供一业”支持资金，由中央企业集团公司在申报的分离移交“三供一业”项目范围内统筹使用，及时拨付到移交企业。

移交企业要严格按照有关规定规范使用资金，单独核算，专项用于分离移交“三供一业”维修维护费用，基建和改造工程项目的科研费用、设计费用、旧设备设施拆除费用、施工费用、监理费等。

（二）因分离移交工作对企业当期利润、经济增加值，或对所在任期内的国有资本保值增值率等考核指标产生较大影响的，经有移交任务的中央企业集团公司提出申请，报国资委审核后，在业绩考核时给予适当调整。中央企业集团公司对所属企业进行业绩考核时，应合理考虑上述因素。

四、组织实施

（一）分离移交工作的责任主体是企业。移交企业和接收单位要签订分离移交协议，明确双方责任。分离移交事项依照财企〔2005〕62号文件的规定，资产实行无偿划转，由中央企业集团公司审核批准，报财政部和国资委备案。

（二）有移交任务的中央企业集团公司要统筹协调，积极推进所属企业分离移交工作。移交企业要积极筹措资金，精心组织具体实施工作。中央企业集团公司及移交企业的主管单位为移交企业筹措资金应不低于分离移交改造费用的30%。

（三）有接收任务的中央企业要积极做好接收工作，指定专门部门具体负责，与移交企业共同协商分离移交事项，明确改造标准及其组织实施方案，确保分离移交工作的有效衔接。

（四）企业“三供一业”的有关从业人员原则上按照市级以上地方政府制定的政策标准移交，其他从业人员由移交企业妥善安置。中央企业集团公司及移交企业要做好相关工作衔接，做好深入细致的政治思想工作，确保企业和社会稳定。

五、资产和财务处理

（一）“三供一业”移交企业应当按照有关法律法规和公司章程规定履行资产移交相关程序，做好移交资产的财务清理、资产清查、产权变更、产权登记等工作。

（二）移交企业分离移交“三供一业”资产，按照财企〔2005〕62号文件关于自行分离、无偿移交的有关规定进行财务处理。多元股东的企业，应当经该企业董事会或股东会同意后，按照持有股权的比例核减国有权益。

（三）移交企业取得的国有资本经营预算分离移交“三供一业”资金，符合《财政部　国家税务总局关于专项用途财政性资金企业所得税处理问题的通知》（财税〔2011〕70号）规定的相关条件的，可按规定作不征税收入处理。

（四）中央企业应当按照《企业会计准则》等国家财务会计有关规定，对分离移交过程中涉及国有资本经营预算资金收付、企业配套资金支出、资产移交划转以及国有权益变动等事项规范进行会计核算和账务处理，并将账务处理依据和方式作为重大财务事项，随年度财务决算备案报告一并报国资委备案。对当年发生的分离移交事项对企业财务及经营成果的影响，应当由中介机构出具专项鉴证意见，随年度财务决算报告一并报国资委。

六、监督检查

（一）分离移交工作完成后，中央企业集团公司应向财政部和国资委报送分离移交工作总结报告。工作总结报告应包括：项目实施的基本情况，分离移交资产清单，专项资金使用情况，项目实施中存在的问题，取得的经验或教训，对推进中央企业分离移交“三供一业”工作的建议等。

（二）国资委组织对分离移交“三供一业”工作进行监督检查，必要时进行专项审计。

（三）企业擅自挪用、违规使用预算资金的，按照《财政违法行为处罚处分条例》（国务院令第427号）的有关规定处理。

关于加快推进厂办大集体改革工作的指导意见

2016年8月16日　国资发分配〔2016〕249号

各省、自治区、直辖市和新疆生产建设兵团国资委、财政厅（局）、人力资源社会保障厅（局），各中央企业：

2011年，国务院办公厅印发《关于在全国范围内开展厂办大集体改革工作的指导意见》（国办发〔2011〕18号，以下简称18号文件），明确了厂办大集体改革的相关政策和工作要求。18 号文件印发以来，各地和中央企业积极推进改革工作，取得了一定进展。但由于厂办大集体历史情况复杂、改革成本缺口大等原因，实施进度总体较慢。近期，《中共中央　国务院关于深化国有企业改革的指导意见》（中发〔2015〕22 号）要求继续推进厂办大集体改革，《国务院关于印发加快剥离国有企业办社会职能和解决历史遗留问题实施方案的通知》（国发〔2016〕19 号，以下简称 19 号文件）进一步完善了厂办大集体改革政策。为贯彻落实党中央、国务院关于继续推进厂办大集体改革，为国有企业改革发展创造良好环境条件的要求，现提出以下意见：

一、总体要求

按照全面深化国有企业改革的战略部署和 19 号文件的具体工作要求，各地和中央企业要加快推进厂办大集体改革，实现厂办大集体与主办国有企业的彻底分离，促进国有企业轻装上阵、公平参与竞争。在组织实施改革过程中，要统筹兼顾厂办大集体、主办国有企业、地方财政和中央财政的承受能力，使集体职工得到妥善安置，切实维护企业和社会的稳定。

二、明确厂办大集体改革责任主体

厂办大集体改革涉及厂办大集体、主办国有企业、地方人民政府、中央企业等多个责任主体。其中，具体操作和成本承担的责任主体是厂办大集体，推进改革的责任主体是主办国有企业或主办国有企业的主管部门，组织协调的责任主体是地方人民政府和中央企业。各责任主体要认真贯彻落实 18 号文件和 19 号文件精神，各司其职、密切配合、互不推诿，共同推进改革工作。

厂办大集体实施改制、关闭或者依法破产，应当依法妥善处理与在职职工的劳动关系。支付解除、终止劳动合同的经济补偿，偿还拖欠职工的各类债务等改革成本应当由厂办大集体资产承担。

主办国有企业可以按照相关政策规定，通过无偿划拨厂办大集体长期使用的本企业固定资产、豁免厂办大集体欠本企业的债务、妥善处理已与本企业形成事实劳动关系的厂办大集体在职职工、适当补助厂办大集体职工安置费用等方式，支持厂办大集体改革。主办国有企业已关闭破产的，由其主管部门承担相关责任。

各地国资、财政、人力资源社会保障部门要在本级人民政府的领导下，从履行公共管理职能和维护企业、社会稳定出发，研究制定配套政策措施，对有关改革成本给予适当补助，督促地方国有企业加快推进厂办大集体改革，并做好与相关国有企业改革政策衔接工作。中央企业要加强对厂办大集体改革工作的组织领导，并按照厂办大集体改革政策的有关规定给予相关支持。

三、各地和中央企业要加强厂办大集体改革的统筹协调

各地与中央企业要建立统筹协调的沟通机制，确保地方与中央企业厂办大集体改革协同推进。中央企业组织制定厂办大集体改革方案时，应当与所在地人民政府及相关职能部门充分沟通，在改革基准时点、进度、职工安置标准等方面与地方厂办大集体改革相协调。各地要为中央企业在当地的厂办大集体改革创造有利环境，积极做好社保接续、人员档案移交管理等工作。

四、完善中央财政厂办大集体改革补助政策

为支持地方和中央企业加快推进厂办大集体改革，中央财政对厂办大集体改革继续给予补助，补助比例按照18号文件规定不变，并对地方厂办大集体改革继续给予奖励，奖励比例统一确定为30%。中央财政按照地方及中央企业厂办大集体改革方案规定的改革基准时点的在职职工人数、平均工龄、平均工资或者所在地最低工资标准等因素计算应支付的经济补偿金，并按照厂办大集体净资产不足以支付经济补偿金差额部分的规定比例确定补助金额，予以全额预拨。厂办大集体改革完成后，根据有关规定据实清算中央财政补助资金。

五、统筹使用中央财政补助资金

各地和中央企业可以将自筹资金和中央财政补助资金统筹用于接续职工社会保险关系、解除或终止劳动合同经济补偿等支出，具体范围由各地和中央企业根据实际情况合理确定。

六、落实各项社会保障政策

厂办大集体职工与企业解除劳动关系后，就业扶持政策按照国家有关规定执行，并按规定接续基本养老保险和医疗保险等各项社会保险关系，符合条件的，享受相应的社会保险待遇。各地要认真落实各项社会保障政策，切实保障困难职工的基本生活，维护社会稳定。因关闭破产厂办大集体基本养老保险欠费核销增加的养老保险基金缺口，由各地结合中央财政相关补助资金和自身财力状况统筹考虑。

七、按时报送厂办大集体改革进展情况

在厂办大集体改革任务完成之前，各省级厂办大集体改革领导小组（办公室）应于每年年底前将本地厂办大集体改革方案审批情况、改革实施进展情况（包括但不限于已经完成接续社会保险关系的职工人数、在职职工劳动关系处理进度、再就业情况、本年度中央财政资金使用情况等）和下一年度工作计划报送国务院国资委（一式3份）。国务院国资委会同财政部、人力资源社会保障部进行汇总分析，对厂办大集体改革进展缓慢的地区进行重点督导。

八、加强组织领导做好宣传解释工作

厂办大集体改革是全面深化国有企业改革的重要内容，是稳增长、惠民生、调结构的重要手段，也是振兴东北地区等老工业基地的重要举措，事关稳定和发展大局。各地和中央企业要统一思想，充分认识加快推进厂办大集体改革的重要性和迫切性，密切沟

通协调、统筹规划，加强对改革工作的组织领导，指导有关企业严格履行职工民主管理程序，下大力气做好政策宣传解释工作，营造良好舆论氛围，争取广大职工的解释和支持，确保改革工作顺利推进。

关于印发《关于国有控股混合所有制企业开展员工持股试点的意见》的通知

2016年8月12日　国资发改革〔2016〕133号

各省、自治区、直辖市人民政府，国务院各部委、各直属机构：

经国务院同意，现将《关于国有控股混合所有制企业开展员工持股试点的意见》印发给你们，请结合实际认真贯彻执行。

附件：关于国有控股混合所有制企业开展员工持股试点的意见

附件：

关于国有控股混合所有制企业开展员工持股试点的意见

员工持股试点的意见为全面贯彻党的十八大和十八届三中、四中、五中全会精神，落实“四个全面”战略布局和创新、协调、绿色、开放、共享的发展理念，根据《中共中央　国务院关于深化国有企业改革的指导意见》（中发〔2015〕22号）有关要求，经国务院同意，现就国有控股混合所有制企业开展员工持股试点提出以下意见。

一、试点原则

（一）坚持依法合规，公开透明。依法保护各类股东权益，严格遵守国家有关法律法规和国有企业改制、国有产权管理等有关规定，确保规则公开、程序公开、结果公开，杜绝暗箱操作，严禁利益输送，防止国有资产流失。不得侵害企业内部非持股员工合法权益。

（二）坚持增量引入，利益绑定。主要采取增资扩股、出资新设方式开展员工持股，并保证国有资本处于控股地位。建立健全激励约束长效机制，符合条件的员工自愿入股，入股员工与企业共享改革发展成果，共担市场竞争风险。

（三）坚持以岗定股，动态调整。员工持股要体现爱岗敬业的导向，与岗位和业绩紧密挂钩，支持关键技术岗位、管理岗位和业务岗位人员持股。建立健全股权内部流转和退出机制，避免持股固化僵化。

（四）坚持严控范围，强化监督。严格试点条件，限制试点数量，防止“一哄而起”。严格审批程序，持续跟踪指导，加强评价监督，确保试点工作目标明确、操作规范、过程可控。

二、试点企业条件

（一）主业处于充分竞争行业和领域的商业类企业。

（二）股权结构合理，非公有资本股东所持股份应达到一定比例，公司董事会中有非公有资本股东推荐的董事。

（三）公司治理结构健全，建立市场化的劳动人事分配制度和业绩考核评价体系，形成管理人员能上能下、员工能进能出、收入能增能减的市场化机制。

（四）营业收入和利润90%以上来源于所在企业集团外部市场。

优先支持人才资本和技术要素贡献占比较高的转制科研院所、高新技术企业、科技服务型企业（以下统称科技型企业）开展员工持股试点。中央企业二级（含）以上企业以及各省、自治区、直辖市及计划单列市和新疆生产建设兵团所属一级企业原则上暂不开展员工持股试点。违反国有企业职工持股有关规定且未按要求完成整改的企业，不开展员工持股试点。

三、企业员工入股

（一）员工范围。参与持股人员应为在关键岗位工作并对公司经营业绩和持续发展有直接或较大影响的科研人员、经营管理人员和业务骨干，且与本公司签订了劳动合同。

党中央、国务院和地方党委、政府及其部门、机构任命的国有企业领导人员不得持股。外部董事、监事（含职工代表监事）不参与员工持股。如直系亲属多人在同一企业时，只能一人持股。

（二）员工出资。员工入股应主要以货币出资，并按约定及时足额缴纳。按照国家有关法律法规，员工以科技成果出资入股的，应提供所有权属证明并依法评估作价，及时办理财产权转移手续。上市公司回购本公司股票实施员工持股，须执行有关规定。

试点企业、国有股东不得向员工无偿赠与股份，不得向持股员工提供垫资、担保、借贷等财务资助。持股员工不得接受与试点企业有生产经营业务往来的其他企业的借款或融资帮助。

（三）入股价格。在员工入股前，应按照有关规定对试点企业进行财务审计和资产评估。员工入股价格不得低于经核准或备案的每股净资产评估值。国有控股上市公司员工入股价格按证券监管有关规定确定。

（四）持股比例。员工持股比例应结合企业规模、行业特点、企业发展阶段等因素确定。员工持股总量原则上不高于公司总股本的30%，单一员工持股比例原则上不高于公司总股本的1%。企业可采取适当方式预留部分股权，用于新引进人才。国有控股上市公司员工持股比例按证券监管有关规定确定。

（五）股权结构。实施员工持股后，应保证国有股东控股地位，且其持股比例不得低于公司总股本的34%。

（六）持股方式。持股员工可以个人名义直接持股，也可通过公司制企业、合伙制企业、资产管理计划等持股平台持有股权。通过资产管理计划方式持股的，不得使用杠杆融资。持股平台不得从事除持股以外的任何经营活动。

四、企业员工股权管理

（一）股权管理主体。员工所持股权一般应通过持股人会议等形式选出代表或设立相应机构进行管理。该股权代表或机构应制定管理规则，代表持股员工行使股东权利，维护持股员工合法权益。

（二）股权管理方式。公司各方股东应就员工股权的日常管理、动态调整和退出等问题协商一致，并通过公司章程或股东协议等予以明确。

（三）股权流转。实施员工持股，应设定不少于36个月的锁定期。在公司公开发行股份前已持股的员工，不得在公司首次公开发行时转让股份，并应承诺自上市之日起不少于36个月的锁定期。锁定期满后，公司董事、高级管理人员每年可转让股份不得高于所持股份总数的25%。

持股员工因辞职、调离、退休、死亡或被解雇等原因离开本公司的，应在12个月内将所持股份进行内部转让。转让给持股平台、符合条件的员工或非公有资本股东的，转让价格由双方协商确定；转让给国有股东的，转让价格不得高于上一年度经审计的每股净资产值。国有控股上市公司员工转让股份按证券监管有关规定办理。

（四）股权分红。员工持股企业应处理好股东短期收益与公司中长期发展的关系，合理确定利润分配方案和分红率。企业及国有股东不得向持股员工承诺年度分红回报或设置托底回购条款。持股员工与国有股东和其他股东享有同等权益，不得优先于国有股东和其他股东取得分红收益。

（五）破产重整和清算。员工持股企业破产重整和清算时，持股员工、国有股东和其他股东应以出资额为限，按照出资比例共同承担责任。

五、试点工作实施

（一）试点企业数量。选择少量企业开展试点。各省、自治区、直辖市及计划单列市和新疆生产建设兵团可分别选择5～10户企业，国务院国资委可从中央企业所属子企业中选择10户企业，开展首批试点。

（二）试点企业确定。开展员工持股试点的地方国有企业，由省级人民政府国有资产监督管理机构协调有关部门，在审核申报材料的基础上确定。开展试点的中央企业所属子企业，由国有股东单位在审核有关申报材料的基础上，报履行出资人职责的机构确定。

（三）员工持股方案制定。企业开展员工持股试点，应深入分析实施员工持股的必要性和可行性，以适当方式向员工充分提示持股风险，严格按照有关规定制定员工持股方案，并对实施员工持股的风险进行评估，制定应对预案。员工持股方案应对持股员工条件、持股比例、入股价格、出资方式、持股方式、股权分红、股权管理、股权流转及员工岗位变动调整股权等操作细节作出具体规定。

（四）员工持股方案审批及备案。试点企业应通过职工代表大会等形式充分听取本企业职工对员工持股方案的意见，并由董事会提交股东（大）会进行审议。地方试点企业的员工持股方案经股东（大）会审议通过后，报履行出资人职责的机构备案，同时抄报省级人民政府国有资产监督管理机构；中央试点企业的员工持股方案经股东（大）会审议通过后，报履行出资人职责的机构备案。

（五）试点企业信息公开。试点企业应将持股员工范围、持股比例、入股价格、股权流转、中介机构以及审计评估等重要信息在本企业内部充分披露，切实保障员工的知情权和监督权。国有控股上市公司执行证券监管有关信息披露规定。

（六）规范关联交易。国有企业不得以任何形式向本企业集团内的员工持股企业输送利益。国有企业购买本企业集团内员工持股企业的产品和服务，或者向员工持股企业提供设备、场地、技术、劳务、服务等，应采用市场化方式，做到价格公允、交易公平。有关关联交易应由一级企业以适当方式定期公开，并列入企业负责人经济责任审计和财务审计内容。

六、组织领导

实施员工持股试点，事关国有企业改革发展大局，事关广大员工切身利益，各地区、各有关部门要高度重视，加强领导，精心组织，落实责任，确保试点工作规范有序开展。国务院国资委负责中央企业试点工作，同时负责指导地方国有资产监督管理机构做好试点工作，重要问题应及时向国务院国有企业改革领导小组报告。首批试点原则上在 2016 年启动实施，各有关履行出资人职责的机构要严格审核试点企业申报材料，成熟一户开展一户，2018 年年底进行阶段性总结，视情况适时扩大试点。试点企业要按照要求规范操作，严格履行有关决策和审批备案程序，扎实细致开展员工持股试点工作，积极探索员工持股有效模式，切实转换企业经营机制，激发企业活力。各有关履行出资人职责的机构要对试点企业进行定期跟踪检查，及时掌握情况，发现问题，纠正不规范行为。试点过程中出现制度不健全、程序不规范、管理不到位等问题，致使国有资产流失、损害有关股东合法权益或严重侵害企业职工合法权益的，要依法依纪追究相关责任人的责任。

金融、文化等国有企业实施员工持股，中央另有规定的依其规定执行。国有科技型企业的股权和分红激励，按国务院有关规定执行。已按有关规定实施员工持股的企业，继续规范实施。国有参股企业的员工持股不适用本意见。

关于中央企业开展压缩管理层级减少法人户数工作的通知

2016 年 8 月 3 日　国资发改革〔2016〕135 号

各中央企业：

为深入贯彻《中共中央国务院关于深化国有企业改革的指导意见》（中发〔2015〕22 号）精神，落实国务院关于中央企业瘦身健体的有关要求，在 2016 年上半年五家企业试点工作的基础上，进一步推进中央企业调整优化组织结构，有效压缩管理层级、减少法人户数（以下简称“压减”工作），促进企业加强管理、提质增效，现就有关事项通知如下：

一、总体要求

全面贯彻落实国务院关于“国有企业瘦身健体，增强核心竞争力”工作要求，以推进供给侧结构性改革为导向，进一步深化国有企业改革，着力解决中央企业法人户数多、法人链条长、管理层级多、机构臃肿、管理效率低等突出问题，推动中央企业优化组织结构，提高管理效率，构建业务有进有退、企业优胜劣汰、板块专业化经营、管控精干高效的发展格局，不断提升发展质量和经济效益。

二、工作目标

（一）有效压缩层级，减少法人户数。力争在 3 年内使多数中央企业管理层级控制在 3～4 级以内，法人层级 10 级以上（含 10 级）的企业减少 3～5 个层级，企业法人户数减少 20%左右。

（二）打造精干高效管理机构。按照定位准确、职能清晰、流程顺畅、精干高效的要求，科学设置管理层级和职能部门，精简管理部门和管理人员，提高管理效率。

三、工作原则

（一）企业为主，落实责任。中央企业是“压减”工作的责任主体，企业内部按照产权关系和管理权限，层层落实主体责任。国资委督促、指导、推动各企业按既定目标与时间节点落实，并研究相关支持政策。

（二）因企制宜，协同配合。充分考虑各企业发展战略、行业特点等实际情况，确定具体目标与方案，不搞“一刀切”。统筹规划，将“压减”工作与改组组建国有资本投资、运营公司、中央企业重组整合、处置“僵尸企业”及特困企业专项治理、过剩产能退出、厂办大集体改革、分离移交“三供一业”等企业办社会职能改革工作协同推进。

（三）规范操作，稳妥有序。严格按照有关法律法规，对涉及国有资产处置、债权债务、相关税费缴纳、人员安置等问题，严格履行相关程序，防范法律风险，防止国有资产流失。正确处理改革、发展、稳定的关系，妥善处理各方合法利益，确保生产经营的正常进行和企业稳定，稳妥有序推进“压减”工作。

四、工作措施

（一）做好统筹规划。各中央企业要结合战略规划和业务结构，合理设计整合优化后的企业层级和管理架构，明确集团公司与各级单位之间的管理关系。逐户分析各业务板块所属子企业情况，合理确定清理整合对象。

（二）加强投资管理。严格执行投资管理制度，严格控制新设法人，尤其是非主业投资和特殊目的公司。特殊情况确需投资的，应由集团总部按程序履行审批决策程序，并采取相应措施确保管理和控制到位。鼓励通过改组原有企业的方式发展新业务，避免新增法人户数和管理层级。探索采取基金等新的投资模式开展对外投资。

（三）加快内部整合。加大企业内部重组力度，推动同城同业务子企业的合并重组，提升管理效率，消除内部同业竞争。对与主业发展关联紧密、经营状况良好的所属企业，可通过无偿划转、产权转让等方式提升管理层级。对资产规模小、业务相近的所属企业，可通过兼并重组实现规模效益。

（四）探索企业间资产重组。探索中央企业之间部分业务或资产的重组整合。非主业资产符合其他中央企业主业发展需要的，双方可协商，通过收购、资产（股权）置换、交叉持股、无偿划转等方式进行重组。对企业依靠自身力量难以处置的业务及资产，打包交由专业化能力较强的其他企业进行集中处置。

（五）加大清理力度。对特殊目的公司，在深入分析的基础上，除确有保留必要的以外，要根据实际情况将其合并或注销。对“僵尸企业”、“亏损企业”、历史遗留的“三无企业”，积极争取和充分利用有关政策，采取兼并重组、关闭撤销、破产清算等方式，加快重组整合和市场出清。对因债权债务、欠税、土地权属、有关手续不全等原因短期内难以退出的所属企业，可进行集中托管，逐步实施清理压缩。

（六）推进机构改革。优化集团管控与组织架构，推行管理扁平化。合理设置集团公司和各管理层级的职能部门，减少机构重叠和职能交叉，探索实施“大部制”管理，建立共享服务中心，对财务、人力、采购、行政、信息化等工作实施集中管理。

（七）加强信息化建设。充分借助信息网络技术，提升企业管理信息化水平，逐步实现生产经营管理的数据化、标准化、流程化，解决信息不对称和信息孤岛问题，保证企业各层级内部信息实时共享和业务高效运转，为压缩管理层级、打造扁平化管理体系创造客观条件。

五、组织实施

（一）加强组织领导。“压减”工作是落实中央企业深化改革瘦身健体方案的重要任务，涉及面广、政策性强、处置难度大，各中央企业要统一思想，高度重视，建立集团公司主要领导牵头的工作机制，明确分管领导和责任部门，细化工作分工，强调过程控制，工作结果要纳入对相关责任人和责任单位的业绩考核中。国资委将中央企业“压减”工作成效纳入中央企业负责人经营业绩考核与企业领导班子的综合考核评价。

（二）强化基础管理。中央企业要结合前期摸底清查工作情况，进一步理清所属企业的数量、产权关系、经营状况等基础信息，将月度变更情况通过信息系统报送国资委。同时要进一步加强产权登记管理，及时按程序办理相关手续，加强财务决算管理。

（三）落实工作方案。中央企业要结合实际，以此次摸底清查确定的企业数为基数，研究确定“压减”工作三年目标和年度分解目标，制定重点突出、目标量化、步骤清晰、措施有力、可操作性强的工作方案，强化方案落地实施。请各企业于2016年8月31日前以文件形式（附电子版）报送国资委。

（四）加强督促指导。各中央企业要按季度将“压减”工作完成情况、困难和问题以及经验成效书面材料（附电子版）报送国资委，并将“压减”工作进展情况列入董事会年度工作报告，作为对企业董事会工作评价的内容之一。监事会将中央企业“压减”工作落实情况纳入监督检查范围。

（五）完善政策支持。加强与有关部门的沟通协调，针对企业“压减”工作中存在的困难和问题，争取政策支持。

联系人：国资委企业改革局李桦烨、熊小彤

电话：010－63193149、63193198

邮箱：glts@sasac. gov. cn 国资委

关于在去产能和处置“僵尸企业”过程中做好职工安置维护稳定工作的通知

2017年2月17日　国资厅发改革〔2017〕9号

各有关中央企业：

2016年，各有关中央企业认真贯彻落实党中央、国务院关于供给侧结构性改革的决策部署，扎实推进钢铁煤炭去产能，积极开展处置“僵尸企业”，总体上看，职工得到了妥善安置，实现了企业和社会稳定。2017年是供给侧结构性改革的深化之年，也是去产能和处置“僵尸企业”工作的攻坚之年。目前，全国“两会”召开在即，下半年还将召开党的十九大，有关中央企业要按照稳中求进工作总基调，积极稳妥推进去产能和处置“僵尸企业”工作。现将有关事项通知如下：

一、加强领导，落实责任。2017年，去产能和处置“僵尸企业”工作任务仍然十分艰巨，职工安置政策性强。有关中央企业要高度重视，主要领导要亲自抓，讲政治、顾大局，精心组织，周密安排，细化工作方案和职工分流安置方案，分解目标任务，层层落实责任，妥善分流安置职工，密切跟踪实施情况。工作中，要在企业党委（党组）的领导下，充分发挥党组织的政治核心作用、党支部战斗堡垒作用和党员先锋模范作用。

二、深入基层，解决问题。去产能和处置“僵尸企业”工作涉及职工的切身利益，要把职工安置作为工作的重中之重，必须做好职工的思想政治工作，向职工讲解职工安置的有关政策、安置渠道和具体措施，引导企业职工转变观念，增强承受能力。企业负责同志要深入第一线，面对面地做好群众工作，直接与职工群众交换意见，做更加贴近实际的思想教育和引导工作。对职工提出的要求和反映的问题进行调查处理，实事求是地进行分析，符合政策规定的，要在现行政策范围内尽快予以解决。对不符合国家政策规定的要求，也要依据有关法律法规和政策规定，耐心细致地做好解释说服工作。决不能躲避群众，回避矛盾，致使不稳定因素和矛盾积累、扩大，更不能简单处理，激化矛盾。

三、把握节奏，稳妥推进。正确处理改革发展稳定的关系，把握好工作次序、时机、节奏、力度，积极稳妥统筹推进。要做好去产能和处置“僵尸企业”的前期准备工作，成熟一个，操作一个。在职工安置方面必须有切实可行的实施方案，具有可操作性。安置计划不完善、资金保障不到位以及未经职工代表大会或全体职工讨论通过的职工安置方案，不得实施，确保企业和社会的稳定。

四、梳理排查，化解矛盾。推进去产能和处置“僵尸企业”工作过程中，要加强对职工分流安置工作的摸底排查，捕捉风险因素，果断采取有效措施，及时化解和处理各种矛盾和问题，尤其是在重要工作节点和敏感时期要确保稳定。对于任务较重、困难较大的企业，在制定去产能和处置“僵尸企业”实施方案时，一定要把涉及的职工情况摸清搞准。要深入一线企业，全面掌握生产经营、债务状况、职工再就业、薪酬发放等真实情况，切实做到心中有数。正确运用经济、行政和法律等手段处理好各种问题，防止矛盾激化，及时解决那些应当予以解决的实际困难和问题，坚决把不稳定苗头解决在萌芽状态，防止事态扩大。

五、相互配合，确保稳定。有关中央企业在去产能和处置“僵尸企业”工作中，要加强与地方政府的沟通联系，建立必要工作机制和报告制度，积极争取各方支持，主动化解难点问题。企业应主动配合地方政府创造更多就业岗位，提供相关培训，并配合地方政府做好分流安置职工的社保接续等工作。如发生职工群体上访、聚集滋事等不稳定事件，必须在当地党委、政府统一领导下立即组织力量，摸清情况，研究措施，及时处置。发现不稳定问题要及时向国资委报告。

关于进一步做好剥离国有企业办社会职能和解决历史遗留问题工作的通知

2017 年 3 月 30 日　国资厅发改革〔2017〕20 号

各省、自治区、直辖市和新疆生产建设兵团国资委、财政厅（局），各中央企业：

按照《国务院关于印发加快剥离国有企业办社会职能和解决历史遗留问题工作方案的通知》（国发〔2016〕19 号）要求，2016 年，各地区、各中央企业认真贯彻落实党中央、国务院决策部署，高度重视，精心组织，层层落实责任，采取切实措施，剥离国有企业办社会职能和解决历史遗留问题工作开局良好，取得积极进展。按照中央关于 2020 年基本完成剥离国有企业办社会职能和解决历史遗留问题的工作部署，工作任务仍十分艰巨。现将《剥离国有企业办社会职能和解决历史遗留问题 2017 年工作计划安排》印发给你们，并就有关事项通知如下：

一、进一步提高认识，加强工作组织。要把思想和行动统一到党中央、国务院的决策部署上来，牢固树立四个意识，主动作为，勇于担当，攻坚克难，加强组织领导，及时协调解决实施过程中的有关问题，努力推动工作取得新的成效。

二、进一步落实责任，加快工作进度。要明确目标任务，把握时间节点，层层落实责任。各省级政府要督促地市政府抓紧制定“三供一业”维修改造标准和具体实施办法，力争 2017 年 6 月底前实现全覆盖。各企业要把工作要求落实到所属企业，明确责任人，将工作完成情况纳入对所属企业的经营业绩考核，组织推动所属企业做好分离移交工作。

三、聚焦难点重点问题，加大工作力度。对剥离国有企业办社会职能和解决历史遗留问题工作中的重点难点问题，要加强沟通协调，完善推进机制，创新工作方式，因地制宜，因企施策，积极探索有效途径，形成可推广、可复制的有效模式。

四、高度重视稳定工作，引导合理预期。要把稳定工作放在更加突出的位置，抓早抓好、做细做实涉及职工群众切身利益的工作，积极稳妥推进，确保企业和社会稳定。

附件：剥离国有企业办社会职能和解决历史遗留问题 2017 年工作计划安排

附件：

剥离国有企业办社会职能和解决历史遗留问题2017年工作计划安排

2017年是加快剥离国有企业办社会职能和解决历史遗留问题的关键年。贯彻落实《国务院关于印发加快剥离国有企业办社会职能和解决历史遗留问题工作方案的通知》（国发〔2016〕19号），在相关配套文件陆续出台后，重点做好政策措施的落地，到2017年底，“三供一业”分离移交取得阶段性成效，基本完成企业办市政社区管理等职能分离移交和消防机构分类处理，企业办教育、医疗机构深化改革取得积极进展，退休人员社会化管理在试点城市取得突破。2017年具体做好以下工作：

一、出台配套政策

（一）《关于国有企业办消防机构分类处理的指导意见》、《关于国有企业办市政、社区管理等职能分离移交的指导意见》报经国务院批准后印发。（国资委、公安部、民政部、财政部、住房城乡建设部按工作分工，2月已上报）

（二）《关于国有企业办教育医疗机构深化改革的指导意见》报经国务院批准印发。（国资委、中央编办、教育部、财政部、人力资源社会保障部、卫生计生委，力争3月底前上报国务院）

（三）在试点工作的基础上研究制定《关于国有企业退休人员社会化管理的指导意见》。（国资委、中央组织部、民政部、财政部、人力资源社会保障部，12月底前完成）

二、抓重点带全局

（一）抓住重点地区、重点企业，加快工作进度，全面推进全国国有企业“三供一业”分离移交，力争到2017年底完成分离移交或签订正式协议、框架协议的达到70%，其中供电设施分离移交达到80%。（国资委、财政部，全年工作）

（二）抓住资源整合关键环节，推动企业办教育、医疗机构深化改革取得积极成效。（国资委、教育部、财政部、卫生计生委，全年工作）

（三）推进企业办消防机构分类处理，稳妥退出企业办市政消防机构基本完成，指导企业对依法保留的消防机构做好机制和能力建设。（国资委、公安部、财政部，全年工作）

三、抓难点求突破

（一）开展国有独立工矿区综合改革试点，以点带面推动剥离企业办社会职能。

1. 对5～6个大型独立工矿区实行挂牌督导，创新剥离企业办社会职能的有效方法。（国资委、发展改革委、财政部等，全年工作）

2. 各地、中央企业对独立工矿区剥离企业办社会职能进行重点推动。（地方政府、

中央企业，全年工作）

3. 进一步创新独立工矿区“三供一业”分离移交的有效途径。（国资委、发展改革委、财政部、住房城乡建设部，全年工作）

4. 推动完成企业办市政、社区管理等职能分离移交工作。（国资委、发展改革委、民政部、财政部、住房城乡建设部，全年工作）

（二）国有企业退休人员社会化管理试点工作取得突破性进展。

1. 指导5个试点城市按照《国务院办公厅关于在部分城市开展国有企业退休人员社会化管理试点工作的通知》（国办函〔2017〕7号）要求做好国有企业退休人员社会化管理试点工作，跟踪进展情况，及时协调解决试点中的问题。（国资委、中央组织部、民政部、财政部、人力资源社会保障部，全年工作）

2. 各地探索开展国有企业退休人员社会化管理试点工作。（地方政府，全年工作）

（三）协调督促相关责任方切实落实主体责任，积极稳妥推进厂办大集体改革。（国资委、发展改革委、财政部、人力资源社会保障部，全年工作）

四、抓督察促落实

（一）建立督察机制，加强调研督导，推动政策措施落地。有关部门组成联合调研督察组，集中对地方和中央企业工作进展情况进行督导。针对工作进展中的有关问题，有关部门及时开展专题调研，研究提出解决办法。（有关部门，全年工作）

（二）组织召开地方和中央企业有关会议，进一步推动层层落实责任，加大工作力度，加快剥离企业办社会职能和解决历史遗留问题。（国资委、财政部，3月底前完成）

（三）对已拨付补助资金的中央企业“三供一业”分离移交执行情况进行跟踪监督，符合条件的抓紧清算，确保国有资本经营预算资金使用安全规范。（国资委、财政部，全年工作）

（四）建立剥离企业办社会职能和解决历史遗留问题工作进展情况定期报告制度。各地、各中央企业每半年报告工作进展情况。（国资委，全年工作）

（五）编印剥离国有企业办社会职能和解决历史遗留问题工作简报，及时通报工作进展，沟通交流经验做法。（国资委，全年工作）

国资委　公安部　财政部关于国有企业办消防机构分类处理的指导意见

2017年5月11日　国资发改革〔2017〕79号

各省、自治区、直辖市人民政府，新疆生产建设兵团，国务院各部委、各直属机构，各中央企业：

国有企业按照《中华人民共和国消防法》（以下简称《消防法》）、《中华人民共和国安全生产法》（以下简称《安全生产法》）等法律法规建立消防安全管理机构和专职消防队，对于提高企业安全生产水平、增强企业抗御安全风险能力具有重要意义。为全面贯彻落实《中共中央国务院关于深化国有企业改革的指导意见》（中发〔2015〕22号）和《国务院关于印发加快剥离国有企业办社会职能和解决历史遗留问题工作方案的通知》（国发〔2016〕19号）精神，解决计划经济体制下部分国有企业承办市政消防机构和企业专职消防队承担公共服务职能等问题，规范国有企业消防安全管理机构和专职消防队伍建设管理，经国务院同意，现就分类处理国有企业办消防机构，提出如下意见：

一、目标任务。按照依法建立和职能归位相结合的原则，明确划分企业依法履行消防安全职责与政府提供消防安全公共服务的责任界限，分类处理国有企业办消防机构，2017年底前完成。

对于企业保障自身消防安全、按照现行《消防法》等法律法规仍需设立的消防安全管理机构和专职消防队，予以保留；对于企业办的承担公共消防管理服务职能的市政消防机构和专职消防队，予以撤销，其中符合当地城乡消防规划不能撤销的消防队（站），划转当地人民政府接收。

二、加强企业消防安全管理。企业必须牢固树立安全发展理念，按照《消防法》《安全生产法》等法律法规，贯彻预防为主、防消结合的消防工作方针和管生产经营必须管安全的要求，实行消防安全责任制，明确消防安全责任人和消防安全管理人，依法建立专职、志愿消防队等多种形式的消防组织，加强对员工的消防宣传教育培训，落实消防安全管理措施，确保消防设施完整好用，严格履行消防安全职责。

三、加强企业专职消防队建设。符合《消防法》第三十九条规定的企业，应当建立与生产规模、火灾危险性相适应的专职消防队，承担本单位的火灾扑救和应急救援工作。企业应当按照公安部等十三部门《关于规范和加强企业专职消防队伍建设的指导意见》（公通字〔2016〕25号），落实专职消防队的人员及经费保障机制，结合高危险的职业特点合理确定专职消防队员的工资津贴及相关待遇，依法为专职消防队员办理工伤保险，并可在此基础上购买意外伤害保险，以提高职业伤害保障水平。公安消防部门应当加强对企业专职消防队的指导和监督，根据需要调动指挥企业专职消防队参加火灾扑救工作。

四、稳妥退出企业办的市政消防机构。企业办的承担公共消防管理服务职能的市政消防机构应当撤销，其职能移交当地公安消防部门。《消防法》第三十九条规定以外的企业，可以将现有的专职消防队撤销，经国有企业集团公司审核批准，由企业告知当地人民政府公安消防部门，其中符合当地城乡消防规划不能撤销的消防队（站），由当地政府接收。地方各级人民政府应当按照城乡消防规划建立公安消防队、政府专职消防队，并按照有关标准配备消防装备，承担火灾扑救和应急救援工作。地方财政部门落实相关经费保障。

驻企业的公安消防队、政府专职消防队应当撤出企业，履行公共消防安全服务职能；所在企业如属于《消防法》等法律法规确定的建立专职消防队范围，应当同步建立专职消防队，承担本单位的火灾扑救工作。

五、规范处理相关资产。企业办消防机构撤销涉及的资产，由企业自行处理。移交地方政府的企业办市政消防机构、消防队涉及的资产，依据财政部《关于企业分离办社会职能有关财务管理问题的通知》（财企〔2005〕62号）的规定实行无偿划转，由企业集团公司审核批准，报主管财政机关、同级国有资产监督管理机构备案。移交企业应当依法履行资产移交相关程序，做好移交资产清查、财务清理、审计评估、产权变更及登记等工作，按照财企〔2005〕62号文件有关规定进行财务处理。多元股东的企业，应当经企业董事会或股东会同意后，按照持有股权的比例核减国有权益。

六、妥善安置从业人员。移交地方的企业办消防机构涉及的人员，由企业和地方政府协商妥善安置。撤销的企业办消防机构从业人员，由企业按相关政策妥善安置。有关企业要认真做好职工的思想工作，维护职工的合法权益，确保企业和社会稳定。

七、做好组织实施工作。地方各级人民政府要高度重视，加强组织领导，有序推进国有企业办消防机构分类处理工作，做好相关工作衔接，完善城乡消防安全布局，对消防站、消防装备不足或者不适应实际需要的，应当按照城乡规划增建、改建和完善，保障消防安全基本公共服务。有关企业要提高认识，主动与地方政府沟通衔接，精心组织，周密安排，分类处理，制定实施方案，落实责任分工，妥善做好相关工作，确保在2017年底前完成目标任务。

国务院国资委　民政部　财政部　住房城乡建设部关于国有企业办市政、社区管理等职能分离移交的指导意见

2017年5月15日　国资发改革〔2017〕85号

各省、自治区、直辖市人民政府，新疆生产建设兵团，国务院各部委、各直属机构，各中央企业：

加快剥离国有企业办社会职能和解决历史遗留问题是深化国有企业改革的重要内容。为贯彻落实《中共中央国务院关于深化国有企业改革的指导意见》（中发〔2015〕22号〕和《国务院关于印发加快剥离国有企业办社会职能和解决历史遗留问题工作方案的通知》（国发〔2016〕19号）精神，剥离与主业发展方向不符的国有企业办市政、社区管理等职能，经国务院同意，现提出如下意见。

一、总体要求

（一）工作目标。将与主业发展方向不符的国有企业管理的市政设施、职工家属区

的社区管理等职能移交地方政府负责，2017年底前完成。

（二）工作要求。坚持政企分开，将国有企业配合承担的公共管理职能归位于相关政府部门和单位；实行专业化管理，将与主业发展方向不符的国有企业承担的公共服务职能移交地方政府实行集中统一管理；减轻企业负担，促进国有企业瘦身健体、提质增效。

二、主要任务

（一）市政设施移交范围。国有企业管理的面向社会开放、提供公共服务的市政设施，包括道路桥梁及相应照明设施、环境卫生设施、市政管网及附属设施、生活污水处理设施、生活垃圾处理设施、城市供水设施、公共绿化设施、公共交通设施、公园、广场等，移交地方政府管理。

中央企业或省属国有企业所属与主业发展方向不符的，承担生活供水、供热、污水处理、垃圾处理等公共服务的企业，原则上划转地方政府管理。地方政府不能接收的，企业可自行关闭撤销或重组改制。

国有企业为职工服务的文化、体育设施，经与地方政府协商一致，可移交地方管理；也可由企业根据实际情况妥善处置，面向社会开放可按市场化方式合理收费。

（二）市政设施移交程序。由国有企业向市县政府提出申请，市县政府要在15个工作日内明确具体接收部门或单位。移交接收双方共同协商确定具体方案，办理移交接收事项。对于损坏、丧失使用功能的供排水等设施，经协商一致可由移交企业进行必要的维修完善。2018年起国有企业不再承担已移交的市政设施相关费用。

（三）社区管理职能移交。国有企业职工家属区的社区管理职能移交市县政府负责，由国有企业向市县政府提出申请，市县政府在15个工作日内明确责任单位，与国有企业协商办理移交接收事项，做好相关工作衔接。已经建立的职工家属区街道办事处等机构、依法选举产生的社区居民委员会与企业完全脱钩，现有办公场所、服务场所及设备设施一并移交。仍未建立管理机构或未依法选举产生社区居民委员会的国有企业职工家属区，按区域划片移交区县政府、街道办事处管理。

三、保障措施

（一）加强组织领导。地方各级人民政府要高度重视，加强组织领导，认真做好国有企业办市政、社区管理等职能分离移交工作。省级人民政府要统筹协调推动本地区中央企业、地方国有企业开展工作。地市级人民政府要认真做好具体组织实施工作，对本地区承担公共服务的国有企业进行资源优化整合，实现专业化运营管理，进一步完善公共服务体系和社区服务功能，提高管理服务能力。地方各级财政部门要将移交的国有企业办市政设施、社区服务设施的建设与管理、社区工作以及信息化建设等方面的合理经费需求纳入接收部门等相关预算。

（二）落实企业责任。国有企业集团公司要加强组织协调，做好政策宣传和思想政治工作，积极推动所属企业办市政、社区管理等职能移交工作。企业办市政、社区管理等职能移交涉及的从业人员，在尊重职工意愿的基础上，接收方继续聘用的，按照有关规定变更劳动合同，或者签订聘用合同，其他人员由移交企业负责妥善分流安置。国有企业应履行社会责任，积极支持移交后社区的管理服务工作。

（三）资产无偿划转。国有企业办市政、社区管理等职能移交涉及的资产，依据《财政部关于企业分离办社会职能有关财务管理问题的通知》（财企〔2005〕62 号）的规定，实行无偿划转，由企业集团公司审核批准，报主管财政部门、同级国有资产监督管理机构备案。移交企业要做好移交资产清查、财务清理、审计评估、产权登记等工作。多元股东的企业应当经该企业董事会或股东会同意后，按照持有股权的比例核减国有权益。

（四）加强督促指导。国务院国资委、民政部、财政部、住房城乡建设部等有关部门要密切配合，加强督促指导，跟踪工作进展情况，及时协调解决国有企业办市政、社区管理等职能分离移交过程中的有关问题。民政部、住房城乡建设部等部门要指导推进社区治理，有效提升社区服务机构为移交社区居民提供管理服务的能力和水平。

关于国有企业办教育医疗机构深化改革的指导意见

2017 年 7 月 28 日　国资发改革〔2017〕134 号

各省、自治区、直辖市人民政府，新疆生产建设兵团，国务院各部委、各直属机构，各中央企业：

加快剥离国有企业办社会职能是深化国有企业改革的重要内容。近年来，党中央、国务院及有关部门先后出台了一系列政策措施，支持国有企业办教育机构、医疗机构深化改革。企业办普通中小学、普通高校已基本移交，部分企业办职业教育（含技工教育，下同）和学前教育机构改革也进行了有益探索。企业办医疗机构按照国家医药卫生体制改革的要求，积极参与公立医院改革。为贯彻落实《中共中央国务院关于深化国有企业改革的指导意见》（中发〔2015〕22 号）、《国务院关于印发加快剥离国有企业办社会职能和解决历史遗留问题工作方案的通知》（国发〔2016〕19 号）和《国务院关于加快发展现代职业教育的决定》（国发〔2014〕19 号），推进国有企业办教育机构、医疗机构深化改革，经国务院同意，提出如下意见。

一、总体要求

（一）工作目标。

对国有企业办教育机构、医疗机构分类处理，分类施策，深化改革，2018 年年底前基本完成企业办教育机构、医疗机构集中管理、改制或移交工作。

（二）工作要求。

1. 坚持统筹谋划。贯彻落实健康中国建设战略部署和教育事业发展要求，协调推进国有企业办教育机构、医疗机构深化改革，既要减轻国有企业办社会负担，激发国有企业活力；更要通过供给侧结构性改革促进职业教育、健康产业发展，扩大教育、医疗健康服务有效供给，提升服务效率。

2. 坚持分类处理。结合区域教育改革发展规划和卫生规划（医疗卫生服务体系规划），因地制宜，分类指导。对企业办教育机构、医疗机构采取资源优化整合、移交等多种方式实现专业化管理、收支平衡，对运营困难、缺乏竞争力的予以关闭撤销。区分国有企业办职业教育和普通教育机构推进改革，鼓励国有企业继续举办职业院校，对其举办的普通学校（普通中小学、学前教育、普通高校等）移交地方，自身经营困难、难以为继的职业院校，原则上应移交地方或予以撤并。继续由国有企业举办或为主举办的医疗机构坚持非营利性原则，完善管理制度，实现集中运营管理。

3. 坚持规范操作。国有企业办教育机构、医疗机构深化改革要严格遵守相关制度规定，规范重组改制行为，完善工作流程，认真做好决策审批、清产核资、财务审计、资产评估、产权交易、信息公开等工作，防止国有资产流失。妥善分流安置职工，维护职工合法权益，确保企业和社会稳定。

二、主要任务

（一）关于教育机构深化改革。

1. 整合资源集中管理。继续发挥国有企业职业教育重要办学主体作用，对与企业主业发展密切相关、产教融合且确需保留的企业办职业院校，可由国有企业集团公司或国有资本投资运营公司进行资源优化整合，积极探索集中运营、专业化管理。支持运营能力强、管理水平高的国有企业跨集团进行资源整合。确需保留的企业办学前教育机构也可进行资源优化整合。

面向企业内部、以职工继续教育培训为主的培训中心、党校等机构，按照中共中央办公厅、国务院办公厅印发的《关于党政机关和国有企事业单位培训疗养机构改革的指导意见》有关规定执行。

2. 鼓励多元主体办学。鼓励国有企业多元主体组建教育集团，优质院校可通过兼并、托管、合作办学等形式，整合办学资源。探索多种方式，引入实力强、信誉高、专业化的社会资本参与国有企业办职业教育重组改制。

3. 移交地方统筹管理。对企业办的普通中小学、学前教育、全日制普通本科高校，原则上移交地方管理。经协商一致，地方政府同意接收的企业办职业教育机构移交地方管理。

4. 有序实现关闭撤销。对运营困难、缺乏竞争优势的企业办教育机构，可以关闭撤销，及时办理注销手续。拟关闭撤销的教育机构要继续完成好现有在校学生的教学任务，落实学籍档案接收单位，再办理注销手续。学前教育机构确需撤销的，应与当地教育行政部门协商，充分考虑当地普惠性学前教育资源布局和入园需求，协调解决好原服务区域内适龄儿童入园问题。

（二）关于医疗机构深化改革。

1. 鼓励移交地方管理。鼓励国有企业将与地方政府协商一致且地方同意接收的企业办非营利性医疗机构移交地方管理，按照政府办医疗机构相关规定管理。地方不同意接收的企业办社区卫生服务机构等医疗机构，企业可自行选择关闭撤销或其他改革方式妥善解决。

2. 有序实施关闭撤销。对运营困难、缺乏竞争优势的医疗机构，予以关闭撤销，妥善做好职工分流安置工作。

3. 积极开展资源整合。支持以健康产业为主业的国有企业或国有资本投资运营公司，通过资产转让、无偿划转、托管等方式，对国有企业办医疗机构进行资源整合，实现专业化运营和集中管理，创新升级医疗卫生服务，发展健康养老、健康旅游等产业。不以健康产业为主业的国有企业，除承担职业病防治等特殊功能的、特殊领域医疗保障的医疗机构，以及面向企业职工服务的门诊部、卫生所、医务室外，原则上不再直接管理医疗机构。

积极推动国有企业举办和参与举办的非营利性医疗机构参与公立医院改革，落实国有企业办医责任，在进一步明确功能定位的基础上，参照执行当地政府办公立医院综合改革的相关政策，破除以药补医，理顺医疗服务价格，参与药品耗材集中招标采购，推动建立运行新机制。在医保、服务监管等方面加强与地方管理的衔接。

4. 规范推进重组改制。积极引入专业化、有实力的社会资本，按市场化原则，有序规范参与国有企业办医疗机构重组改制，优先改制为非营利性医疗机构。要认真做好清产核资、资产评估，规范交易行为，公开择优确定投资人，通过市场形成合理交易价格，达成交易意向后应及时公示交易对象、交易价格等信息，防止国有资产流失。重组改制要充分听取拟重组改制医疗机构职工意见，职工安置方案应经职工代表大会或职工大会审议通过。企业办医疗机构重组改制后，不以健康产业为主业的国有企业原则上不再参与举办，确需参与举办的不再承担主要举办责任。

三、政策保障

（一）营造良好政策环境。

国有企业要根据经费来源、企业发展需要和承受能力，合理确定企业办教育机构深化改革的方式。继续举办职业教育机构的国有企业，应充分发挥办学主体责任，依法筹措办学经费，参照当地生均拨款制度逐步建立健全长效投入机制，保障学校教育教学活动正常开展，现有公共财政经费继续按原有渠道落实。进一步落实和完善支持企业办职业教育的政策措施。各级人民政府可以采取财政补贴、以奖代补、购买服务等方式给予适当支持，促进国有企业办职业教育。因特殊原因确需保留的学前教育机构，国有企业可继续保留并负责落实办学经费，面向社会提供普惠性服务的，可按规定享受中央和地方的支持政策。移交地方管理的国有企业办教育机构，由各地按照现行有关投入机制等政策规定筹集办学经费。探索企业支持教育发展的多种方式，企业可通过“订单班”、定向委培、学徒制培养、职工教育培训基地、捐赠等多种方式，积极支持职业教育。

按照医药卫生体制改革的要求和属地原则，省市县政府要将国有企业办医疗机构纳入区域卫生规划（医疗卫生服务体系规划），实行属地化行业监管，在重点学科建设、人才培养、职称晋升等方面享有同等政策。各地要将符合条件的国有企业办医疗机构纳入分级诊疗体系，明确功能定位，按规定纳入医保定点医疗机构范围。鼓励国有企业办医疗机构参与承接政府购买基本医疗和公共卫生服务。对国有企业办医疗机构，按照促进健康产业发展等有关规定，落实相应的财税、用地、投融资等支持政策。地方政府有关部门要积极支持国有企业办医疗机构完善房产、土地及相关医疗资质证照，并为国有企业办医疗机构深化改革办理相关手续提供便利条件。

（二）严格规范移交程序。

对整合资源集中管理、移交地方管理的企业办教育机构、医疗机构，移交时涉及的事业编制和公共财政经费基数一并划转；涉及的资产，在国有企业与地方政府间或国有企业之间可实行无偿划转，按照有关规定由企业集团公司审核批准，报主管财政机关、同级国资监管机构备案，符合《关于促进企业重组有关企业所得税处理问题的通知》（财税〔2014〕109号）等有关条件的，可执行该文件规定的股权、资产划转政策。移交企业应当依法履行资产移交相关程序，做好移交资产清查、财务清理、审计评估、产权登记等工作，规范进行财务处理。多元股东的企业，应当经企业董事会或股东会同意后，按照各自持有股权的比例核减所有者权益。以资产转让方式实施改革的，要严格遵守企业国有资产交易的相关制度规定，规范工作流程，坚决防止国有资产流失。

（三）做好人员分流安置。

国有企业办教育机构、医疗机构深化改革过程中，要采取多种方式做好人员分流安置工作。对移交地方管理的企业办教育机构、医疗机构涉及的人员，由企业和地方政府协商妥善安置。对仍留在企业的人员，继续参加企业职工基本养老保险等社会保险，退休后按规定享受养老保险等社会保险待遇。在企业与职工协商一致的基础上，距离国家法定退休年龄5年以内的人员可实行内部退养，合理确定内部退养期间的待遇标准。

鼓励企业充分挖掘内部潜力，通过协商薪酬、转岗培训等方式，在企业内部分流安置部分职工，转岗培训期间要安排过渡期生活费。企业与职工解除劳动合同的，依法支付经济补偿。地方政府要做好再就业帮扶，落实扶持政策，提供就业服务，加大职业培训力度，鼓励职工自谋职业、自主创业，对符合就业困难人员条件的提供有针对性的就业援助。

（四）完善管理制度。

保留的企业办教育机构、医疗机构要依法注册登记，取得法人资格，按照相应的财务制度实行独立核算。国有企业集团公司要完善所办教育机构考核机制，重点考核成本控制、营运效率、毕业生就业率和社会认可度等，建立相应的经营业绩考核和薪酬分配制度。

积极引导国有企业办医院建立科学有效的现代医院管理制度，完善法人治理结构，按照国家、社会、机构和职工利益相统一的原则，依法制定章程，明晰相关各方的责、权、利，健全监督、决策和制衡机制，实现有效的激励和约束，维护公益性，提高服务积极性。完善医院考核制度，非营利性医院要建立以公益性为导向的考核评价体系和符合医疗行业特点的薪酬分配制度，重点考核功能定位、职责履行、社会满意度、费用控制、运行绩效、财务管理等指标。推进供给侧结构性改革，鼓励国有企业发展与主业相符的健康产业，依托先进医疗技术提供前沿医疗服务，深入专科医疗细分领域提供特色医疗服务，提供高端医疗、中医药服务、康复疗养、休闲养生等健康养老、健康医疗旅游服务，扩大服务有效供给。

四、组织领导

（一）加强政府组织领导。

各级地方人民政府要高度重视，结合当地教育、医疗资源状况和发展规划，精心组织，统筹推进本地区国有企业办教育机构、医疗机构深化改革工作。要认真贯彻落实党中央、国务院推进健康中国建设的战略部署和深化医药卫生体制改革的要求，将国有企业办医疗机构纳入公立医院改革统一部署，协调推进。

中央国家有关部门要加强对国有企业办教育机构、医疗机构深化改革工作的督促指导，及时掌握工作进展情况，协调解决实施过程中的有关问题。

（二）落实企业主体责任。

企业办教育机构、医疗机构深化改革的责任主体是企业。国有企业集团公司要统一思想，加强领导，精心组织，落实工作责任，认真制定实施方案，积极推进所属企业办教育机构、医疗机构深化改革。主办企业要加强与地方政府有关部门的沟通协调，努力争取支持，切实做好所办教育机构、医疗机构深化改革的具体组织实施工作。要充分发挥党组织、工会和职工代表大会作用，做好政策宣传和职工思想政治工作，注重社会面引导、形成合理改革预期，加强舆情研判，及时有效做好突发事件应对工作，确保企业和社会稳定。

关于印发《中央企业职工家属区“三供一业”分离移交工作有关问题解答》的通知

2018 年 2 月 13 日　国资厅发改革〔2018〕7 号

各省、自治区、直辖市和新疆生产建设兵团国资委、财政厅（局），各中央企业：

针对各省（区、市）以及中央企业集中反映的“三供一业”分离移交有关具体问题，根据《国务院关于印发加快剥离国有企业办社会职能和解决历史遗留问题工作方案的通知》（国发〔2016〕19 号）及相关配套文件精神，为进一步推进中央企业职工家属区“三供一业”分离移交、规范国有资本经营预算补助资金管理，现将《中央企业职工家属区“三供一业”分离移交工作有关问题解答》印发给你们，在执行过程中有何问题，请及时反映。

附件：中央企业职工家属区“三供一业”分离移交工作有关问题解答

附件：

中央企业职工家属区“三供一业”分离移交工作有关问题解答

一、关于工作推进和经费申报时间节点

按照《国务院办公厅转发国务院国资委、财政部关于国有企业职工家属区“三供一业”分离移交工作指导意见的通知》（国办发〔2016〕45号）文件要求，“三供一业”分离移交工作2018年底基本完成，2019年起国有企业不再以任何方式为职工家属区“三供一业”承担相关费用。各中央企业要进一步加大工作力度，抓紧与接收单位协商确定分离移交事项，未签订协议或签署框架协议的，力争在2018年上半年签订正式协议；已签订协议的，抓好协议执行，提高执行效率，确保按期完成目标任务。

中央国有资本经营预算原则上对2018年12月31日之前签订职工家属区“三供一业”分离移交正式协议的中央企业实行预拨补助。国有资本经营预算优先保障已完成分离移交任务的企业；对于未完成分离移交的，国有资本经营预算按照时间顺序对已签订正式协议的予以重点安排。中央企业每年集中申报一次，对分离移交任务重、工作取得重大进展的个别项目，可进行一次补报。中央企业要把握政策窗口期，积极利用预拨补助政策，切实加快协议签订和相关维修改造工作，确保按期完成工作任务。

二、关于接收主体

中央企业要突出主业，不再承担与主业发展方向不符的公共服务职能，不应接收与主业发展方向不符的“三供一业”职能和业务，不能形成新的大而全、小而全。

（一）关于供水设施接收。地方政府协调落实接收单位，中央企业原则上不参与接收。

（二）关于供电设施接收。供电职能主要由国家电网和南方电网负责接收，其他中央企业不得以开展增量配电业务等为由承担本企业或其他企业的职工家属区供电业务。大型独立工矿区职工家属区供电与生产供电相互交错、难以分割的，可无偿移交电网企业，也可由电网企业与独立工矿区企业或地方政府共同组建股份制公司，并由电网企业控股；对新组建的股份制公司，在签订分离移交协议的前提下，职工家属区供电设备设施进行必要的维修改造，可按现有中央国有资本经营预算“三供一业”分离移交补助政策申请支持。

（三）关于供热设施接收。发电企业利用发电余热，中国石化、中国节能有关企业利用地热、可再生能源、工业余热回收等方式参与接收工作，其他中央企业不能参与接收。

（四）关于供气设施接收。中国石油、中国石化、华润集团所属天然气公司在业务范围内参与接收工作，其他中央企业不能参与接收。

（五）关于物业管理职能接收。物业管理职能由国有物业管理公司接收，也可由当地政府指定有关单位接收，以房地产或物业管理为主业的中央企业专业化物业公司有意愿的可参与接收，不以房地产或物业管理为主业的中央企业不能承担职工家属区物业管理职能。对于确实难以找到接收主体、现有物业管理人员较多的中央企业特大型独立工矿区，可采取过渡性办法，与地方政府或专业化物业管理机构合作组成股权多元化的物业管理公司，并承诺期限内退出持有的物业公司股权；地方政府或专业化物业管理机构控股的，在签订分离移交协议的前提下，物业管理涉及的维修改造费用，可按现有中央国有资本经营预算“三供一业”分离移交补助政策申请支持。

中央国有资本经营预算支持中央企业职工家属区“三供一业”交由专业化企业或机构实行社会化管理，接收方原则上应当是国有企业或政府机构。鼓励多渠道、多方式探索物业管理移交途径，对于将管理权移交给街道、社区或业主委员会等组织，资产移交给县级以上人民政府的分离移交项目，可按现有中央国有资本经营预算“三供一业”分离移交补助政策申请支持。

三、关于维修改造标准

按照国办发〔2016〕45号文件要求，“三供一业”分离移交要按照技术合理、经济合算、运行可靠的要求，维修为主、改造为辅、充分利旧，达到城市基础设施平均水平。各地要加快出台国有企业“三供一业”分离移交维修改造标准，不单独出台、参照其他地市标准的，须以正式文件予以明确。要尊重当地现实条件，不突破当地城市基础设施平均水平，切实减轻企业负担。各省（区、市）国资委、财政厅等有关单位要加强组织协调，督促指导地市政府积极落实接收单位，合理确定维修改造范围和标准，出台的维修改造标准过高、严重脱离实际的，要及时纠正修订，确保政策文件的可操作性。

中央企业“三供一业”分离移交费用原则上不超过中央财政对原中央下放企业“三供一业”分项目户均改造费用补助标准和地方国有企业分离移交费用水平。超出的项目，将作为监督检查的重点。

中央企业集团要高度重视，加强把关，严格审核控制所属子企业“三供一业”维修改造的范围和标准，确保不得高于所在地市级以上人民政府出台的相关政策规定。

四、关于落实先移交后改造

坚持先移交后改造，加快分离移交进度。移交企业和接收单位签订分离移交正式协议后，可将涉及的资产和维修改造资金一并划转接收方，由接收方按正式协议确定的方案负责组织实施维修改造，双方协商确定职责界面和配合事项，并通过协议予以明确。“三供一业”维修改造资金要专款专用，专项用于协议范围内的职工家属区，不得挤占挪用。对于职工家属区房屋老旧、失去维修改造价值需搬迁安置或进行棚户区改造，地方政府按照相关规定纳入相应搬迁安置、改造计划并负责组织落实，实现“三供一业”分离移交的，可统筹使用相应的“三供一业”分离移交补助资金。

五、关于维修改造补助内容

国有企业职工家属区“三供一业”分离移交坚持“维修为主、改造为辅”的原则，在充分利旧的前提下进行必要的维修改造，最大化发挥现有资源效用。中央国有资本经营预算原则上不支持新建。废弃原有液化气设备重新安装燃气管道，物业用房和车库等新建，违章建筑拆除，厂区和办公用房维修改造，供水、供电、供气、供热市政管道改造和新建（职工家属区红线外）等，不属于中央国有资本经营预算补助内容。外墙保温、抗震加固按照地方政府有关专项政策另行解决；在依据专项政策解决前，“三供一业”分离移交要按期完成。

六、关于维修改造费用补助范围

中央国有资本经营预算对中央企业职工家属区“三供一业”相关设施维修维护费用，基建和改造工程项目的可研费用、设计费用、旧设备设施拆除费用、施工费用、监理费用等分离移交费予以补助。审计费、人员安置费、过渡期运行维护费、预提的二次供水费、外墙保温费、抗震加固费、办理产权证等办证费用，以及欠缴的住房维修基金等其他费用，不属于中央国有资本经营预算补助维修改造费用范围。

七、关于资金保障

中央企业职工家属区“三供一业”分离移交改革成本由政府、主管企业和移交企业三方共担。中央企业要主动作为，千方百计多渠道筹措资金，集团公司和主办企业承担的资金要及时落实到位。中央国有资本经营预算补助资金拨付到位前，已经签订正式协议的，集团公司筹措资金先行垫付。中央企业集团公司要及时拨付补助资金，实时跟踪资金使用情况，提高资金使用率，确保补助资金使用的规范和安全。

八、关于接收方的运营责任

移交企业和接收方要协商明确责任，确保移交工作平稳有序、运营工作无缝对接、服务水平持续改善。分离移交前的责任主体是企业，分离移交后的责任主体是地市政府及接收单位。地方政府要加强组织领导，明确政策标准，建立绿色通道，创造便利工作环境。接收方要按照市场化、专业化原则，不断提高管理水平和运营效率，完善市场化收费机制，实现收支平衡，确保管理服务水平有保障、服务质量不下降。移交过程中以及移交后运行初期，交接双方要在当地政府的统一领导下，加强沟通对接和工作配合，确保交得稳、接得住、管得好。

关于进一步推进国有企业独立工矿区剥离办社会职能有关事项的通知

2018 年 2 月 26 日　国资厅发改革〔2018〕8 号

各省、自治区、直辖市和新疆生产建设兵团国资委、发展改革委、财政厅（局），各中央企业：

近年来，各地区、各企业认真贯彻落实党中央、国务院决策部署，按照《国务院关于印发加快剥离国有企业办社会职能和解决历史遗留问题工作方案的通知》（国发〔2016〕19 号）和相关配套文件要求，精心组织，攻坚克难，扎实推进，剥离国有企业办社会职能工作取得了积极进展。中国石油大庆油田、中国石化胜利油田、东风汽车十堰基地、河北开滦集团古冶矿区、陕西有色控股集团金堆城钼业矿区等 5 个独立工矿区剥离办社会职能综合改革试点正在有序推进，政企共商共谋，创新工作方式方法，成效明显。从试点情况看，独立工矿区剥离办社会职能情况复杂，工作量大，任务艰巨，还面临着诸多矛盾和问题，亟待解决。为进一步推进国有企业独立工矿区剥离办社会职能工作，现就有关事项通知如下：

一、进一步统一思想，坚定信心和决心。剥离国有企业办社会职能和解决历史遗留问题工作是国有企业深化改革的前提和重要内容，是供给侧结构性改革的重大举措，是完善社会综合治理和提升公共管理服务水平的重大民生工程。独立工矿区办社会职能量大面广，剥离工作是难点、也是重点，关系到剥离国有企业办社会职能的工作进展与实际成效。要把思想和行动统一到党中央、国务院决策部署上来，坚持剥离、减负的总体要求，坚定剥离独立工矿区办社会职能的信心和决心，进一步增强紧迫感、责任感、使命感，勇于担当，主动作为，加强探索，先行先试，深入研究解决问题和困难的办法，加快工作进度，坚决打好独立工矿区剥离办社会职能攻坚战，确保按期保质完成目标任务。

二、坚持市场化、专业化原则。各国有企业要按照政企分开、职能归位、聚焦主业的原则，坚持剥离办社会职能、减轻企业负担、实行专业化管理的总体要求，坚定不移推进剥离企业办社会职能和解决历史遗留问题，做到应交尽交、能交则交、不交必改。属于政府公共管理、基本公共服务职能的，交由政府承担；能够专业化管理的，经协商一致，交给政府相关机构或有关企业实行专业化社会化管理；暂时难以移交的，要积极引入专业化有实力的企业或社会资本，按市场化原则，有序规范重组改制；运营困难、缺乏竞争优势的应予以关闭撤销。

三、关于公共管理服务等办社会职能分离移交。根据国发〔2016〕19 号和报经国务院同意的相关配套文件精神，国有企业独立工矿区管理的面向社会开放、提供公共服务的市政设施，企业承担的社区管理，退休人员管理等，应归位地方政府。企业办的普通中小学、学前教育、全日制普通本科高校，原则上移交地方管理，移交时涉及的事业编制和公共财政经费基数一并划转。企业移交的公共服务职能纳入当地的统一服务体系，实现平稳有序运行。大型独立工矿区办市政设施、普通高等院校移交地方管理，经费保障原则上应纳入地方财政支出范围。对于特殊困难城市接收独立工矿区办社会职能任务特别重，且移交启动初期财政经费暂时难以落实的，经国有企业集团公司同意，移交企业可与当地政府协商采取过渡期补助部分费用缺口的办法，过渡期限原则上不超过3年，企业补助费用应逐年递减。过渡期财政经费已落实或部分落实的，企业补助费用相应扣减。

四、关于企业办医疗机构深化改革。大型独立工矿区企业办医疗机构应尽可能移交地方政府、专业化机构或企业管理，不具备市场竞争力的应予以撤并，从2019年起不得以任何方式向医疗机构提供补贴。有关国有企业承接管理移交医疗机构，必须以健康产业为主业的企业（即以医药、医疗、养老等健康产业为主业或经国资部门批准允许以健康产业为发展方向的企业），其他国有企业不得管理医院。少数大型企业集团公司医疗机构数量较多、暂时难以移交的，经国资部门批准可建立专业平台先进行资源整合、集中管理，并引入以医药、医疗、养老等健康产业为主业的企业参与重组改制，在限期内实现有序退出。

五、关于职工家属区供电职能分离移交。职工家属区供电职能应交电网企业承担。国有企业要立足长远考虑，按专业化分工聚焦主业，优化布局结构，坚决分离移交职工家属区供电职能。除专业电网企业外的其他国有企业不得以开展增量配电业务等为由承担本企业或其他企业的职工家属区供电业务。中央企业所属大型独立工矿区职工家属区供电与生产供电相互交错、难以分割的，原则上无偿移交电网企业，个别特殊情况也可由电网企业与独立工矿区企业或地方政府共同组建供电公司；对由电网企业控股的新组建供电公司，在签订分离移交协议的前提下，职工家属区供电设备设施进行必要的维修改造，可按现有中央国有资本经营预算"三供一业"分离移交补助政策申请支持。

六、关于职工家属区物业管理职能分离移交。大型独立工矿区物业管理可由国有物业管理公司接收，也可由当地政府指定的有关单位接收，支持实力强、信誉好的国有物业管理公司跨地区接收。不以房地产或物业管理为主业的国有企业不能承担职工家属区物业管理职能。中央企业所属特大型独立工矿区确实难以找到接收主体、现有物业管理人员较多的，可采取过渡性办法与地方政府或专业化物业管理机构合作组成股权多元化的物业管理公司，并承诺期限内退出持有的物业公司股权；地方政府或专业化物业管理机构控股的，在签订分离移交协议的前提下，物业管理涉及的维修改造费用，可按现有中央国有资本经营预算"三供一业"分离移交补助政策申请支持。

对于独立工矿区职工家属区房屋老旧、失去维修改造价值需搬迁安置或进行棚户区改造，地方政府按照相关规定纳入相应搬迁安置、改造计划并负责组织落实，实现"三供一业"分离移交的，可统筹使用相应的"三供一业"分离移交补助资金。

七、促进地方经济发展。对接收国有企业独立工矿区办社会职能任务重的城市，中央和省级财政在现行政策框架内通过转移支付等方式予以必要支持。国家发展改革委等有关部门通过实施独立工矿区改造搬迁工程等进一步改善独立工矿区生产生活条件。对企业移交的教育机构、医疗机构和城市公共设施等，应按移交后的属性，与地方现有同属性机构和设施执行同等政策，并按相关规定进行管理。有关国有企业要加强地方城市经济发展合作，结合企业自身发展和城市发展规划，对接收国有企业独立工矿区办社会职能任务重的城市，采取多措并举，支持地方发展特色产业，投资发展新型产业，以及混合所有制、股权多元化等多种方式，加强产业链合作，积极支持地方经济发展，增加地方财政能力建设，弥补增加费用支出，实现合作共赢。

八、落实责任，务求实效。层层落实剥离国有企业办社会职能的责任，做好相关工作衔接，及时协调解决有关问题，做到交得出、接得住、管得好，切实保障职工群众合法权益，按期保质完成目标任务。对于未能按要求完成目标任务、搞变通假剥离、弄虚作假骗取国家资金的，依据有关规定严肃处理。

关于中央企业加强参股管理有关事项的通知

2019 年 12 月 12 日　国资发改革规〔2019〕126 号

各中央企业：

近年来，中央企业以参股等多种方式与各类所有制企业合资合作，对提高国有资本运行和配置效率、发展混合所有制经济起到了重要促进作用。但实践中也存在部分企业参股投资决策不规范、国有股权管控不到位等问题，影响国有资本配置效率，造成国有资产流失。为深入贯彻习近平新时代中国特色社会主义思想，形成以管资本为主的国有资产监管体制，规范操作，强化监督，有效维护国有资产安全，现就中央企业加强参股管理有关事项通知如下：

一、规范参股投资

（一）严把主业投资方向。严格执行国有资产投资监督管理有关规定，坚持聚焦主业，严控非主业投资。不得为规避主业监管要求，通过参股等方式开展《中央企业投资项目负面清单》规定的商业性房地产等禁止类业务。

（二）严格甄选合作对象。应进行充分尽职调查，通过各类信用信息平台、第三方调查等方式审查合作方资格资质信誉，选择经营管理水平高、资质信誉好的合作方。对存在失信记录或行政处罚、刑事犯罪等违规违法记录的意向合作方，要视严重程度审慎或禁止合作。不得选择与参股投资主体及其各级控股股东领导人员存在特定关系（指配偶、子女及其配偶等亲属关系，以及共同利益关系等）的合作方。

（三）合理确定参股方式。结合企业经营发展需要，合理确定持股比例，以资本为纽带、以产权为基础，依法约定各方股东权益。不得以约定固定分红等“名为参股合作、实为借贷融资”的名股实债方式开展参股合作。

（四）完善审核决策机制。参股投资决策权向下授权应作为重大事项经党委（党组）研究讨论，由董事会或经理层决定，授权的管理层级原则上不超过两级。达到一定额度的参股投资，应纳入“三重一大”范围，由集团公司决策。

二、加强参股国有股权管理

（五）依法履行股东权责。按照公司法等法律法规规定，依据公司章程约定，向参股企业选派国有股东代表、董事监事或重要岗位人员，有效行使股东权利，避免“只投不管”。加强对选派人员的管理，进行定期轮换。在参股企业章程、议事规则等制度文件中，可结合实际明确对特定事项的否决权等条款，以维护国有股东权益。

（六）注重参股投资回报。定期对参股的国有权益进行清查，核实分析参股收益和增减变动等情况。合理运用增持、减持或退出等方式加强价值管理，不断提高国有资本配置效率。对满5年未分红、长期亏损或非持续经营的参股企业股权，要进行价值评估，属于低效无效的要尽快处置，属于战略性持有或者培育期的要强化跟踪管理。

（七）严格财务监管。加强运行监测，及时掌握参股企业财务数据和经营情况，发现异常要深入剖析原因，及时采取应对措施防范风险。加强财务决算审核，对于关联交易占比较高、应收账款金额大或账龄长的参股企业，要加强风险排查。对风险较大、经营情况难以掌握的股权投资，要及时退出。不得对参股企业其他股东出资提供垫资。严格控制对参股企业提供担保，确需提供的，应严格履行决策程序，且不得超股权比例提供担保。

（八）规范产权管理。严格按照国有产权管理有关规定，及时办理参股股权的产权占有、变动、注销等相关登记手续，按期进行数据核对，确保参股产权登记的及时性、准确性和完整性。参股股权取得、转让应严格执行国有资产评估、国有产权进场交易、上市公司国有股权管理等制度规定，确保国有权益得到充分保障。

（九）规范字号等无形资产使用。加强无形资产管理，严格规范无形资产使用，有效维护企业权益和品牌价值。不得将字号、经营资质和特许经营权等提供给参股企业使用。产品注册商标确需授权给参股企业使用的，应严格授权使用条件和决策审批程序，并采取市场公允价格。

（十）加强领导人员兼职管理。中央企业及各级子企业领导人员在参股企业兼职，应根据工作需要从严掌握，一般不越级兼职，不兼“挂名”职务。确需兼职的，按照管理权限审批，且不得在兼职企业领取工资、奖金、津贴等任何形式的报酬和获取其他额外利益；任期届满连任的，应重新报批。参股经营投资主体及其各级控股股东领导人员亲属在参股企业关键岗位任职，应参照企业领导人员任职回避有关规定执行。

（十一）加强党的建设。按照《关于加强和改进非公有制企业党的建设工作的意见（试行）》（中办发〔2012〕11号）规定，切实加强党的建设，开展参股企业党的工作，努力推进党的组织和工作覆盖，宣传贯彻党的路线方针政策，团结凝聚职工群众，促进企业健康发展。

三、强化监督问责

（十二）加强内部监督。应将参股经营作为内部管控的重要内容，建立健全以风险管理为导向、合规管理监督为重点的规范有效的内控体系。对各级企业负责人开展任期经济责任审计时，要将其任期内企业参股投资、与参股企业关联交易等有关事项列入重点审计内容。

（十三）严格责任追究。参股经营中造成国有资产流失或者其他严重不良后果的，要按照《中央企业违规经营投资责任追究实施办法（试行）》（国资委令第 37 号）等有关规定，对相关责任人给予严肃处理，并实行终身追责；涉嫌违纪违法的，移送有关部门严肃查处。

各中央企业要高度重视混合所有制改革中的参股管理，加强组织领导，按照本通知要求，抓紧对参股经营投资进行全面梳理检查，认真查找在合作方选择、决策审批、财务管控、领导人员兼职以及与参股企业关联交易等方面存在的问题，及时整改。同时，坚持问题导向，举一反三，制定完善规章制度，细化管理措施，落实管理责任，切实维护国有资产权益，严防国有资产流失，促进混合所有制经济健康发展。

中央企业基金业务参股管理另行规定。

公司治理

关于印发《国有独资公司董事会试点企业职工董事管理办法（试行）》的通知

2006 年 3 月 3 日　国资发群工〔2006〕21 号

各试点中央企业：

为推进中央企业完善公司法人治理结构，充分发挥职工董事在董事会中的作用，根据《国资委关于中央企业建立和完善国有独资公司董事会试点工作的通知》（国资发改革〔2004〕229 号）精神，我们制定了《国有独资公司董事会试点企业职工董事管理办法（试行）》，现印发给你们，请结合实际，遵照执行。

附件：关于印发《国有独资公司董事会试点企业职工董事管理办法（试行）》的通知

附件：

关于印发《国有独资公司董事会试点企业职工董事管理办法（试行）》的通知

第一章　总　　则

第一条　为推进中央企业完善公司法人治理结构，充分发挥职工董事在董事会中的作用，根据《中华人民共和国公司法》（以下简称《公司法》）和《国务院国有资产监督管理委员会关于国有独资公司董事会建设的指导意见（试行）》，制定本办法。

第二条　本办法适用于中央企业建立董事会试点的国有独资公司（以下简称公司）。

第三条　本办法所称职工董事，是指公司职工民主选举产生，并经国务院国有资产监督管理委员会（以下简称国资委）同意，作为职工代表出任的公司董事。

第四条　公司董事会成员中，至少有 1 名职工董事。

第二章　任职条件

第五条　担任职工董事应当具备下列条件：

（一）经公司职工民主选举产生；

（二）具有良好的品行和较好的群众基础；

（三）具备相关的法律知识，遵守法律、行政法规和公司章程，保守公司秘密；

（四）熟悉本公司经营管理情况，具有相关知识和工作经验，有较强的参与经营决策和协调沟通能力；

（五）《公司法》等法律法规规定的其他条件。

第六条 下列人员不得担任公司职工董事：

（一）公司党委（党组）书记和未兼任工会主席的党委副书记、纪委书记（纪检组组长）；

（二）公司总经理、副总经理、总会计师。

第三章 职工董事的提名、选举、聘任

第七条 职工董事候选人由公司工会提名和职工自荐方式产生。

职工董事候选人可以是公司工会主要负责人，也可以是公司其他职工代表。

第八条 候选人确定后由公司职工代表大会、职工大会或其他形式以无记名投票的方式差额选举产生职工董事。

公司未建立职工代表大会的，职工董事可以由公司全体职工直接选举产生，也可以由公司总部全体职工和部分子（分）公司的职工代表选举产生。

第九条 职工董事选举前，公司党委（党组）应征得国资委同意；选举后，选举结果由公司党委（党组）报国资委备案后，由公司聘任。

第四章 职工董事的权利、义务、责任

第十条 职工董事代表职工参加董事会行使职权，享有与公司其他董事同等权利，承担相应义务。

第十一条 职工董事应当定期参加国资委及其委托机构组织的有关业务培训，不断提高工作能力和知识水平。

第十二条 董事会研究决定公司重大问题，职工董事发表意见时要充分考虑出资人、公司和职工的利益关系。

第十三条 董事会研究决定涉及职工切身利益的问题时，职工董事应当事先听取公司工会和职工的意见，全面准确反映职工意见，维护职工的合法权益。

第十四条 董事会研究决定生产经营的重大问题、制定重要的规章制度时，职工董事应当听取公司工会和职工的意见和建议，并在董事会上予以反映。

第十五条 职工董事应当参加职工代表团（组）长和专门小组（或者专门委员会）负责人联席会议，定期到职工中开展调研，听取职工的意见和建议。职工董事应当定期向职工代表大会或者职工大会报告履行职工董事职责的情况，接受监督、质询和考核。

第十六条 公司应当为职工董事履行董事职责提供必要的条件。职工董事履行职务时的出差、办公等有关待遇参照其他董事执行。

职工董事不额外领取董事薪酬或津贴，但因履行董事职责而减少正常收入的，公司应当给予相应补偿。具体补偿办法由公司职工代表大会或职工大会提出，经公司董事会批准后执行。

第十七条 职工董事应当对董事会的决议承担相应的责任。董事会的决议违反法律、行政法规或者公司章程，致使公司遭受严重损失的，参与决议的职工董事应当按照有关法律法规和公司章程的规定，承担赔偿责任。但经证明在表决时曾表明异议并载于会议记录的，可以免除责任。

第五章 职工董事的任期、补选、罢免

第十八条 职工董事的任期每届不超过三年，任期届满，可连选连任。

第十九条 职工董事的劳动合同在董事任期内到期的，自动延长至董事任期结束。

职工董事任职期间，公司不得因其履行董事职务的原因降职减薪、解除劳动合同。

第二十条 职工董事因故出缺，按本办法第七条、第八条规定补选。

职工董事在任期内调离本公司的，其职工董事资格自行终止，缺额另行补选。

第二十一条 职工代表大会有权罢免职工董事，公司未建立职工代表大会的，罢免职工董事的权力由职工大会行使。职工董事有下列行为之一的，应当罢免：

（一）职工代表大会或职工大会年度考核评价结果较差的；

（二）对公司的重大违法违纪问题隐匿不报或者参与公司编造虚假报告的；

（三）泄露公司商业秘密，给公司造成重大损失的；

（四）以权谋私，收受贿赂，或者为自己及他人从事与公司利益有冲突的行为损害公司利益的；

（五）不向职工代表大会或职工大会报告工作或者连续两次未能亲自出席也不委托他人出席董事会的；

（六）其他违反法律、行政法规应予罢免的行为。

第二十二条 罢免职工董事，须由十分之一以上全体职工或者三分之一以上职工代表大会代表联名提出罢免案，罢免案应当写明罢免理由。

第二十三条 公司召开职工代表大会或职工大会，讨论罢免职工董事事项时，职工董事有权在主席团会议和大会全体会议上提出申辩理由或者书面提出申辩意见，由主席团印发职工代表或全体职工。

第二十四条 罢免案经职工代表大会或职工大会审议后，由主席团提请职工代表大会或职工大会表决。罢免职工董事采用无记名投票的表决方式。

第二十五条 罢免职工董事，须经职工代表大会过半数的职工代表通过。

公司未建立职工代表大会的，须经全体职工过半数同意。

第二十六条 职工代表大会罢免决议经公司党委（党组）审核，报国资委备案后，由公司履行解聘手续。

第六章　附　　则

第二十七条　各试点企业可以依据本办法制订实施细则。

第二十八条　本办法自发布之日起施行。

关于印发《董事会试点企业董事会年度工作报告制度实施意见（试行）》的通知

2007年4月28日　国资发改革〔2007〕71号

董事会试点企业：

为规范推进中央企业建立和完善董事会试点工作，实现对董事会试点企业履行股东职责的科学化、制度化、规范化，根据《中华人民共和国公司法》和国资委董事会试点工作领导小组第七次会议精神，我们制定了《董事会试点企业董事会年度工作报告制度实施意见（试行）》，现印发给你们，请认真做好组织实施工作。

附件：董事会试点企业董事会年度工作报告制度实施意见（试行）

附件：

董事会试点企业董事会年度工作报告制度实施意见（试行）

为规范推进中央企业建立和完善董事会试点工作，实现对董事会试点企业（以下简称试点企业）履行股东职责的科学化、制度化、规范化，根据《中华人民共和国公司法》等有关法律法规的规定，特制定本实施意见。

一、建立试点企业董事会年度工作报告专题会议制度

（一）股东（大）会或国务院国有资产监督管理委员会（以下简称国资委）每年召开一次专题会议，听取试点企业董事会报告上一年度工作。

（二）试点企业为多元股东有限责任公司或股份有限公司（以下统称多元股东公司）的，董事会向股东会或股东大会报告年度工作；试点企业为国有独资公司的，董事会向国资委报告年度工作。

（三）试点企业为多元股东公司的，专题会议由董事会召集，董事会全体成员和董事会秘书参加，监事会主席和其确定的监事会成员列席。召开专题会议，应当将会议召开的时间、地点提前通知全体股东，其中有限责任公司于会议召开 15 日前通知；股份有限公司于会议召开 20 日前通知。各股东出席专题会议的人数自定，但所需交通、住宿、饮食费用自理。

（四）试点企业为国有独资公司的，专题会议由国资委召集并于会议召开 15 日前通知董事会，会议由国资委领导同志主持，参加人员包括：试点企业董事会全体成员和董事会秘书，监事会主席和其确定的监事会成员，国资委董事会试点工作领导小组成员单位的主要负责同志。在确保国家秘密和公司商业秘密的前提下，也可邀请国资委以外有关专家等列席会议。

（五）试点企业一般于每年 4 月底前向股东（大）会或国资委提交上年度工作报告，并抄送监事会。年度工作报告需经 2/3 以上董事参加的董事会会议通过并经董事长签字。

二、年度工作报告的主要内容

（一）董事会制度建设及运转情况。董事会第一次报告年度工作的，应当报告董事会制度建设情况，包括董事会、董事会专门委员会、董事长、总经理的职权与责任；董事会会议制度；董事会专门委员会及董事会秘书工作制度；向董事提供公司信息和配合董事会、董事会专门委员会工作制度等。董事会运转的基本情况包括董事会、董事会专门委员会召开会议次数和董事会决议涉及范围；董事出席董事会、董事会专门委员会会议次数，董事履行职务时间与尽职情况；董事之间、董事会与经理层之间沟通情况；董事会决议执行情况；经验和存在的问题；董事会对公司重大事项的关注与应对措施等。

（二）公司发展情况。主要包括公司发展战略与规划的制订、滚动修订、实施情况；公司核心竞争力（其中包括技术创新投入、产出、能力建设等）培育与提升情况；董事会通过的公司投资计划和重大投融资项目及其完成和效益情况，其中包括现任董事长任职以来各年度董事会通过的重大投融资项目的效益情况；公司未来发展潜力与面临的主要风险。

（三）公司预算执行情况和其他生产经营指标完成情况及其分析。主要包括销售收入、主导产品市场占有率、利润总额、净利润、净资产收益率、所有者权益增值率、现金流、成本、资产负债率等。指标分析主要包括重要影响因素分析、与本公司往年指标对比分析、在国内同行业中所处位置分析等；主要指标居国内同行业前列的，还应分析在国际同行业中所处位置。

（四）公司经理人员的经营业绩考核与薪酬情况。主要包括考核的各项指标与指标值，薪酬制度或办法；各项考核指标完成情况和薪酬兑现情况；从本公司执行情况和国内同行业情况（公司主要指标已居国内同行业前列的，还包括国际同行业情况）分析考核指标设置和指标值的确定及其与薪酬挂钩的科学性、合理性，对经理人员的激励与约束的实际效果。

（五）经理人员的选聘情况。主要包括制度建设情况，如选聘标准与条件、方式、程序及其执行情况；后备人才队伍建设情况。若董事会已聘任了经理人员的，应包括所聘人员的能力、表现以及各有关方面对其评价或反映。

（六）企业改革与重组情况。主要包括董事会通过的下列方案、措施及其实施情况：

公司及其子企业股份制改革；主辅分离辅业改制；分离企业办社会职能；公司内部收入分配、劳动用工、人事制度改革；公司内部资产、业务重组；公司与其他企业间的并购重组等。

（七）企业职工收入分配等涉及职工切身利益事项。主要包括董事会决定的职工收入分配政策、方案等涉及职工切身利益事项；企业工资总额调控情况及分析；企业职工收入水平增长变化情况分析。

（八）全面风险管理或内部控制体系建设情况。主要包括董事会通过的有关全面风险管理或内部控制体制建设的方案、措施及其实施情况；加强内部审计，防范财务报告和向股东提供其他信息的失真、失实的措施及效果；加强投融资管理，防范重大失误的措施及效果；加强财务与资金管理，防范财务危机和资金流失的措施及效果。

（九）董事会决定的公司内部管理机构的设置及其调整，以及公司的基本管理制度的制定和修改情况。

（十）股东（大）会或国资委要求董事会落实事项以及监事会要求整改事项的完成情况。

（十一）公司本年度预算方案中的主要指标和董事会主要工作设想。

（十二）董事会认为需要报告的其他事项。

三、报告年度工作的基本要求

（一）坚持实事求是，客观反映实际工作，既要充分肯定工作成绩，又要分析存在的问题及其产生的原因，提出改进的措施和要求。

（二）编制年度工作报告要全面、具体，专题会议上报告年度工作要突出重点，简明扼要。一般情况下，专题会议会期不超过半天，报告年度工作不超过两小时。

（三）除本实施意见有明确要求外，仅报告属于董事会职权范围内的上一年度董事会的工作。

四、专题会议议程

（一）试点企业董事长代表董事会报告年度工作。

（二）试点企业董事、董事会秘书补充发言。

（三）国资委、其他股东和监事会主席对年度工作报告发表意见、提出质询，董事长和其他董事、董事会秘书予以说明、解释。

（四）国资委领导同志对试点企业董事会年度工作作总体评价。

（五）试点企业董事长就国资委和其他股东对年度工作报告的评价作表态发言。

五、本实施意见的施行

（一）董事会试点企业为国有独资公司的，本实施意见自发布之日起施行。

（二）董事会试点企业为多元股东公司的，由股东（大）会就是否执行本实施意见作出决议，决议通过后执行。

国务院国有资产监督管理委员会关于印发《董事会试点中央企业外部董事履职行为规范》的通知

2009年3月25日　国资发干一〔2009〕50号

各中央企业：

为进一步加强董事会试点中央企业外部董事队伍建设，促进董事会规范有效运作，我们制定了《董事会试点中央企业外部董事履职行为规范》，现印发给你们，请各试点企业外部董事遵照执行。

附件：董事会试点中央企业外部董事履职行为规范

附件：

董事会试点中央企业外部董事履职行为规范

董事会试点中央企业外部董事要忠实履职，严格遵守本行为规范。

1. 遵规守法，诚实信用。要模范遵守国家法律法规、社会公德和职业道德，保守国家秘密和公司商业秘密，不得对出资人和任职公司有违反忠实和诚信义务的行为。

2. 代表股东，尽职尽责。要牢固树立维护出资人权益的责任意识，自觉站在出资人立场上决策，积极为董事会运作和公司运营提供有价值的建议，不得在经理层选聘、考核和薪酬激励等方面损害出资人利益。

3. 按章办事，正确行权。要严格按照国资委的要求和公司章程等规定履职，坚持决策权与执行权分开，不得超越职权范围干预或者指挥属于经理层的事务。

4. 独立判断，敢讲真话。要按照商业判断原则独立、客观地发表意见，高度关注决策风险，不得对有损出资人或者公司合法利益的决策行为不反对、不制止。

5. 勤勉敬业，保证时间。要认真阅研会议资料，注重学习和调查研究，及时了解宏观经济形势、行业发展动态和公司运营状况，履职时间和出席董事会会议次数不得低于有关规定。

6. 加强监督，知情必报。要认真监督经理层落实董事会决议，不得向出资人瞒报、延报有损出资人利益或者公司合法权益的信息。

7. 清正廉洁，不谋私利。要廉洁自律，严格遵守国资委关于外部董事报酬、福利待遇的有关规定，不得利用职务之便谋取任何不正当利益或者在任职公司获取未经出资人批准的其他利益。

关于印发《国有企业公司章程制定管理办法》的通知

2020 年 12 月 31 日　国资发改革规〔2020〕86 号

各省、自治区、直辖市及计划单列市和新疆生产建设兵团国资委、财政厅（局），各中央企业：

为规范国有企业组织和行为，加强公司章程制定管理，我们制定了《国有企业公司章程制定管理办法》，现印发给你们，请遵照执行。

国有企业公司章程制定管理办法

第一章　总　　则

第一条　为深入贯彻习近平新时代中国特色社会主义思想，坚持和加强党的全面领导，建设中国特色现代企业制度，充分发挥公司章程在公司治理中的基础作用，规范公司章程管理行为，根据《中国共产党章程》、《中华人民共和国公司法》（以下简称《公司法》）、《中华人民共和国企业国有资产法》（以下简称《企业国有资产法》）等有关规定，按照《国务院办公厅关于进一步完善国有企业法人治理结构的指导意见》（国办发〔2017〕36 号）等文件的要求，结合国有企业实际，制定本办法。

第二条　国家出资并由履行出资人职责的机构监管的国有独资公司、国有全资公司和国有控股公司章程制定过程中的制订、修改、审核、批准等管理行为适用本办法。

第三条　本办法所称履行出资人职责的机构（以下简称出资人机构）是指国务院国有资产监督管理机构和地方人民政府按照国务院的规定设立的国有资产监督管理机构，以及国务院和地方人民政府根据需要授权代表本级人民政府对国有企业履行出资人职责的其他部门、机构。

第四条　国有企业公司章程的制定管理应当坚持党的全面领导、坚持依法治企、坚持权责对等原则，切实规范公司治理，落实企业法人财产权与经营自主权，完善国有企业监管，确保国有资产保值增值。

第二章　公司章程的主要内容

第五条　国有企业公司章程一般应当包括但不限于以下主要内容：

（一）总则；

（二）经营宗旨、范围和期限；

（三）出资人机构或股东、股东会（包括股东大会，下同）；

（四）公司党组织；

（五）董事会；

（六）经理层；

（七）监事会（监事）；

（八）职工民主管理与劳动人事制度；

（九）财务、会计、审计与法律顾问制度；

（十）合并、分立、解散和清算；

（十一）附则。

第六条 总则条款应当根据《公司法》等法律法规要求载明公司名称、住所、法定代表人、注册资本等基本信息。明确公司类型（国有独资公司、有限责任公司等）；明确公司按照《中国共产党章程》规定设立党的组织，开展党的工作，提供基础保障等。

第七条 经营宗旨、范围和期限条款应当根据《公司法》相关规定载明公司经营宗旨、经营范围和经营期限等基本信息。经营宗旨、经营范围应当符合出资人机构审定的公司发展战略规划；经营范围的表述要规范统一，符合工商注册登记的管理要求。

第八条 出资人机构或股东、股东会条款应当按照《公司法》《企业国有资产法》等有关法律法规及相关规定表述，载明出资方式，明确出资人机构或股东、股东会的职权范围。

第九条 公司党组织条款应当按照《中国共产党章程》《中国共产党国有企业基层组织工作条例（试行）》等有关规定，写明党委（党组）或党支部（党总支）的职责权限、机构设置、运行机制等重要事项。明确党组织研究讨论是董事会、经理层决策重大问题的前置程序。

设立公司党委（党组）的国有企业应当明确党委（党组）发挥领导作用，把方向、管大局、保落实，依照规定讨论和决定企业重大事项；明确坚持和完善“双向进入、交叉任职”领导体制及有关要求。设立公司党支部（党总支）的国有企业应当明确公司党支部（党总支）围绕生产经营开展工作，发挥战斗堡垒作用；具有人财物重大事项决策权的企业党支部（党总支），明确一般由企业党员负责人担任书记和委员，由党支部（党总支）对企业重大事项进行集体研究把关。

对于国有相对控股企业的党建工作，需结合企业股权结构、经营管理等实际，充分听取其他股东包括机构投资者的意见，参照有关规定和本条款的内容把党建工作基本要求写入公司章程。

第十条 董事会条款应当明确董事会定战略、作决策、防风险的职责定位和董事会组织结构、议事规则；载明出资人机构或股东会对董事会授予的权利事项；明确董事的权利义务、董事长职责；明确总经理、副总经理、财务负责人、总法律顾问、董事会秘书由董事会聘任；明确董事会向出资人机构（股东会）报告、审计部门向董事会负责、重大决策合法合规性审查、董事会决议跟踪落实以及后评估、违规经营投资责任追究等机制。

国有独资公司、国有全资公司应当明确由出资人机构或相关股东推荐派出的外部董事人数超过董事会全体成员的半数，董事会成员中的职工代表依照法定程序选举产生。

第十一条 经理层条款应当明确经理层谋经营、抓落实、强管理的职责定位；明确设置总经理、副总经理、财务负责人的有关要求，如设置董事会秘书、总法律顾问，应当明确为高级管理人员；载明总经理职责；明确总经理对董事会负责，依法行使管理生产经营、组织实施董事会决议等职权，向董事会报告工作。

第十二条 设立监事会的国有企业，应当在监事会条款中明确监事会组成、职责和议事规则。不设监事会仅设监事的国有企业，应当明确监事人数和职责。

第十三条 财务、会计制度相关条款应当符合国家通用的企业财务制度和国家统一的会计制度。

第十四条 公司章程的主要内容应当确保出资人机构或股东会、党委（党组）、董事会、经理层等治理主体的权责边界清晰，重大事项的议事规则科学规范，决策程序衔接顺畅。

第十五条 公司章程可以根据企业实际增加其他内容。有关内容必须符合法律、行政法规的规定。

第三章　国有独资公司章程的制定程序

第十六条 国有独资公司章程由出资人机构负责制定，或者由董事会制订报出资人机构批准。出资人机构可以授权新设、重组、改制企业的筹备机构等其他决策机构制订公司章程草案，报出资人机构批准。

第十七条 发生下列情形之一时，应当依法制定国有独资公司章程：

（一）新设国有独资公司的；

（二）通过合并、分立等重组方式新产生国有独资公司的；

（三）国有独资企业改制为国有独资公司的；

（四）发生应当制定公司章程的其他情形。

第十八条 出资人机构负责修改国有独资公司章程。国有独资公司董事会可以根据企业实际情况，按照法律、行政法规制订公司章程修正案，报出资人机构批准。

第十九条 发生下列情形之一时，应当及时修改国有独资公司章程：

（一）公司章程规定的事项与现行的法律、行政法规、规章及规范性文件相抵触的；

（二）企业的实际情况发生变化，与公司章程记载不一致的；

（三）出资人机构决定修改公司章程的；

（四）发生应当修改公司章程的其他情形。

第二十条 国有独资公司章程草案或修正案由公司筹备机构或董事会制订的，应当在审议通过后的 5 个工作日内报出资人机构批准，并提交下列书面文件：

（一）国有独资公司关于制订或修改公司章程的请示；

（二）国有独资公司筹备机构关于章程草案的决议，或董事会关于章程修正案的决议；

（三）章程草案，或章程修正案、修改对照说明；

（四）产权登记证（表）复印件、营业执照副本复印件（新设公司除外）；

（五）公司总法律顾问签署的对章程草案或修正案出具的法律意见书，未设立总法律顾问的，由律师事务所出具法律意见书或公司法务部门出具审查意见书；

（六）出资人机构要求的其他有关材料。

第二十一条 出资人机构收到请示材料后，需对材料进行形式审查。提交材料不齐全的，应当在5个工作日内一次性告知补正。

第二十二条 出资人机构对公司章程草案或修正案进行审核，并于15个工作日内将审核意见告知报送单位，经沟通确认达成一致后，出资人机构应当于15个工作日内完成审批程序。

第二十三条 出资人机构需要征求其他业务相关单位意见、或需报请本级人民政府批准的，应当根据实际工作情况调整相应期限，并将有关情况提前告知报送单位。

第二十四条 国有独资公司章程经批准，由出资人机构按规定程序负责审签。

第二十五条 国有独资公司在收到公司章程批准文件后，应当在法律、行政法规规定的时间内办理工商登记手续。

第四章 国有全资、控股公司章程的制定程序

第二十六条 国有全资公司、国有控股公司设立时，股东共同制定公司章程。

第二十七条 国有全资公司、国有控股公司的股东会负责修改公司章程。国有全资公司、国有控股公司的董事会应当按照法律、行政法规及公司实际情况及时制订章程的修正案，经与出资人机构沟通后，报股东会审议。

第二十八条 发生下列情形之一时，应当及时修改国有全资公司、国有控股公司章程：

（一）公司章程规定的事项与现行法律、行政法规、规章及规范性文件相抵触的；

（二）企业的实际情况发生变化，与公司章程记载不一致的；

（三）股东会决定修改公司章程的；

（四）发生应当修改公司章程的其他情形。

第二十九条 出资人机构委派股东代表参加股东会会议。股东代表应当按照出资人机构对公司章程的意见，通过法定程序发表意见、进行表决、签署相关文件。

第三十条 出资人机构要按照《公司法》规定在股东会审议通过后的国有全资公司、国有控股公司章程上签字、盖章。

第三十一条 国有全资公司、国有控股公司章程的草案及修正案，经股东会表决通过后，公司应当在法律、行政法规规定的时间内办理工商登记手续。

第五章　责任与监督

第三十二条　在国有企业公司章程制定过程中，出资人机构及有关人员违反法律、行政法规和本办法规定的，依法承担相应法律责任。

第三十三条　国有独资公司董事会，国有全资公司、国有控股公司中由出资人机构委派的董事，应当在职责范围内对国有企业公司章程制定过程中向出资人机构报送材料的真实性、完整性、有效性、及时性负责，造成国有资产损失或其他严重不良后果的，依法承担相应法律责任。

第三十四条　国有全资公司、国有控股公司中由出资人机构委派的股东代表违反第二十九条规定，造成国有资产损失的或其他严重不良后果的，依法承担相应法律责任。

第三十五条　出资人机构应当对国有独资公司、国有全资公司、国有控股公司的章程执行情况进行监督检查，对违反公司章程的行为予以纠正，对因违反公司章程导致国有资产损失或其他严重不良后果的相关责任人进行责任追究。

第六章　附　　则

第三十六条　出资人机构可以结合实际情况，出台有关配套制度，加强对所出资国有企业的公司章程制定管理。

第三十七条　国有企业可以参照本办法根据实际情况制定所出资企业的公司章程制定管理办法。

第三十八条　国有控股上市公司章程制定管理应当同时符合证券监管相关规定。

第三十九条　金融、文化等国有企业的公司章程制定管理，另有规定的依其规定执行。

第四十条　本办法自公布之日起施行。

考核分配

中央企业综合绩效评价管理暂行办法

2006 年 4 月 7 日　国务院国有资产监督管理委员会令第 14 号

第一章　总　　则

第一条　为加强对国务院国有资产监督管理委员会（以下简称国资委）履行出资人职责企业（以下简称企业）的财务监督，规范企业综合绩效评价工作，综合反映企业资产运营质量，促进提高资本回报水平，正确引导企业经营行为，根据《企业国有资产监督管理暂行条例》和国家有关规定，制定本办法。

第二条　本办法所称综合绩效评价，是指以投入产出分析为基本方法，通过建立综合评价指标体系，对照相应行业评价标准，对企业特定经营期间的盈利能力、资产质量、债务风险、经营增长以及管理状况等进行的综合评判。

第三条　企业综合绩效评价根据经济责任审计及财务监督工作需要，分为任期绩效评价和年度绩效评价。

（一）任期绩效评价是指对企业负责人任职期间的经营成果及管理状况进行综合评判。

（二）年度绩效评价是指对企业一个会计年度的经营成果进行综合评判。

第四条　为确保综合绩效评价工作的客观、公正与公平，有效发挥对企业的全面评判、管理诊断和行为引导作用，开展综合绩效评价工作应当以经社会中介机构审计后的财务会计报告为基础。

按规定不进行社会中介机构审计的企业，其综合绩效评价工作以经企业内部审计机构审计后的财务会计报告为基础。

第五条　开展企业综合绩效评价工作应当遵循以下原则：

（一）全面性原则。企业综合绩效评价应当通过建立综合的指标体系，对影响企业绩效水平的各种因素进行多层次、多角度的分析和综合评判。

（二）客观性原则。企业综合绩效评价应当充分体现市场竞争环境特征，依据统一测算的、同一期间的国内行业标准或者国际行业标准，客观公正地评判企业经营成果及管理状况。

（三）效益性原则。企业综合绩效评价应当以考察投资回报水平为重点，运用投入产出分析基本方法，真实反映企业资产运营效率和资本保值增值水平。

（四）发展性原则。企业综合绩效评价应当在综合反映企业年度财务状况和经营成果的基础上，客观分析企业年度之间的增长状况及发展水平，科学预测企业的未来发展能力。

第六条 国资委依据本办法组织实施企业综合绩效评价工作，并对企业内部绩效评价工作进行指导和监督。

第二章 评价内容与评价指标

第七条 企业综合绩效评价由财务绩效定量评价和管理绩效定性评价两部分组成。

第八条 财务绩效定量评价是指对企业一定期间的盈利能力、资产质量、债务风险和经营增长四个方面进行定量对比分析和评判。

（一）企业盈利能力分析与评判主要通过资本及资产报酬水平、成本费用控制水平和经营现金流量状况等方面的财务指标，综合反映企业的投入产出水平以及盈利质量和现金保障状况。

（二）企业资产质量分析与评判主要通过资产周转速度、资产运行状态、资产结构以及资产有效性等方面的财务指标，综合反映企业所占用经济资源的利用效率、资产管理水平与资产的安全性。

（三）企业债务风险分析与评判主要通过债务负担水平、资产负债结构、或有负债情况、现金偿债能力等方面的财务指标，综合反映企业的债务水平、偿债能力及其面临的债务风险。

（四）企业经营增长分析与评判主要通过销售增长、资本积累、效益变化以及技术投入等方面的财务指标，综合反映企业的经营增长水平及发展后劲。

第九条 财务绩效定量评价指标依据各项指标的功能作用划分为基本指标和修正指标。

（一）基本指标反映企业一定期间财务绩效的主要方面，并得出企业财务绩效定量评价的基本结果。

（二）修正指标是根据财务指标的差异性和互补性，对基本指标的评价结果作进一步的补充和矫正。

第十条 管理绩效定性评价是指在企业财务绩效定量评价的基础上，通过采取专家评议的方式，对企业一定期间的经营管理水平进行定性分析与综合评判。

第十一条 管理绩效定性评价指标包括企业发展战略的确立与执行、经营决策、发展创新、风险控制、基础管理、人力资源、行业影响、社会贡献等方面。

第十二条 企业财务绩效定量评价指标和管理绩效定性评价指标构成企业综合绩效评价指标体系。各指标的权重，依据评价指标的重要性和各指标的引导功能，通过参照咨询专家意见和组织必要测试进行确定。

第三章 评价标准与评价方法

第十三条 企业综合绩效评价标准分为财务绩效定量评价标准和管理绩效定性评价

标准。

第十四条 财务绩效定量评价标准包括国内行业标准和国际行业标准。

（一）国内行业标准根据国内企业年度财务和经营管理统计数据，运用数理统计方法，分年度、分行业、分规模统一测算并发布。

（二）国际行业标准根据居于行业国际领先地位的大型企业相关财务指标实际值，或者根据同类型企业组相关财务指标的先进值，在剔除会计核算差异后统一测算并发布。

第十五条 财务绩效定量评价标准的行业分类，按照国家统一颁布的国民经济行业分类标准结合企业实际情况进行划分。

第十六条 财务绩效定量评价标准按照不同行业、不同规模及指标类别，分别测算出优秀值、良好值、平均值、较低值和较差值五个档次。

第十七条 大型企业集团在采取国内标准进行评价的同时，应当积极采用国际标准进行评价，开展国际先进水平的对标活动。

第十八条 管理绩效定性评价标准根据评价内容，结合企业经营管理的实际水平和出资人监管要求，统一制定和发布，并划分为优、良、中、低、差五个档次。管理绩效定性评价标准不进行行业划分，仅提供给评议专家参考。

第十九条 企业财务绩效定量评价有关财务指标实际值应当以经审计的企业财务会计报告为依据，并按照规定对会计政策差异、企业并购重组等客观因素进行合理剔除，以保证评价结果的可比性。

第二十条 财务绩效定量评价计分以企业评价指标实际值对照企业所处行业、规模标准，运用规定的计分模型进行定量测算。

管理绩效定性评价计分由专家组根据评价期间企业管理绩效相关因素的实际情况，参考管理绩效定性评价标准，确定分值。

第二十一条 对企业任期财务绩效定量评价计分应当依据经济责任财务审计结果，运用各年度评价标准对任期各年度的财务绩效进行分别评价，并运用算术平均法计算出企业任期财务绩效定量评价分数。

第四章 评价工作组织

第二十二条 企业综合绩效评价工作按照“统一方法、统一标准、分类实施”的原则组织实施。

（一）任期绩效评价工作，是企业经济责任审计工作的重要组成部分，依据国资委经济责任审计工作程序和要求组织实施。

（二）年度绩效评价工作，是国资委开展企业年度财务监督工作的重要内容，依据国资委年度财务决算工作程序和财务监督工作要求组织实施。

第二十三条 国资委在企业综合绩效评价工作中承担以下职责：

（一）制定企业综合绩效评价制度与政策；

（二）建立和完善企业综合绩效评价指标体系与评价方法；

（三）制定和公布企业综合绩效评价标准；

（四）组织实施企业任期和年度综合绩效评价工作，通报评价结果；

（五）对企业内部绩效评价工作进行指导和监督。

第二十四条 任期绩效评价工作可以根据企业经济责任审计工作需要，聘请社会中介机构协助配合开展。受托配合的社会中介机构在企业综合绩效评价工作中承担以下职责：

（一）受托开展任期各年度财务基础审计工作；

（二）协助审核调整任期各年度评价基础数据；

（三）协助测算任期财务绩效定量评价结果；

（四）协助收集整理管理绩效定性评价资料；

（五）协助实施管理绩效定性评价工作。

第二十五条 管理绩效定性评价工作应当在财务绩效定量评价工作的基础上，聘请监管部门、行业协会、研究机构、社会中介等方面的资深专家组织实施。管理绩效评价专家承担以下工作职责：

（一）对企业财务绩效定量评价结果发表专家意见；

（二）对企业管理绩效实际状况进行分析和判断；

（三）对企业管理绩效状况进行评议，并发表咨询意见；

（四）确定企业管理绩效定性评价指标分值。

第二十六条 企业在综合绩效评价工作中承担以下职责：

（一）提供有关年度财务决算报表和审计报告；

（二）提供管理绩效定性评价所需的有关资料；

（三）组织开展子企业的综合绩效评价工作。

第五章　评价结果与评价报告

第二十七条 评价结果是指根据综合绩效评价分数及分析得出的评价结论。

第二十八条 综合绩效评价分数用百分制表示，并分为优、良、中、低、差五个等级。

第二十九条 企业综合绩效评价应当进行年度之间绩效变化的比较分析，客观评价企业经营成果与管理水平的提高程度。

（一）任期绩效评价运用任期最后年度评价结果与上一任期最后年度评价结果进行对比。

（二）年度绩效评价运用当年评价结果与上年评价结果进行对比。

第三十条 任期绩效评价结果是经济责任审计工作中评估企业负责人任期履行职责情况和认定任期经济责任的重要依据，并为企业负责人任期考核工作提供参考。

第三十一条 年度绩效评价结果是开展财务监督工作的重要依据，并为企业负责人年度考核工作提供参考。

第三十二条 企业综合绩效评价报告是根据评价结果编制、反映被评价企业绩效状况的文件，由报告正文和附件构成。

（一）企业综合绩效评价报告正文应当说明评价依据、评价过程、评价结果，以及需要说明的重大事项。

（二）企业综合绩效评价报告附件包括经营绩效分析报告、评价计分表、问卷调查结果分析、专家咨询意见等，其中：经营绩效分析报告应当对企业经营绩效状况、影响因素、存在的问题等进行分析和诊断，并提出相关管理建议。

第三十三条 对企业综合绩效评价揭示和反映的问题，应当及时反馈企业，并要求企业予以关注。

（一）对于任期绩效评价反映的问题，应当在下达企业的经济责任审计处理意见书中明确指出，并要求企业予以关注和整改。

（二）对于年度绩效评价结果反映的问题，应当在年度财务决算批复中明确指出，并要求企业予以关注和整改。

第六章 工作责任

第三十四条 企业应当提供真实、全面的绩效评价基础数据资料，企业主要负责人、总会计师或主管财务会计工作的负责人应当对提供的年度财务会计报表和相关评价基础资料的真实性负责。

第三十五条 受托开展企业综合绩效评价业务的机构及其相关工作人员应严格执行企业综合绩效评价工作的规定，规范技术操作，确保评价过程独立、客观、公正，评价结论适当，并严守企业的商业秘密。对参与造假、违反程序和工作规定，导致评价结论失实以及泄露企业商业秘密的，国资委将不再委托其承担企业综合绩效评价业务，并将有关情况通报其行业主管机关，建议给予相应处罚。

第三十六条 国资委的相关工作人员组织开展企业综合绩效评价工作应当恪尽职守、规范程序、加强指导。对于在综合绩效评价过程中不尽职或者徇私舞弊，造成重大工作过失的，给予纪律处分。

第三十七条 所聘请的评议专家应当认真了解和分析企业的管理绩效状况，客观公正地进行评议打分，并提出合理的咨询意见。对于在管理绩效评价过程中不认真、不公正，出现评议结果或者咨询意见不符合企业实际情况，对评价工作造成不利影响的，国资委将不再继续聘请其为评议专家。

第七章 附则

第三十八条 根据本办法制定的《中央企业综合绩效评价实施细则》和评价标准另行公布。

第三十九条 企业开展内部综合绩效评价工作，可依据本办法制定具体的工作规范。

第四十条 各地区国有资产监督管理机构开展综合绩效评价工作，可参照本办法执行。

第四十一条 本办法自2006年5月7日起施行。

中央企业工资总额管理办法

2018年12月27日 国务院国有资产监督管理委员会令第39号

第一章 总 则

第一条 为建立健全与劳动力市场基本适应、与企业经济效益和劳动生产率挂钩的工资决定和正常增长机制，增强企业活力和竞争力，促进企业实现高质量发展，推动国有资本做强做优做大，根据《中华人民共和国企业国有资产法》、《企业国有资产监督管理暂行条例》、《中共中央 国务院关于深化国有企业改革的指导意见》、《国务院关于改革国有企业工资决定机制的意见》和国家有关收入分配政策规定，制定本办法。

第二条 本办法所称中央企业是指国务院国有资产监督管理委员会（以下简称国资委）履行出资人职责的企业。

第三条 本办法所称工资总额，是指由企业在一个会计年度内直接支付给与本企业建立劳动关系的全部职工的劳动报酬总额，包括工资、奖金、津贴、补贴、加班加点工资、特殊情况下支付的工资等。

第四条 中央企业工资总额实行预算管理。企业每年度围绕发展战略，按照国家工资收入分配宏观政策要求，依据生产经营目标、经济效益情况和人力资源管理要求，对工资总额的确定、发放和职工工资水平的调整，作出预算安排，并且进行有效控制和监督。

第五条 工资总额管理应当遵循以下原则：

（一）坚持市场化改革方向。实行与社会主义市场经济相适应的企业工资分配制度，发挥市场在资源配置中的决定性作用，逐步实现中央企业职工工资水平与劳动力市场价位相适应。

（二）坚持效益导向原则。按照质量第一、效益优先的要求，职工工资水平的确定以及增长应当与企业经济效益和劳动生产率的提高相联系，切实实现职工工资能增能减，充分调动职工创效主动性和积极性，不断优化人工成本投入产出效率，持续增强企业活力。

（三）坚持分级管理。完善出资人依法调控与企业自主分配相结合的中央企业工资总额分级管理体制，国资委以管资本为主调控中央企业工资分配总体水平，企业依法依规自主决定内部薪酬分配。

（四）坚持分类管理。根据中央企业功能定位、行业特点，分类实行差异化的工资总额管理方式和决定机制，引导中央企业落实国有资产保值增值责任，发挥在国民经济和社会发展中的骨干作用。

第二章　工资总额分级管理

第六条　国资委依据有关法律法规履行出资人职责，制定中央企业工资总额管理制度，根据企业功能定位、公司治理、人力资源管理市场化程度等情况，对企业工资总额预算实行备案制或者核准制管理。

第七条　实行工资总额预算备案制管理的中央企业，根据国资委管理制度和调控要求，结合实际制定本企业工资总额管理办法，报经国资委同意后，依照办法科学编制职工年度工资总额预算方案并组织实施，国资委对其年度工资总额预算进行备案管理。

第八条　实行工资总额预算核准制管理的中央企业，根据国资委有关制度要求，科学编制职工年度工资总额预算方案，报国资委核准后实施。

第九条　工资总额预算经国资委备案或者核准后，由中央企业根据所属企业功能定位、行业特点和经营性质，按照内部绩效考核和薪酬分配制度要求，完善本企业工资总额预算管理体系，并且组织开展预算编制、执行以及内部监督、评价工作。

第十条　中央企业工资总额预算一般按照单一会计年度进行管理。对行业周期性特征明显、经济效益年度间波动较大或者存在其他特殊情况的企业，工资总额预算可以探索按周期进行管理，周期最长不超过三年，周期内的工资总额增长应当符合工资与效益联动的要求。

第三章　工资总额分类管理

第十一条　主业处于充分竞争行业和领域的商业类中央企业原则上实行工资总额预算备案制管理。职工工资总额主要与企业利润总额、净利润、经济增加值、净资产增长率、净资产收益率等反映经济效益、国有资本保值增值和市场竞争能力的指标挂钩。职工工资水平根据企业经济效益和市场竞争力，结合市场或者行业对标科学合理确定。

第十二条　主业处于关系国家安全、国民经济命脉的重要行业和关键领域、主要承担重大专项任务的商业类中央企业原则上实行工资总额预算核准制管理。职工工资总额在主要与反映经济效益和国有资本保值增值指标挂钩的同时，可以根据实际增加营业收入、任务完成率等体现服务国家战略、保障国家安全和国民经济运行、发展前瞻性战略性产业以及完成特殊任务等情况的指标。职工工资水平根据企业在国民经济中的作用、贡献和经济效益，结合所处行业职工平均工资水平等因素合理确定。

上述企业中，法人治理结构健全、三项制度改革到位、收入分配管理规范的，经国资委同意后，工资总额预算可以探索实行备案制管理。

第十三条 公益类中央企业实行工资总额预算核准制管理。职工工资总额主要与反映成本控制、产品服务质量、营运效率和保障能力等情况的指标挂钩，兼顾体现经济效益和国有资本保值增值情况的指标。职工工资水平根据公益性业务的质量和企业经济效益状况，结合收入分配现状、所处行业平均工资等因素合理确定。

第十四条 开展国有资本投资、运营公司或者混合所有制改革等试点的中央企业，按照国家收入分配政策要求，根据改革推进情况，经国资委同意，可以探索实行更加灵活高效的工资总额管理方式。

第四章　工资总额决定机制

第十五条 中央企业以上年度工资总额清算额为基础，根据企业功能定位以及当年经济效益和劳动生产率的预算情况，参考劳动力市场价位，分类确定决定机制，合理编制年度工资总额预算。

第十六条 工资总额预算与利润总额等经济效益指标的业绩考核目标值挂钩，并且根据目标值的先进程度（一般设置为三档）确定不同的预算水平。

（一）企业经济效益增长，目标值为第一档的，工资总额增长可以与经济效益增幅保持同步；目标值为第二档的，工资总额增长应当低于经济效益增幅。

（二）企业经济效益下降，目标值为第二档的，工资总额可以适度少降；目标值为第三档的，工资总额应当下降。

（三）企业受政策调整、不可抗力等非经营性因素影响的，可以合理调整工资总额预算。

（四）企业未实现国有资产保值增值的，工资总额不得增长或者适度下降。

第十七条 工资总额预算在按照经济效益决定的基础上，还应当根据劳动生产率、人工成本投入产出效率的对标情况合理调整。企业当年经济效益增长但劳动生产率未提高的，工资总额应当适当少增。企业劳动生产率以及其他人工成本投入产出指标与同行业水平对标差距较大的，应当合理控制工资总额预算。

第十八条 主业处于关系国家安全、国民经济命脉的重要行业和关键领域、主要承担重大专项任务的商业类中央企业和公益类中央企业可以探索将工资总额划分为保障性和效益性工资总额两部分，国资委根据企业功能定位、行业特点等情况，合理确定其保障性和效益性工资总额比重，比重原则上三年内保持不变。

（一）保障性工资总额的增长主要根据企业所承担的重大专项任务、公益性业务、营业收入等指标完成情况，结合居民消费价格指数以及企业职工工资水平对标情况综合确定，原则上不超过挂钩指标增长幅度。

（二）效益性工资总额增长原则上参照本办法第十六、十七条确定。

第十九条 工资总额在预算范围不发生变化的情况下，原则上增人不增工资总额、减人不减工资总额，但发生兼并重组、新设企业或者机构等情况的，可以合理增加或者减少工资总额。

第二十条 国资委按照国家有关部门发布的工资指导线、非竞争类国有企业职工平均工资调控水平和工资增长调控目标，根据中央企业职工工资分配现状，适度调控部分企业工资总额增幅。

对中央企业承担重大专项任务、重大科技创新项目等特殊事项的，国资委合理认定后，予以适度支持。

第二十一条 中央企业应当制定完善集团总部职工工资总额管理制度，根据人员结构及工资水平的对标情况，总部职工平均工资增幅原则上在低于当年集团职工平均工资增幅的范围内合理确定。

第五章 工资总额管理程序

第二十二条 中央企业应当按照国家收入分配政策规定和国资委有关要求编制工资总额预算。工资总额预算方案履行企业内部决策程序后，于每年一季度报国资委备案或者核准。

第二十三条 国资委建立中央企业工资总额预算动态监控制度，对中央企业工资总额发放情况、人工成本投入产出等主要指标执行情况进行跟踪监测，定期发布监测结果，督促中央企业加强预算执行情况的监督和控制。

第二十四条 中央企业应当严格执行经国资委备案或者核准的工资总额预算方案，在执行过程中出现以下情形之一，导致预算编制基础发生重大变化的，可以申请对工资总额预算进行调整：

（一）国家宏观经济政策发生重大调整。

（二）市场环境发生重大变化。

（三）企业发生分立、合并等重大资产重组行为。

（四）其他特殊情况。

第二十五条 中央企业工资总额预算调整情况经履行企业内部决策程序后，于每年10月报国资委复核或者重新备案。

第二十六条 中央企业应当于每年4月向国资委提交上年工资总额预算执行情况报告，国资委依据经审计的财务决算数据，参考企业经营业绩考核目标完成情况，对中央企业工资总额预算执行情况、执行国家有关收入分配政策等情况进行清算评价，并且出具清算评价意见。

第六章 企业内部分配管理

第二十七条 中央企业应当按照国家有关政策要求以及本办法规定，持续深化企业内部收入分配制度改革，不断完善职工工资能增能减机制。

第二十八条 中央企业应当建立健全职工薪酬市场对标体系，构建以岗位价值为基础、以绩效贡献为依据的薪酬管理制度，坚持按岗定薪、岗变薪变，强化全员业绩考核，合理确定各类人员薪酬水平，逐步提高关键岗位的薪酬市场竞争力，调整不合理收入分配差距。

第二十九条 坚持短期与中长期激励相结合，按照国家有关政策，对符合条件的核心骨干人才实行股权激励和分红激励等中长期激励措施。

第三十条 严格清理规范工资外收入，企业所有工资性支出应当按照有关财务会计制度规定，全部纳入工资总额核算，不得在工资总额之外列支任何工资性支出。

第三十一条 规范职工福利保障管理，严格执行国家关于社会保险、住房公积金、企业年金、福利费等政策规定，不得超标准、超范围列支。企业效益下降的，应当严格控制职工福利费支出。

第三十二条 加强企业人工成本监测预警，建立全口径人工成本预算管理制度，严格控制人工成本不合理增长，不断提高人工成本投入产出效率。

第三十三条 健全完善企业内部监督机制，企业内部收入分配制度、中长期激励计划以及实施方案等关系职工切身利益的重大分配事项应当履行必要的决策程序和民主程序。中央企业集团总部要将所属企业薪酬福利管理作为财务管理和年度审计的重要内容。

第七章　工资总额监督检查

第三十四条 中央企业不得违反规定超提、超发工资总额。出现超提、超发行为的企业，应当清退并且进行相关账务处理，国资委相应核减企业下一年度工资总额基数，并且根据有关规定对相关责任人进行处理。

第三十五条 国资委对中央企业工资总额管理情况进行监督检查，对于履行主体责任不到位、工资增长与经济效益严重不匹配、内部收入分配管理不规范、收入分配关系明显不合理的企业，国资委将对其工资总额预算从严调控。

第三十六条 实行工资总额预算备案制管理的中央企业，出现违反国家工资总额管理有关规定的，国资委将责成企业进行整改，情节严重的，除按规定进行处理外，将其工资总额预算由备案制管理调整为核准制管理。

第三十七条 国资委将中央企业工资总额管理情况纳入出资人监管以及纪检监察、巡视等监督检查工作范围，必要时委托专门机构进行检查。对工资总额管理过程中弄虚作假以及其他严重违反收入分配政策规定的企业，国资委将视情况对企业采取相应处罚措施，并且根据有关规定对相关责任人进行处理。

第三十八条 中央企业应当依照法定程序决定工资分配事项，加强对工资分配决议执行情况的监督。职工工资收入分配情况应当作为厂务公开的重要内容，定期向职工公开，接受职工监督。

第三十九条 国资委、中央企业每年定期将企业工资总额和职工平均工资水平等相关信息向社会披露，接受社会公众监督。

第八章　附　　则

第四十条　本办法由国资委负责解释，具体实施方案另行制定。

第四十一条　本办法自2019年1月1日起施行。《关于印发〈中央企业工资总额预算管理暂行办法〉的通知》（国资发分配〔2010〕72号）、《关于印发〈中央企业工资总额预算管理暂行办法实施细则〉的通知》（国资发分配〔2012〕146号）同时废止。

中央企业负责人经营业绩考核办法

2019年3月1日　国务院国有资产监督管理委员会令第40号

第一章　总　　则

第一条　坚持以习近平新时代中国特色社会主义思想为指导，全面贯彻党的十九大精神和党中央、国务院关于深化国有企业改革、完善国有资产管理体制的一系列重大决策部署，切实履行企业国有资产出资人职责，维护所有者权益，落实国有资产保值增值责任，建立健全有效的激励约束机制，引导中央企业实现高质量发展，加快成为具有全球竞争力的世界一流企业，根据《中华人民共和国公司法》《中华人民共和国企业国有资产法》《企业国有资产监督管理暂行条例》等有关法律法规和《中共中央 国务院关于深化国有企业改革的指导意见》（中发〔2015〕22号）以及深化中央管理企业负责人薪酬制度改革等有关规定，制定本办法。

第二条　本办法考核的中央企业负责人，是指经国务院授权由国务院国有资产监督管理委员会（以下简称国资委）履行出资人职责的企业（以下简称企业）中由中央或者国资委管理的人员。

第三条　企业负责人经营业绩考核遵循以下原则：

（一）坚持质量第一效益优先。牢固树立新发展理念，以供给侧结构性改革为主线，加快质量变革、效率变革、动力变革，不断做强做优做大国有资本。

（二）坚持市场化方向。遵循市场经济规律和企业发展规律，健全市场化经营机制，充分发挥市场在资源配置中的决定性作用，强化正向激励，激发企业活力。

（三）坚持依法依规。准确把握出资人监管边界，依法合规履行出资人职权，坚持以管资本为主加强国有资产监管，有效落实国有资产保值增值责任。

（四）坚持短期目标与长远发展有机统一。切实发挥企业战略引领作用，构建年度考核与任期考核相结合，立足当前、着眼长远的考核体系。

（五）坚持国际对标行业对标。瞄准国际先进水平，强化行业对标，不断提升企业在全球产业发展中的话语权和影响力，加快成为具有全球竞争力的世界一流企业。

（六）坚持业绩考核与激励约束紧密结合。坚持权责利相统一，建立与企业负责人选任方式相匹配、与企业功能性质相适应、与经营业绩相挂钩的差异化激励约束机制。

第四条 年度经营业绩考核和任期经营业绩考核采取由国资委主任或者其授权代表与企业主要负责人签订经营业绩责任书的方式进行。

第二章 考核导向

第五条 突出效益效率，引导企业加快转变发展方式，优化资源配置，不断提高经济效益、资本回报水平、劳动产出效率和价值创造能力，实现质量更高、效益更好、结构更优的发展。

第六条 突出创新驱动，引导企业坚持自主创新，加大研发投入，加快关键核心技术攻关，强化行业技术引领，不断增强核心竞争能力。

第七条 突出实业主业，引导企业聚焦主业做强实业，加快结构调整，注重环境保护，着力补齐发展短板，积极培育新动能，不断提升协调发展可持续发展能力。

第八条 突出国际化经营，引导企业推进共建“一带一路”走深走实，加强国际合作，推动产品、技术、标准、服务、品牌走出去，规范有序参与国际市场竞争，不断提升国际化经营水平。

第九条 突出服务保障功能，引导企业在保障国家安全和国民经济运行、发展前瞻性战略性产业中发挥重要作用。鼓励企业积极承担社会责任。

第十条 健全问责机制，引导企业科学决策，依法合规经营，防范经营风险，防止国有资产流失，维护国有资本安全。

第三章 分类考核

第十一条 根据国有资本的战略定位和发展目标，结合企业实际，对不同功能和类别的企业，突出不同考核重点，合理设置经营业绩考核指标及权重，确定差异化考核标准，实施分类考核。

第十二条 对主业处于充分竞争行业和领域的商业类企业，以增强国有经济活力、放大国有资本功能、实现国有资本保值增值为导向，重点考核企业经济效益、资本回报水平和市场竞争能力，引导企业优化资本布局，提高资本运营效率，提升价值创造能力。

第十三条 对主业处于关系国家安全、国民经济命脉的重要行业和关键领域、主要承担重大专项任务的商业类企业，以支持企业可持续发展和服务国家战略为导向，在保证合理回报和国有资本保值增值的基础上，加强对服务国家战略、保障国家安全和国民经济运行、发展前瞻性战略性产业情况的考核。适度降低经济效益指标和国有资本保值增值率指标考核权重，合理确定经济增加值指标的资本成本率。承担国家安全、行业共性技术或国家重大专项任务完成情况较差的企业，无特殊客观原因的，在业绩考核中予以扣分或降级处理。

第十四条 对公益类企业，以支持企业更好地保障民生、服务社会、提供公共产品和服务为导向，坚持经济效益和社会效益相结合，把社会效益放在首位，重点考核产品服务质量、成本控制、营运效率和保障能力。根据不同企业特点，有区别地将经济增加值和国有资本保值增值率指标纳入年度和任期考核，适当降低考核权重和回报要求。对社会效益指标引入第三方评价，评价结果较差的企业，根据具体情况，在业绩考核中予以扣分或降级处理。

第十五条 对国有资本投资、运营公司，加强落实国有资本布局和结构优化目标、提升国有资本运营效率以及国有资本保值增值等情况的考核。

第十六条 对科技进步要求高的企业，重点关注自主创新能力的提升，加强研发投入、科技成果产出和转化等指标的考核。在计算经济效益指标时，可将研发投入视同利润加回。

第十七条 对结构调整任务重的企业，重点关注供给侧结构性改革、主业转型升级、新产业新业态新模式发展，加强相关任务阶段性成果的考核。

第十八条 对国际化经营要求高的企业，加强国际资源配置能力、国际化经营水平等指标的考核。

第十九条 对资产负债水平较高的企业，加强资产负债率、经营性现金流、资本成本率等指标的考核。

第二十条 对节能环保重点类和关注类企业，加强反映企业行业特点的综合性能耗、主要污染物排放等指标的考核。

第二十一条 对具备条件的企业，运用国际对标行业对标，确定短板指标纳入年度或任期考核。

第二十二条 建立健全业绩考核特殊事项清单管理制度。将企业承担的保障国家安全、提供公共服务等事项列入管理清单，对当期经营业绩产生重大影响的特殊事项，在考核时予以适当处理。

第四章 目标管理

第二十三条 国资委按照企业发展与国民经济发展速度相适应、与国民经济重要支柱地位相匹配、与高质量发展要求相符合的原则，主导确定企业经营业绩总体目标（以下简称总体目标）。

第二十四条 企业考核目标值应与总体目标相衔接，根据不同功能企业情况，原则上以基准值为基础予以核定。

第二十五条 考核基准值根据企业功能定位，兼顾企业经营性质和业务特点，依据考核指标近三年完成值、客观调整因素和行业对标情况综合确定。

第二十六条 年度净利润、经济增加值等指标目标值可设置为三档。

第一档：目标值达到历史最好水平，或者明显好于上年完成值且增幅高于总体目标增幅。

第二档：目标值不低于基准值。

第三档：目标值低于基准值。

经行业对标，目标值处于国际优秀水平或国内领先水平的，不进入第三档。

第二十七条 国资委将年度净利润、经济增加值等指标目标值与考核计分、结果评级紧密结合。

第一档目标值，完成后指标得满分，同时根据目标值先进程度给予加分奖励。

第二档目标值，完成后正常计分。

第三档目标值，完成后加分受限，考核结果不得进入A级。

第二十八条 净利润等经济效益指标的目标值与工资总额预算挂钩，根据目标值的先进程度确定不同的工资总额预算水平。

第五章　考 核 实 施

第二十九条 企业负责人经营业绩考核工作由国资委考核分配工作领导小组组织实施。

第三十条 年度经营业绩考核以公历年为考核期，任期经营业绩考核以三年为考核期。

第三十一条 经营业绩责任书内容：

（一）双方的单位名称、职务和姓名；

（二）考核内容及指标；

（三）考核与奖惩；

（四）责任书的变更、解除和终止；

（五）其他需要约定的事项。

第三十二条 经营业绩责任书签订程序：

（一）考核期初，企业按照国资委经营业绩考核要求，将考核期内考核目标建议值和必要的说明材料报送国资委。

（二）国资委对考核目标建议值进行审核，并就考核目标值及有关内容同企业沟通后予以确定。

（三）由国资委主任或者其授权代表同企业主要负责人签订经营业绩责任书。

第三十三条 考核期中，国资委对经营业绩责任书执行情况实施预评估，对考核目标完成进度不理想的企业提出预警。

第三十四条 建立重大事项报告制度。企业发生较大及以上生产安全责任事故和网络安全事件、重大及以上突发环境事件、重大及以上质量事故、重大资产损失、重大法律纠纷案件、重大投融资和资产重组等，对经营业绩产生重大影响的，应及时向国资委报告。

第三十五条 经营业绩完成情况按照下列程序进行考核：

（一）考核期末，企业依据经审计的财务决算数据，形成经营业绩总结分析报告报送国资委。

（二）国资委依据经审计并经审核的企业财务决算报告和经审查的统计数据，结合总结分析报告，对企业负责人考核目标的完成情况进行考核，形成考核与奖惩意见。

（三）国资委将考核与奖惩意见反馈给企业。企业负责人对考核与奖惩意见有异议的，可及时向国资委反映。国资委将最终确认的考核结果在一定范围内公开。

第三十六条 落实董事会对经理层的经营业绩考核职权。

（一）授权董事会考核经理层的企业，国资委与董事会授权代表签订年度和任期经营业绩责任书，董事会依据国资委考核要求并结合本企业实际对经理层实施经营业绩考核。

（二）国资委根据签订的经营业绩责任书和企业考核目标完成情况，确定企业主要负责人年度和任期经营业绩考核结果。

（三）董事会根据国资委确定的经营业绩考核结果，结合经理层个人履职绩效，确定经理层业绩考核结果和薪酬分配方案。

第三十七条 董事会应根据国资委经营业绩考核导向和要求，制订、完善企业内部的经营业绩考核办法，报国资委备案。

第六章 奖　惩

第三十八条 年度经营业绩考核和任期经营业绩考核等级分为A、B、C、D四个级别。A级企业根据考核得分，结合企业国际对标行业对标情况综合确定，数量从严控制。

第三十九条 国资委依据年度和任期经营业绩考核结果对企业负责人实施奖惩。经营业绩考核结果作为企业负责人薪酬分配的主要依据和职务任免的重要依据。

第四十条 企业负责人的薪酬由基本年薪、绩效年薪、任期激励收入三部分构成。

第四十一条 对企业负责人实行物质激励与精神激励。物质激励主要包括与经营业绩考核结果挂钩的绩效年薪和任期激励收入。精神激励主要包括给予任期通报表扬等方式。

第四十二条 企业负责人的绩效年薪以基本年薪为基数，根据年度经营业绩考核结果并结合绩效年薪调节系数确定。

第四十三条 绩效年薪按照一定比例实施按月预发放。国资委依据年度经营业绩半年预评估结果对企业负责人预发绩效年薪予以调整。

第四十四条 任期激励收入根据任期经营业绩考核结果，在不超过企业负责人任期内年薪总水平的30%以内确定。

第四十五条 对科技创新取得重大成果、承担重大专项任务和社会参与作出突出贡献的企业，在年度经营业绩考核中给予加分奖励。

第四十六条 对经营业绩优秀以及在科技创新、国际化经营、节能环保、品牌建设等方面取得突出成绩的，经国资委评定后对企业予以任期激励。

第四十七条 连续两年年度经营业绩考核结果为D级或任期经营业绩考核结果为D级，且无重大客观原因的，对企业负责人予以调整。

第四十八条 企业发生下列情形之一的，国资委根据具体情节给予降级或者扣分处理；违规经营投资造成国有资产损失或其他严重不良后果，按照有关规定对相关责任人进行责任追究处理；情节严重的，给予纪律处分或者对企业负责人进行调整；涉嫌犯罪的，依法移送国家监察机关或司法机关查处。

（一）违反《中华人民共和国会计法》《企业会计准则》等有关法律法规规章，虚报、瞒报财务状况的；

（二）企业法定代表人及相关负责人违反国家法律法规和规定，导致发生较大及以上生产安全责任事故和网络安全事件、重大及以上突发环境事件、重大质量责任事故、重大违纪和法律纠纷案件、境外恶性竞争、偏离核定主业盲目投资等情形，造成重大不良影响或者国有资产损失的。

第四十九条 鼓励探索创新，激发和保护企业家精神。企业实施重大科技创新、发展前瞻性战略性产业等，对经营业绩产生重大影响的，按照“三个区分开来”原则和有关规定，可在考核上不做负向评价。

第七章 附 则

第五十条 企业在考核期内经营环境发生重大变化，或者发生清产核资、改制重组、主要负责人变动等情况，国资委可以根据具体情况变更经营业绩责任书的相关内容。

第五十一条 对混合所有制企业以及处于特殊发展阶段的企业，根据企业功能定位、改革目标和发展战略，考核指标、考核方式可以“一企一策”确定。

第五十二条 中央企业专职党组织负责人、纪委书记（纪检监察组组长）的考核有其他规定的，从其规定。

第五十三条 国有资本参股公司、被托管和兼并企业中由国资委管理的企业负责人，其经营业绩考核参照本办法执行。

第五十四条 各省、自治区、直辖市和新疆生产建设兵团国有资产监督管理机构，设区的市、自治州级国有资产监督管理机构对国家出资企业负责人的经营业绩考核，可参照本办法并结合实际制定具体规定。

第五十五条 本办法由国资委负责解释，具体实施方案另行制定。

第五十六条 本办法自2019年4月1日起施行。《中央企业负责人经营业绩考核办法》（国资委令第33号）同时废止。

关于印发《国有控股上市公司（境外）实施股权激励试行办法》的通知

2006 年 1 月 27 日　国资发分配〔2006〕8 号

各省、自治区、直辖市及计划单列市、新疆生产建设兵团国有资产监督管理机构、财政厅（局），各中央企业：

为深化国有控股上市公司（境外）（以下简称上市公司）薪酬制度改革，构建上市公司中长期激励机制，充分调动上市公司高级管理人员和科技人员的积极性，指导和规范上市公司拟订和实施股权激励计划，根据《中华人民共和国公司法》、《企业国有资产监督管理暂行条例》（国务院令第 378 号），我们制定了《国有控股上市公司（境外）实施股权激励试行办法》。现印发给你们，请结合实际，认真遵照执行。

中央金融企业、地方国有或国有控股企业改制重组境外上市的公司比照本办法执行。为规范实施股权激励制度，地方国有控股上市公司（境外）试行股权激励办法，由各省（区、市）及计划单列市国有资产监督管理机构或部门、新疆生产建设兵团国资委、财政厅（局）分别报国务院国资委和财政部备案。

附件：国有控股上市公司（境外）实施股权激励试行办法

附件：

国有控股上市公司（境外）实施股权激励试行办法

第一章　总　　则

第一条　为指导国有控股上市公司（境外）依法实施股权激励，建立中长期激励机制，根据《中华人民共和国公司法》《企业国有资产监督管理暂行条例》等法律、行政法规，制定本办法。

第二条　本办法适用于中央非金融企业改制重组境外上市的国有控股上市公司（以下简称上市公司）。

第三条　本办法所称股权激励主要指股票期权、股票增值权等股权激励方式。

股票期权是指上市公司授予激励对象在未来一定期限内以预先确定的价格和条件购买本公司一定数量股票的权利。股票期权原则上适用于境外注册、国有控股的境外上市公司。股权激励对象有权行使该项权利，也有权放弃该项权利。股票期权不得转让和用于担保、偿还债务等。

股票增值权是指上市公司授予激励对象在一定的时期和条件下，获得规定数量的股票价格上升所带来的收益的权利。股票增值权主要适用于发行境外上市外资股的公司。股权激励对象不拥有这些股票的所有权，也不拥有股东表决权、配股权。股票增值权不能转让和用于担保、偿还债务等。

上市公司还可根据本行业和企业特点，借鉴国际通行做法，探索实行其他中长期激励方式，如限制性股票、业绩股票等。

第四条 实施股权激励应具备以下条件：

（一）公司治理结构规范，股东会、董事会、监事会、经理层各负其责，协调运转，有效制衡。董事会中有3名以上独立董事并能有效履行职责。

（二）公司发展战略目标和实施计划明确，持续发展能力良好。

（三）公司业绩考核体系健全、基础管理制度规范，进行了劳动、用工、薪酬制度改革。

第五条 实施股权激励应遵循以下原则：

（一）坚持股东利益、公司利益和管理层利益相一致，有利于促进国有资本保值增值和上市公司的可持续发展；

（二）坚持激励与约束相结合，风险与收益相对称，适度强化对管理层的激励力度；

（三）坚持依法规范，公开透明，遵循境内外相关法律法规和境外上市地上市规则要求；

（四）坚持从实际出发，循序渐进，逐步完善。

第二章 股权激励计划的拟订

第六条 股权激励计划应包括激励方式、激励对象、授予数量、行权价格及行权价格的确定方式、行权期限等内容。

第七条 股权激励对象原则上限于上市公司董事、高级管理人员（以下简称高管人员）以及对上市公司整体业绩和持续发展有直接影响的核心技术人才和管理骨干，股权激励的重点是上市公司的高管人员。

本办法所称上市公司董事包括执行董事、非执行董事。独立非执行董事不参与上市公司股权激励计划。

本办法所称上市公司高管人员是指对公司决策、经营、管理负有领导职责的人员，包括总经理、副总经理、公司财务负责人（包括其他履行上述职责的人员）、董事会秘书和公司章程规定的其他人员。

上市公司核心技术人才、管理骨干由公司董事会根据其对上市公司发展的重要性和贡献等情况确定。高新技术企业可结合行业特点和高科技人才构成情况界定核心技术人才的激励范围，但须就确定依据、授予范围及数量等情况作出说明。

在股权授予日，任何持有上市公司5%以上有表决权的股份的人员，未经股东大会批准，不得参加股权激励计划。

第八条 上市公司母公司（控股公司）负责人在上市公司任职的，可参与股权激励计划，但只能参与一家上市公司的股权激励计划。

第九条 在股权激励计划有效期内授予的股权总量，应结合上市公司股本规模和股权激励对象的范围、薪酬结构及中长期激励预期收益水平合理确定。

（一）在股权激励计划有效期内授予的股权总量累计不得超过公司股本总额的10%。

（二）首次股权授予数量应控制在上市公司股本总额的1%以内。

第十条 在股权激励计划有效期内任何12个月期间授予任一人员的股权（包括已行使的和未行使的股权）超过上市公司发行总股本1%的，上市公司不再授予其股权。

第十一条 授予高管人员的股权数量按下列办法确定：

（一）在股权激励计划有效期内，高管人员预期股权激励收益水平原则上应控制在其薪酬总水平的40%以内。高管人员薪酬总水平应根据本公司业绩考核与薪酬管理办法，并参考境内外同类人员薪酬市场价位、本公司员工平均收入水平等因素综合确定。各高管人员薪酬总水平和预期股权收益占薪酬总水平的比例应根据上市公司岗位分析、岗位测评、岗位职责按岗位序列确定；

（二）按照国际通行的期权定价模型，计算股票期权或股票增值权的公平市场价值，确定每股股权激励预期收益；

（三）按照上述原则和股权授予价格（行权价格），确定高管人员股权授予的数量。

第十二条 股权的授予价格根据公平市场价原则，按境外上市规则及本办法的有关规定确定。

上市公司首次公开发行上市时实施股权激励计划的，其股权的授予价格按上市公司首次公开发行上市满30个交易日以后，依据境外上市规则规定的公平市场价格确定。

上市公司上市后实施的股权激励计划，其股权的授予价格不得低于授予日的收盘价或前5个交易日的平均收盘价，并不再予以折扣。

第十三条 上市公司因发行新股、转增股本、合并、分立等原因导致总股本发生变动或其他原因需要调整行权价格或股权授予数量的，可以按照股权激励计划规定的原则和方式进行调整，但应由公司董事会做出决议并经公司股东大会审议批准。

第十四条 股权激励计划有效期一般不超过10年，自股东大会通过股权激励计划之日起计算。

第十五条 在股权激励计划有效期内，每一次股权激励计划的授予间隔期应在一个完整的会计年度以上，原则上每两年授予一次。

第十六条 行权限制期为股权授予日至股权生效日的期限。股权限制期原则上定为两年，在限制期内不得行权。

第十七条 行权有效期为股权限制期满后至股权终止日的时间，由上市公司根据实际情况确定，原则上不得低于3年。在行权有效期内原则上采取匀速分批行权办法，或按照符合境外上市规则要求的办法行权。超过行权有效期的，其权利自动失效，并不可追溯行使。

第十八条 上市公司不得在董事会讨论审批或公告公司年度、半年度、季度业绩报告等影响股票价格的敏感事项发生时授予股权或行权。

第三章 股权激励计划的审核

第十九条 国有控股股东代表在股东大会审议批准上市公司拟实施的股权激励计划之前，应将拟实施的股权激励计划及管理办法报履行国有资产出资人职责的机构或部门审核，并根据其审核意见在股东大会行使表决权。

第二十条 国有控股股东代表申报的股权激励计划报告应包括以下内容：

（一）上市公司的简要情况。

（二）上市公司股权激励计划方案和股权激励管理办法。主要应载明以下内容：股权授予的人员范围、授予数量、授予价格和行权时间的确定、权利的变更及丧失，以及股权激励计划的管理、监督等；选择的期权定价模型及股票期权或股票增值权预期收益的测算等情况的说明。

（三）上市公司绩效考核评价制度和股权激励计划实施的说明。绩效考核评价制度应当包括岗位职责核定、绩效考核评价指标和标准、年度及任期绩效责任目标、考核评价程序等内容。

（四）上市公司实施股权激励计划的组织领导和工作方案。

第二十一条 上市公司按批准的股权激励计划实施的分期股权授予方案，国有控股股东代表应当报履行国有资产出资人职责的机构或部门备案。其中因实施股权激励计划而增发股票及调整股权授予范围、超出首次股权授予规模等，应按本办法规定履行相应申报程序。

第二十二条 上市公司终止股权激励计划并实施新计划，国有控股股东代表应按照本办法规定重新履行申报程序。原股权激励计划终止后，不得根据已终止的计划再授予股权。

第四章 股权激励计划的管理

第二十三条 国有控股股东代表应要求和督促上市公司制定严格的股权激励管理办法，建立规范的绩效考核评价制度；按照上市公司股权激励管理办法和绩效考核评价办法确定对高管人员股权的授予和行权；对已经授予的股权数量在行权时可根据年度业绩考核情况进行动态调整。

第二十四条 股权激励对象应承担行权时所发生的费用，并依法纳税。上市公司不得对股权激励对象行权提供任何财务资助。

第二十五条 股权激励对象因辞职、调动、被解雇、退休、死亡、丧失行为能力等原因终止服务时，其股权的行使应作相应调整，采取行权加速、终止等处理方式。

第二十六条 参与上市公司股权激励计划的上市公司母公司（控股公司）的负责

人，其股权激励计划的实施应符合《中央企业负责人经营业绩考核暂行办法》（国资委令第 2 号）的有关规定。上市公司或其母公司（控股公司）为中央金融企业的，企业负责人股权激励计划的实施应符合财政部有关国有金融企业绩效考核的规定。

第二十七条 上市公司高管人员的股票期权应保留一定比例在任职期满后根据任期考核结果行权，任职（或任期）期满后的行权比例不得低于授权总量的 20%；对授予的股票增值权，其行权所获得的现金收益需进入上市公司为股权激励对象开设的账户，账户中的现金收益应有不低于 20%的部分至任职（或任期）期满考核合格后方可提取。

第二十八条 有以下情形之一的，当年年度可行权部分应予取消：

（一）上市公司年度绩效考核达不到股权激励计划规定的业绩考核标准的；

（二）年度财务报告被注册会计师出具否定意见或无法表示意见的；

（三）监事会或审计部门对上市公司业绩或年度财务报告提出重大异议的。

第二十九条 股权激励对象有以下情形之一的，应取消其行权资格：

（一）严重失职、渎职的；

（二）违反国家有关法律法规、上市公司章程规定的；

（三）上市公司有足够的证据证明股权持有者在任职期间，由于受贿索贿、贪污盗窃、泄露上市公司经营和技术秘密、实施关联交易损害上市公司利益、声誉和对上市公司形象有重大负面影响的行为，给上市公司造成损失的。

第三十条 国有控股股东代表应要求和督促上市公司在实施股权激励计划的财务、会计处理及其税收等方面严格执行境内外有关法律法规、财务制度、会计准则、税务制度和上市规则。

第三十一条 国有控股股东代表应将下列事项在上市公司年度报告披露后 10 日内报履行国有资产出资人职责的机构或部门备案：

（一）公司股权激励计划的授予和行使情况；

（二）公司董事、高管人员持有股权的数量、期限、本年度已经行权和未行权的情况及其所持股权数量与期初所持数量的对比情况；

（三）公司实施股权激励绩效考核情况及实施股权激励对公司费用及利润的影响情况等。

第五章　附　　则

第三十二条 中央金融企业、地方国有或国有控股企业改制重组境外上市的公司比照本办法执行。

第三十三条 原经批准已实施股权激励计划的上市公司，在按原计划分期实施或拟订新计划时应按照本办法的规定执行。

第三十四条 本办法自 2006 年 3 月 1 日起施行。

关于印发《中央企业综合绩效评价实施细则》的通知

2006 年 9 月 12 日　国资发评价〔2006〕157 号

各中央企业：

为做好中央企业综合绩效评价工作，根据《中央企业综合绩效评价管理暂行办法》（国资委令第 14 号），我们制定了《中央企业综合绩效评价实施细则》，现印发给你们，请结合本企业实际认真执行。

附件：中央企业综合绩效评价实施细则

附件：

中央企业综合绩效评价实施细则

第一章　总　　则

第一条　为规范开展中央企业综合绩效评价工作，有效发挥综合绩效评价工作的评判、引导和诊断作用，推动企业提高经营管理水平，根据《中央企业综合绩效评价管理暂行办法》（国资委令第 14 号），制定本实施细则。

第二条　开展企业综合绩效评价应当充分体现市场经济原则和资本运营特征，以投入产出分析为核心，运用定量分析与定性分析相结合、横向对比与纵向对比互为补充的方法，综合评价企业经营绩效和努力程度，促进企业提高市场竞争能力。

第三条　开展企业综合绩效评价应当制定既符合行业实际又具有引导性质的评价标准，并运用科学的评价计分方法，计量企业经营绩效水平，以充分体现行业之间的差异性，客观反映企业所在行业的盈利水平和经营环境，准确评判企业的经营成果。

第四条　企业综合绩效评价工作按照产权管理关系进行组织，国资委负责其履行出资人职责企业的综合绩效评价工作，企业集团（总）公司总部负责其所属子企业的综合绩效评价工作。

第五条　企业年度综合绩效评价工作，一般结合企业年度财务决算审核工作组织进行；企业任期综合绩效评价工作，一般结合企业负责人任期经济责任审计组织实施。

第二章 评价指标与权重

第六条 企业综合绩效评价指标由22个财务绩效定量评价指标和8个管理绩效定性评价指标组成。

第七条 财务绩效定量评价指标由反映企业盈利能力状况、资产质量状况、债务风险状况和经营增长状况等4个方面的8个基本指标和14个修正指标构成，用于综合评价企业财务会计报表所反映的经营绩效状况。

第八条 企业盈利能力状况以净资产收益率、总资产报酬率两个基本指标和销售（营业）利润率、盈余现金保障倍数、成本费用利润率、资本收益率4个修正指标进行评价，主要反映企业一定经营期间的投入产出水平和盈利质量。

第九条 企业资产质量状况以总资产周转率、应收账款周转率两个基本指标和不良资产比率、流动资产周转率、资产现金回收率3个修正指标进行评价，主要反映企业所占用经济资源的利用效率、资产管理水平与资产的安全性。

第十条 企业债务风险状况以资产负债率、已获利息倍数两个基本指标和速动比率、现金流动负债比率、带息负债比率、或有负债比率4个修正指标进行评价，主要反映企业的债务负担水平、偿债能力及其面临的债务风险。

第十一条 企业经营增长状况以销售（营业）增长率、资本保值增值率两个基本指标和销售（营业）利润增长率、总资产增长率、技术投入比率3个修正指标进行评价，主要反映企业的经营增长水平、资本增值状况及发展后劲。

第十二条 企业管理绩效定性评价指标包括战略管理、发展创新、经营决策、风险控制、基础管理、人力资源、行业影响、社会贡献等8个方面的指标，主要反映企业在一定经营期间所采取的各项管理措施及其管理成效。

（一）战略管理评价主要反映企业所制定战略规划的科学性，战略规划是否符合企业实际，员工对战略规划的认知程度，战略规划的保障措施及其执行力，以及战略规划的实施效果等方面的情况。

（二）发展创新评价主要反映企业在经营管理创新、工艺革新、技术改造、新产品开发、品牌培育、市场拓展、专利申请及核心技术研发等方面的措施及成效。

（三）经营决策评价主要反映企业在决策管理、决策程序、决策方法、决策执行、决策监督、责任追究等方面采取的措施及实施效果，重点反映企业是否存在重大经营决策失误。

（四）风险控制评价主要反映企业在财务风险、市场风险、技术风险、管理风险、信用风险和道德风险等方面的管理与控制措施及效果，包括风险控制标准、风险评估程序、风险防范与化解措施等。

（五）基础管理评价主要反映企业在制度建设、内部控制、重大事项管理、信息化建设、标准化管理等方面的情况，包括财务管理、对外投资、采购与销售、存货管理、质量管理、安全管理、法律事务等。

（六）人力资源评价主要反映企业人才结构、人才培养、人才引进、人才储备、人事调配、员工绩效管理、分配与激励、企业文化建设、员工工作热情等方面的情况。

（七）行业影响评价主要反映企业主营业务的市场占有率、对国民经济及区域经济的影响力与带动力、主要产品的市场认可程度、是否具有核心竞争能力以及产业引导能力等方面的情况。

（八）社会贡献评价主要反映企业在资源节约、环境保护、吸纳就业、工资福利、安全生产、上缴税收、商业诚信、和谐社会建设等方面的贡献程度和社会责任的履行情况。

第十三条 企业管理绩效定性评价指标应当根据评价工作需要作进一步细化，能够量化的应当采用量化指标进行反映。

第十四条 企业综合绩效评价指标权重实行百分制，指标权重依据评价指标的重要性和各指标的引导功能，通过征求咨询专家意见和组织必要的测试进行确定。

第十五条 财务绩效定量评价指标权重确定为70%，管理绩效定性评价指标权重确定为30%。在实际评价过程中，财务绩效定量评价指标和管理绩效定性评价指标的权数均按百分制设定，分别计算分项指标的分值，然后按70∶30折算。

第三章 评价标准选择

第十六条 财务绩效定量评价标准划分为优秀（A）、良好（B）、平均（C）、较低（D）、较差（E）五个档次，管理绩效定性评价标准分为优（A）、良（B）、中（C）、低（D）、差（E）五个档次。

第十七条 对应上述五档评价标准的标准系数分别为1.0、0.8、0.6、0.4、0.2，较差（E）或差（E）以下为0。标准系数是评价标准的水平参数，反映了评价指标对应评价标准所达到的水平档次。

第十八条 评价组织机构应当认真分析判断评价对象所属的行业和规模，正确选用财务绩效定量评价标准值。

第十九条 企业财务绩效定量评价标准值的选用，一般根据企业的主营业务领域对照企业综合绩效评价行业基本分类，自下而上逐层遴选被评价企业适用的行业标准值。

第二十条 多业兼营的集团型企业财务绩效指标评价标准值的选用应当区分主业突出和不突出两种情况：

（一）存在多个主业板块但某个主业特别突出的集团型企业，应当采用该主业所在行业的标准值。

（二）存在多个主业板块但没有突出主业的集团型企业，可对照企业综合绩效评价行业基本分类，采用基本可以覆盖其多种经营业务的上一层次的评价标准值；或者根据其下属企业所属行业，分别选取相关行业标准值进行评价，然后按照各下属企业资产总额占被评价企业集团汇总资产总额的比重，加权形成集团评价得分；也可以根据集团的经营领域，选择有关行业标准值，以各领域的资产总额比例为权重进行加权平均，计算出用于集团评价的标准值。

第二十一条 如果被评价企业所在行业因样本原因没有统一的评价标准，或按第二十条规定方法仍无法确定被评价企业财务绩效定量评价标准值的，在征得评价组织机构同意后，可直接选用国民经济十大门类标准或全国标准。

第二十二条 根据评价工作需要可以分别选择全行业和大、中、小型规模标准值实施评价。企业规模划分按照国家统计局《关于统计上大中小型企业划分办法（暂行）》（国统字〔2003〕17号）和国资委《关于在财务统计工作中执行新的企业规模划分标准的通知》（国资厅评价函〔2003〕327号）的规定执行。

第二十三条 管理绩效定性评价标准具有行业普遍性和一般性，在进行评价时，应当根据不同行业的经营特点，灵活把握个别指标的标准尺度。对于在定性评价标准中没有列示，但对被评价企业经营绩效产生重要影响的因素，在评价时也应予以考虑。

第四章 评价计分

第二十四条 企业综合绩效评价计分方法采取功效系数法和综合分析判断法，其中：功效系数法用于财务绩效定量评价指标的计分，综合分析判断法用于管理绩效定性评价指标的计分。

第二十五条 财务绩效定量评价基本指标计分是按照功效系数法计分原理，将评价指标实际值对照行业评价标准值，按照规定的计分公式计算各项基本指标得分。计算公式为：

基本指标总得分 = $\sum$ 单项基本指标得分

单项基本指标得分 = 本档基础分 + 调整分

本档基础分 = 指标权数 × 本档标准系数

调整分 = 功效系数 ×（上档基础分 − 本档基础分）

上档基础分 = 指标权数 × 上档标准系数

功效系数 =（实际值 − 本档标准值）/（上档标准值 − 本档标准值）

本档标准值是指上下两档标准值居于较低等级一档。

第二十六条 财务绩效定量评价修正指标的计分是在基本指标计分结果的基础上，运用功效系数法原理，分别计算盈利能力、资产质量、债务风险和经营增长四个部分的综合修正系数，再据此计算出修正后的分数。计算公式为：

修正后总得分 = $\sum$ 各部分修正后得分

各部分修正后得分 = 各部分基本指标分数 × 该部分综合修正系数

某部分综合修正系数 = $\sum$ 该部分各修正指标加权修正系数

某指标加权修正系数 =（修正指标权数/该部分权数）× 该指标单项修正系数

某指标单项修正系数 = 1.0 +（本档标准系数 + 功效系数 × 0.2 − 该部分基本指标分析系数），单项修正系数控制修正幅度为 0.7～1.3

某部分基本指标分析系数 = 该部分基本指标得分/该部分权数

第二十七条 在计算修正指标单项修正系数过程中，对于一些特殊情况作如下处理：

（一）如果修正指标实际值达到优秀值以上，其单项修正系数的计算公式如下：

单项修正系数＝1.2＋本档标准系数－该部分基本指标分析系数

（二）如果修正指标实际值处于较差值以下，其单项修正系数的计算公式如下：

单项修正系数＝1.0－该部分基本指标分析系数

（三）如果资产负债率≥100%，指标得0分；其他情况按照规定的公式计分。

（四）如果盈余现金保障倍数分子为正数，分母为负数，单项修正系数确定为1.1；如果分子为负数，分母为正数，单项修正系数确定为0.9；如果分子分母同为负数，单项修正系数确定为0.8。

（五）如果不良资产比率≥100%或分母为负数，单项修正系数确定为0.8。

（六）对于销售（营业）利润增长率指标，如果上年主营业务利润为负数，本年为正数，单项修正系数为1.1；如果上年主营业务利润为零本年为正数，或者上年为负数本年为零，单项修正系数确定为1.0。

（七）如果个别指标难以确定行业标准，该指标单项修正系数确定为1.0。

第二十八条 管理绩效定性评价指标的计分一般通过专家评议打分形式完成，聘请的专家应不少于7名；评议专家应当在充分了解企业管理绩效状况的基础上，对照评价参考标准，采取综合分析判断法，对企业管理绩效指标做出分析评议，评判各项指标所处的水平档次，并直接给出评价分数。计分公式为：

管理绩效定性评价指标分数＝$\sum$单项指标分数

单项指标分数＝（$\sum$每位专家给定的单项指标分数）/专家人数

第二十九条 任期财务绩效定量评价指标计分，应当运用任期各年度评价标准分别对各年度财务绩效定量指标进行计分，再计算任期平均分数，作为任期财务绩效定量评价分数。计算公式为：

任期财务绩效定量评价分数＝（$\sum$任期各年度财务绩效定量评价分数）/任期年数

第三十条 在得出财务绩效定量评价分数和管理绩效定性评价分数后，应当按照规定的权重，加权形成综合绩效评价分数。计算公式为：

企业综合绩效评价分数＝财务绩效定量评价分数×70%＋管理绩效定性评价分数×30%

第三十一条 在得出评价分数以后，应当计算年度之间的绩效改进度，以反映企业年度之间经营绩效的变化状况。计算公式为：

绩效改进度＝本期绩效评价分数/基期绩效评价分数

绩效改进度大于1，说明经营绩效上升；绩效改进度小于1，说明经营绩效下滑。

第三十二条 对企业经济效益上升幅度显著、经营规模较大，有重大科技创新的企业，应当给予适当加分。具体的加分办法如下：

（一）效益提升加分。企业年度净资产收益率增长率和利润增长率超过行业平均增长水平10%～40%加1～2分，超过40%～100%加3～4分，超过100%加5分。

（二）管理难度加分。企业年度平均资产总额超过国资委监管全部企业年度平均资产总额的给予加分，其中：工业企业超过平均资产总额每100亿元加0.5分，非工业企业超过平均资产总额每60亿元加0.5分，最多加5分。

（三）重大科技创新加分。重大科技创新加分包括以下两个方面：企业承担国家重大科技攻关项目，并取得突破的，加3～5分；承担国家科技发展规划纲要目录内的重大科技专项主体研究，虽然尚未取得突破，但投入较大，加1～2分。

（四）国资委认定的其他事项。

以上加分因素合计不得超过15分，超过15分按15分计算。对加分前评价结果已经达到优秀水平的企业，以上加分因素按以下公式计算实际加分值：

实际加分值 = $(1 - X\%)6.6Y$

其中：X表示评价得分，Y表示以上因素合计加分。

第三十三条 被评价企业在评价期间（年度）出现以下情况的，应当予以扣分：

（一）发生属于当期责任的重大资产损失事项，损失金额超过平均资产总额1%的，或者资产损失金额未超过平均资产总额1%，但性质严重并造成重大社会影响的，扣5分。正常的资产减值准备计提不在此列。

（二）发生重大安全生产与质量事故，根据事故等级，扣3～5分。

（三）存在巨额表外资产，且占合并范围资产总额20%以上的，扣3～5分。

（四）存在巨额逾期债务，逾期负债超过带息负债的10%，甚至发生严重债务危机的，扣2～5分。

（五）国资委认定的其他事项。

第三十四条 对存在加分和扣分事项的，应当与企业和有关部门进行核实，获得必要的相关证据，并在企业综合绩效评价报告中加以单独说明。

第五章 评价基础数据调整

第三十五条 企业综合绩效评价的基础数据资料主要包括企业提供的评价年度财务会计决算报表及审计报告、关于经营管理情况的说明等资料。

第三十六条 为确保评价基础数据的真实、完整、合理，在实施评价前应当对评价期间的基础数据进行核实，按照重要性和可比性原则进行适当调整。

第三十七条 在任期经济责任审计工作中开展任期财务绩效定量评价，其评价基础数据以财务审计调整后的数据为依据。

第三十八条 企业评价期间会计政策与会计估计发生重大变更的，需要判断变更事项对经营成果的影响，产生重大影响的，应当调整评价基础数据，以保持数据口径基本一致。

第三十九条 企业评价期间发生资产无偿划入划出的，应当按照重要性原则调整评价基础数据。原则上划入企业应纳入评价范围，无偿划出、关闭、破产（含进入破产程序）企业，不纳入评价范围。

第四十条 企业被出具非标准无保留意见审计报告的，应当根据审计报告披露的影响企业经营成果的重大事项，调整评价基础数据。

第四十一条 国资委在财务决算批复中要求企业纠正、整改，因而影响企业财务会计报表，并能够确认具体影响金额的，应当根据批复调整评价基础数据。

第四十二条 企业在评价期间损益中消化处理以前年度或上一任期资产损失的，承担国家某项特殊任务或落实国家专项政策对财务状况和经营成果产生重大影响的，经国资委认定后，可作为客观因素调整评价基础数据。

第六章 评价工作程序

第四十三条 企业综合绩效评价包括财务绩效定量评价和管理绩效定性评价两方面内容。由于任期绩效评价和年度绩效评价的工作目标不同，评价工作内容应有所区别。

（一）任期绩效评价作为任期经济责任审计工作的重要组成部分，需要对企业负责人任职期间企业的绩效状况进行综合评价，工作程序包括财务绩效定量评价和管理绩效定性评价两方面内容。

（二）年度绩效评价除根据监管工作需要组织财务绩效与管理绩效的综合评价外，一般作为年度财务决算管理工作的组成部分，每个年度只进行财务绩效定量评价。

第四十四条 财务绩效定量评价工作具体包括提取评价基础数据、基础数据调整、评价计分、形成评价结果等内容。

（一）提取评价基础数据。以经社会中介机构或内部审计机构审计并经评价组织机构核实确认的企业年度财务会计报表为基础提取评价基础数据。

（二）基础数据调整。为客观、公正地评价企业经营绩效，根据本细则第五章的有关规定，对评价基础数据进行调整，其中：年度绩效评价基础数据以国资委审核确认的财务决算合并报表数据为准。

（三）评价计分。根据调整后的评价基础数据，对照相关年度的行业评价标准值，利用绩效评价软件或手工评价计分。

（四）形成评价结果。对任期财务绩效评价需要计算任期内平均财务绩效评价分数，并计算绩效改进度；对年度财务绩效评价除计算年度绩效改进度外，需要对定量评价得分深入分析，诊断企业经营管理存在的薄弱环节，并在财务决算批复中提示有关问题，同时进行所监管企业的分类排序分析，在一定范围内发布评价结果。

第四十五条 管理绩效定性评价工作具体包括下列内容：

（一）收集整理管理绩效评价资料。为深入了解被评价企业的管理绩效状况，应当通过问卷调查、访谈等方式，充分收集并认真整理管理绩效评价的有关资料。

（二）聘请咨询专家。根据所评价企业的行业情况，聘请不少于 7 名的管理绩效评价咨询专家，组成专家咨询组，并将被评价企业的有关资料提前送达咨询专家。

（三）召开专家评议会。组织咨询专家对企业的管理绩效指标进行评议打分。

（四）形成定性评价结论。汇总管理绩效定性评价指标得分，形成定性评价结论。

第四十六条 聘请的管理绩效定性评价咨询专家应当具备以下条件：

（一）具有较高的政治素质和理论素养，具有较强的综合判断能力。

（二）具备经济、法律、企业管理等方面的专业知识，具有高级以上专业技术职称或相关领域10年以上工作经验。

（三）了解国有资产监督管理有关方针、政策，熟悉被评价企业所处行业状况。

第四十七条 管理绩效专家评议会一般按照下列程序进行：

（一）阅读相关资料，了解企业管理绩效评价指标实际情况。

（二）听取关于财务绩效定量评价情况的介绍。

（三）参照管理绩效定性评价标准，分析企业管理绩效状况。

（四）对企业管理绩效定性评价指标实施独立评判打分。

（五）对企业管理绩效进行集体评议，并提出咨询意见，形成评议咨询报告。

（六）汇总评判打分结果。

第四十八条 根据财务绩效定量评价结果和管理绩效定性评价结果，按照规定的权重和计分方法，计算企业综合绩效评价总分，并根据规定的加分和扣分因素，得出企业综合绩效评价最后得分。

第七章 评价结果与评价报告

第四十九条 企业综合绩效评价结果以评价得分、评价类型和评价级别表示。

评价类型是根据评价分数对企业综合绩效所划分的水平档次，分为优（A）、良（B）、中（C）、低（D）、差（E）五种类型。

评价级别是对每种类型再划分级次，以体现同一评价类型的差异，采用字母和在字母右上端标注“+”、“++”、“-”的方式表示。

第五十条 企业综合绩效评价结果以85、70、50、40分作为类型判定的分数线。

（一）评价得分达到85分以上（含85分）的评价类型为优（A），在此基础上划分为三个级别，分别为：$A^{++}\geqslant 95$分；95分$>A^{+}\geqslant 90$分；90分$>A\geqslant 85$分。

（二）评价得分达到70分以上（含70分）不足85分的评价类型为良（B），在此基础上划分为三个级别，分别为：85分$>B^{+}\geqslant 80$分；80分$>B\geqslant 75$分；75分$>B^{-}\geqslant 70$分。

（三）评价得分达到50分以上（含50分）不足70分的评价类型为中（C），在此基础上划分为两个级别，分别为：70分$>C\geqslant 60$分；60分$>C^{-}\geqslant 50$分。

（四）评价得分在40分以上（含40分）不足50分的评价类型为低（D）。

（五）评价得分在40分以下的评价类型为差（E）。

第五十一条 企业综合绩效评价报告是根据评价结果编制、反映被评价企业综合绩效状况的文本文件，由报告正文和附件构成。

第五十二条 企业综合绩效评价报告正文应当包括评价目的、评价依据与评价方法、评价过程、评价结果及评价结论、重要事项说明等内容。企业综合绩效评价报告的正文应当文字简洁、重点突出、层次清晰、易于理解。

第五十三条 企业综合绩效评价报告附件应当包括企业经营绩效分析报告、评价结果计分表、问卷调查结果分析、专家咨询报告、评价基础数据及调整情况等内容。其中，企业经营绩效分析报告是根据综合绩效评价结果对企业经营绩效状况进行深入分析的文件，应当包括评价对象概述、评价结果与主要绩效、存在的问题与不足、有关管理建议等。

第八章　附　　则

第五十四条　企业集团（总）公司内部开展所属子企业的综合绩效评价工作，可参照本细则制定符合集团（总）公司内部管理需要的实施细则。

第五十五条　各地区国有资产监督管理机构开展所监管企业的综合绩效评价工作，可参照本细则执行。

第五十六条　有关企业财务绩效定量评价指标计算公式、企业综合绩效评价指标及权重表见附录。

第五十七条　本细则自2006年10月12日起施行。

附件：1. 企业财务绩效定量评价指标计算公式

　　　2. 企业综合绩效评价指标及权重表

附件1：

企业财务绩效定量评价指标计算公式

一、盈利能力状况

（一）基本指标。

1. 净资产收益率＝净利润/平均净资产×100%

平均净资产＝(年初所有者权益＋年末所有者权益)/2

2. 总资产报酬率＝(利润总额＋利息支出)/平均资产总额×100%

平均资产总额＝(年初资产总额＋年末资产总额)/2

（二）修正指标。

1. 销售（营业）利润率＝主营业务利润/主营业务收入净额×100%

2. 盈余现金保障倍数＝经营现金净流量/(净利润＋少数股东损益)

3. 成本费用利润率＝利润总额/成本费用总额×100%

成本费用总额＝主营业务成本＋主营业务税金及附加＋经营费用（营业费用）＋管理费用＋财务费用

4. 资本收益率＝净利润/平均资本×100%

平均资本＝[(年初实收资本＋年初资本公积)＋(年末实收资本＋年末资本公积)]/2

二、资产质量状况

（一）基本指标。

1. 总资产周转率（次）＝主营业务收入净额/平均资产总额

2. 应收账款周转率（次）=主营业务收入净额/应收账款平均余额

应收账款平均余额=(年初应收账款余额+年末应收账款余额)/2

应收账款余额=应收账款净额+应收账款坏账准备

（二）修正指标。

1. 不良资产比率=(资产减值准备余额+应提未提和应摊未摊的潜亏挂账+未处理资产损失)/(资产总额+资产减值准备余额)×100%

2. 流动资产周转率（次）=主营业务收入净额/平均流动资产总额

平均流动资产总额=(年初流动资产总额+年末流动资产总额)/2

3. 资产现金回收率=经营现金净流量/平均资产总额×100%

三、债务风险状况

（一）基本指标。

1. 资产负债率=负债总额/资产总额×100%

2. 已获利息倍数=(利润总额+利息支出)/利息支出

（二）修正指标。

1. 速动比率=速动资产/流动负债×100%

速动资产=流动资产-存货

2. 现金流动负债比率=经营现金净流量/流动负债×100%

3. 带息负债比率=(短期借款+一年内到期的长期负债+长期借款+应付债券+应付利息)/负债总额×100%

4. 或有负债比率=或有负债余额/(所有者权益+少数股东权益)×100%

或有负债余额=已贴现承兑汇票+担保余额+贴现与担保外的被诉事项金额+其他或有负债

四、经营增长状况

（一）基本指标。

1. 销售（营业）增长率=(本年主营业务收入总额-上年主营业务收入总额)/上年主营业务收入总额×100%

2. 资本保值增值率=扣除客观增减因素的年末国有资本及权益/年初国有资本及权益×100%

（二）修正指标。

1. 销售（营业）利润增长率=(本年主营业务利润总额-上年主营业务利润总额)/上年主营业务利润总额×100%

2. 总资产增长率=(年末资产总额-年初资产总额)/年初资产总额×100%

3. 技术投入比率=本年科技支出合计/主营业务收入净额×100%

附件2：

企业综合绩效评价指标及权重表

评价内容与权数		财务绩效（70%）				管理绩效（30%）	
		基本指标	权数	修正指标	权数	评议指标	权数
盈利能力状况	34	净资产收益率 总资产报酬率	20 14	销售（营业）利润率 盈余现金保障倍数 成本费用利润率 资本收益率	10 9 8 7		
资产质量状况	22	总资产周转率 应收账款周转率	10 12	不良资产比率 流动资产周转率 资产现金回收率	9 7 6	战略管理 发展创新 经营决策 风险控制 基础管理 人力资源 行业影响 社会贡献	18 15 16 13 14 8 8 8
债务风险状况	22	资产负债率 已获利息倍数	12 10	速动比率 现金流动负债比率 带息负债比率 或有负债比率	6 6 5 5		
经营增长状况	22	销售（营业）增长率 资本保值增值率	12 10	销售（营业）利润增长率 总资产增长率 技术投入比率	10 7 5		

关于印发《国有控股上市公司（境内）实施股权激励试行办法》的通知

2006年9月30日　国资发分配〔2006〕175号

各省、自治区、直辖市及计划单列市、新疆生产建设兵团国资委、财政厅（局），各中央企业：

为指导国有控股上市公司（境内，以下简称上市公司）规范实施股权激励制度，建立健全激励与约束相结合的中长期激励机制，进一步完善公司法人治理结构，充分调动上市公司高级管理人员和科技人员的积极性、创造性，规范上市公司拟订和实施股权激励计划，根据《中华人民共和国公司法》《中华人民共和国证券法》《企业国有资产监督管理暂行条例》（国务院令第378号），我们制定了《国有控股上市公司（境内）实施股权激励试行办法》（以下简称《试行办法》）。现印发给你们，请结合实际，认真遵照执行。现将有关事项通知如下：

一、国有控股上市公司实施股权激励是一项重大制度创新，政策性强，操作难度大。为规范实施股权激励制度，对国有控股上市公司试行股权激励实施分类指导。对中央企业及其所出资企业控股的上市公司，其股权激励计划在报股东大会审议表决前，由集团公司按照《试行办法》规定的程序报履行国有资产出资人职责的机构或部门审核；对中央企业所出资三级以下企业控股的上市公司，其股权激励计划在上市公司股东大会审议前，报履行国有资产出资人职责的机构或部门备案。履行国有资产出资人职责的机构或部门自收到完整的股权激励计划申报材料之日起，20个工作日内出具审核意见，未提出异议的，国有控股股东可按申报意见参与股东大会审议股权激励计划。

二、地方国有控股上市公司试行股权激励办法，应严格按《试行办法》规定的条件执行。在试点期间，上市公司股权激励计划由各省、自治区、直辖市、计划单列市及新疆生产建设兵团国资委或财政厅（局）统一审核批准后，报国务院国资委和财政部备案。

三、对在《试行办法》出台之前已经公告或实施了股权激励的国有控股上市公司，要按照《试行办法》予以规范，对股权激励计划修订完善并履行相应的审核或备案程序。

四、政企尚未分开的部门以及国家授权投资的其他国有资产经营管理机构（以下简称其他单位），按照《试行办法》的规定审核批准所管理的集团公司及其所出资企业控股的上市公司股权激励计划。

国务院国资委和其他单位对集团公司及其所出资企业控股的上市公司股权激励计划的批复文件抄送财政部。

上市公司在试行过程中的做法及遇到的问题，请及时报告国务院国资委和财政部。

附件：国有控股上市公司（境内）实施股权激励试行办法

附件：

国有控股上市公司（境内）实施股权激励试行办法

第一章　总　　则

第一条　为指导国有控股上市公司（境内）规范实施股权激励制度，建立健全激励与约束相结合的中长期激励机制，进一步完善公司法人治理结构，依据《中华人民共和国公司法》、《中华人民共和国证券法》、《企业国有资产监督管理暂行条例》等有关法律、行政法规的规定，制定本办法。

第二条　本办法适用于股票在中华人民共和国境内上市的国有控股上市公司（以下简称上市公司）。

第三条　本办法主要用于指导上市公司国有控股股东依法履行相关职责，按本办法要求申报上市公司股权激励计划，并按履行国有资产出资人职责的机构或部门意见，审议表决上市公司股权激励计划。

第四条　本办法所称股权激励，主要是指上市公司以本公司股票为标的，对公司高级管理等人员实施的中长期激励。

第五条　实施股权激励的上市公司应具备以下条件：

（一）公司治理结构规范，股东会、董事会、经理层组织健全，职责明确。外部董事（含独立董事，下同）占董事会成员半数以上。

（二）薪酬委员会由外部董事构成，且薪酬委员会制度健全，议事规则完善，运行规范。

（三）内部控制制度和绩效考核体系健全，基础管理制度规范，建立了符合市场经济和现代企业制度要求的劳动用工、薪酬福利制度及绩效考核体系。

（四）发展战略明确，资产质量和财务状况良好，经营业绩稳健；近三年无财务违法违规行为和不良记录。

（五）证券监管部门规定的其他条件。

第六条 实施股权激励应遵循以下原则：

（一）坚持激励与约束相结合，风险与收益相对称，强化对上市公司管理层的激励力度；

（二）坚持股东利益、公司利益和管理层利益相一致，有利于促进国有资本保值增值，有利于维护中小股东利益，有利于上市公司的可持续发展；

（三）坚持依法规范，公开透明，遵循相关法律法规和公司章程规定；

（四）坚持从实际出发，审慎起步，循序渐进，不断完善。

第二章 股权激励计划的拟订

第七条 股权激励计划应包括股权激励方式、激励对象、激励条件、授予数量、授予价格及其确定的方式、行权时间限制或解锁期限等主要内容。

第八条 股权激励的方式包括股票期权、限制性股票以及法律、行政法规允许的其他方式。上市公司应以期权激励机制为导向，根据实施股权激励的目的，结合本行业及本公司的特点确定股权激励的方式。

第九条 实施股权激励计划所需标的股票来源，可以根据本公司实际情况，通过向激励对象发行股份、回购本公司股份及法律、行政法规允许的其他方式确定，不得由单一国有股股东支付或擅自无偿量化国有股权。

第十条 实施股权激励计划应当以绩效考核指标完成情况为条件，建立健全绩效考核体系和考核办法。绩效考核目标应由股东大会确定。

第十一条 股权激励对象原则上限于上市公司董事、高级管理人员以及对上市公司整体业绩和持续发展有直接影响的核心技术人员和管理骨干。

上市公司监事、独立董事以及由上市公司控股公司以外的人员担任的外部董事，暂不纳入股权激励计划。

证券监管部门规定的不得成为激励对象的人员，不得参与股权激励计划。

第十二条 实施股权激励的核心技术人员和管理骨干，应根据上市公司发展的需要及各类人员的岗位职责、绩效考核等相关情况综合确定，并须在股权激励计划中就确定依据、激励条件、授予范围及数量等情况作出说明。

第十三条 上市公司母公司（控股公司）的负责人在上市公司担任职务的，可参加股权激励计划，但只能参与一家上市公司的股权激励计划。

在股权授予日，任何持有上市公司5%以上有表决权的股份的人员，未经股东大会批准，不得参加股权激励计划。

第十四条 在股权激励计划有效期内授予的股权总量，应结合上市公司股本规模的大小和股权激励对象的范围、股权激励水平等因素，在0.1%～10%之间合理确定。但上市公司全部有效的股权激励计划所涉及的标的股票总数累计不得超过公司股本总额的10%。

上市公司首次实施股权激励计划授予的股权数量原则上应控制在上市公司股本总额的1%以内。

第十五条 上市公司任何一名激励对象通过全部有效的股权激励计划获授的本公司股权，累计不得超过公司股本总额的1%，经股东大会特别决议批准的除外。

第十六条 授予高级管理人员的股权数量按下列办法确定：

（一）在股权激励计划有效期内，高级管理人员个人股权激励预期收益水平，应控制在其薪酬总水平（含预期的期权或股权收益）的30%以内。高级管理人员薪酬总水平应参照国有资产监督管理机构或部门的原则规定，依据上市公司绩效考核与薪酬管理办法确定。

（二）参照国际通行的期权定价模型或股票公平市场价，科学合理测算股票期权的预期价值或限制性股票的预期收益。

按照上述办法预测的股权激励收益和股权授予价格（行权价格），确定高级管理人员股权授予数量。

第十七条 授予董事、核心技术人员和管理骨干的股权数量比照高级管理人员的办法确定。各激励对象薪酬总水平和预期股权激励收益占薪酬总水平的比例应根据上市公司岗位分析、岗位测评和岗位职责按岗位序列确定。

第十八条 根据公平市场价原则，确定股权的授予价格（行权价格）。

（一）上市公司股权的授予价格应不低于下列价格较高者：

1. 股权激励计划草案摘要公布前1个交易日的公司标的股票收盘价；

2. 股权激励计划草案摘要公布前30个交易日内的公司标的股票平均收盘价。

（二）上市公司首次公开发行股票时拟实施的股权激励计划，其股权的授予价格在上市公司首次公开发行上市满30个交易日以后，依据上述原则规定的市场价格确定。

第十九条 股权激励计划的有效期自股东大会通过之日起计算，一般不超过10年。股权激励计划有效期满，上市公司不得依据此计划再授予任何股权。

第二十条 在股权激励计划有效期内，应采取分次实施的方式，每期股权授予方案的间隔期应在一个完整的会计年度以上。

第二十一条 在股权激励计划有效期内，每期授予的股票期权，均应设置行权限制期和行权有效期，并按设定的时间表分批行权：

（一）行权限制期为股权自授予日（授权日）至股权生效日（可行权日）止的期限。行权限制期原则上不得少于2年，在限制期内不可以行权。

（二）行权有效期为股权生效日至股权失效日止的期限，由上市公司根据实际确定，但不得低于3年。在行权有效期内原则上采取匀速分批行权办法。超过行权有效期的，其权利自动失效，并不可追溯行使。

第二十二条 在股权激励计划有效期内，每期授予的限制性股票，其禁售期不得低于2年。禁售期满，根据股权激励计划和业绩目标完成情况确定激励对象可解锁（转让、出售）的股票数量。解锁期不得低于3年，在解锁期内原则上采取匀速解锁办法。

第二十三条 高级管理人员转让、出售其通过股权激励计划所得的股票，应符合有关法律、行政法规的相关规定。

第二十四条 在董事会讨论审批或公告公司定期业绩报告等影响股票价格的敏感事项发生时不得授予股权或行权。

第三章 股权激励计划的申报

第二十五条 上市公司国有控股股东在股东大会审议批准股权激励计划之前，应将上市公司拟实施的股权激励计划报履行国有资产出资人职责的机构或部门审核（控股股东为集团公司的由集团公司申报），经审核同意后提请股东大会审议。

第二十六条 国有控股股东申报的股权激励报告应包括以下内容：

（一）上市公司简要情况，包括公司薪酬管理制度、薪酬水平等情况；

（二）股权激励计划和股权激励管理办法等应由股东大会审议的事项及其相关说明；

（三）选择的期权定价模型及股票期权的公平市场价值的测算、限制性股票的预期收益等情况的说明；

（四）上市公司绩效考核评价制度及发展战略和实施计划的说明等。绩效考核评价制度应当包括岗位职责核定、绩效考核评价指标和标准、年度及任期绩效考核目标、考核评价程序以及根据绩效考核评价办法对高管人员股权的授予和行权的相关规定。

第二十七条 国有控股股东应将上市公司按股权激励计划实施的分期股权激励方案，事前报履行国有资产出资人职责的机构或部门备案。

第二十八条 国有控股股东在下列情况下应按本办法规定重新履行申报审核程序：

（一）上市公司终止股权激励计划并实施新计划或变更股权激励计划相关事项的；

（二）上市公司因发行新股、转增股本、合并、分立、回购等原因导致总股本发生变动或其他原因需要调整股权激励对象范围、授予数量等股权激励计划主要内容的。

第二十九条 股权激励计划应就公司控制权变更、合并、分立，以及激励对象辞职、调动、被解雇、退休、死亡、丧失民事行为能力等事项发生时的股权处理依法作出行权加速、终止等相应规定。

第四章 股权激励计划的考核、管理

第三十条 国有控股股东应依法行使股东权利，要求和督促上市公司制定严格的股权激励管理办法，并建立与之相适应的绩效考核评价制度，以绩效考核指标完成情况为基础对股权激励计划实施动态管理。

第三十一条 按照上市公司股权激励管理办法和绩效考核评价办法确定对激励对象股权的授予、行权或解锁。

对已经授予的股票期权，在行权时可根据年度绩效考核情况进行动态调整。

对已经授予的限制性股票，在解锁时可根据年度绩效考核情况确定可解锁的股票数量，在设定的解锁期内未能解锁，上市公司应收回或以激励对象购买时的价格回购已授予的限制性股票。

第三十二条 参与上市公司股权激励计划的上市公司母公司（控股公司）的负责人，其股权激励计划的实施应符合《中央企业负责人经营业绩考核暂行办法》或相应国有资产监管机构或部门的有关规定。

第三十三条 授予董事、高级管理人员的股权，应根据任期考核或经济责任审计结果行权或兑现。授予的股票期权，应有不低于授予总量的20%留至任职（或任期）考核合格后行权；授予的限制性股票，应将不低于20%的部分锁定至任职（或任期）期满后兑现。

第三十四条 国有控股股东应依法行使股东权利，要求上市公司在发生以下情形之一时，中止实施股权激励计划，自发生之日起1年内不得向激励对象授予新的股权，激励对象也不得根据股权激励计划行使权利或获得收益：

（一）企业年度绩效考核达不到股权激励计划规定的绩效考核标准；

（二）国有资产监督管理机构或部门、监事会或审计部门对上市公司业绩或年度财务会计报告提出重大异议；

（三）发生重大违规行为，受到证券监管及其他有关部门处罚。

第三十五条 股权激励对象有以下情形之一的，上市公司国有控股股东应依法行使股东权利，提出终止授予新的股权并取消其行权资格：

（一）违反国家有关法律法规、上市公司章程规定的；

（二）任职期间，由于受贿索贿、贪污盗窃、泄露上市公司经营和技术秘密、实施关联交易损害上市公司利益、声誉和对上市公司形象有重大负面影响等违法违纪行为，给上市公司造成损失的。

第三十六条 实施股权激励计划的财务、会计处理及其税收等问题，按国家有关法律、行政法规、财务制度、会计准则、税务制度规定执行。

上市公司不得为激励对象按照股权激励计划获取有关权益提供贷款以及其他任何形式的财务资助，包括为其贷款提供担保。

第三十七条 国有控股股东应按照有关规定和本办法的要求，督促和要求上市公司严格履行信息披露义务，及时披露股权激励计划及董事、高级管理人员薪酬管理等相关信息。

第三十八条 国有控股股东应在上市公司年度报告披露后5个工作日内将以下情况报履行国有资产出资人职责的机构或部门备案：

（一）公司股权激励计划的授予、行权或解锁等情况；

（二）公司董事、高级管理等人员持有股权的数量、期限、本年度已经行权（或解锁）和未行权（或解锁）的情况及其所持股权数量与期初所持数量的变动情况；

（三）公司实施股权激励绩效考核情况、实施股权激励对公司费用及利润的影响等。

第五章　附　　则

第三十九条　上市公司股权激励的实施程序和信息披露、监管和处罚应符合中国证监会《上市公司股权激励管理办法》（试行）的有关规定。上市公司股权激励计划应经履行国有资产出资人职责的机构或部门审核同意后，报中国证监会备案以及在相关机构办理信息披露、登记结算等事宜。

第四十条　本办法下列用语的含义：

（一）国有控股上市公司，是指政府或国有企业（单位）拥有50%以上股本，以及持有股份的比例虽然不足50%，但拥有实际控制权或依其持有的股份已足以对股东大会的决议产生重大影响的上市公司。

其中控制权，是指根据公司章程或协议，能够控制企业的财务和经营决策。

（二）股票期权，是指上市公司授予激励对象在未来一定期限内以预先确定的价格和条件购买本公司一定数量股票的权利。激励对象有权行使这种权利，也有权放弃这种权利，但不得用于转让、质押或者偿还债务。

（三）限制性股票，是指上市公司按照预先确定的条件授予激励对象一定数量的本公司股票，激励对象只有在工作年限或业绩目标符合股权激励计划规定条件的，才可出售限制性股票并从中获益。

（四）高级管理人员，是指对公司决策、经营、管理负有领导职责的人员，包括经理、副经理、财务负责人（或其他履行上述职责的人员）、董事会秘书和公司章程规定的其他人员。

（五）外部董事，是指由国有控股股东依法提名推荐、由任职公司或控股公司以外的人员（非本公司或控股公司员工的外部人员）担任的董事。对主体业务全部或大部分进入上市公司的企业，其外部董事应为任职公司或控股公司以外的人员；对非主业部分进入上市公司或只有一部分主业进入上市公司的子公司，以及二级以下的上市公司，其外部董事应为任职公司以外的人员。

外部董事不在公司担任除董事和董事会专门委员会有关职务外的其他职务，不负责执行层的事务，与其担任董事的公司不存在可能影响其公正履行外部董事职务的关系。

外部董事含独立董事。独立董事是指与所受聘的公司及其主要股东没有任何经济上的利益关系且不在上市公司担任除独立董事外的其他任何职务。

（六）股权激励预期收益，是指实行股票期权的预期收益为股票期权的预期价值，单位期权的预期价值参照国际通行的期权定价模型进行测算；实行限制性股票的预期收益为获授的限制性股票的价值，单位限制性股票的价值为其授予价格扣除激励对象的购买价格。

第四十一条　本办法自印发之日起施行。

关于整体上市中央企业董事及高管人员薪酬管理的意见

2008年9月16日　国资发分配〔2008〕140号

各中央企业：

为规范整体上市中央企业董事及高级管理人员（以下简称高管人员）薪酬管理工作，切实履行出资人职责，现就有关问题提出如下意见。

一、董事及高管人员薪酬管理的原则

（一）依法管理的原则。根据《中华人民共和国公司法》，中央企业整体上市后股份公司（以下简称上市公司）董事报酬由股东大会审议决定，高管人员薪酬由董事会审议决定。国有控股股东根据本意见依法行使股东权利。

（二）管资产与管人、管事相结合的原则。由中央和国资委提名的上市公司董事及高管人员，其薪酬管理应与国资委对中央企业负责人薪酬管理的政策保持一致。由上市公司董事会自主选择聘任的高管人员，未纳入中央企业负责人管理范围的，其薪酬管理由董事会参照国资委薪酬管理办法自主确定。

二、董事报酬管理

上市公司国有控股股东按以下原则，分类提出董事报酬方案，在股东大会召开前，以书面形式与国资委沟通一致后，提交股东大会审议决定。

（一）由上市公司及其国有控股股东以外人员担任的董事，其报酬参照国资委关于董事会试点企业外部董事报酬确定的原则及标准，按法定程序决定。

（二）由上市公司高管人员兼任的董事，不以董事职务取得报酬，按其在管理层的任职取得薪酬。

（三）由上市公司控股股东负责人兼任的董事，不以董事职务取得报酬，由国资委根据《中央企业负责人薪酬管理暂行办法》等有关规定确定其担任控股股东负责人的薪酬事项。

三、高管人员薪酬管理

（一）纳入国资委董事会试点的整体改制上市公司，外部董事超过董事会全体成员半数的，由董事会参照国资委关于董事会试点企业高级管理人员薪酬管理的相关指导意见，对上市公司高管人员薪酬进行管理。

（二）未纳入国资委董事会试点或外部董事未超过董事会全体成员半数的整体改制

上市公司，其高管人员薪酬事项由国有控股股东根据《中央企业负责人薪酬管理办法》等有关规定提出方案，报国资委审核批准后，提交董事会审议决定，国有控股股东提名的董事应根据国资委批复意见履行职责。

国务院国有资产监督管理委员会 财政部关于规范国有控股上市公司实施股权激励制度有关问题的通知

2008年10月21日　国资发分配〔2008〕171号

各省、自治区、直辖市及计划单列市和新疆生产建设兵团国资委、财政厅（局），各中央企业：

国资委、财政部《关于印发〈国有控股上市公司（境外）实施股权激励试行办法〉的通知》（国资发分配〔2006〕8号）和《关于印发〈国有控股上市公司（境内）实施股权激励试行办法〉的通知》（国资发分配〔2006〕175号）印发后，境内、外国有控股上市公司（以下简称上市公司）积极探索试行股权激励制度。由于上市公司外部市场环境和内部运行机制尚不健全，公司治理结构有待完善，股权激励制度尚处于试点阶段，为进一步规范实施股权激励，现就有关问题通知如下：

一、严格股权激励的实施条件，加快完善公司法人治理结构

上市公司国有控股股东必须切实履行出资人职责，并按照国资发分配〔2006〕8号、国资发分配〔2006〕175号文件的要求，建立规范的法人治理结构。上市公司在达到外部董事（包括独立董事）占董事会成员一半以上、薪酬委员会全部由外部董事组成的要求之后，要进一步优化董事会的结构，健全通过股东大会选举和更换董事的制度，按专业化、职业化、市场化的原则确定董事会成员人选，逐步减少国有控股股东的负责人、高级管理人员及其他人员担任上市公司董事的数量，增加董事会中由国有资产出资人代表提名的、由公司控股股东以外人员任职的外部董事或独立董事数量，督促董事提高履职能力，恪守职业操守，使董事会真正成为各类股东利益的代表和重大决策的主体，董事会选聘、考核、激励高级管理人员的职能必须到位。

二、完善股权激励业绩考核体系，科学设置业绩指标和水平

（一）上市公司实施股权激励，应建立完善的业绩考核体系和考核办法。业绩考核指标应包含反映股东回报和公司价值创造等综合性指标，如净资产收益率（ROE）、经济增加值（EVA）、每股收益等；反映公司赢利能力及市场价值等成长性指标，如净利

润增长率、主营业务收入增长率、公司总市值增长率等；反映企业收益质量的指标，如主营业务利润占利润总额比重、现金营运指数等。上述三类业绩考核指标原则上至少各选一个。相关业绩考核指标的计算应符合现行会计准则等相关要求。

（二）上市公司实施股权激励，其授予和行使（指股票期权和股票增值权的行权或限制性股票的解锁，下同）环节均应设置应达到的业绩目标，业绩目标的设定应具有前瞻性和挑战性，并切实以业绩考核指标完成情况作为股权激励实施的条件。

1. 上市公司授予激励对象股权时的业绩目标水平，应不低于公司近 3 年平均业绩水平及同行业（或选取的同行业境内、外对标企业，行业参照证券监管部门的行业分类标准确定，下同）平均业绩（或对标企业 50 分位值）水平。

2. 上市公司激励对象行使权利时的业绩目标水平，应结合上市公司所处行业特点和自身战略发展定位，在授予时业绩水平的基础上有所提高，并不得低于公司同行业平均业绩（或对标企业 75 分位值）水平。凡低于同行业平均业绩（或对标企业 75 分位值）水平以下的不得行使。

（三）完善上市公司股权激励对象业绩考核体系，切实将股权的授予、行使与激励对象业绩考核结果紧密挂钩，并根据业绩考核结果分档确定不同的股权行使比例。

（四）对科技类上市公司实施股权激励的业绩指标，可以根据企业所处行业的特点及成长规律等实际情况，确定授予和行使的业绩指标及其目标水平。

（五）对国有经济占控制地位的、关系国民经济命脉和国家安全的行业以及依法实行专营专卖的行业，相关企业的业绩指标，应通过设定经营难度系数等方式，剔除价格调整、宏观调控等政策因素对业绩的影响。

三、合理控制股权激励收益水平，实行股权激励收益与业绩指标增长挂钩浮动

按照上市公司股价与其经营业绩相关联、激励对象股权激励收益增长与公司经营业绩增长相匹配的原则，实行股权激励收益兑现与业绩考核指标完成情况挂钩的办法。即在达到实施股权激励业绩考核目标要求的基础上，以期初计划核定的股权激励预期收益为基础，按照股权行使时间限制表，综合上市公司业绩和股票价格增长情况，对股权激励收益增幅进行合理调控。具体方法如下：

（一）对股权激励收益在计划期初核定收益水平以内且达到考核标准的，可按计划予以行权。

（二）对行权有效期内股票价格偏高，致使股票期权（或股票增值权）的实际行权收益超出计划核定的预期收益水平的上市公司，根据业绩考核指标完成情况和股票价格增长情况合理控制股权激励实际收益水平。即在行权有效期内，激励对象股权激励收益占本期股票期权（或股票增值权）授予时薪酬总水平（含股权激励收益，下同）的最高比重，境内上市公司及境外 H 股公司原则上不得超过 40%，境外红筹股公司原则上不得超过 50%。股权激励实际收益超出上述比重的，尚未行权的股票期权（或股票增值权）不再行使或将行权收益上交公司。

（三）上述条款应在上市公司股权激励管理办法或股权授予协议上予以载明。随着

资本市场的逐步完善以及上市公司市场化程度和竞争性的不断提高，将逐步取消股权激励收益水平限制。

四、进一步强化股权激励计划的管理，科学规范实施股权激励

（一）完善限制性股票授予方式，以业绩考核结果确定限制性股票的授予水平。

1. 上市公司应以严格的业绩考核作为实施限制性股票激励计划的前提条件。上市公司授予限制性股票时的业绩目标应不低于下列业绩水平的高者：公司前3年平均业绩水平；公司上一年度实际业绩水平；公司同行业平均业绩（或对标企业50分位值）水平。

2. 强化对限制性股票激励对象的约束。限制性股票激励的重点应限于对公司未来发展有直接影响的高级管理人员。限制性股票的来源及价格的确定应符合证券监管部门的相关规定，且股权激励对象个人出资水平不得低于按证券监管规定确定的限制性股票价格的50%。

3. 限制性股票收益（不含个人出资部分的收益）的增长幅度不得高于业绩指标的增长幅度（以业绩目标为基础）。

（二）严格股权激励对象范围，规范股权激励对象离职、退休等行为的处理方法。

上市公司股权激励的重点应是对公司经营业绩和未来发展有直接影响的高级管理人员和核心技术骨干，不得随意扩大范围。未在上市公司任职、不属于上市公司的人员（包括控股股东公司的员工）不得参与上市公司股权激励计划。境内、境外上市公司监事不得成为股权激励的对象。

股权激励对象正常调动、退休、死亡、丧失民事行为能力时，授予的股权当年已达到可行使时间限制和业绩考核条件的，可行使的部分可在离职之日起的半年内行使，尚未达到可行使时间限制和业绩考核条件的不再行使。股权激励对象辞职、被解雇时，尚未行使的股权不再行使。

（三）规范股权激励公允价值计算参数，合理确定股权激励预期收益。

对实行股票期权（或股票增值权）激励方式的，上市公司应根据企业会计准则等有关规定，结合国际通行做法，选取适当的期权定价模型进行合理估值。其相关参数的选择或计算应科学合理。

对实行限制性股票激励方式的，在核定股权激励预期收益时，除考虑限制性股票赠与部分价值外，还应参考期权估值办法考虑赠与部分未来增值收益。

（四）规范上市公司配股、送股、分红后股权激励授予数量的处理。

上市公司因发行新股、转增股本、合并、分立、回购等原因导致总股本发生变动或其他原因需要调整股权授予数量或行权价格的，应重新报国有资产监管机构备案后由股东大会或授权董事会决定。对于其他原因调整股票期权（或股票增值权）授予数量、行权价格或其他条款的，应由董事会审议后经股东大会批准；同时，上市公司应聘请律师就上述调整是否符合国家相关法律法规、公司章程以及股权激励计划规定出具专业意见。

（五）规范履行相应程序，建立社会监督和专家评审工作机制。

建立上市公司国有控股股东与国有资产监管机构沟通协调机制。上市公司国有控股股东在上市公司董事会审议其股权激励计划之前，应与国有资产监管机构进行沟通协调，并应在上市公司股东大会审议公司股权激励计划之前，将上市公司董事会审议通过的股权激励计划及相应的管理考核办法等材料报国有资产监管机构审核，经股东大会审议通过后实施。

建立社会监督和专家评审工作机制。上市公司董事会审议通过的股权激励计划草案除按证券监管部门的要求予以公告外，同时还应在国有资产监管机构网站上予以公告，接受社会公众的监督和评议。同时国有资产监管机构将组织有关专家对上市公司股权激励方案进行评审。社会公众的监督、评议意见与专家的评审意见，将作为国有资产监管机构审核股权激励计划的重要依据。

建立中介服务机构专业监督机制。为上市公司拟订股权激励计划的中介咨询机构，应对股权激励计划的规范性、合规性、是否有利于上市公司的持续发展，以及对股东利益的影响发表专业意见。

（六）规范国有控股股东行为，完善股权激励报告、监督制度。

国有控股股东应增强法制观念和诚信意识，带头遵守法律法规，规范执行国家政策，维护出资人利益。

国有控股股东应按照国资发分配〔2006〕8号、国资发分配〔2006〕175号文件及本通知的要求，完善股权激励报告制度。国有控股股东向国有资产监管机构报送上市公司股东大会审议通过的股权激励计划时，应同时抄送财政部门。国有控股股东应当及时将股权激励计划的实施进展情况以及激励对象年度行使情况等报国有资产监管机构备案；国有控股股东有监事会的，应同时报送公司控股企业监事会。

国有控股股东应监督上市公司按照《企业财务通则》和企业会计准则的规定，为股权激励的实施提供良好的财务管理和会计核算基础。

国有资产监管机构将对上市公司股权激励的实施进展情况，包括公司的改革发展、业绩指标完成情况以及激励对象薪酬水平、股权行使及其股权激励收益、绩效考核等信息实行动态管理和对外披露。

在境外和境内同时上市的公司，原则上应当执行国资发分配〔2006〕175号文件。公司高级管理人员和管理技术骨干应在同一个资本市场（境外或境内）实施股权激励。

对本通知印发之前已经实施股权激励的国有控股上市公司，其国有控股股东应按照本通知要求，督促和要求上市公司对股权激励计划进行修订完善并报国资委备案，经股东大会（或董事会）审议通过后实施。

董事会试点中央企业高级管理人员薪酬管理指导意见

2009 年 4 月 1 日　国资发分配〔2009〕55 号

为推进中央企业建立规范的董事会试点工作，依法履行企业国有资产出资人职责，指导董事会试点中央企业（以下简称公司）董事会决定高级管理人员薪酬工作，根据《中华人民共和国公司法》《中华人民共和国企业国有资产法》《企业国有资产监督管理暂行条例》等有关法律法规和规范性文件，提出以下指导意见。

一、董事会决定高级管理人员薪酬的基本条件和原则

（一）董事会决定高级管理人员薪酬的基本条件。

具备下列条件的公司，国务院国有资产监督管理委员会（以下简称国资委）不再直接决定其高级管理人员薪酬，由公司董事会根据国资委有关薪酬管理的原则和规定自主决定：

1. 董事会外部董事人数超过董事会全体成员半数。

2. 董事会制度健全、运作规范。

3. 董事会薪酬考核委员会（以下简称薪酬委员会）成员全部由外部董事担任。

未达到上述条件的公司，其高级管理人员薪酬暂由国资委管理。

（二）董事会决定高级管理人员薪酬的基本原则。

1. 坚持依法履职，忠实代表出资人利益，有利于国有资产保值增值。

2. 坚持激励与约束相统一，薪酬水平与企业竞争力相适应。业绩升、薪酬升，业绩降、薪酬降。

3. 坚持制度创新与平稳过渡相结合，配套推进薪酬制度改革与其他各项改革，特别是用人制度改革。

4. 坚持统筹兼顾各方面利益关系，正确处理效率与公平的关系。

5. 坚持物质激励与精神激励相结合，提倡奉献精神。

二、高级管理人员薪酬管理职责划分

（一）公司董事会履行以下职责：

1. 决定高级管理人员薪酬策略。

2. 决定高级管理人员薪酬管理和业绩考核制度。

3. 决定高级管理人员薪酬方案。

4. 决定高级管理人员职务消费制度及社会保障、福利等事项。

（二）公司董事会内设薪酬委员会，主要履行以下职责：

1. 拟订高级管理人员薪酬体系和策略。

2. 拟订高级管理人员薪酬管理和业绩考核制度。

3. 拟订高级管理人员年度薪酬方案和中长期激励方案，组织实施高级管理人员业绩考核和评价。

4. 拟订高级管理人员职务消费及社会保障、福利等制度。

5. 组织落实董事会关于高级管理人员薪酬管理的有关决议和日常管理工作。

6. 与国资委进行沟通，及时向国资委和公司董事会反馈相关信息。

（三）国资委为公司董事会提供高级管理人员薪酬管理相关信息和政策等方面的服务，并进行指导、监督和评价。

三、高级管理人员薪酬体系建设

高级管理人员薪酬体系建设，应以国资委《中央企业负责人薪酬管理暂行办法》和《关于加强中央企业负责人第二业绩考核任期薪酬管理的意见》等文件确定的基本原则为依据，充分考虑公司发展战略和人才竞争的需要，合理设计薪酬体系，建立健全薪酬管理制度。

（一）合理设置薪酬结构。

高级管理人员薪酬结构一般应包括基薪、年度绩效薪金、中长期激励、福利等单元。高级管理人员薪酬结构设计应充分发挥各薪酬单元的功能作用，综合考虑固定薪酬与变动薪酬、即期薪酬与中长期激励、货币薪酬与福利待遇等关系，适度调控即期薪酬水平的增长，逐步加大中长期激励的比重，强化薪酬延期支付的约束作用。

（二）探索试行中长期激励。

公司可根据国资委相关规定，结合公司发展战略、经营状况和行业特点，探索试行中长期激励。公司拟订的中长期激励方案，应按国资委有关规定要求，规范履行相应程序，在董事会审议通过后，报国资委审核批准。

（三）建立和完善福利保障制度。

公司可根据国家有关政策和国资委相关规定，为高级管理人员交纳社会保险，并根据公司经营情况，规范建立高级管理人员企业年金（补充养老保险）制度、补充医疗保险制度等福利计划。探索将高级管理人员福利保障纳入统一的薪酬体系，统筹高级管理人员与公司职工福利保障水平关系。

（四）规范兼职取酬和职务消费。

1. 高级管理人员原则上不应在公司所出资企业兼职取酬。总经理不得兼职取酬；其他高级管理人员因特殊情况经董事会批准兼职取酬的，年度薪酬不应超过本公司总经理的年度薪酬水平。

2. 公司应参照国资委相关规定，建立健全职务消费制度，对高级管理人员的职务消费进行规范管理。

四、高级管理人员薪酬水平的确定

（一）高级管理人员的薪酬水平，应综合考虑中国国情和国有企业特点，与我国经济发展水平和企业竞争力相适应。重点考虑以下因素：

1. 公司经营业绩考核情况及效率水平；
2. 高级管理人员选聘的市场化程度；
3. 所在行业的竞争程度及市场开放程度；
4. 同行业、同类企业业绩水平和高级管理人员的薪酬情况；
5. 公司内部改革和经营机制转换的进展情况；
6. 高级管理人员与职工的收入差距，以及社会对相关改革的承受能力等。

（二）结合高级管理人员选聘方式分类确定薪酬水平。

1. 高级管理人员的薪酬水平应在国资委的指导下，遵循《中央企业负责人薪酬管理暂行办法》的原则合理确定，实现平稳过渡。对公司业绩特别突出的，由董事会提出，经国资委核准，其高级管理人员薪酬水平可在按国资委有关薪酬管理办法测算水平的基础上适当上浮，但上浮幅度最高不得超过10%。

2. 由董事会按市场化方式聘任并签订聘任合同的高级管理人员，其薪酬可根据人才市场及公司情况，采取协商的方式确定。

（三）完善考核、按绩取酬，薪酬与公司实际经营效益相一致。高级管理人员薪酬增长幅度不应超过公司实际经营效益（剔除会计政策调整、非经常性损益等因素，下同）增长幅度。公司实际经营效益下降，高级管理人员薪酬不应增长，并视效益降幅适当调减。

（四）以岗定薪，薪酬与个人业绩相匹配。董事会应建立科学的高级管理人员岗位评估和经营业绩考核制度，薪酬水平与岗位职责、个人业绩相匹配。合理拉开总经理与其他高级管理人员以及其他高级管理人员之间的薪酬差距，避免高级管理人员之间薪酬水平平均化。

五、高级管理人员薪酬管理工作机制

（一）建立和完善薪酬管理的内控机制。

1. 高级管理人员的薪酬管理制度、薪酬方案等，应当充分听取公司工会、职工代表大会和职工董事等方面的意见。

2. 非外部董事、高级管理人员不应参与涉及本人薪酬及相关事项的决定过程。

（二）建立董事会与国资委的沟通协调机制。

董事会在审议决定高级管理人员薪酬管理事项之前，薪酬委员会应与国资委相关部门进行沟通，并将国资委相关部门的意见提交董事会，作为董事会决策的参考。凡有下列情况之一的，须与国资委沟通一致后，再提交董事会审议：

1. 与上年实际相比，薪酬增幅拟超过10%的；

2. 上年实际薪酬水平在国内同行业或者同行业的中央企业中已居首位，当年的薪酬增幅拟超过5%的；

3. 董事会的审议事项存在与本指导意见要求不一致的情况。

董事会在审议决定薪酬管理事项后10个工作日内，应将决议结果以书面形式报国资委备案，同时抄送派驻本企业的监事会。

（三）建立董事会薪酬管理工作年度报告制度。

董事会每年向国资委报告年度工作时，应报告上一年度薪酬管理工作情况，主要内容包括：

1. 高级管理人员薪酬与考核管理制度建设情况；

2. 高级管理人员年度经营业绩考核及薪酬、奖惩、中长期激励、职务消费等有关情况；

3. 企业收入分配基本情况及重大收入分配事项的有关情况；

4. 下一年度高级管理人员薪酬管理工作的安排；

5. 董事会认为需要报告的其他事项或者建议。

六、其他

（一）本指导意见中的高级管理人员是指公司总经理、副总经理、总会计师和董事会秘书。

（二）不担任高级管理人员职务的公司党组织负责人的薪酬，参照本公司高级管理人员薪酬管理办法进行管理。

关于印发《董事会试点中央企业董事报酬及待遇管理暂行办法》的通知

2009年6月25日　国资发分配〔2009〕126号

各董事会试点中央企业：

为积极推进董事会试点工作，加强董事会试点企业董事报酬及待遇管理，国资委制定了《董事会试点中央企业董事报酬及待遇管理暂行办法》，现印发给你们，请遵照执行。

附件：董事会试点中央企业董事报酬及待遇管理暂行办法

附件：

董事会试点中央企业董事报酬及待遇管理暂行办法

第一条 为推进中央企业董事会试点工作，加强董事会试点中央企业董事报酬及待遇管理，根据《中华人民共和国公司法》、《中华人民共和国企业国有资产法》、《企业国有资产监督管理暂行条例》、《关于中央企业建立和完善国有独资公司董事会试点工作的通知》（国资发改革〔2004〕229号）等有关规定，制定本办法。

第二条 本办法适用于在国务院国有资产监督管理委员会（以下简称国资委）履行出资人职责的国有独资公司董事会试点中央企业（以下简称公司）中任职的外部董事、非外部董事（不含职工董事）。专职外部董事薪酬管理办法另行制定。

第三条 公司董事报酬及待遇由国资委决定。

第四条 外部董事年度报酬由年度基本报酬、董事会会议津贴和董事会专门委员会会议津贴等构成。

（一）外部董事年度基本报酬和会议津贴标准（见附件）由国资委确定。担任董事长、副董事长、董事会专门委员会召集人的外部董事，其年度基本报酬标准适当高于其他外部董事。

（二）外部董事在同一公司董事会担任不同职务时，按照其中一个较高职务领取年度基本报酬。

（三）外部董事除年度报酬及经国资委同意领取的报酬外，不得接受所任职公司支付的其他任何形式的收入或者福利。

第五条 非外部董事担任的董事长，其年度报酬每年由国资委根据其在本公司和其他公司董事会的任职情况确定。在本公司领取的年度薪酬，按照本公司高级管理人员薪酬管理办法执行延期支付制度。

（一）不在其他公司董事会任职的董事长，其年度报酬按照本公司总经理当年年度薪酬水平确定。

（二）同时在其他公司董事会任职的董事长，其年度报酬由在本公司领取的年度报酬和在其他公司领取的外部董事年度报酬两部分组成。两部分报酬总额参照本公司总经理的当年年度薪酬水平确定。

第六条 担任高级管理人员职务的非外部董事，其年度报酬依据本公司董事会对高级管理人员经营业绩考核和薪酬管理办法确定。

担任党组织负责人但不担任高级管理人员职务的非外部董事，其年度报酬比照本公司高级管理人员薪酬管理办法确定。

第七条 不担任高级管理人员和党组织负责人职务的非外部董事，其年度报酬比照第五条进行管理。在本企业领取的年度报酬比照本企业副总经理当年平均年度薪酬水平确定，并执行相应的延期支付制度。

第八条 非外部董事参加董事会和董事会专门委员会会议，不得领取董事会和专门委员会会议津贴。

第九条 非外部董事在任职公司所出资企业兼职的，不得在兼职企业领取年度报酬和其他任何形式的收入或者福利。

第十条 非外部董事可以参加本公司及任职的所出资企业的中长期激励计划，但只能参与一家企业中长期激励计划。

第十一条 公司应当为外部董事履职提供必要条件，并对其履职所发生的费用实行预算管理。

（一）公司应当为外部董事提供必要的办公场所和办公设施，保证工作用车。除董事长、副董事长外，其他外部董事不提供单间专用办公室，不配备专车。

（二）外部董事履行职务时所需办公费用，按照任职企业高级管理人员标准执行，实报实销。

（三）外部董事履行职务时，交通、住宿等差旅标准按照任职企业高级管理人员待遇执行。外部董事任职前享受待遇高于公司高级管理人员的，可以执行原待遇标准。

第十二条 同时在两家及两家以上公司董事会任职的董事，可以分别按照其任职，获得相应的董事报酬，享受相应的待遇。

第十三条 职工董事报酬依据其任职公司薪酬管理制度以及本人任职岗位确定。对因履行董事职责而减少正常收入的，由公司给予相应的补偿。具体补偿办法由公司职工代表大会或者职工大会提出，经公司董事会批准后执行。职工董事参加董事会和董事会专门委员会会议，不领取董事会和专门委员会会议津贴。公司应当为职工董事履行董事职责提供必要的条件。职工董事履行职务时，差旅、办公等有关待遇参照其他董事执行。

第十四条 非外部董事、职工董事不应当参与涉及本人薪酬及相关事项的决定过程。

第十五条 董事报酬为税前收入，应当依法交纳个人所得税。

第十六条 公司外部董事及董事长报酬由国资委支付。具体支付办法（另行制订）出台前，暂由其任职公司支付。非外部董事（不含董事长）报酬由其任职公司支付。

第十七条 公司董事会每年向国资委报告年度工作时，应当报告上年度本公司支付董事报酬及待遇情况。

第十八条 董事不得在国资委核定的报酬、津贴之外接受其他任何收入，不得让所任职公司或者与所任职公司有业务往来的企业承担应当由个人负担的费用，不得接受所任职公司以及与所任职公司有业务往来的企业的馈赠。

第十九条 董事违反本办法规定的，应当归还所接受的各种收入、福利和馈赠，补交应当由个人承担的费用。

第二十条 本办法自公布之日起施行。

国务院国有资产监督管理委员会关于印发《关于进一步加强中央企业全员业绩考核工作的指导意见》的通知

2009年10月16日　国资发综合〔2009〕300号

各中央企业：

为了全面推进中央企业经营业绩考核工作上水平、更规范、更精准，确保国有资产保值增值责任层层得到落实，现将《关于进一步加强中央企业全员业绩考核工作的指导意见》印发给你们，请认真贯彻落实。

各中央企业要把本企业的全员业绩考核制度和对公司副职的考核情况定期报我委（综合局）备案。每年3月20日为备案截止时间。

我委将加强对中央企业全员业绩考核工作的检查和监督，从2010年起，将对未建立全员业绩考核制度、全员业绩考核工作开展不力的中央企业，扣减经营业绩考核得分（具体办法另行制订）。

国资委综合局联系人：

综 合 处　胡筱沽 010－63192592 zonghe－kh@sasac. gov. cn

考核一处　王宝成 010－63192672 kaohel－kh@sasac. gov. cn

考核二处　王　娟 010－63192721 kaohe2－kh@sasac. gov. cn

考核三处　邵　满 010－63192668 kaohe3－kh@sasac. gov. cn

考核四处　李俊玮 010－63193027 kaohe4－kh@sasac. gov. cn

附件：关于进一步加强中央企业全员业绩考核工作的指导意见

附件：

关于进一步加强中央企业全员业绩考核工作的指导意见

为全面推进中央企业经营业绩考核工作上水平、更规范、更精准，确保国有资产保值增值责任落到实处，广泛调动、充分发挥中央企业各级负责人和广大员工的积极性和创造性，促进中央企业稳健科学发展，根据《中华人民共和国企业国有资产法》《企业国有资产监督管理暂行条例》和《中央企业负责人经营业绩考核暂行办法》，国资委就进一步加强中央企业全员业绩考核工作提出如下指导意见：

一、充分认识进一步加强中央企业全员业绩考核工作的重要性

建立经营业绩考核制度，是党的十六大关于完善国有资产管理体制、深化国有企业改革的一项重大战略部署，是落实国有资产经营责任、促进企业提升管理水平的重要手段。实施“工作有标准、管理全覆盖、考核无盲区、奖惩有依据”的全员业绩考核，是深入实施《中华人民共和国企业国有资产法》《企业国有资产监督管理暂行条例》《中央企业负责人经营业绩考核暂行办法》和完善经营业绩考核制度的重要举措，是确保国有资产保值增值责任落实到各级企业负责人和基层单位，压力传递到各个岗位，激励约束覆盖到广大员工的制度保障，对于落实全员经营责任，调动好、保护好、发挥好广大企业管理者和员工的积极性，发展壮大国有经济，具有十分重要的意义。

中央企业负责人经营业绩考核制度建立以来，各中央企业积极探索，勇于实践，努力健全经营业绩考核体系，充分发挥业绩考核的导向作用，较好地落实了国有资产保值增值责任，促进了三项制度改革，取得了显著成效。但是，目前中央企业经营业绩考核工作发展还不平衡，一些企业国有资产保值增值责任体系还不完整，责任链条还没有实现全方位覆盖，尤其是对企业副职、职能部门的考核制度还不完善，薪酬分配还存在一定程度的平均化倾向。各中央企业要认真总结分析自身业绩考核工作中存在的问题和不足，高度重视加强和改善全员业绩考核工作，不断增强推行全员业绩考核的自觉性和坚定性。

二、正确把握全员业绩考核工作的原则

加强中央企业全员业绩考核工作，应遵循以下原则：

（一）坚持考核的正确导向。以科学发展观为指导，以落实国有资产保值增值责任为核心，通过完善考核体制、机制，促进集团公司战略目标和年度工作任务的分解落实和最终完成，不断提高集团的战略管理水平，增强集团管控力和执行力。

（二）坚持按照岗位职责考核。以目标管理为重点，针对企业管理人员和职工各自的岗位、职责，紧紧抓住出资人最为关注和影响企业可持续发展的关键绩效指标和工作目标进行考核。

（三）坚持公开公平公正。以充分调动每一名员工的积极性为目的，切实做到考核办法、考核过程公开，确保考核结果公平、公正。

（四）坚持持续改进。以实现可持续发展为目标，按照先规范、再完善的要求，循序渐进地推动企业全员业绩考核工作健康发展。

三、全面落实全员业绩考核工作的要求

各中央企业要切实加大推进全员业绩考核工作的力度，高度重视，加强领导，完善办法，健全机制，严格执行，务求实效。

（一）建立健全业绩考核组织体系。各中央企业要切实加强对实施全员业绩考核工作的领导，企业主要负责人要亲自挂帅，认真研究业绩考核中的重大问题，建立健全领导机构和相应的工作机构，制定和完善相关工作制度，明确职责分工，强化业绩考核的组织保障和机制保证。分管业绩考核工作的企业负责人和有关职能部门，要勤勉履责，及时解决业绩考核工作中的突出矛盾和问题，不断改进工作方式方法，提升企业各层级的业绩考核工作水平。

（二）真正实现考核的全方位覆盖。各中央企业要切实加大业绩考核的力度、广度和深度。考核范围要涵盖从企业主要负责人到副职、职能部门管理人员，从集团公司到所属全部子企业或单位、全体员工，确保企业资产保值增值的责任和压力从上到下层层传递，真正建立起完善的业绩考核机制，彻底消除考核死角。

（三）努力完善全员业绩考核办法。各中央企业要针对企业所处不同行业、不同发展阶段的特点，针对管理层和部门的不同职责、员工所处的不同岗位，围绕集团公司的总体目标和发展战略，加强研究和完善业绩考核办法，科学合理地确立业绩考核指标，突出分类指导，不断增强业绩考核的导向性、针对性和实效性。考核指标要突出关键业绩指标和主要短板指标，力求少而精。对企业副职和职能管理部门的考核，要认真听取基层群众和所属单位的意见，要将考核办法、考核过程、考核结果在一定范围内公开，切实接受职工群众监督。

（四）健全激励约束机制。各中央企业要把业绩考核与薪酬激励和干部任免紧密挂钩，严格兑现奖惩，做到有目标、有记录、有评估，先考核后定绩效薪酬，赏罚分明。要合理确定业绩考核结果的分级比例，避免考核等级的平均化倾向。要高度重视业绩考核结果的反馈，提出改进方向，引导先进企业、优秀管理者和员工不断创造卓越业绩，激励后进企业、管理者和员工努力追赶先进目标。要通过全员业绩考核，促进企业深化内部制度改革，真正建立起管理者能上能下、员工能进能出、薪酬能高能低的有效激励约束机制。要将企业的发展战略与员工个人能力提升、职业发展规划有机结合，为被考核人提供相关业务培训的条件保障以及完成考核目标的必要指导。

（五）加强指导和监督。各中央企业要加强对实施全员业绩考核工作的自查，强化对集团公司副职、各职能部门和所属单位的督导检查，持续改进和提高全员业绩考核工作质量和水平。要注重结果考核与过程评价的高度统一，对考核过程中目标的执行、评价、反馈以及考核结果的应用等各个环节实施闭环管理，定期检查分析考核目标执行情况，确保考核目标的完成。董事会试点企业要参照本指导意见，建立和完善全员业绩考核体系，并加强对所属单位全员业绩考核工作的指导和监督。

（六）不断创新全员业绩考核方法。各中央企业要积极借鉴国内外先进的考核方法和理念，鼓励使用经济增加值（EVA）、平衡计分卡（BSC）、360 度反馈评价、关键绩效指标（KPI）等先进的考核方法，解放思想，开拓创新，积极应对企业改革发展和经营管理中出现的新问题和新挑战，不断探索符合本企业实际的全员业绩考核方法和途径。

国务院国有资产监督管理委员会关于印发《董事会试点中央企业高级管理人员经营业绩考核工作指导意见》的通知

2009 年 12 月 29 日　国资发综合〔2009〕335 号

各董事会试点中央企业：

为积极推进中央企业建立和完善董事会试点工作，加强对董事会试点中央企业董事会考核高级管理人员经营业绩工作的指导，现将《董事会试点中央企业高级管理人员经营业绩考核工作指导意见（试行）》印发给你们，请遵照执行。

附件：董事会试点中央企业高级管理人员经营业绩考核工作指导意见（试行）

附件：

董事会试点中央企业高级管理人员经营业绩考核工作指导意见（试行）

为推进中央企业建立和完善董事会试点工作，依法履行企业国有资产出资人职责，加强对董事会试点中央企业董事会考核高级管理人员经营业绩工作的指导，根据《中华人民共和国公司法》《中华人民共和国企业国有资产法》《企业国有资产监督管理暂行条例》《中央企业负责人经营业绩考核暂行办法》（以下简称《考核办法》）、《董事会试点中央企业董事会规范运作暂行办法》等有关法律法规和规定，提出以下指导意见。

一、董事会考核高级管理人员经营业绩的基本条件和原则

（一）基本条件。

对具备下列条件的董事会试点中央企业，国务院国有资产监督管理委员会（以下简称国资委）不直接考核高级管理人员的经营业绩，由董事会根据国资委有关经营业绩考核的原则和本《指导意见》组织实施：

1. 公司法人治理结构较为完善，内部制衡机制基本形成，经营业绩考核制度健全；

2. 外部董事人数超过董事会全体成员半数；

3. 薪酬与考核委员会成员全部由外部董事担任。

经国资委确认，未达到上述条件的董事会试点中央企业，暂由国资委对其高级管理人员进行经营业绩考核。

（二）基本原则。

1. 依法履行出资人代表职责，不断提升股东回报和投资效率，确保国有资产保值增值；

2. 年度与任期考核相结合，兼顾当期效益与长期效益，不断增强企业发展后劲；

3. 考核结果与薪酬挂钩，业绩上、薪酬上，业绩下、薪酬下，并将考核结果作为对高级管理人员任免和奖惩的重要依据；

4. 制度创新与平稳过渡相结合，力求统一规则与企业个性化考核有机衔接；

5. 坚持考核服务于企业科学发展，推动企业提高战略管理、自主创新、资源节约与环境保护、安全生产等水平，不断增强企业核心竞争能力和可持续发展能力。

二、董事会考核高级管理人员经营业绩的主要职责和基本要求

（一）董事会履行以下工作职责：

1. 决定高级管理人员经营业绩考核制度和薪酬管理制度；

2. 决定高级管理人员年度与任期经营业绩考核及薪酬兑现方案；

3. 决定企业内部职能部门和下属单位的经营业绩考核制度和薪酬管理制度；

4. 确定向国资委提交的经营业绩测试评价目标建议值。

（二）薪酬与考核委员会履行以下工作职责：

1. 拟订高级管理人员的经营业绩考核制度和薪酬管理制度；

2. 拟订高级管理人员年度与任期经营业绩考核方案，组织实施对高级管理人员的经营业绩考核，并依据考核结果提出薪酬兑现方案；

3. 提出内部经营业绩考核制度和薪酬管理制度的意见和建议；

4. 组织落实董事会关于经营业绩考核的有关决议和负责日常具体管理工作；

5. 向董事会提出经营业绩测试评价目标建议值；

6. 负责与国资委沟通，按照要求报备有关文件，并向董事会反馈相关信息；

7. 参加国资委组织的业绩考核工作会议和相关业务培训。

（三）董事会考核高级管理人员经营业绩工作的基本要求。

1. 制订切实可行的经营业绩考核办法。经营业绩考核办法应当以《考核办法》等文件确定的基本原则为依据，充分考虑行业特点和企业实际，按照资本收益最大化、公司可持续发展和增加股东价值的要求，建立切实可行的业绩考核办法。

2. 确定科学合理的经营业绩考核目标。董事会应当结合公司发展战略、经营状况和行业特点，确定符合企业实际、富有挑战性的考核目标；加强标杆管理，与同行业国内优秀企业和国际一流企业进行对标；实施精准考核，制订与每位高级管理人员工作岗位职责相适应的考核指标和考核评价体系，减少目标值与实际完成值的偏差。

3. 严格核定经营业绩考核结果。董事会核定经营业绩考核结果应当严格依据经中介机构审计并经国资委审定的财务决算数据，以及经董事会审定的有关非财务指标，听取派驻本企业监事会的意见，并对考核数据的真实性、合规性负责。董事会认定的考核指标实际完成值与国资委审定的数据有差异的，需事先与国资委沟通达成一致。

4. 充分运用经营业绩考核结果。年度和任期经营业绩考核结果应当作为董事会兑现高级管理人员薪酬、推动其改进工作、任免和奖惩的重要依据。

三、国资委工作职责及相关工作程序

（一）国资委在董事会试点中央企业经营业绩考核工作中履行以下职责：

1. 依照有关规定，对董事会业绩考核工作进行指导、监督和评价；

2. 对考核数据进行审核，确定影响经营业绩的客观因素；

3. 对高级管理人员年度和任期经营业绩进行测试评价，并纳入中央企业负责人经营业绩考核结果定级及考核排序；

4. 对董事会及薪酬与考核委员会进行培训，向董事会提供中央企业负责人经营业绩考核相关信息和政策等方面的服务。

（二）测试评价工作程序。

为使董事会试点中央企业高级管理人员经营业绩考核工作与其他中央企业负责人经营业绩考核工作相衔接，国资委对董事会试点中央企业年度和任期经营业绩进行评价。

1. 指标的选择。董事会试点中央企业年度和任期测试评价的基本指标，由国资委依据《考核办法》及有关规定确定；分类指标，应当突出管理短板，原则上从董事会对高级管理人员经营业绩考核指标体系中选取。

2. 目标值的确定。董事会应当按照国资委要求报告企业年度及任期测试评价目标建议值，经与国资委相关部门充分沟通后，由国资委下达年度及任期测试评价目标值。若董事会未按照规定报告企业测试评价目标建议值，或者测试目标建议值与同行业水平及同类型企业差异过大，由国资委依据《考核办法》，参照同行业水平及同类型中央企业情况，确定测试评价目标值。

3. 结果核定及运用。国资委根据经中介机构审计并经国资委审定的财务决算数据和相关调整因素，以及非财务指标计算测试评价结果，将测试评价结果纳入中央企业负责人经营业绩考核结果定级及考核排序，并作为实施奖惩的重要参考依据。

四、董事会与国资委之间的业绩考核工作机制

（一）日常沟通机制。

董事会试点中央企业应当加强内部工作配合，明确分工，建立与国资委在业绩考核重大事项及业务层面不同层级的沟通协调机制。董事会在审议决定高级管理人员经营业绩考核办法（含修订）、考核目标确定（含调整）、考核结果核定及薪酬兑现、测试评价目标建议值等重大事项之前，应当按照国资委统一进度要求，委托薪酬与考核委员会和国资委相关部门进行沟通，听取派驻本企业监事会的意见，并将国资委相关部门的意见提交董事会，作为董事会决策的参考。薪酬与考核委员会也可视工作需要，委托企业相关职能部门协助开展与国资委的沟通工作。

（二）经营业绩考核文件的报备制度。

董事会应当在审议决定经营业绩考核事项后 10 个工作日内，将决议结果以书面形式报国资委备案，同时抄送派驻本企业的监事会。备案文件应当包括以下内容：

1. 考核办法。包括提请国资委备案的报告、经营业绩考核办法及有关情况说明。

2. 考核目标。包括董事会决议及有关情况说明。

3. 考核结果核定及薪酬。包括董事会决议、高级管理人员经营业绩考核结果及有关情况说明。

（三）定期报告制度。

董事会每年向国资委报告年度工作时，应当报告上一年度及任期经营业绩考核工作情况。主要内容包括：

1. 高级管理人员考核制度建设和薪酬管理制度建设情况。

2. 高级管理人员经营业绩考核结果与薪酬兑现及与任免挂钩等情况。

3. 公司内部经营业绩考核体系（包括全员业绩考核办法）建设情况。

4. 高级管理人员测试评价目标完成情况。

5. 下一年度（或者任期）业绩考核工作安排情况。

6. 董事会认为需要报告的其他事项或者建议。

董事会应当每半年向国资委相关部门报告完成年度测试评价目标的进展情况。

五、本指导意见中的高级管理人员是指公司总经理、副总经理、总会计师。

关于中央企业做好农民工工作的指导意见

2010 年 12 月 31 日　国资发法规〔2010〕192 号

各中央企业：

为认真贯彻党的十七大、十七届五中全会精神，全面落实党中央、国务院关于加强农民工工作的部署和要求，进一步指导中央企业切实做好农民工工作，充分发挥中央企业的表率作用，我们制定了《关于中央企业做好农民工工作的指导意见》。现印发给你们，请遵照执行。

附件：关于中央企业做好农民工工作的指导意见

附件：

关于中央企业做好农民工工作的指导意见

为认真贯彻党的十七大、十七届五中全会精神，深入实践科学发展观，全面落实党中央、国务院关于加强农民工工作的部署和要求，进一步指导中央企业切实做好农民工工作，提出以下意见。

一、充分认识做好农民工工作的重要意义

（一）做好农民工工作是中央企业贯彻落实党中央、国务院有关重要决策的政治责任。农民工是我国改革开放和工业化、城镇化进程中成长起来的新型劳动大军，是当代产业工人的重要组成部分，是我国现代化建设的重要力量。做好农民工工作是推进城镇化建设和城乡经济社会统筹发展的现实需要，是维护社会稳定，构建和谐社会的必然要求，也是建设中国特色社会主义的战略任务。党中央、国务院高度重视农民工工作，先后颁布了一系列重要文件，对促进农民工就业、加强农民工技能培训和职业教育等提出了明确要求。中央企业是国有经济的主力军，在努力创造农民工就业机会、保障农民工合法权益、加强农民工培训等方面发挥了表率作用。当前，中央企业要从深入贯彻落实科学发展观、促进国家经济发展、社会进步和构建社会主义和谐社会的战略高度进一步认识做好农民工工作的重要意义，采取积极措施，继续加强和改进农民工工作，以实际行动落实党中央、国务院的重要决策。

（二）做好农民工工作是促进中央企业改革发展的迫切需要。随着中央企业的日益发展壮大，在中央企业就业的农民工不断增加。农民工在中央企业生产经营中发挥了积极作用，成为推进企业改革发展的重要力量。中央企业要树立全新观念，把做好农民工工作作为保障企业基业常青、实现可持续发展的重要措施，充分发挥农民工在生产经营、企业管理、技术革新和企业体制机制创新中的重要作用，进一步推动农民工工作取得新进展。

（三）做好农民工工作是中央企业履行社会责任的必然要求。促进就业，维护稳定，建立和谐的劳动关系，是中央企业履行社会责任的重要组成部分。中央企业要高度重视社会各界的期望和要求，坚持以人为本，切实履行社会责任，努力做好农民工工作，成为构建和谐社会、和谐企业、和谐劳动关系的表率，实现企业发展与社会发展的协调统一。

二、促进农民工稳定就业

（四）切实增加农民工就业机会。中央企业要努力实现转变发展方式与扩大就业规模的统筹协调。要根据产业发展需要和行业领域的特点，结合企业实际，在促进企业又好又快发展的过程中切实增加就业岗位供给。要把推进农民工就业与中央企业劳动用工制度改革有机结合起来，推行市场化用工制度，为农民工提供公平竞争的就业途径。

（五）依法保障农民工稳定就业。要根据实际需要，通过依法订立劳动合同或劳务派遣协议等方式稳定农民工就业，不得歧视和非法清退、裁减农民工。要加强对劳务派遣单位和业务分包单位的调查了解，选择管理制度健全、信誉良好的单位开展合作，并督促其依法保障农民工稳定就业。

（六）依法签订和履行劳动合同。中央企业直接使用农民工的，要依据《中华人民共和国劳动合同法》《中华人民共和国劳动合同法实施条例》的规定，依法订立并履行

劳动合同；通过劳务派遣方式使用农民工的，应当依法与劳务派遣单位签订协议，约定派遣岗位和人员数量、派遣期限、劳动报酬和社会保险费的数额与支付方式以及违反协议的相关责任，督促劳务派遣单位依法履行其与农民工签订的劳动合同。

三、切实维护农民工合法权益

（七）进一步完善相关制度规范。要严格依照《中华人民共和国劳动法》等法律法规，进一步完善企业内部劳动用工管理制度。在制定、修订直接涉及农民工切身利益的规章制度或决定有关重大事项时，应当通过适当方式征求农民工的意见。要及时向农民工公示或告知直接涉及农民工切身利益的规章制度或重大事项决定。

（八）切实保障农民工劳动报酬的支付。要建立健全劳动报酬支付监控制度，适时开展本企业农民工劳动报酬支付情况专项检查，督促劳务派遣单位、业务分包单位彻底解决拖欠农民工工资问题，确保农民工劳动报酬按时足额发放。要严格执行国家和地方人民政府有关最低工资标准和动态调整的规定，促进农民工劳动报酬正常合理增长。

（九）依法建立健全企业内部劳动争议解决机制。要按照《中华人民共和国劳动合同法》、《中华人民共和国劳动争议调解仲裁法》及相关法律法规，逐步建立和完善多渠道的企业内部劳动争议解决机制，通过协商、调解等方式妥善处理劳动纠纷。农民工较多的企业要逐步吸收农民工代表参加劳动争议调解组织。要进一步健全相关制度，加强对纠纷调解人员的培训，提高劳动争议解决的效率。

（十）严格执行安全卫生管理制度。要建立健全劳动安全卫生制度，严格执行国家劳动安全卫生规程和标准。要加强安全管理投入，持续改善安全设备设施，落实各项安全保障措施。要及时开展安全卫生教育和培训，提高安全生产技能。要健全高危行业和特殊工种持证上岗制度，防止劳动过程中事故的发生。要为农民工提供符合国家规定的劳动安全卫生条件和必要的劳动防护用品，对从事有职业危害作业的农民工应当定期进行健康检查，强化农民工职业病防治和职业健康保护。

（十一）不断丰富精神文化生活。要结合企业的实际情况和农民工的自身特点和需求，因地制宜组织开展各类文体活动，不断丰富农民工特别是处于生产一线农民工的精神文化生活。要加强对农民工的人文关怀和心理辅导，健全文化生活设施，为农民工通过书籍、报刊、电视和网络获取文化知识和信息创造条件。

（十二）认真落实有关社会保障制度。要认真执行国家有关法律法规，做好农民工养老、工伤、医疗等保险工作，鼓励根据企业实际和农民工意愿建立相关商业保险。要督促业务分包单位和劳务派遣单位依法履行相关法律义务，落实农民工的社会保障权益。

四、加强农民工技能培训

（十三）建立健全培训机制。要根据国家和地方人民政府的有关法规、政策，进一步建立健全农民工培训制度，把农民工技能培训纳入企业职工教育培训体系。要充分保障农民工培训资金投入，努力创造培训所需的各项条件。鼓励有条件的中央企业设立农民工培训奖励基金，建立农民工学习培训的长效机制。

（十四）积极开展培训工作。要根据岗位需求有计划、有步骤地对农民工开展岗前培训、在岗技能培训和转岗培训。有条件的中央企业可以通过举办农民工业余学校，委托所属培训机构或者所在地定点培训机构，选送农民工参加脱产、半脱产的技能培训和职业教育。要根据企业实际开展整体素质培训，提升农民工的文化、法律和道德素养。要督促劳务派遣单位、业务分包单位及时组织开展相关培训工作。鼓励组织农民工参加职业技能竞赛，提升农民工技能培训的实际效果。

五、保障农民工民主权利

（十五）高度重视农民工的党团建设和政治思想工作。要将农民工队伍的党建、团建和政治思想工作作为加强组织建设的一项重要任务来抓。充分发挥国有企业政治优势，及时宣传党和政府的方针、政策，结合农民工的实际情况，积极开展价值观、人生观和世界观教育，培养、吸收优秀农民工入党、入团，发挥企业党团工作对农民工的激励作用。要加强农民工党团员的动态管理，将农民工党团员编入党团组织，建立农民工流动党团员教育管理和服务工作制度，充分发挥农民工党团员的先锋模范作用。

（十六）促进农民工参与企业民主管理。要依法保障农民工参与企业民主管理的权利，积极创造条件保障农民工代表参加企业职工代表大会，组织吸纳本企业农民工加入企业工会，引导劳务派遣单位积极吸收农民工加入工会，增强农民工的归属感和企业的凝聚力。要充分重视农民工人力资源的开发和使用，引导农民工参与企业技术革新，鼓励农民工走上企业管理岗位，拓展农民工参与企业管理和监督的途径，共同推进中央企业不断提升民主管理水平。

六、加强农民工工作的组织领导

（十七）进一步加强农民工工作的协调。农民工人数较多的中央企业要建立企业领导班子成员专人负责，人事（劳资）、法律、监察、宣传（党群）、工会等相关部门共同参加的协调工作机制，统筹组织和协调指导企业农民工工作，明确各个部门的具体分工，做到协调联动，有序开展相关工作。中央企业要及时组织对农民工工作情况的调研，建立督促、检查农民工工作的常态机制，持续改进农民工工作方法。要加强典型引导，对农民工工作成效显著的所属企业，要加大宣传力度，推广有效的做法和经验。

（十八）进一步建立健全农民工工作的联系机制。中央企业要深刻领会党中央、国务院的相关重要决策精神，积极配合国务院有关部门和企业所在地人民政府做好相关工作，及时汇报农民工工作情况，反映农民工的诉求，争取有关政府部门的支持。要加强与国资委的联系沟通，建立有效的工作联系机制，提升中央企业农民工工作的整体质量和水平。

关于进一步规范中央企业职工收入分配管理的指导意见

2011 年 11 月 8 日　国资发分配〔2011〕166 号

各中央企业：

为贯彻落实国民经济和社会发展第十二个五年规划纲要提出的合理调整收入分配关系的要求，进一步规范中央企业收入分配管理工作，建立健全激励约束机制，推动企业科学发展，现提出如下意见。

一、坚持和完善收入分配制度，着力促进企业科学发展

各中央企业应当以“三个代表”重要思想为指导，全面贯彻落实科学发展观，按照“十二五”规划纲要要求，坚持和完善按劳分配为主体、多种分配方式并存的分配制度。认真执行国家有关收入分配调控政策，规范收入分配行为，调节收入分配关系，深化收入分配制度改革。坚持效益决定分配的基本原则，坚持市场化的改革方向，逐步构建科学合理、公平公正的收入分配体系，着力提高低收入者收入水平，逐步扩大中等收入者比重，有效调节过高收入，为促进企业科学发展奠定基础。

二、合理确定职工工资水平，科学引导工资增长预期

中央企业贯彻落实中央“逐步提高居民收入在国民收入分配中的比重，提高劳动报酬在初次分配中的比重”“努力实现居民收入增长和经济发展同步、劳动报酬增长和劳动生产率提高同步”的要求，应当站在建设社会主义和谐社会、切实履行社会责任的高度，按照市场化改革的总体要求，遵循收入分配工作规律，合理确定职工工资收入水平，进一步调整收入分配结构，理顺内部收入分配关系。中央企业职工工资水平应当与其在国民经济发展中的地位、作用和贡献相适应，依据自身经济效益状况，科学引导职工的增资预期，防止脱离实际盲目增加工资，造成新的分配不公和分配关系的失衡。

三、加强职工工资总额管理，健全工资正常增长机制

中央企业应当进一步完善工资总额管理办法，建立工资能增能减的激励约束机制及职工工资正常增长机制。实行工资总额预算管理办法的企业应当按照《中央企业工资总额预算管理暂行办法》（国资发分配〔2010〕72 号）规定，切实加强工资总额预算管理。严格执行行业工资增长调控线，健全工资效益联动机制，合理确定职工工资水平及增长幅度，不断完善工资总额和工资水平双重调控机制。实行工效挂钩办法的企业要健全以实现净利润为主要挂钩指标的指标体系，综合考虑企业经济发展周期及行业平均发

展状况，科学确定企业经济效益指标基数，适当控制挂钩浮动比例。同时参考行业工资增长调控线要求，适度安排职工工资增长。

四、规范建立企业年金制度，妥善解决历史遗留问题

中央企业不得为职工购买商业性补充养老保险，已经购买的要进行清理规范。实施补充养老保险计划的，应当按照《关于中央企业试行企业年金制度的指导意见》（国资发分配〔2005〕135号）和《关于中央企业试行企业年金制度有关问题的通知》（国资发分配〔2007〕152号）要求，建立规范的企业年金制度。未经集团公司批准，所出资控股企业不得擅自单独实施企业年金计划。企业应当在充分考虑人工成本承受能力的基础上，合理确定年金待遇水平，年金缴费及待遇最高水平和参与本企业年金计划职工平均水平的差距原则上不得超过五倍。建立与经济效益相联系的年金待遇水平动态调整机制，缴费或者待遇水平差距过大的企业，应当对年金方案进行动态调整。建立企业年金制度后，企业不得在基本养老保险和企业年金之外再支付任何养老性质的福利项目。

五、稳妥推进分红权激励试点，落实技术要素参与分配

符合条件的中央企业可以探索实施分红权激励试点，调动科技人员的积极性，不断促进企业技术创新。试点企业应当按照《关于在部分中央企业开展分红权激励试点工作的通知》（国资发改革〔2010〕148号）要求，科学拟订方案，稳妥推进改革。激励对象应当限于本企业在科研创新和科技成果产业化过程中发挥重要作用的专业技术和科研管理核心骨干，不得随意扩大激励范围。业绩未达到考核要求的，应当相应中止激励计划。要妥善处理好内部各类人员的收入分配关系，重点考虑激励对象与非激励对象之间、分红权激励水平与原有收入水平之间的平衡，防止形成不合理的分配差距。

六、规范职工福利项目管理，完善企业薪酬福利体系

中央企业职工福利费项目设立要依法规范、量力而行、标准合理。企业按月按标准发放或支付给职工的住房补贴、交通补贴、通讯补贴、节日补贴、午餐费补贴，应当按照有关政策要求纳入工资总额管理，并且控制在上年或者前三年平均支出水平以内，不得引起人工成本过快增长。相关福利费纳入工资总额管理后，以后年度不得在福利费及其他成本费用中列支任何工资性项目。企业实施薪酬制度改革，应当统筹考虑职工福利待遇问题，逐步构建完善的薪酬福利保障体系。

七、规范职工工资列支渠道，加强企业人工成本控制

中央企业应当严格规范工资列支渠道，不得多头提取或者重复计提工资性收入，不得超提超发工资总额，不得以任何形式在“应付职工薪酬”科目外列支其他人工成本项目。已经纳入工资总额管理的科研设计单位，不得再计提技术奖酬金和业余设计奖。仍需单独计提技术奖酬金和业余设计奖的企业，要严格按照国家政策规定规范计提。各中央企业要健全人工成本控制制度，加强人工成本的统计、分析和管理，建立人工成本监控、预警体系，并将人工成本管理与业绩考核工作紧密结合。

八、严格执行审核报告制度，履行重大事项申报程序

中央企业要切实按照《关于加强人工成本控制规范收入分配有关问题的通知》（国资分配〔2004〕985号）规定，进一步建立健全并严格执行收入分配重大事项审核报告制度。中央企业应当严格按照国家有关政策规定，建立职工住房补贴制度、住房公积金制度、企业年金制度、中长期激励方案、工资结余使用等重大收入分配事项，并履行相应的审核或者备案程序。

九、加强集团公司管控力度，切实履行各级监管职责

国资委对中央企业集团本部实施收入分配重点调控。集团本部职工工资原则上控制在本企业职工平均工资水平的五倍以内。超过五倍或者收入水平过高的，应当按零增长或负增长进行控制。中央企业要按照分级管理原则，落实对所出资控股企业的出资人职责。要指导督促各级所出资控股企业深化收入分配制度改革，建立所出资控股企业收入分配重大事项审核报告制度。所出资控股企业薪酬福利制度改革方案及重大分配事项应当报集团公司审核同意后实施。

十、理顺企业内部分配关系，促进企业和谐稳定发展

中央企业要合理调整所出资控股企业的分配关系。各级企业在制订激励政策时，不得采取“下不保底、上不封顶”的办法。年终奖、重大单项奖励等一次性奖励，应当按管理权限报经上级部门同意后执行，并将奖励水平控制在一定差距以内。要统筹考虑职工个人能力、团队协作、企业商誉三者之间的关系和作用，不得对职工个人超比例分配，防止出现超出社会认知和职工接受程度的薪酬水平。职工平均工资低于社会平均工资的中央企业，有人工成本承受能力的，要创造条件逐步提高职工的工资水平，重点保证企业一线职工工资增长。要综合考虑企业经济承受能力、当地企业正常退休人员养老金和物价变化等情况，适当提高内退人员待遇标准，建立内退人员生活费正常增长机制。

十一、健全多层次监督检查体系，完善收入分配约束机制

建立健全以内部审计和职工（代表）大会为主体的中央企业内部监督体系，职工收入分配制度、工资调整方案等涉及职工切身利益的重大问题需经过职工代表大会审议通过后实施，保障职工行使民主管理权利，确保收入分配制度健全、程序规范、结果合理。除接受国有企业监事会的日常监督和集中检查外，中央企业还要积极配合以国家审计署等有关部门和独立专业审计机构为主体的外部监督工作机构开展工作，逐步将职工收入分配政策执行情况列入外部监督内容，提高监督检查效果。

十二、加大监督检查力度，严肃收入分配纪律

国务院国资委将进一步加强对中央企业执行收入分配管理政策情况的监督检查，充

分发挥以国有企业监事会为主体的出资人监督体系的作用，逐步实现监督检查标准化、程序化和常态化，促进各级企业规范收入分配行为，维护收入分配秩序。对违反相关规定的企业，将视情节轻重予以相应核减下一年度企业工资总额、清退违规所得、扣减企业负责人绩效薪金、通报批评等处理。造成重大损失或恶劣影响的，将按照《中国共产党员领导干部廉洁从政若干准则》、《国有企业领导人员廉洁从业若干规定》和《中央企业贯彻落实〈国有企业领导人员廉洁从业若干规定〉实施办法》等规定，追究相关人员责任，给予组织处理、纪律处分。

关于印发《关于进一步加强中央企业负责人副职业绩考核工作的指导意见》的通知

2012年1月17日　国资发综合〔2012〕9号

各中央企业：

为进一步加大全员业绩考核工作力度，切实加强和改进中央企业负责人副职业绩考核，促进业绩考核工作上水平，使其更加规范、有效，我委制定了《关于进一步加强中央企业负责人副职业绩考核工作的指导意见》。现印发给你们，请结合实际认真贯彻落实。

附件：关于进一步加强中央企业负责人副职业绩考核工作的指导意见

附件：

关于进一步加强中央企业负责人副职业绩考核工作的指导意见

国资委《关于印发〈关于进一步加强中央企业全员业绩考核工作的指导意见〉的通知》（国资发综合〔2009〕300号）印发以来，各中央企业认真抓好贯彻落实，推动全员业绩考核工作取得了积极进展，促进了国有资产保值增值责任的进一步落实和经营管理水平的提高，但对企业负责人副职的业绩考核仍然存在薄弱环节。为进一步加大全员业绩考核力度，切实加强和改进中央企业负责人副职业绩考核，真正实现“工作有标准、管理全覆盖、考核无盲区、奖惩有依据”，促进业绩考核工作上水平、更规范、更有效，依据《中央企业领导人员管理暂行规定》（中办发〔2009〕41号）、《中央企业领导班子和领导人员综合考核评价办法（试行）》（中组发〔2009〕17号）、《中央企业负责人经营业绩考核暂行办法》（国资委令第22号）和《关于进一步加强中央企业全员业绩考核工作的指导意见》，现就中央企业负责人副职业绩考核工作提出如下指导意见：

一、适用范围

本指导意见所称中央企业负责人副职，是指国务院授权国资委履行出资人职责的国家出资企业（以下简称企业）的下列人员：

（一）国有独资企业的副总经理（副总裁、副院长、副局长）、总会计师；

（二）国有独资公司的副董事长、董事（不含外部董事、职工董事），副总经理（副总裁）、总会计师；

（三）国有资本控股公司国有股权代表出任的副董事长、董事（不含外部董事、职工董事），副总经理（副总裁）、总会计师。

二、指导原则

中央企业负责人副职业绩考核工作应遵循以下原则：

（一）坚持正确考核导向。以实现企业科学发展为主题，以落实国有资产保值增值责任为核心，以提升价值创造能力为导向，通过业绩考核促进企业战略目标实现和年度工作任务完成。

（二）坚持实现全员覆盖。以消除考核盲区为目标，以落实岗位职责为重点，以调动每一位副职经营管理的积极性为目的，确保业绩考核范围覆盖企业所有副职。

（三）坚持依法依规考核。以国资监管法律规章和企业负责人管理相关规定为依据，建立健全考核制度，切实做到考核办法、考核过程的公开透明和考核结果的公平公正。

（四）坚持做到科学有效。以目标管理为手段，根据企业副职岗位职责和分管业务合理确定业绩考核目标，做到定量考核和定性评价相结合、短期目标和长期目标相统一、组织绩效和个人绩效相协调，增强考核的针对性和有效性。

三、组织实施

国资委授权企业主要负责人负责副职业绩考核工作。建设规范董事会企业，国资委授权企业董事会对高级管理人员进行考核。董事会根据本指导意见，进一步完善对高级管理人员的考核办法，可授权总经理对副职进行考核。企业副职业绩考核工作政策性强，是深入推行全员业绩考核工作的重点和难点。各中央企业要高度重视，加强领导，完善办法，健全制度，强化监督，务求实效。

（一）切实加强领导，形成工作合力。要切实加强对企业副职业绩考核工作的领导，健全组织机构，完善制度流程，强化考核的组织保证和政策保障。企业主要负责人要组织开展业绩考核相关政策和重大问题研究，调动副职、各相关职能部门和所属企业、单位的力量，形成工作合力。

（二）健全考核办法，确保考核质量。企业要认真研究制定对副职的业绩考核办法，针对每位副职的岗位职责设定科学合理的考核指标。指标设计上要突出价值创造导向，突出分类考核，既要落实出资人关心的共性指标，又要体现符合企业战略发展和个人业务岗位实际的个性指标。要加强目标管理，结合企业战略目标和年度工作任务确定考核目标，可采取每年年初由企业主要负责人与副职签订业绩责任书等形式予以明确。要严格计分标准，科学合理地细化考核得分和评级，确保考核的规范性和有效性。

（三）坚持定量考核与定性评价相结合，考核结果适当拉开差距。对企业副职的业绩考核结果，应根据其分管范围的整体绩效、个人工作目标的考核完成情况和定性评价情况进行综合评定。业绩考核最终得分，由定量考核得分与定性评价得分按照适当的权重构成。其中，定量考核得分的权重原则上不低于60%。定性评价主体应由企业负责人（建立规范董事会企业的董事）、职能部门负责人、一级子企业主要负责人等方面组成，并分别赋予适当权重。也可直接采用依据《中央企业领导班子和领导人员综合考核评价办法（试行）》对企业副职"绩"的评价得分。企业副职考核结果应依据考核得分适当拉开差距。

（四）强化考核结果运用，健全激励约束机制。坚持"业绩上、薪酬上，业绩下、薪酬下"，把业绩考核结果和企业副职的薪酬分配紧密挂钩，并作为岗位、职责分工调整的重要依据。企业副职的绩效薪酬分配系数，可依据业绩考核结果，在企业主要负责人分配系数的0.6～0.9之间确定。

（五）健全监督机制，公开公平公正。要切实加强对企业负责人副职业绩考核情况的监督。考核办法、考核过程、考核结果要在一定范围内公开。企业负责人副职要在职代会或年度工作会议、董事会会议、总经理办公会等范围就业绩完成情况进行述职，实现企业负责人互相监督、职工民主监督等相结合的闭合监督。

国有独资企业、国有独资公司、国有资本控股公司的党委（党组）副书记、常委（党组成员）、纪委书记（纪检组长），参照本指导意见，结合岗位职责纳入业绩考核。

企业对副职的业绩考核制度和考核情况，应在年度考核结束后及时报国资委（综合局）备案，并抄送派驻本企业监事会。监事会将其纳入监督检查范围。国资委将加强对中央企业负责人副职业绩考核的督导检查，对考核制度不健全、执行不得力的企业，将予以通报，并依据《关于印发〈中央企业全员业绩考核情况核查计分办法〉的通知》（国资发综合〔2010〕115号）在中央企业负责人年度经营业绩考核中予以扣分处理。

关于加强中央企业人工成本管理控制有关事项的通知

2012年7月16日　国资发分配〔2012〕100号

各中央企业：

今年以来，中央企业生产经营总体保持平稳增长，但中央企业面临的国内外形势还很严峻，全面完成今年预定的任务难度相当大。为提升中央企业管理水平，遏制人工成本过快增长的势头，确保职工工资增长与企业效益状况相匹配，规范企业收入分配行为，促进企业科学发展，现就加强中央企业人工成本管理控制的有关事项通知如下：

一、高度重视人工成本管理，努力遏制人工成本过快增长趋势

降本增效、严控人工成本是当前“保增长”工作的重要措施，是中央企业管理提升活动的重要内容。各中央企业负责人要高度重视，增强工作的责任感和使命感，带领全体职工开源节流，降本增效，严格执行收入分配政策规定。企业拟订收入分配改革措施，应当充分考虑人工成本的承受能力和适当时机，通过加强工资总额管理，清理规范工资外收入，严格控制企业人工成本，努力实现保增长保稳定目标，为国民经济平稳较快发展作出贡献。

二、努力加强过程管控，确保工资增长与经济效益相匹配

在人工成本的过程控制中要体现效益决定分配的理念和“两低于”的分配原则。各中央企业要建立和完善工资总额预算执行统计分析制度和人工成本信息监测预警机制，对人工成本控制不力的所出资企业要通过约谈、警示、通报批评等形式督促其整改。效益下降的企业，要严格控制企业人工成本，职工工资和福利费不得增长；已经亏损的企业，职工工资应当相应下降，企业年金暂停缴费；效益状况稳定的企业，要把握工资增长的时机和节奏，加强人工成本管理，做好应对更大困难和挑战的准备。

三、加强集团本部管理，要求企业负责人起表率作用

2012 年中央企业负责人基本年薪不予调增，并根据效益情况予以下调。企业效益下滑，企业负责人和其他中高层管理人员要带头降薪。中央企业要严格执行国家关于国有企业负责人职务消费行为监督管理规定和国资委相关规定，企业负责人要带头遵守各项职务消费规章制度，杜绝与企业经营管理活动无关的职务消费和奢侈浪费行为，严格控制各项职务消费支出。中央企业应当严格控制集团本部工资增长，集团本部职工工资增幅不得超过本企业全部职工工资的平均增幅；企业效益下降的，集团本部职工工资水平应当随之下降。企业应当总体推进职工福利保障计划，不得单独为集团本部职工设立各类津补贴项目及企业年金计划，已经实施的要严格按照有关规定清理规范。

四、切实采取有力措施，加强人工成本控制组织领导

中央企业要认真查找本企业人工成本管理存在的问题，制订行之有效的人工成本控制计划和具体措施，并于 7 月底前报我委备案。各级企业要层层建立和完善加强人工成本管理工作责任制，做到责任到人、任务到人，确保人工成本控制工作收到实效，确保全年人工成本增长与经济效益增长和劳动生产率提高相适应。我们将依据备案的企业制度办法，检查企业的执行情况和实施效果，确保各项措施落到实处。下一步，我委将对审计监督和社会舆论反映存在问题的重点企业，开展中央企业内部收入分配专项检查工作。对违反国家收入分配政策、超提超发工资、人工成本控制不力的企业，要按照规定严肃查处，督促企业规范分配行为，维护分配秩序。

国资委关于规范中央企业劳务派遣用工管理有关问题的通知

2013 年 3 月 4 日　国资发分配〔2013〕28 号

各中央企业：

2012 年 12 月 28 日，第十一届全国人民代表大会常务委员会第三十次会议审议通过了《关于修改〈中华人民共和国劳动合同法〉的决定》（以下简称《决定》），明确自 2013 年 7 月 1 日起施行。这是贯彻落实党的十八大关于“构建和谐劳动关系”要求的一项重要举措。为做好《决定》的贯彻落实工作，规范中央企业劳务派遣用工管理，努力构建和谐稳定的劳动关系，现通知如下：

一、充分认识贯彻实施新修订《劳动合同法》的重要意义，把思想认识统一到《决定》精神上来

《中华人民共和国劳动合同法》（以下简称《劳动合同法》）实施以来，劳务派遣用工作为企业用工一种灵活的补充形式，在中央企业改革发展过程中发挥了积极的重要作用。近年来，中央企业在规范劳务派遣用工管理，提高被派遣劳动者劳动报酬，维护被派遣劳动者权益方面进行了积极探索，取得了一定成效。但也存在着劳务派遣用工管理不规范，部分企业劳务派遣用工比例过高，被派遣劳动者流动率高、权益得不到充分保护等问题。

《决定》针对劳务派遣用工管理中存在的问题，从设立经营劳务派遣业务行政许可、明确界定“临时性、辅助性、替代性”岗位范围、严格控制劳务派遣用工数量、落实被派遣劳动者同工同酬权利和加重违法处罚等方面作出了新的法律规定。认真贯彻实施新修订的《劳动合同法》，严格规范劳务派遣用工管理，对维护被派遣劳动者合法权益，防范企业用工法律风险，构建和谐劳动关系，促进企业健康发展，保持社会稳定都具有十分重要的意义。

新修订的《劳动合同法》是规范劳务派遣用工的重要法律依据。其涉及用工单位、劳务派遣单位和被派遣劳动者三方的权利义务，与被派遣劳动者的切身利益密切相关，社会各界高度关注。各中央企业应当从落实科学发展观、构建社会主义和谐社会的高度，全面理解、准确把握《决定》的精神实质和重要内容，提高对贯彻落实《决定》重要性和紧迫性的认识；要按照《决定》的各项要求，健全和完善企业劳动用工制度，规范使用劳务派遣用工，切实推进同工同酬，着力构建和谐稳定的劳动关系，促进企业协调发展。

二、认真贯彻落实《决定》精神，严格规范劳务派遣用工管理

（一）认真梳理现状，查找问题和不足。各中央企业要对本企业劳务派遣用工情况进行详细调查，摸清底数，准确掌握劳务派遣单位和劳务派遣用工岗位情况、用工数量、用工比例、工资支付、参加社保情况等相关信息，加强劳务派遣用工的动态管控，为规范劳务派遣用工管理做好基础性工作。要针对本企业劳务派遣用工现状，深入分析、查找存在的问题和不足，尤其是厘清劳务派遣用工岗位是否符合“临时性、辅助性、替代性”岗位范围，劳动报酬分配制度是否符合“同工同酬”原则，劳务派遣用工比例是否偏高，所使用的劳务派遣单位是否具有相关法定资质等问题。

（二）借助岗位管理体系，明确岗位适用范围。各中央企业要借助岗位管理体系，梳理岗位情况，根据新修订的《劳动合同法》相关规定，明确可以使用劳务派遣用工的岗位范围。要将劳务派遣用工管理纳入统一的岗位管理体系，写入岗位管理手册。通过一体化岗位管理，实现劳务派遣用工从“身份管理”到“岗位管理”的转变，推进劳动用工全口径管理和努力实现劳动用工市场化。

（三）清理不规范用工，严格限制劳务派遣用工比例。各中央企业要根据新修订的《劳动合同法》，坚决清理不符合“临时性、辅助性、替代性”岗位范围的劳务派遣用工，确保劳务派遣用工范围符合相关规定。劳务派遣用工量较大、用工比例较高的有关中央企业，要根据国家劳动行政部门有关要求，注重降低劳务派遣用工数量和比例，提前做好工作预案，采取多种方式，在保证职工队伍基本稳定的情况下，依法合规使用劳务派遣工。

（四）建立一体化薪酬绩效管理体系，落实同工同酬。各中央企业要高度重视、认真贯彻落实劳务派遣用工管理中的“同工同酬”原则。要结合岗位管理体系，认真开展岗位评估工作，明确各岗位的相对价值，并以此为依据，参照劳动力市场价位，确定各岗位基本薪酬（或固定薪酬）和浮动薪酬等劳动报酬分配办法。同时，要建立能够衡量岗位任职者能力和绩效表现的绩效管理体系，根据绩效考核结果确定岗位任职者的实际劳动报酬水平。

（五）择优选择劳务派遣单位，建立选择标准和淘汰机制。各中央企业要对本企业使用的劳务派遣单位的相关资质进行梳理，关注劳务派遣单位获取劳务派遣业务行政许可情况。要抓紧建立劳务派遣单位准入制度，明确标准，择优使用。各中央企业要完善劳务派遣协议签订工作，通过协议明确劳务派遣单位的职责，加强对劳务派遣单位的监督，监督劳务派遣单位认真履行协议，对不诚信的劳务派遣单位及时淘汰，从源头上降低用工风险。

三、加强宣传培训和组织领导，维护企业和社会稳定

（一）加强新闻宣传和学习培训，促进工作有效开展。各中央企业要把贯彻落实《决定》精神，规范劳务派遣用工管理作为人力资源管理的一项重要工作，切实抓紧抓好。要充分利用座谈、讲座、专题培训和召开专题研讨会等多种方式，有计划地组织本

企业干部职工认真学习新修订的《劳动合同法》，深刻领会和准确把握法律条款的精神实质，提高相关从业人员法律意识和相关法律知识水平，为贯彻落实《决定》精神做好充分准备。各企业要做好内部新闻宣传和舆论引导工作，引导被派遣劳动者正确理解《决定》精神，支持企业开展相关工作，为贯彻落实《决定》营造良好氛围。

（二）加强组织领导，稳妥推进劳务派遣用工规范工作。各中央企业要切实加强对规范劳务派遣用工管理工作的组织领导，周密部署，扎实工作，稳妥推进。要制订详细的工作方案和应急预案，注意工作的方式方法，保证规范劳务派遣用工管理工作依法合规，实现平稳过渡。要深入分析劳务派遣用工管理工作中可能存在的法律风险，建立有效的法律风险防范机制和劳动纠纷预警协调机制，出现劳动争议案件时要及时依法处理，确保企业和社会稳定。

各中央企业集团总部要发挥好统筹协调和监督指导作用，深入各级子企业开展指导和检查工作，确保各级子企业依法合规使用劳务派遣用工。要重视规范劳务派遣用工管理中的建章立制工作，制定完善的管理办法，做到劳动派遣用工管理制度健全、运行规范、监督有效。劳务派遣用工量大（超过1万人）或用工比例高（超过用工总量的10%）的企业，要成立规范劳务派遣用工管理工作领导小组，提出贯彻落实《决定》精神、规范劳务派遣用工管理的实施意见和具体措施，于2013年7月1日前报我委备案。

各中央企业在贯彻落实新修订的《劳动合同法》过程中遇到的矛盾和问题，请及时与我委沟通。

联系人：国资委企业分配局　张丽瑛

联系电话：(010) 63193917、63193742（传真）

电子邮箱：peitao－fp@sasac. gov. cn

国资委关于印发《关于以经济增加值为核心加强中央企业价值管理的指导意见》的通知

2014年1月10日　国资发综合〔2014〕8号

各中央企业：

为全面贯彻党的十八届三中全会精神，以管资本为主加强国有资产监管，指导中央企业进一步深化经济增加值考核，优化资源配置，提升经济增加值为核心的价值管理水平，促进中央企业转型升级，增加核心竞争能力，加快实现做强做优、科学发展，我们研究制定了《关于以经济增加值为核心加强中央企业价值管理的指导意见》，现印发给你们，请认真贯彻落实。

附件：关于以经济增加值为核心加强中央企业价值管理的指导意见

附件：

关于以经济增加值为核心加强中央企业价值管理的指导意见

为深入贯彻党的十八届三中全会精神，以管资本为主加强国有资产监管，指导中央企业进一步深化经济增加值考核，优化资源配置，提升以经济增加值为核心的价值管理水平，促进中央企业转型升级，增强核心竞争能力，加快实现做强做优、科学发展，制定本指导意见。

一、价值管理概念、基本原则、指导思想和主要目标

（一）价值管理概念。

经济增加值是指企业可持续的投资收益超过资本成本的盈利能力，即税后净营业利润大于资本成本的净值。经济增加值是全面考核企业经营者有效使用资本和为股东创造价值的重要工具，也是企业价值管理的基础和核心。本指导意见所称价值管理是基于经济增加值的价值管理，是以价值最大化为目标，以经济增加值管理理念、管理决策和流程再造为重点，通过价值诊断、管理提升、考核激励、监测控制等管理流程的制度化、工具化，对影响企业价值的相关因素进行控制的全过程管理。

（二）基本原则。

价值管理与企业实际紧密结合。实事求是、尊重企业发展规律，根据企业所处行业、发展阶段、战略目标，推动企业根据资本属性，在战略规划、投资决策、生产运营、财务管理、业绩考核、薪酬分配等方面与价值管理有机结合，实现从注重利润创造向注重价值创造转变。

价值管理与制度建设相互促进。在坚持过去行之有效做法的基础上，遵循价值管理的基本理念、基本方法，将资本成本、资本纪律、风险控制等价值管理要素与现有管理体系有机融合，促进价值管理的制度化、体系化。

价值管理与完善激励约束机制有效衔接。以经济增加值考核为切入点，积极探索以经济增加值创造水平或改善状况与绩效薪酬或中长期激励挂钩的有效做法，建立长效激励约束机制，最大限度调动企业负责人和员工的积极性、创造性。

价值管理与维护各方利益有机统一。既要坚持股东价值最大化，又要模范遵守国家法律法规，统筹兼顾债权人、供应商、消费者、内部员工等相关方的利益，积极履行社会责任，创造互利共赢、和谐发展的良好环境。

（三）指导思想和主要目标。

为做强做优中央企业、培育具有国际竞争力的世界一流企业，价值管理的指导思想和主要目标是：以科学发展观为指导，坚持转变发展方式与提升价值创造能力相结合，壮大规模与提高发展质量相统一，短期效益与长期发展相协调，力争用两个任期左右时间，中央企业价值管理体系基本完善，实现诊断科学、考核健全、激励约束有效、监控

到位；价值管理更加科学，实现经济增加值从考核指标向管理工具转变、从结果考核向过程控制转变；价值创造能力明显提升，以更优化的资本结构、更有效率的资本运营、更强的主业获利能力，全面提升企业核心竞争能力。

二、不断完善价值管理体系

（四）建立经济增加值诊断体系。

诊断体系是实施价值管理的基础，是明确主攻方向、制订有效措施的重要前提。中央企业要以财务报表为基础，以资本成本为基准，深入企业生产经营的不同层级和不同环节，将经济增加值的构成要素从财务指标向管理和操作层面逐级分解，绘制出要素全、可计量、易识别的价值树，揭示价值形成的途径。要注重运用科学的分析方法，从纷繁复杂的价值树指标中，识别出反应灵敏、影响重大的关键价值驱动因素。要从关键价值驱动因素出发，选取国内外优秀企业作为标杆，找出差距、分析原因，明晰价值管理的薄弱环节。要针对诊断出来的问题，完善战略、预算、执行等方案，形成价值提升策略。

（五）完善以经济增加值为核心的考核体系。

考核体系是实施价值管理的保障，是坚持正确导向，有效落实国有资本保值增值责任的主要抓手。中央企业要坚持提升发展质量和效率的考核导向，将经济增加值作为主要考核指标，并逐步提高其权重。要结合企业内部不同板块、不同发展阶段的特点，科学设定资本成本率、从严把握经济增加值计算调整项，推进差异化考核，有效平衡当期回报与可持续发展。要强化短板考核，从关键价值驱动因素中选取短板指标纳入考核体系，确定具有挑战性的目标，持续改善。要推动组织绩效和个人绩效的有效结合，将经济增加值考核指标逐级分解，层层落实考核责任。

（六）探索建立经济增加值激励约束机制。

创新激励约束机制是价值管理的基本动力，是完善责权利相统一、业绩考核与奖惩紧密挂钩的重要方向。中央企业要把经济增加值及其改善值作为各级出资企业负责人绩效薪酬核定的重要指标，根据经济效益状况、经济增加值贡献大小和业绩考核结果，按照薪酬考核办法确定企业负责人绩效薪酬。中央企业要在坚持考核薪酬分配基本制度的前提下，以管理团队、核心业务骨干为主要对象，积极探索与经济增加值紧密挂钩的任期激励和中长期激励机制，更好地留住关键人才，更加注重企业的可持续发展。

（七）建立健全经济增加值监控体系。

监控体系是价值管理常态化运行的重要环节，是过程控制的关键。中央企业要建立和完善经济增加值监测报告制度，定期分析预警关键价值驱动因素和考核指标变化情况。要参照行业和本企业历史数据，及时发现经济增加值变化的主要原因，对战略、运营、财务、内部控制等方面的不适应性进行调整纠正。要完善经济增加值监控手段，充分应用现代信息技术，逐步提高监测的深度、广度和频度，增强工作的主动性和有效性。

三、不断提升价值创造能力

（八）优化国有资本配置。

中央企业要根据国有资本的特点，合理配置资源，提高配置效率。要着眼于增强国有资本在重要领域、关键环节和战略性产业的控制力和影响力，强化产业整合，掌握核心技术、聚焦系统集成，科学界定主业范围、区域布局和产品边界，不盲目延伸产业链和价值链。对于主业范围内的业务，要结合发展战略、协同效应、价值创造、能力匹配等因素，综合考虑经济增加值创造水平，动态优化价值链管理，突出重点、做强做优；不具备竞争优势的主业，要及时调整，有序退出。超出主业范围、价值创造能力低的业务，要坚决剥离重组；培育新的战略性业务要坚持审慎原则，严格论证，把握节奏，有序进入。要坚持合理分工，与产业链上下游企业形成合理的竞争格局，构建高效和谐的产业生态环境；坚决避免不具备产业链竞争优势的业务自成体系和“大而全、小而全”。要着眼于提高国有资本的回报和保持合理的流动性，遵循资本运作规律，选择各类有发展潜力、成长性好的市场主体进行股权投资，有效规避风险。要积极发展混合所有制经济，通过产业链整合、项目融资、债务重组、网运分开等手段，实现国有资本、集体资本、非公有资本等交叉持股、相互融合，放大国有资本功能，提高国有资本布局结构调整的能力。政策性业务较重的企业，要在保障国家安全、提供公共服务等方面作出更大贡献。

（九）调整存量资产结构。

中央企业要加大内部资源整合力度，使资产规模与价值创造能力相匹配，资产结构与经营效率相协调。要根据企业发展战略和主业定位，定期对不同类别存量资产进行价值分析，制定分类处理方案。对符合国有资本发展方向和企业战略定位、价值创造能力高的存量资产，应优先配置资源，提高利用效率。对战略匹配度低的存量资产，应适当控制规模并逐步优化。对资本回报长期低于资本成本且无发展前景的存量资产，应有序退出。对长期不分红、无控制权的股权投资，应制定专项处理方案。对可有效辅助、延伸主业发展，盈利能力较强、增长前景较好的少数股权投资，要创造条件增强控制力。

（十）强化投资并购管理。

中央企业要积极探索投资与经济增加值挂钩的机制。投资并购决策要以符合发展战略和主业发展方向为前提，把经济增加值作为决策的重要依据，对项目识别、选择、评估、实施以及后评价等主要环节进行系统管理。要运用价值分析方法，从具有发展前途、关系国家安全、国民经济命脉的新技术、新产业中，优选经济增加值回报处于合理区间、战略匹配度高、有利于发挥协同效应的项目。要完善投资后评价制度，将经济增加值作为项目评估的重要内容，持续提升投资决策水平。要健全投资决策责任追究机制，建立董事会或企业主要负责人对重大投资决策负责制，严格考核奖惩。要根据国际化经营战略，稳妥实施境外投资并购，有序开展竞争，在全球范围内优化资源配置，提高产业国际竞争力。

（十一）创新盈利模式。

中央企业要在巩固传统盈利方式的基础上，积极探索新的盈利模式，实现从注重规模向注重质量效益转变，从产业链过度延伸向价值链中高端转变，从国内经营向国际化经营转变，增强价值创造能力。要以价值链为基础，通过职能配置优化和关键业务流程再造，整合内部经营要素和相关资源，最大限度地降低成本费用。以提升价值为重要导向，加大科技投入，加快新技术、新工艺的创新，破解制约企业价值提升的瓶颈。积极开展商业模式创新，适应网络信息技术的发展变化，大力发展电子商务，沿价值链大力发展生产性服务业，引领行业变革，增强增值服务能力。不在价值链的低端领域打价格战，对盈利能力低、不具备竞争优势的生产经营环节，积极探索通过外包、协作等方式予以剥离，增强核心资产盈利能力。要加强品牌建设，重视客户感知，通过提供差异化、物超所值的产品或服务，提高品牌认知度和客户忠诚度，提升品牌溢价能力。

（十二）加快资产周转。

中央企业要围绕资产运营效率的提高，加快资产周转、减少生产经营活动对资本的占用。要紧密结合生产经营计划，将有限的资源优先配置到核心主业、优质资产以及有助于增强长期价值创造能力的项目上，合理控制资产占用规模，完善资产结构。要定期评估厂房、设备等固定资产的利用率与周转率，积极探索通过租赁、承包、转让等方式盘活低效资产，提高固定资产运营效率。要强化应收款管理，落实催收责任，增强收现能力。要加强供应链管理，优化采购、生产和配送流程，加快存货周转。要加强资金预算管理，保障业务发展和现金流平稳顺畅。深化内部资金集中管理，加速资金融通，避免资金闲置。要利用商业信用和相对低成本的供应链融资，降低营运资金规模。要根据行业特征和产业发展周期等因素，合理确定最佳现金持有量，有效安排盈余现金，提高现金的周转效率。

（十三）优化资本结构。

中央企业要综合考虑行业特征、业务特点、资产流动性等因素，合理确定资本结构及财务杠杆边界，力争达到资本成本率最低、财务风险可控。要在预期现金盈余水平可控的情况下，合理利用财务杠杆创造价值。要做好债务融资期限搭配，保持合理的财务弹性，有效应对紧急情况和及时把握投资机会，确保财务结构稳健、有效。要做好融资规划，综合考虑融资方式、期限、成本、币种等因素，拓宽融资渠道，降低融资成本。积极探索国有资本和非国有资本有机融合的方式和途径，发展混合所有制经济，优化股权结构，实现资本结构的动态优化，增强国有资本的带动力。

（十四）强化风险管理。

中央企业要综合平衡好收入增长、资本回报与风险控制的关系，实现可持续发展。要从战略、财务、市场、运营、法律等方面对影响价值创造的关键风险因素进行识别、分析和评估，并根据风险与收益相平衡的原则确定风险的优先管理顺序和措施，降低风险损失，提高风险收益。要建立高风险业务、重大投资并购等重要事项的专项风险评估制度，严格落实责任，强化制度落实和程序执行情况的责任追究。要建立包括专项风险动态跟踪评估、风险管控措施落实情况的跟踪审计等在内的闭环工作流程。要严格财务杠杆边界管理，增强现金盈余保障，审慎运用金融衍生工具。要加强重大风险监测预警管理，将风险管理关口前移，建立风险识别、转移、对冲机制，做好应对预案，降低系统性风险对企业的影响。

四、强化组织保障

（十五）加强组织领导，健全工作机制。

价值管理涉及到企业生产经营的方方面面，事关企业发展全局，中央企业要高度重视，加强领导，精心组织，确保落实到位。主要负责人要把价值管理体系建设作为一项重要任务来抓，将价值管理纳入企业发展规划，引入业绩考核与薪酬分配，嵌入生产经营流程，融入企业文化建设。各项相关工作要明确责任部门，有效落实工作责任。要建立协同高效的工作机制，相关部门各司其职，密切配合，形成工作合力，确保价值管理工作顺利推进；加强价值管理人才队伍建设，为进一步提升价值管理水平提供有力支撑。

（十六）加强顶层设计，积极稳妥推进。

中央企业应在贯彻本指导意见要求的基础上，结合自身实际，整体设计、系统规划、全面梳理、抓紧修订和完善相关制度，坚持分类指导、分步实施，把握节奏、统筹协调，形成具有自身特色的价值管理体系，并持续改进。

（十七）广泛宣传理念，加强价值文化建设。

中央企业应充分利用各种传媒方式广泛宣传价值管理理念和基本方法，通过培训、研讨、专题会议、典型示范引导等方式，培训相关知识、介绍成功案例，深入推进价值管理。要高度重视价值创造意识、理念及文化的培育，将资本成本、资本纪律等价值理念融入企业文化，形成价值创造人人有责的良好氛围，切实增强全员价值创造意识。

关于印发《中央企业负责人履职待遇、业务支出管理办法》的通知

2015 年 1 月 13 日　国资发分配〔2015〕5 号

各中央企业：

为贯彻落实党的十八届三中全会和四中全会精神以及《中共中央办公厅　国务院办公厅印发〈关于合理确定并严格规范中央企业负责人履职待遇、业务支出的意见〉的通知》（中办发〔2014〕51 号）的要求，严格规范中央企业负责人履职待遇、业务支出管理，国资委研究制定了《中央企业负责人履职待遇、业务支出管理办法》，现印发给你们，请遵照执行。

附件：中央企业负责人履职待遇、业务支出管理办法

附件：

中央企业负责人履职待遇、业务支出管理办法

第一章　总　　则

第一条　为贯彻落实党的十八届三中全会和四中全会精神，合理确定并严格规范中央企业负责人履职待遇、业务支出，根据《中华人民共和国企业国有资产法》、《中共中央办公厅　国务院办公厅印发〈关于合理确定并严格规范中央企业负责人履职待遇、业务支出的意见〉的通知》（中办发〔2014〕51 号，以下简称《意见》）等法律法规和相关规定，制定本办法。

第二条　本办法所称中央企业负责人是指经国务院授权由国务院国有资产监督管理委员会（以下简称国资委）履行出资人职责的国家出资企业（以下简称企业）的下列人员：

（一）设立董事会企业的董事长、副董事长、董事（不含外部董事、职工董事），总经理（总裁）、副总经理（副总裁）、总会计师。

（二）未设立董事会企业的总经理（总裁、院长、局长、主任）、副总经理（副总裁、副院长、副局长、副主任）、总会计师。

（三）企业的党委（党组）书记、副书记、党委常委（党组成员），纪委书记（纪检组组长）。

第三条　本办法所称履职待遇是指为企业负责人履行工作职责提供的工作保障和条件，主要包括公务用车、办公用房、培训等。业务支出是指企业负责人在生产经营活动中因履行工作职责所发生的费用支出，主要包括业务招待、国内差旅、因公临时出国（境）、通信等方面的支出。

第四条　国资委对企业负责人履职待遇、业务支出实施指导监督。企业对各级所出资企业负责人履职待遇、业务支出实施监督管理。企业主要负责人对本企业履职待遇、业务支出管理工作负主要责任，分管负责人和总会计师负分管责任。

第五条　合理确定并严格规范企业负责人履职待遇、业务支出应当坚持以下基本原则：

（一）坚持依法依规。根据国家法律法规和相关规定，结合企业生产经营实际，坚决杜绝企业承担个人消费支出的行为。

（二）坚持廉洁节俭。反对讲排场、比阔气，反对铺张浪费，坚决抵制享乐主义和奢靡之风。

（三）坚持规范透明。通过完善制度、预算管理、加强监督，建立健全严格规范、公开透明的企业负责人履职待遇、业务支出管理制度体系。

第二章　履职待遇

第六条　企业应当合理配置、有效使用企业公务用车资源，规范企业负责人公务用

车配备、运行管理和处置，保障企业负责人公务出行，降低公务用车成本。

第七条 企业负责人按照1人1车或者多人1车配备（包括购置、租赁等）公务用车。企业采取统一调度等方式保障企业负责人公务活动用车的，属于为企业负责人配备公务用车。

第八条 企业主要负责人公务用车配备标准为排气量2.5升（含）以下、购车价格（不含车辆购置税，下同）38万元以内，企业其他负责人公务用车配备标准为排气量2.0升（含）以下、购车价格28万元以内。企业负责人公务用车使用年限超过8年已不能正常使用的，或者车辆安全状况、排放要求等不符合有关标准要求的，可以更新。企业负责人公务用车的报废和出售等处置，应当按照国有企业资产处置有关规定执行。

第九条 企业负责人新配备或者更新公务用车要严格执行配备标准，选用国产汽车，优先选用新能源汽车，不得增加高档配置或者豪华内饰。企业负责人已购置使用的公务用车超过规定配备标准的，在未达到更新或者报废条件情况下，可以继续使用；已租赁使用的公务用车超过配备标准的，应当按规定配备标准重新租赁。

企业由于非政策性因素发生亏损或者处于被托管、重组脱困，以及拖欠职工工资、社会保险费用期间，不得为企业负责人购置、租赁、更新公务用车。企业不得以任何方式换用、借用、占用所出资企业或者其他有利益关系单位和个人的车辆供企业负责人使用。

第十条 企业负责人公务用车的保养、维修费用，以及日常使用所发生的保险费、年检费、车船使用税、燃油费、停车及过路桥费等各种运行费用，实行单车核算，在预算额度内按照财务制度严格规范执行。

企业负责人不得因私使用公务用车。企业负责人本人提出自行驾驶公务用车的，企业应当根据道路交通安全有关法律和行政法规，制订企业负责人自行驾驶公务用车管理办法，加强对企业负责人自行驾驶公务用车的管理，不得为企业负责人发放自行驾驶公务用车的补贴。

第十一条 企业实行公务用车制度改革的，要按照中央企业公务用车制度改革方案的要求，合理确定企业负责人公务交通补贴标准。具体办法另行制定。企业不得同时为企业负责人配备公务用车和发放公务交通补贴。

市场化选聘的企业负责人，其薪酬体系中已包括公务交通补贴的，不再配备公务用车，不再报销公务用车费用或者另行发放公务交通补贴。

第十二条 企业应当按照庄重、朴素、经济、适用和资源节约的原则建设办公用房，严禁超标准新建办公用房，严禁豪华装修。要公平配置、集约使用办公用房资源。企业负责人原则上配置使用一处办公用房，确因异地工作需要另行配置办公用房的，应当严格履行企业内部审核程序。

第十三条 企业主要负责人办公室（含休息室、卫生间，下同）使用面积标准不超过80平方米，企业其他负责人办公室使用面积标准不超过60平方米。不得长期租用宾馆、酒店房间作为办公用房。

第十四条 企业负责人新配置办公用房要严格执行配置标准。现有的办公室超过规定面积标准的，一般采取调换或者合用方式解决；必须采取工程改造方式的，如受现有建筑结构布局、线路和消防、空调等设施设备客观条件限制，待办公用房维修改造或者领导干部职务变动调换办公室时解决，不应造成新的浪费。

第十五条　企业负责人办公用房因使用时间较长、设施设备老化、功能不全，不能满足办公需求的，可以进行维修改造。办公用房维修改造应当以消除安全隐患、恢复和完善使用功能、降低能源资源消耗为重点，严格执行维修改造标准。

第十六条　企业要围绕提高企业负责人政治和专业素质、创新和经营管理能力开展必要的培训。企业负责人参加各种学历教育以及为取得学位而参加在职教育的费用必须由个人承担。

第十七条　企业负责人参加出国培训应当严格执行国家有关出国（境）培训管理规定，不得参加无实质需要的国外培训。

第三章　业务支出

第十八条　业务招待是指企业负责人为企业生产经营业务的需要，招待客户、合资合作方以及其他外部关系人员的活动。业务招待主要分为商务、外事、其他公务招待活动等。

第十九条　企业负责人开展商务和外事招待活动，宴请标准每次人均不得超过600元（含酒水、饮料，下同），赠送纪念品标准每次人均不得超过600元。企业要根据企业负责人业务招待活动内容和招待对象，在控制标准内，分档确定商务和外事招待活动的宴请、赠送纪念品的标准。其他公务招待活动参照党政机关公务接待标准执行，不得赠送纪念品。

第二十条　企业要明确业务招待活动的审批、报销等程序。对企业负责人每次业务招待活动实行招待费用总额和人均费用双控管理，严格控制陪同人数。

第二十一条　企业负责人进行业务招待活动，由企业相关部门编制预算并组织安排，应当首选本企业食堂或者协议酒店等，严格执行相关制度和标准。外事招待工作应当遵循服务外交、友好对等、务实节俭原则，从严控制招待费用支出。

第二十二条　企业负责人业务招待活动赠送纪念品，应当符合有关法律法规要求，以宣传企业形象、展示企业文化为主要内容，严禁赠送现金和购物卡、消费卡、商业预付卡等各种有价证券、支付凭证以及贵重物品等。企业应当建立纪念品订购、领用等审批程序。

第二十三条　企业负责人进行业务招待所发生的费用应当由相关部门及时结算。业务招待费用报销应当提供内部审核流程、发票以及招待清单，如实反映招待对象、业务招待活动内容、招待费用等情况，不得将业务招待费用以会议、培训、调研等费用的名义虚列、隐匿。

第二十四条　企业应当根据国家有关规定和财务会计制度，结合生产经营实际和实施国际化经营的需要，合理确定企业负责人国内差旅和因公临时出国（境）乘坐交通工具的类型和等级，以及住宿、就餐等标准。除特殊情况外，不得乘坐民航包机或私人、企业和外国航空公司包机，不得租用商务机。

第二十五条　严禁企业负责人无明确公务目的的国内差旅活动，从严控制国内差旅随行人员。企业应当保障企业负责人处理本企业及其所出资企业境外经营管理业务的出国（境）活动，不得安排照顾性、无实质内容的一般性出访和考察性出访，不得安排与企业负责人因公临时出国（境）任务无关的人员随行。

第二十六条 企业负责人应当严格执行因公临时出国（境）管理制度和任务安排，不得以任何理由绕道旅行，或者以过境名义变相增加出访国家和地区，不得无故延长因公临时出国（境）时间。企业要严格规范国（境）外接待工作，严禁超标准接待。严禁用公款或者变相用公款在国内和出国（境）旅游。

第二十七条 企业负责人应当严格按规定开支国内差旅费用，严格遵守因公临时出国（境）经费预算、支出、使用、核算等财务制度，不得铺张浪费。

第二十八条 加强企业负责人从事公务活动所发生移动通信费用和住宅通信费用的管理。参考电信市场资费标准，根据企业负责人岗位要求和履职需要，合理确定通信费用年度预算控制额度，在预算额度内按照财务制度严格规范执行，不得以任何名目为企业负责人发放通信补贴。

市场化选聘的企业负责人，其薪酬体系中已包括通信补贴的，不再报销通信费用或者另行发放通信补贴。

第四章　预 算 管 理

第二十九条 预算管理是指企业按照企业财务预算的相关规定，根据企业生产经营实际，结合企业负责人履行工作职责需求，对企业负责人履职待遇、业务支出年度费用水平的预计安排、控制监督。

第三十条 企业应当对企业负责人履职待遇、业务支出实施预算管理，按年度、项目、人员编制预算，并报国资委备案，同时抄送派驻本企业监事会。

第三十一条 企业负责人履职待遇、业务支出年度预算编制应当综合考虑上年度预算编制和执行情况，与企业当年生产经营实际需要相匹配，履行企业内部预算管理程序审议后执行。如预算有重大调整，应当重新履行相应程序。

第三十二条 企业应当严格控制预算内企业负责人各项履职待遇、业务支出，预算外支出未履行相应程序前不得列支。企业应当建立预算动态监控机制，监测分析预算执行情况，及时纠正预算编制和执行中存在的问题，提高预算的全面性、准确性，增强预算执行的严肃性。

第五章　监 督 管 理

第三十三条 除按照《意见》和本办法所规定的保障企业负责人履职待遇和业务支出外，严禁以下用公款为企业负责人支付个人支出的行为：

（一）按照职务为企业负责人个人设置定额消费。

（二）为企业负责人办理理疗保健卡、运动健身卡、会所和俱乐部会员卡、高尔夫球卡等各种消费卡。

（三）为企业负责人购买百科全书、中外名著、古籍文献等与工作无关的装饰性图书。

（四）支付企业负责人履行工作职责以外的、应当由个人承担的消费娱乐活动、宴请、赠送礼品及培训等各种费用。

（五）支付企业负责人与企业经营管理无关的各种消费支出。

（六）向所出资企业和其他有利益关系的单位转移各种企业负责人个人费用支出。

第三十四条 企业负责人退休或者调离本企业后，企业不得继续为其提供履职待遇、业务支出，企业负责人应当及时腾退配置使用的办公用房和公务用车等。

第三十五条 企业不得向所出资企业或者其他有利益关系单位转嫁企业负责人履职待遇、业务支出。

企业负责人在所出资企业兼任董事长、总经理等职务，并且主要工作职责在所兼职企业的，可以执行集团公司负责人履职待遇、业务支出标准，按照“费用跟事走”的原则，分别在集团总部、所兼职企业报销和列支，同一费用不得在集团总部和所兼职企业重复报销和列支。

第三十六条 企业应当根据《意见》和本办法，制定本企业负责人履职待遇、业务支出管理制度，报国资委备案，同时抄送派驻本企业监事会。

第三十七条 企业负责人履职待遇、业务支出管理制度、年度预算及执行情况要作为厂务公开的内容，通过职工代表大会等形式定期公开，接受职工监督。

第三十八条 企业负责人应当严格执行履职待遇、业务支出管理相关规定，将个人履职待遇、业务支出情况和年度预算及执行情况等，作为民主生活会、年度述职述廉的重要内容，接受监督和民主评议。

第三十九条 企业内部财务、审计、纪检监察等部门应当切实履行工作职责，完善内部控制体系，加强企业负责人履职待遇、业务支出管理和监督，完善内部监督机制。

第四十条 企业负责人履职待遇、业务支出情况纳入外派监事会监督检查工作内容、巡视组巡视工作内容，以及企业负责人经济责任审计范围。

企业应当积极配合外派监事会、巡视、审计以及有关监管机构的监督检查，积极接受社会监督，及时对监督检查中发现的问题进行纠正和整改。

第四十一条 国资委建立中央企业负责人履职待遇、业务支出管理工作责任追究制度。对违反或未正确履行本办法管理要求的中央企业，对负有领导责任的主要负责人或者有关企业负责人追究责任。

第四十二条 企业负责人违反履职待遇、业务支出管理相关规定，依据有关规定，视情节轻重，由有关机构按照管理权限分别给予警示谈话、调离岗位、降职、免职处理，并相应扣减25%、50%、75%、100%的当年绩效年薪。涉嫌违纪的，移送纪检监察机构处理；涉嫌犯罪的，依法移送司法机关处理。

第四十三条 企业负责人违反本办法获得的经济利益，应当予以收缴或者纠正；用公款支付、报销应由个人支付的费用，应当责令退赔；给企业造成经济损失的，应当依据国家或者企业的有关规定承担经济赔偿责任。

第六章　附　　则

第四十四条　建设规范董事会中央企业，企业董事会应当按照《意见》和本办法的要求，建立和完善董事和高级管理人员履职待遇、业务支出管理制度，切实规范管理。专职外部董事履职待遇、业务支出管理办法另行制定。

第四十五条　企业应当依法履行出资人职责，根据本办法的要求并结合生产经营实际，制定集团总部相关人员和所出资企业负责人履职待遇、业务支出管理制度，指导监督所出资企业逐级落实监管责任，逐级健全管理制度、实施预算管理、推进公开透明，全面规范企业履职待遇、业务支出管理。

第四十六条　本办法自印发之日起施行。《关于规范中央企业负责人职务消费的指导意见》（国资发分配〔2006〕69号）、《中央企业负责人职务消费管理暂行规定》（国资发分配〔2011〕159号）同时废止。

关于进一步深化中央企业劳动用工和收入分配制度改革的指导意见

2016年6月14日　国资发分配〔2016〕102号

各中央企业：

为深入贯彻党的十八大和十八届三中、四中、五中全会精神，落实《中共中央国务院关于深化国有企业改革的指导意见》（中发〔2015〕22号）的要求，进一步深化中央企业劳动用工和收入分配制度改革，构建市场化劳动用工和收入分配机制，实现企业内部管理人员能上能下、员工能进能出、收入能增能减，增强中央企业活力和竞争力，现提出以下指导意见。

一、统一思想，充分认识深化劳动用工和收入分配制度改革的重要性和紧迫性

深化劳动用工和收入分配制度改革是全面深化国有企业改革的重要内容，是开展供给侧结构性改革，促进企业瘦身健体、提质增效的重要举措，是增强中央企业活力和竞争力的迫切需要。近年来，中央企业在深化改革过程中，不断完善劳动用工和收入分配制度，积极探索和实践，取得了一定成效，但是随着改革的不断深入，中央企业用工分配管理方面存在的体制机制僵化问题没有得到根本性改变，部分企业内部改革不到位，市场化选人用人机制还未真正形成，激励约束机制还不健全，内部管理人员能上不能下、员工能进不能出、收入能增不能减等问题仍然存在。当前，解决这些问题的关键是要坚持问题导向，切实推进企业内部机制转换，进一步深化中央企业劳动用工和收入分

配制度改革，促进企业持续健康发展。

中央企业深化劳动用工和收入分配制度改革的核心任务是，建立与社会主义市场经济相适应、与企业功能定位相配套的市场化劳动用工和收入分配管理体系，构建形成企业内部管理人员能上能下、员工能进能出、收入能增能减的机制，用工结构更加优化，人员配置更加高效，激励约束机制更加健全，收入分配秩序更加规范，企业市场化程度显著提高，为做强做优做大中央企业提供保障。

二、强化任职条件和考核评价，实现管理人员能上能下

（一）完善以岗位职责和任职条件为核心的管理人员职级体系。中央企业要建立健全管理人员岗位体系，明确各层级管理岗位职责和任职条件，合理使用不同层次人才。不断完善管理人员职业发展通道，为管理人员能上能下搭建平台。按照集团化管控、专业化管理、集约化运营的要求，科学调整组织结构，合理设置内设机构和配置管理人员，提高管理效率。

（二）健全以综合考核评价为基础的管理人员选拔任用机制。中央企业应当建立管理人员综合考核评价体系，以综合考核评价为基础，通过竞争上岗、公开选聘等多种方式，公开、公平、公正地选拔优秀管理人员。强化管理人员考核评价的日常监督管理，将考核评价结果与职务升降、薪酬调整紧密挂钩。对于经考核评价不能胜任工作的，应当调整岗位、降职降薪，真正做到管理人员能上能下。

（三）探索推行职业经理人制度。中央企业要扩大选人用人视野，合理增加企业内部管理人员市场化选聘比例。对市场化选聘的职业经理人，要签订聘任和绩效协议，明确聘任期限和业绩目标要求，建立与业绩考核紧密挂钩的激励约束和引进退出机制，实现选聘市场化、管理契约化、退出制度化。

三、加强劳动用工契约化管理，实现员工能进能出

（一）全面推行公开招聘制度。中央企业要按照公开、公正、竞争、择优的原则，公开招录企业员工。要制订公开招聘办法，面向社会公开招聘，做到信息公开、过程公开和结果公开。招聘信息应当面向社会公开发布，不得设置歧视性录用条件，不得降低条件定向招录本企业员工亲属。拟录用人员有关信息应当通过适当形式在一定范围内公示，确保公开招聘工作的公平、公正，提高员工招聘质量。国家法律法规政策另有规定的，从其规定。

（二）加强劳动合同管理。中央企业应当打破身份界限，建立健全以合同管理为核心、以岗位管理为基础的市场化用工制度。要依法与员工签订劳动合同，做到劳动合同应签尽签。强化劳动合同对实现员工能进能出的重要作用，细化劳动合同期限、工作内容、劳动纪律、绩效要求以及续签、解除合同条件等条款，明确双方的权利义务。要依法规范使用劳动合同制、劳务派遣等各类用工，完善管理制度，履行法定程序，确保用工管理依法合规。

（三）构建员工正常流动机制。中央企业应当根据企业战略规划和生产经营需要，

合理控制用工总量，优化人员结构，构建员工正常流动机制。要建立企业内部人力资源市场，盘活人力资源存量，提高人力资源使用效率。要畅通员工退出渠道，细化员工行为规范、劳动纪律和奖惩标准，明确劳动合同期满续签标准和员工不胜任岗位要求的认定标准。对违法违规、违反企业规章制度或不胜任岗位要求等符合解聘条件的员工，要严格履行法律法规要求的相关程序，依法解除劳动合同。

四、推进收入分配市场化改革，实现收入能增能减

（一）加强工资总额能增能减机制建设。不断完善与财务预算和业绩考核目标挂钩的工资总额预算管理办法，健全工资效益同向联动机制，切实做到工资总额与企业效益紧密挂钩。强化全口径人工成本预算管理制度体系，逐步将工资总额以外的其他人工成本项目纳入预算管理范围，严格控制人工成本不合理增长，不断提高人工成本投入产出效率。

（二）推进与效益紧密挂钩的内部薪酬制度改革。中央企业应当根据企业实际，实行与社会主义市场经济相适应的薪酬分配制度，建立健全与劳动力市场基本适应、与企业经济效益和劳动生产力挂钩的工资决定和正常增长机制，优化薪酬结构，合理拉开收入分配差距。推进全员绩效考核，根据劳动力市场价位、人工成本承受能力、岗位价值评估和员工个人能力等因素合理确定员工薪酬，同时要与企业效益、个人绩效紧密挂钩。原则上，企业效益下降或个人绩效考核不达标时，员工薪酬应当相应下降，确保收入能增能减。要建立员工薪酬市场对标机制，结合企业薪酬战略和人工成本承受能力，逐步提高核心骨干员工薪酬的市场竞争力，同时调整不合理的偏高、过高收入，做到薪酬水平该高的高，该低的低。

（三）规范员工福利保障制度。中央企业应当结合自身实际，统筹规范所属企业福利保障制度，加强福利项目和费用管理，严格清理规范工资外收入。社会保险、住房公积金、企业年金、福利费等国家和地方有明确政策规定的，要严格执行相关规定，不得超标准列支。已经建立企业年金制度的企业，不得提高建立年金制度前已退休人员统筹外补贴水平和临近退休人员的企业年金补偿标准。企业效益下降的，福利费不得增长，企业年金缴费标准可以适当降低；企业出现亏损的，企业年金应当暂停缴费。

五、统筹规划，积极稳妥推进中央企业劳动用工和收入分配制度改革

（一）加强组织领导。中央企业要高度重视新形势下深化劳动用工和收入分配制度改革工作，充分发挥企业党组织的政治核心作用和党员干部的先锋模范作用，发挥工会依法维护劳动者合法权益的桥梁纽带作用，切实加强组织领导。成立专项领导小组，明确主要负责人是第一责任人，建立工作制度和运行机制，以上率下切实推进改革。主动加强与地方政府和相关部门的沟通联系，为改革创造良好的环境和氛围。

（二）精心组织实施。中央企业要制订符合企业实际的深化用工分配制度改革方案，明确分阶段目标任务，提出具体改革办法和措施，完善相关配套文件。强化人力资源信息化建设、对标管理等基础工作，建立社会风险、舆情风险、法律风险评估机制。加强

对所属企业的督促指导，强化企业用工分配责权利的统一，逐级落实管理责任。统筹协调与其他各项改革的关系，同步推进，重点突破，务求实效。

（三）稳步推进改革。中央企业劳动用工和收入分配制度改革关系到员工的切身利益，在推动改革的过程中要处理好改革发展与稳定的关系。加强政策宣传和培训，引导全体员工形成改革共识，积极参与改革。要开展深入细致的思想工作，发动员工、依靠员工，形成改革合力。涉及员工利益的改革方案，应当依法履行内部民主程序。妥善解决改革过程中遇到的突出问题，积极履行社会责任，切实保障员工的合法权益，确保企业和社会和谐稳定。

中央企业推进劳动用工和收入分配制度改革的工作进展情况，要及时报送国资委。国资委将加强对企业推进改革的监督指导，及时总结企业的做法和成效，推广典型经验，引导中央企业锐意改革，务求实效，助推中央企业提质增效。

关于中央企业进一步做好全面治理拖欠农民工工资工作有关事项的通知

2016 年 7 月 25 日　国资发分配〔2016〕124 号

各中央企业：

为深入贯彻《国务院办公厅关于全面治理拖欠农民工工资问题的意见》（国办发〔2016〕1 号，以下简称《意见》）精神，全面落实国务院有关工作部署和要求，现就中央企业进一步做好全面治理拖欠农民工工资工作有关事项通知如下：

一、高度重视，深刻领会全面治理拖欠农民工工资工作的重要意义

解决拖欠农民工工资问题，事关广大农民工切身利益，事关社会公平正义和社会和谐稳定。近年来，中央企业在治理拖欠农民工工资方面做了大量工作，取得了一定成效，但在建筑、房地产等工程建设领域和钢铁、煤炭等产能过剩行业仍然存在着不同程度的问题和隐患，劳动用工不规范、不按时足额支付农民工工资等现象也有发生，个别企业的历史拖欠问题长期得不到有效解决。这些不仅严重侵害了农民工合法权益，也严重影响中央企业的社会形象。

中央企业要进一步统一思想，高度重视全面治理拖欠农民工工资工作，深入学习领会《意见》的精神实质和重要内容，要把全面治理拖欠农民工工资工作作为一项重要任务全面落实。中央企业要按照《意见》的各项要求，严格规范劳动用工管理和工资支付行为，健全工资支付监控和保障制度，履行监管职责，健全长效机制，切实维护农民工合法权益。

二、强化监管，建立健全全面治理拖欠农民工工资工作的长效机制

（一）依法加强劳动用工管理。中央企业直接招用农民工的，要依法签订和履行劳动合同；通过劳务派遣方式招用农民工的，要依法与劳务派遣单位签订协议，约定派遣岗位、人员数量、派遣期限、劳动报酬、支付方式等以及违反协议的相关责任，督促劳务派遣单位依法订立并履行劳动合同；通过分包方式招用农民工的，要督促分包单位依法订立并履行劳动合同。在工程建设领域，要坚持施工企业与农民工先签订劳动合同后进场施工，全面实行农民工实名制管理制度。

（二）全面规范企业工资支付行为。中央企业要全面落实对招用农民工的工资支付责任，督促相关企业严格依法将工资按月足额支付给农民工本人，严禁将工资发放给不具备用工主体资格的组织和个人。要加强对相关劳务派遣、分包单位的监督管理，在工程项目部配备劳资专管员，实时掌握工资支付情况。在工程建设领域，明确施工总承包企业负总责，分包单位对所招用农民工的工资支付负直接责任，不得以工程款未到位等原因拖欠农民工工资，不得将合同应收工程款等经营风险转嫁给农民工。推动企业委托银行代发农民工工资，鼓励分包单位农民工工资委托施工总承包企业直接代发的办法。

（三）着力健全工资支付监控和保障制度。中央企业要继续加强农民工信息监测工作，对拖欠工资情况进行日常监管和分析研判，对发生过拖欠工资行为的所属企业实行重点监控并要求其定期申报，加强欠薪风险排查和预警。在工程建设领域，要按照国家有关规定全面落实工资保证金制度，实行工资保证金差异化缴存办法，探索第三方担保制度，保障农民工工资支付。建立健全专用账户管理制度，在工程建设领域实行人工费用与其他工程款分账管理制度，推动农民工工资与工程材料款等相分离。

（四）优化完善突发事件应急处置机制。中央企业要依法逐步建立和完善多渠道的企业内部劳动争议解决机制，通过协商、调解等方式妥善处理劳动纠纷，引导就地就近解决工资争议。农民工人数较多的企业要逐步吸收农民工代表参加劳动争议调解组织。健全应急预案，及时妥善处置因拖欠农民工工资引发的突发性、群体性事件。做好宣传疏导工作，引导农民工用理性合法的手段维护自身权益。

三、精心组织，贯彻落实全面治理拖欠农民工工资工作的各项部署

（一）加强组织领导。招用农民工人数较多的中央企业要建立健全全面治理拖欠农民工工资工作相关组织机构，强化集团总部管控责任，统筹组织和协调指导全面治理拖欠农民工工资工作。中央企业要积极配合国务院有关部门和企业所在地人民政府做好相关工作，报告全面治理拖欠农民工工资工作情况，争取有关部门和地方政府的支持。要加强与国资委的联系沟通，建立有效的工作联系机制，全面落实治理拖欠农民工工作的各项部署。

（二）开展专项检查。2016 年三季度前国资委将对建筑、房地产等工程建设领域和钢铁、煤炭等产能过剩行业开展农民工工资支付专项检查工作。各中央企业要对本企业及相关企业农民工工资发放情况进行自查，重点检查企业与农民工签订劳动合同以及执

行工资支付规定的情况，确保农民工工资按时足额支付。对存在拖欠、克扣农民工工资等行为，坚决予以纠正；对劳务派遣、分包单位拖欠农民工工资等行为，积极协调，通过各种有力措施，督促劳务派遣、分包单位按时足额发放农民工工资；对劳务派遣、分包单位恶意拖欠、克扣农民工工资且协调困难的，应当千方百计采取各种有效方式，可先行垫付农民工工资，同时依法追索相关款项。

中央企业要结合实际，积极推进全面治理拖欠农民工工资工作，进展情况和相关问题，要及时报送国资委。国资委将继续做好指导和督促工作，总结中央企业做法和成效，推广典型经验，切实维护农民工合法权益。

关于完善中央企业功能分类考核的实施方案

2016 年 8 月 24 日　国资发综合〔2016〕252 号

国务院各部委、各直属机构、各中央企业：

《关于完善中央企业功能分类考核的实施方案》已报经国务院同意，现印发给你们，请结合实际认真贯彻执行。

附件：关于完善中央企业功能分类考核的实施方案

附件：

关于完善中央企业功能分类考核的实施方案

根据《中共中央　国务院关于深化国有企业改革的指导意见》（中发〔2015〕22号）部署要求和国有企业功能界定与分类的有关政策规定，为进一步加强和改进中央企业分类考核工作，提高考核的科学性、有效性，经国务院同意，制定本实施方案。

一、总体要求

（一）指导思想。全面贯彻党的十八大和十八届三中、四中、五中全会精神，按照“五位一体”总体布局和“四个全面”战略布局，牢固树立和贯彻落实创新、协调、绿色、开放、共享的发展理念，深入贯彻习近平总书记系列重要讲话精神，落实国务院决策部署，根据不同中央企业的功能界定，突出考核重点，实施分类考核，引导企业积极适应市场化、现代化、国际化要求，加快提质增效升级，更好地服务于国家战略，实现国有资本保值增值。

（二）基本原则。

1. 坚持经济效益和社会效益相结合。根据国有资本的战略定位和发展目标，结合企业实际，不断完善考核体系，推动中央企业提高发展质量和经济效益，自觉履行经济责任、政治责任和社会责任。

2. 遵循市场规律与服务国家战略相结合。业绩考核要符合社会主义市场经济要求和企业发展规律，保障企业自主经营、自负盈亏、自担风险，推动国有资本向关系国家安全、国民经济命脉的重要行业和关键领域集中，不断增强国有经济活力、控制力、影响力、抗风险能力。

3. 突出共性与体现个性相结合。业绩考核既要体现国有资本保值增值的普遍要求，不断提高经济效益和回报水平；又要充分考虑企业不同功能和行业布局特点，提高考核指标的针对性。

4. 短期目标与长远发展相结合。实行年度考核与任期考核相结合、结果考核与过程评价相统一，实现考核结果与奖惩、职务任免相挂钩，充分发挥考核的导向作用。

（三）主要目标。逐步完善符合企业功能定位实际的分类考核制度，基本形成导向清晰、远近结合的业绩考核体系，与企业负责人分类管理和选任方式相适应、与业绩考核结果相挂钩的差异化奖惩体系更加有效，业绩考核的科学性、针对性和引领作用显著增强，进一步明确和实化国有资本保值增值责任。

二、考核内容

根据中央企业功能定位，兼顾企业经营性质和业务特点，综合考核资本运营质量、效率和效益，以经济增加值为主，将转型升级、创新驱动、合规经营、社会责任等纳入考核指标体系，合理确定不同企业经济效益和社会效益指标，明确差异化业绩考核标准，实施差异化薪酬激励。按照国有企业功能界定与分类的有关政策要求，对中央企业主要分为以下 3 类实施考核：

（一）主业处于充分竞争行业和领域的商业类中央企业。以增强国有经济活力、放大国有资本功能、实现国有资本保值增值为导向，重点考核企业经济效益、资本回报水平和市场竞争能力，引导企业提高资本运营效率，提升价值创造能力。

1. 突出资本回报的考核要求。将企业经济增加值和盈利状况作为年度考核重点，根据企业资本结构和行业平均资本回报水平，加强与资本市场对标，确定差异化的资本成本率。将国有资本保值增值能力和可持续发展能力作为任期考核重点，加强对企业中长期业绩的考核。

2. 根据不同行业特点、发展阶段、管理短板和产业功能，合理确定不同企业的考核重点，设置有针对性的考核指标。

3. 鼓励企业在符合市场经济要求的前提下积极承担社会责任。

（二）主业处于关系国家安全、国民经济命脉的重要行业和关键领域、主要承担重大专项任务的商业类中央企业。以支持企业可持续发展和服务国家战略为导向，在保证合理回报和国有资本保值增值的基础上，加强对服务国家战略、保障国家安全和国民经济运行、发展前瞻性战略性产业以及完成重大专项任务情况的考核。

1. 将企业承担国家安全、行业共性技术或国家重大专项任务完成情况作为重要内容纳入业绩考核。考核指标及权重视企业具体情况确定。

2. 调整完善经济效益与资本回报考核机制。根据企业承担的国家安全、行业共性技术或国家重大专项任务资本占用情况和经营性质，适度调整经济效益指标和国有资本保值增值率指标考核权重，合理确定经济增加值指标的资本成本率。

3. 企业承担的国家安全、行业共性技术或国家重大专项任务完成情况较差的企业，无特殊客观原因的，在业绩考核中予以扣分或降级处理。

（三）公益类中央企业。以支持企业更好地保障民生、服务社会、提供公共产品和服务为导向，坚持把社会效益放在首位，重点考核产品服务质量、成本控制、营运效率和保障能力。

1. 强化考核公益性业务完成情况和保障能力，考核指标及权重视企业具体情况确定。

2. 根据不同企业特点，有区别地将经济增加值和国有资本保值增值率指标纳入年度和任期考核，适当降低考核权重和回报要求。

3. 引入社会评价。对企业提供的公共产品和服务质量、营运效率、成本控制和安全保障能力，引入第三方评价，将相关评价结果纳入业绩考核。对第三方评价结果较差的企业，根据具体情况，在业绩考核中予以扣分或降级处理。

三、建立特殊事项管理清单制度

根据中央企业战略定位和经济社会发展要求，进一步完善企业功能分类考核体系，探索建立特殊事项管理清单制度，将企业承担的对经营业绩有重大影响的特殊事项列入管理清单，作为考核指标确定和结果核定的重要参考依据。纳入清单的特殊事项主要包括：

（一）保障国家安全。

1. 国防安全。在推进军民融合深度发展、完善武器装备科研生产体系、国防动员体系、交通战备及国家安全建设等方面承担的任务，主要包括国防军事装备与技术的研发、军品生产任务、重大任务的装备保障等。

2. 能源资源安全。在重要能源资源勘查、开发、运输、建设、储备等方面承担的任务，主要包括石油天然气及战略性矿产资源的勘查开采、战略通道建设、重要商品和战略物资储备等。

3. 粮食安全。在落实国家宏观调控任务，稳定市场供应等特殊时期承担的任务，主要包括理顺粮油等产品的生产、收储、流通、加工、贸易等环节，调节区域供应和结构平衡等。

4. 网络与信息安全。在网络与信息安全等方面承担的任务，主要包括网络与信息安全软硬件研制任务、技术手段建设，以及保障网络信息安全、特殊通信和应急通信等。

（二）提供公共服务。承担政府赋予的部分公共服务职能。主要包括电网领域的农村电网改造、电网建设与相关技术研发、生产调度和安全质量、普遍服务等；电信领域的村村通工程、互联互通和普遍服务等；铁路、邮政领域的普遍服务等。

（三）发展重要前瞻性战略性产业。根据国家产业发展需要，培育和发展新一代信息技术、节能环保技术、生物技术、高端装备制造、新能源、新材料、新能源汽车等战略性新兴产业。主要包括重大基础研究、共性技术研发、科技成果转化和示范应用以及重大行业标准制订等；落实“中国制造2025”“互联网+”行动计划，促进新型工业化与信息化深度融合等；国家重点水电工程建设与运营、新能源技术开发等；国产民用飞机产业化、大型飞机研制、航空发动机研制，研发、建设和运营新一代移动通信和宽带网络，国家经济政策和地区发展规划咨询等国家专项任务。

（四）实施“走出去”重大战略项目。主要包括推进周边地区基础设施互联互通，控制境外重要能源资源，获取境外关键技术，带动我国装备、技术、标准出口等。

四、组织实施

（一）实施主体。对中央企业的功能分类考核，由履行出资人职责的机构对其任命的企业负责人进行年度和任期考核，并依据考核结果决定对企业负责人的奖惩。

（二）工作程序。

1. 年度经营业绩考核以公历年为考核期，任期经营业绩考核以三年为考核期。

2. 考核期初，由履行出资人职责的机构代表与企业负责人签订年度和任期经营业绩责任书，明确相应考核指标及相关要求。

3. 考核期末，由履行出资人职责的机构根据签订的经营业绩责任书执行情况，对企业负责人进行考核，形成考核与奖惩意见。

（三）结果应用。依据中央关于深化中央管理企业负责人薪酬制度改革相关意见和《关于印发〈中央企业领导班子和领导人员综合考核评价暂行办法〉的通知》（中组发〔2013〕20号）相关规定，根据业绩考核结果，实行与企业功能定位相符合、与企业负责人分类管理和选任方式相适应、与业绩考核结果相挂钩的差异化薪酬激励机制，并将业绩考核结果作为企业负责人任免的重要依据。

各履行出资人职责的机构要根据本方案，制定完善所监管企业负责人经营业绩考核办法。中央企业要参照本方案，结合实际制定所属企业的分类考核方案。金融、文化等中央企业的分类考核，另有规定的依其规定执行。

关于做好中央科技型企业股权和分红激励工作的通知

2016年10月31日　国资发分配〔2016〕274号

各中央企业：

为进一步贯彻落实《中华人民共和国促进科技成果转化法》《关于深化国有企业改革的指导意见》《关于深化人才发展体制机制改革的意见》和国家以增加知识价值为导

向分配等政策精神，加快实施国家创新驱动发展战略，健全完善有利于中央企业自主创新和科技成果转化的中长期激励机制，根据《国有科技型企业股权和分红激励暂行办法》(财资〔2016〕4号，以下简称《暂行办法》)，现就做好中央企业及所属国有科技型企业（以下简称中央科技型企业）股权和分红激励工作的有关事项通知如下：

一、充分认识实施股权和分红激励的重要性

中央企业是国家科技创新的主力军，是国家创新体系建设的重要力量。近年来，国资委相继开展了国有控股上市公司股权激励和中关村注册企业分红激励试点等工作，积极探索符合中央企业科技创新和改革发展需要的中长期激励方式，取得了一定成效。但总体看，中央企业创新激励机制建设尚不完善，激励力度和效果还不能与加快实施创新驱动发展战略，建设一流创新型企业的要求相匹配。《暂行办法》将中关村股权和分红激励试点政策在更大范围推广，是贯彻落实国家创新驱动发展战略，深化企业内部收入分配制度改革，建立激发人才活力中长期激励机制的重要举措，有利于完善技术、管理等要素按贡献参与分配的办法，有利于加快动力机制转换，有利于推动供给侧结构性改革和提质增效。中央企业要充分认识实施股权和分红激励的重要性，把握政策机遇，推进工作落实。

二、科学制定股权和分红激励实施方案

中央企业要准确把握股权和分红激励政策内涵，坚持“依法依规、公正透明，因企制宜、多措并举，利益共享、风险共担，落实责任、强化监督”的原则，科学制定激励方案。

（一）明确激励政策导向。

中央企业要以推动形成自主创新和科技成果转化的激励机制为主要目标，根据所属企业科技人才资本和技术要素贡献占比及投入产出效率等情况，合理确定实施企业范围和激励对象，建立导向清晰、层次分明、重点突出的中长期激励体系。优先支持符合《“十三五”国家科技创新规划》战略布局和中央企业“十三五”科技创新重点研发方向，创新能力较强、成果技术水平较高、市场前景较好的企业或项目实施股权和分红激励。企业应当综合考虑职工岗位价值、实际贡献、承担风险和服务年限等因素，重点激励在自主创新和科技成果转化中发挥主要作用的关键核心技术、管理人员。

（二）科学选择激励方式。

中央企业应当按照深化收入分配制度改革的总体要求，从所属企业规模、功能定位、所处行业及发展阶段等实际出发，结合配套制度完善情况，合理选择激励方式，优化薪酬资源配置。鼓励符合条件的企业优先开展岗位分红激励。科技成果转化和项目收支明确的企业可选择项目分红激励。稳妥实施股权激励，企业应当在积累试点经验的基础上逐步推进。在股权和分红激励起步阶段，同一企业原则上应当以一种方式为主。同一激励对象就同一职务科技成果或产业化项目，只能采取一种激励方式、给予一次激励。

（三）合理确定激励水平。

中央企业应当从经营发展战略以及自身经济效益状况出发，分类分步推进股权和分红激励工作。要坚持效益导向和增量激励原则，根据企业人工成本承受能力和经营业绩状况，合理确定总体激励水平。要坚持生产要素按贡献参与分配原则，从企业人才激励现状和用工市场化程度出发，建立健全以成果贡献为评价标准的科技创新人才薪酬制度，在科学评价科研团队、个人业绩的基础上，适度拉开激励对象收入分配差距。

岗位分红激励总额的确定应当统筹好与当期工资总额管理的关系，避免因实施分红激励出现工资效益不匹配。项目分红激励原则上应当采取与重要技术人员约定的方式进行，明确激励水平、兑现方式和违约责任等，激励总额根据项目规模、市场化程度合理确定。股权激励总额的确定应当从企业规模、发展阶段等实际出发，个人激励水平应当合理适度，确保激励的可持续性和公平性。

（四）严格规范制度执行。

中央企业开展股权和分红激励应当严格执行《暂行办法》有关规定，不得随意降低资格条件。实施股权激励的，应当建立相应的考核兑现办法，加强对授予、行权等事项的管理。实施岗位分红激励的，应当明确年度业绩考核指标，除企业处于初创阶段等特殊情况外，原则上各年度净利润增长率应当高于企业实施岗位分红激励近 3 年平均增长水平。实施项目分红激励的，应当建立健全项目成本核算、科技成果评估及收益分红等财务管理体系，并严格按照与激励对象约定情况，实施激励。

三、全面加强股权和分红激励的组织管理

（一）建立分级管理工作机制。

国资委作为监督管理部门，负责推动中央企业做好股权和分红激励政策贯彻落实工作，除承担中央企业集团公司激励方案审批外，主要侧重政策指导以及对执行情况的监督检查。

中央企业是实施股权和分红激励政策的责任主体，负责本企业股权和分红激励制度建设、组织实施及规范管理等工作，审批所属科技型企业激励方案，并且对其合规性负责。

（二）规范决策程序和工作流程。

中央企业应当按照国家有关规定和本通知要求，拟订本企业实施股权和分红激励的总体工作方案和推进计划，并且在实施前向国资委报告。

中央企业集团公司以及所属科技型企业股权和分红激励方案的拟订均应当严格履行内部决策程序，并通过职工大会、职代会或者其他形式充分听取职工意见和建议。企业拟订的激励方案应当按照出资关系，分别报送国资委或中央企业集团批准。未经批准，企业不得擅自实施激励方案。

建立中央科技型企业股权和分红激励实施情况定期报告制度，中央企业应当将年度股权和分红激励实施情况总结报告于次年 2 月底前报送国资委。

（三）强化监督检查。

中央企业应当将股权和分红激励计划纳入预算管理，在年度财务决算后兑现，其中

分红激励总额纳入工资总额预算单列管理。国资委将中央科技型企业股权和分红激励工作纳入收入分配监督检查事项范围，采取抽查和专项检查等方式，对企业实施情况进行监督评估。对违反法律法规及政策规定、损害国有资产权益的企业，国资委将责令其调整或终止方案，并且追究相关企业和人员责任。

本通知印发之前有关中央企业经国资委批准的分红激励方案可继续执行，实施期满后，新的激励方案统一按照《暂行办法》和本通知要求执行。各中央企业在实施过程中遇到新情况新问题，要及时向国资委报告。

关于印发《中央科技型企业实施分红激励工作指引》的通知

2017 年 8 月 25 日　国资厅发考分〔2017〕47 号

各中央企业：

为指导和推动中央科技型企业加快落实国家股权和分红激励政策，根据《关于做好中央科技型企业股权和分红激励工作的通知》（国资发分配〔2016〕274 号）分类分步实施激励的有关要求，我们制定了《中央科技型企业实施分红激励工作指引》，现印发给你们，请结合实际，认真执行。

附件：中央科技型企业实施分红激励工作指引

附件：

中央科技型企业实施分红激励工作指引

第一章　总　　则

第一条　为推动中央企业加快实施创新驱动发展战略，进一步落实《国有科技型企业股权和分红激励暂行办法》（财资〔2016〕4 号）要求，建立完善有利于自主创新和科技成果转化的分红激励机制，调动技术、管理人员的积极性和创造性，根据中央企业科技创新激励工作部署和《关于做好中央科技型企业股权和分红激励工作的通知》（国资发分配〔2016〕274 号）规定，制订本指引。

第二条　本指引适用于国务院国有资产监督管理委员会（以下简称国资委）履行出资人职责的中央企业及所属控股（含实际控制）未上市科技企业（以下简称中央科技型企业，含全国中小企业股份转让系统挂牌企业）。上述企业应当具有公司法人资格并在中国境内注册，具体包括以下几种类型：

（一）国家认定的高新技术企业。

（二）转制院所企业。

（三）中央企业所属高等院校和科研院所投资的科技企业。

（四）国家和省级认定的科技服务机构。

第三条 本指引用于指导中央科技型企业的国有控股股东依法履行出资人职责，按照本指引及相关规定要求，指导所属科技型企业科学制订分红激励计划、规范履行决策程序，做好分红激励计划的实施管理工作。

第二章 方案的制订

第一节 激励方式

第四条 分红激励包括岗位分红激励和项目收益分红激励两种方式。

（一）岗位分红激励，是指企业实施科技创新和成果产业化，以企业经营收益为标的，按照相应岗位在科技成果产业化中的重要性和贡献，确定激励总额和不同岗位的分红标准，并对激励对象实施激励的行为。

（二）项目收益分红激励，是指企业通过成果转让（许可）、作价投资、自行或合作实施等方式进行职务科技成果转化，以形成的收益为标的，采取项目收益分成方式对激励对象实施激励的行为。

第五条 中央科技型企业应当结合自身实际，科学选择分红激励方式。原则上同一企业应当采取一种分红方式，对同一激励对象就同一职务科技成果或产业化项目，给予一次激励。

第二节 实施条件

第六条 实施分红激励的中央科技型企业应当制定明确的发展战略，主业突出、成长性好。内部治理结构健全并有效运转，管理制度完善，人事、劳动、分配制度改革取得积极进展。具有发展所需的关键技术、自主知识产权和持续创新能力。

第七条 实施分红激励的中央科技型企业年度财务会计报告必须经过中介机构依法审计，且激励方案制订近 3 年（以下简称近 3 年）没有发生财务、税收等方面违法违规行为，未出现重大收入分配违规违纪事项。

第八条 实施分红激励的中央科技型企业原则上应当成立满 3 年。除本指引第二条第（四）类企业外，其他企业近 3 年研发费用占当年营业收入均应当在 3%以上，激励方案制订的上一年度企业研发人员占职工总数（以上人数均按平均数统计）应当在 10%以上，相关数据原则上应当以企业年度财务会计报告为依据。对成立不满 3 年的初创企业，可以实际经营年限计算。

第九条 对于本指引第二条第（四）类企业，成立应当满 3 年，且近 3 年科技服务性收入不低于当年企业营业收入的 60%。科技服务性收入是指国有科技型服务机构营业收入中属于研究开发及其服务、技术转移服务、检验检测认证服务、创业孵化服务、知识产权服务、科技咨询服务、科技金融服务、科学技术普及服务等收入。

第十条 中央科技型企业实施岗位分红激励，除满足以上条件外，企业还应当建立规范的岗位管理和评估体系，岗位序列清晰、岗位价值明确。企业近3年税后利润累计形成的净资产增值额应当占企业近3年年初净资产总额的10%以上，且实施激励当年年初未分配利润为正数。成立不满3年的，不得采取岗位分红的激励方式。

近3年税后利润累计形成的净资产增值额，是指激励方案制订上年末账面净资产相对于近3年首年初账面净资产的增加值，不包括财政及企业股东以各种方式投资或补助形成的净资产和已经向股东分配的利润。

第十一条 中央科技型企业实施项目收益分红激励，除满足第六条至第九条规定外，企业还应当建立规范的项目管理和收益评估制度。项目资产、人员边界清晰，核算独立、收支明确。

第十二条 以下类型中央科技型企业或职务科技成果转化项目可以优先开展分红激励：

（一）符合《“十三五”国家科技创新规划》战略布局和中央企业“十三五”科技创新研发方向，承担国家科技创新重大专项、重大工程、国家重点研发计划的。

（二）收入和利润来源于所在中央企业外部市场占比较高的。

（三）符合所在中央企业主业发展方向的。

（四）自主创新能力较强、成果技术水平较高、市场前景较好的。

第三节　激励对象

第十三条 企业应当综合考虑职工岗位价值、实际贡献、承担风险和服务年限等因素确定分红激励对象，激励对象应当与本企业签订劳动合同，具体包括：

（一）在科技创新和成果转化过程中发挥重要作用的技术人员，包括关键职务科技成果的主要完成人、重大开发项目的负责人、对主导产品或者核心技术及工艺流程做出重大创新或者改进的主要技术人员。

（二）主持企业全面生产经营工作的高级管理人员，负责企业主要产品（服务）生产经营的中、高级经营管理人员。

（三）通过省、部级及以上人才计划引进的重要技术人才和经营管理人才。

第十四条 岗位分红激励对象应当通过公开招聘、企业内部竞争上岗或者其他市场化方式产生，且应当在该岗位连续工作1年以上。每次激励人数不得超过企业在岗职工总数的30%。

第十五条 项目收益分红激励对象应当由企业和项目组共同确定，激励对象名单应当随同激励方案一并听取职工意见和建议。

第十六条 中央科技型企业不得面向全体员工实施分红激励，不得把以下人员确定为激励对象：

（一）未与企业签订劳动合同的人员，包括事业编制人员以及人事代理、劳务派遣、劳务外包等其他人员。

（二）企业监事（包括职工监事）、独立董事。

（三）与企业科技创新和成果转化无直接关联的管理人员。

（四）有关政策法规明确不得成为激励对象的人员。

第四节　激励额度

第十七条　中央科技型企业应当以推动科技成果转化、提升企业经营效益为目标，坚持增量激励、效益导向的原则，统筹考虑企业经营发展战略、自身效益状况以及人工成本承受能力等因素合理确定分红激励额度。

第十八条　实施岗位分红激励的企业，应当以反映企业盈利能力或价值创造的绝对指标（如税后利润、税后利润增加值、经济增加值、经济增加改善值等）作为提取基数，科学设计计提模式，合理确定提取比例。年度分红激励总额不得高于当年税后利润的15%，并统筹好与当期工资总额和效益增量的比例关系，避免因实施分红激励出现工资效益不匹配问题。

第十九条　实施岗位分红激励的企业，应当按照岗位在科技成果产业化中的重要性以及激励对象个人的贡献情况，确定不同岗位激励对象的分红标准。激励对象个人年度分红所得不得高于其年度薪酬总额（不含分红所得）的2/3。同一企业内激励对象个人最高和最低激励额度的倍数设定应当充分考虑岗位价值评估结果，并且根据个人贡献、企业内部收入分配关系等因素综合确定。

第二十条　实施项目收益分红的企业，应当在职务科技成果完成、转化后，按照与重要技术人员约定或企业有关规定，合理确定激励额度（包括提取模式、比例等）和执行时限。不同的科技成果转化方式，可以按照以下原则确定有关事项：

（一）将该项职务科技成果转让、许可给他人实施的，以该项科技成果转让净收入或许可净收入作为提取基数，按约定或规定比例提取激励额度，原则上一次性激励到位。

（二）利用该项职务科技成果作价投资，以科技成果作价入股的股份（或出资比例）形成的投资收益作为提取基数的，按照约定或规定比例提取激励额度，原则上有效期不得超过5年；以职务科技成果作价入股形成的股份（或出资比例）作为提取基数的，应当按照股权激励有关规定约定相应激励额度、比例和其他事项。

（三）将该项职务科技成果自行实施或者与他人合作实施的，应当在实施转化成功投产后连续3至5年，按照约定或规定比例每年从实施该项科技成果的营业利润中提取激励额度。

转让、许可净收入是指企业取得的科技成果转让、许可收入扣除相关税费和企业为该项科技成果投入的全部研发费用及维护、维权费用后的金额。企业将同一项科技成果使用权向多个单位或者个人转让、许可的，转让、许可收入应当合并计算。

第二十一条　实施项目收益分红激励的企业，应当把握好项目投入产出与收益分配的关系，按照以下原则对激励额度和水平进行约定：

（一）总体激励额度应当结合项目来源、项目级别、项目规模、发展阶段以及创新贡献等因素约定。对于国家立项、创新贡献较大的项目可以适当加大激励力度。对于项目所在企业成立时间不满3年或实施当年未盈利的，应当结合项目收益情况控制总体额度，或采取分批分次的方式兑现。

（二）个人激励水平应当结合激励对象人数、薪酬水平、市场对标等因素，根据激励对象个人在职务成果完成和转化过程中的贡献以及绩效考核结果约定。对于关键科研任务、重大开发项目、主导产品或核心技术的主要完成人、负责人等可以适当提高分配比例。对于个人收入明显高于市场水平或同时参与多个项目激励的人员应当合理控制个人激励标准或项目分红总收入。

第二十二条 中央科技型企业制定项目收益分红激励相关规定应当充分听取技术人员的意见，有关规定或约定事项应当在本企业公开。出现实施激励当年项目所在企业处于亏损状态、项目分红激励总额偏大、单个激励对象水平偏高等特殊情况的，应当向中央企业集团公司报备。

第二十三条 中央科技型企业未建立有效规定或未及时与重要技术人员约定的，按照《中华人民共和国促进科技成果转化法》等国家有关制度执行，并在激励方案有效期内制定相关制度，在实施下一期项目分红激励计划时从其约定。

第五节 考核要求

第二十四条 岗位分红激励方案有效期原则上不超过3年（自制订方案当年起）。中央科技型企业应当建立完善的业绩考核体系和考核办法，在激励方案中明确除净利润增长率应当高于企业实施岗位分红激励近3年平均增长水平（复合增长率）的要求外，还应当结合企业经营特点、发展阶段以及科技创新等情况，从以下维度综合确定年度考核指标（原则上三类指标至少各选一个）：

（一）财务类指标，如净利润增长率（必选）、净资产收益率、主营业务收入增长率等。

（二）科技创新类指标，如科技创新收入增长率、科技创新收入占营业收入比重、新增（成果转化）合同额增长率、专利数量等。

（三）管理类指标，如核心人才保留率、劳动生产率、成本费用占营业收入比重等。

第二十五条 对于处于初创阶段等特殊情况的企业，根据企业功能定位、发展前景等因素，合理设置考核指标，可以管理类、科技创新类指标为主，体现初创阶段的发展导向。

第二十六条 项目收益分红激励方案有效期应当结合职务科技成果转化方式合理确定。其中，以职务科技成果作价投资、自行实施或者与他人合作实施方式开展项目收益分红激励的，应当结合企业科技创新以及项目实施情况，从以下维度约定年度考核指标（原则上三类指标至少各选一个）：

（一）项目财务类指标，如项目收入增长率、项目投资回报率、项目净利润增长率等。

（二）项目创新类指标，如项目专利和知识产权数量、项目获奖情况等。

（三）项目管理类指标，如项目研发费用占营业收入比重、新增项目合同数（额）增长率、合同履约率等。

以职务科技成果转让、许可给他人实施的，若不采取一次性激励的方式，原则上也应当按照以上要求制定激励有效期内的考核办法。

第二十七条 中央科技型企业以自身历史业绩水平纵向比较为主，鼓励具备条件的企业（或项目）采取与同行业或对标企业业绩横向对标的方式，综合确定考核目标水平。

（一）在激励方案中应当载明考核目标的确定方式，选择企业对标的，应当说明对标企业的选取原则。

（二）考核目标水平设置应当结合企业经营状况、行业周期以及科技发展规划等因素综合确定。原则上相关指标不低于上一年度实际业绩水平或本企业近3年平均业绩水平（实施岗位分红的，年度净利润增长率指标必须高于近3年平均增长水平）。引入行业对标的，相关指标应当不低于同行业平均（或对标企业50分位值）业绩水平。

第二十八条 中央科技型企业应当建立健全与分红激励配套的员工绩效考核评价体系，全面、客观、准确地评价激励对象业绩贡献。

第二十九条 中央科技型企业（科技成果转化项目）的考核结果应当与分红激励总额度挂钩，个人绩效考核评价结果应当应用于个人分红激励兑现。

第三十条 中央科技型企业实施分红激励，应当重点加强对财务类指标的考核，岗位分红激励年度净利润增长率低于近3年平均增长水平的，应当终止实施方案；项目收益分红激励财务类指标未达到考核目标的，原则上应当终止实施方案。其他指标未达到考核目标的，应当按照约定或规定扣减额度或终止实施方案。

第三十一条 激励对象未达到个人年度绩效考核要求的，应当按规定或约定扣减、暂缓或停止分红激励。

第六节 财务及工资管理

第三十二条 中央科技型企业实施分红激励应当严格执行财务会计及税收处理等有关规定。激励方案涉及的财务数据和资产评估结果，应当经具有相关资质的会计师事务所审计和资产评估机构评估，并按有关规定办理核准或备案手续。

第三十三条 中央企业集团公司应当将所属科技型企业分红激励计划纳入工资总额预算管理。按照有关规定申报年度分红激励预算，结合企业生产经营和科技创新实施情况进行预算调整，并根据财务决算结果兑现激励额度、开展预算执行情况清算评价工作。

第三十四条 分红激励所需支出应当计入本企业工资总额，实行单列管理，不纳入本企业工资总额基数，不作为企业职工教育经费、工会经费、社会保险费、补充养老及补充医疗保险费、住房公积金等的计提依据。

第三章 组织与实施

第三十五条 中央企业集团公司应当按照国家有关规定和本指引要求，制定分红激励相关管理制度，明确实施主体、主要职责、决策程序和工作流程等。制订总体工作方案和推进计划，统筹规划所属科技型企业分红激励工作，并在实施前向国资委报告。

第三十六条 纳入总体工作方案和推进计划的中央科技型企业，由本企业总经理班子或者董事会（以下简称内部决策机构）制订分红激励具体方案。

第三十七条 中央科技型企业内部决策机构制订激励方案时，应当通过职工代表大会或者其他形式充分听取职工的意见和建议，并将激励方案及听取职工意见情况报中央企业集团公司批准和备案。

第三十八条 中央企业集团公司主要从实施条件、实施程序以及实施方案的合法、合规性等方面对所属科技型企业分红激励方案进行评审。并自受理方案之日起20个工作日内，提出书面审定意见。

第三十九条 中央科技型企业分红激励方案经审核同意后，提交本企业股东（大）会审议。

第四十条 除国家另有规定外，中央科技型企业应当在股东（大）会审议通过激励方案后5个工作日内，将决议、批准文件以及审议通过的激励方案报中央企业集团公司备案，并按照方案实施激励。未设立股东（大）会的企业，按照中央企业集团公司批准的方案实施。

第四十一条 中央科技型企业内部决策机构在召开股东（大）会前撤销分红激励计划或者股东（大）会审议未通过分红激励计划的，应当向中央企业集团公司提交撤销原分红激励计划审核（备案）的报告，且原则上当年不再提交有关激励计划。

第四十二条 国资委对中央企业总体分红激励工作给予政策指导。中央企业整体作为科技型企业实施分红激励的，应当由内部决策机构制订实施方案，并经相关民主程序听取职工意见后，报国资委批准后实施。

第四章 管理与监督

第四十三条 中央科技型企业因出现特殊情形需要调整激励方案的（如激励对象范围变化、单个对象激励水平变化等情况），应当重新履行内部审议和外部审核程序。出现以下情形的，应当终止实施分红激励方案，再次实施的，按照规定重新申报审核：

（一）激励方案发生重大调整的（如激励方式变化、业绩考核指标调整等情况）。

（二）分红激励考核指标未达标，根据约定或规定应当终止方案实施的。

（三）会计师事务所、资产评估机构、法律事务机构等第三方中介组织对激励方案涉及的数据、结果等事项出具否定意见的。

（四）企业股权或产权结构发生重大变化，导致激励方案无法实施的。

（五）其他需要终止方案实施的情形。

终止激励方案，企业内部决策机构应当向中央企业集团公司报告并向股东（大）会说明情况。

第四十四条 激励对象因辞职、调动、免职、退休、死亡、丧失民事行为能力、违法违规等原因与企业解除或者终止劳动关系的，应当终止其分红激励资格。

第四十五条 中央企业集团公司应当严格审核所属科技型企业的分红激励方案，必要时可以要求企业法律事务机构或者外聘律师对激励方案出具法律意见书。

第四十六条 中央企业集团公司应当遵守法律法规和有关制度规定，建立对所属科技型企业分红激励工作的考核评价机制，并依据考核结果对激励方案实施动态管理。

第四十七条 中央企业集团公司应当建立分红激励工作定期报告制度，并于每年2月底前将上一年度实施分红激励的总体情况报送国资委。

第四十八条 国资委将中央科技型企业分红激励工作纳入收入分配监督检查事项范围，采取抽查和专项检查等方式，对企业实施情况进行监督评估。对违反法律法规及政策规定、损害国有资产权益的企业，国资委将责令调整或终止方案，并追究相关企业和人员责任。

第四十九条 按照《中关村国家自主创新示范区企业股权和分红激励实施办法》（财企〔2010〕8号）和《关于在部分中央企业开展分红权激励试点工作的通知》（国资发改革〔2010〕148号）规定，已经国资委批准的分红激励方案可继续执行，实施期满后，新的激励方案统一按照国家有关规定和本指引执行。

第五十条 全民所有制中央科技型企业应当积极按照国家有关规定，推动公司制改革，在不断提升内部管理水平和健全完善制度体系的基础上，实施分红激励。

附件：1. 实施分红激励申报审核流程图（略）

2. 分红激励方案要点（略）

3. 实施分红激励申报材料（略）

4. 中央企业分红激励总体工作方案要点（略）

5. 中央企业分红激励年度实施工作总结要点（略）

6. 中央企业分红激励年度实施情况汇总表（略）

关于印发《中央企业专职外部董事薪酬管理暂行办法》的通知

2017年11月28日　国资发考分〔2017〕193号

各中央企业：

现将《中央企业专职外部董事薪酬管理暂行办法》印发给你们，请结合实际，认真贯彻执行。附件：中央企业专职外部董事薪酬管理暂行办法

附件：

中央企业专职外部董事薪酬管理暂行办法

第一章　总　　则

第一条 为贯彻《中共中央国务院关于深化国有企业改革的指导意见》（中发

〔2015〕22号）和深化中央企业负责人薪酬制度改革精神，推进中央企业建设规范董事会工作，加强专职外部董事薪酬管理，根据《中华人民共和国公司法》《中华人民共和国企业国有资产法》《企业国有资产监督管理暂行条例》和中央企业专职外部董事有关管理办法等法律法规和规范性文件，制定本办法。

第二条 本办法适用于国务院国有资产监督管理委员会（以下简称国资委）任命或聘任的专职外部董事的薪酬管理。

第三条 国资委决定专职外部董事薪酬有关事项，委托有关机构（以下称受委托机构）负责专职外部董事薪酬的发放及管理。

第四条 专职外部董事薪酬由年度薪酬和任期激励收入构成。

第五条 专职外部董事薪酬管理遵循以下原则：

（一）坚持与中央企业负责人薪酬制度改革精神相一致。参照中央企业负责人薪酬管理制度，根据专职外部董事管理实际，合理确定薪酬结构和水平，构建科学的薪酬确定机制。

（二）坚持责、权、利相统一。依据专职外部董事职责特点，将薪酬与履职评价结果、岗位责任和贡献紧密挂钩，实现有效的激励约束。

（三）坚持与完善中央企业法人治理结构相适应。深入推进董事会建设，强化专职外部董事依法履职责任，推动中央企业建立健全中国特色现代国有企业制度。

（四）坚持短期激励与中长期激励相结合。注重专职外部董事当期收入与任期收入的有效平衡，调动专职外部董事履职的积极性，促进专职外部董事队伍的建设和稳定。

第二章　年度薪酬

第六条 专职外部董事年度薪酬由基本年薪和评价年薪构成。

第七条 基本年薪是专职外部董事的年度基本收入，根据上年度中央企业在岗职工平均工资的2倍确定，原则上每年核定一次，按月支付。上年度中央企业在岗职工平均工资以人力资源社会保障部发布的数据为准。

第八条 评价年薪是与专职外部董事年度评价结果相联系的收入，以基本年薪为基数，根据专职外部董事年度履职评价结果、任职企业负责人经营业绩考核结果并结合评价年薪调节系数确定。

第九条 专职外部董事评价年薪核定公式如下：

评价年薪＝基本年薪×年度综合评价系数×评价年薪调节系数。

（一）年度综合评价系数依据专职外部董事在各任职企业年度评价结果和国资委对各任职企业负责人年度经营业绩考核结果综合确定，最高不超过2.0。

年度综合评价系数＝$\sum$（专职外部董事在任职企业的年度评价系数×80%＋任职企业负责人年度考核评价系数×20%）/任职企业户数。其中：

专职外部董事在任职企业年度履职评价结果为优秀的，年度评价系数为2.0；

专职外部董事在任职企业年度履职评价结果为良好的，年度评价系数为1.5；

专职外部董事在任职企业年度履职评价结果为基本称职的，年度评价系数为1.0；

专职外部董事在任职企业年度履职评价结果为不称职的，年度评价系数为0。

任职企业负责人年度考核评价系数按照中央企业负责人经营业绩考核实施方案有关规定执行。

（二）评价年薪调节系数根据专职外部董事任职企业户数、专职外部董事在董事会或者董事会专门委员会任职岗位等因素确定，最高不超过1.5。

评价年薪调节系数＝任职户数系数×任职岗位系数×调控系数。

1. 任职户数系数依据专职外部董事任职企业户数确定。

专职外部董事在1户企业任职的，任职户数系数为0.8；

专职外部董事在2户企业任职的，任职户数系数为1.0；

专职外部董事在3户企业任职的，任职户数系数为1.2。

2. 任职岗位系数依据专职外部董事在董事会或者董事会专门委员会任职情况确定。

任职岗位系数＝ $\sum$ 专职外部董事任职岗位系数/任职企业户数。

担任中央企业外部董事召集人的，任职岗位系数为1.1；

担任董事会专门委员会主任的，任职岗位系数为1.05；

其他外部董事，任职岗位系数为1.0。

3. 调控系数原则上为1.0，国资委根据中央企业负责人薪酬调控政策、专职外部董事管理要求等，可适当调整。

第十条 专职外部董事在任职企业年度履职评价结果均为不称职的，不得领取评价年薪。

第三章 任期激励收入

第十一条 任期激励收入是与专职外部董事任期评价结果相联系的收入。

第十二条 任期激励收入在不超过专职外部董事任期内年度薪酬总水平的30%以内确定，一次性支付。

第十三条 专职外部董事任期激励收入核定公式如下：

任期激励收入＝30%×任期内年度薪酬总水平×专职外部董事任期激励系数。其中，

专职外部董事任期评价结果为优秀的，任期激励系数为1.0；

专职外部董事任期评价结果为良好的，任期激励系数为0.8；

专职外部董事任期评价结果为基本称职的，任期激励系数为0.6；

专职外部董事任期评价结果为不称职的，任期激励系数为0。

第十四条 专职外部董事因非本人原因任期未满的，根据专职外部董事实际任职时间及评价结果核定任期激励收入。因本人原因三年任期未满的，不得实行任期激励。

第四章 福利性待遇

第十五条 专职外部董事按照国家有关规定参加基本养老保险、基本医疗保险等基

本社会保险以及缴存住房公积金。专职外部董事的各项基本社会保险和住房公积金缴费，应当由个人承担的部分，由受委托机构从其基本年薪中代扣代缴；应当由单位承担的部分，由受委托机构支付。

第十六条 受委托机构为专职外部董事缴存住房公积金比例最高不得超过缴存基数的12%，缴存基数最高不得超过受委托机构所在地统计部门公布的上一年度职工月平均工资的3倍。

第十七条 受委托机构按照国家有关规定为专职外部董事建立企业年金的，其年金缴费比例不得超过国家统一规定的标准，符合国资委有关要求。

第十八条 受委托机构按照国家规定为专职外部董事建立补充医疗保险的，其缴费比例不得超过国家统一规定的标准，专职外部董事补充医疗保险待遇按规定执行。

第十九条 受委托机构不得为专职外部董事购买商业性补充养老保险。

第二十条 专职外部董事享受的符合国家规定的企业年金、补充医疗保险和住房公积金等福利待遇，一并纳入薪酬体系统筹管理。

第五章 管理与监督

第二十一条 受委托机构要严格按照国资委核定的薪酬方案兑现专职外部董事薪酬。薪酬方案经国资委核定后，统一抄送外派监事会。

第二十二条 受委托机构根据有关规定对专职外部董事评价年薪按照一定标准实施预发。专职外部董事年度评价结果确定后，受委托机构根据国资委核定的评价年薪进行清算。

第二十三条 自国资委向受委托机构下发专职外部董事任职文件之月起，至专职外部董事受聘到中央企业任职前，专职外部董事除领取基本年薪外，按照基本年薪的1倍标准核定评价年薪。

第二十四条 专职外部董事因工作需要发生岗位变动的，工资关系不再保留在受委托机构，应当自下发职务调整文件次月起，将工资关系转出至其他单位，除按当年实际工作月数计提的薪酬外，不得继续在受委托机构领取薪酬。

第二十五条 专职外部董事退休后，自下发职务调整文件次月起，按规定领取养老金，除按当年实际工作月数计提的评价年薪、任期激励收入外，不得继续在受委托机构领取薪酬。

第二十六条 专职外部董事发生岗位变动或退休的，其任期激励收入应当待任期评价结果确定后兑现。

第二十七条 专职外部董事的薪酬为税前收入，应当依法缴纳个人所得税。受委托机构应当依法为专职外部董事代扣代缴个人所得税。

第二十八条 受委托机构应当根据《中央企业负责人履职待遇、业务支出管理办法》和国资委有关要求，结合专职外部董事履职特点，制定专职外部董事履职待遇、业务支出管理办法，报国资委备案，并负责日常管理。任职企业应当为专职外部董事提供必要的工作条件，但是不得向其支付任何货币性收入。

第二十九条 受委托机构按照中央企业公务用车制度改革精神，根据专职外部董事履职和公务活动需要，合理确定专职外部董事公务交通保障方式。

采取配备公务用车方式的，要严格执行中央及国资委关于公务用车配备的有关规定，车辆由受委托机构集中统一管理，不得发放任何形式的公务交通补贴。

采取发放公务交通补贴方式的，取消配备公务用车，公务交通补贴标准报国资委备案。

第三十条 受委托机构应当设置专职外部董事薪酬、福利待遇、履职待遇及业务支出管理台账，在财务统计中单列科目、单独核算。

第三十一条 受委托机构对专职外部董事薪酬和履职待遇、业务支出等实行预算管理。每年根据有关规定制订专职外部董事薪酬和履职待遇、业务支出方案，报国资委审核批准。报送的方案应当包括以下主要内容：

（一）专职外部董事的任职情况；

（二）专职外部董事的年度薪酬兑现方案；

（三）专职外部董事的任期激励收入兑现方案；

（四）专职外部董事的福利保障方案；

（五）专职外部董事的履职待遇、业务支出预算方案；

（六）国资委要求的其他材料。

第三十二条 专职外部董事离任后，其薪酬方案和薪酬兑现的原始资料至少保存15年。

第三十三条 受委托机构不得在国资委核定的薪酬方案之外，向专职外部董事支付其他任何名义和形式的货币性收入。

第三十四条 专职外部董事应当遵守国有企业领导人员廉洁从业的有关规定。专职外部董事不得接受任职企业、任职企业所出资企业以及其他单位给予的收入、福利等任何形式的物质性利益，不得让任职企业或者与任职企业有业务往来的单位承担应当由个人负担的任何费用，不得接受任职企业以及与任职企业有业务往来的单位的馈赠。

第三十五条 专职外部董事违反国家有关法律法规及政策规定的，按照有关规定给予纪律处分、组织处理、禁入限制和经济处罚，并追回违规所得收入。专职外部董事因违纪违规受到党纪政纪处分的，参照国资委关于受党纪政纪处分的中央企业负责人薪酬扣减有关规定执行。

第三十六条 国资委加强对专职外部董事薪酬情况的监督检查，将专职外部董事薪酬、福利等情况纳入外派监事会、审计和巡视等监督检查范围。对在专职外部董事薪酬管理过程中存在弄虚作假、违法违规等行为的，将严肃追究相关人员责任。

第六章　附　　则

第三十七条 受委托机构应当按照本办法要求，完善专职外部董事薪酬管理及履职待遇、业务支出工作制度和程序，规范管理。

第三十八条 本办法自印发之日起施行。《关于印发〈建设规范董事会中央企业专职外部董事薪酬管理暂行办法〉的通知》（国资发分配〔2011〕134号）同时废止。

关于中央企业规范实施企业年金的意见

2018 年 8 月 3 日　国资发考分〔2018〕76 号

各中央企业：

建立和完善企业年金，是贯彻落实党的十九大提出的在发展中保障和改善民生的重要举措，既有利于完善企业薪酬福利体系，增强企业对人才的吸引力，又有利于更好保障职工退休后的生活，稳定职工队伍，是一项关系职工切身利益和企业长远发展的制度安排。近年来，中央企业积极探索实施企业年金，完善薪酬福利保障体系，对调动广大职工积极性，增强企业活力和竞争力，促进国有资产保值增值发挥了重要作用。为更好指导中央企业建立和规范实施企业年金，根据《中共中央　国务院关于深化国有企业改革的指导意见》（中发〔2015〕22 号）、《国务院办公厅关于转发国务院国资委以管资本为主推进职能转变方案的通知》（国办发〔2017〕38 号）、《企业年金办法》（人力资源社会保障部　财政部令第 36 号），提出以下意见。

一、总体要求

（一）指导思想

以习近平新时代中国特色社会主义思想为指导，全面贯彻党的十九大精神，认真落实党中央、国务院决策部署，按照深化国有企业改革、完善养老保险体系的要求，以增强中央企业活力、提高职工薪酬福利竞争力为中心，既尽力而为，又量力而行，建立更加充实、更有保障、更可持续的企业年金制度规范和管理运营体系，进一步提升职工获得感、幸福感、安全感，促进收入分配更合理、更有序。

（二）基本原则

——坚持统筹规划、整体设计。中央企业应当根据经营发展战略规划、人力资源策略以及内部薪酬分配制度改革的需要，将企业年金纳入薪酬福利体系统筹规划，整体设计企业年金方案，根据实际情况因企施策，分步实施。

——坚持保障适度、持续发展。实施企业年金应当正确处理国家、企业、职工三者的利益关系，充分考虑企业人工成本承受能力，合理确定与企业发展阶段相适应的保障水平，确保企业持续健康发展。

——坚持自主建立、突出重点。鼓励中央企业在集体协商的基础上自主建立企业年金，企业年金待遇水平应当与企业效益及职工个人贡献挂钩，对关系企业长期发展的核心骨干人才可以适度倾斜。

——坚持分级管理、权责清晰。健全企业年金分级管理制度，国资委以管资本为主完善企业年金制度规范并加强监督，中央企业集团公司依法依规负责企业年金的实施和管理运营，切实承担企业年金管理的主体责任。

二、明确企业年金实施条件

（三）具备相应的经济能力。中央企业实施企业年金应当以合并报表盈利、实现国有资产保值增值为前提，因经营性原因导致合并报表亏损或未实现国有资产保值增值的，集团总部以及亏损或未实现国有资产保值增值的所属企业，应当暂缓实施企业年金。

（四）人工成本承受能力较强。中央企业应当具有持续的企业年金缴费能力，年金缴费水平应当与企业人工成本承受能力相适应。人工成本投入产出效率在行业内处于较低水平的企业，应当暂缓实施企业年金。

（五）基础管理健全规范。中央企业应当建立完善的法人治理结构和有效的决策、监督制度，集体协商机制规范健全，企业和职工依法参加基本养老保险并履行缴费义务。

中央企业集团公司可以根据所属企业实际情况，对上述条款进行细化，提出切实可行的具体实施条件和要求。

三、科学设计企业年金方案

（六）合理确定缴费水平。企业年金所需费用由企业和职工个人共同缴纳，企业缴费每年最高不超过本企业职工工资总额的8%；职工个人缴费不低于企业为其缴费的四分之一，以后年度逐步提高，最终与企业缴费相协调；企业和职工个人缴费合计每年最高不超过本企业职工工资总额的12%。

中央企业应当根据发展阶段与经济效益状况，结合企业人工成本投入产出效率及经营业绩考核情况，动态调整企业缴费水平。因经营性原因导致合并报表亏损或未能实现国有资产保值增值的，集团总部以及亏损或未实现国有资产保值增值的所属企业应当中止缴费，其余所属企业由中央企业集团公司根据实际情况调整确定缴费比例，合理控制人工成本。

中止缴费的情况消失后，企业恢复缴费，并可以根据国家有关规定，按照中止缴费时的企业年金方案予以补缴。补缴的金额和年限应当根据恢复缴费年度的效益状况、人工成本承受能力以及中止缴费时间等因素合理确定，不得超过实际中止缴费的金额和年限，补缴不得影响企业当期及未来持续稳定发展。

（七）适度拉开分配差距。企业年金基金采用个人账户方式进行管理。企业缴费划入个人账户金额原则上根据职工的岗位责任、工作年限、考核结果等因素综合确定。鼓励企业缴费根据职工贡献适当向关键岗位和优秀人才倾斜。

企业应当合理确定当期缴费计入职工个人账户的最高额与平均额的差距，最高不超过5倍。平均额的计算口径一般按照中央企业集团所有参与年金计划单位的总体平均水平确定，确有需要的，集团总部平均额可以按照所在城市的全部所属法人单位平均水平确定，其他所属企业可以按照独立法人单位确定。

（八）合理界定归属条件。企业年金个人账户中企业缴费及其投资收益，应当根据职工工作年限决定归属个人比例，并随着职工在本企业工作年限的增加逐步归属于职工个人，完全归属于职工个人的期限最长不超过 8 年。

（九）平稳衔接各类人员待遇。中央企业实施企业年金，要统筹做好与其他养老福利保险制度的衔接，兼顾企业年金实施前后退休人员福利保障水平。对于实施企业年金前已退休的人员，由企业发放的基本养老统筹外项目的水平原则上不再提高。对于实施企业年金后退休的人员，企业不得在基本养老保险统筹和企业年金之外，再支付任何养老性质的统筹外费用和补贴。

职工个人账户中企业缴费部分低于实施企业年金前基本养老统筹外项目水平的，可在企业年金方案中设计过渡期补偿缴费，补偿缴费的测算应当客观合理，量力而行，充分考虑各类人员薪酬福利保障水平的总体平衡。补偿缴费可以采取加速积累或一次性补偿的方式予以解决，过渡期原则上不超过 10 年，补偿缴费原则上不得一次性领取。使用工资结余进行过渡期缴费的，应当符合国家有关部门相关政策规定，并在企业年金方案中专项说明。

四、规范企业年金运营管理

（十）公开选择管理机构。中央企业应当按照公开、公平、公正的原则，采用市场化的方式，履行规范的程序，择优选择经国家有关监管部门认定的机构管理运营企业年金基金，并严格按照有关政策规定，明确企业年金基金各管理运营主体的职责及运作规则。

（十一）严格考核服务质量。中央企业应当代表委托人对受托人进行考核评价，并通过受托人对其他管理机构建立动态的考核评价机制，对管理机构的业绩进行评价，根据评价结果调整管理机构，确保各类管理机构恪尽职守，履行诚实、信用、谨慎、勤勉的义务。

（十二）全面管控运营风险。中央企业应当加强企业年金基金监管和规范运营，保障企业年金资产的安全运行。企业年金基金投资管理应当遵循谨慎、分散风险的原则，充分考虑企业年金基金财产的安全性、收益性和流动性，实行专业化管理，并建立企业年金基金定期报告和信息披露制度。

五、加强企业年金组织保障

（十三）加强组织领导。实施企业年金的中央企业应当成立由职工代表和相关部门组成的企业年金管理委员会，加强对所属企业实施企业年金的组织领导，促进企业年金稳步健康发展。企业可以选择法人受托机构或者成立企业年金理事会作为受托人，选择企业年金理事会受托方式的，企业年金理事会应当符合国家有关规范要求，并建立和完善内部稽核监控制度、风险控制制度以及选择、监督、评估、更换账户管理人、托管人、投资管理人的制度和流程，切实承担好受托管理职责，不得从事任何形式的营业性活动，不得从企业年金基金财产中提取管理费用。

（十四）落实监管责任。中央企业集团公司应当切实承担企业年金管理的主体责任，停止实施其他各类补充养老保险计划，确保企业年金管理符合国家政策法规要求。所属企业可以根据集团整体方案结合自身实际和行业特点制订具体年金实施方案，经中央企业集团公司审批同意后履行相应程序执行。国资委对中央企业规范实施年金情况进行指导和监督，中央企业违规实施企业年金的，国资委将责成企业进行整改，并且根据有关规定对相关责任人进行处理。

（十五）建立报告制度。中央企业按照国家政策规定和本意见要求制定或调整企业年金方案的，应当将年金方案报送国资委备案，并将备案后的方案按规定报送人力资源社会保障部。企业年金年度实施情况应当于次年 4 月 30 日前向国资委报告。

六、本意见印发之日起，《关于中央企业试行企业年金制度的指导意见》（国资发分配〔2005〕135 号）、《关于中央企业试行企业年金制度有关问题的通知》（国资发分配〔2007〕152 号）废止。

关于进一步做好中央企业控股上市公司股权激励工作有关事项的通知

2019 年 10 月 24 日　国资发考分规〔2019〕102 号

各中央企业：

为深入贯彻习近平新时代中国特色社会主义思想和党的十九大精神，认真落实党中央、国务院决策部署，积极支持中央企业控股上市公司建立健全长效激励约束机制，充分调动核心骨干人才的积极性，推动中央企业实现高质量发展，根据有关法律法规规定，现就进一步做好中央企业控股上市公司（以下简称上市公司）股权激励工作的有关事项通知如下：

一、科学制定股权激励计划

（一）中央企业应当结合本集团产业发展规划，积极推动所控股上市公司建立规范、有效、科学的股权激励机制，综合运用多种激励工具，系统构建企业核心骨干人才激励体系。股权激励对象应当聚焦核心骨干人才队伍，应当结合企业高质量发展需要、行业竞争特点、关键岗位职责、绩效考核评价等因素综合确定。中央和国资委管理的中央企业负责人不纳入股权激励对象范围。

（二）股权激励方式应当按照股票上市交易地监管规定，根据所在行业经营规律、企业改革发展实际等因素科学确定，一般为股票期权、股票增值权、限制性股票等方式，也可以结合股票交易市场其他公司实施股权激励的进展情况，探索试行法律、行政法规允许的其他激励方式。

（三）鼓励上市公司根据企业发展规划，采取分期授予方式实施股权激励，充分体现激励的长期效应。每期授予权益数量应当与公司股本规模、激励对象人数，以及权益授予价值等因素相匹配。中小市值上市公司及科技创新型上市公司，首次实施股权激励计划授予的权益数量占公司股本总额的比重，最高可以由1%上浮至3%。上市公司两个完整年度内累计授予的权益数量一般在公司总股本的3%以内，公司重大战略转型等特殊需要的可以适当放宽至总股本的5%以内。

（四）上市公司应当按照股票上市交易地监管规定和上市规则，确定权益授予的公平市场价格。股票期权、股票增值权的行权价格按照公平市场价格确定，限制性股票的授予价格按照不低于公平市场价格的50%确定。股票公平市场价格低于每股净资产的，限制性股票授予价格原则上按照不低于公平市场价格的60%确定。

（五）上市公司应当依据本公司业绩考核与薪酬管理办法，结合公司经营效益情况，并参考市场同类人员薪酬水平、本公司岗位薪酬体系等因素，科学设置激励对象薪酬结构，合理确定激励对象薪酬水平、权益授予价值与授予数量。董事、高级管理人员的权益授予价值，境内外上市公司统一按照不高于授予时薪酬总水平（含权益授予价值）的40%确定，管理、技术和业务骨干等其他激励对象的权益授予价值，由上市公司董事会合理确定。股权激励对象实际获得的收益，属于投资性收益，不再设置调控上限。

二、完善股权激励业绩考核

（六）上市公司应当建立健全股权激励业绩考核及激励对象绩效考核评价体系。股权激励的业绩考核，应当体现股东对公司经营发展的业绩要求和考核导向。在权益授予环节，业绩考核目标应当根据公司发展战略规划合理设置，股权激励计划无分次实施安排的，可以不设置业绩考核条件。在权益生效（解锁）环节，业绩考核目标应当结合公司经营趋势、所处行业发展周期科学设置，体现前瞻性、挑战性，可以通过与境内外同行业优秀企业业绩水平横向对标的方式确定。上市公司在公告股权激励计划草案时，应当披露所设定业绩考核指标与目标水平的科学性和合理性。

（七）上市公司应当制定规范的股权激励管理办法，以业绩考核指标完成情况为基础对股权激励计划实施动态管理。上市公司按照股权激励管理办法和业绩考核评价办法，以业绩考核完成情况决定对激励对象全体和个人权益的授予和生效（解锁）。

三、支持科创板上市公司实施股权激励

（八）中央企业控股科创板上市公司实施股权激励，原则上按照科创板有关上市规则制定股权激励计划。

（九）科创板上市公司以限制性股票方式实施股权激励的，若授予价格低于公平市场价格的50%，上市公司应当适当延长限制性股票的禁售期及解锁期，并设置不低于公司近三年平均业绩水平或同行业75分位值水平的解锁业绩目标条件。

（十）尚未盈利的科创板上市公司实施股权激励的，限制性股票授予价格按照不低于公平市场价格的60%确定。在上市公司实现盈利前，可生效的权益比例原则上不超

过授予额度的40%，对于属于国家重点战略行业、且因行业特性需要较长时间才可实现盈利的，应当在股权激励计划中明确提出调整权益生效安排的申请。

四、健全股权激励管理体制

（十一）中央企业集团公司应当切实履行出资人职责，根据国有控股上市公司实施股权激励的有关政策规定，通过规范的公司治理程序，认真指导所属各级控股上市公司规范实施股权激励，充分调动核心骨干人才创新创业的积极性，共享企业改革发展成果。

（十二）中央企业控股上市公司根据有关政策规定，制定股权激励计划，在股东大会审议之前，国有控股股东按照公司治理和股权关系，经中央企业集团公司审核同意，并报国资委批准。

（十三）国资委不再审核股权激励分期实施方案（不含主营业务整体上市公司），上市公司依据股权激励计划制定的分期实施方案，国有控股股东应当在董事会审议决定前，报中央企业集团公司审核同意。

（十四）国资委依法依规对中央企业控股上市公司股权激励实施情况进行监督管理。未按照法律、行政法规及相关规定实施股权激励计划的，中央企业应当督促上市公司立即进行整改，并对公司及相关责任人依法依规追究责任。在整改期间，中央企业集团公司应当停止受理该公司实施股权激励的申请。

（十五）国有控股股东应当要求和督促上市公司真实、准确、完整、及时地公开披露股权激励实施情况，不得有虚假记载、误导性陈述或者重大遗漏。上市公司应当在年度报告中披露报告期内股权激励的实施情况和业绩考核情况。中央企业应当于上市公司年度报告披露后，将本企业所控股上市公司股权激励实施情况报告国资委。

（十六）本通知适用于国资委履行出资人职责的中央企业，与本通知不一致的，按照本通知执行。

资本运营与收益管理

国资委　发展改革委　财政部关于进一步做好中央财政资金转为部分中央企业国家资本金有关工作的通知

2012 年 7 月 18 日　国资发法规〔2012〕103 号

各省、自治区、直辖市人民政府，各中央企业：

为进一步做好中央级财政资金转为部分中央企业国家资本金有关工作，切实解决在国家资本金核转过程中存在的确权难、行权难等问题，经国务院同意，现就有关事项通知如下：

一、本通知所称中央级财政资金，是指经国务院批准，依据原国家计委、财政部等有关部门文件规定，转为部分中央企业国家资本金的以下三类资金：1979 年至 1988 年由财政拨款改为贷款的中央预算内基本建设投资，即中央级“拨改贷”资金；1989 年至 1996 年，由中央财政安排的国家预算内基本建设投资中有偿使用的资金，即中央级基本建设经营性基金；1987 年用国家重点建设债券资金安排的“特种拨改贷”贷款，即中央级“特种拨改贷”资金。

二、中央级财政资金本息余额转为有关中央企业国家资本金的，由该中央企业对用资企业履行出资人职责。有关中央企业应当按照产权管理相关规定，及时办理产权登记手续，将其作为国家资本金入账管理。占有使用中央级财政资金的用资企业，应当按照国有法人资本入账管理。

三、自原国家计委、财政部等有关部门批复同意将中央级财政资金转为有关中央企业国家资本金之日起，该中央企业即取得对该类资金履行出资人职责的资格。有关中央企业应当积极与用资企业协商，尽快明确与用资企业的出资关系，依法履行出资人职责。用资企业应当积极配合确权工作，依法确认中央企业的出资人地位。

四、本通知印发前，有关部门已经批复将中央级财政资金转为有关中央企业国家资本金的，用资企业应当自本通知印发之日起 6 个月内办理工商变更登记等确权手续；本通知印发后，有关部门批复的中央级财政资金，用资企业应当在批复文件印发之日起 6 个月内办理工商变更登记等确权手续。

五、用资企业不承认有关中央企业出资人地位、不配合办理工商变更登记等手续的，应当在第四条规定的确权期限届满之日起 6 个月内将资金本息上缴中央国库。有关中央企业可以持相关证明材料向国资委申请在企业资本金中予以核销。

六、由地方各级政府及其部门统贷统还或者提供担保的中央级财政资金，地方各级政府及其部门应当积极协助有关中央企业落实相关权益，提供用资企业名单、资金数额和有关证明文件等，督促用资企业切实履行该类资金的确权义务。

七、用资企业已经关闭、破产的，有关中央企业可以按照相关规定，向国资委申请将涉及的中央级财政资金从企业资本金中予以核销。中央企业申请核销该部分资本金的，应当提交地方工商行政管理部门出具的有关文件等证明材料。

八、对既不按照规定期限落实有关中央企业出资人地位，又不按照规定期限将资金本息上缴中央国库的用资企业，或者虽然规定期限未满，但用资企业明确拒绝履行上述义务的，有关中央企业应当通过司法途径，依法请求确认股东资格或者返还相关款项，维护出资人合法权益，保障国有资产安全。

九、自本通知公布之日起，有关中央企业和用资企业应当按照上述规定，切实做好中央级财政资金转为国家资本金相关工作。执行本通知过程中遇到问题，应当及时向国资委、发展改革委、财政部反映。

关于印发《中央企业国有资本经营预算支出执行监督管理暂行办法》的通知

2019 年 9 月 15 日　国资发资本规〔2019〕92 号

各中央企业：

《中央企业国有资本经营预算支出执行监督管理暂行办法》已经国资委第 7 次委务会议审议通过，现印发给你们，请遵照执行。

中央企业国有资本经营预算支出执行监督管理暂行办法

第一章　总　　则

第一条　为加强国有资本经营预算（以下简称资本预算）支出执行的监督管理，提高资本预算资金使用效益，维护国有资本安全，根据《中华人民共和国公司法》《中华人民共和国预算法》《国务院关于试行国有资本经营预算的意见》（国发〔2007〕26 号）、《中共中央　国务院关于全面实施预算绩效管理的意见》（中发〔2018〕34 号）、《中央国有资本经营预算管理暂行办法》（财预〔2016〕6 号）等法律法规和相关规定，制定本办法。

第二条　本办法所称资本预算支出执行（以下简称资本预算执行）是指国务院国有资产监督管理委员会（以下简称国资委）履行出资人职责企业（以下简称中央企业），

按照资本预算管理要求，规范管理和使用资本预算资金，组织实施资本预算支持事项的过程。根据资本预算资金的性质，对中央企业资本预算执行进行分类管理，包括资本性预算、费用性预算和其他支出预算。

第三条 中央企业是资本预算执行的实施主体和责任主体。获得资本预算支持的中央企业应当按照资本预算批复要求，编制资本预算执行计划，依法自主决策，规范组织实施。

第四条 国资委根据出资人职责和资本预算管理规定，对中央企业资本预算执行情况（含绩效情况）进行监督管理，对发现的问题进行督促整改。

第二章 资本性预算执行

第五条 中央企业对资本预算注入的资本性预算资金，应当纳入企业预算管理范围进行统一管控，提高资金整体使用效益。其中，资本预算批复明确为具体投资、建设项目的支持资金，应当专门用于所支持项目。

第六条 中央企业应当按照下列要求规范管理和使用资本预算资金，确保资金安全，实现绩效目标，维护国有资本权益：

（一）资本预算批复的方向、用途或项目、绩效目标；

（二）企业编制的资本预算执行计划；

（三）企业内部控制制度的规定；

（四）资本预算资金使用调整的规定；

（五）资本预算管理的其他要求。

第七条 中央企业收到资本性预算资金后，应当根据资本预算批复的方向、用途或项目，对申请资本预算时上报的资本预算支出计划建议进行调整和完善，编制形成企业的资本预算执行计划，经董事会或相关决策机构审议批准后组织实施，并抄送国资委。

企业编制的资本预算执行计划应当包括：资本预算支持事项的组织方式、实施主体、执行周期（一般不超过 5 年），以及绩效目标等主要内容。

第八条 中央企业应当按照资本预算执行计划做好资本预算支持事项的组织实施和绩效监控。对于符合资本预算批复的方向和用途，执行周期和实施主体等主要内容发生变化的，应当对资本预算执行计划进行调整，并抄送国资委。

第九条 中央企业收到的资本性预算资金属于国家资本金，企业应当按照有关规定做好账务处理、国有产权变更登记等工作，及时落实国有资本权益。

（一）国有独资公司收到资本性预算资金后，应当及时计入实收资本。在一个会计年度内多次收到资本性预算资金的，可暂作资本公积，原则上应当在会计年度结束前转增实收资本。

（二）股权多元化公司收到资本性预算资金后，可暂作资本公积，并明确属于国家资本金，在发生股权变动调整时落实国有资本权益。

第十条 中央企业通过子企业实施资本预算支持事项，采取向实施主体子企业增资方式使用资本预算资金的，应当及时落实国有资本权益。涉及股权多元化子企业暂无增资计划的，可列作委托贷款（期限一般不超过3年），在具备条件时及时转为股权投资。

第十一条 对于资本预算批复明确具体投资、建设项目的支持资金，中央企业不得用于其他项目投资或委托理财等财务性投资。在资本预算资金拨付以前，企业已经筹集资金投入资本预算支持项目，经董事会或相关决策机构批准可以置换企业筹集资金。

第十二条 在资本预算执行过程中，因宏观政策调整、市场环境变化、企业战略规划调整等因素，无法按照资本预算批复用途继续实施的，中央企业应当向国资委报送资本预算调整申请。

第三章 费用性预算执行

第十三条 中央企业对资本预算安排的费用性预算资金，应当按照相关专项资金管理的政策、办法规范使用。除资本预算批复或有关规定中明确可由集团统筹使用的以外，应当根据专项工作进展和资金使用计划及时将预算资金拨付到资金使用单位。

第十四条 中央企业费用性预算支持事项组织完成后，按照规定需要进行清算的，中央企业应当聘请中介机构对费用性预算资金使用情况进行清算。

第十五条 资本预算安排的费用性预算资金，在专项任务完成并组织清算后，实际支出小于预算安排的，应当清理为结余资金。专项任务未完成且未使用的预算资金，符合相关规定的可结转至下年度继续使用。对于因宏观政策调整等因素影响，专项任务无法继续推进的，应当清理为结余资金。

结余资金应当按照有关规定退回，由中央企业向国资委报送退回预算资金申请。

第十六条 中央企业应当按照有关专项工作要求，及时将费用性预算执行情况向国资委报告。

第四章 监督管理

第十七条 国资委对中央企业资本预算执行情况采取跟踪督导、专项核查、绩效评价等方式进行监督管理。

第十八条 国资委根据资本预算执行监督管理的工作需要，建立完善中央企业资本预算执行情况的监测报告制度，对中央企业资本预算执行计划的落实情况、资本预算支持事项实施进展及绩效目标实现情况等进行跟踪督导。

第十九条 国资委根据工作需要，组织中介机构对资本预算执行的合规性开展专项核查，包括预算资金的管理和使用、国有资本权益的落实情况，以及资本预算支持重点事项的组织推进情况、专项资金清算情况等。

第二十条 国资委探索建立中央企业资本预算绩效评价制度，对资本预算支持的重点企业、重要事项和重大资金安排组织开展绩效评价，必要时可组织第三方机构开展重点绩效评价。

第二十一条 国资委收到中央企业报送的资本预算调整或退回预算资金申请后，应当对相关情况进行核实，对于需要履行资本预算调整或预算资金收回程序的，向资本预算主管部门提出调整资本预算或收回预算资金建议。

第二十二条 国资委对中央企业资本预算执行监督管理中发现的问题，视情节轻重采取约谈整改、通报批评、收回预算资金、暂不受理资本预算申报等措施处理，违规造成国有资产损失或其他不良后果的按照有关规定进行追责。

第二十三条 中央企业虚构项目或规模，申报并取得资本预算资金的，全部或按比例收回资本预算资金，并在3年内暂不受理该企业的资本预算申报。

第二十四条 中央企业违反资本预算调整程序，或将明确具体投资、建设项目的支持资金，以及费用性预算资金用于投资其他项目或财务性投资的，视情况采取约谈整改、收回资本预算资金或在下一年度暂不受理该企业的资本预算申报等措施处理。

第二十五条 中央企业未按规定、协议落实国有资本权益，或违规签订协议造成国有资本权益长期不落实的，视情况采取约谈整改、通报批评或收回预算资金等措施处理。

第二十六条 中央企业编制资本预算执行计划的批准、调整和报告程序不规范，未按计划组织完成资本预算执行工作的，视情况进行约谈整改或通报批评。

第五章 附　　则

第二十七条 其他支出预算的执行和监督管理按照相关专项政策和要求组织实施。

第二十八条 中央企业应当严格执行资本预算管理政策规定，切实维护和落实国有资本权益，积极组织推进资本预算执行工作。对资本预算执行中存在的问题，积极采取有效措施进行整改，重大问题及时报告国资委。

第二十九条 中央企业和国资委相关人员，在资本预算执行和监督管理工作中违反相关法律法规和制度规定的，依照相关法律法规处理。

第三十条 本办法由国资委负责解释。本办法自印发之日起施行。

关于印发《国资委履行出资人职责的多元投资主体公司利润分配管理暂行办法》的通知

2021年1月14日　国资发资本规〔2021〕5号

各有关中央企业：

为做好国资委履行出资人职责的多元投资主体公司股东履职工作，进一步加强利润分配管理，我委制定了《国资委履行出资人职责的多元投资主体公司利润分配管理暂行办法》，现印发给你们，请遵照执行。

国资委履行出资人职责的多元投资主体公司利润分配管理暂行办法

第一章　总　　则

第一条　为进一步加强多元投资主体公司利润分配管理，根据《中华人民共和国公司法》（以下简称《公司法》）、《中华人民共和国企业国有资产法》和《关于印发〈国资委履行多元投资主体公司股东职责暂行办法〉的通知》（国资发资本〔2018〕97 号）等有关法律法规和规定，制定本办法。

第二条　本办法所称多元投资主体公司是指国务院授权国资委履行出资人职责的股权多元化公司（以下简称公司）。

第三条　本办法所称利润分配，是指公司对所实现的可供分配利润向公司股东进行分配的行为。

第四条　公司利润分配应当坚持以下原则：

（一）坚持依法合规。制定利润分配方案应当按照《公司法》和公司章程的规定，严格履行股东会（含股东大会，下同）审议等法定决策程序，公司股东按照实缴的出资比例或者全体股东约定的比例依法分取红利。

（二）坚持统筹兼顾。公司实现的可供分配利润，除满足正常生产经营和适当的投资发展需求外，应当积极回报股东；同时要兼顾公司长远发展，不能因过度分配利润而影响公司持续经营能力。

（三）坚持市场化分红。适应多元股东治理特点，建立健全市场化分红机制，充分考虑公司发展内外部环境，结合公司实际，一企一策进行利润分配。

（四）坚持股东协商。建立股东之间常态化沟通机制，发挥多元股东协商的积极作用，通过股东会共同决定公司利润分配方案。

第二章　利润分配的一般要求

第五条　公司应当积极为股东创造价值，提供长期稳定回报，并结合实际制定中长期股东回报规划。

第六条　公司利润分配以上一年度经审计的合并财务会计报告归属于母公司所有者的净利润为基础，依法先用于弥补亏损和提取公积金后，再向股东分配。

第七条　公司利润分配的决策程序和表决机制应当在公司章程、股东会议事规则和董事会议事规则中明确，经股东会审议通过后实施。

第八条　公司利润分配按年度组织实施，一般不采取中期分红。

第九条　公司利润分配一般采取现金分红形式。

第十条 公司发行优先股的，按有关规定执行。

第十一条 公司按照国务院有关规定向社保基金会划转股权的，社保基金会按规定获取分红。

第三章 利润分配方案制定

第十二条 公司董事会应当结合公司实际，于年度合并财务会计报告经中介机构审计后一个月内研究提出利润分配草案。

第十三条 公司董事会研究提出利润分配草案后，应当与相关股东充分沟通，征求相关股东意见。

第十四条 根据股东意见，公司董事会对利润分配草案进行修改完善，并审议通过后，形成利润分配方案。

第十五条 公司利润分配方案提交股东会审议时，应当按规定程序提前向股东发出会议通知和议案材料。议案材料应当包括以下内容：

（一）公司基本生产经营情况、财务状况、投资计划等。

（二）利润分配的具体方案，包括公司弥补亏损、提取公积金和向股东分配利润情况，留存未分配利润的使用计划，以及提出利润分配方案的主要考虑。

（三）公司对所出资企业的利润分配情况。

（四）其他需说明的情况。

第十六条 国资委收到公司利润分配方案的议案材料后，由相关职能厅局研究提出意见，履行内部程序，形成国资委的利润分配意见。

第十七条 国资委研究提出利润分配意见时，综合考虑以下因素：

（一）国有资本布局结构调整的总体要求。

（二）公司所处行业特点、功能分类、发展阶段，公司战略规划、投资需求、财务状况及累积未分配利润余额，公司因会计政策调整、差错更正等造成期初未分配利润重大调整等情况。

（三）参考同行业中央企业及上市公司利润分配水平。

（四）有关股东和公司董事会的意见。

（五）其他因素。

第十八条 股东会审议利润分配方案时，公司董事会应当一并报告中长期股东回报规划的制定与实施情况。国资委按规定委派股东代表参加会议、发表意见、行使表决权。

第十九条 股东会按照相关决策程序和表决机制审议批准利润分配方案后，应当形成股东会决议及会议记录。

第二十条 股东会审议利润分配方案，一般应当采取现场会议方式；经股东协商一致，也可以采取书面传签方式。股东会采取书面传签方式的，国资委履行内部程序后，报主要负责同志签署决议。

第二十一条 依据《公司法》有关规定，代表十分之一以上表决权的股东可以通过提议召开临时股东会会议等方式，直接提出利润分配方案的议案提交股东会审议。

第二十二条 公司利润分配方案一般应当于每年 9 月底之前完成股东会审议程序。

第四章 利润分配执行和监督

第二十三条 公司股东会审议批准的利润分配方案和作出的会议决议具有法律效力，公司一般应当于股东会作出决议之后两个月内向相关股东实施分红。

第二十四条 根据股东会审议批准的利润分配方案，对于国资委享有的分红，公司按有关规定上交国有股股利、股息；涉及向社保基金会分红的，公司按有关规定汇入社保基金会账户。

第二十五条 公司利润分配方案实施后，应当及时规范进行相应账务处理，并书面报告国资委。

第二十六条 国资委根据国务院授权，根据有关法律法规对公司履行出资人职责，通过委派股东代表、董事参加股东会、董事会等方式，加强公司利润分配监督管理工作。

第二十七条 国资委对公司利润分配监督管理工作中的重大事项，按程序提请党委会议、委务会议研究决定。

第二十八条 公司应当按市场化原则加强对所出资企业的利润分配管理，建立健全管理制度，规范所出资企业对集团总部的现金分红，增强集团总部资本调配能力，发挥好利润分配的调节作用，积极推动国有资本布局优化和结构调整。

第二十九条 公司利润分配工作中，有违法违规行为的，依法依规追究有关人员责任。

第五章 附 则

第三十条 本办法由国资委负责解释。

第三十一条 本办法自印发之日起施行。

关于进一步促进中央企业所属融资租赁公司健康发展和加强风险防范的通知

2021 年 5 月 19 日 国资发资本规〔2021〕42 号

各中央企业：

近年来，中央企业所属融资租赁公司在服务集团主业、实现降本增效、支持科技创新等方面发挥了积极作用，但也积累和暴露了一些风险和问题。为进一步促进中央企业所属融资租赁公司健康持续发展，加强风险防范，现将有关事项通知如下：

一、准确把握融资租赁公司功能定位。中央企业要围绕加快构建新发展格局，服务深化供给侧结构性改革，聚焦主责主业发展实体经济，增强国有经济战略支撑作用。中央企业所属融资租赁公司要切实回归租赁本源，立足集团主业和产业链供应链上下游，有效发挥融资和融物相结合的优势，优化业务结构，大力发展直接租赁，不断提升服务主业实业能力和效果，实现健康持续发展。加强中央企业间协同合作，在拓宽上下游企业融资渠道、推进产业转型升级和结构调整、带动新兴产业发展等方面发挥积极作用。

二、严格规范融资租赁公司业务开展。中央企业所属融资租赁公司应当严格执行国家宏观调控政策，模范遵守行业监管要求，规范开展售后回租，不得变相发放贷款。切实完善尽职调查，夯实承租人资信，有效落实增信措施，建立重大项目风控部门专项风险评估机制，加强“第二道防线”作用。规范租赁物管理，租赁物应当依法合规、真实存在，不得虚构，不得接受已设置抵押、权属存在争议、已被司法机关查封、扣押的财产或所有权存在瑕疵的财产作为租赁物，严格限制以不能变现的财产作为租赁物，不得对租赁物低值高买，融资租赁公司应当重视租赁物的风险缓释作用。强化资金投向管理，严禁违规投向违反国家防范重大风险政策和措施的领域，严禁违规要求或接受地方政府提供各种形式的担保。

三、着力推动融资租赁公司优化整合。中央企业要坚持有进有退、有所为有所不为，开展融资租赁公司优化整合，不断提高资源配置效率。中央企业原则上只能控股 1 家融资租赁公司（不含融资租赁公司子公司），控制 2 家及以上融资租赁公司的中央企业应当科学论证、统筹布局，对于业务雷同、基本停业的融资租赁公司，应当坚决整合或退出。对于参股的融资租赁公司股权应当认真评估必要性，制定优化整合方案，对风险较大、投资效益低、服务主业效果不明显的及时清理退出。新增融资租赁公司应当按照国资委有关要求进行备案，集团管控能力弱、融资租赁对主业促进效果不大的中央企业不得新增融资租赁公司。

四、持续加强融资租赁公司管理管控。中央企业是融资租赁公司的管理主体，要配备具有相应专业能力的管理人员，厘清管理职责，压实工作责任，科学制定融资租赁公司发展战略，完善融资租赁公司治理结构，提升规范治理水平。要将有效管控与激发活力相结合，合理开展放授权，并根据实际适时调整。强化“三重一大”事项管控，加大派出董事、监事、有关高级管理人员履职评价，落实重大事项向派出机构书面报告制度，确保派出人员在重大问题上与派出机构保持一致，杜绝“内部人控制”。强化对融资租赁公司的考核监督，将服务主业、公司治理、风险防范、合规管理、内控执行等作为重要考核内容并赋予较大权重。

五、不断强化融资租赁公司风险防范。中央企业应当正确处理业务发展与风险防范的关系，防止因盲目追求规模利润提升风险偏好。要将融资租赁公司管理纳入集团公司全面风险管理体系，有效防范法律风险、合规风险、信用风险、流动性风险等。运用互联网、大数据、云计算等金融科技手段加强日常风险监测分析，定期组织开展风险排查，发生可能引发系统性风险的重大风险隐患和风险事件应当在 24 小时内向国资委报告。融资租赁公司应当完善风险防控机制，健全合规管理体系，强化风控部门的资源配置和作用发挥。严格按照规定准确进行风险资产分类，合理计提资产减值损失准备。不断提高租后管理能力，定期开展租后检查，分析判断承租人真实经营情况。落实薪酬延期支付制度，建立追索扣回机制。健全劳动合同管理和激励约束制度，依法约束不当行为。

六、加大融资租赁公司风险处置力度。中央企业所属融资租赁公司要切实提升化解风险的能力，稳妥有序处置风险项目。对于逾期的项目，涉及金额较大、承租人资不抵债等情况的，进行展期或续签应当重新履行决策程序。对于已经展期或续签的项目，应当采取特别管控措施，不得视同正常项目管理。对于已经出现风险的项目，应当采取有效措施积极处置化解，不得简单进行账务核销处理，不得将不良资产非洁净出表或虚假出表。国资委将加强对融资租赁公司风险项目处置跟踪，中央企业按要求定期向国资委报告风险项目处置进展。

七、建立健全融资租赁公司问责机制。中央企业应当按照《中央企业违规经营投资责任追究实施办法（试行）》（国资委令第 37 号）等有关规定，建立健全融资租赁公司责任追究工作机制，完善问题线索移交查处制度，对违反规定、未履行或未正确履行职责造成国有资产损失或其他严重不良后果的企业有关人员，建立追责问责档案，严肃追究责任。国资委加强对融资租赁公司管理和风险防范工作的监督指导，对融资租赁公司存在的突出问题和重大风险隐患等，依据有关规定开展责任约谈工作。中央企业未按照规定和工作职责要求组织开展责任追究工作的，国资委依据有关规定，对相关负责人进行责任追究。

科技创新

国务院国有资产监督管理委员会关于加强中央企业知识产权工作的指导意见

2009 年 4 月 22 日　国资发法规〔2009〕100 号

各中央企业：

为深入贯彻落实科学发展观，加强中央企业知识产权工作，按照国务院公布的《国家知识产权战略纲要》的总体部署，现就中央企业知识产权工作提出以下意见：

一、充分认识加强中央企业知识产权工作的重要意义

当前国际金融危机继续蔓延，对我国实体经济的影响不断加深，特别是一些劳动密集型、纯加工型、缺乏核心技术和自主知识产权的企业面临严重冲击和困难，中央企业也面临着市场疲软、出口下降、增长放缓等严峻挑战。为贯彻落实党中央、国务院有关"保增长、扩内需、调结构"的总体要求，积极应对国际金融危机，中央企业要把知识产权工作作为"转危为机"的重要手段，主动进行技术、产品转型升级，努力打造知名品牌，掌握具有自主知识产权的核心竞争能力，增强中央企业抵御各类风险能力，实现可持续发展。

二、中央企业加强知识产权工作的指导思想与总体要求

中央企业加强知识产权工作的指导思想是：按照贯彻《国家知识产权战略纲要》的有关要求，以科学发展观为指导，积极应对国际金融危机，全面实施企业知识产权战略，提高企业自主创新能力，坚持企业知识产权工作与企业改革、机制创新相结合，与结构调整、产业升级相结合，与企业开拓市场、经营发展相结合，与技术创新、提升自主开发能力相结合，努力打造一批拥有自主知识产权和知名品牌、熟练运用知识产权制度、国际竞争力较强的大公司大集团。

中央企业加强知识产权工作的总体要求是：紧紧围绕"一个核心，三条主线"，即以研究制定企业知识产权战略为核心，以拥有核心技术的自主知识产权、打造中央企业知名品牌、争取国际标准的话语权为知识产权工作开展的主线，充分运用"企业知识产权战略和管理指南"研究成果，大力提升中央企业知识产权创造、应用、管理和保护的能力与水平，增强企业国际竞争力。

三、全面启动中央企业知识产权战略研究制定工作

中央企业要将企业知识产权战略的研究制定放在企业知识产权工作的首位。要按照《国家知识产权战略纲要》的要求，结合本企业改革发展的实际，针对有关重点领域、

重要产业的知识产权特点和发展趋势，抓紧制定和完善本企业的知识产权战略。所有中央企业要结合主业明确本企业知识产权工作的目标和任务，53 家大型中央企业和其他具备条件的中央企业要在 2009 年底前制定并开始实施本企业知识产权战略。中央企业制定实施企业知识产权战略的有关情况要及时向国资委反馈。

四、加大企业知识产权创造和应用力度，推进中央企业在关键领域、核心技术上拥有自主知识产权

中央企业要突出知识产权创造的重点，充分发挥中央企业科研机构具有的学科比较配套、设施比较齐备、科技人员比较集中的优势，着力于在重点领域的重大关键技术项目实现重点突破。要用好国家近期出台的一系列有关钢铁、汽车、轻工、石化等产业调整和振兴规划的各项优惠政策，加大对科研开发的投入，促进相关产业的优化升级。要充分运用知识产权法律制度，加强创新成果的知识产权确权工作，进一步将发明专利申请作为企业专利申请的重点，安排一定的经费用于专利申请、维持和实施。要努力提高企业核心技术领域的专利实施率，鼓励知识产权成果的资本化运作，重视开展专利、商标以及非专利技术等的转让和许可，推进知识产权成果的广泛应用。将知识产权的拥有量和实施效益作为衡量企业科技进步和经营管理水平的重要依据，并将其作为科技人员、经营管理人员绩效考核、职称评定、职级晋升的重要指标。

五、适应国内外市场竞争需要，加快打造中央企业知名品牌

中央企业近年来快速健康发展的良好态势，为打造中央企业知名品牌创造了条件。中央企业一定要结合知识产权工作，树立强烈的品牌意识。要加强企业知识产权战略与品牌战略的有机结合和相互促进。通过自主知识产权的创造与应用打造企业的知名品牌，通过自主知识产权的保护与管理维护并提升知名品牌的价值。要立足国际竞争，通过持续创新和长期维护，努力将知名品牌推向国际，逐步改变一些企业单纯贴牌生产的局面。要围绕企业品牌法律地位的确立，及时、规范地进行商标、商号的注册和企业商誉的保护，充分运用法律武器保护品牌成果。

六、推进知识产权成果运用与标准制订相结合，努力争取国际标准的话语权

知识产权与标准相结合已经成为各国大公司大集团占领市场的重要手段。争取国际标准的话语权，是中央企业打造具有国际竞争力的大公司大集团的重要途径。中央企业在加速知识产权成果产业化的同时，要高度重视将重大专利成果纳入技术标准的工作，积极与有关行业部门沟通，争取将企业标准上升为行业标准和国家标准。同时，中央企业作为我国行业排头兵，要进一步加强国际交流与合作，主动参与国际行业标准的制订，努力将我国优势领域拥有自主知识产权的核心技术上升为国际标准，谋求企业更大发展空间。

七、建立健全中央企业知识产权管理与保护的工作机制和制度

要立足于知识产权管理与保护，抓紧建立和完善企业知识产权综合管理制度，逐步推动知识产权由下属企业分散管理向集团集中管理转变。要在中央企业集团层面尽快明确知识产权工作综合协调机构，进一步增强集团知识产权工作的管控能力。建立健全对自主创新的激励机制，探索知识产权的收益分配制度，在知识产权转让、转化获得收益时，对职务发明人与团队及其他做出重要贡献人员依法予以适当奖励和报酬。要进一步加强知识产权人才队伍建设，加快培养一批懂技术、懂法律、懂外语，能进行知识产权分析且能熟悉运用有关国际规则的复合型人才。要针对企业知识产权的不同类型，分别建立符合企业实际情况的专利、商标、著作权和商业秘密等专项管理办法。要抓紧完善企业知识产权管理的各项制度，提高知识产权管理的信息化水平，探索建立知识产权信息检索制度、运营管理制度、侵权预警制度等。要进一步加大企业知识产权保护力度，积极防范在企业对外并购、改制重组过程中的知识产权流失。要认真贯彻落实《中华人民共和国劳动合同法》，防止因员工“跳槽”引发知识产权纠纷。

进一步加强企业知识产权工作，是当前中央企业调整优化结构、增强核心竞争力的一项重要举措。按照《中央企业负责人经营业绩考核暂行办法》的有关规定，国资委将继续落实对在自主创新（包括自主知识产权）等方面取得突出成绩的企业负责人设立单项特别奖，积极指导和推动中央企业把自主创新和知识产权工作纳入企业内部的业绩考核。同时结合中央企业知识产权战略制定工作，大力推动“企业知识产权战略和管理指南”专题研究成果的贯彻实施，促进中央企业之间的经验交流与合作。加强对中央企业知识产权工作的监督检查，继续做好对企业专利成果申报和授权情况的统计通报，及时选择一批自主创新能力强、知识产权工作基础好的中央企业进行宣传和推广。依法协调好中央企业知识产权法律纠纷，为中央企业深化知识产权工作营造良好的政策法律环境。

关于印发《关于加强中央企业科技创新工作的意见》的通知

2011年6月15日　国资发规划〔2011〕80号

各中央企业：

为深入贯彻落实科学发展观，加快推进中央企业转变发展方式，全面提升自主创新能力，我们研究制定了《关于加强中央企业科技创新工作的意见》，现印发你们，请认真贯彻落实。

附件：关于加强中央企业科技创新工作的意见

附件：

关于加强中央企业科技创新工作的意见

为深入贯彻落实科学发展观，加快推进中央企业转变发展方式，大力实施科技创新战略，全面提升自主创新能力，不断提高发展的质量和效益，实现又好又快发展，现就加强中央企业科技创新工作提出以下意见。

一、指导思想、基本原则和总体目标

（一）指导思想。坚持以科学发展观为指导，贯彻落实“自主创新、重点跨越、支撑发展、引领未来”的方针，围绕做强做优、培育世界一流企业的目标，以自主创新能力建设为中心，以体制机制创新为保障，以国家技术创新工程为依托，大力实施科技创新战略，全面提升企业核心竞争力，推动企业转型升级，在创新型国家建设中发挥骨干带头作用，实现创新驱动发展。

（二）基本原则。坚持市场导向与国家发展需要相结合。企业科技创新活动要坚持以市场为导向，发挥市场在资源配置中的基础性作用。要根据国民经济发展规划和产业政策，将国家发展与企业发展紧密结合，统筹创新布局，在涉及国家安全和国民经济命脉的重要行业和关键领域、战略性新兴产业发挥引领和骨干作用。

坚持科技创新与体制机制创新相结合。要把握企业科技创新的内在规律，加强科技规划导向，确保组织机构落实、科技投入增长和重要研发平台建设。要努力突破科技创新的体制机制性障碍，激发科技创新体系中各要素的创新活力，增强企业创新的内生动力。

坚持立足当前和谋划长远相结合。要围绕主导产业，针对制约企业发展的技术瓶颈，确定科技创新方向，突破关键核心技术，满足企业当前发展需要。要结合国内外科技发展趋势，着眼提升长远竞争力，注重前瞻性、战略性和应用基础研究，加强技术储备，促进企业可持续发展。

坚持掌握核心技术与提高系统集成能力相结合。要坚持有所为有所不为，选择具有良好发展基础的重点领域，集中优势资源，实现重点突破，掌握一批具有自主知识产权的核心技术。要注重系统集成能力的提升，完善企业功能和业务链，推动商业模式创新，增强工程化能力，实现从单项技术创新向系统化、集成化创新的转变。

（三）总体目标。通过实施科技创新战略，到“十二五”末，中央企业创新能力明显提升，科技投入稳步增长，创新体系和体制机制更加完善，一批中央企业成为国家级创新型企业，一批重大科技成果达到世界先进水平，科技进步贡献率达到60%以上，在部分领域实现从技术跟随到技术引领的跨越。

科技投入稳步提高。基本建立科技投入稳定增长的长效机制。科技投入占主营业务收入的比重平均达到2.5%以上，其中研发投入的比重达到1.8%以上；制造业企业科技投入占主营业务收入的比重达到5%。创新型企业研发投入比重达到国内同行业先进水平，部分创新型企业达到或接近国际同行业先进水平。

研发能力明显增强。建成一批具备国际先进水平的实验室和试验基地，国家级研发机构达到340家以上，工业企业普遍建立国家级企业技术中心。研发人员占从业人员比例大幅提升。研发周期明显缩短，研究开发成功率、新产品产值率居行业先进水平。

科技创新体系更加完善。企业为主体、市场为导向、产学研相结合的开放式科技创新体系基本确立。企业科技发展战略和规划目标清晰、定位准确。科研组织架构进一步健全，科研管理制度进一步完善，研发运行机制高效顺畅，科技人才队伍结构合理，科技成果转化高效，知识产权管理规范，良好的企业创新文化和创新环境基本形成。

科技创新成效显著。重点行业的一批关键技术取得重大突破，核工业、航天、航空、新能源、新材料、信息通信及智能电网、油气勘探、高速铁路、海洋工程等领域的一批科技成果居国际领先水平，实现产业化和工程化。形成一批具有自主知识产权的国际知名品牌。累计拥有有效专利数明显增加，专利质量显著提高，2015年发明专利授权量较2010年翻一番。

二、加强科技创新工作的重点任务

（四）加强科技发展战略与规划管理。企业要将科技创新作为集团公司发展的核心战略，做好顶层设计和总体谋划，坚持突出主业的方针，确立企业科技创新的发展路线，制定科技发展规划，依据企业不同的发展阶段，明确科技工作的目标、方向和任务。加强重点产业技术领域研究，确定重点科技专项和优先发展技术项目，切实做好科技规划的组织实施和跟踪评价。创新型（试点）企业要加强与国际一流企业的全面对标，制定并落实创新型企业建设方案。

（五）进一步建立健全企业研发体系。建立适合企业发展需要的研发体系，明确集团公司、子（分）公司、基层技术研发部门在创新链条中的职责定位，形成工艺及技术开发、应用研究、基础研究相配套的梯次研发结构。加强企业内部研发机构建设和科研基础条件建设，提升试验研发手段。有条件承担国家重点研发任务的企业，要做好国家级基础和共性技术研发平台建设。积极探索高效顺畅的研发运行机制，推动研发、设计、工程及生产的有机结合，促进科研成果向现实生产力的转化。支持有条件的企业组建“中央研究院”。转制科研院所要充分发挥技术优势，打造行业共性技术平台，更好地为行业发展提供技术服务。

（六）优化配置企业科技资源。进一步加强企业科技资源的优化配置、高效利用和开放共享，实现内外部资源有机结合。加大内部科技资源整合力度，着力解决企业科技资源分散、专业交叉重叠和技术重复开发等问题，完善创新链条，实现科技力量的有效协同。积极利用外部科技资源，通过合作研发、委托研发、并购等方式获取创新资源。积极吸收利用海外优质科技资源，探索建立海外研发机构，开展国际化研发。

（七）着力突破一批关键核心技术。围绕企业总体发展规划，按照“创新储备一代、研究开发一代、应用推广一代”的原则，选择重点领域，集中力量，加大投入，组织联合攻关，掌握一批具有自主知识产权的核心技术。增强原始创新、集成创新和引进消化吸收再创新的能力，鼓励企业根据国家重大战略需求积极承担国家重大研发任务，突破制约行业发展的技术瓶颈，引领行业技术进步。重点支持企业围绕节能环保、新一代信息技术、新能源、新材料、电动车、高端装备制造、生物医药等战略性新兴产业开展技术研发，取得重大技术成果并实现产业化，培育新的经济增长点。

（八）全面提高知识产权工作水平。坚持科技创新与加强知识产权工作相结合，贯彻落实《国家知识产权战略纲要》，制定实施企业知识产权战略，提升知识产权创造、应用、管理和保护能力。完善知识产权管理的运作模式和工作机制，推动专利、专有技术等知识产权的集中管理。保持专利数量快速增长，提高发明专利比重。在主导产业和关键技术领域形成一大批核心专利与自主知识产权成果。建立知识产权信息检索、侵权预警和风险防范制度，探索建立“专利池”，有条件的企业要研究专利布局策略。加强知识产权成果运用，重视知识产权转让和许可，提高知识产权成果的资本化运作水平。

（九）加强主要领域技术标准的研究与制定。发挥中央企业具备的标准工作基础和优势，推动科技创新活动与标准工作的良性互动，支持具有创新成果的企业联合开展标准的研究与制定，促进创新成果的转化和应用推广。推动自主知识产权的技术上升为技术标准，在国家标准和行业标准制定中发挥主导作用。积极参与国际标准制定，增强国际标准话语权。

（十）加强合作创新。加强产学研结合，建立合作的长效机制，推动产业技术创新战略联盟健康发展。加强企业间、产业链上下游的合作创新，形成优势互补、分工明确、成果共享、风险共担的开放式合作机制，提高创新效率，降低创新风险。加强国际科技合作，与国外企业开展联合研发，引进先进技术消化吸收再创新。发挥中央科技型企业在行业共性技术和检验检测、认证等方面的技术优势，更好地为行业发展和中小企业服务。鼓励中央企业间加强合作。

（十一）加强服务创新。建立服务创新技术支撑体系，以客户需求为导向，综合集成各领域先进技术，持续开展商业模式创新，提高市场应变能力。制造业企业要加大科技创新和服务创新的融合，实现由产品制造向系统设计集成和提供整体解决方案转变，推动生产性服务业快速发展。服务业企业要围绕传统产业改造升级加快发展现代服务业，加快服务产品和服务模式创新，提高研发、信息、物流等综合支撑能力。

（十二）进一步加强科技人才队伍建设。大力实施人才强企战略，加快建设一支结构合理、素质优良、创新能力强的科技人才队伍。完善科技人才评价、选拔、培养、使用和激励机制，对科技人才与经营管理人才实行分类管理，健全科技人才技术职务体系。加强对青年科技人才和高技能人才的培养。通过重大科技项目实施及深化产学研合作，培养造就一批具有世界前沿水平的科技领军人才和创新团队。建立健全科技带头人和科技专家制度。逐步加大对科技人才的激励力度，对作出突出贡献的科技人才给予特殊奖励。做好中央企业创新创业基地建设，吸引海内外高层次科技人才。

（十三）进一步提高科技管理水平。健全科技管理制度，完善工作流程，提升科技管理的效率和水平。加强科技统计调查分析、技术档案管理、科技情报、知识管理等基础性工作。加强技术经济等软科学研究，准确把握创新方向，提高科技管理的前瞻性和针对性。加强创新模式与方法的研究，提高创新效率。采用新技术、新工具改进科技管理。推广先进科学管理方法，加强科技政策的培训与交流，增强科技管理人员和财务人员对创新政策的把握和理解。做好中央企业科技创新信息平台的建设与管理，促进中央企业之间科技信息资源的“共建、共享”。

（十四）加强企业创新文化建设。积极开展群众性创新文化建设活动，鼓励群众性技术革新和技术发明，调动群众积极性，群策群力，解决生产中的技术难题。大力弘扬敢于创新、勇于竞争、诚信合作、宽容失败的精神，着力营造尊重知识、尊重人才、尊重劳动、尊重创造的文化氛围。把鼓励创新作为企业文化建设的重要内容，发扬企业家开拓创新精神，培养研发人员潜心研究、甘于奉献的精神，激发科技工作者创新热情和活力。

三、推进中央企业科技创新工作的政策与保障措施

（十五）加强组织领导。要把科技创新工作摆在企业改革与发展的突出位置，加强和改进对科技创新工作的组织领导。企业领导班子要将科技工作纳入重要议事日程，领导班子中要有专人负责科技创新工作，明确分工，落实领导责任。企业党政主要负责同志要从战略高度认识科技创新的重要意义，加强创新理论知识学习，提高工作的自觉性。科技、规划、投资、财务、人力资源、法律等部门要加强协调联动，采取有效措施，明确并落实责任，形成合力，推动重点科研任务的落实。切实加强对子企业创新工作的分类指导与监督管理。

（十六）建立健全科技组织管理机构。加强科技管理组织机构建设，做到机构编制落实、制度健全。根据企业科技创新工作需要，设立专职科技管理部门，明确职责定位。大型企业集团要发挥科技部门专业管理优势，强化统一管理，提高集团公司科技管控能力。加强科技决策的科学化和程序化，根据需要设立科学技术委员会、专家咨询委员会等科技决策和咨询机构。企业董事会组成人员中应考虑聘任熟悉科技工作的外部董事。

（十七）完善企业科技创新的体制机制。加大改革力度，加强体制机制创新。建立科技投入稳定增长的长效机制，确保企业研发投入随营业收入的增长而不断加大。将科技投入纳入全面预算管理，建立科技发展专项资金制度。完善科技考核指标体系，探索将重大科技成果和成果应用与转化纳入企业负责人的业绩考核。企业赋予科技管理部门一定比例的业绩考核权重。探索建立对骨干科技人员的中长期激励机制，落实管理、技术等重要生产要素按贡献参与分配的制度，有条件的企业开展股权、期权、分红权等激励试点工作。完善科技评价和奖励制度，设立科技奖励专项资金，表彰作出突出贡献的先进集体和个人。企业还可以结合自身实际情况，进一步探索、完善推动科技创新的有效机制。

（十八）进一步拓宽科技投入的资金渠道。在确保企业研发投入持续稳定增长的基础上，积极争取国家资金支持。创新科技投入体制机制，广泛利用社会资金。加强科技与金融的合作，探索利用风险投资基金、企业债券、保险基金和私募股权基金等方式，

筹集科技投入资金。优化项目运作方式，提升科技管理水平。推动科技型企业引入民间投资、外资等战略投资者或利用国内外资本市场筹集资金。

（十九）进一步加强国资委对中央企业科技创新工作的指导与管理。结合中央企业布局结构调整，积极推进转制科研院所与大企业集团、中央企业之间科技资源的调整重组。组织协调中央企业围绕重大科技难题和行业共性技术，开展联合攻关。研究提出中央企业科技创新能力评价指标体系和办法，开展创新能力评价。探索并适时开展科技创新奖励活动。建立国资委科技专家库和科技咨询制度。组织开展国家重点科技计划项目的推荐与申报工作。发挥创新型企业的示范作用，总结推广先进经验，推进企业科技创新交流常态化。进一步加强与国家有关部门的沟通协调，推进科技创新政策的完善与落实，在项目和资金安排上争取更多支持，为企业科技创新营造良好的政策环境。

（二十）进一步完善国资委支持中央企业科技创新的政策措施。在企业负责人业绩考核指标体系中，进一步完善将中央企业研发费用视同业绩利润的考核政策，按国家有关规定，统一规范中央企业科技投入口径、范围。根据企业主业特点，强化对科技投入和产出的分类考核；根据创建国际一流企业的要求，研究提出进入A级企业科技投入的基本条件。探索建立企业科技创新的中长期激励机制，在符合条件的科技型上市公司中开展股票期权、限制性股票等激励试点；在符合条件的科技型非上市企业，开展分红权激励试点。对科研设计企业在工资总额方面实施分类调控。加大国有资本经营预算对科技创新的支持力度，以资本性支出为主，重点支持围绕国家发展战略和国民经济发展的重大科技创新活动，培育和发展战略性新兴产业。

关于印发《关于推进中央企业知识产权工作高质量发展的指导意见》的通知

2020年2月26日　国资发科创规〔2020〕15号

各中央企业：

为全面贯彻党的十九大和十九届二中、三中、四中全会精神，深入实施创新驱动发展战略，全面提升中央企业知识产权工作水平，进一步增强中央企业自主创新能力，国资委、国家知识产权局制定了《关于推进中央企业知识产权工作高质量发展的指导意见》，现印发给你们，请认真贯彻落实。

请各地方国资委、知识产权局（知识产权管理部门）参照执行本意见，积极推进地方国有企业知识产权工作高质量发展。

关于推进中央企业知识产权工作高质量发展的指导意见

为全面贯彻党的十九大和十九届二中、三中、四中全会精神，落实《关于强化知识产权保护的意见》（中办发〔2019〕56号），深入实施创新驱动发展战略，全面推进中央企业知识产权工作高质量发展，推动中央企业自主创新能力持续提升，加快培育具有全球竞争力的世界一流企业，增强国有经济竞争力、创新力、控制力、影响力和抗风险能力，提出以下意见。

一、总体要求

（一）指导思想。

以习近平新时代中国特色社会主义思想为指导，坚定不移贯彻新发展理念，以高质量发展为主线，以提升自主创新能力为根本，以保护企业合法权益为基础，以促进科技成果转化为重点，以激发企业家和科研人员创新创造活力为导向，巩固和增强中央企业知识产权创造、运用、管理能力，不断完善知识产权保护体系，健全体制机制，更好发挥知识产权对中央企业创新发展的支撑作用，为建设知识产权强国作出积极贡献。

（二）基本原则。

——坚持战略引领。贯彻知识产权强国战略纲要，主动对接高质量发展重大需求，紧密结合企业自身发展需要，总体谋划、统筹实施企业知识产权工作。

——聚焦核心技术。在关系国家安全和国民经济命脉的重要行业和关键领域、战略性新兴产业，围绕中央企业主责主业，加快关键核心技术知识产权培育，增强企业竞争力。

——遵循市场规律。在知识产权创造、布局、定价、运用、风险防范、国际合作等方面，按照市场规则，依法合规组织开展，充分发挥市场在资源配置中的决定性作用。

——突出问题导向。找准知识产权工作薄弱环节，克服体制机制障碍，夯实工作基础，着重解决专利质量不高、运用不足等问题，强化专业化人才队伍建设。

——加强统筹兼顾。根据企业所处行业和知识产权工作发展阶段，组织协调各类资源，突出重点、上下结合、内外联动，分类分领域推进知识产权能力建设，促进知识产权工作与企业高质量发展深度融合。

（三）总体目标。

到2025年，基本建立适应高质量发展需要的中央企业知识产权工作体系，中央企业知识产权创造、运用、保护、管理能力显著增强，有效专利拥有量持续增长，在关键核心技术领域实现重点专利布局，工作模式更加成熟，体制机制更加完善，打造一支规模合理、结构优化的高水平人才队伍，对中央企业创新发展的引领支撑作用进一步提升，中央企业有效发明专利拥有量占有效专利拥有量的比重达到50%以上，中国专利奖获奖数量占全部奖项数量20%以上。与2019年初相比，中央企业美日欧有效专利拥有量翻一番，专利质量评价优秀企业数量翻一番，马德里商标国际注册量增长50%以上，中央企业集团层面国家知识产权示范企业数量增长50%以上。

二、加强知识产权高质量创造

（四）坚持知识产权战略引领。针对有关重点领域、重要产业的知识产权特点和发展趋势，加强专利分析与产业运行决策深度融合，建立专利导航工作机制，制定本企业知识产权战略，进一步明确知识产权工作的目标、方向和重点任务。着眼企业长远发展需要，对标世界一流，制定和完善企业知识产权工作相关意见和办法，编制重大关键核心技术专项知识产权规划。

（五）培育一批高价值专利。聚焦重要行业和关键领域，依托重大科研项目和企业研发平台，培育一批创新程度高、市场竞争力强的原创型、基础型高价值专利。在项目立项、研发过程、试验验证、推广应用等技术全生命周期，挖掘和培育高价值专利。积极参与标准制定，将自身先进专利技术纳入行业、国家或国际标准，形成标准必要专利。

（六）加强海外知识产权布局。综合企业发展需求、国际维权能力、竞争对手布局等因素，制定海外知识产权策略，绘制专利导航图。优先在符合技术发展趋势、具有领先水平和市场应用前景的领域申请海外专利，加强海外布局，提升国际竞争能力。

（七）提升知识产权创造能力。加强国际商标注册，培育知名品牌，对科技创新成果、核心竞争优势、商业模式等进行商标品牌化建设。针对新业态新领域发展趋势，加强版权、植物新品种、集成电路布图设计等方面知识产权工作，提升知识产权综合实力。

三、促进知识产权高效运用

（八）加大知识产权实施力度。鼓励建立内部技术市场和知识产权有偿使用机制，提高知识产权实施率。制定企业对外知识产权许可、转让相关程序和技术推广目录，开展分级管理，盘活现有资源。加强与其他企业之间的知识产权合作，提升运用效益。建立健全科技成果转化机制，充分利用工资总额、股权激励、分红权激励等分配激励政策，促进知识产权实施。

（九）加强知识产权合规使用。在知识产权许可、转让、收购时，通过评估、协议、挂牌交易、拍卖等市场化方式确定价格。在新技术、新工艺、新材料、新产品等投放市场前，开展知识产权法律风险分析，有效防范法律风险。尊重他人知识产权，严格按照约定的范围使用。

（十）拓宽知识产权价值实现渠道。通过质押融资、作价入股、证券化、构建专利池等市场化方式，挖掘和提升企业知识产权价值。鼓励企业运用知识产权开展海外股权投资，支撑国际业务拓展。积极发展知识产权金融，提升资本化运作水平。

（十一）建立知识产权运营平台。建立服务于科技成果转移转化的知识产权运营服务平台，为企业知识产权提供咨询、评估、经纪、交易、信息、代理等服务。制定技术转移服务制度，建立信用与评价机制。在中央企业“双创”工作中探索知识产权运营新模式。

四、提升知识产权保护能力

（十二）强化知识产权风险防范。将知识产权风险防范意识贯穿科研生产经营活动全过程，防范知识产权流失和侵权。涉及国家安全和国计民生的关键核心技术，在对外转让、许可时要加强知识产权风险审议。在高端人才引进、技术合作、企业并购等重大经营活动中全面开展知识产权尽职调查。

（十三）加强技术秘密保护。实施技术秘密与专利的组合保护策略。重视技术秘密的登记与认定，加强对涉密人员、载体、场所等全方位管理。加强人才交流和技术合作中的技术秘密保护，强化对掌握关键技术秘密离职人员的竞业限制。规范涉及技术秘密的合同管理，防范不当使用或泄密。

（十四）加大知识产权保护力度。加强在线监测和市场巡视，及时发现知识产权侵权行为。完善知识产权快速维权机制，有效运用行政、刑事、民事、仲裁、调解等多种形式维护企业合法权益。积极应对国内外知识产权滥用和滥诉行为，切实维护自身权益。

（十五）提升海外知识产权保护能力。完善海外知识产权纠纷预警防范机制，加强重大案件跟踪研究。建立海外知识产权法律修改变化动态跟踪机制，及时进行风险提示。建立信息沟通机制，加大工作协调力度，提高知识产权纠纷应对处理能力。

五、完善知识产权管理体系

（十六）强化知识产权机构和制度建设。中央企业集团要明确负责知识产权管理工作的部门。中央企业所属科研单位和重要生产制造企业要明确知识产权管理归口部门，配备与知识产权业务规模相适应、满足工作实际需要的专职管理人员。完善知识产权管理制度，夯实工作基础，推动专利、技术秘密等集中管理。在关键核心技术研发、重要成果转移转化过程中，配备知识产权专员。鼓励有条件的企业贯彻实施《企业知识产权管理规范》（GB/T 29490－2013），优化知识产权管理体系。

（十七）实施知识产权分级管理。综合技术、法律、市场等因素，制定符合本行业特点的知识产权质量评价办法。根据对主营业务影响程度，对专利、技术秘密进行分级管理并动态调整。定期梳理存量专利，及时合规处置低价值专利和闲置商标。

（十八）加强知识产权服务机构管理。中央企业集团公司要加强对知识产权服务机构的准入、考核、淘汰等方面管理，完善服务机构评级体系，优化资源配置和使用。具备条件的中央企业可在内部组建知识产权服务机构，实行市场化薪酬，提高服务质量和效率。

（十九）提高知识产权管理信息化水平。搭建信息化管理平台，实现知识产权业务流程化和规范化。建立专业化数据库，加大信息集成力度，提高综合研判能力。建立竞争情报分析和信息共享机制，支撑经营决策、技术研发和市场开拓。

六、组织实施和措施保障

（二十）加强组织领导。进一步强化对知识产权工作的重视，企业主要负责同志要亲自研究部署，领导班子中明确专人分管。科技、规划、财务、人力资源、法律等部门要加强协同联动，按照本意见目标任务要求，制定实施方案及配套措施，不断完善工作机制，保障知识产权各项工作的落实。

（二十一）加大投入力度。不断提高企业知识产权投入，设立专项资金预算，组织开展高价值专利培育、专利导航、知识产权尽职调查、管理信息系统建设、专利数据库建设、知识产权保护与维权、风险评估等重点工作。探索设立企业知识产权相关基金，拓宽资金投入渠道。

（二十二）加强人才队伍建设。健全知识产权人才工作体系，建设一支数量充足、结构合理、素质优良的人才队伍，培养和引进知识产权领军人才、国际化专业人才。鼓励申报知识产权专业职称，设置高层级专家职（岗）位。加强对研发人员、知识产权管理人员、运营人员、专员的多层次、精准化系统培训。建立企业知识产权专家库。具备条件的企业研究组建专业化检索分析团队。

（二十三）加强考核激励。将知识产权工作纳入所属企业绩效考核评价体系，作为各级领导班子综合考评的重要内容。对在知识产权工作中作出重要贡献的单位和人员给予表彰和奖励。

（二十四）进一步加强对中央企业知识产权工作的指导。国资委加强对中央企业知识产权工作的总体统筹和顶层设计，指导企业编制实施知识产权战略。推动中央企业提升对于知识产权密集型产业发展的贡献度。对中央企业知识产权实施科技成果转化所涉及工资总额，结合工资总额特殊事项清单相关规定予以单列管理，加大中长期激励范围及力度。持续开展中央企业专利质量评价工作，进一步强化专利质量导向，组织中央企业高质量专利申报中国专利奖。鼓励中央企业牵头推动知识产权联盟建设，研究建设中央企业知识产权运营平台，指导企业加强对所属知识产权中介服务机构的管理。建立中央企业知识产权专家库，促进中央企业知识产权工作交流，宣传推广先进经验和典型模式，定期组织开展多层次知识产权培训。

（二十五）进一步加强对中央企业知识产权工作的政策支持。增强与中央企业联系互动，建立定期沟通交流机制，帮助解决知识产权痛点、难点问题。指导中央企业开展知识产权贯标和申报国家知识产权优势企业、示范企业。指导支持中央企业开展专利导航、建立产业知识产权运营中心、技术与创新支持中心等。支持中央企业申报中国专利奖。支持中央企业将战略性高价值专利组合纳入国家知识产权运营公共服务平台项目库，开展高价值专利运营。支持中央企业在相关知识产权保护中心备案，提升中央企业知识产权创造和保护效率。

综合监督与追责

中央企业内部审计管理暂行办法

2004年8月23日　国务院国有资产监督管理委员会令第8号

第一章　总　　则

第一条　为加强对国务院国有资产监督管理委员会（以下简称国资委）履行出资人职责企业（以下简称企业）的内部监督和风险控制，规范企业内部审计工作，保障企业财务管理、会计核算和生产经营符合国家各项法律法规要求，根据《企业国有资产监督管理暂行条例》和国家有关法律法规，制定本办法。

第二条　企业开展内部审计工作，适用本办法。

第三条　本办法所称企业内部审计，是指企业内部审计机构依据国家有关法律法规、财务会计制度和企业内部管理规定，对本企业及子企业（单位）财务收支、财务预算、财务决算、资产质量、经营绩效，以及建设项目或者有关经济活动的真实性、合法性和效益性进行监督和评价工作。

第四条　企业应当按照国家有关规定，依照内部审计准则的要求，认真组织做好内部审计工作，及时发现问题，明确经济责任，纠正违规行为，检查内部控制程序的有效性，防范和化解经营风险，维护企业正常生产经营秩序，促进企业提高经营管理水平，实现国有资产的保值增值。

第五条　国资委依法对企业内部审计工作进行指导和监督。

第二章　内部审计机构设置

第六条　企业应当按照国家有关规定，建立相对独立的内部审计机构，配备相应的专职工作人员，建立健全内部审计工作规章制度，有效开展内部审计工作，强化企业内部监督和风险控制。

第七条　国有控股公司和国有独资公司，应当依据完善公司治理结构和完备内部控制机制的要求，在董事会下设立独立的审计委员会。企业审计委员会成员应当由熟悉企业财务、会计和审计等方面专业知识并具备相应业务能力的董事组成，其中主任委员应当由外部董事担任。

第八条　企业审计委员会应当履行以下主要职责：

（一）审议企业年度内部审计工作计划；

（二）监督企业内部审计质量与财务信息披露；

（三）监督企业内部审计机构负责人的任免，提出有关意见；

（四）监督企业社会中介审计等机构的聘用、更换和报酬支付；

（五）审查企业内部控制程序的有效性，并接受有关方面的投诉；

（六）其他重要审计事项。

第九条 未建立董事会的国有独资公司及国有独资企业，应当按照加强财务监督和完善内部控制机制的要求，依据国家的有关规定，加强内部审计工作的组织领导，明确工作责任，强化企业内部审计工作，做好内部审计机构与内部监察（纪检）、财务、人事等有关部门的协调工作。

第十条 企业内部审计机构依据国家有关规定开展内部审计工作，直接对企业董事会（或主要负责人）负责；设立审计委员会的企业，内部审计机构应当接受审计委员会的监督和指导。

第十一条 企业所属子企业应当按照有关规定设立相应的内部审计机构；尚不具备条件的应当设立专职审计人员。

第十二条 企业内部审计人员应当具备审计岗位所必备的会计、审计等专业知识和业务能力；内部审计机构的负责人应当具备相应的专业技术职称资格。

第三章　内部审计机构主要职责

第十三条 根据国家有关规定，结合出资人财务监督和企业管理工作的需要，企业内部审计机构应当履行以下主要职责：

（一）制定企业内部审计工作制度，编制企业年度内部审计工作计划；

（二）按企业内部分工组织或参与组织企业年度财务决算的审计工作，并对企业年度财务决算的审计质量进行监督；

（三）对国家法律法规规定不适宜或者未规定须由社会中介机构进行年度财务决算审计的有关内容组织进行内部审计；

（四）对本企业及其子企业的财务收支、财务预算、财务决算、资产质量、经营绩效以及其他有关的经济活动进行审计监督；

（五）组织对企业主要业务部门负责人和子企业的负责人进行任期或定期经济责任审计；

（六）组织对发生重大财务异常情况的子企业进行专项经济责任审计工作；

（七）对本企业及其子企业的基建工程和重大技术改造、大修等的立项、概（预）算、决算和竣工交付使用进行审计监督；

（八）对本企业及其子企业的物资（劳务）采购、产品销售、工程招标、对外投资及风险控制等经济活动和重要的经济合同等进行审计监督；

（九）对本企业及其子企业内部控制系统的健全性、合理性和有效性进行检查、评价和意见反馈，对企业有关业务的经营风险进行评估和意见反馈；

（十）对本企业及其子企业的经营绩效及有关经济活动进行监督与评价；

（十一）对本企业年度工资总额来源、使用和结算情况进行检查；

（十二）其他事项。

第十四条 企业内部审计机构对年度财务决算的审计质量监督应当根据企业的内部职责分工，依据独立、客观、公正的原则，保障企业财务管理、会计核算和生产经营符合国家各项法律法规要求。

第十五条 为保证企业年度财务决算报告的真实和完整，企业内部审计机构应按照国资委相关工作要求，对下列特殊情形的子企业组织进行定期内部审计工作：

（一）按照国家有关规定，涉及国家安全不适宜社会中介机构审计的特殊子企业；

（二）依据所在国家及地区法律规定，在境外进行审计的境外子企业；

（三）国家法律、法规未规定须委托社会中介机构审计的企业内部有关单位。

第十六条 企业内部审计机构对本企业及其子企业的经营绩效及有关经济活动的评价工作，依据国家有关经营绩效评价政策进行。

第十七条 企业内部审计机构应当加强对社会中介机构开展本企业及其子企业有关财务审计、资产评估及相关业务活动工作结果的真实性、合法性进行监督，并做好社会中介机构聘用、更换和报酬支付的监督。

第十八条 企业内部审计机构相关审计工作应当与外部审计相互协调，并按有关规定对外部审计提供必要的支持和相关工作资料。

第十九条 企业应当依据国家有关法律法规，完善内部审计管理规章制度，保障内部审计机构拥有履行职责所必需的权限：

（一）参加企业有关经营和财务管理决策会议，参与协助企业有关业务部门研究制定和修改企业有关规章制度并督促落实；

（二）检查被审计单位会计账簿、报表、凭证和现场勘察相关资产，有权查阅有关生产经营活动等方面的文件、会议记录、计算机软件等相关资料；

（三）对与审计事项有关的部门和个人进行调查，并取得相关证明材料；

（四）对正在进行的严重违法违规和严重损失浪费行为，可作出临时制止决定，并及时向董事会（或企业主要负责人）报告；

（五）对可能被转移、隐匿、篡改、毁弃的会计凭证、会计账簿、会计报表以及与经济活动有关的资料，经企业主要负责人或有关权力机构授权可暂予以封存；

（六）企业主要负责人或权力机构在管理权限范围内，应当授予内部审计机构必要的处理权或者处罚权。

第四章 内部审计工作程序

第二十条 企业内部审计机构应当根据国家有关规定，结合企业实际情况，制定企业年度审计工作计划，对内部审计工作作出合理安排，并报经企业主要负责人或审计委员会审核批准后实施。

第二十一条 企业内部审计机构应当充分考虑审计风险和内部管理需要，制定具体项目审计计划，做好审计准备。

第二十二条 企业内部审计机构应当在实施审计前5个工作日，向被审计单位送达审计通知书。对于需要突击执行审计的特殊业务，审计通知书可在实施审计时送达。

被审计单位接到审计通知书后，应当做好接受审计的各项准备。

第二十三条 企业内部审计人员在出具审计报告前应当与被审计单位交换审计意见。被审计单位有异议的，应当自接到审计报告之日起10个工作日内提出书面意见；逾期不提出的，视为无异议。

第二十四条 被审计单位若对审计报告有异议且无法协调时，设立审计委员会的企业，应当将审计报告与被审计单位意见一并报审计委员会协调处理；尚未设立审计委员会的企业，应当将审计报告与被审计单位意见一并报企业主要负责人协调处理。

第二十五条 审计报告上报企业董事会或主要负责人审定后，企业内部审计机构应当根据审计结论，向被审计单位下达审计意见(决定)。

对于报请审计委员会、主要负责人协调处理的审计报告，应当根据审计委员会、主要负责人的审定意见，向被审计单位下达审计意见(决定)。

第二十六条 企业内部审计机构对已办结的内部审计事项，应当按照国家档案管理规定建立审计档案。

第二十七条 企业内部审计机构应当每年向本企业董事会（或主要负责人）和审计委员会提交内部审计工作总结报告。

第二十八条 企业内部审计机构对主要审计项目应当进行后续审计监督，督促检查被审计单位对审计意见的采纳情况和对审计决定的执行情况。

第五章　内部审计工作要求

第二十九条 企业内部审计机构应当根据国家有关规定和企业内部管理需要有效开展内部审计工作，加强内部监督，纠正违规行为，规避经营风险。

第三十条 企业内部审计机构应当对违反国家法律法规和企业内部管理制度的行为及时报告，并提出处理意见；对发现的企业内部控制管理漏洞，及时提出改进建议。

第三十一条 对于被审计单位及相关工作人员不及时落实内部审计意见，给企业造成损失浪费的，企业应当追究相关人员责任；对于给企业造成重大损失的，还应当按有关规定向上一级机构及时反映情况。

第三十二条 企业内部审计机构下列工作事项应当报国资委备案：

（一）企业年度内部审计工作计划和工作总结报告；

（二）重要子企业负责人及企业财务部门负责人的经济责任审计报告；企业内部审计工作中发现的重大违法违纪问题、重大资产损失情况、重大经济案件及重大经营风险等，应向国资委报送专项报告。

第三十三条 根据出资人财务监督工作需要，企业内部审计机构按照国资委有关工作要求，对企业及其子企业发生重大财务异常等情况组织进行的专项经济责任审计，应当向国资委提交审计报告。

第三十四条 企业内部审计机构要不断提高内部审计业务质量，并依法接受国资委、国家审计机关对内部审计业务质量的检查和评估。

第三十五条 企业内部审计机构应当根据本办法组织开展内部审计工作，并对其出具的内部审计报告的客观真实性承担责任。

第三十六条 为保证内部审计工作的独立、客观、公正，企业内部审计人员与审计事项有利害关系的，应当回避。

第三十七条 企业内部审计人员应当严格遵守审计职业道德规范，坚持原则、客观公正、恪尽职守、保持廉洁、保守秘密，不得滥用职权，徇私舞弊，泄露秘密，玩忽职守。

第三十八条 企业内部审计人员在实施内部审计时，应当在深入调查的基础上，采用检查、抽样和分析性复核等审计方法，获取充分、相关、可靠的审计证据，以支持审计结论和审计建议。

第三十九条 企业董事会（或主要负责人）应当保障内部审计机构和人员依法行使职权和履行职责；企业内部各职能机构应当积极配合内部审计工作。任何组织和个人不得对认真履行职责的内部审计人员进行打击报复。

第四十条 企业对于认真履行职责、忠于职守、坚持原则、作出显著成绩的内部审计人员，应当给予奖励。

第四十一条 企业应当保证内部审计机构所必需的审计工作经费，并列入企业年度财务预算。企业内部审计人员参加国家统一组织的专业技术职务资格的考评、聘任和后续教育，企业应当按照国家有关规定予以执行。

第六章　罚　　则

第四十二条 对于企业出现重大违反国家财经法纪的行为和企业内部控制程序出现严重缺陷，除按规定依法追究企业主要负责人、总会计师（或者主管财务工作负责人）及财务部门负责人的有关责任外，同时还相应追究企业审计委员会及内部审计机构相关人员的监督责任。

第四十三条 对于滥用职权、徇私舞弊、玩忽职守、泄露秘密的内部审计人员，由所在单位依照国家有关规定给予纪律处分；涉嫌犯罪的，依法移交司法机关处理。

第四十四条 对于打击报复内部审计人员问题，企业应及时予以纠正；涉嫌犯罪的，依法移交司法机关处理。受打击报复的企业内部审计人员有权直接向国资委报告相关情况。

第四十五条 被审计单位相关人员不配合企业内部审计工作、拒绝审计或者不提供资料、提供虚假资料、拒不执行审计结论的，企业应当给予纪律处分；涉嫌犯罪的，依法移交司法机关处理。

第七章　附　　则

第四十六条　各中央企业可结合本企业实际情况，制定具体实施细则。

第四十七条　各省、自治区、直辖市国有资产监督管理机构可参照本办法，结合本地区实际制定本地区相关工作规范。

第四十八条　本办法自2004年8月30日起施行。

中央企业境外国有资产监督管理暂行办法

2011年6月14日　国务院国有资产监督管理委员会令第26号

第一章　总　　则

第一条　为加强国务院国有资产监督管理委员会（以下简称国资委）履行出资人职责的企业（以下简称中央企业）境外国有资产监督管理，规范境外企业经营行为，维护境外国有资产权益，防止国有资产流失，根据《中华人民共和国企业国有资产法》和《企业国有资产监督管理暂行条例》及相关法律、行政法规，制定本办法。

第二条　本办法适用于中央企业及其各级独资、控股子企业（以下简称各级子企业）在境外以各种形式出资所形成的国有权益的监督管理。

本办法所称境外企业，是指中央企业及其各级子企业在我国境外以及香港特别行政区、澳门特别行政区和台湾地区依据当地法律出资设立的独资及控股企业。

第三条　国资委依法对中央企业境外国有资产履行下列监督管理职责：

（一）制定中央企业境外国有资产监督管理制度，并负责组织实施和监督检查；

（二）组织开展中央企业境外国有资产产权登记、资产统计、清产核资、资产评估和绩效评价等基础管理工作；

（三）督促、指导中央企业建立健全境外国有资产经营责任体系，落实国有资产保值增值责任；

（四）依法监督管理中央企业境外投资、境外国有资产经营管理重大事项，组织协调处理境外企业重大突发事件；

（五）按照《中央企业资产损失责任追究暂行办法》组织开展境外企业重大资产损失责任追究工作；

（六）法律、行政法规以及国有资产监督管理有关规定赋予的其他职责。

第四条　中央企业依法对所属境外企业国有资产履行下列监督管理职责：

（一）依法审核决定境外企业重大事项，组织开展境外企业国有资产基础管理工作；

（二）建立健全境外企业监管的规章制度及内部控制和风险防范机制；

（三）建立健全境外国有资产经营责任体系，对境外企业经营行为进行评价和监督，落实国有资产保值增值责任；

（四）按照《中央企业资产损失责任追究暂行办法》规定，负责或者配合国资委开展所属境外企业重大资产损失责任追究工作；

（五）协调处理所属境外企业突发事件；

（六）法律、行政法规以及国有资产监督管理有关规定赋予的其他职责。

第五条 中央企业及其各级子企业依法对境外企业享有资产收益、参与重大决策和选择管理者等出资人权利，依法制定或者参与制定其出资的境外企业章程。

中央企业及其各级子企业应当依法参与其出资的境外参股、联营、合作企业重大事项管理。

第二章 境外出资管理

第六条 中央企业应当建立健全境外出资管理制度，对境外出资实行集中管理，统一规划。

第七条 境外出资应当遵守法律、行政法规、国有资产监督管理有关规定和所在国（地区）法律，符合国民经济和社会发展规划及产业政策，符合国有经济布局和结构调整方向，符合中央企业发展战略和规划。

中央企业及其重要子企业收购、兼并境外上市公司以及重大境外出资行为应当依照法定程序报国资委备案或者核准。

第八条 境外出资应当进行可行性研究和尽职调查，评估企业财务承受能力和经营管理能力，防范经营、管理、资金、法律等风险。境外出资原则上不得设立承担无限责任的经营实体。

第九条 以非货币资产向境外出资的，应当依法进行资产评估并按照有关规定备案或者核准。

第十条 境外出资形成的产权应当由中央企业或者其各级子企业持有。根据境外相关法律规定须以个人名义持有的，应当统一由中央企业依据有关规定决定或者批准，依法办理委托出资、代持等保全国有资产的法律手续，并以书面形式报告国资委。

第十一条 中央企业应当建立健全离岸公司管理制度，规范离岸公司设立程序，加强离岸公司资金管理。新设离岸公司的，应当由中央企业决定或者批准并以书面形式报告国资委。已无存续必要的离岸公司，应当依法予以注销。

第十二条 中央企业应当将境外企业纳入本企业全面预算管理体系，明确境外企业年度预算目标，加强对境外企业重大经营事项的预算控制，及时掌握境外企业预算执行情况。

第十三条 中央企业应当将境外资金纳入本企业统一的资金管理体系，明确界定境外资金调度与使用的权限与责任，加强日常监控。具备条件的中央企业应当对境外资金实施集中管理和调度。

中央企业应当建立境外大额资金调度管控制度，对境外临时资金集中账户的资金运作实施严格审批和监督检查，定期向国资委报告境外大额资金的管理和运作情况。

第十四条 中央企业应当加强境外金融衍生业务的统一管理，明确决策程序、授权权限和操作流程，规定年度交易量、交易权限和交易流程等重要事项，并按照相关规定报国资委备案或者核准。从事境外期货、期权、远期、掉期等金融衍生业务应当严守套期保值原则，完善风险管理规定，禁止投机行为。

第十五条 中央企业应当建立外派人员管理制度，明确岗位职责、工作纪律、工资薪酬等规定，建立外派境外企业经营管理人员的定期述职和履职评估制度。

中央企业应当按照属地化管理原则，统筹境内外薪酬管理制度。不具备属地化管理条件的，中央企业应当按照法律法规有关规定，结合属地的实际情况，制定统一的外派人员薪酬管理办法，报国资委备案。

第三章　境外企业管理

第十六条 中央企业是所属境外企业监督管理的责任主体。境外企业应当定期向中央企业报告境外国有资产总量、结构、变动、收益等汇总分析情况。

第十七条 境外企业应当建立完善法人治理结构，健全资产分类管理制度和内部控制机制，定期开展资产清查，加强风险管理，对其运营管理的国有资产承担保值增值责任。

第十八条 境外企业应当依据有关规定建立健全境外国有产权管理制度，明确负责机构和工作责任，切实加强境外国有产权管理。

第十九条 境外企业应当加强投资管理，严格按照中央企业内部管理制度办理相关手续。

第二十条 境外企业应当加强预算管理，严格执行经股东（大）会、董事会或章程规定的相关权力机构审议通过的年度预算方案，加强成本费用管理，严格控制预算外支出。

第二十一条 境外企业应当建立健全法律风险防范机制，严格执行重大决策、合同的审核与管理程序。

第二十二条 境外企业应当遵循中央企业确定的融资权限。非金融类境外企业不得为其所属中央企业系统之外的企业或个人进行任何形式的融资、拆借资金或者提供担保。

第二十三条 境外企业应当加强资金管理，明确资金使用管理权限，严格执行企业主要负责人与财务负责人联签制度，大额资金支出和调度应当符合中央企业规定的审批程序和权限。

境外企业应当选择信誉良好并具有相应资质的银行作为开户行，不得以个人名义开设账户，但所在国（地区）法律另有规定的除外。境外企业账户不得转借个人或者其他机构使用。

第二十四条 境外企业应当按照法律、行政法规以及国有资产监督管理有关规定和企业章程，在符合所在国（地区）法律规定的条件下，及时、足额向出资人分配利润。

第二十五条 境外企业应当建立和完善会计核算制度，会计账簿及财务报告应当真实、完整、及时地反映企业经营成果、财务状况和资金收支情况。

第二十六条 境外企业应当通过法定程序聘请具有资质的外部审计机构对年度财务报告进行审计。暂不具备条件的，由中央企业内部审计机构进行审计。

第四章 境外企业重大事项管理

第二十七条 中央企业应当依法建立健全境外企业重大事项管理制度和报告制度，加强对境外企业重大事项的管理。

第二十八条 中央企业应当明确境外出资企业股东代表的选任条件、职责权限、报告程序和考核奖惩办法，委派股东代表参加境外企业的股东（大）会会议。股东代表应当按照委派企业的指示提出议案、发表意见、行使表决权，并将其履行职责的情况和结果及时报告委派企业。

第二十九条 境外企业有下列重大事项之一的，应当按照法定程序报中央企业核准：

（一）增加或者减少注册资本，合并、分立、解散、清算、申请破产或者变更企业组织形式；

（二）年度财务预算方案、决算方案、利润分配方案和弥补亏损方案；

（三）发行公司债券或者股票等融资活动；

（四）收购、股权投资、理财业务以及开展金融衍生业务；

（五）对外担保、对外捐赠事项；

（六）重要资产处置、产权转让；

（七）开立、变更、撤并银行账户；

（八）企业章程规定的其他事项。

第三十条 境外企业转让国有资产，导致中央企业重要子企业由国有独资转为绝对控股、绝对控股转为相对控股或者失去控股地位的，应当按照有关规定报国资委审核同意。

第三十一条 境外企业发生以下有重大影响的突发事件，应当立即报告中央企业；影响特别重大的，应当通过中央企业在24小时内向国资委报告。

（一）银行账户或者境外款项被冻结；

（二）开户银行或者存款所在的金融机构破产；

（三）重大资产损失；

（四）发生战争、重大自然灾害，重大群体性事件，以及危及人身或者财产安全的重大突发事件；

（五）受到所在国（地区）监管部门处罚产生重大不良影响；

（六）其他有重大影响的事件。

第五章　境外国有资产监督

第三十二条　国资委应当将境外企业纳入中央企业业绩考核和绩效评价范围，定期组织开展境外企业抽查审计，综合评判中央企业经营成果。

第三十三条　中央企业应当定期对境外企业经营管理、内部控制、会计信息以及国有资产运营等情况进行监督检查，建立境外企业生产经营和财务状况信息报告制度，按照规定向国资委报告有关境外企业财产状况、生产经营状况和境外国有资产总量、结构、变动、收益等情况。

第三十四条　中央企业应当加强对境外企业中方负责人的考核评价，开展任期及离任经济责任审计，并出具审计报告。重要境外企业中方负责人的经济责任审计报告应当报国资委备案。

第三十五条　国家出资企业监事会依照法律、行政法规以及国有资产监督管理有关规定，对中央企业境外国有资产进行监督检查，根据需要组织开展专项检查。

第六章　法律责任

第三十六条　境外企业有下列情形之一的，中央企业应当按照法律、行政法规以及国有资产监督管理有关规定，追究有关责任人的责任。

（一）违规为其所属中央企业系统之外的企业或者个人进行融资或者提供担保，出借银行账户；

（二）越权或者未按规定程序进行投资、调度和使用资金、处置资产；

（三）内部控制和风险防范存在严重缺陷；

（四）会计信息不真实，存有账外业务和账外资产；

（五）通过不正当交易转移利润；

（六）挪用或者截留应缴收益；

（七）未按本规定及时报告重大事项。

第三十七条　中央企业有下列情形之一，国资委应当按照法律、行政法规以及国有资产监督管理有关规定，追究相关责任人的责任。

（一）未建立境外企业国有资产监管制度；

（二）未按本办法规定履行有关核准备案程序；

（三）未按本办法规定及时报告重大事项；

（四）对境外企业管理失控，造成国有资产损失。

第七章　附　　则

第三十八条　中央企业及其各级子企业在境外设立的各类分支机构的国有资产的监督和管理参照本办法执行。

第三十九条　地方国有资产监督管理机构可以参照本办法制定所出资企业境外国有资产管理制度。

第四十条　本办法自 2011 年 7 月 1 日起施行。

中央企业违规经营投资责任追究实施办法（试行）

2018 年 7 月 13 日　国务院国有资产监督管理委员会令第 37 号

第一章　总　　则

第一条　为加强和规范中央企业违规经营投资责任追究工作，进一步完善国有资产监督管理制度，落实国有资产保值增值责任，有效防止国有资产流失，根据《中华人民共和国公司法》、《中华人民共和国企业国有资产法》、《企业国有资产监督管理暂行条例》和《国务院办公厅关于建立国有企业违规经营投资责任追究制度的意见》等法律法规和文件，制定本办法。

第二条　本办法所称中央企业是指国务院国有资产监督管理委员会（以下简称国资委）代表国务院履行出资人职责的国家出资企业。

第三条　本办法所称违规经营投资责任追究（以下简称责任追究）是指中央企业经营管理有关人员违反规定，未履行或未正确履行职责，在经营投资中造成国有资产损失或其他严重不良后果，经调查核实和责任认定，对相关责任人进行处理的工作。

前款所称规定，包括国家法律法规、国有资产监管规章制度和企业内部管理规定等。前款所称未履行职责，是指未在规定期限内或正当合理期限内行使职权、承担责任，一般包括不作为、拒绝履行职责、拖延履行职责等；未正确履行职责，是指未按规定以及岗位职责要求，不适当或不完全行使职权、承担责任，一般包括未按程序行使职权、超越职权、滥用职权等。

第四条　责任追究工作应当遵循以下原则：

（一）坚持依法依规问责。以国家法律法规为准绳，按照国有资产监管规章制度和企业内部管理规定等，对违反规定、未履行或未正确履行职责造成国有资产损失或其他严重不良后果的企业经营管理有关人员，严肃追究责任，实行重大决策终身问责。

（二）坚持客观公正定责。贯彻落实“三个区分开来”重要要求，结合企业实际情况，调查核实违规行为的事实、性质及其造成的损失和影响，既考虑量的标准也考虑质的不同，认定相关人员责任，保护企业经营管理有关人员干事创业的积极性，恰当公正地处理相关责任人。

（三）坚持分级分层追责。国资委和中央企业原则上按照国有资本出资关系和干部管理权限，界定责任追究工作职责，分级组织开展责任追究工作，分别对企业不同层级经营管理人员进行追究处理，形成分级分层、有效衔接、上下贯通的责任追究工作体系。

（四）坚持惩治教育和制度建设相结合。在对违规经营投资相关责任人严肃问责的同时，加大典型案例总结和通报力度，加强警示教育，发挥震慑作用，推动中央企业不断完善规章制度，堵塞经营管理漏洞，提高经营管理水平，实现国有资产保值增值。

第五条 在责任追究工作过程中，发现企业经营管理有关人员违纪或职务违法的问题和线索，应当移送相应的纪检监察机构查处；涉嫌犯罪的，应当移送国家监察机关或司法机关查处。

第二章 责任追究范围

第六条 中央企业经营管理有关人员违反规定，未履行或未正确履行职责致使发生本办法第七条至第十七条所列情形，造成国有资产损失或其他严重不良后果的，应当追究相应责任。

第七条 集团管控方面的责任追究情形：

（一）违反规定程序或超越权限决定、批准和组织实施重大经营投资事项，或决定、批准和组织实施的重大经营投资事项违反党和国家方针政策、决策部署以及国家有关规定。

（二）对国家有关集团管控的规定未执行或执行不力，致使发生重大资产损失对生产经营、财务状况产生重大影响。

（三）对集团重大风险隐患、内控缺陷等问题失察，或虽发现但没有及时报告、处理，造成重大资产损失或其他严重不良后果。

（四）所属子企业发生重大违规违纪违法问题，造成重大资产损失且对集团生产经营、财务状况产生重大影响，或造成其他严重不良后果。

（五）对国家有关监管机构就经营投资有关重大问题提出的整改工作要求，拒绝整改、拖延整改等。

第八条 风险管理方面的责任追究情形：

（一）未按规定履行内控及风险管理制度建设职责，导致内控及风险管理制度缺失，内控流程存在重大缺陷。

（二）内控及风险管理制度未执行或执行不力，对经营投资重大风险未能及时分析、识别、评估、预警、应对和报告。

（三）未按规定对企业规章制度、经济合同和重要决策等进行法律审核。

（四）未执行国有资产监管有关规定，过度负债导致债务危机，危及企业持续经营。

（五）恶意逃废金融债务。

（六）瞒报、漏报、谎报或迟报重大风险及风险损失事件，指使编制虚假财务报告，企业账实严重不符。

第九条 购销管理方面的责任追究情形：

（一）未按规定订立、履行合同，未履行或未正确履行职责致使合同标的价格明显不公允。

（二）未正确履行合同，或无正当理由放弃应得合同权益。

（三）违反规定开展融资性贸易业务或“空转”“走单”等虚假贸易业务。

（四）违反规定利用关联交易输送利益。

（五）未按规定进行招标或未执行招标结果。

（六）违反规定提供赊销信用、资质、担保或预付款项，利用业务预付或物资交易等方式变相融资或投资。

（七）违反规定开展商品期货、期权等衍生业务。

（八）未按规定对应收款项及时追索或采取有效保全措施。

第十条 工程承包建设方面的责任追究情形：

（一）未按规定对合同标的进行调查论证或风险分析。

（二）未按规定履行决策和审批程序，或未经授权和超越授权投标。

（三）违反规定，无合理商业理由以低于成本的报价中标。

（四）未按规定履行决策和审批程序，擅自签订或变更合同。

（五）未按规定程序对合同约定进行严格审查，存在重大疏漏。

（六）工程以及与工程建设有关的货物、服务未按规定招标或规避招标。

（七）违反规定分包等。

（八）违反合同约定超计价、超进度付款。

第十一条 资金管理方面的责任追究情形：

（一）违反决策和审批程序或超越权限筹集和使用资金。

（二）违反规定以个人名义留存资金、收支结算、开立银行账户等。

（三）设立“小金库”。

（四）违反规定集资、发行股票或债券、捐赠、担保、委托理财、拆借资金或开立信用证、办理银行票据等。

（五）虚列支出套取资金。

（六）违反规定超发、滥发职工薪酬福利。

（七）因财务内控缺失或未按照财务内控制度执行，发生资金挪用、侵占、盗取、欺诈等。

第十二条 转让产权、上市公司股权、资产等方面的责任追究情形：

（一）未按规定履行决策和审批程序或超越授权范围转让。

（二）财务审计和资产评估违反相关规定。

（三）隐匿应当纳入审计、评估范围的资产，组织提供和披露虚假信息，授意、指使中介机构出具虚假财务审计、资产评估鉴证结果及法律意见书等。

（四）未按相关规定执行回避制度。

（五）违反相关规定和公开公平交易原则，低价转让企业产权、上市公司股权和资产等。

（六）未按规定进场交易。

第十三条 固定资产投资方面的责任追究情形：

（一）未按规定进行可行性研究或风险分析。

（二）项目概算未按规定进行审查，严重偏离实际。

（三）未按规定履行决策和审批程序擅自投资。

（四）购建项目未按规定招标，干预、规避或操纵招标。

（五）外部环境和项目本身情况发生重大变化，未按规定及时调整投资方案并采取止损措施。

（六）擅自变更工程设计、建设内容和追加投资等。

（七）项目管理混乱，致使建设严重拖期、成本明显高于同类项目。

（八）违反规定开展列入负面清单的投资项目。

第十四条 投资并购方面的责任追究情形：

（一）未按规定开展尽职调查，或尽职调查未进行风险分析等，存在重大疏漏。

（二）财务审计、资产评估或估值违反相关规定。

（三）投资并购过程中授意、指使中介机构或有关单位出具虚假报告。

（四）未按规定履行决策和审批程序，决策未充分考虑重大风险因素，未制定风险防范预案。

（五）违反规定以各种形式为其他合资合作方提供垫资，或通过高溢价并购等手段向关联方输送利益。

（六）投资合同、协议及标的企业公司章程等法律文件中存在有损国有权益的条款，致使对标的企业管理失控。

（七）违反合同约定提前支付并购价款。

（八）投资并购后未按有关工作方案开展整合，致使对标的企业管理失控。

（九）投资参股后未行使相应股东权利，发生重大变化未及时采取止损措施。

（十）违反规定开展列入负面清单的投资项目。

第十五条 改组改制方面的责任追究情形：

（一）未按规定履行决策和审批程序。

（二）未按规定组织开展清产核资、财务审计和资产评估。

（三）故意转移、隐匿国有资产或向中介机构提供虚假信息，授意、指使中介机构出具虚假清产核资、财务审计与资产评估等鉴证结果。

（四）将国有资产以明显不公允低价折股、出售或无偿分给其他单位或个人。

（五）在发展混合所有制经济、实施员工持股计划、破产重整或清算等改组改制过程中，违反规定，导致发生变相套取、私分国有资产。

（六）未按规定收取国有资产转让价款。

（七）改制后的公司章程等法律文件中存在有损国有权益的条款。

第十六条 境外经营投资方面的责任追究情形：

（一）未按规定建立企业境外投资管理相关制度，导致境外投资管控缺失。

（二）开展列入负面清单禁止类的境外投资项目。

（三）违反规定从事非主业投资或开展列入负面清单特别监管类的境外投资项目。

（四）未按规定进行风险评估并采取有效风险防控措施对外投资或承揽境外项目。

（五）违反规定采取不当经营行为，以及不顾成本和代价进行恶性竞争。

（六）违反本章其他有关规定或存在国家明令禁止的其他境外经营投资行为的。

第十七条 其他违反规定，未履行或未正确履行职责造成国有资产损失或其他严重不良后果的责任追究情形。

第三章 资产损失认定

第十八条 对中央企业违规经营投资造成的资产损失，在调查核实的基础上，依据有关规定认定资产损失金额，以及对企业、国家和社会等造成的影响。

第十九条 资产损失包括直接损失和间接损失。直接损失是与相关人员行为有直接因果关系的损失金额及影响；间接损失是由相关人员行为引发或导致的，除直接损失外、能够确认计量的其他损失金额及影响。

第二十条 中央企业违规经营投资资产损失500万元以下为一般资产损失，500万元以上5000万元以下为较大资产损失，5000万元以上为重大资产损失。涉及违纪违法和犯罪行为查处的损失标准，遵照相关党内法规和国家法律法规的规定执行。

前款所称的“以上”包括本数，所称的“以下”不包括本数。

第二十一条 资产损失金额及影响，可根据司法、行政机关等依法出具的书面文件，具有相应资质的会计师事务所、资产评估机构、律师事务所、专业技术鉴定机构等专业机构出具的专项审计、评估或鉴证报告，以及企业内部证明材料等，进行综合研判认定。

第二十二条 相关违规经营投资虽尚未形成事实资产损失，但确有证据证明资产损失在可预见未来将发生，且能可靠计量资产损失金额的，经中介机构评估可以认定为或有损失，计入资产损失。

第四章 责任认定

第二十三条 中央企业经营管理有关人员任职期间违反规定，未履行或未正确履行职责造成国有资产损失或其他严重不良后果的，应当追究其相应责任。违规经营投资责任根据工作职责划分为直接责任、主管责任和领导责任。

第二十四条 直接责任是指相关人员在其工作职责范围内，违反规定，未履行或未正确履行职责，对造成的资产损失或其他严重不良后果起决定性直接作用时应当承担的责任。

企业负责人存在以下情形的，应当承担直接责任：

（一）本人或与他人共同违反国家法律法规、国有资产监管规章制度和企业内部管理规定。

（二）授意、指使、强令、纵容、包庇下属人员违反国家法律法规、国有资产监管规章制度和企业内部管理规定。

（三）未经规定程序或超越权限，直接决定、批准、组织实施重大经济事项。

（四）主持相关会议讨论或以其他方式研究时，在多数人不同意的情况下，直接决定、批准、组织实施重大经济事项。

（五）将按有关法律法规制度应作为第一责任人（总负责）的事项、签订的有关目标责任事项或应当履行的其他重要职责，授权（委托）其他领导人员决策且决策不当或决策失误等。

（六）其他应当承担直接责任的行为。

第二十五条 主管责任是指相关人员在其直接主管（分管）工作职责范围内，违反规定，未履行或未正确履行职责，对造成的资产损失或其他严重不良后果应当承担的责任。

第二十六条 领导责任是指企业主要负责人在其工作职责范围内，违反规定，未履行或未正确履行职责，对造成的资产损失或其他严重不良后果应当承担的责任。

第二十七条 中央企业所属子企业违规经营投资致使发生本条第二款、第三款所列情形的，上级企业经营管理有关人员应当承担相应的责任。

上一级企业有关人员应当承担相应责任的情形包括：

（一）发生重大资产损失且对企业生产经营、财务状况产生重大影响的。

（二）多次发生较大、重大资产损失，或造成其他严重不良后果的。

除上一级企业有关人员外，更高层级企业有关人员也应当承担相应责任的情形包括：

（一）发生违规违纪违法问题，造成资产损失金额巨大且危及企业生存发展的。

（二）在一定时期内多家所属子企业连续集中发生重大资产损失，或造成其他严重不良后果的。

第二十八条 中央企业违反规定瞒报、漏报或谎报重大资产损失的，对企业主要负责人和分管负责人比照领导责任和主管责任进行责任认定。

第二十九条 中央企业未按规定和有关工作职责要求组织开展责任追究工作的，对企业负责人及有关人员比照领导责任、主管责任和直接责任进行责任认定。

第三十条 中央企业有关经营决策机构以集体决策形式作出违规经营投资的决策或实施其他违规经营投资的行为，造成资产损失或其他严重不良后果的，应当承担集体责任，有关成员也应当承担相应责任。

第五章 责任追究处理

第三十一条 对相关责任人的处理方式包括组织处理、扣减薪酬、禁入限制、纪律处分、移送国家监察机关或司法机关等，可以单独使用，也可以合并使用。

（一）组织处理。包括批评教育、责令书面检查、通报批评、诫勉、停职、调离工作岗位、降职、改任非领导职务、责令辞职、免职等。

（二）扣减薪酬。扣减和追索绩效年薪或任期激励收入，终止或收回其他中长期激励收益，取消参加中长期激励资格等。

（三）禁入限制。5年直至终身不得担任国有企业董事、监事、高级管理人员。

（四）纪律处分。由相应的纪检监察机构查处。

（五）移送国家监察机关或司法机关处理。依据国家有关法律规定，移送国家监察机关或司法机关查处。

第三十二条 中央企业发生资产损失，经过查证核实和责任认定后，除依据有关规定移送纪检监察机构或司法机关处理外，应当按以下方式处理：

（一）发生一般资产损失的，对直接责任人和主管责任人给予批评教育、责令书面检查、通报批评、诫勉等处理，可以扣减和追索责任认定年度50%以下的绩效年薪。

（二）发生较大资产损失的，对直接责任人和主管责任人给予通报批评、诫勉、停职、调离工作岗位、降职等处理，同时按照以下标准扣减薪酬：扣减和追索责任认定年度50%～100%的绩效年薪、扣减和追索责任认定年度（含）前3年50%～100%的任期激励收入并延期支付绩效年薪，终止尚未行使的其他中长期激励权益、上缴责任认定年度及前一年度的全部中长期激励收益、5年内不得参加企业新的中长期激励。

对领导责任人给予通报批评、诫勉、停职、调离工作岗位等处理，同时按照以下标准扣减薪酬：扣减和追索责任认定年度30%～70%的绩效年薪、扣减和追索责任认定年度（含）前3年30%～70%的任期激励收入并延期支付绩效年薪，终止尚未行使的其他中长期激励权益、3年内不得参加企业新的中长期激励。

（三）发生重大资产损失的，对直接责任人和主管责任人给予降职、改任非领导职务、责令辞职、免职和禁入限制等处理，同时按照以下标准扣减薪酬：扣减和追索责任认定年度100%的绩效年薪、扣减和追索责任认定年度（含）前3年100%的任期激励收入并延期支付绩效年薪，终止尚未行使的其他中长期激励权益、上缴责任认定年度（含）前3年的全部中长期激励收益、不得参加企业新的中长期激励。

对领导责任人给予调离工作岗位、降职、改任非领导职务、责令辞职、免职和禁入限制等处理，同时按照以下标准扣减薪酬：扣减和追索责任认定年度70%～100%的绩效年薪、扣减和追索责任认定年度（含）前3年70%～100%的任期激励收入并延期支付绩效年薪，终止尚未行使的其他中长期激励权益、上缴责任认定年度（含）前3年的全部中长期激励收益、5年内不得参加企业新的中长期激励。

第三十三条 中央企业所属子企业发生资产损失，按照本办法应当追究中央企业有关人员责任时，对相关责任人给予通报批评、诫勉、停职、调离工作岗位、降职、改任非领导职务、责令辞职、免职和禁入限制等处理，同时按照以下标准扣减薪酬：扣减和追索责任认定年度 30%～100%的绩效年薪、扣减和追索责任认定年度（含）前 3 年 30%～100%的任期激励收入并延期支付绩效年薪，终止尚未行使的其他中长期激励权益、上缴责任认定年度（含）前 3 年的全部中长期激励收益、3～5 年内不得参加企业新的中长期激励。

第三十四条 对承担集体责任的中央企业有关经营决策机构，给予批评教育、责令书面检查、通报批评等处理；对造成资产损失金额巨大且危及企业生存发展的，或造成其他特别严重不良后果的，按照规定程序予以改组。

第三十五条 责任认定年度是指责任追究处理年度。有关责任人在责任追究处理年度无任职或任职不满全年的，按照最近一个完整任职年度执行；若无完整任职年度的，参照处理前实际任职月度（不超过 12 个月）执行。

第三十六条 对同一事件、同一责任人的薪酬扣减和追索，按照党纪处分、政务处分、责任追究等扣减薪酬处理的最高标准执行，但不合并使用。

第三十七条 相关责任人受到诫勉处理的，6 个月内不得提拔、重用；受到调离工作岗位、改任非领导职务处理的，1 年内不得提拔；受到降职处理的，2 年内不得提拔；受到责令辞职、免职处理的，1 年内不安排职务，2 年内不得担任高于原任职务层级的职务；同时受到纪律处分的，按照影响期长的规定执行。

第三十八条 中央企业经营管理有关人员违规经营投资未造成资产损失，但造成其他严重不良后果的，经过查证核实和责任认定后，对相关责任人参照本办法予以处理。

第三十九条 有下列情形之一的，应当对相关责任人从重或加重处理：

（一）资产损失频繁发生、金额巨大、后果严重的。

（二）屡禁不止、顶风违规、影响恶劣的。

（三）强迫、唆使他人违规造成资产损失或其他严重不良后果的。

（四）未及时采取措施或措施不力导致资产损失或其他严重不良后果扩大的。

（五）瞒报、漏报或谎报资产损失的。

（六）拒不配合或干扰、抵制责任追究工作的。

（七）其他应当从重或加重处理的。

第四十条 对中央企业经营管理有关人员在企业改革发展中所出现的失误，不属于有令不行、有禁不止、不当谋利、主观故意、独断专行等的，根据有关规定和程序予以容错。有下列情形之一的，可以对违规经营投资相关责任人从轻或减轻处理：

（一）情节轻微的。

（二）以促进企业改革发展稳定或履行企业经济责任、政治责任、社会责任为目标，且个人没有谋取私利的。

（三）党和国家方针政策、党章党规党纪、国家法律法规、地方性法规和规章等没有明确限制或禁止的。

（四）处置突发事件或紧急情况下，个人或少数人决策，事后及时履行报告程序并得到追认，且不存在故意或重大过失的。

（五）及时采取有效措施减少、挽回资产损失并消除不良影响的。

（六）主动反映资产损失情况，积极配合责任追究工作的，或主动检举其他造成资产损失相关人员，查证属实的。

（七）其他可以从轻或减轻处理的。

第四十一条 对于违规经营投资有关责任人应当给予批评教育、责令书面检查、通报批评或诫勉处理，但是具有本办法第四十条规定的情形之一的，可以免除处理。

第四十二条 对违规经营投资有关责任人减轻或免除处理，须由作出处理决定的上一级企业或国资委批准。

第四十三条 相关责任人已调任、离职或退休的，应当按照本办法给予相应处理。

第四十四条 相关责任人在责任认定年度已不在本企业领取绩效年薪的，按离职前一年度全部绩效年薪及前三年任期激励收入总和计算，参照本办法有关规定追索扣回其薪酬。

第四十五条 对违反规定，未履行或未正确履行职责造成国有资产损失或其他严重不良后果的中央企业董事、监事以及其他有关人员，依照国家法律法规、有关规章制度和本办法等对其进行相应处理。

第六章 责任追究工作职责

第四十六条 国资委和中央企业原则上按照国有资本出资关系和干部管理权限，组织开展责任追究工作。

第四十七条 国资委在责任追究工作中的主要职责：

（一）研究制定中央企业责任追究有关制度。

（二）组织开展中央企业发生的重大资产损失或产生严重不良后果的较大资产损失，以及涉及中央企业负责人的责任追究工作。

（三）认为有必要直接组织开展的中央企业及其所属子企业责任追究工作。

（四）对中央企业存在的共性问题进行专项核查。

（五）对需要中央企业整改的问题，督促企业落实有关整改工作要求。

（六）指导、监督和检查中央企业责任追究相关工作。

（七）其他有关责任追究工作。

第四十八条 国资委内设专门责任追究机构，受理有关方面按规定程序移交的中央企业及其所属子企业违规经营投资的有关问题和线索，初步核实后进行分类处置，并采取督办、联合核查、专项核查等方式组织开展有关核查工作，认定相关人员责任，研究提出处理的意见建议，督促企业整改落实。

第四十九条 中央企业在责任追究工作中的主要职责：

（一）研究制定本企业责任追究有关制度。

（二）组织开展本级企业发生的一般或较大资产损失，二级子企业发生的重大资产损失或产生严重不良后果的较大资产损失，以及涉及二级子企业负责人的责任追究工作。

（三）认为有必要直接组织开展的所属子企业责任追究工作。

（四）指导、监督和检查所属子企业责任追究相关工作。

（五）按照国资委要求组织开展有关责任追究工作。

（六）其他有关责任追究工作。

第五十条 中央企业应当明确相应的职能部门或机构，负责组织开展责任追究工作，并做好与企业纪检监察机构的协同配合。

第五十一条 中央企业应当建立责任追究工作报告制度，对较大和重大违规经营投资的问题和线索，及时向国资委书面报告，并按照有关工作要求定期报送责任追究工作开展情况。

第五十二条 中央企业未按规定和有关工作职责要求组织开展责任追究工作的，国资委依据相关规定，对有关中央企业负责人进行责任追究。

第五十三条 国资委和中央企业有关人员，对企业违规经营投资等重大违规违纪违法问题，存在应当发现而未发现或发现后敷衍不追、隐匿不报、查处不力等失职渎职行为的，严格依纪依规追究纪律责任；涉嫌犯罪的，移送国家监察机关或司法机关查处。

第七章　责任追究工作程序

第五十四条 开展中央企业责任追究工作一般应当遵循受理、初步核实、分类处置、核查、处理和整改等程序。

第五十五条 受理有关方面按规定程序移交的违规经营投资问题和线索，并进行有关证据、材料的收集、整理和分析工作。

第五十六条 国资委专门责任追究机构受理下列企业违规经营投资的问题和线索：

（一）国有资产监督管理工作中发现的。

（二）审计、巡视、纪检监察以及其他有关部门移交的。

（三）中央企业报告的。

（四）其他有关违规经营投资的问题和线索。

第五十七条 对受理的违规经营投资问题和线索，及相关证据、材料进行必要的初步核实工作。

第五十八条 初步核实的主要工作内容包括：

（一）资产损失及其他严重不良后果的情况。

（二）违规违纪违法的情况。

（三）是否属于责任追究范围。

（四）有关方面的处理建议和要求等。

第五十九条 初步核实的工作一般应于 30 个工作日内完成，根据工作需要可以适当延长。

第六十条 根据初步核实情况，对确有违规违纪违法事实的，按照规定的职责权限和程序进行分类处置。

第六十一条 分类处置的主要工作内容包括：

（一）属于国资委责任追究职责范围的，由国资委专门责任追究机构组织实施核查工作。

（二）属于中央企业责任追究职责范围的，移交和督促相关中央企业进行责任追究。

（三）涉及中管干部的违规经营投资问题线索，报经中央纪委国家监委同意后，按要求开展有关核查工作。

（四）属于其他有关部门责任追究职责范围的，移送有关部门。

（五）涉嫌违纪或职务违法的问题和线索，移送纪检监察机构。

（六）涉嫌犯罪的问题和线索，移送国家监察机关或司法机关。

第六十二条 国资委对违规经营投资事项及时组织开展核查工作，核实责任追究情形，确定资产损失程度，查清资产损失原因，认定相关人员责任等。

第六十三条 结合中央企业减少或挽回资产损失工作进展情况，可以适时启动责任追究工作。

第六十四条 核查工作可以采取以下工作措施核查取证：

（一）与被核查事项有关的人员谈话，形成核查谈话记录，并要求有关人员作出书面说明。

（二）查阅、复制被核查企业的有关文件、会议纪要（记录）、资料和账簿、原始凭证等相关材料。

（三）实地核查企业实物资产等。

（四）委托具有相应资质的专业机构对有关问题进行审计、评估或鉴证等。

（五）其他必要的工作措施。

第六十五条 在核查期间，对相关责任人未支付或兑现的绩效年薪、任期激励收入、中长期激励收益等均应暂停支付或兑现；对有可能影响核查工作顺利开展的相关责任人，可视情况采取停职、调离工作岗位、免职等措施。

第六十六条 在重大违规经营投资事项核查工作中，对确有工作需要的，负责核查的部门可请纪检监察机构提供必要支持。

第六十七条 核查工作一般应于 6 个月内完成，根据工作需要可以适当延长。

第六十八条 核查工作结束后，一般应当听取企业和相关责任人关于核查工作结果的意见，形成资产损失情况核查报告和责任认定报告。

第六十九条 国资委根据核查工作结果，按照干部管理权限和相关程序对相关责任人追究处理，形成处理决定，送达有关企业及被处理人，并对有关企业提出整改要求。

第七十条 被处理人对处理决定有异议的，可以在处理决定送达之日起 15 个工作日内，提出书面申诉，并提供相关证明材料。申诉期间不停止原处理决定的执行。

第七十一条 国资委或中央企业作出处理决定的，被处理人向作出该处理决定的单位申诉；中央企业所属子企业作出处理决定的，向上一级企业申诉。

第七十二条 国资委和企业应当自受理申诉之日起30个工作日内复核，作出维持、撤销或变更原处理决定的复核决定，并以适当形式告知申诉人及其所在企业。

第七十三条 中央企业应当按照整改要求，认真总结吸取教训，制定和落实整改措施，优化业务流程，完善内控体系，堵塞经营管理漏洞，建立健全防范经营投资风险的长效机制。

第七十四条 中央企业应在收到处理决定之日起60个工作日内，向国资委报送整改报告及相关材料。

第七十五条 国资委和中央企业应当按照国家有关信息公开规定，逐步向社会公开违规经营投资核查处理情况和有关整改情况等，接受社会监督。

第七十六条 积极运用信息化手段开展责任追究工作，推进相关数据信息的报送、归集、共享和综合利用，逐步建立违规经营投资损失和责任追究工作信息报送系统、中央企业禁入限制人员信息查询系统等，加大信息化手段在发现问题线索、专项核查、责任追究等方面的运用力度。

第八章 附 则

第七十七条 中央企业应根据本办法，结合本企业实际情况，细化责任追究的范围、资产损失程度划分标准等，研究制定责任追究相关制度规定，并报国资委备案。

第七十八条 各地区国有资产监督管理机构可以参照本办法，结合实际情况制定本地区责任追究相关制度规定。

第七十九条 国有参股企业责任追究工作，可参照本办法向国有参股企业股东会提请开展责任追究工作。

第八十条 对发生生产安全、环境污染责任事故和不稳定事件的，按照国家有关规定另行处理。

第八十一条 本办法由国资委负责解释。

第八十二条 本办法自2018年8月30日起施行。《中央企业资产损失责任追究暂行办法》（国资委令第20号）同时废止。

关于印发《中央企业全面风险管理指引》的通知

2006年6月6日 国资发改革〔2006〕108号

各中央企业：

企业全面风险管理是一项十分重要的工作，关系到国有资产保值增值和企业持续、健康、稳定发展。为了指导企业开展全面风险管理工作，进一步提高企业管理水平，增强企业竞争力，促进企业稳步发展，我们制定了《中央企业全面风险管理指引》，现印发你们，请结合本企业实际执行。企业在实施过程中的经验、做法及遇到的问题，请及时反馈我委。

附件：中央企业全面风险管理指引

附件：

中央企业全面风险管理指引

第一章　总　　则

第一条　为指导国务院国有资产监督管理委员会（以下简称国资委）履行出资人职责的企业（以下简称中央企业）开展全面风险管理工作，增强企业竞争力，提高投资回报，促进企业持续、健康、稳定发展，根据《中华人民共和国公司法》《企业国有资产监督管理暂行条例》等法律法规，制定本指引。

第二条　中央企业根据自身实际情况贯彻执行本指引。中央企业中的国有独资公司董事会负责督导本指引的实施；国有控股企业由国资委和国资委提名的董事通过股东（大）会和董事会按照法定程序负责督导本指引的实施。

第三条　本指引所称企业风险，指未来的不确定性对企业实现其经营目标的影响。企业风险一般可分为战略风险、财务风险、市场风险、运营风险、法律风险等；也可以能否为企业带来盈利等机会为标志，将风险分为纯粹风险（只有带来损失一种可能性）和机会风险（带来损失和盈利的可能性并存）。

第四条　本指引所称全面风险管理，指企业围绕总体经营目标，通过在企业管理的各个环节和经营过程中执行风险管理的基本流程，培育良好的风险管理文化，建立健全全面风险管理体系，包括风险管理策略、风险理财措施、风险管理的组织职能体系、风险管理信息系统和内部控制系统，从而为实现风险管理的总体目标提供合理保证的过程和方法。

第五条　本指引所称风险管理基本流程包括以下主要工作：

（一）收集风险管理初始信息；

（二）进行风险评估；

（三）制定风险管理策略；

（四）提出和实施风险管理解决方案；

（五）风险管理的监督与改进。

第六条　本指引所称内部控制系统，指围绕风险管理策略目标，针对企业战略、规划、产品研发、投融资、市场运营、财务、内部审计、法律事务、人力资源、采购、加工制造、销售、物流、质量、安全生产、环境保护等各项业务管理及其重要业务流程，通过执行风险管理基本流程，制定并执行的规章制度、程序和措施。

第七条 企业开展全面风险管理要努力实现以下风险管理总体目标：

（一）确保将风险控制在与总体目标相适应并可承受的范围内；

（二）确保内外部，尤其是企业与股东之间实现真实、可靠的信息沟通，包括编制和提供真实、可靠的财务报告；

（三）确保遵守有关法律法规；

（四）确保企业有关规章制度和为实现经营目标而采取重大措施的贯彻执行，保障经营管理的有效性，提高经营活动的效率和效果，降低实现经营目标的不确定性；

（五）确保企业建立针对各项重大风险发生后的危机处理计划，保护企业不因灾害性风险或人为失误而遭受重大损失。

第八条 企业开展全面风险管理工作，应注重防范和控制风险可能给企业造成损失和危害，也应把机会风险视为企业的特殊资源，通过对其管理，为企业创造价值，促进经营目标的实现。

第九条 企业应本着从实际出发，务求实效的原则，以对重大风险、重大事件（指重大风险发生后的事实）的管理和重要流程的内部控制为重点，积极开展全面风险管理工作。具备条件的企业应全面推进，尽快建立全面风险管理体系；其他企业应制定开展全面风险管理的总体规划，分步实施，可先选择发展战略、投资收购、财务报告、内部审计、衍生产品交易、法律事务、安全生产、应收账款管理等一项或多项业务开展风险管理工作，建立单项或多项内部控制子系统。通过积累经验，培养人才，逐步建立健全全面风险管理体系。

第十条 企业开展全面风险管理工作应与其他管理工作紧密结合，把风险管理的各项要求融入企业管理和业务流程中。具备条件的企业可建立风险管理三道防线，即各有关职能部门和业务单位为第一道防线；风险管理职能部门和董事会下设的风险管理委员会为第二道防线；内部审计部门和董事会下设的审计委员会为第三道防线。

第二章 风险管理初始信息

第十一条 实施全面风险管理，企业应广泛、持续不断地收集与本企业风险和风险管理相关的内部、外部初始信息，包括历史数据和未来预测。应把收集初始信息的职责分工落实到各有关职能部门和业务单位。

第十二条 在战略风险方面，企业应广泛收集国内外企业战略风险失控导致企业蒙受损失的案例，并至少收集与本企业相关的以下重要信息：

（一）国内外宏观经济政策以及经济运行情况、本行业状况、国家产业政策；

（二）科技进步、技术创新的有关内容；

（三）市场对本企业产品或服务的需求；

（四）与企业战略合作伙伴的关系，未来寻求战略合作伙伴的可能性；

（五）本企业主要客户、供应商及竞争对手的有关情况；

（六）与主要竞争对手相比，本企业实力与差距；

（七）本企业发展战略和规划、投融资计划、年度经营目标、经营战略，以及编制这些战略、规划、计划、目标的有关依据；

（八）本企业对外投融资流程中曾发生或易发生错误的业务流程或环节。

第十三条 在财务风险方面，企业应广泛收集国内外企业财务风险失控导致危机的案例，并至少收集本企业的以下重要信息（其中有行业平均指标或先进指标的，也应尽可能收集）：

（一）负债、或有负债、负债率、偿债能力；

（二）现金流、应收账款及其占销售收入的比重、资金周转率；

（三）产品存货及其占销售成本的比重、应付账款及其占购货额的比重；

（四）制造成本和管理费用、财务费用、营业费用；

（五）盈利能力；

（六）成本核算、资金结算和现金管理业务中曾发生或易发生错误的业务流程或环节；

（七）与本企业相关的行业会计政策、会计估算、与国际会计制度的差异与调节（如退休金、递延税项等）等信息。

第十四条 在市场风险方面，企业应广泛收集国内外企业忽视市场风险、缺乏应对措施导致企业蒙受损失的案例，并至少收集与本企业相关的以下重要信息：

（一）产品或服务的价格及供需变化；

（二）能源、原材料、配件等物资供应的充足性、稳定性和价格变化；

（三）主要客户、主要供应商的信用情况；

（四）税收政策和利率、汇率、股票价格指数的变化；

（五）潜在竞争者、竞争者及其主要产品、替代品情况。

第十五条 在运营风险方面，企业应至少收集与本企业、本行业相关的以下信息：

（一）产品结构、新产品研发；

（二）新市场开发，市场营销策略，包括产品或服务定价与销售渠道，市场营销环境状况等；

（三）企业组织效能、管理现状、企业文化，高、中层管理人员和重要业务流程中专业人员的知识结构、专业经验；

（四）期货等衍生产品业务中曾发生或易发生失误的流程和环节；

（五）质量、安全、环保、信息安全等管理中曾发生或易发生失误的业务流程或环节；

（六）因企业内、外部人员的道德风险致使企业遭受损失或业务控制系统失灵；

（七）给企业造成损失的自然灾害以及除上述有关情形之外的其他纯粹风险；

（八）对现有业务流程和信息系统操作运行情况的监管、运行评价及持续改进能力；

（九）企业风险管理的现状和能力。

第十六条 在法律风险方面，企业应广泛收集国内外企业忽视法律法规风险、缺乏应对措施导致企业蒙受损失的案例，并至少收集与本企业相关的以下信息：

（一）国内外与本企业相关的政治、法律环境；

（二）影响企业的新法律法规和政策；

（三）员工道德操守的遵从性；

（四）本企业签订的重大协议和有关贸易合同；

（五）本企业发生重大法律纠纷案件的情况；

（六）企业和竞争对手的知识产权情况。

第十七条 企业对收集的初始信息应进行必要的筛选、提炼、对比、分类、组合，以便进行风险评估。

第三章 风险评估

第十八条 企业应对收集的风险管理初始信息和企业各项业务管理及其重要业务流程进行风险评估。风险评估包括风险辨识、风险分析、风险评价三个步骤。

第十九条 风险评估应由企业组织有关职能部门和业务单位实施，也可聘请有资质、信誉好、风险管理专业能力强的中介机构协助实施。

第二十条 风险辨识是指查找企业各业务单元、各项重要经营活动及其重要业务流程中有无风险，有哪些风险。风险分析是对辨识出的风险及其特征进行明确的定义描述，分析和描述风险发生可能性的高低、风险发生的条件。风险评价是评估风险对企业实现目标的影响程度、风险的价值等。

第二十一条 进行风险辨识、分析、评价，应将定性与定量方法相结合。定性方法可采用问卷调查、集体讨论、专家咨询、情景分析、政策分析、行业标杆比较、管理层访谈、由专人主持的工作访谈和调查研究等。定量方法可采用统计推论（如集中趋势法）、计算机模拟（如蒙特卡罗分析法）、失效模式与影响分析、事件树分析等。

第二十二条 进行风险定量评估时，应统一制定各风险的度量单位和风险度量模型，并通过测试等方法，确保评估系统的假设前提、参数、数据来源和定量评估程序的合理性和准确性。要根据环境的变化，定期对假设前提和参数进行复核和修改，并将定量评估系统的估算结果与实际效果对比，据此对有关参数进行调整和改进。

第二十三条 风险分析应包括风险之间的关系分析，以便发现各风险之间的自然对冲、风险事件发生的正负相关性等组合效应，从风险策略上对风险进行统一集中管理。

第二十四条 企业在评估多项风险时，应根据对风险发生可能性的高低和对目标的影响程度的评估，绘制风险坐标图，对各项风险进行比较，初步确定对各项风险的管理优先顺序和策略。

第二十五条 企业应对风险管理信息实行动态管理，定期或不定期实施风险辨识、分析、评价，以便对新的风险和原有风险的变化重新评估。

第四章 风险管理策略

第二十六条 本指引所称风险管理策略，指企业根据自身条件和外部环境，围绕企业发展战略，确定风险偏好、风险承受度、风险管理有效性标准，选择风险承担、风险规避、风险转移、风险转换、风险对冲、风险补偿、风险控制等适合的风险管理工具的总体策略，并确定风险管理所需人力和财力资源的配置原则。

第二十七条 一般情况下，对战略、财务、运营和法律风险，可采取风险承担、风险规避、风险转换、风险控制等方法。对能够通过保险、期货、对冲等金融手段进行理财的风险，可以采用风险转移、风险对冲、风险补偿等方法。

第二十八条 企业应根据不同业务特点统一确定风险偏好和风险承受度，即企业愿意承担哪些风险，明确风险的最低限度和不能超过的最高限度，并据此确定风险的预警线及相应采取的对策。确定风险偏好和风险承受度，要正确认识和把握风险与收益的平衡，防止和纠正忽视风险，片面追求收益而不讲条件、范围，认为风险越大、收益越高的观念和做法；同时，也要防止单纯为规避风险而放弃发展机遇。

第二十九条 企业应根据风险与收益相平衡的原则以及各风险在风险坐标图上的位置，进一步确定风险管理的优选顺序，明确风险管理成本的资金预算和控制风险的组织体系、人力资源、应对措施等总体安排。

第三十条 企业应定期总结和分析已制定的风险管理策略的有效性和合理性，结合实际不断修订和完善。其中，应重点检查依据风险偏好、风险承受度和风险控制预警线实施的结果是否有效，并提出定性或定量的有效性标准。

第五章 风险管理解决方案

第三十一条 企业应根据风险管理策略，针对各类风险或每一项重大风险制定风险管理解决方案。方案一般应包括风险解决的具体目标，所需的组织领导，所涉及的管理及业务流程，所需的条件、手段等资源，风险事件发生前、中、后所采取的具体应对措施以及风险管理工具（如：关键风险指标管理、损失事件管理等）。

第三十二条 企业制定风险管理解决的外包方案，应注重成本与收益的平衡、外包工作的质量、自身商业秘密的保护以及防止自身对风险解决外包产生依赖性风险等，并制定相应的预防和控制措施。

第三十三条 企业制定风险解决的内控方案，应满足合规的要求，坚持经营战略与风险策略一致、风险控制与运营效率及效果相平衡的原则，针对重大风险所涉及的各管理及业务流程，制定涵盖各个环节的全流程控制措施；对其他风险所涉及的业务流程，要把关键环节作为控制点，采取相应的控制措施。

第三十四条 企业制定内控措施，一般至少包括以下内容：

（一）建立内控岗位授权制度。对内控所涉及的各岗位明确规定授权的对象、条件、范围和额度等，任何组织和个人不得超越授权做出风险性决定；

（二）建立内控报告制度。明确规定报告人与接受报告人，报告的时间、内容、频率、传递路线、负责处理报告的部门和人员等；

（三）建立内控批准制度。对内控所涉及的重要事项，明确规定批准的程序、条件、范围和额度、必备文件以及有权批准的部门和人员及其相应责任；

（四）建立内控责任制度。按照权利、义务和责任相统一的原则，明确规定各有关部门和业务单位、岗位、人员应负的责任和奖惩制度；

（五）建立内控审计检查制度。结合内控的有关要求、方法、标准与流程，明确规定审计检查的对象、内容、方式和负责审计检查的部门等；

（六）建立内控考核评价制度。具备条件的企业应把各业务单位风险管理执行情况与绩效薪酬挂钩；

（七）建立重大风险预警制度。对重大风险进行持续不断的监测，及时发布预警信息，制定应急预案，并根据情况变化调整控制措施；

（八）建立健全以总法律顾问制度为核心的企业法律顾问制度。大力加强企业法律风险防范机制建设，形成由企业决策层主导、企业总法律顾问牵头、企业法律顾问提供业务保障、全体员工共同参与的法律风险责任体系。完善企业重大法律纠纷案件的备案管理制度；

（九）建立重要岗位权力制衡制度，明确规定不相容职责的分离。主要包括：授权批准、业务经办、会计记录、财产保管和稽核检查等职责。对内控所涉及的重要岗位可设置一岗双人、双职、双责，相互制约；明确该岗位的上级部门或人员对其应采取的监督措施和应负的监督责任；将该岗位作为内部审计的重点等。

第三十五条 企业应当按照各有关部门和业务单位的职责分工，认真组织实施风险管理解决方案，确保各项措施落实到位。

第六章 风险管理的监督与改进

第三十六条 企业应以重大风险、重大事件和重大决策、重要管理及业务流程为重点，对风险管理初始信息、风险评估、风险管理策略、关键控制活动及风险管理解决方案的实施情况进行监督，采用压力测试、返回测试、穿行测试以及风险控制自我评估等方法对风险管理的有效性进行检验，根据变化情况和存在的缺陷及时加以改进。

第三十七条 企业应建立贯穿于整个风险管理基本流程，连接各上下级、各部门和业务单位的风险管理信息沟通渠道，确保信息沟通的及时、准确、完整，为风险管理监督与改进奠定基础。

第三十八条 企业各有关部门和业务单位应定期对风险管理工作进行自查和检验，及时发现缺陷并改进，其检查、检验报告应及时报送企业风险管理职能部门。

第三十九条 企业风险管理职能部门应定期对各部门和业务单位风险管理工作实施情况和有效性进行检查和检验，要根据本指引第三十条要求对风险管理策略进行评估，对跨部门和业务单位的风险管理解决方案进行评价，提出调整或改进建议，出具评价和建议报告，及时报送企业总经理或其委托分管风险管理工作的高级管理人员。

第四十条 企业内部审计部门应至少每年一次对包括风险管理职能部门在内的各有关部门和业务单位能否按照有关规定开展风险管理工作及其工作效果进行监督评价，监督评价报告应直接报送董事会或董事会下设的风险管理委员会和审计委员会。此项工作也可结合年度审计、任期审计或专项审计工作一并开展。

第四十一条 企业可聘请有资质、信誉好、风险管理专业能力强的中介机构对企业全面风险管理工作进行评价，出具风险管理评估和建议专项报告。报告一般应包括以下几方面的实施情况、存在缺陷和改进建议：

（一）风险管理基本流程与风险管理策略；

（二）企业重大风险、重大事件和重要管理及业务流程的风险管理及内部控制系统的建设；

（三）风险管理组织体系与信息系统；

（四）全面风险管理总体目标。

第七章 风险管理组织体系

第四十二条 企业应建立健全风险管理组织体系，主要包括规范的公司法人治理结构，风险管理职能部门、内部审计部门和法律事务部门以及其他有关职能部门、业务单位的组织领导机构及其职责。

第四十三条 企业应建立健全规范的公司法人治理结构，股东（大）会（对于国有独资公司或国有独资企业，即指国资委，下同）、董事会、监事会、经理层依法履行职责，形成高效运转、有效制衡的监督约束机制。

第四十四条 国有独资公司和国有控股公司应建立外部董事、独立董事制度，外部董事、独立董事人数应超过董事会全部成员的半数，以保证董事会能够在重大决策、重大风险管理等方面作出独立于经理层的判断和选择。

第四十五条 董事会就全面风险管理工作的有效性对股东（大）会负责。董事会在全面风险管理方面主要履行以下职责：

（一）审议并向股东（大）会提交企业全面风险管理年度工作报告；

（二）确定企业风险管理总体目标、风险偏好、风险承受度，批准风险管理策略和重大风险管理解决方案；

（三）了解和掌握企业面临的各项重大风险及其风险管理现状，做出有效控制风险的决策；

（四）批准重大决策、重大风险、重大事件和重要业务流程的判断标准或判断机制；

（五）批准重大决策的风险评估报告；

（六）批准内部审计部门提交的风险管理监督评价审计报告；

（七）批准风险管理组织机构设置及其职责方案；

（八）批准风险管理措施，纠正和处理任何组织或个人超越风险管理制度做出的风险性决定的行为；

（九）督导企业风险管理文化的培育；

（十）全面风险管理其他重大事项。

第四十六条 具备条件的企业，董事会可下设风险管理委员会。该委员会的召集人应由不兼任总经理的董事长担任；董事长兼任总经理的，召集人应由外部董事或独立董事担任。该委员会成员中需有熟悉企业重要管理及业务流程的董事，以及具备风险管理监管知识或经验、具有一定法律知识的董事。

第四十七条 风险管理委员会对董事会负责，主要履行以下职责：

（一）提交全面风险管理年度报告；

（二）审议风险管理策略和重大风险管理解决方案；

（三）审议重大决策、重大风险、重大事件和重要业务流程的判断标准或判断机制，以及重大决策的风险评估报告；

（四）审议内部审计部门提交的风险管理监督评价审计综合报告；

（五）审议风险管理组织机构设置及其职责方案；

（六）办理董事会授权的有关全面风险管理的其他事项。

第四十八条 企业总经理对全面风险管理工作的有效性向董事会负责。总经理或总经理委托的高级管理人员，负责主持全面风险管理的日常工作，负责组织拟订企业风险管理组织机构设置及其职责方案。

第四十九条 企业应设立专职部门或确定相关职能部门履行全面风险管理的职责。该部门对总经理或其委托的高级管理人员负责，主要履行以下职责：

（一）研究提出全面风险管理工作报告；

（二）研究提出跨职能部门的重大决策、重大风险、重大事件和重要业务流程的判断标准或判断机制；

（三）研究提出跨职能部门的重大决策风险评估报告；

（四）研究提出风险管理策略和跨职能部门的重大风险管理解决方案，并负责该方案的组织实施和对该风险的日常监控；

（五）负责对全面风险管理有效性评估，研究提出全面风险管理的改进方案；

（六）负责组织建立风险管理信息系统；

（七）负责组织协调全面风险管理日常工作；

（八）负责指导、监督有关职能部门、各业务单位以及全资、控股子企业开展全面风险管理工作；

（九）办理风险管理其他有关工作。

第五十条 企业应在董事会下设立审计委员会，企业内部审计部门对审计委员会负责。审计委员会和内部审计部门的职责应符合《中央企业内部审计管理暂行办法》（国资委令第8号）的有关规定。内部审计部门在风险管理方面，主要负责研究提出全面风险管理监督评价体系，制定监督评价相关制度，开展监督与评价，出具监督评价审计报告。

第五十一条 企业其他职能部门及各业务单位在全面风险管理工作中，应接受风险管理职能部门和内部审计部门的组织、协调、指导和监督，主要履行以下职责：

（一）执行风险管理基本流程；

（二）研究提出本职能部门或业务单位重大决策、重大风险、重大事件和重要业务流程的判断标准或判断机制；

（三）研究提出本职能部门或业务单位的重大决策风险评估报告；

（四）做好本职能部门或业务单位建立风险管理信息系统的工作；

（五）做好培育风险管理文化的有关工作；

（六）建立健全本职能部门或业务单位的风险管理内部控制子系统；

（七）办理风险管理其他有关工作。

第五十二条 企业应通过法定程序，指导和监督其全资、控股子企业建立与企业相适应或符合全资、控股子企业自身特点、能有效发挥作用的风险管理组织体系。

第八章 风险管理信息系统

第五十三条 企业应将信息技术应用于风险管理的各项工作，建立涵盖风险管理基本流程和内部控制系统各环节的风险管理信息系统，包括信息的采集、存储、加工、分析、测试、传递、报告、披露等。

第五十四条 企业应采取措施确保向风险管理信息系统输入的业务数据和风险量化值的一致性、准确性、及时性、可用性和完整性。对输入信息系统的数据，未经批准，不得更改。

第五十五条 风险管理信息系统应能够进行对各种风险的计量和定量分析、定量测试；能够实时反映风险矩阵和排序频谱、重大风险和重要业务流程的监控状态；能够对超过风险预警上限的重大风险实施信息报警；能够满足风险管理内部信息报告制度和企业对外信息披露管理制度的要求。

第五十六条 风险管理信息系统应实现信息在各职能部门、业务单位之间的集成与共享，既能满足单项业务风险管理的要求，也能满足企业整体和跨职能部门、业务单位的风险管理综合要求。

第五十七条 企业应确保风险管理信息系统的稳定运行和安全，并根据实际需要不断进行改进、完善或更新。

第五十八条 已建立或基本建立企业管理信息系统的企业，应补充、调整、更新已有的管理流程和管理程序，建立完善的风险管理信息系统；尚未建立企业管理信息系统的，应将风险管理与企业各项管理业务流程、管理软件统一规划、统一设计、统一实施、同步运行。

第九章 风险管理文化

第五十九条 企业应注重建立具有风险意识的企业文化，促进企业风险管理水平、员工风险管理素质的提升，保障企业风险管理目标的实现。

第六十条 风险管理文化建设应融入企业文化建设全过程。大力培育和塑造良好的风险管理文化，树立正确的风险管理理念，增强员工风险管理意识，将风险管理意识转化为员工的共同认识和自觉行动，促进企业建立系统、规范、高效的风险管理机制。

第六十一条 企业应在内部各个层面营造风险管理文化氛围。董事会应高度重视风险管理文化的培育，总经理负责培育风险管理文化的日常工作。董事和高级管理人员应在培育风险管理文化中起表率作用。重要管理及业务流程和风险控制点的管理人员和业务操作人员应成为培育风险管理文化的骨干。

第六十二条 企业应大力加强员工法律素质教育，制定员工道德诚信准则，形成人人讲道德诚信、合法合规经营的风险管理文化。对于不遵守国家法律法规和企业规章制度、弄虚作假、徇私舞弊等违法及违反道德诚信准则的行为，企业应严肃查处。

第六十三条 企业全体员工尤其是各级管理人员和业务操作人员应通过多种形式，努力传播企业风险管理文化，牢固树立风险无处不在、风险无时不在、严格防控纯粹风险、审慎处置机会风险、岗位风险管理责任重大等意识和理念。

第六十四条 风险管理文化建设应与薪酬制度和人事制度相结合，有利于增强各级管理人员特别是高级管理人员风险意识，防止盲目扩张、片面追求业绩、忽视风险等行为的发生。

第六十五条 企业应建立重要管理及业务流程、风险控制点的管理人员和业务操作人员岗前风险管理培训制度。采取多种途径和形式，加强对风险管理理念、知识、流程、管控核心内容的培训，培养风险管理人才，培育风险管理文化。

第十章 附 则

第六十六条 中央企业中未设立董事会的国有独资企业，由经理办公会议代行本指引中有关董事会的职责，总经理对本指引的贯彻执行负责。

第六十七条 本指引在中央企业投资、财务报告、衍生产品交易等方面的风险管理配套文件另行下发。

第六十八条 本指引的《附录》对本指引所涉及的有关技术方法和专业术语进行了说明。

第六十九条 本指引由国务院国有资产监督管理委员会负责解释。

第七十条 本指引自印发之日起施行。

附录：

风险管理常用技术方法简介

一、风险坐标图

风险坐标图是把风险发生可能性的高低、风险发生后对目标的影响程度，作为两个维度绘制在同一个平面上（即绘制成直角坐标系）。对风险发生可能性的高低、风险对目标影响程度的评估有定性、定量等方法。定性方法是直接用文字描述风险发生可能性的高低、风险对目标的影响程度，如“极低”“低”“中等”“高”“极高”等。定量方法是对风险发生可能性的高低、风险对目标影响程度用具有实际意义的数量描述，如对风险发生可能性的高低用概率来表示，对目标影响程度用损失金额来表示。

下表列出某公司对风险发生可能性的定性、定量评估标准及其相互对应关系，供实际操作中参考。

定量方法一	评分	1	2	3	4	5
定量方法二	一定时期发生的概率	10%以下	10%～30%	30%～70%	70%～90%	90%以上
定性方法	文字描述一	极低	低	中等	高	极高
	文字描述二	一般情况下不会发生	极少情况下才发生	某些情况下发生	较多情况下发生	常常会发生
	文字描述三	今后10年内发生的可能少于1次	今后5～10年内可能发生1次	今后2～5年内可能发生1次	今后1年内可能发生1次	今后1年内至少发生1次

下表列出某公司关于风险发生后对目标影响程度的定性、定量评估标准及其相互对应关系，供实际操作中参考。

<table>
<tr><td rowspan="8">适用于所有行业</td><td>定量方法一</td><td colspan="2">评分</td><td>1</td><td>2</td><td>3</td><td>4</td><td>5</td></tr>
<tr><td>定量方法二</td><td colspan="2">企业财务损失占税前利润的百分比（%）</td><td>1%以下</td><td>1%～5%</td><td>6%～10%</td><td>11%～20%</td><td>20%以上</td></tr>
<tr><td rowspan="6">定性方法</td><td colspan="2">文字描述一</td><td>极轻微的</td><td>轻微的</td><td>中等的</td><td>重大的</td><td>灾难性的</td></tr>
<tr><td colspan="2">文字描述二</td><td>极低</td><td>低</td><td>中等</td><td>高</td><td>极高</td></tr>
<tr><td rowspan="3">文字描述三</td><td>企业日常运行</td><td>不受影响</td><td>轻度影响（造成轻微的人身伤害，情况立刻受到控制）</td><td>中度影响（造成一定人身伤害，需要医疗救援，情况需要外部支持才能得到控制）</td><td>严重影响（企业失去一些业务能力，造成严重人身伤害，情况失控，但无致命影响）</td><td>重大影响（重大业务失误，造成重大人身伤亡，情况失控，给企业致命影响）</td></tr>
<tr><td>财务损失</td><td>较低的财务损失</td><td>轻微的财务损失</td><td>中等的财务损失</td><td>重大的财务损失</td><td>极大的财务损失</td></tr>
<tr><td>企业声誉</td><td>负面消息在企业内部流传，企业声誉没有受损</td><td>负面消息在当地局部流传，对企业声誉造成轻微损害</td><td>负面消息在某区域流传，对企业声誉造成中等损害</td><td>负面消息在全国各地流传，对企业声誉造成重大损害</td><td>负面消息流传世界各地，政府或监管机构进行调查，引起公众关注，对企业声誉造成无法弥补的损害</td></tr>
</table>

续表

适用于开采业、制造业	定性与定量结合	安全	短暂影响职工或公民的健康	严重影响一位职工或公民健康	严重影响多位职工或公民健康	导致一位职工或公民死亡	引致多位职工或公民死亡
		营运	－对营运影响微弱 －在时间、人力或成本方面不超出预算1%	－对营运影响轻微 －受到监管者责难 －在时间、人力或成本方面超出预算1%～5%	－减慢营业运作 －受到法规惩罚或被罚款等 －在时间、人力或成本方面超出预算6%～10%	－无法达到部分营运目标或关键业绩指标 －受到监管者的限制 －在时间、人力或成本方面超出预算11%～20%	－无法达到所有的营运目标或关键业绩指标 －违规操作使业务受到中止 －时间、人力或成本方面超出预算20%
		环境	－对环境或社会造成短暂的影响 －可不采取行动	－对环境或社会造成一定的影响 －应通知政府有关部门	－对环境造成中等影响 －需一定时间才能恢复 －出现个别投诉事件 －应执行一定程度的补救措施	－造成主要环境损害 －需要相当长的时间来恢复 －大规模的公众投诉 －应执行重大的补救措施	－无法弥补的灾难性环境损害 －激起公众的愤怒 －潜在的大规模的公众法律投诉

对风险发生可能性的高低和风险对目标影响程度进行定性或定量评估后，依据评估结果绘制风险坐标图。如：某公司对9项风险进行了定性评估，风险①发生的可能性为“低”，风险发生后对目标的影响程度为“极低”……；风险⑨发生的可能性为“极低”，对目标的影响程度为“高”，则绘制风险坐标图如下：

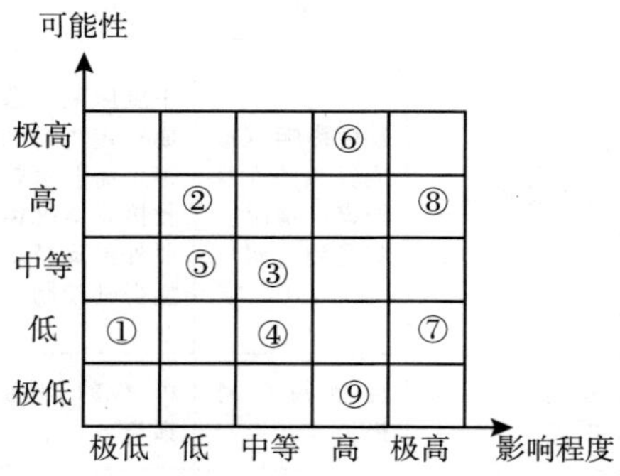

如某公司对7项风险进行定量评估，其中：风险①发生的可能性为83%，发生后对企业造成的损失为2100万元；风险②发生的可能性为40%，发生后对企业造成的损失为3800万元；……；而风险⑦发生的可能性在55%～62%之间，发生后对企业造成的损失在7500万元到9100万元之间，在风险坐标图上用一个区域来表示，则绘制风险坐标图如下：

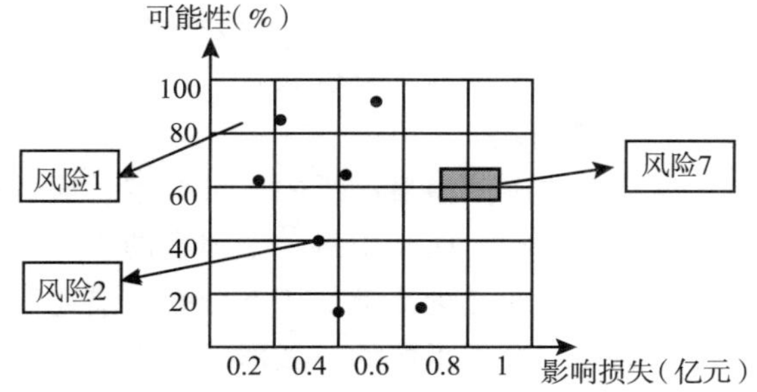

绘制风险坐标图的目的在于对多项风险进行直观的比较，从而确定各风险管理的优先顺序和策略。如：某公司绘制了如下风险坐标图，并将该图划分为 A、B、C 三个区域，公司决定承担 A 区域中的各项风险且不再增加控制措施；严格控制 B 区域中的各项风险且专门补充制定各项控制措施；确保规避和转移 C 区域中的各项风险且优先安排实施各项防范措施。

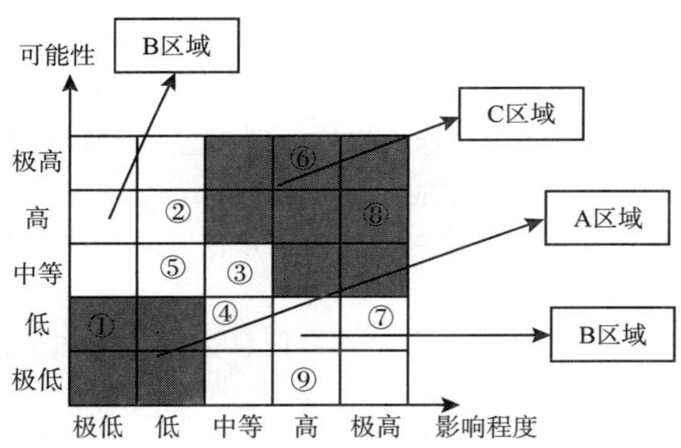

二、蒙特卡罗方法

蒙特卡罗方法是一种随机模拟数学方法。该方法用来分析评估风险发生可能性、风险的成因、风险造成的损失或带来的机会等变量在未来变化的概率分布。具体操作步骤如下：

1. 量化风险。将需要分析评估的风险进行量化，明确其度量单位，得到风险变量，并收集历史相关数据。

2. 根据对历史数据的分析，借鉴常用建模方法，建立能描述该风险变量在未来变化的概率模型。建立概率模型的方法很多，例如：差分和微分方程方法，插值和拟合方法等。这些方法大致分为两类：一类是对风险变量之间的关系及其未来的情况作出假设，直接描述该风险变量在未来的分布类型（如正态分布），并确定其分布参数；另一类是对风险变量的变化过程作出假设，描述该风险变量在未来的分布类型。

3. 计算概率分布初步结果。利用随机数字发生器，将生成的随机数字代入上述概率模型，生成风险变量的概率分布初步结果。

4. 修正完善概率模型。通过对生成的概率分布初步结果进行分析，用实验数据验证模型的正确性，并在实践中不断修正和完善模型。

5. 利用该模型分析评估风险情况。

正态分布是蒙特卡罗风险方法中使用最广泛的一类模型。通常情况下，如果一个变量受很多相互独立的随机因素的影响，而其中每一个因素的影响都很小，则该变量服从正态分布。在自然界和社会中大量的变量都满足正态分布。描述正态分布需要两个特征值：均值和标准差。其密度函数和分布函数的一般形式如下：

密度函数：$\varphi(x)=\frac{1}{\sigma\sqrt{2\pi}}e^{-\frac{(x-\mu)^2}{2\sigma^2}}$，$-\infty<x<+\infty$

分布函数：$\Phi(x)=P(X\leqslant x)=\int_{-\infty}^{x}\frac{1}{\sigma\sqrt{2\pi}}e^{-\frac{(t-\mu)^2}{2\sigma^2}}\mathrm{d}t$，$-\infty<x<+\infty$

其中 μ 为均值，σ 为标准差。

由于蒙特卡罗方法依赖于模型的选择，因此，模型本身的选择对于蒙特卡罗方法计算结果的精度影响甚大。蒙特卡罗方法计算量很大，通常借助计算机完成。

三、关键风险指标管理

一项风险事件发生可能有多种成因，但关键成因往往只有几种。关键风险指标管理是对引起风险事件发生的关键成因指标进行管理的方法。具体操作步骤如下：

1. 分析风险成因，从中找出关键成因。

2. 将关键成因量化，确定其度量，分析确定导致风险事件发生（或极有可能发生）时该成因的具体数值。

3. 以该具体数值为基础，以发出风险预警信息为目的，加上或减去一定数值后形成新的数值，该数值即为关键风险指标。

4. 建立风险预警系统，即当关键成因数值达到关键风险指标时，发出风险预警信息。

5. 制定出现风险预警信息时应采取的风险控制措施。

6. 跟踪监测关键成因数值的变化，一旦出现预警，即实施风险控制措施。

以易燃易爆危险品储存容器泄漏引发爆炸的风险管理为例。容器泄漏的成因有：使用时间过长、日常维护不够、人为破坏、气候变化等因素，但容器使用时间过长是关键成因。如容器使用最高期限为 50 年，人们发现当使用时间超过 45 年后，则易发生泄漏。该“45 年”即为关键风险指标。为此，制定使用时间超过“45 年”后需采取的风险控制措施，一旦使用时间接近或达到“45 年”时，发出预警信息，即采取相应措施。

该方法既可以管理单项风险的多个关键成因指标，也可以管理影响企业主要目标的多个主要风险。使用该方法，要求风险关键成因分析准确，且易量化、易统计、易跟踪监测。

四、压力测试

压力测试是指在极端情景下，分析评估风险管理模型或内控流程的有效性，发现问题，制定改进措施的方法，目的是防止出现重大损失事件。具体操作步骤如下：

1. 针对某一风险管理模型或内控流程，假设可能会发生哪些极端情景。极端情景是指在非正常情况下，发生概率很小，而一旦发生，后果十分严重的事情。假设极端情景时，不仅要考虑本企业或与本企业类似的其他企业出现过的历史教训，还要考虑历史上不曾出现，但将来可能会出现的事情。

2. 评估极端情景发生时，该风险管理模型或内控流程是否有效，并分析对目标可能造成的损失。

3. 制定相应措施，进一步修改和完善风险管理模型或内控流程。

以信用风险管理为例。如：一个企业已有一个信用很好的交易伙伴，该交易伙伴除发生极端情景，一般不会违约。因此，在日常交易中，该企业只需“常规的风险管理策略和内控流程”即可。采用压力测试方法，是假设该交易伙伴将来发生极端情景（如其财产毁于地震、火灾、被盗），被迫违约对该企业造成了重大损失。而该企业“常规的风险管理策略和内控流程”在极端情景下不能有效防止重大损失事件，为此，该企业采取了购买保险或相应衍生产品、开发多个交易伙伴等措施。

风险管理专业术语解释

1. 风险理财：利用金融手段管理风险的方法，包括：预提风险准备金、购买保险或使用专业自保公司、衍生产品交易以及风险融资等。

2. 情景分析：通过假设、预测、模拟等手段生成未来情景，并分析其对目标产生影响的方法，包括：历史情景重演法、预期法、因素分解法、随机模拟法等方法。

3. 集中趋势法：指根据随机变量的分布情况，计算出该变量分布的集中特性值（均值、中数、众数等），从而预测未来情况的方法。它是数据推论方法的一种。

4. 失效模式与影响分析：通过辨识系统失去效用后的各种状况，分析其影响，并采取相应措施的方法。

5. 事件树分析：以树状图形方式分析风险事件间因果关系的方法。

6. 风险偏好：为了实现目标，企业在承担风险的种类、大小等方面的基本态度。

7. 风险承受度：企业愿意承担的风险限度，也是企业风险偏好的边界。

8. 风险对冲：通过承担多个风险，使相关风险能够互相抵消的方法。使用该方法，必须进行风险组合，而不是对单一风险进行规避、控制。如：资产组合、多种外币结算、战略上的分散经营、套期保值等。

9. 损失事件管理：对可能给企业造成重大损失的风险事件的事前、事中、事后管理的方法。损失包括企业的资金、声誉、技术、品牌、人才等。

10. 返回测试：将历史数据输入到风险管理模型或内控流程中，把结果与预测值对比，以检验其有效性的方法。

11. 穿行测试：在正常运行条件下，将初始数据输入内控流程，穿越全流程和所有关键环节，把运行结果与设计要求对比，以发现内控流程缺陷的方法。

关于加快构建中央企业内部控制体系有关事项的通知

2012 年 5 月 7 日　国资发评价〔2012〕68 号

各中央企业：

近年来，部分中央企业按照财政部等五部委印发的《企业内部控制基本规范》和配套指引的有关要求，相继启动了内部控制建设与实施工作，取得了积极成效。为推动中央企业扎实开展管理提升活动，加快构建内部控制体系，夯实基础管理工作，促进实现做强做优、培育具有国际竞争力的世界一流企业的发展目标，经研究，现将有关事项通知如下：

一、提高思想认识，切实加强对内部控制工作的组织领导。当前及今后一个时期，中央企业的改革发展将面临极其复杂的外部环境，经营压力和风险加大，迫切要求企业强基固本，实现规范、稳健、高效发展。完善的企业内部控制体系，是企业提升资源配置效率和防范经营风险的重要保障。各中央企业主要负责人要高度重视内部控制工作，将建立健全内部控制体系作为管理提升活动的重要任务来抓，切实加强组织领导。集团层面要成立专门的内部控制工作领导机构，负责内部控制工作的组织协调；设立专职机构或确定牵头部门，配备专职工作人员，具体负责内部控制体系建设与实施工作；建立相关部门共同参与的跨部门联动工作机制，明确分工，落实责任，共同推进，并做好对子企业内部控制建设的组织指导工作；按照内部控制建设与监督评价职责相分离的原则，明确内部审计或相关部门负责组织内部控制评价工作。各中央企业要建立健全内部控制工作责任制，将内部控制建设与执行效果纳入绩效考核体系，确保内部控制不断完善并得到有效执行，为战略有效实施、资源优化配置、企业价值提升提供强有力的支撑。

二、分类分步推进，全面启动内部控制建设与实施工作。各中央企业要力争用两年时间，按照《企业内部控制基本规范》和配套指引的要求，建立规范、完善的内部控制体系。总体安排是：已在全集团范围内建立起内部控制体系的中央企业，应当重点抓好有效执行和持续改进工作，着力提升内部控制的健全性和有效性；主业资产实现整体上市或所属控股上市公司资产比重超过 60％、尚未在全集团范围内启动内部控制建设工作的中央企业，应当统筹规划、协同推进全集团内部控制体系建设，着力抓好集团总部与各类子企业同步建设与稳步实施工作，于 2012 年建立起覆盖全集团的内部控制体系；其他中央企业应当抓紧启动内部控制体系建设工作，确保 2013 年全面完成集团内部控制体系的建设与实施工作。各中央企业要以开展管理提升活动为契机，结合本集团内部控制工作实际，以提高经营效率和效果为目标，以风险管理为导向，以流程梳理为基础，以财务内部控制为切入点，以关键控制活动为重点，制订全集团内部控制整体建设实施方案或持续改进计划，明确总体建设目标和分阶段任务，经董事会（或相应决策机构）批准后，于2012年8月31日前报国资委备案。

三、立足企业实际，建立健全内部控制体系。各中央企业要按照管理制度化、制度流程化、流程信息化的要求，立足企业实际，倡导全员参与，注重控制实效，防止流于形式，抓好内部控制建设的基础工作和关键环节。一是建立规范的公司治理结构和议事规则，明确各类治理主体的权利运行机制，合理设置职责权限，规范决策程序，确保“三重一大”集体决策制度有效落实，建设和倡导合规、诚信的企业文化，提高企业依法合规经营管理的能力，持续改进内部控制建设与执行工作。二是以价值管理为主线，以风险管理为导向，全面梳理各类各项业务流程，查找经营管理风险点，评估风险影响程度，编制分类风险与缺陷清单，明确关键控制节点和控制要求，实施业务流程再造，编制内部控制管理手册，促进业务处理规范化和标准化。三是加强重点流程与特殊业务的内部控制，着力抓好资金、投资、采购、基建、销售、产权管理、人力资源管理、质量管理、安全生产等关键业务流程控制，加强境外资产、金融及其衍生业务、重大经济合同和节能减排等特殊业务的内部控制建设，建立重大风险预警与应急机制，制订和落实应急预案。四是结合内部控制目标，梳理完善管理制度体系，并根据业务发展要求和外部经营环境变化，持续检验和评估管理制度的有效性，建立动态调整与改进机制，防止出现制度缺失和流程缺陷。五是推进内部控制体系建设同信息化建设的融合对接，在将制度和控制措施嵌入流程的基础上，结合企业信息化建设进程，将业务流程和控制措施逐步固化到信息系统，实现在线运行。

四、采取得力措施，确保内部控制有效执行。内部控制重在有效执行，各中央企业要采取切实措施，确保内部控制有效执行。一是要落实内部控制执行责任制，建立主要负责人承诺制，明确企业主要负责人对内部控制有效执行负总责，带头执行内部控制，不超越内部控制做决策。二是要逐级进行责任分解，将内部控制执行与管理权限配置、岗位责任落实有机结合，建立内部控制体系的培训机制，做好上岗前培训和持续教育，确保每个岗位员工熟知本岗位权限和职责，并具备相应的专业胜任能力，形成员工积极参与、自觉执行、主动监督的全员内部控制意识与氛围。三是建立重大风险信息沟通与报告路径、责任与处理机制，确保内部控制重大风险信息顺畅沟通和及时应对。四是加强内部控制日常监督检查，内部控制专职机构或牵头部门要通过在线测试、现场调查等方式，加强对同级部门和各级子企业内部控制执行有效性的日常监督检查，确保内部控制有效执行；尤其是内部控制出现无效或者失效时，要认真查找制度缺失或流程缺陷，分析原因，及时进行改进和完善。

五、加强评价与审计，促进内部控制持续改进与优化。各中央企业要认真组织开展内部控制年度评价与审计工作，促进内部控制持续改进与优化。一是要按照内部控制基本原则和要求，设计适合企业自身特点的评价体系和内部控制缺陷认定标准，并在全集团范围内推行应用。二是企业内部审计或相关部门要组织开展对本集团内部控制的年度自评工作，尤其要加强对重点子企业、基层子企业和关键业务流程内部控制有效性的检查评价；企业可以根据需要，聘请外部中介机构协助开展内部控制评价工作或进行内部控制审计。三是要加强缺陷管理，通过内部控制评价工作，充分揭示内部控制的设计缺陷和运行缺陷，提出管理改进建议，及时报告董事会和管理层，并跟踪落实缺陷整改，实现内部控制闭环管理，促进控制优化。四是要建立内部控制重大缺陷追究制度，内部控制评价和审计结果要与履职评估或绩效考核相结合，逐级落实内部控制组织领导责任。五是要做好与风险管理工作的有机结合，内部控制是风险管理的有效措施，各中央企业要紧密结合风险管理实践，充分利用风险管理体系框架，加强工作协同，形成工作合力，共同推动企业管理的持续改进。

六、按时报送评价报告，加强出资人监督检查。各中央企业应当自 2013 年起，于每年 5 月 31 日前向国资委报送内部控制评价报告，同时抄送派驻本企业监事会。国资委将采取多种形式，及时总结推广中央企业内部控制工作经验；加强对中央企业内部控制工作的监督检查，将内部控制有效性作为经济责任审计、专项审计以及各类监督检查工作的重要内容，并定期选取部分企业针对关键业务流程开展内部控制有效性的专项检查。监督检查中发现内部控制存在重大缺陷的，将根据其性质或影响程度在业绩考核中给予扣分或降级处理；对于因内部控制缺陷造成资产损失的，按照《中央企业资产损失责任追究暂行办法》（国资委令第 20 号）的有关规定，追究相关责任人的责任；对于在监督检查中发现的重大缺陷，企业在自我评价和审计工作中未充分揭示或未及时报告的，将追究内部控制评价部门和外部中介机构的责任。对于建立规范董事会的中央企业，国资委还将把内部控制的有效性作为董事会履职评估的重要内容。

各中央企业要高度重视内部控制工作，统筹协调，周密部署，抓紧推进内部控制建设与实施工作，采取有力措施保证内部控制有效执行，推动经营管理水平不断提升。

关于进一步加强中央企业内部审计工作的通知

2016 年 3 月 31 日　国资发评价〔2016〕48 号

各中央企业：

为深入贯彻落实《中共中央 国务院关于深化国有企业改革的指导意见》（中发〔2015〕22 号）、《国务院关于加强审计工作的意见》（国发〔2014〕48 号）和《国务院办公厅关于加强和改进企业国有资产监督防止国有资产流失的意见》（国办发〔2015〕79 号）要求，进一步加强中央企业内部审计管理，充分发挥内部审计作用，促进中央企业不断强化内部监督，推动中央企业依法治企、合规高效经营，实现持续健康发展，现就进一步加强中央企业内部审计工作的有关要求通知如下：

一、充分认识内部审计的重要意义

近年来，中央企业内部审计部门紧密结合企业实际，聚焦企业发展战略，紧扣发展质量与效益，坚持问题与风险导向，不断加强队伍建设，完善工作方法，拓展审计范围，探索工作转型，较好地发挥了内部审计在查错纠弊、决策支持和价值增值等方面的作用，为中央企业持续健康发展提供了有力保障。与此同时，中央企业之间内部审计工作发展还很不平衡，一些企业对内部审计工作重视不够，有的企业内部审计人员数量和结构还不能适应企业发展需要，部分企业内部审计工作转型进展缓慢，内部审计与现代企业治理体系尚未实现有效融合，独立性和权威性还缺乏制度和机制保障，审计标准化、审计队伍职业化水平与现代企业科学管理的要求还存在较大差距，迫切需要进一步加强和改进内部审计工作，完善内部审计体制机制，打造企业自身“免疫系统”。

内部审计是公司治理的重要组成部分。当前，进一步加强内部审计工作是全面深化改革、完善现代企业制度的需要，是以管资本为主加强国有资产监管、维护国有资产安全的需要，也是全面推进依法治企、深入开展反腐倡廉的需要。中央企业要切实提高对内部审计工作重要意义的认识，认真研究加强和改进内部审计工作，以服务集团战略为引领，以问题和风险为导向，以提高发展质量和效益为中心，以促发展、控风险为目标，不断完善审计组织体系，创新审计机制，突出审计重点，深化审计转型，提升审计价值，努力开创内部审计工作新局面。

二、不断完善内部审计工作体制机制

（一）加强内部审计组织领导。建立内部审计向企业董事会负责的工作机制，内部审计工作应由企业董事长分管，未设立董事会的企业应由主要负责人分管。中央企业要加快建立总审计师制度，协助董事长或主要负责人管理内部审计工作。董事会要定期听取内部审计工作的全面汇报，依法审议批准企业年度审计计划和重要审计报告，董事会审计委员会要加强对内部审计工作规划、年度任务、审计质量、问题整改和队伍建设等重要事项的管理和指导。未设立董事会的企业，要比照上述要求，加强内部审计工作的领导与管理。要建立班子成员定期听取审计问题汇报的制度，形成对审计问题整改落实齐抓共管的机制。内部审计部门应当定期向外派监事部门报告工作。

（二）完善内部审计管理体制。确立集团总部对内部审计工作的统领与管控地位，坚持总部统领集团审计规划、审计策略、资源调配和成果共享。要强化内部审计工作组织与管理，坚持下级审计部门向上级审计部门工作报告制度。审计结果和重大案件线索在向本单位管理层报告的同时，应及时向上一级审计部门报告。要加强集团总部审计力量配备，统一调配全集团审计力量，通过探索建立审计中心、实行区域（业务）集中审计等方式，提高审计资源利用效能。

（三）维护内部审计的独立性。中央企业要进一步明确内部审计在公司治理中的职能定位，坚持内部审计部门的独立性，确保依法履职，保障内部审计部门获取审计资料、履行审计程序、公告审计结果、督促问题整改等工作不受其他部门和个人干涉。被审计对象应自觉接受、配合审计，任何单位和个人不得设置障碍、阻挠审计，不得弄虚作假、隐瞒情况，不得限制向审计部门提供审计所需资料和开放计算机信息系统查询权限。

（四）建立内部监督协同机制。通过建立部门联席会议等方式，确保各类监督部门在发挥各自职能作用基础上形成协同互动。要加强各类监督部门间的沟通交流，充分利用已有的检查结果等信息，避免重复检查。要着力推动监督信息共享、监督成果共用、关键业务共同实施、问题整改问责共同落实，切实形成监督合力。

（五）明确内部审计“两个责任”。明确内部审计在发现问题、揭示问题、查处问题、督促整改方面的监督责任。落实董事会及企业经营班子在审计环境建设、内部审计人员配备、职责履行、资源保障、整改问责落实和机制完善等方面的主体责任，以及被审计对象对主动配合审计、提供真实完整审计资料、认真整改问题和建立长效机制等方面的主体责任。实际工作中要各负其责，将责任落到实处，对董事会及经营班子、董事长或主要负责人、总审计师未尽内部审计管理职责，内部审计机构和人员未有效履行内部审计工作组织实施职责，以及干预、阻挠内部审计工作的领导干部和职工，要严肃问责。

（六）建立健全内部审计制度标准。大力推进内部审计制度化、规范化、标准化、信息化建设。要加强内部审计制度建设，细化和规范审计标准和操作流程，建立集团统一的审计工作规范和标准体系，推动依法依规开展审计。要强化审计计划管理，处理好审计全覆盖与突出审计重点之间的关系，科学合理安排年度审计工作任务。要不断创新审计方法，推进以大数据为核心的审计信息化建设，科学高效开展审计。

三、有效发挥内部审计功能作用

（一）促进企业战略执行落地。中央企业要在经营管理信息和业务数据共享方面赋予内部审计必要权限，促进内部审计在企业战略层面发挥作用。要把监督检查企业战略的部署落实作为内部审计的重要工作内容，促使内部审计及时跟进战略业务的开展情况、资源保障情况和风险防控情况，反映战略执行中存在的问题，对战略转型的具体政策措施提出改进建议，促进战略执行落实到位。

（二）促进企业全面提质增效。中央企业要推动内部审计在增加价值和改善组织运营上下更大功夫。要紧盯制约效益增长和提升价值的关键因素，对运行质量、资源配置等开展专项审计。对款项回收、成本控制、投资建设等关键业务环节进行全过程跟踪。对利润结构以及亏损、潜亏进行重点分析，推动企业创新机制、优化流程，创新技术和商业模式，提升资源配置效率，改善企业运营。

（三）促进企业重要岗位权力约束。加强重要岗位权力约束对推进反腐倡廉和依法治企具有重要意义。中央企业要突出内部审计履职监督职能，强化对权力集中、资金密集、资源富集、资产聚集的部门和岗位的监督，将重大决策、大额资金运用、“三公”经费等内容纳入内部审计范围，防范权力失控、决策失误和行为失范；所有承担考核指标的经营实体，掌握重要资源、资产和进行重大资本运作的部门和岗位，都要纳入审计范围，全面实现权力行使的有效约束。

（四）促进企业依法合规运营。中央企业要按照建设法治央企的总体要求，聚焦合规经营，通过内控测试、财务收支审计等各项工作，进一步将执行国家政策法规、公司章程和内部规章制度作为重要审计内容，及时揭示经营管理的薄弱环节，加大对各类违规问题的查处力度，充分发挥内部审计在提升企业依法治企、合规经营能力和水平方面的重要作用。

（五）促进企业重大风险识别与防范。当前宏观经济下行，资本风险与市场风险叠加，经营风险防范难度加大，中央企业要高度重视当前企业经济运行中的各类风险，充分发挥内部审计在风险预判方面的能力和作用，积极督促企业抓好催收清欠、客户履约、投资回报等重大风险以及新业务风险管控，促进企业健全风险防控体系，稳健发展。

四、进一步突出内部审计工作重点

（一）推进经济责任审计全覆盖，落实国有资产经营责任。中央企业要按照《党政主要领导干部和国有企业领导人员经济责任审计规定实施细则》（审经责发〔2014〕102号）要求，实现经济责任审计对象、审计重点、审计期间的全覆盖。坚持任中审计与离任审计相结合，完善任中审计，探索任中轮审，做到对子企业和分支机构领导干部离任必审、任期满3－5年必审，实现任期内至少审计一次。积极探索开展重点部门负责人和关键岗位人员经济责任履职情况的审计。经济责任审计内容要覆盖投资、并购、营销、大宗采购、大额资金支出、资产处置、收入和成本预算执行情况等重大经营事项和高风险领域，突出体现被审计对象在贯彻落实国家和集团各项政策措施和要求、影响企业发展质量和潜力的战略管理、投资决策、财务管控、风险管理、科技创新、转型升级、可持续发展、廉政建设等方面应承担的责任。要保证经济责任审计期间的完整性和连续性，同一领导干部任职不同阶段、同一领导岗位前后任间的审计要连续完整。要做好经济责任审计与专项审计的统筹结合，切实提高审计效率。

（二）深化财务收支审计，提升信息质量和财务绩效。财务收支审计要在保证会计信息真实、可靠、完整的基础上，将依法合规经营、资金占用与运用、成本费用控制、现金收支管理、资产运营效率、债务风险状况、国拨资金使用等纳入审计内容。要重点关注国有资产处置、投资并购、改制上市、关联交易、联营合作以及国有资本权益落实等过程中的国有资产安全。有针对性地开展履职待遇和业务支出、薪酬福利、领导人员兼职取酬等审计检查。要将长期不审的子公司和分支机构纳入审计计划，不得出现3年以上未经审计的子企业和分支机构，做到审计监督不留死角。

（三）大力开展管理审计，提升审计增值服务能力。中央企业要围绕本单位改革管理的难点和热点问题，以提高发展质量和效益为中心，以提升审计价值增值为目标，大力开展管理审计。通过管理审计，推动各级企业大力开展清应收减库存工作，有效提升企业经济运行质量。要加大对企业运行质量的审计，开展对亏损企业、亏损业务的专项审计调查，将成本费用过快增长、低效无效资产、超期未用的国拨资金等影响经济运行质量的问题纳入管理审计重点内容。

（四）深入开展重大事项专项审计，提升重要资源配置效率和风险防范能力。针对企业生产经营重点领域、问题多发领域和重大风险领域，深入开展专项审计，把问题查深查透，有效防范风险。有计划地开展重大投资融资、重大重组并购、重大物资采购、重大资产处置、重大工程建设项目、国有资本经营预算项目等专项审计，利用3～5年的时间完成对企业所有重大工程和投资项目轮审一遍。加大对企业重点经营风险事项的审计检查，开展对大额垫资业务、大宗商品业务、金融衍生业务、金融子企业等高风险业务和领域审计，防止风险交叉传导。加强对监管机构各项管理要求和政策措施落实情况、提示批复问题整改情况的跟踪审计，推动各项要求和政策措施落实到位。

（五）常态化开展境外审计，提升国际化经营水平。进一步加大境外资产和境外经济活动的审计力度，推动企业稳健开展国际化经营，更好地服务于“走出去”战略需要。要把境外审计作为一项重要工作纳入到年度审计工作计划，不断提高境外资产审计频度，建立境外审计常态化机制。要建立健全境外审计规章制度，明确审计内容、审计方法和审计频度，对境外企业的经营管理、内部控制、会计信息以及国有资产运营等情况进行审计监督，并重点关注企业“走出去”的总体运营情况、财务状况、重大工程项目及投资并购情况、内部管理模式，以及隐匿、侵占、转移国有资产等可能造成国有资产流失的情况。

（六）全面开展内部控制评价和审计，推动内控体系不断完善。要将内控评价和审计纳入内部审计重点工作范围，对本企业及其子企业内部控制系统的健全性、合理性和有效性进行检查和评价，对有关业务的经营风险进行评估，及时揭示经营管理的薄弱环节和重大缺陷。要加大对企业重点业务流程内部控制的检查，探索开展对战略实施、年度预算等关键控制环节的业务流程审计，推动内部控制体系不断完善。要从跨部门、全流程的视角审视业务管理与控制的效率效果，系统评价企业经营管理的关键环节，查出因部门及环节交叉而导致的低效率和低效益问题，通过问题整改和长效机制建设推动内控机制持续完善和系统性流程优化。

五、切实加强审计问题整改落实

（一）建立健全审计发现问题整改机制。中央企业要进一步强化审计问题整改机制建设，积极推进审计结果报告和公告制度，以公开促整改。要通过审计整改落实领导小组或联席会议制度等方式，建立部门整改联动机制，形成企业内部齐抓整改、共管成效的局面。要进一步建立和完善审计整改工作制度和流程，规范企业审计问题整改工作。

（二）切实做好审计整改的督促检查。要按照“制度未完善的不放过、资金未追回的不放过、责任未落实的不放过”的“三不放过”原则，加大对审计发现问题的整改落实和跟踪检查，对重要问题的整改落实情况应开展现场检查或跟踪审计。对审计发现问题要建立清单，实行“销号”管理，保证整改落实效果。被审计企业的主要负责人作为整改第一责任人，要切实抓好审计发现问题的整改工作，对重大问题要一管到底。问题整改情况要及时向上一级审计部门报告。

（三）严格执行责任追究制度。中央企业要进一步明确审计问责的机制、标准、程序，制定审计问责的实施细则，将审计结果和整改情况纳入相关领导人员考核奖惩。对于审计发现的重大决策失当和损失浪费、重大管理漏洞和不当作为，要在查清事实、准确定性的基础上，移交相关管理部门，严肃开展问责；对于审计发现的重大违规违纪问题线索、重大失职渎职行为，要移交纪检监察部门进一步调查处理。对整改不到位的，要与主要负责人进行约谈。对整改不力、屡审屡犯的，要严格追责问责。

（四）注重强化长效机制。中央企业要将审计整改落实与改进管理相结合，对于典型性、普遍性、倾向性问题，要研究和剖析其成因，从管理体制和机制上加以改进，并进行警示教育，避免“牛皮癣”问题。要完善各类制度规范，健全内部控制措施，优化经营管理流程，有效发挥审计监督对加强企业管理的促进作用。

六、持续提升内部审计队伍能力水平

（一）优化审计人员结构。中央企业应积极开展同先进跨国公司对标，借鉴学习国际先进经验，配备与经营实力和业务发展相适应的审计队伍，在人员数量上要努力达到同行业跨国公司平均水平。2018 年年底前，中央企业专职内部审计人员数量占在岗职工人数比例原则上不低于千分之二，高风险行业、大型企业和国际化经营指数较高的企业要力争达到千分之三以上。要优化审计人员结构，充实熟悉战略、经营业务、法律和信息技术等方面的人才，切实解决审计资源不足、审计工作难以满足业务发展需要的问题。

（二）健全审计人员职业发展规划。推进审计职业化建设，建立审计人员职业保障制度，畅通审计骨干人才的选拔任用通道，加大审计人员交流轮岗力度，逐步将审计平台打造成企业培养管理人才的摇篮。研究制定审计人员职业发展激励政策，创造审计战线能够吸纳人才、留住人才的环境氛围。加强审计人员的职业培训和后续教育，完善审计人员职业教育培训体系，提高审计人员的综合业务素质，积极推动和鼓励审计人员参加执业资格考试，提高审计队伍持有职业资格证书的比例，不断提升审计人员执业能力。

（三）完善审计考核评价制度。加强审计干部管理，下级单位审计部门负责人的考核和任免应当注重听取上级审计部门意见。建立审计项目绩效考评体系，按照查找问题、注重程序、讲求效率、依规审计等多维度标准进行评价，推动审计人员树立正确的业绩观。要充分调动审计人员的工作积极性，对审计工作中发现重大问题、为企业挽回重大损失等行为要给予一定奖励，对未按照审计程序等主观原因造成有问题发现不了、发现问题不及时客观报告等失职、渎职问题要加强问责。

（四）加强审计文化建设。树立“善于发现问题、敢于揭示问题、勇于解决问题”的工作理念，培养审计人员“忠于职守、敢于碰硬”的责任意识和“独立客观、廉洁从审”的职业操守。加强对审计工作的宣传，充分营造“重视审计、尊重审计、自觉接受审计”的氛围，为企业内部审计健康发展、有效发挥作用创造良好环境。

关于印发《关于加强中央企业内部控制体系建设与监督工作的实施意见》的通知

2019 年 10 月 19 日　国资发监督规〔2019〕101 号

各中央企业：

《关于加强中央企业内部控制体系建设与监督工作的实施意见》已经国资委第 14 次委务会议审议通过，现印发给你们，请遵照执行。

关于加强中央企业内部控制体系建设与监督工作的实施意见

为深入贯彻习近平新时代中国特色社会主义思想和党的十九大精神，认真落实党中央、国务院关于防范化解重大风险和推动高质量发展的决策部署，充分发挥内部控制（以下简称内控）体系对中央企业强基固本作用，进一步提升中央企业防范化解重大风险能力，加快培育具有全球竞争力的世界一流企业，根据《中共中央 国务院关于深化国有企业改革的指导意见》（中发〔2015〕22 号）、《国务院关于印发改革国有资本授权经营体制方案的通知》（国发〔2019〕9 号）、《国务院办公厅关于加强和改进企业国有资产监督防止国有资产流失的意见》（国办发〔2015〕79 号），制定本实施意见。

一、建立健全内控体系，进一步提升管控效能

（一）优化内控体系。建立健全以风险管理为导向、合规管理监督为重点，严格、规范、全面、有效的内控体系。进一步树立和强化管理制度化、制度流程化、流程信息化的内控理念，通过“强监管、严问责”和加强信息化管理，严格落实各项规章制度，将风险管理和合规管理要求嵌入业务流程，促使企业依法合规开展各项经营活动，实现“强内控、防风险、促合规”的管控目标，形成全面、全员、全过程、全体系的风险防控机制，切实全面提升内控体系有效性，加快实现高质量发展。

（二）强化集团管控。进一步完善企业内部管控体制机制，中央企业主要领导人员是内控体系监管工作第一责任人，负责组织领导建立健全覆盖各业务领域、部门、岗位，涵盖各级子企业全面有效的内控体系。中央企业应明确专门职能部门或机构统筹内控体系工作职责；落实各业务部门内控体系有效运行责任；企业审计部门要加强内控体系监督检查工作，准确揭示风险隐患和内控缺陷，进一步发挥查错纠弊作用，促进企业不断优化内控体系。

（三）完善管理制度。全面梳理内控、风险和合规管理相关制度，及时将法律法规等外部监管要求转化为企业内部规章制度，持续完善企业内部管理制度体系。在具体业务制度的制定、审核和修订中嵌入统一的内控体系管控要求，明确重要业务领域和关键环节的控制要求和风险应对措施。将违规经营投资责任追究内容纳入企业内部管理制度中，强化制度执行刚性约束。

（四）健全监督评价体系。统筹推进内控、风险和合规管理的监督评价工作，将风险、合规管理制度建设及实施情况纳入内控体系监督评价范畴，制定定性与定量相结合的内控缺陷认定标准、风险评估标准和合规评价标准，不断规范监督评价工作程序、标准和方式方法。

二、强化内控体系执行，提高重大风险防控能力

（五）加强重点领域日常管控。聚焦关键业务、改革重点领域、国有资本运营重要环节以及境外国有资产监管，定期梳理分析相关内控体系执行情况，认真查找制度缺失或流程缺陷，及时研究制定改进措施，确保体系完整、全面控制、执行有效。要在投资并购、改革改制重组等重大经营事项决策前开展专项风险评估，并将风险评估报告（含风险应对措施和处置预案）作为重大经营事项决策的必备支撑材料，对超出企业风险承受能力或风险应对措施不到位的决策事项不得组织实施。

（六）加强重要岗位授权管理和权力制衡。不断深化内控体系管控与各项业务工作的有机结合，以保障各项经营业务规范有序开展。按照不相容职务分离控制、授权审批控制等内控体系管控要求，严格规范重要岗位和关键人员在授权、审批、执行、报告等方面的权责，实现可行性研究与决策审批、决策审批与执行、执行与监督检查等岗位职责的分离。不断优化完善管理要求，重点强化采购、销售、投资管理、资金管理和工程项目、产权（资产）交易流转等业务领域各岗位的职责权限和审批程序，形成相互衔接、相互制衡、相互监督的内控体系工作机制。

（七）健全重大风险防控机制。积极采取措施强化企业防范化解重大风险全过程管控，加强经济运行动态、大宗商品价格以及资本市场指标变化监测，提高对经营环境变化、发展趋势的预判能力，同时结合内控体系监督评价工作中发现的经营管理缺陷和问题，综合评估企业内外部风险水平，有针对性地制定风险应对方案，并根据原有风险的变化情况及应对方案的执行效果，有效做好企业间风险隔离，防止风险由“点”扩“面”，避免发生系统性、颠覆性重大经营风险。

三、加强信息化管控，强化内控体系刚性约束

（八）提升内控体系信息化水平。各中央企业要结合国资监管信息化建设要求，加强内控信息化建设力度，进一步提升集团管控能力。内控体系建设部门要与业务部门、审计部门、信息化建设部门协同配合，推动企业“三重一大”、投资和项目管理、财务和资产、物资采购、全面风险管理、人力资源等集团管控信息系统的集成应用，逐步实现内控体系与业务信息系统互联互通、有机融合。要进一步梳理和规范业务系统的审批流程及各层级管理人员权限设置，将内控体系管控措施嵌入各类业务信息系统，确保自

动识别并终止超越权限、逾越程序和审核材料不健全等行为，促使各项经营管理决策和执行活动可控制、可追溯、可检查，有效减少人为违规操纵因素。集团管控能力和信息化基础较好的企业要逐步探索利用大数据、云计算、人工智能等技术，实现内控体系实时监测、自动预警、监督评价等在线监管功能，进一步提升信息化和智能化水平。

四、加大企业监督评价力度，促进内控体系持续优化

（九）全面实施企业自评。督促所属企业每年以规范流程、消除盲区、有效运行为重点，对内控体系的有效性进行全面自评，客观、真实、准确揭示经营管理中存在的内控缺陷、风险和合规问题，形成自评报告，并经董事会或类似决策机构批准后按规定报送上级单位。

（十）加强集团监督评价。要在子企业全面自评的基础上，制定年度监督评价方案，围绕重点业务、关键环节和重要岗位，组织对所属企业内控体系有效性进行监督评价，确保每 3 年覆盖全部子企业。要将海外资产纳入监督评价范围，重点对海外项目的重大决策、重大项目安排、大额资金运作以及境外子企业公司治理等进行监督评价。

（十一）强化外部审计监督。要根据监督评价工作结果，结合自身实际情况，充分发挥外部审计的专业性和独立性，委托外部审计机构对部分子企业内控体系有效性开展专项审计，并出具内控体系审计报告。内控体系监管不到位、风险事件和合规问题频发的中央企业，必须聘请具有相应资质的社会中介机构进行审计评价，切实提升内控体系管控水平。

（十二）充分运用监督评价结果。要加大督促整改工作力度，指导所属企业明确整改责任部门、责任人和完成时限，对整改效果进行检查评价，按照内控体系一体化工作要求编制内控体系年度工作报告并及时报国资委，同时抄送企业纪委（纪检监察组）、组织人事部门等。指导所属企业建立健全与内控体系监督评价结果挂钩的考核机制，对内控制度不健全、内控体系执行不力、瞒报漏报谎报自评结果、整改落实不到位的单位或个人，应给予考核扣分、薪酬扣减或岗位调整等处理。

五、加强出资人监督，全面提升内控体系有效性

（十三）建立出资人监督检查工作机制。加强对中央企业国有资产监管政策制度执行情况的综合检查工作，建立内控体系定期抽查评价工作制度，每年组织专门力量对中央企业经营管理重要领域和关键环节开展内控体系有效性抽查评价，发现和堵塞管理漏洞，完善相关政策制度，并加大监督检查工作结果在各项国有资产监管及干部管理工作中的运用力度。

（十四）充分发挥企业内部监督力量。通过完善公司治理，健全相关制度，整合企业内部监督力量，发挥企业董事会或委派董事决策、审核和监督职责，有效利用企业监事会、内部审计、企业内部巡视巡察等监督检查工作成果，以及出资人监管和外部审计、纪检监察、巡视反馈问题情况，不断完善企业内控体系建设。

（十五）强化整改落实工作。进一步强化对企业重大风险隐患和内控缺陷整改工作跟踪检查力度，将企业整改落实情况纳入每年内控体系抽查评价范围，完善对中央企业提示函和通报工作制度，对整改不力的印发提示函和通报，进一步落实整改责任，避免出现重复整改、形式整改等问题。

（十六）加大责任追究力度。严格按照《中央企业违规经营投资责任追究实施办法（试行）》（国资委令第 37 号）等有关规定，及时发现并移交违规违纪违法经营投资问题线索，强化监督警示震慑作用。对中央企业存在重大风险隐患、内控缺陷和合规管理等问题失察，或虽发现但没有及时报告、处理，造成重大资产损失或其他严重不良后果的，要严肃追究企业集团的管控责任；对各级子企业未按规定履行内控体系建设职责、未执行或执行不力，以及瞒报、漏报、谎报或迟报重大风险及内控缺陷事件的，坚决追责问责，层层落实内控体系监督责任，有效防止国有资产流失。

关于印发《中央企业禁入限制人员信息管理办法（试行）》的通知

2019 年 12 月 28 日　国资发监责规〔2019〕131 号

各中央企业：

为进一步加强国有资产监管，完善违规经营投资责任追究工作制度，规范中央企业禁入限制人员信息管理，我委制定了《中央企业禁入限制人员信息管理办法（试行）》，现印发给你们，请遵照执行。

中央企业禁入限制人员信息管理办法（试行）

第一章　总　　则

第一条　为规范中央企业禁入限制人员信息管理，完善违规经营投资责任追究工作制度，进一步加强国有资产监管，根据《中华人民共和国企业国有资产法》《企业国有资产监督管理暂行条例》《国务院办公厅关于建立国有企业违规经营投资责任追究制度的意见》《中央企业违规经营投资责任追究实施办法（试行）》等法律法规和文件，制定本办法。

第二条　本办法所称中央企业，是指国务院国有资产监督管理委员会（以下简称国资委）依法履行出资人职责的国家出资企业。

第三条　本办法所称禁入限制，是指国资委和中央企业根据有关规定，对相关违规经营投资责任人作出在一定时期内不得担任中央企业董事、监事、高级管理人员的处理。其中高级管理人员包括企业的经理、副经理、财务负责人、董事会秘书和公司章程规定的其他人员。

本办法所称追责部门，是指国资委和中央企业负责违规经营投资责任追究的机构或部门。

第四条 禁入限制人员信息管理应当遵循统一管理、分级负责、真实准确、依规使用的原则。

第二章 信息录入和审查

第五条 国资委和中央企业根据有关规定作出禁入限制处理，按照“谁处理、谁负责”的原则，对禁入限制人员信息的合法性、真实性、准确性负责。

第六条 国资委作出禁入限制处理的有关信息，由国资委追责部门负责录入。中央企业作出禁入限制处理的有关信息，由中央企业追责部门负责录入。中央企业各级子企业作出禁入限制处理的有关信息，由中央企业决定是否录入。

第七条 追责部门应当于禁入限制处理生效之日起 10 个工作日内，在履行内部审批手续后，将禁入限制人员信息采集录入到中央企业禁入限制人员信息管理系统（以下简称禁入限制系统）。

第八条 录入的禁入限制人员信息，主要包括下列内容：

（一）禁入限制人员基本情况。

（二）主要违规情形。

（三）责任认定和责任追究处理情况。

（四）处理决定。

（五）其他资料。

第九条 国资委追责部门在中央企业录入禁入限制人员信息之日后 5 个工作日内完成有关信息形式审查并反馈结果。

第十条 禁入限制人员禁入期届满后，国资委追责部门负责将相关信息从禁入限制系统中移出。

第三章 信息使用和反馈

第十一条 国资委和中央企业任命董事、监事、高级管理人员时，应当查询拟任人员禁入限制情况。

第十二条 中央企业的组织人事部门负责本企业及各级子企业禁入限制人员信息统一查询工作。

第十三条 国资委有关部门和中央企业组织人事部门经授权，通过姓名、性别、身份证件号码等，在禁入限制系统中查询有关人员禁入限制信息。

第十四条 禁入限制系统在线实时反馈查询结果，反馈的信息包括禁入限制人员基本情况和禁入期等。

第四章 工作职责和要求

第十五条 国资委负责禁入限制人员信息统一管理、相关制度建设和信息综合利用，以及禁入限制系统的建设、运行维护和网络安全。

第十六条 中央企业应当明确相关部门职责，制定内部管理制度，严格规范录入、查询、使用等工作。

第十七条 国资委和中央企业应当加强禁入限制人员信息保密管理，不得泄露国家秘密、商业秘密和个人隐私，不得违规向无关方提供禁入限制人员信息。

第五章 异议处理

第十八条 单位和个人对禁入限制人员信息查询结果存在异议的，可向国资委追责部门提交书面异议申请和相关证明材料。

第十九条 国资委追责部门应当自受理异议申请之日起 30 个工作日内完成复核，并将结果告知异议申请单位和个人。

第二十条 对禁入限制处理的异议不适用本办法。

第六章 责任追究

第二十一条 国资委和中央企业有关人员有下列情形之一，造成严重不良后果的，依法依规追究相应责任：

（一）未按照本办法规定录入或审查禁入限制人员信息。

（二）应查未查、故意隐匿、伪造禁入限制人员信息。

（三）违规向无关方提供禁入限制人员信息。

（四）泄露国家秘密、商业秘密或个人隐私。

（五）其他应当追责的行为。

第七章 附 则

第二十二条 中央企业所属子企业参照本办法执行。

第二十三条 本办法由国资委负责解释。

第二十四条 本办法自 2020 年 1 月 1 日起施行。

关于印发《国资监管提示函工作规则》和《国资监管通报工作规则》的通知

2020 年 1 月 7 日 国资发监督规〔2020〕4 号

各中央企业，委内各厅局：

《国资监管提示函工作规则》和《国资监管通报工作规则》已经国资委第 18 次委务

会议审议通过，现印发给你们，请遵照执行。

制定提示函和通报工作规则是贯彻以管资本为主加强国有资产监管要求，形成以管资本为主的国有资产监管体制的具体举措。各中央企业要高度重视，强化主体责任，认真做好提示函和通报事项整改落实工作，进一步提升集团管控水平和抗风险能力，促进实现高质量发展。

国资监管提示函工作规则

第一条 为加快形成以管资本为主的国有资产监管体制，加大对中央企业存在风险和问题警示力度，指导和督促中央企业提高防范化解重大风险能力，切实做好相关整改落实工作，推动企业实现高质量发展，制定本规则。

第二条 本规则所称提示函是指国资委在国资监管工作中提示特定中央企业有效应对、整改存在风险和问题的公文。

第三条 提示函主要适用于中央企业发生以下情形：

（一）贯彻党中央、国务院重大决策部署力度不够，进度缓慢或成效欠佳的；

（二）执行党章和党内其他法规以及国资委党委规范性文件不到位的；

（三）执行国家法律法规、国资监管规章和规范性文件以及国资监管工作要求不到位或推动改革不力，可能造成资产损失或其他不良后果的；

（四）企业改革发展、党的建设、董事会运行中存在苗头性、倾向性问题或较大风险隐患的；

（五）企业未按规定执行重大事项请示报告制度或报告情况不准确、不及时，可能对国资监管工作造成不良影响的；

（六）落实出资人监管和审计、纪检监察、巡视监督等整改要求可能逾期或不达标的；

（七）在国际化经营、国际交流合作、外事管理等工作中行为不当，可能造成较大负面影响的；

（八）其他需要提示的事项。

第四条 国资委在国资监管工作中发现中央企业存在上述第三条所列情形的，按照相关工作程序，拟制提示函，报经分管委领导审签后，统一编号，以国资委办公厅函件形式向有关中央企业印发提示函。

第五条 有关中央企业收到提示函后，认真组织落实，明确相关企业领导人员和职能部门的工作责任，对提示函事项进行分析研判，制定工作方案，采取有效措施，做好风险防控或整改落实工作。

第六条 对于提出的风险事项，有关中央企业应当开展全面排查，准确评估风险涉及的范围、影响程度等，积极应对风险，做好企业间风险隔离。

第七条 对于需要整改落实的事项，有关中央企业要严格对照相关整改要求，细化整改措施，明确整改时限，切实整改落实到位。

第八条 有关中央企业应当在收到提示函10个工作日内将风险防控或整改落实工作方案报送国资委；对提示函事项持有异议的，应当正式向国资委作出书面解释说明。

第九条 有关中央企业要按照确定的工作方案，积极采取措施防控风险，落实整改要求，完善关键环节和重点领域的管控制度，优化管理流程，强化内控体系有效执行，并通过企业内部审计监督检查、巡视巡察等工作，确保风险可控在控，整改工作落实落地。

第十条 对于需要长期整改落实的事项，有关中央企业应当定期向国资委报告工作进展情况；对于可能造成较大、重大资产损失或其他严重不良后果的，应当及时报告国资委。

第十一条 有关中央企业在提示函事项办结后，要将相关工作开展情况、具体举措、整改成效等形成专项工作报告，正式报送国资委。

第十二条 国资委将加强对中央企业提示函事项的监督检查工作，跟踪评估整改成效，切实消除风险隐患，提升国资监管效能。

第十三条 国资委将定期汇总分析提示函反映中央企业存在的风险隐患和问题，有针对性地完善国资监管政策制度，并将典型性、普遍性、多发性和系统性问题纳入年度综合检查或专项检查范围进行抽查复核。

第十四条 国资委对提示函事项整改不及时、不彻底或敷衍整改的中央企业，进行约谈、通报；对违规经营投资造成资产损失或其他严重不良后果的，严肃追究责任；对涉嫌违纪违法的，及时移交有关纪检监察机构。

第十五条 本规则由国资委负责解释。

第十六条 本规则自印发之日起施行。

国资监管通报工作规则

第一条 为加快形成以管资本为主的国有资产监管体制，有效开展对中央企业重大违规问题和资产损失事件的通报工作，发挥警示教育和惩戒震慑作用，强化整改落实工作，推动企业实现高质量发展，制定本规则。

第二条 本规则所称通报是指国资委在国资监管工作中，对中央企业存在的典型性、普遍性或重大违规问题和资产损失事件，在中央企业范围内予以批评、教育和警示的公文。

第三条 通报主要适用于中央企业发生以下情形：

（一）贯彻落实习近平总书记重要指示批示以及党中央、国务院决策部署存在重大问题或产生其他严重不良后果的；

（二）严重违反党章和党内其他法规以及国资委党委规范性文件的；

（三）严重违反国家法律法规和国有资产监管规章、规范性文件及政策规定的；

（四）企业改革发展、党的建设、董事会运行中存在突出问题，造成重大资产损失、重大风险或其他严重不良后果的；

（五）企业未按规定执行重大事项请示报告制度，或恶意瞒报漏报谎报，对国资监管工作造成严重不良影响的；

（六）对出资人监管和审计、纪检监察、巡视监督等工作中发现的问题拒绝整改、敷衍整改或反复整改不到位的；

（七）在国际化经营、国际交流合作、外事管理等工作中行为不当，造成重大负面影响或其他严重不良后果的；

（八）其他需要通报的事项。

第四条 国资委在国资监管工作中发现中央企业存在上述第三条所列情形的，按照有关工作程序，拟制通报稿，报经委主要领导审签后，统一编号，以国资委函件的形式向各中央企业印发通报。

第五条 有关中央企业收到通报后，及时传达部署，企业主要领导人员、领导班子成员及有关职能部门认真分析通报事项产生的根源，研究制定整改工作方案，明确整改措施、责任主体和时间进度，认真落实整改要求。

第六条 有关中央企业在收到通报20个工作日内将相关工作情况及整改工作方案报送国资委。

第七条 有关中央企业相关职能部门应当积极采取措施，立即纠正违规行为，消除不良影响，减少或挽回资产损失，有效防范类似事件发生。

第八条 有关中央企业内控（风险）管理部门对照通报事项反映的重大缺陷和管理漏洞，完善关键环节和重点领域的管控制度，优化管理流程，强化内控体系有效执行，切实提升内控体系管控水平。

第九条 有关中央企业审计部门、企业内部巡视巡察应当将通报事项纳入年度工作重点，强化对企业重大风险和问题整改工作跟踪检查力度，检验整改工作成效，确保整改工作落实落地。

第十条 对于通报事项涉及违反党规党纪、违规经营投资造成资产损失或其他严重不良后果的，有关中央企业要严格按照规定对相关责任人严肃问责。

第十一条 对于需要长期整改落实的通报事项，有关中央企业应当定期向国资委报告整改工作进展情况。

第十二条 有关中央企业对通报事项整改落实后，要将整改工作开展情况、具体举措、整改成效及人员处理情况等形成专项工作报告，正式报送国资委。

第十三条 各中央企业要从通报事项中汲取教训，引以为戒，举一反三，主动开展对照检查，发现类似问题应当按照通报相关要求做好整改落实工作。

第十四条 国资委将加强对中央企业通报事项整改落实工作的监督检查，评估整改成效，推动企业不断完善内部管控机制。

第十五条 国资委将定期汇总分析通报反映中央企业存在的重大风险事件和突出问题，有针对性地完善国资监管政策制度，并纳入年度综合检查或专项检查范围进行抽查复核。

第十六条 国资委对整改不到位或拒绝整改、拖延整改的中央企业，要严肃追究责任；对涉嫌违纪违法的，及时移交有关纪检监察机构。

第十七条 本规则由国资委负责解释。

第十八条 本规则自印发之日起施行。

关于印发《关于深化中央企业内部审计监督工作的实施意见》的通知

2020年9月28日 国资发监督规〔2020〕60号

各中央企业：

《关于深化中央企业内部审计监督工作的实施意见》已经国资委第325次党委会议、第40次委务会议审议通过，现印发给你们，请遵照执行。

关于深化中央企业内部审计监督工作的实施意见

为有效推动中央企业构建集中统一、全面覆盖、权威高效的审计监督体系，贯彻落实党中央、国务院关于深化国有企业和国有资本审计监督的工作部署，根据《中华人民共和国企业国有资产法》《中华人民共和国审计法》，按照《中共中央 国务院关于深化国有企业改革的指导意见》（中发〔2015〕22号）、《国务院办公厅关于加强和改进企业国有资产监督防止国有资产流失的意见》（国办发〔2015〕79号）、《审计署关于内部审计工作的规定》（审计署令第11号）等有关要求，制定本意见。

一、总体要求

深入贯彻落实党中央、国务院关于加快建立健全国有企业、国有资本审计监督体系和制度的工作部署，围绕形成以管资本为主的国有资产监管体制，推动中央企业建立符合中国特色现代企业制度要求的内部审计领导和管理体制机制，做到应审尽审、凡审必严，促进中央企业落实党和国家方针政策以及国有资产监管各项政策制度。深化企业改革，服务企业发展战略，提升公司治理水平和风险防范能力，助力中央企业加快实现转型升级、高质量发展和做强做优做大。

二、强化统一管控能力，进一步完善内部审计领导和管理体制机制

（一）建立健全内部审计领导体制。建立健全党委（党组）、董事会（或主要负责人）直接领导下的内部审计领导体制。党委（党组）要加强对内部审计工作的领导，不断健全和完善党委（党组）领导内部审计工作的制度和工作机制，强化对内部审计重大工作的顶层设计、统筹协调和督促落实。董事会负责审议内部审计基本制度、审计计划、重要审计报告，决定内部审计机构设置及其负责人，加强对内部审计重要事项的管理。董事长具体分管内部审计，是内部审计工作第一责任人。加快建立总审计师制度，协助党组织、董事会（或主要负责人）管理内部审计工作。经理层接受并积极配合内部审计监督，落实对内部审计发现问题的整改。内部审计机构向党委（党组）、董事会（或主要负责人）负责并报告工作。

（二）切实发挥董事会审计委员会管理和指导作用。落实董事会审计委员会作为董事会专门工作机构的职责，审计委员会要定期或不定期召开有关会议并形成会议记录、纪要，加强对审计计划、重点任务、整改落实等重要事项的管理和指导，督促年度审计计划及任务组织实施，研究重大审计结论和整改落实工作，评价内部审计机构工作成效，及时将有关情况报告董事会或提请董事会审议。

（三）不断完善集团统一管控的内部审计管理体制。强化集团总部对内部审计工作统一管控，统一制定审计计划、确定审计标准、调配审计资源，加快形成“上审下”的内部审计管理体制。推动所属二级子企业及二级以下重要子企业设置内部审计机构，未设置内部审计机构的子企业内部审计工作由上一级审计机构负责。所属子企业户数多、分布广或人员力量薄弱的企业，需设立审计中心或区域审计中心，规范开展集中审计或区域集中审计。各级内部审计机构审计计划、审计报告、审计发现问题、整改落实情况以及违规违纪违法问题线索移送等事项，在向本级党委（党组）及董事会报告的同时，应向上一级内部审计机构报告，审计发现的重大损失、重要事件和重大风险应及时向集团总部报告。

（四）健全内部审计制度体系。在不断完善内部审计各项制度规定基础上，对落实党和国家方针政策、国企改革重点任务、国有资产监管政策以及境外国有资产监管、内控体系建设等重要事项、重点领域和关键环节，补短板、填空白，持续构建符合国有资产监管要求和公司治理需要的企业内部审计制度体系。

（五）强化激励约束机制。落实审计工作结果签字背书责任制度，明确审计项目负责人及相关审计人员对审计结论和审计程序分别承担相应的审计责任。研究制定本企业审计质量考评标准，推动审计人员绩效考核结果与薪酬兑现、职业晋升、任职交流等挂钩，探索建立与其他业务部门差异化的内部审计考核体系，作为被审计对象的同级业务部门不参与对内部审计机构及其负责人的绩效测评。对审计工作中存在失职、渎职的要严肃追责问责，涉嫌违纪违法的，按程序移送纪检监察机构处理。下一级内部审计机构负责人任免和年度绩效考核结果需报上一级内部审计机构备案。

三、有效履行工作职责，全面提升内部审计监督效能

（六）积极推动内部审计监督无死角、全覆盖。坚持应审尽审、凡审必严，在贯彻执行党和国家重大方针政策、国资监管工作要求、完成国企改革重点任务、领导人员履行经济责任以及管理、使用和运营国有资本情况等方面全面规范开展各类审计监督，重点关注深化国有企业改革进程中的苗头性、倾向性、典型性问题。对所属子企业确保每5年至少轮审1次；对重大投资项目、重大风险领域和重要子企业实施重点审计，确保每年至少1次。企业可以根据审计工作需要，规范购买社会审计服务开展相关工作。

（七）加快推动内部审计信息化建设与应用。按照国有资产监管信息化建设要求，落实经费和技术保障措施，构建与“三重一大”决策、投资、财务、资金、运营、内控等业务信息系统相融合的“业审一体”信息化平台。及时准确提供审计所需电子数据，并根据审计人员层级赋予相应的数据查询权限。信息化基础较好的企业要积极运用大数据、云计算、人工智能等方式，探索建立审计实时监督平台，对重要子企业实施联网审计，提高审计监督时效性和审计质量。

（八）加强企业内部监督协同配合。加强与企业监事会、纪检监察、巡视以及法律、财务、违规责任追究等部门的沟通协调，将各方面集中反映的问题领域作为重点关注事项。通过联席会议、联合检查等方式，加强信息通报与交流、问题线索移送与协查等工作协同，对内部监督发现的共性问题或警示性问题在一定范围内进行通报，提高企业内部监督透明度和影响力。

（九）提升审计队伍专业化、职业化水平。选拔政治过硬、德才兼备、具备专业技能和业务知识的复合型人才充实审计队伍，鼓励审计人员参加相关执业资格考试。加大与财务、内控、运营、采购、销售、企业管理等业务部门之间的人员交流力度，拓宽内部审计人员职业发展通道，将内部审计岗位打造成企业内部人才培养和选拔任用的重要平台。落实审计专项经费预算，配备与企业规模、审计业务量等相适应的审计人员，打造专业化、职业化的内部审计工作队伍。

四、聚焦经济责任，促进权力规范运行和责任有效落实

（十）深化和改善经济责任审计工作。贯彻落实党中央、国务院关于深化和改善经济责任审计工作要求，围绕权力运行和责任落实，坚持以对领导人员任职期间审计为主，对所属二级子企业主要领导人员履行经济责任情况任期内至少审计 1 次，对掌握重要资金决策权、分配权、管理权、执行权和监督权等关键岗位的主要领导人员加大审计力度。完善定性评价与定量评价相结合的审计评价体系，落实“三个区分开来”要求，审慎作出评价和结论，鼓励探索创新，激励担当作为，保护企业领导人员干事创业的积极性、主动性、创造性。

（十一）规范有效开展经济责任审计。聚焦经济责任，突出对党和国家重大方针政策、国资监管工作要求、企业改革发展目标任务等落实情况，企业法人治理结构的健全完善、投资经营、风险管控、内控体系建设与运行、整改落实等方面以及领导人员廉洁从业和贯彻落实中央八项规定精神情况的监督检查。研究确定经济责任审计中长期规划，制定年度审计计划，强化审计计划刚性约束，不断完善企业内部经济责任审计组织协调、审计程序、审计评价、审计结果运用等工作机制。建立健全经济责任审计情况通报、责任追究、整改落实、结果公告等制度，有效落实企业领导人员经济责任。

五、突出关键环节，强化对重点领域的监督力度

（十二）围绕提质增效稳增长开展全面监督。适应常态化疫情防控和国际形势变化，结合经营业绩考核指标，重点关注会计政策和会计估计变更、合并报表范围调整、期初数大额调整、收入确认、减值计提等会计核算事项，保障会计信息真实性。加大对成本费用管控目标实现情况、应收账款和存货“两金”管控目标完成情况、资金集中管控情况、人工成本管控情况以及降杠杆减负债等工作的审计力度。

（十三）突出主责主业专项监督。围绕持续推动国有资本布局优化，聚焦主责主业发展实体经济等工作要求，加大对非主业、非优势业务的“两非”剥离和无效资产、低效资产的“两资”处置情况的审计力度。将打通供应链、稳住产业链等工作落实情况以及投资项目负面清单执行、长期不分红甚至亏损的参股股权清理、通过股权代持或虚假合资等方式被民营企业挂靠等情况纳入内部审计重要任务。对国有资产监管机构政策措施和监管要求落实情况进行跟踪审计，推动各项工作要求落实到位。

（十四）对混合所有制改革全过程进行审计监督。将混合所有制改革过程中的决策审批、资产评估、交易定价、职工安置等环节纳入内部审计重点工作任务，及时纠正混合所有制改革过程中出现的问题和偏差。规范开展混合所有制改革中参股企业的审计，通过公司章程、参股协议等保障国有股东审计监督权限，对参股企业财务信息和经营情况进行审计监督，坚决杜绝“只投不管”现象。

（十五）强化大额资金管控监督。针对近年来电子支付、网络交易等新兴资金结算手段的普遍使用等资金管理新形态，重点关注关键岗位授权、不相容岗位分离等内控环节的健全完善及执行情况，深入揭示资金审批、结算、对账等各日常业务环节的薄弱点。对资金中心等资金管理机构每年至少应当审计1次，对负责资金审批和具体操作的关键岗位和重要环节应进行常态化监督。

（十六）加强对赌模式并购投资监督。将使用对赌模式开展的并购投资项目纳入内部审计重点工作任务，对对赌期内的被并购企业开展跟踪审计，对赌期结束后开展专项审计。重点关注对赌指标完成情况的真实性、完整性以及作为分期支付投资款或限售股份解禁、收取对赌补偿等程序重要依据的合规性，及时揭示问题，防止国有资产流失。

（十七）加大对高风险金融业务的监督力度。加大对金融业务领域贯彻中央重大决策部署、执行国家宏观调控和经济金融政策等方面审计力度，重点关注脱离主业盲目发展金融业务、脱实向虚、风险隐患较大业务清理整顿，以及投机开展金融衍生业务、“一把手”越权操作、超授权交易等内容。对重点金融子企业和信托、债券、金融衍生品等高风险金融业务每年至少开展1次专项审计，切实防止风险交叉传导。

（十八）落实对“三重一大”事项的跟踪审计。对重大决策、重要项目安排和大额资金使用情况进行全过程跟踪审计。加强对可行性研究论证、尽职调查、资产评估、风险评估等对重大决策、重要项目具有重要影响环节的监督力度，强化对决策规范性、科学性的监督，促进企业提高投资经营决策水平。

六、强化境外内部审计，有力保障境外国有资产安全完整

（十九）加大境外企业内部审计监督力度。结合境外企业所在国家或地区的法律法规及政治、经济、文化特点，研究制定境外内部审计制度规定，在与外方签订的投资协议（合同）或公司章程等法定文件中推动落实中方审计权限。切实推进境外审计全覆

盖、常态化，对重点境外经营投资项目（投资额1亿美元以上）或重要境外企业（机构），每年至少应审计1次。完善审计方式方法，配备具备外语能力、熟悉国际法律的复合型审计人员，探索开展向重要境外企业（机构）和重大境外项目派驻审计人员，根据工作需要可聘请境内外中介机构提供服务支持。

（二十）突出境外内部审计重点关注领域。聚焦境外经营投资立项、决策、签约、风险管理等关键环节，围绕境外经营投资重点领域以及境外大额资金使用、大额采购等重要事项，对重大决策机制、重要管控制度和内控体系有效性进行监督，保障境外国有资产安全，提升国际化经营水平。

七、加强内控体系审计，促进提升企业内控体系有效性

（二十一）规范有效开展内控审计。将企业内控体系审计纳入内部审计重点工作任务，围绕企业内部权力运行和责任落实、制度制定和执行、授权审批控制和不相容职务分离控制等开展监督，倒查企业内控体系设计和运行缺陷。突出重大风险防控审计，重点检查企业重大风险评估、监测、预警和重大风险事件及时报告和应急处置等工作开展情况，以及企业合规建设、合规审查、合规事件应对等情况。规范开展对投资决策、资金管理、招投标、物资采购、担保、委托贷款、高风险贸易业务、金融衍生业务、PPP业务等重点环节、重要事项以及行业监管机构发现的风险和问题的专项内控审计，切实促进提升内控体系有效性。

八、压实整改落实责任，促进审计整改与结果运用

（二十二）压实整改落实责任。内部审计机构对审计发现问题整改落实负有监督检查责任，被审计单位对问题整改落实负有主体责任，单位主要负责人是整改第一责任人，相关业务职能部门对业务领域内相关问题负有整改落实责任。加快建立完善审计整改工作制度，完善整改落实工作规范和流程，强化内部审计机构监督检查职责，积极构建各司其职、各负其责的整改工作机制，促进整改落实工作有效落地。

（二十三）强化整改跟踪审计及审计结果运用。密切结合国家审计、巡视巡察、国资监管等各类监督发现问题的整改落实，建立和完善问题整改台账管理及“销号”制度，由内部审计机构制定统一标准并对已整改问题进行审核认定、验收销号。对长期未完成整改、屡审屡犯的问题开展跟踪审计和整改“回头看”等，细化普遍共性问题举一反三整改机制，确保真抓实改、落实到位。建立审计通报制度，将审计发现问题及整改成效依法依规在企业一定范围内进行通报。将内部审计结果及整改情况作为干部考核、任免、奖惩的重要依据之一，对审计发现的违规违纪违法问题线索，按程序及时移送相关部门或纪检监察机构处理。

九、加强出资人对内部审计工作的监管，组织开展检查评价和责任追究

（二十四）强化对内部审计工作的监管。国资委指导中央企业按照国家审计机关对内部审计工作有关要求，围绕国资监管重点任务研究制订本企业年度内部审计工作计

划，有效开展内部审计各项工作。加强对内部审计工作的统筹谋划和资源整合，充分发挥内部审计力量在国资监管工作中的专业优势。各中央企业要定期向国资委报送年度审计计划、年度工作报告等情况，及时报送审计发现的重大资产损失、重要事件和重大风险等情况。认真做好对企业报送的年度内部审计工作报告审核工作，持续加强企业内部审计工作情况的汇总、分析和评价。

（二十五）建立健全出资人检查评估工作机制。国资委探索研究制定内部审计工作效能评估指标体系，对企业内部审计体系建设、审计监督、整改落实等工作开展抽查，对审计计划执行、审计质量控制、审计结果运用等工作效能进行评估，每5年全部评估1次。对内部审计工作开展不力和存在重大问题的企业印发提示函或通报，压紧压实内部审计监督责任。

（二十六）加大内部审计责任追究力度。中央企业内部审计机构对重大事项应列入审计计划而不列入，或发现重大问题后拖延不查、敷衍不追、隐匿不报等失职渎职行为，要严肃追究直接责任人员的责任及企业相应领导人员的分管或协管责任；对重大问题应当发现而未发现、查办不力或审计程序不到位的，要逐级落实责任，坚决追责问责。

各省、自治区、直辖市及计划单列市和新疆生产建设兵团国资委可以参照本意见，制定本地区所出资企业内部审计工作监督管理相关工作规范。

关于印发《国资监管责任约谈工作规则》的通知

2021年2月20日　国资发监责规〔2021〕14号

各中央企业，委内各厅局：

《国资监管责任约谈工作规则》（以下简称《工作规则》）已经国资委第342次党委会议、第51次委务会议审议通过。制定责任约谈工作规则是落实国企改革三年行动部署，完善业务监督、综合监督、责任追究三位一体监督机制，健全以管资本为主的国有资产监管体制具体举措。各中央企业要高度重视，强化主体责任，自觉接受约谈，认真做好整改落实工作，进一步提高依法经营和合规管理水平，夯实高质量发展基础，促进做强做优做大国有资本和国有企业。现将《工作规则》印发给你们，请遵照执行。执行过程中遇到的问题，请及时反映。

国资监管责任约谈工作规则

第一条　为健全管资本为主的国有资产监管体制，规范开展中央企业责任约谈工作，指导督促中央企业加强国有资产监管，加大整改追责问责力度，有效防范化解重大风险，促进企业高质量发展，推动做强做优做大国有资本和国有企业，依据《中华人民共和国公司法》《中华人民共和国企业国有资产法》《企业国有资产监督管理暂行条例》《中央企业违规经营投资责任追究实施办法（试行）》等法律法规和有关规定，制定本规则。

第二条 本规则所称责任约谈，是指针对中央企业存在的重大问题、资产损失或风险隐患以及其他造成或可能造成严重不良后果的重大事项等，国资委依法依规对企业有关人员进行告诫谈话，提出监管意见建议、责令整改追责的监管措施。

第三条 国资委在国资监管工作中发现中央企业存在下列情形之一的，可以开展责任约谈：

（一）贯彻落实习近平总书记重要指示批示和党中央、国务院决策部署存在问题的；

（二）违反党章和党内法规以及国资委党委规范性文件的；

（三）违反国家法律法规和国有资产监管规章、规范性文件及政策规定的；

（四）规划投资、财务管控、经济运行、产权管理、改革重组、国企混改、公司治理、业绩考核、薪酬分配、资本运营、科技创新、依法经营、合规管理、内部控制、风险管控、内部审计、监督追责、网络安全、选人用人、巡视巡察和党的建设等方面存在突出问题的；

（五）存在重大风险隐患或发生可能造成严重不良后果的重大事项的；

（六）发生重大资产损失及损失风险，因减少或挽回资产损失等工作需要，暂未启动责任追究程序的；

（七）未按规定执行重大事项请示报告制度，或瞒报漏报谎报迟报重大资产损失及损失风险的；

（八）对出资人监管、审计、纪检监察、巡视监督、督查等工作以及国资监管提示函、通报中提出的整改要求，拒绝整改、拖延整改、整改不力或弄虚作假的；

（九）在国际化经营、国际交流合作、外事管理等工作中有严重不当行为的；

（十）其他需要责任约谈的事项。

第四条 出现第三条所列责任约谈情形的，国资委相关厅局根据职责启动责任约谈工作，拟制《责任约谈通知书》，报经国资委分管负责同志审签同意后，以国资委名义印发被约谈中央企业，根据需要抄送国资委责任追究机构、有关纪检监察机构、组织人事部门、巡视机构等。

《责任约谈通知书》实行统一编号管理，内容主要包括约谈事由、时间、地点、参加人员和需要提交的材料及提交时限等。

第五条 责任约谈由国资委相关厅局负责人主持，必要时可请国资委分管负责同志主持。根据工作需要，可请中央纪委国家监委驻国资委纪检监察组以及国资委有关厅局共同参加责任约谈，在责任约谈前，就有关责任约谈内容和意见要求等进行沟通协商。

第六条 责任约谈形式分为个别约谈和集体约谈。多家中央企业存在同类问题或约谈事项涉及多家中央企业的，可以开展集体约谈。

第七条 责任约谈对象为中央企业有关负责人及相关责任人。根据需要，国资委可指定中央企业及所属子企业相关人员参加约谈。

第八条 责任约谈包括以下内容：

（一）说明约谈事由和目的，指出企业存在的问题，提示相关人员的责任风险，提出监管要求和整改意见。

（二）听取被约谈人员对相关问题的陈述，主要包括有关问题基本情况，造成的资产损失、损失风险或影响，问题原因分析，已采取整改或责任追究措施，下一步工作计划等情况。

（三）对被约谈人员进行必要的询问。

（四）其他需要约谈的内容。

第九条 国资委相关厅局应当做好责任约谈记录，约谈结束后形成约谈纪要，可以根据工作需要印送被约谈中央企业。约谈纪要内容主要包括：约谈时间、地点，约谈主持及参加人员，约谈事由、被约谈人陈述情况、国资监管意见要求等。

第十条 有关中央企业收到《责任约谈通知书》后，应当以书面或电话形式确认通知事项，按要求安排有关人员准时参加约谈并提交相关书面陈述材料。

第十一条 有关中央企业应当按照责任约谈意见要求，研究制定工作方案，明确落实措施、责任主体和时间安排。工作方案于责任约谈后10个工作日内报送国资委。

第十二条 有关中央企业应当认真组织落实责任约谈意见要求和工作方案，主动采取措施，制止纠正违规行为，减少或挽回资产损失，降低损失风险，消除不良影响。

第十三条 有关中央企业对于责任约谈涉及违反党规党纪、违规经营投资造成资产损失或其他严重不良后果的，应当依据有关规定对相关责任人严肃追责问责。

第十四条 有关中央企业应当针对责任约谈中提出的问题风险，在本企业开展同类问题风险排查，举一反三，堵塞管理漏洞，有效防范类似问题发生。

第十五条 有关中央企业应当及时向国资委报告约谈事项整改工作进展情况。约谈意见要求落实完成后，应当将相关工作开展情况、采取措施、落实成效及责任追究情况等形成专项工作报告，正式报送国资委。

第十六条 国资委对有关中央企业整改落实工作进行指导督促和评估，推动中央企业提升管理水平。

第十七条 国资委将责任约谈反映中央企业存在的重大问题风险、整改措施及成效、责任追究情况等，作为被约谈中央企业负责人年度经营业绩考核、企业领导班子和领导人员综合考核评价等重要参考。

第十八条 国资委对被约谈中央企业拒绝整改、拖延整改、整改不力或弄虚作假的，按照有关规定，严肃追究责任。对涉嫌违纪或职务违法的，移送有关纪检监察机构。

责任约谈整改落实情况将作为认定违规经营投资损失及责任，以及作出从重、加重或从轻、减轻责任处理意见建议的重要参考。

第十九条 国资委责任追究机构将定期汇总分析责任约谈反映中央企业存在的重大问题风险以及责任追究情况，对典型性、普遍性问题，组织开展共性问题专项核查，督促指导中央企业健全管控机制和责任追究工作体系。

第二十条 国资委相关厅局应当按照“谁组织、谁负责”的原则，将《责任约谈通知书》、约谈纪要、企业报送的有关材料等立卷归档。涉及违规经营投资问题和线索的有关材料，移送国资委责任追究机构按照有关业务档案进行管理。

第二十一条 责任约谈工作应该严格遵守保密制度规定，《责任约谈通知书》、约谈纪要等有关材料按照有关规定进行定密和管理。

第二十二条 对生产安全事故、环境污染事件的约谈工作，按照有关规定执行。

第二十三条 本规则自印发之日起施行。

附件1：

责任约谈通知书

（样式）

监管约谈函〔20××〕××号

×××集团有限公司：

根据《国资监管责任约谈工作规则》有关规定，定于××××年××月××日××时，在国资委×××（地点），由×××（约谈单位）×××（约谈主持人及职务）就×××（约谈事由）事项与你公司进行责任约谈。请你公司主要负责人/分管负责人/相关部门负责人/有关子企业负责人/相关责任人等（被约谈对象）按时参加。

请于××××年××月××日将责任约谈事项有关说明材料报送国资委（纸质件加盖单位公章，同时附电子版）。

联系人：×××局×××　联系电话：×××

国资委

年　月　日

抄送：×××

附件2：

责任约谈纪要

（样式）

约谈时间：××××年××月××日　上（下）午××：××。

约谈地点：国资委×××

约谈主持人：×××（姓名及职务）

约谈单位及人员：×××局×××、×××（姓名及职务）

共同约谈单位及人员：×××局×××、×××（姓名及职务）
被约谈企业及人员：×××集团有限公司×××（姓名及职务）
记录人：×××
约谈事由：×××等问题
约谈要求：

一、被约谈人员陈述情况

二、有关监管意见要求

（一）……。

（二）……。

……

三、其他事项

关于印发《中央企业重大经营风险事件报告工作规则》的通知

2021年12月13日　国资发监督规〔2021〕103号

各中央企业：

《中央企业重大经营风险事件报告工作规则》已经国资委第74次委务会审议通过，现印发给你们，请结合实际认真贯彻执行。

中央企业重大经营风险事件报告工作规则

第一条　为规范中央企业重大经营风险事件报告工作，建立健全重大经营风险管控机制，及时采取应对措施，有效防范和化解重大经营风险，根据《关于印发〈关于加强中央企业内部控制体系建设与监督工作的实施意见〉的通知》（国资发监督规〔2019〕101号），制定本规则。

第二条　本规则所称中央企业，是指国务院国有资产监督管理委员会（以下简称国资委）代表国务院履行出资人职责的国家出资企业（以下简称企业）。

第三条　本规则所称重大经营风险事件，是指企业在生产经营管理活动中发生的，已造成或可能造成重大资产损失或严重不良影响的各类生产经营管理风险事件。

第四条　企业是重大经营风险事件报告工作的责任主体，负责建立重大经营风险事件报告工作制度和运行机制，明确责任分工、畅通报告渠道。企业主要负责人应当对重大经营风险事件报告的真实性、及时性负责。

第五条 国资委对企业重大经营风险事件报告及处置工作实施监督管理，督促指导企业建立重大经营风险事件报告责任体系，做好重大经营风险事件的研判报送、应对处置、跟踪监测、警示通报及问责整改等工作，对于涉及违规经营投资的风险事件，按有关规定开展责任追究。

第六条 企业发生重大经营风险事件后应当快速反应、及时报告，客观准确反映风险事件情况，确保国资委及企业集团能够及时研判、有效应对、稳妥处置，并举一反三做好风险预警通报工作。

第七条 企业生产经营管理过程中，有下列风险情形之一的，应当确定为重大经营风险事件并及时报告：

（一）可能对企业资产、负债、权益和经营成果产生重大影响，影响金额占企业总资产或者净资产或者净利润10%以上，或者预计损失金额超过5000万元。

（二）可能导致企业生产经营条件和市场环境发生特别重大变化，影响企业可持续发展。

（三）因涉嫌严重违法违规被司法机关或者省级以上监管机构立案调查，或者受到重大刑事处罚、行政处罚。

（四）受到其他国家、地区或者国际组织机构管制、制裁等，对企业或者国家形象产生重大负面影响。

（五）受到国内外媒体报道，造成重大负面舆情影响。

（六）其他情形。

第八条 重大经营风险事件报告按照事件发生的不同阶段，分为首报、续报和终报等三种方式。

第九条 首报应当在事件发生后2个工作日内向国资委报告，报告内容包括：事件发生的时间、地点、现状以及可能造成的损失或影响，向企业董事会及监管部门报告情况，以及采取的紧急应对措施等情况。对于特别紧急的重大经营风险事件，应当在第一时间内以适当便捷的方式报告国资委。

第十条 续报应当在事件发生后5个工作日内向国资委报告，报告内容包括：事发单位基本情况，事件起因和性质，基本过程、发展趋势判断、风险应对处置方案、面临问题和困难及建议等情况。

对于需要长期应对处置或整改落实的，应当纳入重大经营风险事件月度或季度监测台账，跟踪监测事件处置进度，并定期报告重大经营风险事件处置进展情况。

第十一条 终报应当在事件处置或整改工作结束后10个工作日内向国资委报告，报告内容包括：事件基本情况、党委（党组）或董事会审议情况、已采取的措施及结果、涉及的金额及造成的损失及影响、存在的主要问题和困难及原因分析、问题整改情况等。涉及违规违纪违法问题的应当一并报告问责情况。

重大经营风险事件报告，应当由企业主要负责人签字并加盖企业公章后报送国资委。

第十二条 国资委根据重大经营风险事件报告质量评估情况，及时提出处理意见并反馈企业。对于重大经营风险事件报告存在质量问题的，要求企业及时进行修改或重新编制报送。

第十三条 企业在重大经营风险事件报告及处置阶段，应当视情向所属企业及时预警提示或通报重大风险事件情况，做到重大风险早发现、早预警、早处置，并认真总结经验教训，不断完善重大经营风险事件报告及应对处置工作。

第十四条 国资委对企业报送的重大经营风险事件进行初步评估，按有关职能和工作分工，由相关厅局督促指导企业做好重大经营风险事件应对工作，跟踪处置情况，加强重大经营风险管控和防范。对具有典型性、普遍性的重大经营风险事件，深入分析原因、研究管理措施，视情及时向企业预警提示或通报。

第十五条 存在以下情形之一的，国资委将印发提示函、约谈或通报，情形严重的依规追究责任：

（一）严重迟报、漏报、瞒报和谎报的。

（二）对重大经营风险事件报告工作敷衍应付，导致发生重大资产损失或严重不良后果的。

（三）重大经营风险事件应对处置不及时、措施不得力，造成重大资产损失或严重不良后果的。

（四）需要追究责任的其他情形。

第十六条 企业重大经营风险事件报告工作应当严格落实国家保密管理有关规定和要求。

第十七条 企业安全生产、节能减排、环境保护、维稳事件等相关风险事件报告工作不适用本规则。

第十八条 本规则自印发之日起施行。《关于加强重大经营风险事件报告工作有关事项的通知》（国资厅发监督〔2020〕17号）同时废止。

企业法治

国有企业法律顾问管理办法

2004 年 5 月 11 日　国务院国有资产监督管理委员会令第 6 号

第一章　总　　则

第一条　为进一步建立健全国有企业法律风险防范机制，规范企业法律顾问工作，保障企业法律顾问依法执业，促进企业依法经营，进一步加强企业国有资产的监督管理，依法维护企业国有资产所有者和企业的合法权益，根据《企业国有资产监督管理暂行条例》和国家有关规定，制定本办法。

第二条　国有及国有控股企业（以下简称企业）法律顾问管理工作适用本办法。

第三条　本办法所称所出资企业，是指国务院，省、自治区、直辖市人民政府，设区的市、自治州人民政府授权国有资产监督管理机构依法履行出资人职责的企业。

第四条　国有资产监督管理机构负责指导企业法律顾问管理工作。上级政府国有资产监督管理机构依照本办法对下级政府国有资产监督管理机构负责的企业法律顾问管理工作进行指导和监督。

第五条　国有资产监督管理机构和企业应当建立防范风险的法律机制，建立健全企业法律顾问制度。

第六条　国有资产监督管理机构和企业应当建立健全企业法律顾问工作激励、约束机制。

第二章　企业法律顾问

第七条　本办法所称企业法律顾问，是指取得企业法律顾问执业资格，由企业聘任，专门从事企业法律事务工作的企业内部专业人员。

第八条　企业法律顾问执业，应当遵守国家有关规定，取得企业法律顾问执业资格证书。

企业法律顾问执业资格证书须通过全国企业法律顾问执业资格统一考试，成绩合格后取得。

企业法律顾问执业资格管理由国务院国有资产监督管理机构和省级国有资产监督管理机构按照国家有关规定统一负责。条件成熟的，应当委托企业法律顾问的协会组织具体办理。

第九条　企业应当支持职工学习和掌握与本职工作有关的法律知识，鼓励具备条件的人员参加全国企业法律顾问执业资格考试。

企业应当建立企业法律顾问业务培训制度，提高企业法律顾问的业务素质和执业水平。

第十条 企业法律顾问应当遵循以下工作原则：

（一）依据国家法律法规和有关规定执业；

（二）依法维护企业的合法权益；

（三）依法维护企业国有资产所有者和其他出资人的合法权益；

（四）以事前防范法律风险和事中法律控制为主、事后法律补救为辅。

第十一条 企业法律顾问享有下列权利：

（一）负责处理企业经营、管理和决策中的法律事务；

（二）对损害企业合法权益、损害出资人合法权益和违反法律法规的行为，提出意见和建议；

（三）根据工作需要查阅企业有关文件、资料，询问企业有关人员；

（四）法律、法规、规章和企业授予的其他权利。

企业对企业法律顾问就前款第（二）项提出的意见和建议不予采纳，造成重大经济损失，严重损害出资人合法权益的，所出资企业的子企业的法律顾问可以向所出资企业反映，所出资企业的法律顾问可以向国有资产监督管理机构反映。

第十二条 企业法律顾问应当履行下列义务：

（一）遵守国家法律法规和有关规定以及企业规章制度，恪守职业道德和执业纪律；

（二）依法履行企业法律顾问职责；

（三）对所提出的法律意见、起草的法律文书以及办理的其他法律事务的合法性负责；

（四）保守国家秘密和企业商业秘密；

（五）法律、法规、规章和企业规定的应当履行的其他义务。

第十三条 企业应当建立科学、规范的企业法律顾问工作制度和工作流程，规定企业法律顾问处理企业法律事务的权限、程序和工作时限等内容，确保企业法律顾问顺利开展工作。

第十四条 企业应当建立企业法律顾问专业技术等级制度。企业法律顾问分为企业一级法律顾问、企业二级法律顾问和企业三级法律顾问。评定办法另行制定。

第十五条 企业法律事务机构可以配备企业法律顾问助理，协助企业法律顾问开展工作。

第三章 企业总法律顾问

第十六条 本办法所称企业总法律顾问，是指具有企业法律顾问执业资格，由企业聘任，全面负责企业法律事务工作的高级管理人员。企业总法律顾问对企业法定代表人或者总经理负责。

第十七条 大型企业设置企业总法律顾问。

第十八条 企业总法律顾问应当同时具备下列条件：

（一）拥护、执行党和国家的基本路线、方针和政策，秉公尽责，严守法纪；

（二）熟悉企业经营管理，具有较高的政策水平和较强的组织协调能力；

（三）精通法律业务，具有处理复杂或者疑难法律事务的工作经验和能力；

（四）具有企业法律顾问执业资格，在企业中层以上管理部门担任主要负责人满3年的；或者被聘任为企业一级法律顾问，并担任过企业法律事务机构负责人的。

第十九条 企业总法律顾问可以从社会上招聘产生。招聘办法另行制定。

第二十条 企业总法律顾问的任职实行备案制度。所出资企业按照企业负责人任免程序将所选聘的企业总法律顾问报送国有资产监督管理机构备案；所出资企业的子企业将所选聘的企业总法律顾问报送所出资企业备案。

第二十一条 企业总法律顾问履行下列职责：

（一）全面负责企业法律事务工作，统一协调处理企业决策、经营和管理中的法律事务；

（二）参与企业重大经营决策，保证决策的合法性，并对相关法律风险提出防范意见；

（三）参与企业重要规章制度的制定和实施，建立健全企业法律事务机构；

（四）负责企业的法制宣传教育和培训工作，组织建立企业法律顾问业务培训制度；

（五）对企业及下属单位违反法律、法规的行为提出纠正意见，监督或者协助有关部门予以整改；

（六）指导下属单位法律事务工作，对下属单位法律事务负责人的任免提出建议；

（七）其他应当由企业总法律顾问履行的职责。

第四章 企业法律事务机构

第二十二条 本办法所称的企业法律事务机构，是指企业设置的专门承担企业法律事务工作的职能部门，是企业法律顾问的执业机构。

第二十三条 大型企业设置专门的法律事务机构，其他企业可以根据需要设置法律事务机构。

企业应当根据工作需要为法律事务机构配备企业法律顾问。

第二十四条 企业法律事务机构履行下列职责：

（一）正确执行国家法律、法规，对企业重大经营决策提出法律意见；

（二）起草或者参与起草、审核企业重要规章制度；

（三）管理、审核企业合同，参加重大合同的谈判和起草工作；

（四）参与企业的分立、合并、破产、解散、投融资、担保、租赁、产权转让、招投标及改制、重组、公司上市等重大经济活动，处理有关法律事务；

（五）办理企业工商登记以及商标、专利、商业秘密保护、公证、鉴证等有关法律事务，做好企业商标、专利、商业秘密等知识产权保护工作；

（六）负责或者配合企业有关部门对职工进行法制宣传教育；

（七）提供与企业生产经营有关的法律咨询；

（八）受企业法定代表人的委托，参加企业的诉讼、仲裁、行政复议和听证等活动；

（九）负责选聘律师，并对其工作进行监督和评价；

（十）办理企业负责人交办的其他法律事务。

第二十五条 法律事务机构应当加强与企业财务、审计和监察等部门的协调和配合，建立健全企业内部各项监督机制。

第二十六条 企业应当支持企业法律事务机构及企业法律顾问依法履行职责，为开展法律事务工作提供必要的组织、制度和物质等保障。

第五章 监督检查

第二十七条 国有资产监督管理机构应当加强对所出资企业法制建设情况的监督和检查。

第二十八条 国有资产监督管理机构应当督促所出资企业依法决策、依法经营管理、依法维护自身合法权益。

第二十九条 所出资企业依据有关规定报送国有资产监督管理机构批准的分立、合并、破产、解散、增减资本、重大投融资等重大事项，应当由企业法律顾问出具法律意见书，分析相关的法律风险，明确法律责任。

第三十条 所出资企业发生涉及出资人重大权益的法律纠纷，应当在法律纠纷发生之日起一个月内向国有资产监督管理机构备案，并接受有关法律指导和监督。

第三十一条 所出资企业对其子企业法制建设情况的监督和检查参照本章规定执行。

第六章 奖励和处罚

第三十二条 国有资产监督管理机构和企业应当对在促进企业依法经营，避免或者挽回企业重大经济损失，实现国有资产保值增值等方面作出重大贡献的企业法律事务机构和企业法律顾问给予表彰和奖励。

第三十三条 企业法律顾问和总法律顾问玩忽职守、滥用职权、谋取私利，给企业造成较大损失的，应当依法追究其法律责任，并可同时依照有关规定，由其所在企业报请管理机关暂停执业或者吊销其企业法律顾问执业资格证书；有犯罪嫌疑的，依法移送司法机关处理。

第三十四条 企业未按照国家有关规定建立健全法律监督机制，发生重大经营决策失误的，由国有资产监督管理机构或者所出资企业予以通报批评或者警告；情节严重或者造成企业国有资产重大损失的，对直接负责的主管人员和其他直接责任人员依法给予纪律处分；有犯罪嫌疑的，依法移送司法机关处理。

第三十五条 企业有关负责人对企业法律顾问依法履行职责打击报复的，由国有资产监督管理机构或者所出资企业予以通报批评或者警告；情节严重的，依法给予纪律处分；有犯罪嫌疑的，依法移送司法机关处理。

第三十六条 国有资产监督管理机构的工作人员违法干预企业法律顾问工作，侵犯所出资企业和企业法律顾问合法权益的，对直接负责的主管人员和其他直接责任人员依法给予行政处分；有犯罪嫌疑的，依法移送司法机关处理。

第七章 附　　则

第三十七条 企业和企业法律顾问可以依法加入企业法律顾问的协会组织，参加协会组织活动。

第三十八条 地方国有资产监督管理机构可以依据本办法制定实施细则。

第三十九条 本办法自 2004 年 6 月 1 日起施行。

中央企业重大法律纠纷案件管理暂行办法

2005 年 1 月 20 日　国务院国有资产监督管理委员会令第 11 号

第一章 总　　则

第一条 为加强企业国有资产的监督管理，维护出资人和中央企业的合法权益，保障国有资产安全，防止国有资产流失，促进中央企业建立健全企业法律顾问制度和法律风险防范机制，规范中央企业重大法律纠纷案件的管理，根据《企业国有资产监督管理暂行条例》制定本办法。

第二条 本办法所称中央企业，是指根据国务院授权由国务院国有资产监督管理委员会（以下简称国务院国资委）依法履行出资人职责的企业。

第三条 本办法所称重大法律纠纷案件，是指具有下列情形之一的诉讼、仲裁或者可能引起诉讼、仲裁的案件：

（一）涉案金额超过 5000 万元人民币的；

（二）中央企业作为诉讼当事人且一审由高级人民法院受理的；

（三）可能引发群体性诉讼或者系列诉讼的；

（四）其他涉及出资人和中央企业重大权益或者具有国内外重大影响的。

第四条 国务院国资委负责指导中央企业做好重大法律纠纷案件的处理、备案和协调工作。

第五条 中央企业应当依法独立处理法律纠纷案件，加强对重大法律纠纷案件的管理，建立健全有关规章制度和有效防范法律风险的机制。

第六条 中央企业之间发生法律纠纷案件，鼓励双方充分协商，妥善解决。

第七条 企业法律顾问应当依法履行职责，对企业经营管理相关的法律风险提出防范意见，避免或者减少重大法律纠纷案件的发生。中央企业负责人应当重视企业法律顾问提出的有关防范法律风险的意见，及时采取措施防范和消除法律风险。

第二章 处　　理

第八条 中央企业重大法律纠纷案件的处理，应当由企业法定代表人统一负责，企业总法律顾问或者分管有关业务的企业负责人分工组织，企业法律事务机构具体实施，有关业务机构予以配合。

第九条 中央企业发生重大法律纠纷案件聘请律师事务所、专利商标事务所等中介机构（以下简称法律中介机构）进行代理的，应当建立健全选聘法律中介机构的管理制度，加强对法律中介机构选聘工作的管理，履行必要的内部审核程序。

第十条 中央企业法律事务机构具体负责选聘法律中介机构，并对其工作进行监督和评价。

第十一条 根据企业选聘的法律中介机构的工作业绩，统一建立中央企业选聘法律中介机构的数据库，并对其信用、业绩进行评价，实行动态管理。

第三章 备　　案

第十二条 国务院国资委和中央企业对重大法律纠纷案件实行备案管理制度。

第十三条 中央企业发生重大法律纠纷案件，应当及时报国务院国资委备案。涉及诉讼或者仲裁的，应当自立案之日起1个月内报国务院国资委备案。

中央企业子企业发生的重大法律纠纷案件应当报中央企业备案。中央企业应当每年将子企业发生的重大法律纠纷案件备案的汇总情况，于次年2月底前报国务院国资委备案。

第十四条 中央企业报国务院国资委备案的文件应当由企业法定代表人或者主要负责人签发。

第十五条 中央企业报国务院国资委备案的文件应当包括以下内容：

（一）基本案情，包括案由、当事人各方、涉案金额、主要事实陈述、争议焦点等；

（二）处理措施和效果；

（三）案件结果分析预测；

（四）企业法律事务机构出具的法律意见书。

报国务院国资委备案的重大法律纠纷案件处理结案后，中央企业应当及时向国务院国资委报告有关情况。

第十六条 中央企业应当定期对本系统内发生的重大法律纠纷案件的情况进行统计，并对其发案原因、发案趋势、处理结果进行综合分析和评估，完善防范措施。

第四章 协 调

第十七条 中央企业发生重大法律纠纷案件应当由中央企业依法自主处理。

国务院国资委对下列情形之一的重大法律纠纷案件可予以协调：

（一）法律未规定或者规定不明确的；

（二）有关政策未规定或者规定不明确的；

（三）受到不正当干预，严重影响中央企业和出资人合法权益的；

（四）国务院国资委认为需要协调的其他情形。

第十八条 国务院国资委协调中央企业重大法律纠纷案件应当坚持以下原则：

（一）依法履行出资人代表职责；

（二）依法维护出资人和中央企业合法权益，保障国有资产安全；

（三）保守中央企业商业秘密；

（四）依法办事，公平、公正。

第十九条 中央企业报送国资委协调的重大法律纠纷案件，事前应当经过企业主要负责人亲自组织协调。

第二十条 中央企业报请国务院国资委协调重大法律纠纷案件的文件，除包括本办法第十五条规定的内容外，还应当包括以下内容：

（一）案件发生后企业的处理、备案情况；

（二）案件对企业的影响分析；

（三）案件代理人的工作情况；

（四）案件涉及的主要证据和法律文书；

（五）需要国务院国资委协调处理的重点问题。

第二十一条 中央企业子企业发生的重大法律纠纷案件需要协调的，应当由中央企业负责协调；协调确有困难且符合本办法第十七条规定的，由中央企业报请国务院国资委协调。

第五章 奖 惩

第二十二条 国务院国资委和中央企业应当加强对重大法律纠纷案件处理、备案情况的监督和检查。

第二十三条 中央企业应当对作出重大贡献的企业法律事务机构及企业法律顾问、有关业务机构及工作人员给予表彰和奖励。

第二十四条 中央企业未按照规定建立健全法律风险防范机制和企业法律顾问制度，对重大法律纠纷案件处理不当或者未按照本办法备案的，由国务院国资委予以通报批评；情节严重或者造成企业国有资产重大损失的，由国务院国资委、中央企业按照人事管理的分工和权限，对直接负责的主管人员和其他直接责任人员依法给予纪律处分，同时追究其相关法律责任。有犯罪嫌疑的，依法移送司法机关处理。

第二十五条 企业法律顾问和有关工作人员在处理重大法律纠纷案件中玩忽职守、滥用职权、谋取私利，给企业造成较大损失的，应当依法追究其相关法律责任。有犯罪嫌疑的，依法移送司法机关处理。

第二十六条 国务院国资委有关工作人员违反本办法第十八条规定的，依照有关规定给予行政处分；情节严重或者造成企业国有资产重大损失的，依法追究其相关法律责任。有犯罪嫌疑的，依法移送司法机关处理。

第六章 附 则

第二十七条 地方国有资产监督管理机构可以参照本办法，并根据本地实际情况制定具体规定。

第二十八条 本办法自2005年3月1日起施行。

中央企业合规管理办法

2022年8月23日 国务院国有资产监督管理委员会令第42号

第一章 总 则

第一条 为深入贯彻习近平法治思想，落实全面依法治国战略部署，深化法治央企建设，推动中央企业加强合规管理，切实防控风险，有力保障深化改革与高质量发展，根据《中华人民共和国公司法》《中华人民共和国企业国有资产法》等有关法律法规，制定本办法。

第二条 本办法适用于国务院国有资产监督管理委员会（以下简称国资委）根据国务院授权履行出资人职责的中央企业。

第三条 本办法所称合规，是指企业经营管理行为和员工履职行为符合国家法律法规、监管规定、行业准则和国际条约、规则，以及公司章程、相关规章制度等要求。

本办法所称合规风险，是指企业及其员工在经营管理过程中因违规行为引发法律责任、造成经济或者声誉损失以及其他负面影响的可能性。

本办法所称合规管理，是指企业以有效防控合规风险为目的，以提升依法合规经营管理水平为导向，以企业经营管理行为和员工履职行为为对象，开展的包括建立合规制度、完善运行机制、培育合规文化、强化监督问责等有组织、有计划的管理活动。

第四条 国资委负责指导、监督中央企业合规管理工作，对合规管理体系建设情况及其有效性进行考核评价，依据相关规定对违规行为开展责任追究。

第五条 中央企业合规管理工作应当遵循以下原则：

（一）坚持党的领导。充分发挥企业党委（党组）领导作用，落实全面依法治国战略部署有关要求，把党的领导贯穿合规管理全过程。

（二）坚持全面覆盖。将合规要求嵌入经营管理各领域各环节，贯穿决策、执行、监督全过程，落实到各部门、各单位和全体员工，实现多方联动、上下贯通。

（三）坚持权责清晰。按照“管业务必须管合规”要求，明确业务及职能部门、合规管理部门和监督部门职责，严格落实员工合规责任，对违规行为严肃问责。

（四）坚持务实高效。建立健全符合企业实际的合规管理体系，突出对重点领域、关键环节和重要人员的管理，充分利用大数据等信息化手段，切实提高管理效能。

第六条 中央企业应当在机构、人员、经费、技术等方面为合规管理工作提供必要条件，保障相关工作有序开展。

第二章　组织和职责

第七条 中央企业党委（党组）发挥把方向、管大局、促落实的领导作用，推动合规要求在本企业得到严格遵循和落实，不断提升依法合规经营管理水平。

中央企业应当严格遵守党内法规制度，企业党建工作机构在党委（党组）领导下，按照有关规定履行相应职责，推动相关党内法规制度有效贯彻落实。

第八条 中央企业董事会发挥定战略、作决策、防风险作用，主要履行以下职责：

（一）审议批准合规管理基本制度、体系建设方案和年度报告等。

（二）研究决定合规管理重大事项。

（三）推动完善合规管理体系并对其有效性进行评价。

（四）决定合规管理部门设置及职责。

第九条 中央企业经理层发挥谋经营、抓落实、强管理作用，主要履行以下职责：

（一）拟订合规管理体系建设方案，经董事会批准后组织实施。

（二）拟订合规管理基本制度，批准年度计划等，组织制定合规管理具体制度。

（三）组织应对重大合规风险事件。

（四）指导监督各部门和所属单位合规管理工作。

第十条 中央企业主要负责人作为推进法治建设第一责任人，应当切实履行依法合规经营管理重要组织者、推动者和实践者的职责，积极推进合规管理各项工作。

第十一条 中央企业设立合规委员会，可以与法治建设领导机构等合署办公，统筹协调合规管理工作，定期召开会议，研究解决重点难点问题。

第十二条 中央企业应当结合实际设立首席合规官，不新增领导岗位和职数，由总法律顾问兼任，对企业主要负责人负责，领导合规管理部门组织开展相关工作，指导所属单位加强合规管理。

第十三条 中央企业业务及职能部门承担合规管理主体责任，主要履行以下职责：

（一）建立健全本部门业务合规管理制度和流程，开展合规风险识别评估，编制风险清单和应对预案。

（二）定期梳理重点岗位合规风险，将合规要求纳入岗位职责。

（三）负责本部门经营管理行为的合规审查。

（四）及时报告合规风险，组织或者配合开展应对处置。

（五）组织或者配合开展违规问题调查和整改。

中央企业应当在业务及职能部门设置合规管理员，由业务骨干担任，接受合规管理部门业务指导和培训。

第十四条 中央企业合规管理部门牵头负责本企业合规管理工作，主要履行以下职责：

（一）组织起草合规管理基本制度、具体制度、年度计划和工作报告等。

（二）负责规章制度、经济合同、重大决策合规审查。

（三）组织开展合规风险识别、预警和应对处置，根据董事会授权开展合规管理体系有效性评价。

（四）受理职责范围内的违规举报，提出分类处置意见，组织或者参与对违规行为的调查。

（五）组织或者协助业务及职能部门开展合规培训，受理合规咨询，推进合规管理信息化建设。

中央企业应当配备与经营规模、业务范围、风险水平相适应的专职合规管理人员，加强业务培训，提升专业化水平。

第十五条 中央企业纪检监察机构和审计、巡视巡察、监督追责等部门依据有关规定，在职权范围内对合规要求落实情况进行监督，对违规行为进行调查，按照规定开展责任追究。

第三章 制度建设

第十六条 中央企业应当建立健全合规管理制度，根据适用范围、效力层级等，构建分级分类的合规管理制度体系。

第十七条 中央企业应当制定合规管理基本制度，明确总体目标、机构职责、运行机制、考核评价、监督问责等内容。

第十八条 中央企业应当针对反垄断、反商业贿赂、生态环保、安全生产、劳动用工、税务管理、数据保护等重点领域，以及合规风险较高的业务，制定合规管理具体制度或者专项指南。

中央企业应当针对涉外业务重要领域，根据所在国家（地区）法律法规等，结合实际制定专项合规管理制度。

第十九条 中央企业应当根据法律法规、监管政策等变化情况，及时对规章制度进行修订完善，对执行落实情况进行检查。

第四章 运行机制

第二十条 中央企业应当建立合规风险识别评估预警机制，全面梳理经营管理活动中的合规风险，建立并定期更新合规风险数据库，对风险发生的可能性、影响程度、潜在后果等进行分析，对典型性、普遍性或者可能产生严重后果的风险及时预警。

第二十一条 中央企业应当将合规审查作为必经程序嵌入经营管理流程，重大决策事项的合规审查意见应当由首席合规官签字，对决策事项的合规性提出明确意见。业务及职能部门、合规管理部门依据职责权限完善审查标准、流程、重点等，定期对审查情况开展后评估。

第二十二条 中央企业发生合规风险，相关业务及职能部门应当及时采取应对措施，并按照规定向合规管理部门报告。

中央企业因违规行为引发重大法律纠纷案件、重大行政处罚、刑事案件，或者被国际组织制裁等重大合规风险事件，造成或者可能造成企业重大资产损失或者严重不良影响的，应当由首席合规官牵头，合规管理部门统筹协调，相关部门协同配合，及时采取措施妥善应对。

中央企业发生重大合规风险事件，应当按照相关规定及时向国资委报告。

第二十三条 中央企业应当建立违规问题整改机制，通过健全规章制度、优化业务流程等，堵塞管理漏洞，提升依法合规经营管理水平。

第二十四条 中央企业应当设立违规举报平台，公布举报电话、邮箱或者信箱，相关部门按照职责权限受理违规举报，并就举报问题进行调查和处理，对造成资产损失或者严重不良后果的，移交责任追究部门；对涉嫌违纪违法的，按照规定移交纪检监察等相关部门或者机构。

中央企业应当对举报人的身份和举报事项严格保密，对举报属实的举报人可以给予适当奖励。任何单位和个人不得以任何形式对举报人进行打击报复。

第二十五条 中央企业应当完善违规行为追责问责机制，明确责任范围，细化问责标准，针对问题和线索及时开展调查，按照有关规定严肃追究违规人员责任。

中央企业应当建立所属单位经营管理和员工履职违规行为记录制度，将违规行为性质、发生次数、危害程度等作为考核评价、职级评定等工作的重要依据。

第二十六条 中央企业应当结合实际建立健全合规管理与法务管理、内部控制、风险管理等协同运作机制，加强统筹协调，避免交叉重复，提高管理效能。

第二十七条 中央企业应当定期开展合规管理体系有效性评价，针对重点业务合规管理情况适时开展专项评价，强化评价结果运用。

第二十八条 中央企业应当将合规管理作为法治建设重要内容，纳入对所属单位的考核评价。

第五章　合规文化

第二十九条　中央企业应当将合规管理纳入党委（党组）法治专题学习，推动企业领导人员强化合规意识，带头依法依规开展经营管理活动。

第三十条　中央企业应当建立常态化合规培训机制，制定年度培训计划，将合规管理作为管理人员、重点岗位人员和新入职人员培训必修内容。

第三十一条　中央企业应当加强合规宣传教育，及时发布合规手册，组织签订合规承诺，强化全员守法诚信、合规经营意识。

第三十二条　中央企业应当引导全体员工自觉践行合规理念，遵守合规要求，接受合规培训，对自身行为合规性负责，培育具有企业特色的合规文化。

第六章　信息化建设

第三十三条　中央企业应当加强合规管理信息化建设，结合实际将合规制度、典型案例、合规培训、违规行为记录等纳入信息系统。

第三十四条　中央企业应当定期梳理业务流程，查找合规风险点，运用信息化手段将合规要求和防控措施嵌入流程，针对关键节点加强合规审查，强化过程管控。

第三十五条　中央企业应当加强合规管理信息系统与财务、投资、采购等其他信息系统的互联互通，实现数据共用共享。

第三十六条　中央企业应当利用大数据等技术，加强对重点领域、关键节点的实时动态监测，实现合规风险即时预警、快速处置。

第七章　监督问责

第三十七条　中央企业违反本办法规定，因合规管理不到位引发违规行为的，国资委可以约谈相关企业并责成整改；造成损失或者不良影响的，国资委根据相关规定开展责任追究。

第三十八条　中央企业应当对在履职过程中因故意或者重大过失应当发现而未发现违规问题，或者发现违规问题存在失职渎职行为，给企业造成损失或者不良影响的单位和人员开展责任追究。

第八章　附　　则

第三十九条　中央企业应当根据本办法，结合实际制定完善合规管理制度，推动所属单位建立健全合规管理体系。

第四十条　地方国有资产监督管理机构参照本办法，指导所出资企业加强合规管理工作。

第四十一条 本办法由国资委负责解释。

第四十二条 本办法自2022年10月1日起施行。

国务院国有资产监督管理委员会关于印发《国有企业法律顾问职业岗位等级资格评审管理暂行办法》的通知

2008年4月29日 国资发法规〔2008〕95号

各省、自治区、直辖市及新疆生产建设兵团国资委，各中央企业：

为进一步加强国有企业法律顾问队伍建设，完善企业法律顾问制度，规范国有企业法律顾问职业岗位等级资格评审工作，根据《国有企业法律顾问管理办法》（国资委令第6号），特制订《国有企业法律顾问职业岗位等级资格评审管理暂行办法》，现印发给你们，请结合实际，认真遵照执行，并及时反映工作中有关情况和问题。

附件：国有企业法律顾问职业岗位等级资格评审管理暂行办法

附件：

国有企业法律顾问职业岗位等级资格评审管理暂行办法

第一条 为进一步加强国有及国有控股企业（以下简称国有企业）法律顾问队伍建设，完善企业法律顾问制度，规范国有企业法律顾问职业岗位等级资格评审工作，根据《国有企业法律顾问管理办法》等有关规定，制定本办法。

第二条 国有企业法律顾问职业岗位等级资格评审管理工作适用本办法。

第三条 国务院国资委负责指导、监督全国国有企业法律顾问职业岗位等级资格评审工作。

省级国资委负责指导、监督本地区国有企业法律顾问职业岗位等级资格评审工作。

第四条 企业法律顾问职业岗位等级资格评审范围是指取得企业法律顾问执业资格，在企业从事法律事务工作的专业人员。

第五条 企业法律顾问职业岗位等级资格评审应当履行以下程序：

（一）个人申请；

（二）单位评议推荐；

（三）评审委员会评审；

（四）授予岗位等级资格；

（五）备案。

第六条 企业法律顾问职业岗位等级资格分为企业一级法律顾问职业岗位、企业二级法律顾问职业岗位和企业三级法律顾问职业岗位。

第七条 企业一级法律顾问职业岗位资格相当于正高级专业技术职务任职资格。企业二级法律顾问职业岗位资格相当于副高级专业技术职务任职资格。企业三级法律顾问职业岗位资格相当于中级专业技术职务任职资格。

第八条 企业法律顾问职业岗位等级资格评审应当坚持客观公正，强调专业知识和管理能力，突出工作能力和业绩的原则。

国务院国资委和省级国资委应当健全制度，严格条件，规范程序，加强对企业法律顾问职业岗位等级资格评审工作的监督。

第九条 申请企业法律顾问职业岗位等级资格的人员应当具备下列基本条件：

（一）具有良好的职业操守和敬业精神；

（二）取得企业法律顾问执业资格，并按照规定进行注册备案；

（三）具有相应的法律专业基础理论水平，以及分析和解决实际法律问题的工作能力，在企业内从事法律事务工作或其他相关专业工作符合规定年限，经考核合格；

（四）具有履行相应岗位职责所必需的计算机、外语等基本能力。

第十条 取得企业法律顾问执业资格，并按照规定进行注册的企业法律事务工作人员，经个人申请，单位考核合格，可以评定为企业三级法律顾问职业岗位资格。

第十一条 申请企业二级法律顾问职业岗位资格的人员应当系统掌握法学理论和专业知识，具有较高的政策水平和较为丰富的企业法律事务与企业管理工作经验，能有效地组织和协调处理企业重大、疑难法律事务，并具备下列条件之一：

（一）本科以及本科以上学历，取得企业三级法律顾问职业岗位资格满5年；

（二）取得中级专业技术职务5年以上，从事企业法律事务工作10年以上，并取得企业法律顾问执业资格满2年；

（三）现任副高级专业技术职务以上，从事企业法律事务工作10年以上，取得企业法律顾问执业资格满2年。

第十二条 申请企业一级法律顾问职业岗位资格的人员应当精通法学理论和专业知识，具有较高的政策水平和丰富的企业法律事务工作和企业管理工作经验，能胜任企业一个部门或一个系统法律事务的组织协调工作，并具备下列条件之一：

（一）本科以及本科以上学历，取得企业二级法律顾问职业岗位资格满5年；

（二）取得副高级专业技术职务5年以上，从事企业法律事务工作10年以上，并取得企业法律顾问执业资格满5年；

（三）取得正高级专业技术职务5年以上，并从事企业法律事务工作10年以上。

第十三条 国务院国资委负责指导中央企业一级法律顾问职业岗位资格的评审工作。

省级国资委负责指导本地区地方国有企业一级、二级、三级法律顾问职业岗位资格的评审工作。

具有专业技术资格评审权的中央企业负责本企业二级、三级法律顾问职业岗位资格的评审工作。

具有专业技术资格评审权的中央企业是指经政府人事部门批准、授权和备案的具有高级专业技术资格评审权的企业。

第十四条 不具备专业技术资格评审权的中央企业，可委托有评审权的机构或企业进行企业法律顾问职业岗位等级资格的评审。

第十五条 企业法律顾问职业岗位等级资格证书由国务院国资委统一印制。

第十六条 企业法律顾问在履行职责时，出现下列情形之一的，应当降低其岗位等级直至取消其职业岗位等级资格，并由评审机构收回岗位等级资格证书：

（一）违反职业操守，恶意串通，损害企业利益；

（二）因疏忽或重大过失，给企业造成较大经济损失，或严重损害企业声誉；

（三）连续2次不按照规定进行注册备案。

第十七条 有关评审机构在企业法律顾问职业岗位等级资格评审过程中，违反本办法规定，弄虚作假的，由国务院国资委给予通报批评或者警告；情节严重的，提请有关部门取消专业技术资格评审权。

有关评审人员在企业法律顾问职业岗位等级资格评审过程中，徇私舞弊、滥用职权、谋取私利的，应当给予行政处分。

第十八条 在企业从事法律事务工作满一定年限，具有相当学历，尚未取得企业法律顾问执业资格或者虽已取得企业法律顾问执业资格但尚未注册的人员可由有关评审机构评审为企业法律顾问助理岗位资格。

企业法律顾问助理岗位资格相当于初级专业技术职务任职资格。

第十九条 国有参股企业法律顾问职业岗位等级资格评审工作可以参照本办法执行。

第二十条 中央企业、省级国资委和有关评审机构，可以按照本办法制订实施细则。

第二十一条 本办法由国务院国资委负责解释。

第二十二条 本办法自2008年6月1日起施行。

国务院国有资产监督管理委员会关于贯彻实施《国有企业法律顾问职业岗位等级资格评审管理暂行办法》有关事项的通知

2009年3月9日　国资发法规〔2009〕37号

各中央企业，各省、自治区、直辖市及新疆生产建设兵团国资委：

为进一步加强国有企业法律顾问队伍建设，贯彻实施好《国有企业法律顾问职业岗位等级资格评审管理暂行办法》，现将有关事项通知如下：

一、关于国有企业法律顾问职业岗位等级资格评审权限和评审委员会的组建

（一）国务院国资委负责指导中央企业一级法律顾问职业岗位资格评审工作。省级国资委负责指导本地区国有企业一级、二级、三级和助理法律顾问职业岗位资格评审工作，并根据需要，可以组建企业法律顾问职业岗位等级资格评审委员会。

（二）具有专业技术资格评审权的中央企业应当组建企业法律顾问职业岗位等级资格评审委员会，负责本企业一级、二级、三级和助理法律顾问职业岗位资格评审工作。不具备相应专业技术资格评审权的中央企业，可委托国务院国资委高级专业技术职称评审委员会组织有关专家进行，也可委托企业所在地省级国资委企业法律顾问职业岗位等级资格评审委员会进行。

（三）企业法律顾问职业岗位等级资格评审委员会一般由 9～11 人组成，设主任委员 1 人，副主任委员 1～2 人。评审委员会应当包括法律、人力资源、企业管理等方面的专家，其中法律方面的专家人数占评审委员会人员总数的比例不得低于 1/2。

评审委员会专家应当具备以下条件之一：

1. 企业总法律顾问或主管法律事务工作的负责人。

2. 取得教授或研究员职称 5 年以上。

3. 取得合伙人资格 10 年以上的律师。

4. 各级国资委从事法律、人力资源管理工作的正处级以上负责人。

（四）经系统外单位委托，省级国资委评审委员会可以接受系统外单位的企业法律顾问职业岗位等级资格评审工作。

二、关于评审工作的备案和《国有企业法律顾问职业岗位等级资格证书》的申领

（一）中央企业、省级国资委应当及时将企业法律顾问职业岗位等级资格评审情况报国务院国资委备案。备案材料包括：

1. 企业法律顾问职业岗位等级资格评审委员会和评审工作总体情况。

2. 企业法律顾问职业岗位等级资格评审委员会组成人员备案表（附件 1）。

3. 企业法律顾问职业岗位等级资格评审备案表（附件 2）。

4. 中央企业一级法律顾问职业岗位资格人员备案表（附件 3）。

以上材料一式 3 份（含电子文档）。

（二）《国有企业法律顾问职业岗位等级资格证书》由国务院国资委统一印制。各中央企业、省级国资委在将企业法律顾问职业岗位等级资格评审情况报国务院国资委备案的同时，向国务院国资委申请领取企业法律顾问职业岗位等级资格证书。申请领取证书应当提交以下材料：

1. 关于领取企业法律顾问职业岗位等级资格证书的申请文件

2. 企业法律顾问职业岗位等级资格证书申领表（附件 4）

以上材料一式3份（含电子文档）

三、其他有关事项

（一）企业法律顾问职业岗位等级资格评审工作原则上每年举行一次，具体时间由各中央企业、省级国资委自行掌握。

（二）被评审为企业一级、二级、三级和助理法律顾问职业岗位资格的企业法律顾问，经企业聘任后，按照《国有企业法律顾问职业岗位等级资格评审管理暂行办法》第七条的规定，享受相应的专业技术职务待遇。

（三）企业法律顾问离开所在企业到新的国有企业工作的，原评审的企业法律顾问职业岗位等级资格经新单位审核同意后仍然有效。

附件：

1. 企业法律顾问职业岗位等级资格评审委员会组成人员备案表（略）
2. 企业法律顾问职业岗位等级资格评审备案表（略）
3. 中央企业一级法律顾问职业岗位资格人员备案表（略）
4. 企业法律顾问职业岗位等级资格证书申领表（略）

关于加强中央企业国际化经营中法律风险防范的指导意见

2013年10月25日　国资发法规〔2013〕237号

各中央企业：

为适应中央企业国际化经营快速发展的需要，充分发挥企业法制工作的支撑保障作用，有效防范境外法律风险，切实维护国有资产安全，提出以下指导意见。

一、高度重视国际化经营中法律风险防范工作

（一）充分认识法律风险防范在国际化经营中的重要作用。近几年来，中央企业国际化经营的步伐不断加快，境外投资并购、对外贸易与工程承包项目明显增多，境外国有资产总量大幅增长。但与此同时，企业国际化经营中的法律风险日益凸显，风险防控和涉外案件应对工作亟待加强。当前，世界经济正在进行深度转型调整，多双边经济对话谈判频繁，国际经贸规则孕育变革，企业国际化经营的外部政策法律环境更加复杂严峻。为深入贯彻落实党的十八大关于“增强企业国际化经营能力，培育一批世界水平的跨国公司”的要求，加快实现由国内经营向国际化经营转变，中央企业必须把境外法律风险防范摆上国际化经营的重要议事日程，切实抓紧抓好。

（二）牢固树立规则意识和依法合规经营理念。要立足于充分发挥法制工作对企业

国际化经营的支撑保障作用，注重掌握运用国际规则，遵守所在国家法律以及我国关于对外投资、境外国有资产管理的法律法规和规章制度。不断提高运用法律思维、法律手段解决国际化经营遇到的各种复杂疑难问题的能力。要依法合规开展境外经营管理活动，避免违规恶性竞争，努力塑造"责任央企"、"法治央企"、"阳光央企"的良好形象，切实筑牢企业境外法律风险防范的底线。

二、切实加强国际化经营法律风险防范机制制度建设

（三）加快推动境外业务、境外子企业建立健全法律风险防范机制制度。要按照"事前防范和事中控制为主、事后补救为辅"的原则，建立健全以经营合同、规章制度和重要决策全面实现法律审核为主要内容的法律风险防范机制制度，将法律风险防范有效延伸到全部境外业务和境外子企业、分公司、办事机构（简称境外子企业）。要不断完善与国际化经营相适应的规章制度，将法律风险防范机制嵌入到境外上市并购、重大项目承揽、战略投资引进以及公司治理、财务与税收管理、劳动用工、环境保护、知识产权和反商业贿赂等业务流程，实现从项目可研到决策，从谈判签约到运营、终止、退出等国际化经营活动法律风险防范的全覆盖。

（四）重视加强国际化经营法律风险防范工作体系和队伍建设。要建立由总法律顾问牵头，法律事务机构与业务机构分工协作，法律顾问与业务人员互相配合、共同参与的国际化经营法律风险防范工作体系。重视加强境外法律风险防范的人员、经费投入，指导督促具备条件的境外子企业设立法律事务机构或者配备专职法律顾问。要采取多种措施，加强业务培训，多渠道多岗位锻炼、培养法律专业人才，同时注意吸引经营业务骨干充实到企业内部法律团队，加快造就一支既熟悉国际化经营，又掌握法律专业知识高素质的境外法律人才队伍。要重视利用律师事务所等外部法律资源，合理选聘社会信誉和服务质量良好的国内外专业律师，实现企业内部法律顾问与外聘律师的优势互补。

（五）充分发挥企业总法律顾问、法律事务机构的重要作用。在国际化经营中要注重发挥总法律顾问对相关决策合规性的组织审核作用，法律事务机构对境外法律事务的归口管理作用，法律顾问对境外经营业务的专业支撑作用。企业法律顾问应当全程参与境外重大经营项目的决策论证、谈判签约和运营管理，并适时提供法律意见书；企业领导和相关业务部门应当重视法律顾问提示的潜在法律风险，及时组织拟定应对预案；对存在较大甚至重大法律风险的境外项目，不得违规盲目决策或者实施。

（六）建立健全国际化经营法律风险防范责任追究制度。要严格落实《中央企业资产损失责任追究暂行办法》（国务院国有资产监督管理委员会令第 20 号）等规定，对企业境外重大投资经营活动未经法律审核，或虽经审核但不采纳正确法律意见而造成损失的，应当追究企业相关领导人员的责任；对经过法律审核但因重大失职未发现严重法律漏洞而造成重大损失的，应当追究企业总法律顾问和法律事务机构负责人的责任；对其他因忽视国际化经营中法律风险防范、违法违规，造成重大损失的，应当追究有关人员责任。

三、深入做好境外投资并购的法律风险防范

（七）认真开展项目法律论证和尽职调查。要将境外投资并购法律论证与市场论证、技术论证结合起来，依法进行项目决策。深入研究掌握所在国家和地区外资准入、投资审查、行业监管、进出口管制、劳动用工、外汇管理、税收管理、土地管理、环境保护等方面法律法规和监管要求，以及与我国政府签署的多双边投资、贸易等协定。要深入调查相关合作方或者目标公司的股权结构、组织形式、资产权属、重要合同、重大纠纷、经营情况和资信状况等信息，对项目法律风险进行全面识别、评价，提出法律意见。

（八）妥善应对境外投资审查及相关法律风险。要深入了解投资所在国家和地区外资准入、国家安全审查、反垄断审查等程序、规则及标准，确保境外投资的合规运作。坚持企业独立市场主体地位，善于运用世界贸易组织规则、相关国际条约、双边贸易投资保护协定以及所在国家和地区行政、司法救济途径等，维护自身合法权益和公平待遇。要重视运用合同约定、商业保险和投资保险等多种途径和方式，有效防范投资所在国家和地区因政府更迭、国有化、征收以及法律变更等导致的风险。

（九）指导督促境外子企业合规运营。要指导督促境外子企业自觉遵守投资所在国家和地区法律法规，做好信息披露、关联交易、公司治理、产权管理等合规工作。依法规范员工管理，做好与工会组织的集体协商谈判，加强员工知识和技能培训，保障其合法权益，避免劳动争议。根据当地法律规定，注意将税收管理、环境保护、安全生产、职业健康等纳入境外子企业日常经营管理体系，提升风险评估、风险预警、安全防范和应急处置能力，依法妥善应对境外突发事件。要规范境外项目招投标、大宗商品采购及销售等经营活动，杜绝商业贿赂等违法行为。要指导境外子企业重视协调与当地政府、公众、媒体、社区和其他利益相关方的关系，并注意保持与我国驻外使领馆的密切联系。

四、努力防范国际贸易领域法律风险

（十）重视运用世界贸易组织规则。要深入研究并遵守世贸组织货物贸易、服务贸易等有关协议、协定。对境外发起的反倾销、反补贴和保障措施调查，要及时向政府有关部门报告，依法运用发起国行政、司法救济途径和世贸组织争端解决机制等积极应对。当国外进口产品因倾销、补贴等对本企业所在国内产业造成损害时，要主动申请政府主管部门采取贸易救济措施，维护企业合法权益。在国际化经营中遇到有关国家贸易政策不符合世贸组织规则时，要积极向我国政府部门反映，并通过世贸组织贸易政策审议机制争取公平竞争的贸易政策环境。

（十一）准确把握货物贸易风险源点及管控环节。中央企业从事货物贸易，要深入了解交易对象的资信状况和交易所在国家和地区的经济政策及法律环境，在合同谈判和签约中，合理分担因价格及汇率变动、外汇管制、保险等因素导致的风险，积极争取有利于全面履约、及时安全收汇的支付和结算条件。要正确适用国际贸易术语解释通则，依法界定双方在货物交接、运输等环节中的风险、责任和费用划分，有条件的应当制定并使用范本合同。

（十二）注意加强服务贸易重点领域的风险防范。中央企业从事境外工程承包、航空航运、电信电网等服务贸易，要在认真研究有关国家和地区政策法律规定的基础上，高度重视合同条款的风险研判，做好有关索赔与反索赔以及工期、质量、安全、价格变动、劳动用工等方面责任划分的约定。要妥善应对政府禁令、税收变化和营运许可范围调整等问题，采取有针对性的措施，重点防范市场准入、安全审查、消费者权益保护等方面的法律风险。

五、妥善处理境外投资和贸易中的重点法律问题

（十三）切实加强境外业务合同管理。要对境外业务合同进行法律归口管理，建立合同台账，注重相关文件的备份归档。要认真做好合同履行情况的动态跟踪，及时排查化解履约中的风险隐患。在发生重大情势变更、不可抗力事项以及其他政策法律和市场变化情况时，要及时组织法律顾问和有关经营业务人员研究应对方案，决定是否进行谈判变更原合同或签订补充协议。在发生合同履约风险时，要及时做好采取保全措施、提出索赔要求、留存相关证据等应急处置工作。

（十四）严格规范境外业务授权。要重视加强对境外业务授权以及授权委托书的法律审核把关。要根据业务类型、交易金额、风险大小等因素，对境外子企业区分层级，合理授权，明确责任。规范境外业务授权范围及程序，明确授权的内容、期限及失效条件。对于有关授权到期、失效以及中途变更的，要及时收回授权委托书，并依法履行告知交易相对方等程序。

（十五）严格控制境外担保。要严格遵守国家对境内机构对外担保的有关规定，对外出具保函时，应当审慎确定保函的类型、用途、生效和失效条件、额度等。要规范企业内部审核批准程序，未经法律审核及风险评估，不得随意对外出具具有担保性质的承诺函、安慰函、支持函等文件。要依法妥善处理保函索赔纠纷，积极应对保函欺诈行为。

（十六）重视加强境外知识产权管理。要制定并实施企业知识产权战略，根据业务所在国家和地区法律、相关国际公约的规定，认真开展知识产权创造、应用、管理和保护工作。要适应企业境外业务发展需要，适时办理专利申请、商标注册等，明确商业秘密的保护范围、责任主体和保密措施。认真组织开展知识产权交易中的查询、检索及分析，严格审查合作方或者目标公司提供的知识产权证明文件并进行合理评估作价。要重视境外知识产权预警工作，加强研发、制造、销售、使用、许可使用、转让等各个环节的知识产权管理，既要充分保护本企业知识产权，又要防止侵犯他人知识产权，并注意应对以技术标准、技术联盟、国内法案等形式出现的知识产权壁垒。

（十七）依法处理境外法律纠纷案件。要根据企业所在行业特点、项目性质、谈判地位等因素，在境外业务合同中合理约定争议解决方式，争取有利的诉讼或仲裁地点、机构和所适用的法律及规则。要妥善保存和管理境外业务合同、函件、会议纪要等文件资料，为应对潜在的纠纷提供证据支持。发生重大诉讼或仲裁案件时，应成立由企业领导牵头、法律顾问参加的专门工作小组，组织制定周密的工作方案。要注意案件时效，重视运用证据及专家证人，合理选用外聘律师，积极主张权利。要掌握运用有关双边司法互助协定和国际公约，及时申请司法机构做好涉及本企业权益的法律文书的送达、承认和执行。

关于印发《关于全面推进法治央企建设的意见》的通知

2015 年 12 月 8 日　国资发法规〔2015〕166 号

各中央企业：

为贯彻落实党的十八届三中、四中、五中全会精神和党中央、国务院关于深化国有企业改革的部署要求，进一步推进中央企业法制建设，提升依法治企能力水平，我们制定了《关于全面推进法治央企建设的意见》，现印发给你们，请认真贯彻落实。

附件：关于全面推进法治央企建设的意见

附件：

关于全面推进法治央企建设的意见

党的十八届三中、四中全会作出全面深化改革和全面推进依法治国的重大战略部署。习近平总书记强调，要把全面依法治国放在“四个全面”战略布局中来把握。中央企业是我国国民经济的重要支柱，是落实全面依法治国战略的重要主体，应当在建设社会主义法治国家中发挥重要作用。近年来，中央企业深入推进法治建设，依法经营管理水平不断提升，依法治企能力明显增强，为改革发展提供了重要的支撑保障。但与此同时，中央企业法治工作与全面依法治国的要求相比还有不小差距。新形势下，全面建设法治央企，是贯彻落实全面依法治国战略的重要内容，是进一步深化国企改革的必然要求，也是提升企业核心竞争力，做强做优做大中央企业的迫切需要。为此，现就全面推进法治央企建设提出以下意见：

一、总体要求

（一）指导思想。认真贯彻落实党的十八届三中、四中、五中全会精神和习近平总书记系列重要讲话精神，按照全面依法治国战略部署，围绕中央企业改革发展总体目标，适应市场化、现代化、国际化发展需要，坚持依法治理、依法经营、依法管理共同推进，坚持法治体系、法治能力、法治文化一体建设，加强制度创新，以健全公司法人治理结构为基础，以促进依法经营管理为重点，以提升企业法律管理能力为手段，切实加强对企业法治建设的组织领导，大力推动企业治理体系和治理能力现代化，促进中央企业健康可持续发展。

（二）基本原则。

——坚持围绕中心，服务发展大局。紧紧围绕中央企业改革发展中心任务，充分发挥法治在推进分类改革、完善现代企业制度、发展混合所有制经济、强化监督防止国有资产流失等重点改革任务中的重要作用，支撑企业实施自主创新、转型升级等重大发展战略，为中央企业改革发展提供坚实的法治保障。

——坚持全面覆盖，突出工作重点。把依法治企要求全面融入企业决策运营各个环节，贯穿各业务领域、各管理层级、各工作岗位，努力实现法治工作全流程、全覆盖，同时突出依法治理、依法合规经营、依法规范管理等重点领域法治建设。

——坚持权责明确，强化协同配合。切实加强对法治央企建设的组织领导，明确企业主要负责人、总法律顾问、法律事务机构、其他部门在推进法治建设中的责任，有效整合资源，增强工作合力，形成上下联动、部门协同的法治建设大格局。

——坚持领导带头，确保全员参与。牢牢抓住领导干部这个“关键少数”，大力提升领导干部的法治思维和依法办事能力，充分发挥领导干部尊法学法守法用法的示范作用，进一步强化普法宣传教育，提高全员法治素养，充分调动职工的积极性和主动性，努力形成全员守法的良好氛围。

（三）总体目标。到 2020 年，中央企业依法治理能力进一步增强，依法合规经营水平显著提升，依法规范管理能力不断强化，全员法治素质明显提高，企业法治文化更加浓厚，依法治企能力达到国际同行业先进水平，努力成为治理完善、经营合规、管理规范、守法诚信的法治央企。

二、切实增强依法治理能力

（四）充分发挥章程在公司治理中的统领作用。根据企业行业特点、管理架构等实际，依法完善公司章程，合理配置股东权利义务，明确议事规则和决策机制。突出章程在规范各治理主体权责关系中的基础性作用，依法厘清股东（大）会、董事会、监事会、经理层的职责边界，明确履职程序。依据章程建立健全企业各项基本制度、管理机制和工作体系，细化董事会、经理层工作规则等配套办法。把加强党的领导和完善公司治理统一起来，明确党组织在公司治理结构中的法定地位，将党建工作总体要求纳入公司章程。加强对章程落实情况的监督，坚决纠正与章程不符的规定和行为。高度重视子企业章程制定工作，依法依章程对子企业规范行使股东权，处理好维护出资人权益与尊重子企业经营自主权的关系。充分发挥总法律顾问和法律事务机构在章程制定、执行和监督中的重要作用，确保章程依法制定、依法实施。

（五）完善各治理主体依法履职保障机制。按照《中华人民共和国公司法》《中华人民共和国企业国有资产法》等法律法规，进一步完善公司法人治理结构，提升治理主体依法履职能力。优化董事会知识结构，通过加强法律培训、选拔法律专业人员担任董事等方式，提升董事会依法决策水平。明确负责推进企业法治建设的专门委员会，对经理层依法治企情况进行监督，并将企业法治建设情况作为董事会年度工作报告的重要内容。董事会审议事项涉及法律问题的，总法律顾问应列席会议并提出法律意见。加大监事会对依法治企情况和董事、高级管理人员依法履职情况的监督力度，配备具有法律专业背景的专职监事，将企业合规经营、依法管理作为当期监督的重要内容。总法律顾问应当全面参与经理层的经营管理活动，充分发挥法律审核把关作用。健全党组织参与重大决策机制，强化党组织对企业领导人员依法行权履职的监督，确保企业决策部署及其执行过程符合党和国家方针政策、法律法规。

三、着力强化依法合规经营

（六）健全依法决策机制。进一步完善“三重一大”等决策制度，细化各层级决策范围、事项和权限。健全依法决策程序，严格落实职工参与、专家论证、风险评估、法律审核、集体决策等程序要求。完善重大决策合法性审查机制，未经合法性审查或者经审查不合法的，不得提交决策会议讨论。高度重视对重大改革事项的法律论证，切实防范法律风险，确保各项改革措施于法有据。中央企业报请国资委审批事项涉及法律问题的，应当出具总法律顾问签字的法律意见书。依法健全以职工代表大会为基本形式的企业民主管理制度，规范职工董事、职工监事产生的程序，切实发挥其在参与决策和公司治理中的作用。

（七）依法参与市场竞争。严格执行有关反垄断、安全生产、环境保护、节能减排、产品质量、知识产权、劳动用工等国家法律法规和市场规则，坚决杜绝违法违规行为。崇尚契约精神，重合同、守信用，公平参与市场竞争，自觉维护市场秩序。认真履行社会责任，切实维护消费者和其他利益相关方的合法权益。明确法律事务机构的合同管理职责，严格落实合同法律审核制度，充分发挥法律审核在规范市场竞争、防止违法违规行为中的重要作用。提升依法维权能力，加大对侵权行为的追责力度，妥善解决法律纠纷案件，切实维护自身合法权益。

（八）依法开展国际化经营。在实施走出去战略、参与“一带一路”建设、推进国际产能和装备制造合作过程中，严格按照国际规则、所在国法律和我国相关法律法规开展境外业务，有效防范法律风险。建立境外重大项目法律顾问提前介入工作机制，将法律论证与市场论证、技术论证、财务论证有机结合，实现从可行性论证到立项决策、从谈判签约到项目实施全程参与，确保法律风险防范全覆盖。突出境外法律风险防范重点，高度重视国家安全审查、反垄断审查、反倾销反补贴调查和知识产权等领域的法律风险，深入做好尽职调查，组织拟定防范预案。建立健全涉外重大法律纠纷案件预警和应对机制。完善境外法治工作组织体系，推动境外重要子企业或业务相对集中的区域设立法律事务机构或配备专职法律顾问。

四、进一步加强依法规范管理

（九）完善企业规章制度体系。根据国家法律法规和国有资产监管制度，结合企业实际，进一步完善财务管理、劳动用工、物资采购等各项规章制度。完善规章制度制定工作机制，广泛吸纳业务骨干、专家学者等共同参与规章制度的研究制定，加强对规章制度的法律审核，确保各项制度依法合规。健全规章制度实施机制，提高制度执行力，通过加强宣贯培训、纳入业务流程、明确岗位守则等方式，确保各项制度得到有效落实。探索建立规章制度评估机制，定期开展规章制度梳理工作，对规章制度执行情况进行评价，及时堵塞制度漏洞，形成制度体系完整闭环。强化规章制度落实监督机制，法律、审计、纪检和相关业务部门定期对制度落实情况进行监督检查，对违规行为严格督促整改、开展责任追究。

（十）依法规范重点领域和关键环节管理。加强对企业投资融资、改制重组、对外担保、产权流转、物资采购、招标投标等重点领域的管理，通过信息化手段，确保流程规范、公开透明，坚决杜绝暗箱操作。在推进混合所有制、员工持股、股权激励等改革过程中，坚持依法规范操作，确保法律事务机构全程参与，严控法律风险，防止国有资产流失。高度重视对企业内部审批、执行等关键环节的管理，强化对权力集中、资金密集、资源富集、资产聚集的部门和岗位的监督，实行分事行权、分岗设权、分级授权，定期轮岗，强化内部流程控制，防止权力滥用。严格执行信息披露制度，依法加大信息公开力度，积极打造阳光央企。完善企业内部监督体系，形成法律与审计、纪检监察、巡视、财务等部门的监督合力。

（十一）大力提升法律管理水平。进一步深化法律风险防范机制，加快促进法律管理与经营管理的深度融合，将法律审核嵌入管理流程，使法律审核成为经营管理的必经环节，在确保规章制度、经济合同、重要决策法律审核率100%的同时，通过开展后评估等方式，不断提高审核质量。加快提升合规管理能力，建立由总法律顾问领导，法律事务机构作为牵头部门，相关部门共同参与、齐抓共管的合规管理工作体系，研究制定统一有效、全面覆盖、内容明确的合规制度准则，加强合规教育培训，努力形成全员合规的良性机制。探索建立法律、合规、风险、内控一体化管理平台。加强知识产权管理，强化知识产权保护，为企业自主创新、转型升级、品牌建设提供有力支撑。健全完善法律风险防范、纠纷案件处理等各项法律管理制度，探索创新法律管理方式方法，大力推进信息化建设，提高管理效能。

五、加强组织领导

（十二）强化领导责任。企业主要负责人充分发挥“关键少数”作用，认真履行推进本企业法治建设第一责任人职责，把法治建设作为谋划部署全局工作的重要内容，对工作中的重点难点问题，亲自研究、亲自部署、亲自协调、亲自督办。明确法治建设领导机构，加快形成企业主要负责人负总责、总法律顾问牵头推进、法律事务机构具体实施、各部门共同参与的工作机制。研究制定本企业法治央企建设实施方案，将中央企业法制工作新五年规划各项要求作为重要内容，与企业“十三五”规划相衔接，同步实施、同步推进。积极为企业法治建设提供必要的制度、人员、机构和经费等保障。

（十三）完善激励约束机制。将合规经营等依法治企情况纳入对中央企业领导人员的考核体系。完善企业领导班子知识结构，在相同条件下，优先提拔使用法治素养好、依法办事能力强的干部。建立法治工作激励机制，对于在法治建设中作出突出贡献，有效防范重大法律风险、避免或挽回重大损失的集体或个人，应当予以表彰和奖励。落实问责制度，企业重大经营活动因未经法律审核，或者虽经审核但未采纳正确法律意见而造成重大损失的，追究企业相关领导人员责任；经过法律审核，但因重大失职未发现严重法律风险造成重大损失的，追究相关法律工作人员责任。对因违法违规发生重大法律纠纷案件造成企业重大损失的，或者违反规定、未履行或未正确履行职责造成企业资产损失的，在业绩考核中扣减分值，并按照有关规定追究相关人员责任。实行重大法律风险事项报告制度，中央企业对可能引发重大法律纠纷案件、造成重大资产损失的法律风险事项，应当及时向国资委报告。

（十四）加强法治工作队伍建设。在中央企业及其重要子企业全面推行总法律顾问制度，并在公司章程中予以明确。总法律顾问应当具有法学专业背景或者法律相关职业资格。设立董事会的中央企业，总法律顾问可以由董事会聘任。总法律顾问作为企业高级管理人员，全面领导企业法律管理工作，统一协调处理经营管理中的法律事务，全面参与重大经营决策，领导企业法律事务机构开展相关工作。建立健全总法律顾问述职制度。对标同行业世界一流企业，加快健全企业法治工作体系，中央企业及其重要子企业设立独立的法律事务机构，配备与经营管理需求相适应的企业法律顾问。建立健全企业法律顾问职业发展规划，将企业法律顾问纳入人才培养体系，提升企业法律顾问队伍专职化、专业化水平。建立健全企业法律顾问专业人员评价体系，完善职业岗位等级评审制度，实行与职级和专业技术等级相匹配的差异化薪酬分配办法。

（十五）打造企业法治文化。大力推进法治文化建设，弘扬法治精神，增强法治理念，努力使全体员工成为法治的忠实崇尚者、自觉践行者、坚定捍卫者。全面开展普法宣传教育，加强法律、宣传与各业务部门的协同联动，推进法治宣传教育制度化、常态化。完善学法用法制度，将法治学习作为企业党委（党组）中心组学习、管理培训、员工教育的必修课，形成全员尊法学法守法用法的良好氛围。积极树立推进法治央企建设中涌现出的优秀企业、集体和个人典型，充分发挥引领带动作用。

地方国有资产监督管理机构参照本意见，积极推进所出资企业法治建设。

关于印发《中央企业合规管理指引（试行）》的通知

2018 年 11 月 2 日　国资发法规〔2018〕106 号

各中央企业：

为推动中央企业全面加强合规管理，加快提升依法合规经营管理水平，着力打造法治央企，保障企业持续健康发展，我委制定了《中央企业合规管理指引（试行）》，现印发给你们。请遵照执行。工作中的情况和问题请及时反馈。

附件：中央企业合规管理指引（试行）

附件：

中央企业合规管理指引（试行）

第一章 总 则

第一条 为推动中央企业全面加强合规管理，加快提升依法合规经营管理水平，着力打造法治央企，保障企业持续健康发展，根据《中华人民共和国公司法》、《中华人民共和国企业国有资产法》等有关法律法规规定，制定本指引。

第二条 本指引所称中央企业，是指国务院国有资产监督管理委员会（以下简称国资委）履行出资人职责的国家出资企业。

本指引所称合规，是指中央企业及其员工的经营管理行为符合法律法规、监管规定、行业准则和企业章程、规章制度以及国际条约、规则等要求。

本指引所称合规风险，是指中央企业及其员工因不合规行为，引发法律责任、受到相关处罚、造成经济或声誉损失以及其他负面影响的可能性。

本指引所称合规管理，是指以有效防控合规风险为目的，以企业和员工经营管理行为为对象，开展包括制度制定、风险识别、合规审查、风险应对、责任追究、考核评价、合规培训等有组织、有计划的管理活动。

第三条 国资委负责指导监督中央企业合规管理工作。

第四条 中央企业应当按照以下原则加快建立健全合规管理体系：

（一）全面覆盖。坚持将合规要求覆盖各业务领域、各部门、各级子企业和分支机构、全体员工，贯穿决策、执行、监督全流程。

（二）强化责任。把加强合规管理作为企业主要负责人履行推进法治建设第一责任人职责的重要内容。建立全员合规责任制，明确管理人员和各岗位员工的合规责任并督促有效落实。

（三）协同联动。推动合规管理与法律风险防范、监察、审计、内控、风险管理等工作相统筹、相衔接，确保合规管理体系有效运行。

（四）客观独立。严格依照法律法规等规定对企业和员工行为进行客观评价和处理。合规管理牵头部门独立履行职责，不受其他部门和人员的干涉。

第二章 合规管理职责

第五条 董事会的合规管理职责主要包括：

（一）批准企业合规管理战略规划、基本制度和年度报告；

（二）推动完善合规管理体系；

（三）决定合规管理负责人的任免；

（四）决定合规管理牵头部门的设置和职能；

（五）研究决定合规管理有关重大事项；

（六）按照权限决定有关违规人员的处理事项。

第六条 监事会的合规管理职责主要包括：

（一）监督董事会的决策与流程是否合规；

（二）监督董事和高级管理人员合规管理职责履行情况；

（三）对引发重大合规风险负有主要责任的董事、高级管理人员提出罢免建议；

（四）向董事会提出撤换公司合规管理负责人的建议。

第七条 经理层的合规管理职责主要包括：

（一）根据董事会决定，建立健全合规管理组织架构；

（二）批准合规管理具体制度规定；

（三）批准合规管理计划，采取措施确保合规制度得到有效执行；

（四）明确合规管理流程，确保合规要求融入业务领域；

（五）及时制止并纠正不合规的经营行为，按照权限对违规人员进行责任追究或提出处理建议；

（六）经董事会授权的其他事项。

第八条 中央企业设立合规委员会，与企业法治建设领导小组或风险控制委员会等合署，承担合规管理的组织领导和统筹协调工作，定期召开会议，研究决定合规管理重大事项或提出意见建议，指导、监督和评价合规管理工作。

第九条 中央企业相关负责人或总法律顾问担任合规管理负责人，主要职责包括：

（一）组织制订合规管理战略规划；

（二）参与企业重大决策并提出合规意见；

（三）领导合规管理牵头部门开展工作；

（四）向董事会和总经理汇报合规管理重大事项；

（五）组织起草合规管理年度报告。

第十条 法律事务机构或其他相关机构为合规管理牵头部门，组织、协调和监督合规管理工作，为其他部门提供合规支持，主要职责包括：

（一）研究起草合规管理计划、基本制度和具体制度规定；

（二）持续关注法律法规等规则变化，组织开展合规风险识别和预警，参与企业重大事项合规审查和风险应对；

（三）组织开展合规检查与考核，对制度和流程进行合规性评价，督促违规整改和持续改进；

（四）指导所属单位合规管理工作；

（五）受理职责范围内的违规举报，组织或参与对违规事件的调查，并提出处理建议；

（六）组织或协助业务部门、人事部门开展合规培训。

第十一条 业务部门负责本领域的日常合规管理工作，按照合规要求完善业务管理制度和流程，主动开展合规风险识别和隐患排查，发布合规预警，组织合规审查，及时向合规管理牵头部门通报风险事项，妥善应对合规风险事件，做好本领域合规培训和商业伙伴合规调查等工作，组织或配合进行违规问题调查并及时整改。

监察、审计、法律、内控、风险管理、安全生产、质量环保等相关部门，在职权范围内履行合规管理职责。

第三章　合规管理重点

第十二条　中央企业应当根据外部环境变化，结合自身实际，在全面推进合规管理的基础上，突出重点领域、重点环节和重点人员，切实防范合规风险。

第十三条　加强对以下重点领域的合规管理：

（一）市场交易。完善交易管理制度，严格履行决策批准程序，建立健全自律诚信体系，突出反商业贿赂、反垄断、反不正当竞争，规范资产交易、招投标等活动；

（二）安全环保。严格执行国家安全生产、环境保护法律法规，完善企业生产规范和安全环保制度，加强监督检查，及时发现并整改违规问题；

（三）产品质量。完善质量体系，加强过程控制，严把各环节质量关，提供优质产品和服务；

（四）劳动用工。严格遵守劳动法律法规，健全完善劳动合同管理制度，规范劳动合同签订、履行、变更和解除，切实维护劳动者合法权益；

（五）财务税收。健全完善财务内部控制体系，严格执行财务事项操作和审批流程，严守财经纪律，强化依法纳税意识，严格遵守税收法律政策；

（六）知识产权。及时申请注册知识产权成果，规范实施许可和转让，加强对商业秘密和商标的保护，依法规范使用他人知识产权，防止侵权行为；

（七）商业伙伴。对重要商业伙伴开展合规调查，通过签订合规协议、要求作出合规承诺等方式促进商业伙伴行为合规；

（八）其他需要重点关注的领域。

第十四条　加强对以下重点环节的合规管理：

（一）制度制定环节。强化对规章制度、改革方案等重要文件的合规审查，确保符合法律法规、监管规定等要求；

（二）经营决策环节。严格落实“三重一大”决策制度，细化各层级决策事项和权限，加强对决策事项的合规论证把关，保障决策依法合规；

（三）生产运营环节。严格执行合规制度，加强对重点流程的监督检查，确保生产经营过程中照章办事、按章操作；

（四）其他需要重点关注的环节。

第十五条　加强对以下重点人员的合规管理：

（一）管理人员。促进管理人员切实提高合规意识，带头依法依规开展经营管理活动，认真履行承担的合规管理职责，强化考核与监督问责；

（二）重要风险岗位人员。根据合规风险评估情况明确界定重要风险岗位，有针对性加大培训力度，使重要风险岗位人员熟悉并严格遵守业务涉及的各项规定，加强监督检查和违规行为追责；

（三）海外人员。将合规培训作为海外人员任职、上岗的必备条件，确保遵守我国和所在国法律法规等相关规定；

（四）其他需要重点关注的人员。

第十六条 强化海外投资经营行为的合规管理：

（一）深入研究投资所在国法律法规及相关国际规则，全面掌握禁止性规定，明确海外投资经营行为的红线、底线；

（二）健全海外合规经营的制度、体系、流程，重视开展项目的合规论证和尽职调查，依法加强对境外机构的管控，规范经营管理行为。

（三）定期排查梳理海外投资经营业务的风险状况，重点关注重大决策、重大合同、大额资金管控和境外子企业公司治理等方面存在的合规风险，妥善处理、及时报告，防止扩大蔓延。

第四章 合规管理运行

第十七条 建立健全合规管理制度，制定全员普遍遵守的合规行为规范，针对重点领域制定专项合规管理制度，并根据法律法规变化和监管动态，及时将外部有关合规要求转化为内部规章制度。

第十八条 建立合规风险识别预警机制，全面系统梳理经营管理活动中存在的合规风险，对风险发生的可能性、影响程度、潜在后果等进行系统分析，对于典型性、普遍性和可能产生较严重后果的风险及时发布预警。

第十九条 加强合规风险应对，针对发现的风险制定预案，采取有效措施，及时应对处置。对于重大合规风险事件，合规委员会统筹领导，合规管理负责人牵头，相关部门协同配合，最大限度化解风险、降低损失。

第二十条 建立健全合规审查机制，将合规审查作为规章制度制定、重大事项决策、重要合同签订、重大项目运营等经营管理行为的必经程序，及时对不合规的内容提出修改建议，未经合规审查不得实施。

第二十一条 强化违规问责，完善违规行为处罚机制，明晰违规责任范围，细化惩处标准。畅通举报渠道，针对反映的问题和线索，及时开展调查，严肃追究违规人员责任。

第二十二条 开展合规管理评估，定期对合规管理体系的有效性进行分析，对重大或反复出现的合规风险和违规问题，深入查找根源，完善相关制度，堵塞管理漏洞，强化过程管控，持续改进提升。

第五章 合规管理保障

第二十三条 加强合规考核评价，把合规经营管理情况纳入对各部门和所属企业负责人的年度综合考核，细化评价指标。对所属单位和员工合规职责履行情况进行评价，并将结果作为员工考核、干部任用、评先选优等工作的重要依据。

第二十四条 强化合规管理信息化建设，通过信息化手段优化管理流程，记录和保存相关信息。运用大数据等工具，加强对经营管理行为依法合规情况的实时在线监控和风险分析，实现信息集成与共享。

第二十五条 建立专业化、高素质的合规管理队伍，根据业务规模、合规风险水平等因素配备合规管理人员，持续加强业务培训，提升队伍能力水平。

海外经营重要地区、重点项目应当明确合规管理机构或配备专职人员，切实防范合规风险。

第二十六条 重视合规培训，结合法治宣传教育，建立制度化、常态化培训机制，确保员工理解、遵循企业合规目标和要求。

第二十七条 积极培育合规文化，通过制定发放合规手册、签订合规承诺书等方式，强化全员安全、质量、诚信和廉洁等意识，树立依法合规、守法诚信的价值观，筑牢合规经营的思想基础。

第二十八条 建立合规报告制度，发生较大合规风险事件，合规管理牵头部门和相关部门应当及时向合规管理负责人、分管领导报告。重大合规风险事件应当向国资委和有关部门报告。

合规管理牵头部门于每年年底全面总结合规管理工作情况，起草年度报告，经董事会审议通过后及时报送国资委。

第六章 附 则

第二十九条 中央企业根据本指引，结合实际制定合规管理实施细则。

地方国有资产监督管理机构可以参照本指引，积极推进所出资企业合规管理工作。

第三十条 本指引由国资委负责解释。

第三十一条 本指引自公布之日起施行。

关于印发《关于进一步深化法治央企建设的意见》的通知

2021 年 10 月 17 日 国资发法规规〔2021〕80 号

各中央企业：

为深入学习贯彻习近平法治思想，落实中央全面依法治国工作会议部署，进一步推进中央企业法治建设，提升依法治企能力水平，助力“十四五”时期深化改革、高质量发展，我们制定了《关于进一步深化法治央企建设的意见》，现印发给你们，请认真贯彻落实。

关于进一步深化法治央企建设的意见

为深入学习贯彻习近平法治思想，认真落实全面依法治国战略部署，持续深化法治央企建设，更好发挥法治工作对“十四五”时期中央企业改革发展的支撑保障作用，根据《法治中国建设规划（2020－2025年）》《法治社会建设实施纲要（2020－2025年）》等文件精神，现就进一步做好中央企业法治工作提出如下意见：

一、总体要求

（一）指导思想。坚持以习近平新时代中国特色社会主义思想为指导，认真落实习近平法治思想，深入贯彻党的十九大和十九届二中、三中、四中、五中全会精神，按照中央全面依法治国工作会议部署，立足新发展阶段，贯彻新发展理念，构建新发展格局，紧紧围绕国企改革三年行动和中央企业“十四五”发展规划，着力健全领导责任体系、依法治理体系、规章制度体系、合规管理体系、工作组织体系，持续提升法治工作引领支撑能力、风险管控能力、涉外保障能力、主动维权能力和数字化管理能力，不断深化治理完善、经营合规、管理规范、守法诚信的法治央企建设，为加快建设世界一流企业筑牢坚实法治基础。

（二）基本原则。

——坚持融入中心、服务大局。以服务国企改革三年行动和中央企业“十四五”发展规划为目标，牢固树立全局意识和系统观念，法治工作全面融入完善中国特色现代企业制度、深化混合所有制改革、科技创新、国际化经营等重点任务，充分发挥支撑保障作用。

——坚持完善制度、夯基固本。以强化制度建设为基础，坚持尊法、学法、守法、用法，将行之有效的经验做法，及时转化为企业规章制度，嵌入业务流程，加强制度执行情况监督检查，强化制度刚性约束。

——坚持突出重点、全面深化。以落实法治建设第一责任人职责、完善总法律顾问制度、健全法律风险防范机制、强化合规管理为重点，坚持问题导向，在做深做细做实上下更大功夫，真正发挥强管理、促经营、防风险、创价值作用。

——坚持勇于创新、拓展升级。以适应市场化、法治化、国际化发展需要为方向，结合实际拓宽法治工作领域，探索优化法务管理职能，创新工作方式，加快提升信息化、数字化、智能化水平。

（三）总体目标。“十四五”时期，中央企业法治理念更加强化、治理机制更加完善、制度体系更加优化、组织机构更加健全、管理方式更加科学、作用发挥更加有效，法治建设取得更大进展，部分企业率先达到世界一流水平，为企业深化改革、高质量发展提供更加有力的支撑保障。

二、着力健全法治工作体系

（四）着力健全领导责任体系。坚持企业党委（党组）对依法治企工作的全面领导，不断完善党委（党组）定期专题学法、定期听取工作汇报、干部任前法治谈话、述职必述法等制度，切实发挥党委（党组）把方向、管大局、促落实作用。强化董事会定战略、作决策、防风险职能，明确专门委员会推进法治建设职责，把法治建设纳入整体工作统筹谋划，将进展情况作为年度工作报告的重要内容。健全中央企业主要负责人履行推进法治建设第一责任人职责工作机制，党委（党组）书记、董事长、总经理各司其职，对重点问题亲自研究、部署协调、推动解决。将第一责任人职责要求向子企业延伸，把落实情况纳入领导人员综合考核评价体系，将法治素养和依法履职情况作为考察使用干部的重要内容。

（五）着力健全依法治理体系。高度重视章程在公司治理中的统领地位，切实发挥总法律顾问和法务管理机构专业审核把关作用，科学配置各治理主体权利、义务和责任，明晰履职程序和要求，保障章程依法制定、依法实施。多元投资主体企业严格依据法律法规、国有资产监管规定和公司章程，明确股东权利义务、股东会定位与职权，规范议事决策方式和程序，完善运作制度机制，强化决议执行和监督，切实维护股东合法权益。优化董事会知识结构，通过选聘法律专业背景人员担任董事、加强法律培训等方式，提升董事会依法决策水平。落实总法律顾问列席党委（党组）会、董事会参与研究讨论或审议涉及法律合规相关议题，参加总经理办公会等重要决策会议制度，将合法合规性审查和重大风险评估作为重大决策事项必经前置程序。依法对子企业规范行使股东权，认真研究制定子企业章程，严格按照公司治理结构，通过股东（大）会决议、派出董事监事、推荐高级管理人员等方式行权履职，切实防范公司人格混同等风险。

（六）着力健全规章制度体系。明确法务管理机构归口管理职责，健全规章制度制定、执行、评估、改进等工作机制，加强法律审核把关，强化对制度的全生命周期管理。根据适用范围、重要程度、管理幅度等，构建分层分类的制度体系框架，确保结构清晰、内容完整，相互衔接、有效协同，切实提高科学性和系统性。定期开展制度梳理，编制立改废计划，完善重点改革任务配套制度，及时修订重要领域管理规范，不断增强针对性和实效性。加强对规章制度的宣贯培训，定期对执行情况开展监督检查和综合评价，增强制度刚性约束，推动制度有效落实。

（七）着力健全合规管理体系。持续完善合规管理工作机制，健全企业主要负责人领导、总法律顾问牵头、法务管理机构归口、相关部门协同联动的合规管理体系。发挥法务管理机构统筹协调、组织推动、督促落实作用，加强合规制度建设，开展合规审查与考核，保障体系有效运行。强化业务部门、经营单位和项目一线主体责任，通过设置兼职合规管理员、将合规要求嵌入岗位职责和业务流程、抓好重点领域合规管理等措施，有效防范、及时处置合规风险。探索构建法律、合规、内控、风险管理协同运作机制，加强统筹协调，提高管理效能。推动合规要求向各级子企业延伸，加大基层单位特别是涉外机构合规管理力度，到 2025 年中央企业基本建立全面覆盖、有效运行的合规管理体系。

（八）着力健全工作组织体系。加大企业法律专业领导干部培养选拔力度，在市场化国际化程度较高、法律服务需求大的国有大型骨干企业，推进符合条件的具有法律教育背景或法律职业资格的专业人才进入领导班子。持续完善总法律顾问制度，2022年中央企业及其重要子企业全面写入章程，明确高级管理人员定位，由董事会聘任，领导法务管理机构开展工作。坚持总法律顾问专职化、专业化方向，直接向企业主要负责人负责，2025年中央企业及其重要子企业全面配备到位，具有法律教育背景或法律职业资格的比例达到80%。加强法务管理机构建设，中央企业及其重要子企业原则上独立设置，充实专业力量，配备与企业规模和需求相适应的法治工作队伍。健全法务管理职能，持续完善合同管理、案件管理、普法宣传等职能，积极拓展制度管理、合规管理等业务领域。加强队伍建设，拓宽法务人员职业发展通道，完善高素质法治人才市场化选聘、管理和薪酬制度，采取有效激励方式充分调动积极性、主动性。

三、全面提升依法治企能力

（九）着力提升引领支撑能力。坚持运用法治思维和法治方式深化改革、推动发展，紧盯国企改革三年行动、中央企业“十四五”发展规划重点工作，深入分析对企业提出的新任务新要求，提前研究可能出现的法律合规问题，及时制定应对方案和防范措施。法务人员全程参与混合所有制改革、投资并购等重大项目，加强法律审核把关，坚持依法依规操作，严控法律合规风险。加强对民法典等法律法规的学习研究，深入分析对企业生产经营、业务模式可能产生的影响，推动从健全制度、强化管理等方面及时作出调整。结合企业、行业实际，对相关立法研究提出完善建议，为改革发展创造良好政策环境。

（十）着力提升风险管控能力。持续巩固规章制度、经济合同、重要决策法律审核制度，在确保100%审核率的同时，通过跟进采纳情况、完善后评估机制，反向查找工作不足，持续提升审核质量。常态化开展风险隐患排查处置，针对共性风险通过提示函、案件通报、法律建议书等形式及时开展预警，有效防范化解。加强知识产权管理，完善专利、商标、商号、商业秘密等保护制度，坚决打击侵权行为，切实维护企业无形资产安全和合法权益。严格落实重大法律合规风险事件报告制度，中央企业发生重大法律合规风险事件，应当及时向国资委报告。

（十一）着力提升涉外保障能力。加强涉外法律合规风险防范，健全工作机制，推动在境外投资经营规模较大、风险较高的重点企业、区域或项目设置专门机构，配备专职法务人员，具备条件的设立总法律顾问。完善涉外重大项目和重要业务法务人员全程参与制度，形成事前审核把关、事中跟踪控制、事后监督评估的管理闭环。深入研究、掌握运用所在国法律，加强国际规则学习研究，密切关注高风险国家和地区法律法规与政策变化，提前做好预案，切实防范风险。重视涉外法治人才培养，强化顶层设计，健全市场化选聘和激励制度，形成重视人才、吸引人才、留住人才的良好机制。

（十二）着力提升主动维权能力。加大法律纠纷案件处置力度，综合运用诉讼、仲裁、调解等多种手段妥善解决，探索建立集团内部纠纷调解机制。加强积案清理，健全激励机制，力争2025年中央企业历史遗留重大法律纠纷案件得到妥善解决。深化案件管理“压存控增、提质创效”专项工作，加强典型案件分析，及时发现管理问题，堵塞管理漏洞，推动“以案促管、以管创效”。严格落实案件报告制度，中央企业发生重大法律纠纷案件应当及时报告，按时报送年度法律纠纷案件综合分析报告。

（十三）着力提升数字化管理能力。运用区块链、大数据、云计算、人工智能等新一代信息技术，推动法务管理从信息化向数字化升级，探索智能化应用场景，有效提高管理效能。深化合同管理、案件管理、合规管理等重点领域信息化、数字化建设，将法律审核嵌入重大决策、重要业务管理流程，通过大数据等手段，实现法律合规风险在线识别、分析、评估、防控。推动法务管理系统向各级子企业和重要项目延伸，2025年实现上下贯通、全面覆盖。推动法务管理系统与财务、产权、投资等系统的互联互通，做好与国资国企在线监管系统的对接，促进业务数据相互融合、风险防范共同响应。

四、保障任务顺利完成

（十四）加强组织领导。充分发挥法治建设领导机构作用，将法治工作纳入中央企业“十四五”发展规划和年度计划统筹谋划、同步推进，加强部门协同，强化人员、资金等保障，形成工作合力。制定本企业未来五年法治建设实施方案，与“十四五”规划相衔接，提出目标任务，明确责任分工，细化工作措施。建立法治工作专项考评制度，将法治建设成效纳入对子企业考核体系。统筹推进法治工作与违规经营投资责任追究等监督工作，完善内部协同机制，提高责任追究体系效能。加大问责力度，对未经法律审核或未采纳正确法律意见、违法违规经营投资决策造成损失或其他严重不良后果的，严肃追究责任。

（十五）持续深化对标。综合分析国际大企业优秀实践，研究归纳世界一流企业法务管理基本要素和具体指标。立足行业特点、发展阶段、管理基础等实际，有针对性地制定对标举措，确保目标量化、任务明确、措施有力。将法务管理对标工作纳入本企业对标世界一流管理提升行动。国资委创建世界一流示范企业和国有资本投资、运营公司要充分发挥引领作用，率先在法治工作上达到世界一流水平。其他中央企业要全面开展对标，努力补齐短板，加快提升依法合规经营管理水平。

（十六）强化指导交流。国资委将根据企业法治建设实施方案，定期组织调研督导，深入了解落实情况，推动解决难点问题。完善法治讲堂、协作组等学习交流机制，聚焦重点难点，创新方式方法，增强交流实效。中央企业要进一步加强对子企业法治建设的督促指导，通过加大考核力度、细化工作要求、定期开展调研等方式，层层传导压力，确保目标任务在子企业真正落实到位。

（十七）厚植法治文化。深入学习宣传习近平法治思想，将培育法治文化作为法治建设的基础工程，使依法合规、守法诚信成为全体员工的自觉行为和基本准则。落实“八五”普法要求，进一步推进法治宣传教育制度化、常态化、多样化，将法治学习作为干部职工入职学习、职业培训、继续教育的必修课，广泛宣传与企业经营管理和职工切身利益密切相关的法律法规。总结法治建设典型做法、成功经验和进展成果，通过开展选树典型、评比表彰、集中宣传等形式，营造学习先进、争当先进、赶超先进的良好氛围。

地方国有资产监督管理机构参照本意见，积极推进所出资企业法治建设。

指导监督地方

地方国有资产监管工作指导监督办法

2011 年 3 月 31 日　国务院国有资产监督管理委员会令第 25 号

第一章　总　　则

第一条　为加强对地方国有资产监管工作的指导和监督，保障地方国有资产监管工作规范有序进行，根据《中华人民共和国企业国有资产法》、《企业国有资产监督管理暂行条例》等法律、行政法规，制定本办法。

第二条　国务院国有资产监督管理机构指导监督地方国有资产监管工作，省（自治区、直辖市）和市（地）级政府国有资产监督管理机构指导监督本地区国有资产监管工作，适用本办法。

第三条　本办法所称指导监督，是指上级国有资产监督管理机构依照法律法规规定，对下级政府国有资产监管工作实施的依法规范、引导推进、沟通交流、督促检查等相关活动。

第四条　指导监督工作应当遵循下列原则：

（一）坚持国有资产属于国家所有原则，落实国有资产监管责任，保障国有资产监管政策法规的贯彻实施。

（二）坚持中央和地方政府分别代表国家履行出资人职责原则，各级国有资产监督管理机构作为本级政府的直属特设机构，应当根据授权，按照法定职责和程序开展指导监督工作。上级国有资产监督管理机构应当尊重和维护下级国有资产监督管理机构的出资人权利，不得代替或者干预下级国有资产监督管理机构履行出资人职责，不得干预企业经营自主权。

（三）坚持政企分开、政府的社会公共管理职能与国有资产出资人职能分开的原则，完善经营性国有资产管理和国有企业监管体制机制，鼓励地方积极探索国有资产监管和运营的有效途径和方式。

（四）坚持依法合规原则，加强分类指导，突出监督重点，增强地方国有资产监管工作的规范性和有效性。

第五条　国务院国有资产监督管理机构依照法律和行政法规规定，起草国有资产监督管理的法律法规草案，制定有关规章、制度，指导规范各级地方国有资产监管工作。

各级地方国有资产监督管理机构可以根据本地区实际，依照国有资产监管法律法规、规章和规范性文件规定，制定实施办法，指导规范本地区国有资产监管工作。

第六条　国有资产监管工作中的具体事项实行逐级指导监督。国务院国有资产监督管理机构应当加强对省级政府国有资产监督管理机构的具体业务指导监督；省级政府国有资产监督管理机构应当加强对市（地）级政府国有资产监督管理机构的具体业务指导监督；市（地）级政府国有资产监督管理机构应当加强对县级政府国有资产监管工作的具体业务指导监督。

市（地）级、县级政府尚未单独设立国有资产监督管理机构的，上一级国有资产监督管理机构应当建立与下级政府承担国有资产监管职责的部门、机构的指导监督工作联系制度。

第七条 上级国有资产监督管理机构制定国有资产监管规章、制度，开展指导监督工作，应当充分征求下级国有资产监督管理机构的意见和建议，加强与下级国有资产监督管理机构的沟通交流。

第二章 指导监督工作机制

第八条 各级国有资产监督管理机构应当根据指导监督职责，明确指导监督的分工领导和工作机制，加强指导监督工作的统筹协调，及时研究和汇总本地区指导监督工作中的重大事项和综合情况。

第九条 各级国有资产监督管理机构之间应当加强纵向沟通协调，健全完善上下联动、规范有序、全面覆盖的指导监督工作体系，加强指导监督工作制度建设，建立健全日常信息沟通交流平台。

第三章 指导监督工作事项

第十条 上级国有资产监督管理机构依法对下列地方国有资产监管工作进行指导和规范：

（一）国有资产管理体制和制度改革完善；

（二）国有资产监督管理机构履行出资人职责；

（三）国有企业改革发展；

（四）国有经济布局和结构调整；

（五）国有资产基础管理；

（六）其他需要指导规范的事项。

第十一条 上级国有资产监督管理机构应当加强与下级政府的沟通协调，依照《企业国有资产监督管理暂行条例》有关规定，对下级国有资产监督管理机构的机构设置、职责定位、监管范围以及制度建设等情况进行调研指导。

第十二条 上级国有资产监督管理机构应当指导下级国有资产监督管理机构依法规范履行出资人职责，建立健全业绩考核、财务预决算管理和财务审计、资本收益和预算管理、经济责任审计、监事会监督、参与重大决策、企业领导人员管理、薪酬分配、重要子企业监管等工作制度，加强国有资产监管。

第十三条 上级国有资产监督管理机构应当指导下级国有资产监督管理机构深化国有企业改革，加快公司制股份制改革和改制上市步伐，完善公司法人治理结构，建立规范的董事会；指导下级国有资产监督管理机构推动企业建立健全财务、审计、企业法律顾问和职工民主监督制度；指导下级国有资产监督管理机构规范国有资产经营公司运作；指导下级国有资产监督管理机构推动国有企业加快转变经济发展方式，加强自主创新和资源整合。

第十四条 上级国有资产监督管理机构应当指导下级国有资产监督管理机构积极探索地方国有经济发挥主导作用的领域和方式，推进国有资本向重要行业和关键领域集中；推动不同地区、不同层级国有资产监督管理机构监管企业按照市场化原则进行合并与重组。

第十五条 上级国有资产监督管理机构应当指导下级国有资产监督管理机构依法开展产权登记、资产评估、产权转让管理、国有股权管理、清产核资、资产统计、绩效评价、经济运行动态监测等基础管理工作。

第十六条 上级国有资产监督管理机构应当指导下级国有资产监督管理机构在地方党委领导下加强国有企业党建、群工、宣传以及反腐倡廉建设、信访维稳等工作。

第十七条 上级国有资产监督管理机构依法对地方国有资产监管工作中的下列事项实施监督检查或者督促调查处理：

（一）在企业国有产权转让、国有企业改制、上市公司国有股份转让等活动中有违法违规行为，造成重大国有资产损失或者重大社会影响的；

（二）违反企业国有资产评估、产权登记有关规定，造成重大国有资产损失或者重大社会影响的；

（三）违反企业国有资产统计有关规定，玩忽职守，提供或者指使他人提供虚假数据或信息，造成严重后果的；

（四）法律法规规定，党中央、国务院指示和上级政府要求监督的其他事项。

第四章　指导监督工作方式

第十八条 各级国有资产监督管理机构应当高度重视国有资产监管制度建设，建立健全法规体系，及时明确和规范地方国有资产监管工作遇到的问题。上级国有资产监督管理机构制定的国有资产监管规范性文件，应当及时印发或者抄送下级国有资产监督管理机构。

第十九条 各级国有资产监督管理机构应当加强对地方国有资产监管工作的调研指导，定期组织下级国有资产监督管理机构召开工作会议，加强业务交流和培训，互相学习、促进，及时总结推广国有资产监管和国有企业改革发展的典型经验。

第二十条 各级国有资产监督管理机构应当围绕中心工作，针对地方国有资产监管工作中的突出问题，确定年度指导监督工作重点，制定印发相关工作计划。下级国有资产监督管理机构制定的指导监督工作计划应当抄报上级国有资产监督管理机构。

第二十一条 国务院国有资产监督管理机构和省级政府国有资产监督管理机构建立国有资产监管立法备案制度，保障全国国有资产监管制度的统一。

下级国有资产监督管理机构制定的规范性文件，应当自发布之日起30日内抄送上级国有资产监督管理机构备案。其存在与国有资产监管法律、行政法规、规章和规范性文件相抵触情形的，上级国有资产监督管理机构应当及时提出意见，督促下级国有资产监督管理机构按程序予以修正。

第二十二条 国务院国有资产监督管理机构和省级政府国有资产监督管理机构建立国有资产监管法规、政策实施督查制度，对地方贯彻实施国有资产监管法规、政策情况，开展调研指导和监督检查。

上级国有资产监督管理机构发现下级政府国有资产监管工作中存在与国有资产监管法律、行政法规和中央方针政策不符情形的，应当依法提出纠正意见和建议。

第二十三条 各级国有资产监督管理机构建立国有资产监管重大事项报告制度。下级国有资产监督管理机构应当就下列重大事项及时向上级国有资产监督管理机构报告：

（一）地方国有资产监督管理机构的机构设置、职责定位、监管范围发生重大变动的；

（二）本地区国有资产总量、结构、变动等情况以及所出资企业汇总月度及年度财务情况；

（三）地方国有资产监管工作和国有企业改革发展中的其他重大事项。

第二十四条 各级国有资产监督管理机构开展监督检查，应当严格依照法定职责和法定程序进行。对本办法第十七条规定的监督事项，上级国有资产监督管理机构可以采取约谈、书面督办、专项检查、派出督察组等方式，督促纠正违法违规行为。下级国有资产监督管理机构应当及时向上级国有资产监督管理机构报告有关事项处理情况。

对存在违法违规行为的责任单位、个人，上级国有资产监督管理机构可以视情节轻重，在系统内予以通报批评或者向下级政府提出处理建议；对超出国有资产监督管理机构职责范围的违法违规事项，应当依法移送有关机构处理。

第五章　附　　则

第二十五条 地方国有资产监督管理机构可以依照本办法，制定本地区指导监督地方国资工作实施办法。

第二十六条 本办法自2011年5月1日起施行。原《地方国有资产监管工作指导监督暂行办法》（国务院国资委令第15号）同时废止。

国务院国有资产监督管理委员会关于印发《关于进一步加强地方国有资产监管工作的若干意见》的通知

2009 年 9 月 19 日　国资发法规〔2009〕286 号

各省、自治区、直辖市及计划单列市和新疆生产建设兵团国资委：

为深入贯彻落实党的十六大、十七大精神，进一步规范和加强地方国有资产监管工作，完善企业国有资产管理体制和制度，依据《中华人民共和国公司法》、《中华人民共和国企业国有资产法》、《企业国有资产监督管理暂行条例》等法律、法规，根据地方国有资产监管工作发展实际，我委制定了《关于进一步加强地方国有资产监管工作的若干意见》（以下简称《意见》），现印发你们。请各地国资委及时向地方党委和政府报告《意见》的主要精神，将《意见》的要求和本地区实际情况结合起来，在地方党委和政府的领导下，按照“国家所有，分级代表”的原则，规范各级人民政府国有资产监管工作的职责权限；按照政企分开、政资分开的原则，继续推进政府社会公共管理职能与国有资产出资人职能分开，处理好国资委与政府其他部门、机构及企业之间的关系；按照“权利、义务和责任相统一，管资产和管人、管事相结合”的原则，积极推进出资人三项主要职责的落实，依法规范出资人行权履责行为；按照所有权与经营权相分离的原则，加快推进国有企业公司制股份制改革，完善法人治理结构，不干预企业经营自主权。《意见》执行过程中遇到新的情况和问题，请及时向我委反映。

附件：关于进一步加强地方国有资产监管工作的若干意见

附件：

关于进一步加强地方国有资产监管工作的若干意见

为深入贯彻落实党的十六大、十七大精神，加强地方国有资产监管工作，完善企业国有资产管理体制和制度，提出以下意见。

一、充分认识新形势下加强地方国有资产监管工作的重要意义

（一）我国企业国有资产管理体制改革取得重大进展。党的十六大以来，根据党中央和国务院的统一部署，国务院和省、市（地）两级地方人民政府相继组建国资委，具有中国特色的国有资产管理体制基本建立。各级国资委按照政企分开、政资分开原则，准确把握出资人职责定位，企业国有资产监管工作普遍加强，企业国有资产实现保值增值，国有经济活力和效率大幅提升，主导作用得到有效发挥。实践证明，党的十六大关于深化国有资产管理体制改革的重大决策和基本原则是完全正确的。党的十七大充分肯定了十六大以来国有资产管理体制改革和国有企业改革发展取得的重大进展和明显成效，明确要求进一步完善国有资产管理体制和制度。

（二）高度重视地方国有资产监管工作存在的薄弱环节。目前各地国有资产监管工作进展还不平衡，一些地方的企业国有资产监管方式还不完全适应新体制的要求，政企分开、政资分开原则和由地方人民政府依法确定本级国资委监管范围的规定还需要进一步落实；国资委作为政府特设机构的定位还需要准确把握，依法履行的出资人职责还没有完全到位，与国家出资企业的关系还没有完全理顺；国有企业公司制股份制改革和国有经济布局结构调整步伐还需要进一步加快，完善法人治理结构的工作力度还需要进一步加强。继续完善企业国有资产管理体制和制度、进一步加强地方国有资产监管工作的任务仍然十分繁重。

（三）新形势下加强地方国有资产监管工作十分重要和紧迫。在应对国际金融危机挑战的新形势下，继续深入探索完善国有资产管理体制和制度，进一步加强地方国有资产监管工作，既是坚持党的十六大关于深化国有资产管理体制改革的基本原则、落实十七大关于完善各类国有资产管理体制和制度重要精神的重大战略举措，也是提高国有企业抵御金融危机能力、迎接后危机时代各项变革与挑战的迫切要求，同时对于充分发挥国有经济在当前保增长、扩内需、调结构、惠民生、保稳定中的重要作用，促进地方经济平稳较快发展具有重要意义。

二、进一步加强地方国有资产监管工作的总体要求和基本原则

（四）进一步加强地方国有资产监管工作的总体要求。各地国资委要以邓小平理论和“三个代表”重要思想为指导，深入学习实践科学发展观，认真贯彻党的十六大、十七大精神，在地方党委和政府的领导下，依据《中华人民共和国公司法》（以下简称《公司法》）、《中华人民共和国企业国有资产法》（以下简称《企业国有资产法》）和《企业国有资产监督管理暂行条例》（以下简称《条例》），进一步完善地方国有资产管理体制，建立健全企业国有资产出资人制度，合理界定企业国有资产监管范围，按照出资关系规范监管方式，落实监管责任，不断优化地方国有经济布局和结构，增强地方国有企业的活力和效率，促进企业国有资产保值增值，充分发挥国有经济在促进地方经济又好又快发展中的主导作用。

（五）进一步加强地方国有资产监管工作的基本原则。按照“国家所有，分级代表”的原则，规范各级人民政府国有资产监管工作的职责权限；按照政企分开、政资分开的原则，继续推进政府社会公共管理职能与国有资产出资人职能分开，处理好国资委与政府其他部门、机构及企业之间的关系；按照“权利、义务和责任相统一，管资产和管人、管事相结合”的原则，积极推进出资人三项主要职责的落实，依法规范出资人行权履责行为；按照所有权与经营权相分离的原则，加快推进国有企业公司制股份制改革，

完善法人治理结构，不干预企业经营自主权。

三、合理界定企业国有资产监管范围

（六）界定企业国有资产监管范围的原则。在坚持国家所有的前提下，地方企业国有资产由地方人民政府代表国家履行出资人职责。地方国资委监管企业国有资产的范围，依法由本级人民政府按照政企分开、政资分开的原则确定，不受任何部门、机构的越权干预。

（七）积极探索经营性国有资产集中统一监管的方式和途径。对各类经营性国有资产实行集中统一监管，有利于调整优化地方国有经济布局结构，提高企业国有资产配置效率。地方国资委可根据本级人民政府授权，逐步将地方金融企业国有资产、事业单位投资形成的经营性国有资产、非经营性转经营性国有资产纳入监管范围。对于新组建的国家出资企业和实现政企分开后的企业，应当建立健全企业国有资产出资人制度，明确出资人机构，确保监管责任的统一和落实。要积极配合做好党政机关、事业单位与所属企业的脱钩改革、划转接收工作，依法对移交到位的企业履行出资人职责。

（八）根据授权对地方金融企业履行国有资产出资人职责。地方国资委对地方金融企业履行出资人职责的，要立足于企业国有资产安全和保值增值，依法加强出资人监管，正确处理与金融行业监管的职责分工关系。地方国资委监管企业出资设立或者与其他投资主体共同设立的地方金融企业转让国有股权的，依照企业国有资产转让的有关规定，由企业决定或者由地方国资委批准，或者由地方国资委报本级人民政府批准；涉及金融行业监管职能的，按行业监管规定执行。

（九）建立健全公用事业企业国有资产出资人制度。对已经纳入地方国资委监管范围的公用事业企业，要坚持政企分开、政资分开原则，依法规范出资关系，确保出资人职责的落实。要加快推进公用事业企业公司制股份制改革，保障国有资本在公用事业领域的主导地位，充分发挥公用事业企业保障供应、服务民生的重要作用，提高服务效率和质量。要防止通过增设公用事业管理机构、加挂事业单位牌子等方式，影响企业国有资产出资人制度的建立和健全。

（十）切实加强部分特殊领域的地方企业国有资产的监管。对特殊领域的地方企业国有资产，地方国资委应当根据本级人民政府授权依法履行出资人职责。当前确实需要由其他部门、机构在过渡阶段对部分特殊领域地方企业国有资产履行出资人职责的，应当依法由地方人民政府按照政企分开、政资分开的原则明确授权，落实国有资产保值增值责任，遵守国家统一的企业国有资产基础管理制度。

四、准确把握国资委的机构性质和职能定位

（十一）依法坚持国资委作为本级人民政府直属特设机构的性质。依据《企业国有资产法》和《条例》的规定，地方国资委是本级人民政府授权的监管企业国有资产的出资人代表，要牢牢把握国有资产出资人职责定位，加强企业国有资产监管。要对本级人民政府负责，向本级人民政府报告履行出资人职责的情况，接受本级人民政府的监督和

考核，承担国有资产保值增值责任。

（十二）按照“三统一、三结合”原则履行出资人职责。要在地方党委和政府的领导下，坚持“权利、义务和责任相统一，管资产和管人、管事相结合”，建立健全企业国有资产出资人制度。继续推进解决管资产与管人、管事相脱节的问题，争取出资人职责到位，防止行权履责中出现缺位、错位和越位，逐步改变目前少数地方存在的部分企业由国资委管资产、有关部门管人管事的体制状况，依法实现对国家出资企业集中统一履行出资人职责。

（十三）进一步落实《公司法》、《企业国有资产法》赋予出资人的三项主要权利。要把党管干部原则和董事会依法选择经营管理者以及经营管理者依法行使用人权结合起来，建立适应现代企业制度要求的选人用人机制，继续推进公开招聘、竞争上岗等市场化选聘经营管理者的改革，同时建立健全经营管理者考核、奖惩和薪酬制度。要依法加强对国家出资企业重大事项的管理，严格规范决策权限和程序，建立健全“谁决策、谁承担责任”的企业重大事项决策机制。要根据国有资本经营预算制度的原则和出资人制度的要求，结合本地实际，在建立和完善企业国有资本经营预算制度过程中，依法维护和落实出资人的资产收益权。

（十四）依法处理与政府其他部门、机构的职能交叉问题。在地方党委和政府的领导下，要加强与有关部门的沟通协调，进一步细化相关职能的分工与衔接，既要落实出资人职责，又要尊重其他部门依法履行社会公共管理职能。要注意将地方国资委的出资人监管与有关部门的行业监管、市场监管等社会公共监管区别开来，进一步明确与有关部门在经济责任审计、财务监督、企业负责人薪酬和工资总额管理、国有资本经营预算编制与执行等方面的具体职能分工，落实地方国资委的相应职责。

（十五）准确把握政府交办事项的工作定位。对政府交办的维护稳定、安全生产、节能减排等工作，地方国资委要妥善处理好与政府主管部门的关系，注意从履行出资人职责、确保国有资产安全和保值增值的角度，督促企业严格执行国家有关法律法规和地方人民政府有关规定，积极承担社会责任。

（十六）做好国资委涉诉案件的应对工作。在国资委依法行权履责中发生的法律纠纷，应当争取适用民事纠纷解决途径，不宜作为行政诉讼案件处理。一些地方司法机关将国资委在企业国有资产基础管理工作中发生的法律纠纷案件纳入行政诉讼程序审理的，地方国资委也应当妥善应对。

五、依法规范国资委与国家出资企业之间的关系

（十七）国资委与国家出资企业之间要按照出资关系进行规范。地方国资委要依据《企业国有资产法》的规定，坚持所有权与经营权相分离，严格依照法定权限和程序行使资产收益、参与重大决策和选择管理者等出资人权利，不干预企业依法自主经营。

（十八）积极探索完善履行出资人职责的方式。地方国资委要高度重视制定或者参与制定国家出资企业的章程，保证章程充分体现出资人意志。要加快完善企业法人治理结构，重视建立规范的董事会，提高国家出资企业科学决策、防范风险的能力，切实维

护出资人权益。要积极探索国资委直接持股方式，依法加强对上市公司国有股权的监管，规范对国资委委派的股东代表的管理，依法通过股东代表参加企业股东（大）会反映出资人意志，同时支持民间资本参与国有企业改革。要进一步明确国有独资公司董事会行使股东会部分职权的授权条件，依法监督其行权行为。要充分发挥国有企业监事会的监督作用，健全完善国有企业外派监事会制度。

（十九）重视发挥国有企业独特的政治优势。要进一步完善国有企业领导体制和组织管理制度，把党的思想政治优势、组织优势和群众工作优势转化为国有企业的核心竞争力。要按照参与决策、带头执行、有效监督的要求，积极探索把企业党组织的政治核心作用融入到企业决策、执行和监督的全过程。要进一步发扬企业职工的主人翁精神，切实加强企业职工民主管理。

（二十）依法规范国资委与国有资产经营公司之间的关系。国有资产经营公司是重要的国家出资企业。要根据出资关系，明确国资委是国有资产经营公司的出资人，充分发挥国有资产经营公司作为国资委推进企业重组和运营国有资本重要平台的作用。国有资产经营公司要对国资委负责，依法建立和完善法人治理结构，建立健全企业合并分立、重大投资、产权转让、债券发行、股权质押融资等方面的内部监督管理和风险控制制度。

（二十一）加强对国家出资企业重要子企业的监管。地方国资委要严格依据《企业国有资产法》和《条例》的规定，尽快明确国家出资企业重要子企业的范围，加强对其合并分立、增减资本、改制、解散、清算或者申请破产等重大事项的监管。要指导国家出资企业加强对其所出资企业的监管，加快探索完善国家出资企业对上市公司国有股权和境外企业国有资产的监管方式，层层落实出资人责任。

（二十二）逐步规范国资委委托行业部门监管部分企业的行为。根据本级人民政府授权，一些地方国资委委托行业部门监管部分企业的，应当依法规范国资委与行业部门以及委托监管企业之间的关系。地方国资委要通过办理工商登记等手续，明确与委托监管的国家出资企业的出资关系。要与行业部门订立委托监管协议，明确双方的职责权限。

六、加强地方企业国有资产基础管理工作

（二十三）依法维护企业国有资产基础管理的统一性。加强地方企业国有资产的基础管理，是地方国资委的一项重要职能。地方国资委要依法负责地方企业国有资产的产权登记、清产核资、资产统计、资产评估监管、综合评价等基础管理工作。要按照国家有关规定，逐步建立本地区统一的企业国有资产基础管理体系，积极探索覆盖本地区全部企业国有资产基础管理工作的方式和途径。

（二十四）重视企业国有资产统计分析工作。要注意与有关部门的衔接协调，统一做好地方国资委履行出资人职责的国家出资企业和地方其他企业国有资产的统计分析。要定期向本级人民政府报告本地区企业国有资产总量、结构、变动、收益等汇总分析情况，防止企业国有资产统计出现空白，同时避免重复统计、增加企业负担。

（二十五）加强地方国有企业改制重组过程中的国有资产基础管理。要依据《企业国有资产法》和《条例》有关规定，指导改制重组企业做好清产核资、财务审计、资产评估，准确界定和核实资产，客观公正地确定资产的价值，规范与关联方的交易、国有资产转让等重要环节，切实维护国有资产出资人权益，防止国有资产流失。

七、加强对市（地）级、县级人民政府国有资产监管工作的指导监督

（二十六）依据《条例》有关规定，省级人民政府国资委要结合本地实际，切实加强对市（地）级、县级人民政府国有资产监管工作的指导和监督。要把握国有资产管理体制改革的正确方向和基本原则，指导市（地）级人民政府合理界定企业国有资产监管范围，准确把握国资委的机构性质和职能定位，依法规范市（地）级人民政府国资委与国家出资企业的关系，加强企业国有资产基础管理。要特别重视企业国有资产监管与运营合法合规性的监督，加强对市（地）级、县级人民政府所属国有企业改制、企业国有资产转让的监督，采取有力措施，维护国有资产出资人的合法权益，切实防止国有资产流失；维护企业职工的合法权益，注意做好改制企业职工的思想政治工作。要指导优化本地区国有经济布局和结构，推进地方国有企业改革和发展，进一步提高本地区国有经济的整体素质。

（二十七）继续探索完善市（地）级人民政府国有资产管理体制和制度。要适应地方国有经济发展变化的新情况新要求，加快探索解决一些市（地）级人民政府国资委和政府其他部门、机构合署办公的现状与国资委作为特设机构定位的矛盾。要重视指导市（地）级人民政府国资委加强股权多元化企业的国有资本管理，维护好出资人权益。要总结近几年来各地对县级企业国有资产“有专门监管比没有专门监管好、集中监管比分散监管好”的经验，按照企业国有资产管理新体制的要求，指导县级人民政府明确县属企业国有资产的监管主体及其职责，加快落实监管责任，不断探索既符合改革要求又符合本地区实际的县属企业国有资产的监管方式和途径。对不同层级、不同区域国资委共同持有企业股权的，要坚持分级代表、同股同权或者按照章程约定，依法规范共同监管的途径和方式。

八、加强自身建设，提高依法履行出资人职责的能力和水平

（二十八）进一步重视加强国资委的自身建设。要继续完善内部机构设置、职权划分，努力形成权责一致、分工合理、决策科学、执行顺畅、监督有力的运作机制。要加强国资委机关干部队伍建设，深入学习实践科学发展观，努力把握科学发展的规律、国有资产监管的规律、企业发展的规律和经济运行的规律，全面提高依法履行出资人职责的能力和水平。要按照“先立规矩、后办事”的要求，建立健全各项管理制度，大力培育机关合规文化，严格规范行权履责程序，重视加强国资委行权履责中的法律风险防范。

进一步加强企业国有资产监管工作，完善国有资产管理体制和制度，极具探索性，极具挑战性，是一项长期的战略任务。地方国资委要在地方党委和政府的领导下，根据本意见的要求，结合本地区实际，解放思想，与时俱进，努力开创地方国有资产监管工作的新局面，为不断发展壮大国有经济继续作出新的更大的贡献。

关于在国资委系统推动构建国资监管大格局的指导意见

2011 年 11 月 10 日　国资发法规〔2011〕165 号

各省、自治区、直辖市及新疆生产建设兵团国资委，各中央企业：

“十二五”是完善国有资产监管体制和制度、加快国有企业改革发展的关键时期。为落实“国资监管上新水平、国企发展上新台阶”的“两新目标”要求，现就在国资委系统推动构建国资监管大格局提出以下意见。

一、推动构建国资监管大格局的重要意义和总体要求

（一）充分认识推动构建国资监管大格局的重要意义。八年多来，在党中央、国务院和地方党委、政府的正确领导下，各级国资委认真履行职责，不断开拓创新，国有资产监管明显加强，国有企业改革发展深入推进，国有经济活力和效率大幅提升。然而，目前各地国有资产监管工作进展还不平衡，国资委系统还不同程度地存在履职能力不强、沟通协调不畅的问题，各级国资委与有关部门的沟通协调机制还需要进一步完善，国有企业改革发展还需要进一步争取全社会的关心和支持。按照“十二五”时期“两新目标”要求，进一步更新理念、改进作风，在国资委系统构建整合协调、开放合作的国资监管大格局，既是大力加强国有资产监管的重要措施，又是加快完善国有资产监管体制和制度的内在要求，对于更好地营造国有企业改革发展的良好环境，做强做优国有企业，实现国有资产保值增值，具有十分重要的意义。

（二）推动构建国资监管大格局的总体要求。各级国资委要在本级党委、政府领导下，深入贯彻落实党的十七届五中全会精神和国家“十二五”规划纲要，以科学发展为主题，以转变发展方式为主线，突出更新理念、改进作风的重点，大力培育合心合作合力的国有资产监管和国有企业改革发展的工作文化，加快健全联合融合整合的工作系统，不断完善指导监管有效、相互支持有力、沟通协调顺畅、共同发展有序的工作机制，努力推动“国资监管上新水平，国企发展上新台阶”。

二、努力培育国资系统工作文化

（三）强化系统融合，积极培育国有资产监管共同的价值理念。各级国资委承担着依法履行出资人职责、加强国有资产监管的共同责任，国资委和国有企业肩负着发展壮大国有经济、实现企业国有资产保值增值的共同使命。国资委系统要进一步密切工作联

系，加强交流互动，统筹监管资源，积极培育上下一心、整体联动、协调合作的系统文化。

（四）坚持开放包容，不断凝聚国有资产监管工作合力。企业国有资产是全体人民的共同财富，国有资产保值增值人人有责，国有资产监管和国有企业改革发展离不开各地方、各部门和全社会的支持。各级国资委要在本级党委、政府的领导和支持下，以更加开放的工作姿态，重视联合有关部门，紧紧依靠社会各方面力量，大力加强系统内外的工作联合、资源整合和感情融合，努力争取各方支持，形成合力。

（五）优化资源配置，大力拓宽国有资产监管工作视野。各地国资委要在坚持分级代表的前提下，以更加广阔的工作视野，统筹考虑本地区监管企业的国有资产和中央企业、其他省市在本地区的国有资产，努力拓宽资源配置的领域和空间。鼓励非公有制经济参与国有企业改制重组，加快国有经济布局结构调整和产业转型升级。要集中力量办大事，更好地发挥国有经济对当地经济社会发展的引领带动作用。

三、加快完善国资系统工作体系

（六）健全国有资产监管组织体系。建立机构健全、定位准确、职责统一的国有资产监管组织体系，是在国资委系统推动构建国资监管大格局的组织基础。要按照“政企分开、政资分开、所有权与经营权相分离”原则，继续坚持国资委作为本级政府直属特设机构的性质，保持机构稳定，指导地市级国资委防止机构设置上的行政化倾向，明确县级国有资产监管责任主体。要按照“权利、义务和责任相统一，管资产和管人、管事相结合”的原则，积极落实国资委根据授权承担的出资人三项主要职责，同时坚持出资人职责与面上监管职责的有机结合。

（七）完善国有资产监管法规制度体系。健全规则完善、上下统一、执行有力的国有资产监管法规体系，是在国资委系统推动构建国资监管大格局的制度保障。各地国资委要以《企业国有资产法》为龙头，以《企业国有资产监督管理暂行条例》为基础，在国有资产出资人制度、国家出资企业制度和国有资产统一监管制度三大制度框架下，健全完善本地区具体规章制度，形成国有资产监管的完整制度体系。要切实加大国有资产监管法律、行政法规和规章、规范性文件的执行力度，强化监督检查，严格责任追究，确保国资委系统各项制度全面落实到位。

（八）推动经营性国有资产的集中统一监管。继续推动经营性国有资产的集中统一监管，是在国资委系统推动构建国资监管大格局的重要内容。各地国资委要适应完善国有资产监管体制和制度的需要，积极争取当地党委和政府的支持，以提高国有资产监管效率为目标，进一步拓宽经营性国有资产的监管范围。对暂时不具备纳入统一监管条件的地方国有企业，可以通过由国资委委托行业部门具体监管等方式，实现监管政策的统一，理顺出资关系。要通过推动集中统一监管，加快在更大范围、更高层次上的企业重组和资源整合，着力培育一批优势企业或者国内领先企业，具备条件的要努力培育成为世界一流企业。

（九）不断加强国有资产监管能力建设。进一步提高各级国资委专业化、规范化和系统化的监管能力和水平，是在国资委系统推动构建国资监管大格局的重要抓手。要深入把握科学发展规律、国有资产监管规律、企业发展规律和经济运行规律，进一步创新完善监管方式，共同探索解决出资人监管涉及的共性问题，不断提升国有资产监管工作的专业化水平。要继续加强法治机构建设，依法规范出资人行权履责的各项活动，重视合规性审查，强化监督机制，防范法律风险，全面提高国有资产监管工作的规范化水平。要充分发挥系统合力，确保国有资产监管工作横向到边、纵向到底，相互支持、整体推进，加快提升国有资产监管工作的系统化水平。

四、建立健全国资系统工作机制

（十）完善向本级政府报告工作机制。各级国资委要准确把握直属特设机构定位，对本级政府负责，向本级政府报告。对依法须经本级政府批准决定的重大事项，要及时报请本级政府批准决定。要定期向本级政府报告有关国有资产总量、结构、变动、收益等汇总分析情况以及国有企业监督检查和国有企业监事会工作等履行出资人职责的情况，自觉接受本级政府的监督和考核。要围绕当地经济社会发展大局和国有经济改革发展状况，主动报告本地区国有资产监管体制改革完善和国有资产监管工作遇到的问题和建议，争取本级党委和政府的重视和支持。

（十一）完善与有关部门联动协作和信息公开工作机制。各级国资委要在法定职责范围内，进一步加强与有关部门的沟通协调。积极参与有关政策法规的起草和执法检查，加大对企业历史遗留问题和重大疑难案件的协调力度，努力为企业排忧解难，维护企业合法权益和国有资产安全。要认真贯彻落实信息公开制度，及时向社会公开发布国有资产监管、国有企业改革发展的最新进展情况，增加工作透明度，认真听取社会各方的意见和建议。切实加强与新闻媒体的沟通联系，广泛宣传国有企业对经济社会发展的积极贡献，探索建立国有企业突发危机事件中的媒体应对和协调机制，指导监管企业定期发布履行社会责任报告，自觉接受全社会监督。

（十二）完善地方国有资产监管指导监督工作机制。开展指导监督工作是各级国资委承担的重要法定职责。各级国资委要依据《地方国有资产监管工作指导监督办法》的规定，注意发挥好指导工作的引导、规范、提高和促进作用。认真执行国资委系统国有资产监管立法备案、法规政策实施督察和重大事项报告制度。坚持“两手抓”，重视指导下级国资委在当地党委、政府的领导下，切实加强国有企业党建、群工、宣传以及反腐倡廉建设、信访维稳等工作，同时防止越权干预下级国资委依法行权履责。要坚持监督工作“少而精”的原则，注意把监督工作的重点放在确保国资监管法律法规和国家政策的贯彻实施上，放在国企改制、产权转让等可能出现违法违规行为的重点环节上，放在防范国有资产重大损失和重大不良社会影响的潜在风险上。要全面落实指导监督工作责任，推动实现国资委系统指导及时，监督有效。

（十三）完善国有资产基础管理工作机制。加强企业国有资产基础管理工作，既是搞好国有资产面上监管的重要抓手，也是加强上下级国资委之间联系的重要纽带。各级国资委要高度重视国有资产基础管理制度建设，共同推进完善基础管理立法，尽快解决目前有关立法位阶低、系统内外规则不统一、部门职责有所交叉的问题。要进一步明确基础管理工作分工，依法落实省和地市两级国资委承担的企业国有资产产权登记、资产评估、产权转让、国有股权管理、清产核资、资产统计、绩效评价、运行动态监测等工作职责，尽快明确县级企业国有资产基础管理责任主体，努力建立全面覆盖、层级完整的工作机制。

（十四）完善国有企业央地合作、区域合作工作机制。深化国有企业央地合作、区域合作，是推进形成企业国有资产优化配置的重要手段。要以企业为主体，以市场为导向，鼓励企业围绕主业开展合作，积极推动联合重组，互利共赢，共同发展。要明确地方国资委在本地区国有企业开展央地合作、区域合作中的牵头地位，中央企业到地方及其有关部门商洽签订战略合作协议、推进投资合作项目等，可以加强与当地国资委的沟通，充分发挥其综合协调、指导服务的作用。要以出资关系为基础，按照有利于增强企业核心竞争力和实现可持续发展的原则，合理设置合作企业股权结构，既可以由中央企业控股，也可以由地方国有企业控股。对不同层级、不同地区监管企业之间的合作，要坚持分级代表，按照同股同权或者章程约定，依法履行出资人职责，规范有关国资委共同监管的途径和方式，切实尊重企业经营自主权。

五、在国资委系统构建国资监管大格局的主要措施

（十五）切实加强组织领导。各级国资委要准确把握构建国资监管大格局的总体要求，将这项工作摆上重要议事日程。主要负责同志要亲自抓，要从坚持“两个毫不动摇”、加快国有企业改革发展的战略高度统筹谋划。要组织搞好在国资委系统构建国资监管大格局的学习培训和宣传教育，结合贯彻中央关于做好群众工作的要求，积极营造良好的舆论环境。要研究制订具体工作计划，针对本地区国有资产监管工作面临的突出困难和问题，明确在国资委系统构建国资监管大格局的重点和切入点。要细化部门分工，落实工作措施和责任，加强督促检查，努力将构建国资监管大格局的各项要求落到实处。

（十六）着力打造沟通协调平台。各级国资委要通过各种专业会议和培训、调研交流、指导检查等，进一步加强系统内的日常业务沟通，共同探索解决国有资产监管工作涉及的全局性和战略性的重点问题，组织开展行业发展前瞻性研究，为具有产业链上下游关系的监管企业提供合作交流平台。上级国资委要注意在下级国资委机构设置、职责定位、监管范围等方面，加强与下级政府的沟通协调。各级国资委要指导督促监管企业积极向所在地国资委沟通交流情况，自觉接受政府有关部门的行业管理和市场监管。要联合有关部门深入研究完善涉及国有企业改革发展的重大政策，积极争取有关部门对企业转型升级、自主创新和“走出去”等加快发展的政策指导和支持，帮助做好国有企业分离办社会职能和辅业改制涉及的资产处置、债务处理、职工安置等方面的工作。

（十七）建立健全信息交流平台。要不断拓宽各级国资委之间的信息交流渠道，完善产权管理、统计评价、业绩对标等专业化信息平台。国务院国资委要加快推进国有资产监管信息系统建设，在保证企业生产经营数据保密和安全的前提下，定期向各地国资

委通报中央企业在地方的资产运营情况，重视交流分析宏观经济形势和有关数据，积极推动中央企业与地方国有企业在业绩对标、区域经济形势等方面的信息共享，适时启动与省级国资委的视频会议系统建设。地方国资委要建立健全本地区国有资产监管工作数据库，并及时按规定向上级国资委报送本地区国有企业统计数据。要大力推进各级国资委信息交流工作的制度化、规范化，逐步实现信息互通，数据共享。

（十八）积极搭建人才队伍培养平台。要适应构建国资监管大格局的新要求、新挑战，大力推进国资委系统干部队伍建设。要加强人才培养，定期组织开展各级国资委和监管企业负责人参加的专题研讨和业务培训。加大与国外先进大公司的合作交流力度，深入学习借鉴国外大公司的成熟经验，进一步拓宽各级国资委和监管企业负责人的国际视野，推动监管企业人才国际化。要加强人才交流，进一步健全完善国资委系统、国资委与监管企业之间人员双向交流挂职制度，努力实现人才资源共享。要加强人才服务，继续通过面向海内外公开招聘、海外高层次人才引进等方式，积极为国资委和监管企业招揽优秀人才。要建立健全国有企业薪酬激励体系，吸引并留住企业优秀人才。要坚持人才的引进与培养并重，以引进带培养，以培养促引进，努力夯实国有资产监管和国有企业改革发展的人才基础。

（十九）探索建立企业互帮互助平台。各级国资委要通过建立监管企业之间的项目推介、技术攻关、人才交流等平台，鼓励企业依法合规实现优势互补、互利共赢。要指导监管企业在应对重大自然灾害、重大经济危机以及其他重大突发事件时，既要积极履行社会责任、充分发挥引领带动作用，又要互相支持帮助、共同增强抵御风险的能力。

在国资委系统推动构建国资监管大格局，是落实“两新目标”的一项重要战略部署，任务艰巨，意义重大。各级国资委要在党中央、国务院和地方党委、政府的领导下，在各部门和全社会的大力支持下，勇于开拓进取，不断探索创新，持续深入地推动这项工作，为开创国资监管和国企改革发展新局面作出更大贡献。

关于进一步加强地方国资委所监管融资平台公司风险防范的通知

2011 年 12 月 28 日　国资发法规〔2011〕210 号

各省、自治区、直辖市及计划单列市和新疆生产建设兵团国资委：

为进一步加强地方国资委所监管融资平台公司的风险防范，切实发挥地方融资平台公司在促进当地经济社会发展中的积极作用，现将有关事项通知如下：

一、规范履行对融资平台公司的出资人职责。各地国资委要高度关注所监管融资平台公司经营状况，规范行使出资人权利，确保出资人职责层层到位，依法落实监管责任。指导融资平台公司完善法人治理结构，建立健全规划投资、融资担保、风险防范等方面的制度，增强融资平台公司规范化、商业化运营能力。

二、清理核实融资平台公司及其债务情况。要切实摸清融资平台公司的资产总额、负债总额、负债结构、资产负债率、一年内到期贷款余额、年度偿债能力以及债务担保等基本情况。根据国务院有关文件规定，按照承担公益性项目且主要依靠财政性资金偿还、承担公益性项目且本身有稳定经营性收入并主要依靠自身收益偿还、承担非公益性项目的分类标准，对融资平台公司及其债务进行全面核实，严格分类管理。

三、切实维护融资平台公司的市场主体地位。要坚持“政企分开、政资分开、所有权与经营权相分离”的原则，进一步理顺融资平台公司监管体制，依法保障融资平台公司法人财产权和经营自主权，在融资贷款、项目运营等方面实现规范化运作。指导融资平台公司通过积极引进民间投资等市场化途径，促进项目投资主体多元化，拓展融资平台公司的筹资渠道。

四、依法完善融资平台公司法人治理结构。指导融资平台公司按照《中华人民共和国公司法》《中华人民共和国企业国有资产法》和《企业国有资产监督管理暂行条例》的要求，建设规范董事会，强化监事会监督，建立健全公司议事规则和重大事项决策制度。要依法选聘好融资平台公司董事和高级管理人员，支持公司董事会依法决策，提高决策的科学化水平。

五、进一步加强对融资平台公司融资行为的监管。引导融资平台公司合理确定融资规模和信用支持方式，避免过度举债。经地方政府审核后，对还款来源主要依靠财政性资金的公益性在建项目，除法律和国务院另有规定外，不得继续通过融资平台公司融资，应通过财政预算等渠道或采取市场化方式妥善解决项目建设后续资金，落实偿债责任和还款资金来源。

六、进一步加强对融资平台公司规划投资行为的监管。按照国家产业政策和国资监管的有关要求，指导融资平台公司明确自身的战略定位和发展方向，坚持服务于当地经济社会发展大局。要指导融资平台公司围绕主业科学制定发展战略规划，审慎选择投资行业和投资项目，实现公益性和营利性项目合理匹配，投资运营与工程建设衔接并举。

七、进一步加强对融资平台公司债务担保行为的监管。杜绝地方国资委为所监管的融资平台公司违规担保承诺行为，特别是不得以行政事业单位的国有资产、国有资本经营预算资金等为融资平台公司提供担保。要全面梳理融资平台公司与其他监管企业的债权债务关系，认真排查以国有资产或者国有股权等为融资平台公司提供担保、融资平台公司相互担保等情况，制定风险防范预案，防止债务风险扩散蔓延。

八、指导融资平台公司完善全面风险管理工作体系。加强融资平台公司债务风险管理，强化财务审计监督和企业内控管理，建立风险预警及应急制度，探索完善科学有效的综合绩效考评体系。建立健全融资平台公司的总法律顾问制度，完善企业法律风险防范机制，切实加强融资平台公司“三重一大”事项监督。

九、建立健全融资平台公司信息公开和报告制度。加强指导融资平台公司及时汇总分析经营数据，提高运营的透明度，自觉接受社会监督。上市或者发行企业债券的融资平台公司，要按照证券监管的有关要求，及时、准确、完整地履行信息披露义务。规范执行融资平台公司重大事项报告制度，对需要向本级人民政府报告的重大事项，各地国资委要及时按照相关程序报告。

各省级国资委要切实加强组织领导，加大与当地财政、金融监管等有关部门的沟通协调力度，重视指导监督下级国有资产监督管理机构加强所监管融资平台公司的风险防范工作，确保各项要求落到实处。本通知执行过程中遇到的情况和问题，请及时向我委反映。

关于印发《关于加强地方国有企业债务风险管控工作的指导意见》的通知

2021 年 2 月 28 日　国资发财评规〔2021〕18 号

各省、自治区、直辖市及计划单列市和新疆生产建设兵团国资委：

近期，个别地方国有企业发生债券违约，引发金融市场波动和媒体关注。中央、国务院领导同志高度重视，要求加强国有企业债务风险处置和防范应对工作。国务院金融稳定发展委员会召开专题会议研究部署风险防范化解工作，要求地方政府和地方国有企业严格落实主体责任，防范化解重大债务风险，维护金融市场稳定，并要求国务院国资委督促指导地方加强国有企业债务风险管控。为此，国务院国资委结合中央企业债务风险管控工作实践，研究制定了《关于加强地方国有企业债务风险管控工作的指导意见》，现印发给你们，请结合地方国有企业实际，认真组织实施。

关于加强地方国有企业债务风险管控工作的指导意见

为贯彻落实国务院金融稳定发展委员会工作要求，指导地方国资委进一步加强国有企业债务风险管控工作，有效防范化解企业重大债务风险，坚决守住不引发区域性、系统性金融风险的底线，现提出以下意见：

一、充分认识当前加强国有企业债务风险管控的重要性

加强国有企业债务风险管控，是贯彻落实党中央、国务院决策部署，打好防范化解重大风险攻坚战的重要举措；是维护金融市场稳定和地区经济平稳运行的客观需要；是落实国企改革三年行动，推动国有企业加快实现高质量发展的内在要求。各地方国资委要进一步提高政治站位，增强责任意识，充分认识当前加强地方国有企业债务风险管控的重要性、紧迫性，督促指导地方国有企业严格落实主体责任，切实增强底线思维和风险意识，依法合规开展债务融资和风险处置，严格遵守资本市场规则和监管要求，按期做好债务资金兑付，不得恶意逃废债，努力维护国有企业良好市场信

誉和金融市场稳定。

二、完善债务风险监测预警机制，精准识别高风险企业

各地方国资委要加快建立健全地方国有企业债务风险监测预警机制，完善重点债务风险指标监测台账，逐月跟踪分析，充分利用信息化手段加强对各级企业债务风险的动态监测，做到早识别、早预警、早应对。可参照中央企业债务风险量化评估体系，结合地方实际情况，探索建立地方国有企业债务风险量化评估机制，综合债务水平、负债结构、盈利能力、现金保障、资产质量和隐性债务等，对企业债务风险进行精准识别，将债务风险突出的企业纳入重点管控范围，采取特别管控措施，督促企业“一企一策”制定债务风险处置工作方案，确保稳妥化解债务风险。

三、分类管控资产负债率，保持合理债务水平

各地方国资委可参照中央企业资产负债率行业警戒线和管控线进行分类管控，对高负债企业实施负债规模和资产负债率双约束，“一企一策”确定管控目标，指导企业通过控投资、压负债、增积累、引战投、债转股等方式多措并举降杠杆减负债，推动高负债企业资产负债率尽快回归合理水平。督促指导企业转变过度依赖举债投资做大规模的发展理念，根据财务承受能力科学确定投资规模，从源头上防范债务风险。加强对企业隐性债务的管控，严控资产出表、表外融资等行为，指导企业合理使用权益类融资工具，对永续债券、永续保险、永续信托等权益类永续债和并表基金产品余额占净资产的比例进行限制，严格对外担保管理，对有产权关系的企业按股比提供担保，原则上不对无产权关系的企业提供担保，严控企业相互担保等捆绑式融资行为，防止债务风险交叉传导。规范平台公司重大项目的投融资管理，严控缺乏交易实质的变相融资行为。

四、开展债券全生命周期管理，重点防控债券违约

各地方国资委要把防范地方国有企业债券违约，作为债务风险管控的重中之重。探索实施债券发行年度计划管理，严格审核纳入债务风险重点管控范围企业的发行方案，严禁欺诈发行债券、虚假披露信息、操纵市场价格等违法违规行为，指导地方国有企业严格限定所属子企业债券发行条件。可参照中央企业债券发行管理有关规定，对纳入债务风险重点管控范围的企业实行比例限制，引导企业做好融资结构与资金安全的平衡、偿债时间与现金流量的匹配。将企业发债品种、规模、期限、用途、还款等关键信息纳入债务风险监测预警机制并实施滚动监测，重点关注信用评级低、集中到期债券规模大、现金流紧张、经营严重亏损企业的债券违约风险，督促指导企业提前做好兑付资金接续安排。对于按期兑付确有困难的，各地方国资委要指导企业提前与债券持有人沟通确定处置方案，通过债券展期、置换等方式主动化解风险，也可借鉴央企信用保障基金模式，按照市场化、法治化方式妥善化解风险。

五、依法处置债券违约风险，严禁恶意逃废债行为

对于已经发生债券违约的，各地方国资委要及时报告本级人民政府，在地方政府的统一领导下，切实履行属地责任，指导违约企业按照市场化、法治化、国际化原则妥善做好风险处置，通过盘活土地、出售股权等方式补充资金，积极主动与各方债权人沟通协调，努力达成和解方案，同时要努力挽回市场信心，防止发生风险踩踏和外溢。对于已无力化解风险、确需破产的，要督促企业依法合规履行破产程序，强化信息披露管理，及时、准确披露股东或实际控制人变更、资产划转、新增大额债务等重大事项，保障债权人、投资人合法利益。

六、规范债务资金用途，确保投入主业实业

各地方国资委要加强地方国有企业债务融资资金用途管控，督促企业将筹集的资金及时高效投放到战略安全、产业引领、国计民生、公共服务等关键领域和重要行业，原则上要确保投资项目的回报率高于资金成本，切实发挥资本市场服务实体经济的功能作用。督促企业严格执行国家金融监管政策，按照融资协议约定的用途安排资金，突出主业、聚焦实业，严禁过度融资形成资金无效淤积，严禁资金空转、脱实向虚，严禁挪用资金、违规套利。探索对企业重大资金支出开展动态监控，有效防范资金使用风险。

七、全面推动国企深化改革，有效增强抗风险能力

各地方国资委要坚决贯彻落实国企改革三年行动要求，立足地方国有企业债务风险管控长效机制建设，督促指导企业通过全面深化改革破解风险难题。通过加强“两金”管控、亏损企业治理、低效无效资产处置、非主业非优势企业（业务）剥离等措施，提高企业资产质量和运行效率。严控低毛利贸易、金融衍生、PPP 等高风险业务，严禁融资性贸易和“空转”“走单”等虚假贸易业务，管住生产经营重大风险点。加快推进国有经济布局优化和结构调整，加速数字化、网络化、智能化转型升级，加快发展新技术、新模式、新业态，不断增强自主创新能力、市场核心竞争力和抗风险能力。

八、发挥监管合力，完善国有企业债务风险管控工作体系

各地方国资委要把加强地方国有企业债务风险管控作为一项系统性工程，从投资规划、财务监管、考核分配、资本预算、产权管理、内控管理、监督追责和干部任免等国资监管的各个环节综合施策，完善监管体系，发挥监管合力，筑牢风险底线。加强与当地人民银行分支机构和证监局等部门的合作，推动债务风险信息共享，共同预警防范企业重大债务风险。国务院国资委将按照推动构建国资监管大格局的要求，督促指导地方加强地方国有企业债务风险管控，加快建立工作联系机制、日常监测机制、风险评估指导机制和重大风险报告机制。

各省级国资委要按照本通知要求督促指导地市和区县级国资监管机构做好监管企业债务风险管控工作。

社会责任

中央企业安全生产监督管理暂行办法

2008 年 8 月 18 日　国务院国有资产监督管理委员会令第 21 号

第一章　总　　则

第一条　为履行国有资产出资人安全生产监管职责，督促中央企业全面落实安全生产主体责任，建立安全生产长效机制，防止和减少生产安全事故，保障中央企业职工和人民群众生命财产安全，维护国有资产的保值增值，根据《中华人民共和国安全生产法》、《企业国有资产监督管理暂行条例》、《国务院办公厅关于加强中央企业安全生产工作的通知》（国办发〔2004〕52 号）等有关法律法规和规定，制定本办法。

第二条　本办法所称中央企业，是指国务院国有资产监督管理委员会（以下简称国资委）根据国务院授权履行出资人职责的国有及国有控股企业。

第三条　中央企业应当依法接受国家安全生产监督管理部门和所在地省（区、市）、市（地）安全生产监督管理部门以及行业安全生产监督管理部门的监督管理。国资委按照国有资产出资人的职责，对中央企业的安全生产工作履行以下职责：

（一）负责指导督促中央企业贯彻落实国家安全生产方针政策及有关法律法规、标准等；

（二）督促中央企业主要负责人落实安全生产第一责任人的责任和企业安全生产责任制，做好对企业负责人履行安全生产职责的业绩考核；

（三）依照有关规定，参与或者组织开展中央企业安全生产检查、督查，督促企业落实各项安全防范和隐患治理措施；

（四）参与企业特别重大事故的调查，负责落实事故责任追究的有关规定；

（五）督促企业做好统筹规划，把安全生产纳入中长期发展规划，保障职工健康与安全，切实履行社会责任。

第四条　国资委对中央企业安全生产实行分类监督管理。中央企业依据国资委核定的主营业务和安全生产的风险程度分为三类（见附件 1）：

第一类：主业从事煤炭及非煤矿山开采、建筑施工、危险物品的生产经营储运使用、交通运输的企业；

第二类：主业从事冶金、机械、电子、电力、建材、医药、纺织、仓储、旅游、通信的企业；

第三类：除上述第一、二类企业以外的企业。

企业分类实行动态管理，可以根据主营业务内容的变化进行调整。

第二章　安全生产工作责任

第五条　中央企业是安全生产的责任主体，必须贯彻落实国家安全生产方针政策及有关法律法规、标准，按照“统一领导、落实责任、分级管理、分类指导、全员参与”的原则，逐级建立健全安全生产责任制。安全生产责任制应当覆盖本企业全体职工和岗位、全部生产经营和管理过程。

第六条　中央企业应当按照以下规定建立以企业主要负责人为核心的安全生产领导负责制。

（一）中央企业主要负责人是本企业安全生产的第一责任人，对本企业安全生产工作负总责，应当全面履行《中华人民共和国安全生产法》规定的以下职责：

1. 建立健全本企业安全生产责任制；

2. 组织制定本企业安全生产规章制度和操作规程；

3. 保证本企业安全生产投入的有效实施；

4. 督促、检查本企业的安全生产工作，及时消除生产安全事故隐患；

5. 组织制定并实施本企业的生产安全事故应急救援预案；

6. 及时、如实报告生产安全事故。

（二）中央企业主管生产的负责人统筹组织生产过程中各项安全生产制度和措施的落实，完善安全生产条件，对企业安全生产工作负重要领导责任。

（三）中央企业主管安全生产工作的负责人协助主要负责人落实各项安全生产法律法规、标准，统筹协调和综合管理企业的安全生产工作，对企业安全生产工作负综合管理领导责任。

（四）中央企业其他负责人应当按照分工抓好主管范围内的安全生产工作，对主管范围内的安全生产工作负领导责任。

第七条　中央企业必须建立健全安全生产的组织机构，包括：

（一）安全生产工作的领导机构——安全生产委员会（以下简称安委会），负责统一领导本企业的安全生产工作，研究决策企业安全生产的重大问题。安委会主任应当由企业安全生产第一责任人担任。安委会应当建立工作制度和例会制度。

（二）与企业生产经营相适应的安全生产监督管理机构。

第一类企业应当设置负责安全生产监督管理工作的独立职能部门。

第二类企业应当在有关职能部门中设置负责安全生产监督管理工作的内部专业机构；安全生产任务较重的企业应当设置负责安全生产监督管理工作的独立职能部门。

第三类企业应当明确有关职能部门负责安全生产监督管理工作，配备专职安全生产监督管理人员；安全生产任务较重的企业应当在有关职能部门中设置负责安全生产监督管理工作的内部专业机构。

安全生产监督管理职能部门或者负责安全生产监督管理工作的职能部门是企业安全生产工作的综合管理部门，对其他职能部门的安全生产管理工作进行综合协调和监督。

第八条 中央企业应当明确各职能部门的具体安全生产管理职责；各职能部门应当将安全生产管理职责具体分解到相应岗位。

第九条 中央企业专职安全生产监督管理人员的任职资格和配备数量，应当符合国家和行业的有关规定；国家和行业没有明确规定的，中央企业应当根据本企业的生产经营内容和性质、管理范围、管理跨度等配备专职安全生产监督管理人员。

中央企业应当加强安全队伍建设，提高人员素质，鼓励和支持安全生产监督管理人员取得注册安全工程师资质。安全生产监督管理机构工作人员应当逐步达到以注册安全工程师为主体。

第十条 中央企业工会依法对本企业安全生产与劳动防护进行民主监督，依法维护职工合法权益，有权对建设项目的安全设施与主体工程同时设计、同时施工、同时投入和使用情况进行监督，提出意见。

第十一条 中央企业应当对其独资及控股子企业（包括境外子企业）的安全生产认真履行以下监督管理责任：

（一）监督管理独资及控股子企业安全生产条件具备情况；安全生产监督管理组织机构设置情况；安全生产责任制、安全生产各项规章制度建立情况；安全生产投入和隐患排查治理情况；安全生产应急管理情况；及时、如实报告生产安全事故。

第一类中央企业可以向其列为安全生产重点的独资及控股子企业委派专职安全生产总监，加强对子企业安全生产的监督。

（二）将独资及控股子企业纳入中央企业安全生产管理体系，对其项目建设、收购、并购、转让、运行、停产等影响安全生产的重大事项实行报批制度，严格安全生产的检查、考核、奖惩和责任追究。

对控股但不负责管理的子企业，中央企业应当与管理方商定管理模式，按照《中华人民共和国安全生产法》的要求，通过经营合同、公司章程、协议书等明确安全生产管理责任、目标和要求等。

对参股并负有管理职责的企业，中央企业应当按照有关法律法规的规定与参股企业签订安全生产管理协议书，明确安全生产管理责任。

中央企业各级子企业应当按照以上规定逐级建立健全安全生产责任制，逐级加强安全生产工作的监督管理。

第三章　安全生产工作基本要求

第十二条 中央企业应当制定中长期安全生产发展规划，并将其纳入企业总体发展战略规划，实现安全生产与企业发展的同步规划、同步实施、同步发展。

第十三条 中央企业应当建立健全安全生产管理体系，积极推行和应用国内外先进的安全生产管理方法、体系等，实现安全生产管理的规范化、标准化、科学化、现代化。

中央企业安全生产管理体系应当包括组织体系、制度体系、责任体系、风险控制体系、教育体系、监督保证体系等。

中央企业应当加强安全生产管理体系的运行控制，强化岗位培训、过程督查、总结反馈、持续改进等管理过程，确保体系的有效运行。

第十四条 中央企业应当结合行业特点和企业实际，建立职业健康安全管理体系，消除或者减少职工的职业健康安全风险，保障职工职业健康。

第十五条 中央企业应当建立健全企业安全生产应急管理体系，包括预案体系、组织体系、运行机制、支持保障体系等。加强应急预案的编制、评审、培训、演练和应急救援队伍的建设工作，落实应急物资与装备，提高企业有效应对各类生产安全事故灾难的应急管理能力。

第十六条 中央企业应当加强安全生产风险辨识和评估工作，制定重大危险源的监控措施和管理方案，确保重大危险源始终处于受控状态。

第十七条 中央企业应当建立健全生产安全事故隐患排查和治理工作制度，规范各级生产安全事故隐患排查的频次、控制管理原则、分级管理模式、分级管理内容等。对排查出的隐患要落实专项治理经费和专职负责人，按时完成整改。

第十八条 中央企业应当严格遵守新建、改建、扩建工程项目安全设施与主体工程同时设计、同时施工、同时投入生产和使用的有关规定。

第十九条 中央企业应当严格按照国家和行业的有关规定，足额提取安全生产费用。国家和行业没有明确规定安全生产费用提取比例的中央企业，应当根据企业实际和可持续发展的需要，提取足够的安全生产费用。安全生产费用应当专户核算并编制使用计划，明确费用投入的项目内容、额度、完成期限、责任部门和责任人等，确保安全生产费用投入的落实，并将落实情况随年度业绩考核总结分析报告同时报送国资委。

第二十条 中央企业应当建立健全安全生产的教育和培训制度，严格落实企业负责人、安全生产监督管理人员、特种作业人员的持证上岗制度和培训考核制度；严格落实从业人员的安全生产教育培训制度。

第二十一条 中央企业应当建立安全生产考核和奖惩机制。严格安全生产业绩考核，加大安全生产奖励力度，严肃查处每起责任事故，严格追究事故责任人的责任。

第二十二条 中央企业应当建立健全生产安全事故新闻发布制度和媒体应对工作机制，及时、主动、准确、客观地向新闻媒体公布事故的有关情况。

第二十三条 企业制定和执行的安全生产管理规章制度、标准等应当不低于国家和行业要求。

第四章　安全生产工作报告制度

第二十四条 中央企业应当于每年1月底前将上一年度的安全生产工作总结和本年度的工作安排报送国资委。

第二十五条 中央企业应当按季度、年度对本企业（包括独资及控股并负责管理的企业）所发生的生产安全事故进行统计分析并填制报表（见附件2、附件3），于次季度首月 15 日前和次年度 1 月底前报国资委。中央企业生产安全事故统计报表实行零报告制度。

第二十六条 中央企业发生生产安全事故或者因生产安全事故引发突发事件后，应当按以下要求报告国资委：

（一）境内发生较大及以上生产安全事故，中央企业应当编制生产安全事故快报（见附件 4），按本办法规定的报告流程（见附件 5）迅速报告。事故现场负责人应当立即向本单位负责人报告，单位负责人接到报告后，应当于 1 小时内向上一级单位负责人报告；以后逐级报告至国资委，且每级时间间隔不得超过 2 小时。

（二）境内由于生产安全事故引发的特别重大、重大突发公共事件，中央企业接到报告后应当立即向国资委报告。

（三）境外发生生产安全死亡事故，中央企业接到报告后应当立即向国资委报告。

（四）在中央企业管理的区域内发生生产安全事故，中央企业作为业主、总承包商或者分包商应当按本条第（一）款规定报告。

第二十七条 中央企业应当将政府有关部门对较大事故、重大事故的事故调查报告及批复及时报国资委备案，并将责任追究落实情况报告国资委。

第二十八条 中央企业应当将安全生产工作领导机构及安全生产监督管理机构的名称、组成人员、职责、工作制度及联系方式报国资委备案，并及时报送变动情况。

第二十九条 中央企业应当将安全生产应急预案报国资委备案，并及时报送修订情况。

第三十条 中央企业应当将安全生产方面的重要活动、重要会议、重大举措和成果、重大问题等重要信息和重要事项，及时报告国资委。

第五章　安全生产监督管理与奖惩

第三十一条 国资委参与中央企业特别重大生产安全事故的调查，并根据事故调查报告及国务院批复负责落实或者监督对事故有关责任单位和责任人的处理。

第三十二条 国资委组织开展中央企业安全生产督查，督促中央企业落实安全生产有关规定和改进安全生产工作。中央企业违反本办法有关安全生产监督管理规定的，国资委根据情节轻重要求其改正或者予以通报批评。

中央企业半年内连续发生重大以上生产安全事故，国资委除依据有关规定落实对有关责任单位和责任人的处理外，对中央企业予以通报批评，对其主要负责人进行诫勉谈话。

第三十三条 国资委配合有关部门对中央企业安全生产违法行为的举报进行调查，或者责成有关单位进行调查，依照干部管理权限对有关责任人予以处理。

第三十四条 国资委根据中央企业考核期内发生的生产安全责任事故认定情况，对中央企业负责人经营业绩考核结果进行下列降级或者降分处理（见附件 6）：

（一）中央企业负责人年度经营业绩考核期内发生特别重大责任事故并负主要责任

的或者发生瞒报事故的，对该中央企业负责人的年度经营业绩考核结果予以降级处理。

（二）中央企业负责人年度经营业绩考核期内发生较大责任事故或者重大责任事故起数达到降级起数的，对该中央企业负责人的年度经营业绩考核结果予以降级处理。

（三）中央企业负责人年度经营业绩考核期内发生较大责任事故和重大责任事故但不够降级标准的，对该中央企业负责人的年度经营业绩考核结果予以降分处理。

（四）中央企业负责人任期经营业绩考核期内连续发生瞒报事故或者发生两起以上特别重大责任事故，对该中央企业负责人的任期经营业绩考核结果予以降级处理。

本办法所称责任事故，是指依据事故调查报告及批复对事故性质的认定，中央企业或者中央企业独资及控股子企业对事故发生负有责任的生产安全事故。

第三十五条 对未严格按照国家和行业有关规定足额提取安全生产费用的中央企业，国资委从企业负责人业绩考核的业绩利润中予以扣减，并予以降分处理。

第三十六条 授权董事会对经理层人员进行经营业绩考核的中央企业，董事会应当将安全生产工作纳入经理层人员年度经营业绩考核，与绩效薪金挂钩，并比照本办法的安全生产业绩考核规定执行。

董事会对经理层的安全生产业绩考核情况纳入国资委对董事会的考核评价内容。对董事会未有效履行监督、考核安全生产职能，企业发生特别重大责任事故并造成严重社会影响的，国资委对董事会予以调整，对有关董事予以解聘。

第三十七条 中央企业负责人年度经营业绩考核中因安全生产问题受到降级处理的，取消其参加该考核年度国资委组织或者参与组织的评优、评先活动资格。

第三十八条 国资委对年度安全生产相对指标达到国内同行业最好水平或者达到国际先进水平的中央企业予以表彰。

第三十九条 国资委对认真贯彻执行本办法，安全生产工作成绩突出的个人和集体予以表彰奖励。

第六章　附　　则

第四十条 生产安全事故等级划分按《生产安全事故报告和调查处理条例》（国务院令第493号）第三条的规定执行。国务院对特殊行业另有规定的，从其规定。

突发公共事件等级划分按《国务院关于实施国家突发公共事件总体应急预案的决定》（国发〔2005〕11号）附件《特别重大、重大突发公共事件分级标准（试行）》中安全事故类的有关规定执行。

第四十一条 境外中央企业除执行本办法外，还应严格遵守所在地的安全生产法律法规。

第四十二条 本办法由国资委负责解释。

第四十三条 本办法自2008年9月1日起施行。

附件：中央企业安全生产监管分类表（略）

中央企业生产安全事故季报表（略）

中央企业生产安全事故年度报表（略）
中央企业生产安全事故快报（略）
中央企业生产安全事故报告流程图（略）
中央企业生产安全责任事故降分降级处理细则（略）

中央企业安全生产禁令

2010 年 12 月 24 日　国务院国有资产监督管理委员会令第 24 号

一、严禁在安全生产条件不具备、隐患未排除、安全措施不到位的情况下组织生产。

二、严禁使用不具备国家规定资质和安全生产保障能力的承包商和分包商。

三、严禁超能力、超强度、超定员组织生产。

四、严禁违章指挥、违章作业、违反劳动纪律。

五、严禁违反程序擅自压缩工期、改变技术方案和工艺流程。

六、严禁使用未经检验合格、无安全保障的特种设备。

七、严禁不具备相应资格的人员从事特种作业。

八、严禁未经安全培训教育并考试合格的人员上岗作业。

九、严禁迟报、漏报、谎报、瞒报生产安全事故。

中央企业应急管理暂行办法

2013 年 2 月 28 日　国务院国有资产监督管理委员会令第 31 号

第一章　总　　则

第一条　为进一步加强和规范中央企业应急管理工作，提高中央企业防范和处置各类突发事件的能力，最大程度地预防和减少突发事件及其造成的损害和影响，保障人民群众生命财产安全，维护国家安全和社会稳定，根据《中华人民共和国突发事件应对法》、《中华人民共和国企业国有资产法》、《国家突发公共事件总体应急预案》、《国务院关于全面加强应急管理工作的意见》（国发〔2006〕24 号）等有关法律法规、规定，制定本办法。

第二条　突发事件是指突然发生，造成或者可能造成严重社会危害，需要采取应急处置措施予以应对的自然灾害、事故灾难、公共卫生事件和社会安全事件。

（一）自然灾害。主要包括水旱灾害、气象灾害、地震灾害、地质灾害、海洋灾害、生物灾害和森林草原火灾等。

（二）事故灾难。主要包括工矿商贸等企业的各类安全事故、交通运输事故、公共设施和设备事故、环境污染和生态破坏事件等。

（三）公共卫生事件。主要包括传染病疫情、群体性不明原因疾病、食品安全和职业危害、动物疫情，以及其他严重影响公众健康和生命安全的事件。

（四）社会安全事件。主要包括恐怖袭击事件、民族宗教事件、经济安全事件、涉外突发事件和群体性事件等。

第三条 本办法所称中央企业，是指国务院国有资产监督管理委员会（以下简称国资委）根据国务院授权履行出资人职责的国家出资企业。

第四条 中央企业应急管理是指中央企业在政府有关部门的指导下对各类突发事件的预防与应急准备、监测与预警、应急处置与救援、事后恢复与重建等活动的全过程管理。

第五条 中央企业应急管理工作应依法接受政府有关部门的监督管理。

第六条 国资委对中央企业的应急管理工作履行以下监管职责：

（一）指导、督促中央企业落实国家应急管理方针政策及有关法律法规、规定和标准。

（二）指导、督促中央企业建立完善各类突发事件应急预案，开展预案的培训和演练。

（三）指导、督促中央企业落实各项防范和处置突发事件的措施，及时有效应对企业各类突发事件，做好舆论引导工作。

（四）参与国家有关部门或适当组织对中央企业应急管理的检查、督查。

（五）指导、督促中央企业参与社会重大突发事件的应急处置与救援。

（六）配合国家有关部门对中央企业在突发事件应对中的失职渎职责任进行追究。

第二章　工作责任和组织体系

第七条 中央企业应当认真履行应急管理主体责任，贯彻落实国家应急管理方针政策及有关法律法规、规定，建立和完善应急管理责任制，应急管理责任制应覆盖本企业全体职工和岗位、全部生产经营和管理过程。

第八条 中央企业应当全面履行以下应急管理职责：

（一）建立健全应急管理体系，完善应急管理组织机构。

（二）编制完善各类突发事件的应急预案，组织开展应急预案的培训和演练，并持续改进。

（三）督促所属企业主动与所在地人民政府应急管理体系对接，建立应急联动机制。

（四）加强企业专（兼）职救援队伍和应急平台建设。

（五）做好突发事件的报告、处置和善后工作，做好突发事件的舆情监测、信息披露、新闻危机处置。

（六）积极参与社会突发事件的应急处置与救援。

第九条 中央企业主要负责人是本企业应急管理的第一责任人，对本企业应急管理工作负总责。中央企业各类突发事件应急管理的分管负责人，协助主要负责人落实应急管理方针政策及有关法律法规、规定和标准，统筹协调和管理企业相应突发事件的应急管理工作，对企业应急管理工作负重要领导责任。

第十条 中央企业应当对其独资、控股及参股企业的应急管理认真履行以下监督管理责任：

（一）监督管理独资及控股子企业应急管理组织机构设置情况；应急管理制度建立情况；应急预案编制、评估、备案、培训、演练情况；应急管理投入、专（兼）职救援队伍和应急平台建设情况；及时报告、处置突发事件等情况。

（二）将独资及控股子企业纳入中央企业应急管理体系，严格应急管理的检查、考核、奖惩和责任追究。

（三）对参股等其他类子企业，中央企业应按照相关法律法规的要求，通过经营合同、公司章程、协议书等明确各股权方的应急管理责任。

第十一条 中央企业应当建立健全应急管理组织体系，明确本企业应急管理的综合协调部门和各类突发事件分管部门的职责。

（一）应急管理机构和人员。

中央企业应当按照有关规定，成立应急领导机构，设置或明确应急管理综合协调部门和专项突发事件应急管理分管部门，配置专（兼）职应急管理人员，其任职资格和配备数量，应符合国家和行业的有关规定；国家和行业没有明确规定的，应根据本企业的生产经营内容和性质、管理范围、管理跨度等，配备专（兼）职应急管理人员。

（二）应急管理工作领导机构。

中央企业要成立应急管理领导小组，负责统一领导本企业的应急管理工作，研究决策应急管理重大问题和突发事件应对办法。领导机构主要负责人应当由企业主要负责人担任，并明确一位企业负责人具体分管领导机构的日常工作。领导机构应当建立工作制度和例会制度。

（三）应急管理综合协调部门。

应急管理综合协调部门负责组织企业应急体系建设，组织编制企业总体应急预案，组织协调分管部门开展应急管理日常工作。在跨界突发事件应急状态下，负责综合协调企业内部资源、对外联络沟通等工作。

（四）应急管理分管部门。

应急管理分管部门负责专项应急预案的编制、评估、备案、培训和演练，负责专项突发事件应急管理的日常工作，分管专项突发事件的应急处置。

第三章　工作要求

第十二条　中央企业应急管理工作必须坚持预防为主、预防与处置相结合的原则，按照“统一领导、综合协调、分类管理、分级负责、企地衔接”的要求，建立“上下贯通、多方联动、协调有序、运转高效”的应急管理机制，开展应急管理常态工作。

第十三条　中央企业应建立完善应急管理体系，积极借鉴国内外应急管理先进理念，采用科学的应急管理方法和技术手段，不断提高应急管理水平。

（一）中央企业应当将应急管理体系建设规划纳入企业总体发展战略规划，使应急管理体系建设与企业发展同步实施、同步推进。

（二）中央企业应急管理体系建设应当包括：应急管理组织体系、应急预案体系、应急管理制度体系、应急培训演练体系、应急队伍建设体系、应急保障体系等。

（三）中央企业应当加强应急管理体系的运行管理，及时发现应急管理体系存在的问题，持续改进、不断完善，确保企业应急管理体系有效运行。

第十四条　中央企业应当加强各类突发事件的风险识别、分析和评估，针对突发事件的性质、特点和可能造成的社会危害，编制企业总体应急预案、专项应急预案和现场处置方案，形成“横向到边、纵向到底、上下对应、内外衔接”的应急预案体系。中央企业应当加强预案管理，建立应急预案的评估、修订和备案管理制度。

第十五条　中央企业应当加强风险监测，建立突发事件预警机制，针对可能发生的各类突发事件，及时采取措施，防范各类突发事件的发生，减少突发事件造成的危害。

第十六条　中央企业应当加强各级企业负责人、管理人员和作业人员的应急培训，提高应急指挥和救援人员的应急管理水平和专业技能，提高全员的应急意识和防灾、避险、自救、互救能力；要组织编制有针对性的培训教材，分层次开展全员应急培训。

第十七条　中央企业应当有计划地组织开展多种形式、节约高效的应急预案演练，突出演练的针对性和实战性，认真做好演练的评估工作，对演练中发现的问题和不足持续改进，提高应对各类突发事件的能力。

第十八条　中央企业应当按照专业救援和职工参与相结合、险时救援和平时防范相结合的原则，建设以专业队伍为骨干、兼职队伍为辅助、职工队伍为基础的企业应急救援队伍体系。

第十九条　中央企业应当加强应急救援基地建设。煤矿和非煤矿山、石油、化工、电力、通信、民航、水上运输、核工业等企业应当建设符合专业特点、布局配置合理的应急救援基地，积极参加国家级和区域性应急救援基地建设。

第二十条　中央企业应当加强综合保障能力建设，加强应急装备和物资的储备，满足突发事件处置需求，了解掌握企业所在地周边应急资源情况，并在应急处置中互相支援。

第二十一条　中央企业应当加大应急管理投入力度，切实保障应急体系建设、应急基地和队伍建设、应急装备和物资储备、应急培训演练等的资金需求。

第二十二条　中央企业应当加强与地方人民政府及其相关部门应急预案的衔接工

作，建立政府与企业之间的应急联动机制，统筹配置应急救援组织机构、队伍、装备和物资，共享区域应急资源。加强与所在地人民政府、其他企业之间的应急救援联动，有针对性地组织开展联合应急演练，充分发挥应对重大突发事件区域一体化联防功能，提高共同应对突发事件的能力和水平。

第二十三条 中央企业应当建设满足应急需要的应急平台，构建完善的突发事件信息网络，实现突发事件信息快速、及时、准确地收集和报送，为应急指挥决策提供信息支撑和辅助手段。

第二十四条 中央企业应当充分发挥保险在突发事件预防、处置和恢复重建等方面的作用，大力推进意外伤害保险和责任保险制度建设，完善对专业和兼职应急队伍的工伤保险制度。

第二十五条 中央企业应当积极推进科技支撑体系建设，紧密跟踪国内外先进应急理论、技术发展，针对企业应急工作的重点和难点，加强与科研机构的联合攻关，积极研发和使用突发事件预防、监测、预警、应急处置与救援的新技术、新设备。

第二十六条 中央企业应当建立突发事件信息报告制度。突发事件发生后，要立即向所在地人民政府报告，并按照要求向国务院有关部门和国资委报告，情况紧急时，可直接向国务院报告。信息要做到及时、客观、真实，不得迟报、谎报、瞒报、漏报。

第二十七条 中央企业应当建立突发事件统计分析制度，及时、全面、准确地统计各类突发事件发生起数、伤亡人数、造成的经济损失等相关情况，并纳入企业的统计指标体系。

第二十八条 造成人员伤亡或生命受到威胁的突发事件发生后，中央企业应当立即启动应急预案，组织本单位应急救援队伍和工作人员营救受害人员，疏散、撤离、安置受到威胁的人员，控制危险源，标明危险区域，封锁危险场所，并采取防止危害扩大的必要措施，同时及时向所在地人民政府和有关部门报告；对因本单位的问题引发的或者主体是本单位人员的社会安全事件，有关单位应当按照规定上报情况，并迅速派出负责人赶赴现场开展劝解、疏导工作；突发事件处置过程中，应加强协调，服从指挥。

第二十九条 中央企业应当建立突发事件信息披露机制，突发事件发生后，应第一时间启动新闻宣传应急预案、全面开展舆情监测、拟定媒体应答口径，做好采访接待准备，并按照有关规定和政府有关部门的统一安排，及时准确地向社会、媒体、员工披露有关突发事件事态发展和应急处置进展情况的信息。

第三十条 突发事件的威胁和危害得到控制或者消除后，中央企业应当按照政府有关部门的要求解除应急状态，并及时组织对突发事件造成的损害进行评估，开展或协助开展突发事件调查处理，查明发生经过和原因，总结经验教训，制定改进措施，尽快恢复正常的生产、生活和社会秩序。

第四章　社 会 救 援

第三十一条 中央企业在做好本企业应急救援工作的同时，要切实履行社会责任，积极参与各类社会公共突发事件的应对处置，在政府的统一领导下，发挥自身专业技术、装备、资源优势，开展应急救援，共同维护社会稳定和人民群众生命财产安全。

第三十二条 社会公共突发事件发生后，相关中央企业应当按照政府及有关部门要求，在能力范围内积极提供电力、通讯、油气、交通等救援保障和食品、药品等生活保障。

第三十三条 中央企业应当建立重大自然灾害捐赠制度，规范捐赠行为，进行捐赠的中央企业必须按照规定及时向国资委报告和备案。

第三十四条 参与社会公共突发事件救援的中央企业，应当及时向国资委报告参与救援的实时信息。

第五章 监督与奖惩

第三十五条 国资委组织开展中央企业应急管理工作的督查工作，督促中央企业落实应急管理有关规定，提高中央企业应急管理工作水平，并酌情对检查结果予以通报。

第三十六条 中央企业违反本办法，不履行应急管理职责的，国资委将责令其改正或予以通报批评；具有以下情形的，国资委将按照干部管理权限追究相关责任人的责任；涉嫌犯罪的，依法移送司法机关处理。

（一）未按照规定采取预防措施，导致发生突发事件，或者未采取必要的防范措施，导致发生次生、衍生事件的。

（二）迟报、谎报、瞒报、漏报有关突发事件的信息，或者通报、报送、公布虚假信息，造成严重后果的。

（三）未按照规定及时发布突发事件预警信息、采取预警措施，导致事件发生的。

（四）未按照规定及时采取措施处置突发事件或者处置不当，造成严重后果的。

第三十七条 国资委对认真贯彻执行本办法和应对突发事件作出突出贡献的中央企业予以表彰，中央企业应当对作出突出贡献的基层单位和个人进行表彰奖励。

第三十八条 中央企业参与突发事件救援遭受重大经济损失的，国资委将按照国务院有关规定给予国有资本预算补助，并在当年中央企业负责人经营业绩考核中酌情考虑。

第六章 附 则

第三十九条 突发事件的分类分级按照《中华人民共和国突发事件应对法》《国家突发公共事件总体应急预案》有关规定执行。

第四十条 中央企业境外机构应当首先遵守所在国相关法律法规，参照本办法执行。

第四十一条 本办法由国资委负责解释。

第四十二条 本办法自印发之日起施行。

中央企业节约能源与生态环境保护监督管理办法

2022 年 6 月 29 日　国务院国有资产监督管理委员会令第 41 号

第一章　总　　则

第一条　为深入贯彻习近平生态文明思想，全面落实党中央、国务院关于生态文明建设的重大决策部署，指导督促中央企业落实节约能源与生态环境保护主体责任，推动中央企业全面可持续发展，根据《中华人民共和国节约能源法》《中华人民共和国环境保护法》等有关法律法规，制定本办法。

第二条　本办法所称中央企业，是指国务院国有资产监督管理委员会（以下简称国资委）根据国务院授权履行出资人职责的国家出资企业。

第三条　国资委对中央企业节约能源与生态环境保护工作履行以下职责：

（一）指导督促中央企业履行节约能源与生态环境保护主体责任，贯彻落实节约能源与生态环境保护相关法律法规、政策和标准。

（二）指导督促中央企业建立健全节约能源与生态环境保护组织管理、统计监测和考核奖惩体系。

（三）建立健全中央企业节约能源与生态环境保护考核奖惩制度，实施年度及任期考核，将考核结果纳入中央企业负责人经营业绩考核体系。

（四）组织或参与对中央企业节约能源与生态环境保护工作的监督检查、约谈。

（五）组织对中央企业节约能源与生态环境保护工作的调研、交流、培训、宣传。

（六）配合做好中央生态环境保护督察相关工作，督促中央企业整改中央生态环境保护督察反馈的问题。

第四条　中央企业节约能源与生态环境保护工作遵循以下原则：

（一）坚持绿色低碳发展。践行绿水青山就是金山银山的理念，坚持生态优先，正确处理节能降碳、生态环境保护与企业发展的关系，构建绿色低碳循环发展体系。

（二）坚持节约优先、保护优先。坚持节约资源和保护环境的基本国策。积极建设资源节约型和环境友好型企业，推动企业产业结构调整和转型升级，促进企业可持续发展。

（三）坚持依法合规。严格遵守国家节约能源与生态环境保护法律法规和有关政策，依法接受国家和地方人民政府节约能源与生态环境保护相关部门的监督管理。

（四）坚持企业责任主体。中央企业是节约能源与生态环境保护责任主体，要严格实行党政同责、一岗双责，按照管发展、管生产、管业务必须管节约能源与生态环境保护的要求，把节约能源与生态环境保护工作贯穿生产经营的全过程。

第二章　分类管理

第五条　国资委对中央企业节约能源与生态环境保护实行动态分类监督管理，按照企业所处行业、能源消耗、主要污染物排放水平和生态环境影响程度，将中央企业划分为三类：

（一）第一类企业。主业处于石油石化、钢铁、有色金属、电力、化工、煤炭、建材、交通运输、建筑行业，且具备以下三个条件之一的：

1. 年耗能在200万吨标准煤以上。

2. 二氧化硫、氮氧化物、化学需氧量、氨氮等主要污染物排放总量位于中央企业前三分之一。

3. 对生态环境有较大影响。

（二）第二类企业。第一类企业之外具备以下两个条件之一的：

1. 年耗能在10万吨标准煤以上。

2. 二氧化硫、氮氧化物、化学需氧量、氨氮等主要污染物排放总量位于中央企业中等水平。

（三）第三类企业。除上述第一类、第二类以外的企业。

第六条　国资委根据企业能源消耗、主要污染物排放水平和生态环境影响程度等因素适时对企业类别进行调整。

第三章　基本要求

第七条　中央企业应严格遵守国家和地方人民政府节约能源与生态环境保护相关法律法规、政策和标准，自觉接受社会监督，有效控制能源消费总量，持续提升能源利用效率，减少污染物排放，控制温室气体排放。境外生产经营活动也应严格遵守所在地生态环境保护法律法规。

第八条　中央企业应积极践行绿色低碳循环发展理念，将节约能源、生态环境保护、碳达峰碳中和战略导向和目标要求纳入企业发展战略和规划，围绕主业有序发展壮大节能环保等绿色低碳产业。将节能降碳与生态环境保护资金纳入预算，保证资金足额投入。

第九条　中央企业应建立健全节约能源与生态环境保护组织管理、统计监测、考核奖惩体系。

第十条　中央企业应坚决遏制高耗能、高排放、低水平项目盲目发展，严格执行国家相关产业政策和规划。加强并购重组企业源头管理，把节约能源和生态环境保护专项尽职调查作为并购重组的前置程序。

第十一条　中央企业应对所属企业节约能源与生态环境保护工作进行监督检查，开展环境影响因素识别、风险点排查和隐患治理，防范环境污染事件。

第十二条　中央企业应积极推广应用节能低碳环保新技术、新工艺、新设备、新材料，组织开展绿色低碳技术攻关和应用。

第十三条　中央企业应发挥绿色低碳消费引领作用，强化产品全生命周期绿色管理，扩大绿色低碳产品和服务的有效供给，率先执行企业绿色采购指南，建立健全绿色采购管理制度，推进绿色供应链转型。

第十四条　中央企业应积极稳妥推进碳达峰碳中和工作，科学合理制定实施碳达峰碳中和规划和行动方案，建立完善二氧化碳排放统计核算、信息披露体系，采取有力措施控制碳排放。

第十五条　中央企业应高效开发利用化石能源，积极发展非化石能源，推进能源结构清洁化、低碳化；积极开展能效对标、能源审计、节能诊断、清洁生产审核等工作。

第十六条　中央企业生产经营活动应严格执行生态保护红线、环境质量底线、资源利用上线和环境准入负面清单要求，减少对生态环境扰动，积极开展生态修复。

第十七条　中央企业新建、改建、扩建项目应依法开展环境影响评价、节能评估、水土保持评估和竣工环境保护、水土保持设施自主验收等工作，严格遵守环保设施与主体工程同时设计、同时施工、同时投入生产和使用的有关规定。

第十八条　中央企业应严格执行国家排污许可制度，按照国家和地方人民政府要求规范危险废物的贮存、转移和处置工作。

第十九条　中央企业应自觉履行环境信息强制性披露责任，严格按照法律法规要求的内容、方式和时限如实规范披露环境信息。

第二十条　中央企业应自觉接受中央生态环境保护督察，严格按照有关规定积极配合中央生态环境保护督察工作，如实反映情况和问题，抓好整改落实，加强边督边改、督察问责和信息公开工作。

第四章　组织管理

第二十一条　中央企业应建立健全节约能源与生态环境保护领导机构，负责本企业节约能源与生态环境保护总体工作，研究决定节约能源与生态环境保护重大事项，建立工作制度。

第二十二条　中央企业应按有关要求，设置或明确与企业生产经营相适应的节约能源与生态环境保护监督管理机构，明确管理人员。机构设置、人员任职资格和配备数量，应当符合国家和行业的有关规定，并与企业的生产经营内容和性质、管理范围、管理跨度等匹配。

第二十三条　中央企业应落实节约能源与生态环境保护主体责任。企业主要负责人对本企业节约能源与生态环境保护工作负主要领导责任。分管负责人负分管领导责任。

第二十四条　中央企业应加强节约能源与生态环境保护专业队伍建设。组织开展节约能源与生态环境保护宣传和培训，提升全员意识，提高工作能力。

第五章　统计监测与报告

第二十五条　中央企业应建立自下而上、逐级把关的节约能源与生态环境保护统计报送信息系统。

第二十六条　中央企业应对各类能源消耗实行分级分类计量，合理配备和使用符合国家标准的能源计量器具。

第二十七条　中央企业应依法开展污染物排放自行监测，按照国家和地方人民政府要求建立污染物排放监测系统。加强二氧化碳统计核算能力建设，提升信息化实测水平。

第二十八条　中央企业应依法建立健全能源消耗、二氧化碳排放、污染物排放等原始记录和统计台账。

第二十九条　中央企业应严格按国家和地方人民政府规范的统计监测口径、范围、标准和方法，结合第三方检测、内部审计、外部审计等多种形式，确保能源消耗、二氧化碳排放、污染物排放等统计监测数据的真实性、准确性和完整性。

第三十条　中央企业应建立健全节约能源与生态环境保护工作报告制度。第一类、第二类企业按季度报送统计报表，第三类企业按年度报送统计报表，并报送年度总结分析报告。

第三十一条　中央企业发生突发环境事件或节能环保违法违规事件后，应按以下要求进行报告：

（一）发生突发环境事件，现场负责人应立即向本单位负责人报告，单位负责人接到报告后，应于1小时内向上一级单位负责人报告，并逐级报告至国资委，必要时可越级上报，每级时间间隔不得超过2小时。

（二）发生节能环保违法违规事件被处以罚款且单笔罚款金额在100万元及以上的，应在当年年度总结分析报告中向国资委报告。

（三）发生节能环保违法违规事件被责令停产整顿；责令停产、停业、关闭；暂扣、吊销许可证或行政拘留的，应在接到正式行政处罚决定书3日内向国资委报告。

（四）未受到行政处罚，但被中央生态环境保护督察或省部级及以上主管部门作为违法违规典型案例公开通报或发生其他重大事件的，应在接到报告后3日内向国资委报告。

（五）中央企业应将政府有关部门对突发环境事件和节能环保违法违规事件的有关调查情况及时报送国资委，并将整改、责任追究落实情况向国资委报告。

第六章　突发环境事件应急管理

第三十二条　中央企业应坚持预防为主、预防与应急相结合的原则开展突发环境事件应急管理工作。

第三十三条 中央企业应依法制定和完善突发环境事件应急预案，按要求报所在地生态环境主管部门备案，并定期开展应急演练。

第三十四条 中央企业应加强应急处置救援能力建设，定期进行突发环境事件应急知识和技能培训。

第三十五条 中央企业发生或者可能发生突发环境事件时，应立即启动相应级别突发环境事件应急预案。

第三十六条 中央企业在突发环境事件发生后，应开展环境应急监测，按要求执行停产、停排措施，积极配合事件调查，推动环境恢复工作。

第三十七条 中央企业应建立健全突发环境事件舆情应对工作机制。

第七章 考核与奖惩

第三十八条 国资委将中央企业节约能源与生态环境保护考核评价结果纳入中央企业负责人经营业绩考核体系。

第三十九条 国资委对中央企业节约能源与生态环境保护实行年度和任期、定量或定性考核。

第四十条 对发生突发环境事件、节能环保违法违规事件、统计数据严重不实和弄虚作假等情形的，年度考核予以扣分或降级处理。

第四十一条 中央企业应根据国家节约能源与生态环境保护有关政策、企业所处行业特点和节约能源与生态环境保护水平，对照同行业国际国内先进水平，提出科学合理的任期考核指标和目标建议值。

第四十二条 国资委对中央企业任期节约能源与生态环境保护考核指标和目标建议值进行审核，并在中央企业负责人任期经营考核责任书中明确。

第四十三条 中央企业应在考核期末对节约能源与生态环境保护考核完成情况进行总结分析，并报送国资委。国资委对考核完成情况进行考核评价。

第四十四条 对节约能源与生态环境保护取得突出成绩的，经国资委评定后对企业予以任期通报表扬。

第四十五条 中央企业应建立完善企业内部考核奖惩体系，结合国资委下达的节约能源与生态环境保护考核指标和目标，逐级分解落实相关责任；对发生造成严重不良影响的突发环境事件、节能环保违法违规事件，或存在能源消耗、污染物排放、二氧化碳排放数据弄虚作假行为的，按规定对年度考核实行扣分或降级处理；对成绩突出的单位和个人，可进行表彰奖励。

第四十六条 国资委依据本办法制定《中央企业节约能源与生态环境保护考核细则》，并根据需要进行修订。

第八章　附　　则

第四十七条　本办法所指突发环境事件，依据《国家突发环境事件应急预案》确定。

第四十八条　各地区国有资产监督管理机构可以参照本办法，结合本地区实际情况制定相关规定。

第四十九条　本办法由国资委负责解释。

第五十条　本办法自2022年8月1日起施行。《中央企业节能减排监督管理暂行办法》（国资委令第23号）同时废止。

国务院国有资产监督管理委员会关于印发《关于中央企业履行社会责任的指导意见》的通知

2007年12月29日　国资发研究〔2008〕1号

各中央企业：

为了全面贯彻党的十七大精神，深入落实科学发展观，推动中央企业在建设中国特色社会主义事业中，认真履行好社会责任，实现企业与社会、环境的全面协调可持续发展，我们研究制定了《关于中央企业履行社会责任的指导意见》，现印发你们。请结合本企业实际参照执行，并将企业履行社会责任工作中的经验、做法和问题及时反馈我委。

附件：关于中央企业履行社会责任的指导意见

附件：

关于中央企业履行社会责任的指导意见

为了全面贯彻党的十七大精神，深入落实科学发展观，推动中央企业在建设中国特色社会主义事业中，认真履行好社会责任，实现企业与社会、环境的全面协调可持续发展，提出以下指导意见。

一、充分认识中央企业履行社会责任的重要意义

（一）履行社会责任是中央企业深入贯彻落实科学发展观的实际行动。履行社会责任要求中央企业必须坚持以人为本、科学发展，在追求经济效益的同时，对利益相关者和环境负责，实现企业发展与社会、环境的协调统一。这既是促进社会主义和谐社会建设的重要举措，也是中央企业深入贯彻落实科学发展观的实际行动。

（二）履行社会责任是全社会对中央企业的广泛要求。中央企业是国有经济的骨干力量，大多集中在关系国家安全和国民经济命脉的重要行业和关键领域，其生产经营活动涉及整个社会经济活动和人民生活的各个方面。积极履行社会责任，不仅是中央企业的使命和责任，也是全社会对中央企业的殷切期望和广泛要求。

（三）履行社会责任是实现中央企业可持续发展的必然选择。积极履行社会责任，把社会责任理念和要求全面融入企业发展战略、企业生产经营和企业文化，有利于创新发展理念、转变发展方式，有利于激发创造活力、提升品牌形象，有利于提高职工素质、增强企业凝聚力，是中央企业发展质量和水平的重大提升。

（四）履行社会责任是中央企业参与国际经济交流合作的客观需要。在经济全球化日益深入的新形势下，国际社会高度关注企业社会责任，履行社会责任已成为国际社会对企业评价的重要内容。中央企业履行社会责任，有利于树立负责任的企业形象，提升中国企业的国际影响，也对树立我国负责任的发展中大国形象具有重要作用。

二、中央企业履行社会责任的指导思想、总体要求和基本原则

（五）指导思想。以邓小平理论和“三个代表”重要思想为指导，深入贯彻落实科学发展观，坚持以人为本，坚持可持续发展，牢记责任，强化意识，统筹兼顾，积极实践，发挥中央企业履行社会责任的表率作用，促进社会主义和谐社会建设，为实现全面建设小康社会宏伟目标作出更大贡献。

（六）总体要求。中央企业要增强社会责任意识，积极履行社会责任，成为依法经营、诚实守信的表率，节约资源、保护环境的表率，以人为本、构建和谐企业的表率，努力成为国家经济的栋梁和全社会企业的榜样。

（七）基本原则。坚持履行社会责任与促进企业改革发展相结合，把履行社会责任作为建立现代企业制度和提高综合竞争力的重要内容，深化企业改革，优化布局结构，转变发展方式，实现又好又快发展。坚持履行社会责任与企业实际相适应，立足基本国情，立足企业实际，突出重点，分步推进，切实取得企业履行社会责任的成效。坚持履行社会责任与创建和谐企业相统一，把保障企业安全生产，维护职工合法权益，帮助职工解决实际问题放在重要位置，营造和谐劳动关系，促进职工全面发展，实现企业与职工、企业与社会的和谐发展。

三、中央企业履行社会责任的主要内容

（八）坚持依法经营诚实守信。模范遵守法律法规和社会公德、商业道德以及行业规则，及时足额纳税，维护投资者和债权人权益，保护知识产权，忠实履行合同，恪守商业信用，反对不正当竞争，杜绝商业活动中的腐败行为。

（九）不断提高持续盈利能力。完善公司治理，科学民主决策。优化发展战略，突

出做强主业，缩短管理链条，合理配置资源。强化企业管理，提高管控能力，降低经营成本，加强风险防范，提高投入产出水平，增强市场竞争能力。

（十）切实提高产品质量和服务水平。保证产品和服务的安全性，改善产品性能，完善服务体系，努力为社会提供优质安全健康的产品和服务，最大限度地满足消费者的需求。保护消费者权益，妥善处理消费者提出的投诉和建议，努力为消费者创造更大的价值，取得广大消费者的信赖与认同。

（十一）加强资源节约和环境保护。认真落实节能减排责任，带头完成节能减排任务。发展节能产业，开发节能产品，发展循环经济，提高资源综合利用效率。增加环保投入，改进工艺流程，降低污染物排放，实施清洁生产，坚持走低投入、低消耗、低排放和高效率的发展道路。

（十二）推进自主创新和技术进步。建立和完善技术创新机制，加大研究开发投入，提高自主创新能力。加快高新技术开发和传统产业改造，着力突破产业和行业关键技术，增加技术创新储备。强化知识产权意识，实施知识产权战略，实现技术创新与知识产权的良性互动，形成一批拥有自主知识产权的核心技术和知名品牌，发挥对产业升级、结构优化的带动作用。

（十三）保障生产安全。严格落实安全生产责任制，加大安全生产投入，严防重、特大安全事故发生。建立健全应急管理体系，不断提高应急管理水平和应对突发事件能力。为职工提供安全、健康、卫生的工作条件和生活环境，保障职工职业健康，预防和减少职业病和其他疾病对职工的危害。

（十四）维护职工合法权益。依法与职工签订并履行劳动合同，坚持按劳分配、同工同酬，建立工资正常增长机制，按时足额缴纳社会保险。尊重职工人格，公平对待职工，杜绝性别、民族、宗教、年龄等各种歧视。加强职业教育培训，创造平等发展机会。加强职代会制度建设，深化厂务公开，推进民主管理。关心职工生活，切实为职工排忧解难。

（十五）参与社会公益事业。积极参与社区建设，鼓励职工志愿服务社会。热心参与慈善、捐助等社会公益事业，关心支持教育、文化、卫生等公共福利事业。在发生重大自然灾害和突发事件的情况下，积极提供财力、物力和人力等方面的支持和援助。

四、中央企业履行社会责任的主要措施

（十六）树立和深化社会责任意识。深刻理解履行社会责任的重要意义，牢固树立社会责任意识，高度重视社会责任工作，把履行社会责任提上企业重要议事日程，经常研究和部署社会责任工作，加强社会责任全员培训和普及教育，不断创新管理理念和工作方式，努力形成履行社会责任的企业价值观和企业文化。

（十七）建立和完善履行社会责任的体制机制。把履行社会责任纳入公司治理，融入企业发展战略，落实到生产经营各个环节。明确归口管理部门，建立健全工作体系，逐步建立和完善企业社会责任指标统计和考核体系，有条件的企业要建立履行社会责任的评价机制。

（十八）建立社会责任报告制度。有条件的企业要定期发布社会责任报告或可持续发展报告，公布企业履行社会责任的现状、规划和措施，完善社会责任沟通方式和对话机制，及时了解和回应利益相关者的意见建议，主动接受利益相关者和社会的监督。

（十九）加强企业间交流与国际合作。研究学习国内外企业履行社会责任的先进理念和成功经验，开展与履行社会责任先进企业的对标，总结经验，找出差距，改进工作。加强与有关国际组织的对话与交流，积极参与社会责任国际标准的制定。

（二十）加强党组织对企业社会责任工作的领导。充分发挥企业党组织的政治核心作用，广泛动员和引导广大党员带头履行社会责任，支持工会、共青团、妇女组织在履行社会责任中发挥积极作用，努力营造有利于企业履行社会责任的良好氛围。

国资委关于加强中央企业安全生产工作的紧急通知

2013 年 4 月 3 日　国资发综合〔2013〕48 号

各中央企业：

近期，中央企业连续发生多起较大生产安全事故，特别是西藏墨竹工卡县山体滑坡特别重大自然灾害，造成中国黄金集团公司的协作单位重大人员伤亡和财产损失，安全生产形势严峻。为认真落实《国务院安委会关于深刻吸取近期事故教训进一步加强安全生产工作的通知》（安委明电〔2013〕1 号，以下简称《通知》）精神，进一步加强中央企业安全生产工作，深刻吸取事故教训，坚决遏制重特大事故发生，现将有关事项通知如下：

一、提高认识，切实将安全生产工作放在重要位置

各级企业主要负责人要牢固树立安全生产意识，将“要安全的效益，不要带血的利润”的理念贯彻到生产经营全过程，真正把安全生产工作摆在重要位置，切实履行好安全生产第一责任人的责任。各级企业主要负责人要按照“一岗双责”的要求，督促各部门、各企业建立健全覆盖全员、全过程、全方位的安全生产责任体系，切实保障责任体系的无缝链接和有效运行。认真贯彻执行《中央企业安全生产禁令》（国资委令第 24 号），将禁令作为每一个管理者、每一个员工必须遵守的红线，对违反禁令的企业和人员，要严格追究责任，决不姑息。

二、突出重点，提高各类事故的防范应对能力

（一）深刻吸取事故教训。

各中央企业要认真吸取每起生产安全事故的教训，高度重视生产安全事故的分析，

找出事故深层次原因，举一反三，制定切实有效的事故防范措施，并坚决落实到位，堵住安全生产管理漏洞，完善安全生产管理体系，优化安全管理流程，坚决杜绝同类事故重复发生。

（二）进一步加强安全教育培训工作。

各中央企业要认真落实《国务院安委会关于进一步加强安全培训工作的决定》（安委〔2012〕10号）等有关文件精神，按照《国资委关于落实国务院安委会要求进一步加强中央企业安全培训工作的通知》（国资发综合〔2013〕15号）的要求，组织开展形式多样的培训和教育活动，大力推广现代安全生产管理理念、方法，提升全员安全意识和能力。突出培训重点，各级企业负责人要带头接受安全培训，抓好管理人员、专业技术人员的安全管理能力培训，着重做好现场指挥人员的遵章守法培训和基层员工安全生产教育，保证现场指挥人员和职工熟悉有关安全生产规章制度，具备岗位安全生产工作的技能。

（三）加强各类灾害的防范。

各中央企业要切实做好应对地质灾害、自然灾害工作的组织领导，严格落实灾害防治责任；结合企业实际和所处地域的气候特点，加强排查、巡查、复查，及时发现隐患和险情，采取有效防范措施；严格执行灾害评估制度，避免在不安全的区域作业和生活；积极开展应急避险演练，提高员工的抗灾和避险能力；加强与地方政府及地质、气象部门的沟通联络，实现灾害预警信息共享。

（四）提高应对突发事件的能力。

各中央企业要认真贯彻落实《中央企业应急管理暂行办法》（国资委令第31号），进一步理顺应急管理机制，完善应急管理预案，深入开展预案的培训和演练，使企业各级人员熟知应急工作职责、救援程序和应对措施；加强中央企业之间突发事件的应急协作，提高协同应对突发事件的能力。进一步完善重大突发事件信息报告制度，提高信息上报的时效性。对发生事故后不及时上报的企业，要严肃批评；对隐瞒不报、造成重大影响的，严格追究有关人员责任。

三、立即行动，全面开展安全生产大检查

各中央企业要立即行动起来，按照《通知》的有关要求，全面开展以“落实责任、查找隐患、遏制事故”为主题的安全生产大检查活动。一是要突出重点。安全生产大检查要突出重点部位、重点行业、重点领域，针对近期多发的塌方、中毒等事故类型，集中力量，查细查实。二是要强化源头控制。要加强对勘探、设计、技术方案、供应商和分包商的资质、原材料检测、验收、产品出厂检验、日常维护等重要管理环节的检查，决不放过任何漏洞和隐患，要从制度、流程、执行等方面层层把关，加强安全生产的源头控制。三是要抓好整改。对排查中发现的重大问题，切实制定好整改方案，落实资金，明确责任人和整改时限，充分借助专家的力量，认真进行整改，确保事故隐患得到及时有效的整改和消除。

各中央企业要加强组织领导，周密部署，迅速行动。各级企业负责人要亲自带队，

深入基层检查安全生产工作，检查中要严格认真，不留死角，不留隐患，并组织专家队伍，实行交叉检查，确保检查工作取得实实在在效果。各中央企业要加强对安全生产大检查情况的总结，重要情况及时报告国资委。

关于进一步加强中央企业节能减排工作的通知

2014 年 10 月 19 日　国资厅发综合〔2014〕52 号

各中央企业：

为贯彻落实《大气污染防治行动计划》，进一步发挥中央企业在全社会节能减排工作中的表率作用，确保完成国家“十二五”节能减排目标，现就进一步做好中央企业节能减排工作有关事项通知如下：

一、严格落实环境政策，强化总量前置管理

各中央企业要认真落实环境影响评价制度，所有新、改、扩建项目均应开展环境影响评价工作，未通过环境影响评价审批的一律不得开工建设。

各中央企业要加强总量指标前置管理工作，把主要污染物排放总量指标作为项目建设的前提条件，在环境影响评价文件审批前，均须按要求取得主要污染物排放总量指标。对未完成上一年度主要污染物减排任务的企业，不再审批新增相应污染物排放的项目。

严格落实《煤电节能减排升级与改造行动计划（2014—2020 年）》，东部地区新建燃煤发电机组大气污染物排放浓度接近或达到燃气轮机组排放限值，中部地区新建机组原则上接近或达到燃气轮机组排放限值，鼓励西部地区新建机组接近或达到燃气轮机组排放限值。

二、认真执行国家产业规划，全面调整能源结构

各中央企业应认真执行国家和各地区生态环境保护和土地利用规划要求，制定本企业节能减排工作专项规划，并纳入企业发展规划。按国家要求加强煤炭消费总量控制，加快推进“煤改气”“煤改电”工程建设，加大天然气、煤层气供应。京津冀、长三角、珠三角等区域，除热电联产外，禁止新建燃煤发电项目；新建项目禁止配套建设自备燃煤电厂；耗煤项目要实行煤炭减量替代；现有多台燃煤机组装机容量合计达到 30 万千瓦以上的，可按照煤炭等量替代的原则建设大容量燃煤机组。2017 年底前，京津冀区域城市建成区、长三角城市群、珠三角区域现有企业基本完成燃煤锅炉、工业窑炉、自备燃煤电站的天然气替代改造。

各中央企业应提高煤炭洗选比例，新建煤矿须同步建设煤炭洗选设施。严格落实《商品煤质量管理暂行办法》，在生产、加工、储运、销售、进口、使用等环节全过程加强商品煤质量控制管理。限制进口高硫石油焦。

三、加快建设治污设施，大力推进工程减排

各中央企业应严格按照有关法律法规、标准规范的要求，建设完善污染治理设施，确保各项污染物稳定达标排放。燃煤电厂（含企业自备燃煤电站）、钢铁企业的烧结机和球团生产设备、石油炼制企业的催化裂化装置、有色金属冶炼企业均应按要求安装脱硫设施，每小时20蒸吨及以上的燃煤锅炉要实施脱硫。除循环流化床锅炉以外的燃煤机组应安装脱硝设施。新型干法水泥窑要实施低氮燃烧改造并安装脱硝设施。燃煤锅炉和工业窑炉现有除尘设施要实施升级改造。各企业应按照环境保护部门有关要求，自行或委托有资质的机构在全面测试烟气流速、污染物浓度分布的基础上确定最具代表性监测点位并予以固定，加强仪器仪表巡检维护，确保监测数据准确有效。

大力推进石化、有机化工、表面涂装、包装印刷等行业挥发性有机物综合整治，在石化行业开展“泄漏检测与修复”技术改造。加快加油站、储油库、油罐车油气回收治理，在原油成品油码头开展油气回收治理。2015年底前，京津冀、长三角、珠三角等区域石化企业基本完成有机废气综合治理。

各中央企业要严格落实国家有关固体废物管理要求，提高固体废物资源利用和无害化处置能力，严格按照“三防”（防扬散、防流失、防渗漏）要求贮存固体废物。产生危险废物的单位必须按照国家有关规定规范贮存危险废物，制定管理计划和完成申报，转移危险废物的要严格执行转移联单制度，并由具有相关合法资质的单位进行处置和利用。

各中央企业应按照国家要求严格落实水资源管理制度。钢铁、水泥、造纸、化工、印染等重点行业企业全部推行清洁生产，提高能源资源利用效率，采用低废、无废工艺，尽量不用有毒有害原料。依法应当实施强制性清洁生产审核的企业，要按照环境保护部门的要求，认真组织开展审核工作，落实清洁生产方案，在达标排放的基础上，进一步降低污染物排放量。工业废水进入市政集中式污水处理设施前，需预处理并达到相应控制要求。逐步推进园区化管理，配套建设集中式工业污水处理设施。

四、加大科技创新投入，优化升级产业结构

各中央企业应强化节能减排相关技术的研发，推进技术成果的转化应用，推行生产工艺技术改造，加快非有机溶剂型涂料和农药等产品创新，大力发展对重金属、危险化学品、难降解有机物等有毒有害物质的替代工艺和技术。

各中央企业应积极发挥对行业发展的引导作用，推行先进适用的技术、工艺和装备，优化生产工艺和流程。大力调整产业、产品和能源消费结构。通过兼并重组，进一步压缩过剩产能，坚决停建产能过剩行业违规在建项目，严禁转移落后产能。

石油炼制企业要加快升级改造，逐步提升油品质量，确保京津冀、长三角、珠三角

等区域内重点城市2015年底前全面供应符合国家第五阶段标准的车用汽、柴油，2017年底前在全国供应符合国家第五阶段标准的车用汽、柴油。

五、健全管理机构，制定环境应急预案

各中央企业要按照《中央企业节能减排监督管理暂行办法》(国资委令第23号，以下简称《办法》)有关要求，建立健全企业节能减排领导和管理机构，负责本企业节能减排工作的日常管理和监督。建立专业化的环保队伍，完善制度体系，实现覆盖贮存、生产、运输等各环节的全过程环保管理。加强节能减排监督管理平台建设，对本企业污染排放情况实行动态管理。

各中央企业要做好突发环境事件应急预案的编制、评估、备案、培训和演练等工作，加强与所在地人民政府、相关部门、其他企业之间环境应急联动，有针对性地组织开展联合应急演练。组织开展环境风险评估，加强环境风险防控工程设施建设，定期开展突发环境事件隐患排查，同时储备必要的环境应急救援物资。对异地搬迁或依法关停的企业，要制定实施废弃物处理处置方案，防止发生二次污染和次生突发环境事件。

六、强化企业主体责任，完善考核奖惩制度

各中央企业要进一步完善节能减排考核奖惩办法，强化对所属单位节能减排工作的考核，将节能减排目标任务完成情况作为企业绩效和主要负责人业绩考核的重要依据，对未能按期完成节能减排考核目标的，要实行严肃问责；对发生节能环保重大违法违规事件的，要实行“一票否决”。

国资委将严格按照《办法》关于节能减排奖惩的有关规定，针对发生的不同事件，给予中央企业负责人经营业绩考核结果扣分或降级处理。各级环境保护部门对未能完成减排目标任务的，将暂停该企业新增主要污染物排放建设项目的环评审批；对发生环境污染事件、违法排污等环境问题的，将按问题性质和影响程度，给予扣减减排量、罚款、环评限批或挂牌督办等处罚。

各中央企业及所属单位要进一步强化节能减排责任意识，大力推进节能减排工作，自觉接受社会的监督，切实发挥表率作用，为环境保护作出新的贡献。

关于印发《中央企业安全生产考核实施细则》的通知

2014年8月1日　国资发综合〔2014〕107号

各中央企业：

为认真贯彻落实党的十八届三中全会精神和中央、国务院领导同志关于加强中央企业安全生产工作的指示精神，进一步加大安全生产工作考核力度，督促中央企业落实安全生产主体责任，强化安全生产管理工作，我们对《中央企业安全生产监督管理暂行办法》（国资委令第 21 号）附件六《中央企业生产安全责任事故降分降级处理细则》进行了修订，并更名为《中央企业安全生产考核实施细则》。现印发给你们，请认真做好贯彻落实工作。本细则从 2014 年度中央企业负责人经营业绩考核开始执行，原《中央企业生产安全责任事故降分降级处理细则》同时废止。

附件：中央企业安全生产考核实施细则

附件：

中央企业安全生产考核实施细则

为深入贯彻落实党的十八届三中全会关于完善安全生产考核评价体系的精神，进一步增强安全生产红线意识，督促引导中央企业落实主体责任，强化安全生产管理，根据《中央企业负责人经营业绩考核暂行办法》（国资委令第 30 号）、《中央企业安全生产监督管理暂行办法》（国资委令第 21 号）的有关规定，特对《中央企业安全生产监督管理暂行办法》（国资委令第 21 号）附件六《中央企业生产安全责任事故降分降级处理细则》进行修订。

一、基本原则

（一）依法依规原则。国资委根据各级政府有关部门对事故调查认定的性质、级别、责任等，在中央企业负责人经营业绩考核时依法依规予以处理。

（二）从严处罚原则。进一步加大对生产安全责任事故的降级、扣分处理力度，督促企业认真做好安全生产工作，防范和减少生产安全事故。

（三）分类分责原则。根据主营业务和安全生产风险程度将企业分为三类进行安全生产监管。事故责任分为主要责任和非主要责任：主要责任是指直接导致事故发生，对事故承担主体责任；非主要责任是指间接导致事故发生，对事故负有管理责任、监管责任、次要责任或一定责任等。

二、降级处理

（一）企业考核年度内发生下列情况之一的，对其负责人年度经营业绩考核结果予以降级处理，分数降至下一考核级别。

1. 第一类企业。发生特别重大生产安全责任事故且承担主要责任的。

2. 第二类企业。发生重大及以上生产安全责任事故且承担主要责任的，发生特别重大生产安全责任事故且承担非主要责任的。

3. 第三类企业。发生较大及以上生产安全责任事故且承担主要责任的，发生重大及以上生产安全责任事故且承担非主要责任的。

4. 存在瞒报生产安全事故行为的。

5. 企业发生承担主要责任的较大及以上生产安全责任事故累计达到规定降级起数规定的（具体起数见下表）。

类型	规模（亿元）	较大责任事故（起数≥）	重大责任事故（起数≥）
第一类企业	销售收入≥3000	6	2
	1500≤销售收入＜3000	5	9
	销售收入＜1500	4	2
第二类企业	销售收入≥3000	4	/
	1500≤销售收入＜3000	3	/
	销售收入＜1500	2	/
第三类企业	所有规模	/	/

（二）考核任期内发生 2 起以上（含）瞒报事故或 2 起以上（含）特别重大生产安全责任事故的企业，对其负责人任期经营业绩考核结果予以降级处理，分数降至下一考核级别。

三、扣分处理

（一）承担事故主要责任但未达到降级规定的企业，按以下标准对其负责人年度经营业绩考核进行扣分。

1. 第一类企业。发生较大生产安全责任事故，每起扣 0.4～0.8 分；发生重大生产安全责任事故，每起扣 1.2～1.6 分。

2. 第二类企业。发生较大生产安全责任事故，每起扣 0.8～1.2 分。

（二）承担事故非主要责任的企业，按以下标准对其负责人年度经营业绩考核进行扣分。

1. 第一类企业。发生较大生产安全责任事故，每起扣 0.2～0.4 分；发生重大生产安全责任事故，每起扣 0.8～1.2 分；发生特别重大生产安全责任事故，每起扣 1.6～2 分。

2. 第二类企业。发生较大生产安全责任事故，每起扣 0.4～0.8 分；发生重大生产安全责任事故，每起扣 1.2～1.6 分。

3. 第三类企业。发生较大生产安全责任事故，每起扣 0.8～1.2 分。

（三）事故由多方共同承担同等责任的企业，按非主要责任上限对其负责人年度经营业绩考核进行扣分。

（四）受到降级处理的企业，若还发生其他事故，其他事故按照扣分标准继续扣分。

（五）一个月内连续发生 2 起较大及以上生产安全责任事故的，同类事故在同一区域同一企业重复发生的，按照同类事故扣分标准上限进行连续扣分。

四、其他

（一）组织机构不健全、不按照规定设置安全总监、安全投入不到位的企业，发生较大及以上生产安全责任事故的，按照同类事故上限进行处理。

（二）发生重大环境污染、火灾、公共安全等事件的企业，参照生产安全责任事故进行处理。

（三）对生产作业过程中应预见的风险，未采取必要的防范措施，导致在地质灾害、自然灾害中造成人员伤亡的以及在非生产作业环节发生责任事故的企业，参照同级别的生产安全事故进行处理。

（四）中央企业要制定完善本企业的安全生产考核相关制度，将安全生产考核与企业负责人年薪、企业年度薪酬总额挂钩。

（五）本细则从 2014 年度考核开始执行，《中央企业安全生产监督管理暂行办法》（国资委令第 21 号）原附件六《中央企业生产安全责任事故降分降级处理细则》同时废止。

（六）本细则由国资委负责解释。

关于印发《关于国有企业更好履行社会责任的指导意见》的通知

2016 年 6 月 30 日　国资发研究〔2016〕105 号

各中央企业，各省、自治区、直辖市及计划单列市和新疆生产建设兵团国资委：

现将《关于国有企业更好履行社会责任的指导意见》印发给你们，请结合实际认真贯彻落实。

附件：关于国有企业更好履行社会责任的指导意见

附件：

关于国有企业更好履行社会责任的指导意见

企业积极履行社会责任，以遵循法律和道德的透明行为，在运营全过程对利益相关方、社会和环境负责，最大限度地创造经济、社会和环境的综合价值，促进可持续发展，是深入贯彻落实党的十八大和十八届三中、四中、五中全会精神，深化国有企业改革的重要举措，也是适应经济社会可持续发展要求，提升企业核心竞争力的必然选择。为推动国有企业更好地履行社会责任，现提出以下意见。

一、总体要求

（一）指导思想。

以邓小平理论、“三个代表”重要思想、科学发展观为指导，深入贯彻习近平总书记系列重要讲话精神，以可持续发展为核心，增强社会责任意识，强化社会责任管理，推动社会责任融入企业运营，促进国有企业成为履行社会责任的表率，推动经济社会更高质量、更有效率、更加公平、更可持续发展。

（二）基本原则。

坚持以可持续发展为核心。在努力创造经济价值、实现自身发展的同时，管理好企业运营对利益相关方的影响，有效利用资源，保护生态环境，坚持以人为本，促进社会和谐，最大限度创造经济、社会和环境的综合价值。

坚持社会责任与企业改革发展相结合。把社会责任作为提高依法治企水平、提高发展质量效益和提高企业竞争力的重要内容，将社会责任工作与企业改革发展各项工作作为一个有机整体，统筹安排部署，同步推动落实。

坚持社会责任与企业运营相融合。将社会责任融入企业战略、治理和日常经营，全面改进、丰富和完善各项制度和管理体系，促进企业不断优化管理，提升管理水平。

（三）主要目标。

到 2020 年，国有企业形成更加成熟定型的社会责任管理体系，经济、社会、环境综合价值创造能力显著增强，社会沟通能力和运营透明度显著提升，品牌形象和社会认可度显著提高，形成一批引领行业履行社会责任、具有国际影响力、受人尊敬的优秀企业。

二、深化社会责任理念

（四）增强社会责任意识。立足全球视野，充分认识社会责任对推动经济社会可持续发展的重要意义。立足企业发展，充分认识社会责任对引领创新、促进管理、做强做优的重要作用。正确理解和把握企业社会责任的内涵、内容、落实机制和实践方式，使履行社会责任成为企业的思想自觉和行动自觉。

（五）塑造社会责任理念。从社会责任角度重新审视企业的愿景、使命和价值观，梳理形成富有企业特色的社会责任理念和经营哲学，融入企业文化，引领企业发展。

三、明确社会责任议题

（六）把握社会责任重要内容。带头执行国家政策，依法经营，诚实守信，公平参与竞争，维护消费者、合作伙伴和各类投资者合法权益。坚持绿色发展，模范推进节能减排，高效利用自然资源，大力发展循环经济，积极保护生态环境。保护员工合法权益，促进员工全面发展，加强安全生产，维护企业稳定。积极参与社区发展，主动投身公益事业。

（七）明确社会责任核心议题。根据企业从事行业、经营规模、所处环境和业务特点，在充分了解利益相关方需求的基础上，将广泛的社会环境问题与企业经营优势和资源能力相结合，选择与企业经营活动最为相关、对利益相关方具有重大影响、对可持续发展有重大贡献的问题作为核心议题，作为履行社会责任的重点。

四、将社会责任融入企业运营

（八）融入企业战略和重大决策。在战略和决策的制订、实施、评估全流程中，不仅要考虑企业自身发展，还要综合考虑利益相关方诉求，全面分析对社会和环境的影响，实现综合价值最大化。

（九）融入日常经营管理。将社会责任融入企业的研发、设计、采购、生产、销售和服务等各业务环节，融入人力资源管理、财务管理、物资管理、信息管理、风险管理等各职能体系，对现有各环节、各职能进行全面优化，实现负责任的经营管理。

（十）融入供应链管理。把企业社会责任理念传导到供应链，对供应商、分销商、合作伙伴的守法合规、安全环保、员工权益、透明运营等方面实施系统管理，实现共同履责。

（十一）融入国际化经营。遵循有关国际规范，遵守所在国家和地区法律法规，尊重当地民族文化和宗教习俗，保护生态环境，促进当地就业，维护员工合法权益，支持社区发展，参与公益事业，为当地经济社会发展作出积极贡献。

（十二）探索建立社会责任指标体系。参照国内外标准，结合行业特征和企业实际，建立完善涵盖经济、社会、环境的社会责任指标体系。加强与国内外先进企业的责任指标对标，查找弱项和短板，不断加以改进。探索社会责任绩效评价，引导企业不断提升社会责任绩效水平。

五、加强社会责任沟通

（十三）建立健全社会责任报告制度。参照国际国内标准，建立健全社会责任报告发布制度，定期发布报告，不断改进和提高报告质量。有条件的企业可以针对社会关注的热点问题，发布专项报告。国际业务较多的企业要积极探索发布社会责任国别报告，加强与当地利益相关方的沟通。

（十四）加强社会责任日常信息披露。综合运用传统媒体和新型媒体等手段，通过多种方式加强社会责任日常信息披露，及时与利益相关方沟通，争取社会各界的理解和支持。

（十五）推动利益相关方参与。建立健全利益相关方参与机制，积极采取职代会、信息告知、研讨会、对话交流、共同行动等多种方式，推动利益相关方参与企业有关重大决策和相关活动。

六、加强社会责任工作保障

（十六）加强社会责任工作领导。建立健全社会责任工作领导机构，加强战略决策和规划部署，指导推动企业社会责任工作。明确社会责任工作归口管理部门，完善相关职责。清晰界定各部门、各层级相关社会责任工作职责，有效落实工作责任。

（十七）完善社会责任工作制度。以构建社会责任工作长效机制为目标，制定企业推进社会责任工作相关制度和办法，加强企业社会责任战略、治理、融合、绩效、沟通制度体系建设，推动社会责任工作科学化、规范化、制度化。

（十八）提高社会责任工作能力。加强培训，提高各级领导干部、专业人员和全体员工的社会责任意识、工作能力和业务水平。加强研究，开展国内外交流活动，向先进企业对标学习，探索符合企业实际的社会责任工作推进模式。加强资源保障，保证必要投入，强化绩效考核，建立激励约束机制。

关于调整中央企业安全生产监管分类的通知

2017 年 1 月 4 日　国资厅综合〔2017〕736 号

各中央企业：

为认真贯彻《中共中央国务院关于推进安全生产领域改革发展的意见》（中发〔2016〕32 号）精神，切实加强中央企业安全生产工作，按照《中央企业安全生产监督管理暂行办法》（国资委令第 21 号，以下简称《暂行办法》）有关规定，针对中央企业改革发展的过程中生产经营范围、企业规模、业务领域、安全风险的变化，根据各中央企业安全生产实际情况，在征求各中央企业意见的基础上，对安全生产监管分类进行了调整（详见附件），并就有关工作要求通知如下：

一、中央企业安全生产监管分类的基本原则

（一）分类分级原则。国资委根据中央企业行业分布广、规模差异大、安全风险不同的特点，将普遍性要求与行业、企业特点结合起来，依据中央企业主营业务范围和安全生产风险程度将中央企业划分为三类，实施分类监管符合中央企业实际，得到广大中央企业的认可，并在企业内部推广借鉴。

（二）动态管理原则。中央企业兼并重组后要对安全生产风险的变化进行重新评估，依据安全风险情况及时向国资委申请调整安全生产监管分类；中央企业经营范围或业务领域发生重大变化，导致安全生产风险增加或下降的，要向国资委申请安全生产监管分类调整，并设置相应的安全生产管理机构或按规定配备足够的安全专职人员。

（三）与业绩考核挂钩原则。涉及中央企业的较大及以上生产安全责任事故，国资委根据各级政府有关部门对事故调查认定的性质、级别、责任等，在中央企业安全生产监管分类的基础上，在中央企业负责人经营业绩考核中依法依规予以扣分、降级处理，并将安全生产业绩考核结果与企业负责人薪酬挂钩。

二、中央企业安全生产监管分类的对应标准

（一）安全生产监管一类中央企业，集团总部应设置独立安全生产监督管理一级部门，设安全总监职位；所属企业应设置独立安全生产监督管理一级部门，全面推行安全总监制度。

（二）安全生产监管二类中央企业，应明确有关职能部门负责安全生产监督管理工作，设置二级安全生产监督管理处室；鼓励安全生产任务较重的企业设置独立安全生产监督管理部门，设安全总监职位。

（三）安全生产监管三类中央企业，应明确有关职能部门和处室负责安全生产监督管理工作，设置专职安全生产监督管理岗位；鼓励安全生产任务较重的企业设置安全生产监督管理部门，设安全总监职位。

三、中央企业安全生产监管分类的有关要求

（一）中央企业在转型升级、兼并重组过程中，必须坚持安全发展的原则，要结合企业安全生产风险的变化，将安全生产工作与其他业务整合同考虑、同部署、同落实，坚决防止在改革过程中弱化安全生产管理的现象发生。

（二）各中央企业主要负责人是企业安全生产第一负责人，要根据调整后的安全生产分类，及时设置相应的机构，配足专职安全生产管理人员。半年内未按照要求设置相应机构的中央企业，国资委将调整其安全生产监管分类，并通报中央企业。

（三）中央企业安全生产机构设置发生变化、分管负责人、部门主要负责人工作变动后，应当主动向国资委备案。国资委将不定期对中央企业安全生产机构设置、专职安全生产管理人员配置情况进行督导。

附件：中央企业安全生产监管分类（略）

关于印发《贯彻落实〈中共中央国务院关于推进安全生产领域改革发展的意见〉实施方案》的通知

2017 年 10 月 10 日　国资综合〔2017〕1050 号

各中央企业：

为深入贯彻《中共中央国务院关于推进安全生产领域改革发展的意见》（中发〔2016〕32 号），国资委制定了《贯彻落实〈中共中央国务院关于推进安全生产领域改革发展的意见〉实施方案》，现印发给你们，请认真抓好落实工作。

附件：贯彻落实《中共中央国务院关于推进安全生产领域改革发展的意见》实施方案

附件：

贯彻落实《中共中央国务院关于推进安全生产领域改革发展的意见》实施方案

党中央、国务院高度重视安全生产工作，党的十八大以来，习近平总书记多次对安全生产工作作出重要指示，李克强总理多次作出工作部署，国资委督促中央企业认真贯彻落实，安全生产工作取得积极进展。2016年12月，中共中央、国务院印发了《中共中央国务院关于推进安全生产领域改革发展的意见》（中发〔2016〕32号，以下简称《意见》），明确了我国安全生产改革发展任务和要求，提出了加强和改进安全生产工作的具体措施，是今后一个时期全国安全生产工作的行动纲领，是提升全国安全生产水平的思想指南。国资委认真贯彻落实党中央、国务院关于深化国有企业改革的决策部署，坚定不移深化国有企业改革，准确把握出资人职责定位，督促中央企业落实安全生产主体责任，为中央企业改革发展提供有力的安全保障。根据《意见》和2017年全国安全生产电视电话会议要求，结合国资委出资人职责定位，现制定具体实施方案如下。

一、总体要求

（一）指导思想。以习近平总书记关于安全生产系列重要论述和讲话精神为指导，进一步增强“四个意识”，紧紧围绕“五位一体”总体布局和“四个全面”战略布局，坚持以人为本，安全发展，坚守发展决不能以牺牲人的生命为代价这条不可逾越的红线和遏制重特大事故发生这条底线，坚持“安全第一、预防为主、综合治理”的安全生产方针，坚持科技兴安、管理强安、产业促安，为中央企业做强做优做大提供安全保障。

（二）基本原则。坚持依法治安。自觉遵守各项法律法规和规章制度，用法治思维和法治手段解决安全生产中的矛盾和问题，坚守法律底线，争做遵法、学法、守法、用法的表率。

坚持服务中心。安全生产工作要服务改革发展大局，在企业改革推进、提质增效、瘦身健体、结构调整过程中，增强安全生产管控能力，充分发挥安全生产保障作用，为企业改革发展创造良好的安全环境。

坚持创新驱动。面对新的形势，充分发挥中央企业的管理、人才、技术优势，大力推进安全生产管理创新、制度创新、机制创新、科技创新和文化创新，增强企业安全生产工作内生动力，破解难点问题。

（三）总体目标。到2020年，建立与中央企业“六种力量”相适应，不断完善、持续改进的安全生产管理体系。实现安全管理能力不断增强，安全生产业绩继续保持国内领先地位，一批优强企业达到世界先进水平，事故起数和死亡人数大幅度下降，能够有效防范和遏制重特大事故的发生。到2030年，全面建成中央企业安全生产长效机制。实现安全管理体系科学完善，安全保障能力全面增强，企业安全管理达到国际一流水平，部分企业达到国际领先水平。

二、健全落实安全生产责任制

（四）认真履行出资人安全生产职责。根据《国务院办公厅关于加强中央企业安全生产工作的通知》（国办发〔2004〕52号）、《国务院安全生产委员会成员单位安全生产工作职责分工》（安委〔2015〕5号）的规定和要求，国资委牢牢把握出资人职责定位，本着到位而不越位的原则，积极配合综合监管、行业监管部门，形成安全生产监管合力；以安全生产考核为抓手，实施分类监管，督促中央企业切实履行安全生产主体责任。国资委有关厅局要紧紧围绕中心工作，始终把安全生产工作摆在重要位置，将安全生产与改革发展统筹考虑、部署和落实，督促中央企业贯彻执行国家安全生产方针和有关法律法规、标准，不断提升安全保障水平；督促指导中央企业深刻吸取事故教训，剖析查找事故深层次原因，防范事故重复发生。配合有关部门做好中央企业重特大事故调查工作，落实事故责任追究的有关规定。督促指导中央企业创新安全制度、创新安全理念、创新管理体系、创新安全文化、创新安全技术，发挥中央企业安全生产带头示范作用。

（五）严格落实企业主体责任。中央企业要按照“党政同责、一岗双责、齐抓共管”的要求，健全安全生产责任体系，建立任务层层分解、责任层层落实、压力层层传递的工作机制。董事长、党组织书记、总经理对本企业安全生产工作共同承担领导责任；所有领导班子成员对分管范围内安全生产工作承担相应职责。做到安全责任、管理、投入、培训和应急救援“五到位”。严格考核问责，严肃责任追究，确保主体责任落实到位。股份制、混合所有制企业要明确在控股、参股企业中承担的安全管理责任，防止出现企业主体责任不落实、安全管理有缺失的现象。

三、提升企业安全生产管理能力

（六）提升源头防范能力。中央企业要构建风险分级管控体系，提升隐患排查治理能力，建立事故隐患风险评估制度，形成全员、全过程、全方位危险源辨识和评价工作机制，强化重点领域、重点区域、重点部位、重点环节和重大危险源管控，采取技术、工程和管理预防及控制措施，有效完善监测预警应急机制。

（七）提升全员履职能力。认真落实“管业务必须管安全、管生产经营必须管安全”的要求，努力培育安全文化，大力提升广大干部职工的安全意识和岗位能力，调动全员积极性和创造性，形成人人关心安全生产，人人提升安全素质，人人争做安全卫士的良好局面，推动企业整体安全生产工作的进步。

（八）提升科技支撑能力。中央企业要加大安全生产投入，淘汰不符合安全标准、安全性能低下、职业病危害严重、危及安全生产的工艺、技术、装备，大力推广应用安全生产新材料、新工艺、新技术、新装备，努力改善中央企业技术装备水平。

（九）提升境外企业安全保障能力。中央企业在大力实施“走出去”战略过程中，所属的跨地区、多层次和境外投资主体要积极研究驻在国经营管理、劳资、安全生产等方面的法律规定，建立与驻在国安全标准相衔接的安全生产标准体系和安全规章制度，制定有针对性的风险防范措施和应急预案，强化境外机构人员安全培训，提升境外企业风险管控能力，保障境外机构人身安全和财产安全。

四、加强安全生产源头管控

（十）加强风险识别、评估、管控。中央企业要认真开展安全生产合规性评价，在项目并购前将安全生产条件作为前置条件进行充分评估，实行重大安全风险“一票否决”制。在项目开工建设前做好项目设计、施工、采购、验收、管理等各环节安全生产风险识别、评估工作，制定管控措施。结合企业改革发展需要，进行资源优化整合，清退或转型一批高风险、高耗能、无收益项目和企业，有效防范重特大事故。加强与气象、水利等部门的沟通联系，做好气象灾害预警防范，严防自然灾害引发安全事故。

（十一）认真吸取事故教训。中央企业要深刻吸取事故教训，防范事故重复发生，加强未遂事故和一般事故的统计，认真开展事故分享、分析工作，做到“一厂出事故，万厂受教育”，从预防事故发生的角度出发，全流程分析，深挖事故原因，制定预防措施，全方位提高企业本质安全水平。

（十二）强化现场监管措施。中央企业要认真落实各项规章制度，树立守规意识，把严格遵守规章制度作为广大员工自觉的行为规范。严格现场安全监管，把安全生产管理的重心放到基层，放到现场，重点监控重大工程、工艺节点，加强现场安全生产巡查、检查，及时发现和制止不安全行为。加强分包单位管控，将分包队伍作为安全管理的重中之重，严把分包准入关，严格审查分包队伍的资质、业务能力、安全业绩，培育诚实守信、管理规范、施工能力强、业务水平高的分包队伍。

（十三）建立隐患治理监督机制。中央企业要深入开展隐患治理工作，强化“隐患就是事故”的理念，研究制定隐患排查标准，根据企业规模、管理能力、技术水平、危险因素等，分级分类进行管理；建立隐患排查治理信息系统，形成安全隐患动态分析系统和监管服务平台，实现安全隐患排查治理工作全过程记录和管理，确保隐患治理“五到位”（整改措施到位，资金到位，时限到位、责任人到位、应急预案到位），防止隐患演变为事故。

（十四）建立完善职业病防治体系。中央企业要高度重视职业病防治工作，做好职业健康“三同时”和职业病防治规划，将职业病防治规划纳入到企业整体发展规划体系中。鼓励有条件的高职业危害企业与社会职业病防治机构开展合作，分析职业病发展趋势，研究职业病防治策略，有效控制职业病发病率，创建健康安全的作业环境。

五、加强安全基础保障能力建设

（十五）健全组织机构，加强队伍建设。中央企业要成立安全生产委员会，企业安全生产第一责任人担任安委会主任，建立安全生产管理机构，在机构调整、压缩管理层级时依法依规保留安全生产管理机构，配齐安全生产监管人员，防止出现安全生产管理弱化。安全风险高的企业要实行安全总监制度，建立独立的安全监督体系。要建立以注册安全工程师为主的专职安全管理队伍，提高安全监管队伍的素质和能力。要建立安全生产专家库，发挥专家在事故分析、现场检查、隐患整改等方面的技术支撑作用，提高安全管理技术水平。

（十六）完善安全投入长效机制。中央企业要落实有关安全生产费用提取和使用的相关规定，足额提取安全生产费用，建立企业增加安全投入的激励约束机制。加强政策研究，积极与税务部门沟通，落实有关税收优惠政策。要从制度上保障安全投入，严防企业因生产经营困难导致安全投入不足。

（十七）健全安全宣传教育体系。中央企业要把安全培训教育纳入企业发展规划，重点督促各企业面对薄弱环节、新进领域、新的问题时制定培训计划，确定培训内容，选择培训教材，创新培训方式，确保培训效果。严格落实持证上岗和从业人员先培训后上岗制度，突出安全法律法规普及宣传教育，依法开展生产经营活动，强化企业安全法治思维，提升安全生产意识，努力营造浓厚的安全生产氛围。

（十八）健全安全考核机制。中央企业要进一步完善安全生产考核机制，细化考核内容，加大考核权重，将考核结果与经营业绩、薪酬分配、评优评先、职务晋升等挂钩。对安全生产风险高但安全生产管理机构不健全的企业，一旦发生生产安全责任事故，将从严、从重进行处理。

（十九）健全应急救援管理体制。中央企业要进一步完善应急管理体系，加强应急救援指挥平台建设，与有关方面进行对接，建设横向互通、纵向联通的应急救援指挥网络，强化政企联动，共享区域资源，协同配合工作；加强培训演练，提高各级企业负责人的应急指挥能力、作业人员的自救互救能力，确保科学施救、有效施救。要进一步完善应急预案，编制简明适用的现场处置方案，提高预案的科学性、针对性和可操作性。

附件：推进安全生产领域改革发展重点任务分工方案（略）

关于全面加强中央企业环境污染风险防控工作有关事项的通知

2018 年 5 月 2 日　国资厅发综合〔2018〕19 号

各中央企业：

近期，山西省洪洞县三维集团环境违法事件持续发酵，部分国有企业发生的环保违法违规事件，危及国家生态安全，损害人民群众生命健康和环境权益，造成恶劣社会影响。为认真贯彻落实党中央、国务院关于推进生态文明建设、坚决打好污染防治攻坚战的决策部署，深刻吸取相关环保事件教训，确保不发生环境违法事件，现将全面加强中央企业环境污染风险防控工作的有关事项通知如下：

一、深刻认识做好生态环境保护工作的重要性

党的十九大把生态文明建设纳入新时代坚持和发展中国特色社会主义的基本方略

中，把“美丽中国”作为建设社会主义现代化强国的重要奋斗目标，对加快推进生态文明建设作出了一系列部署，坚决向环境污染宣战。中央企业处于关系国家安全和国民经济命脉的重要行业和关键领域，是我国节能环保工作的主力军，电力、石油、化工、钢铁、有色金属、建材等高污染风险行业中央企业环保工作状况事关国家生态安全，事关社会稳定大局，事关群众切身利益和人民福祉。各中央企业要从讲政治、顾大局的高度，深刻认识做好生态环境保护工作的极端重要性，持续加大环境污染防治攻坚力度，全面排查治理突出环境问题，切实扛起生态文明建设政治责任。同时，要深刻认识节能环保工作对深化供给侧结构性改革、推进企业转型升级的巨大推动作用，以绿色发展理念引领中央企业高水平、高质量发展，努力为社会和人民提供优质绿色低碳产品和服务，促进国家经济社会持续健康发展。

二、全面落实环境污染风险防控工作要求

当前，中央企业环境保护工作形势依然严峻，主体责任落实不到位、隐患排查治理不彻底、管理体制机制不完善、应急处置能力不强等问题依然较为突出。各中央企业要坚持底线思维，系统构建“事前严防、事中严管、事后处置”的全过程、多层级风险防控体系，坚决守牢环境安全底线。

一是加强环境影响评价管理，源头防范环境风险。中央企业要严格建设项目环境影响评价管理，所有新、改、扩建项目环境影响评价要按照国家相关要求，科学预测评价突发性事件或事故可能引发的环境风险，制定环境风险防范和应急措施，未通过环境影响评价审批的一律不得开工建设。对垃圾焚烧、PX、涉核项目等公众关注度高或存在较大环境风险的项目，要做好环境影响评价公众参与工作。

二是全面开展环境污染隐患排查治理，有效化解环境风险。中央企业要结合本企业实际情况，对污染源进行全面排查，严格执行污染物排放许可制，确保大气、水、土壤污染物达标排放。加大重金属污染防治力度，严格控制重金属新增产能扩张，依法关停无法达标的涉重金属企业。严密防控危险废弃物环境风险，加强危险废弃物贮存、运输、处置管理，提高危险废弃物无害化处置和资源化利用能力，坚决杜绝危险废弃物非法转移和处置。电力企业要规范脱硫、脱硝、除尘等环保设施运行、检修管理，加强废水排放、煤场、灰场无组织排放治理。钢铁、建材、化工等重点行业企业要全部推行清洁生产，提高能源资源利用效率，采用低废、无废工艺，尽量使用无毒无害原料。石油石化企业要加强生产设施和输油管网泄漏隐患排查，特别是位于自然保护区、饮用水源保护区等敏感区域的，要强化输油管线日常检测、更换等措施，按要求关停、拆除相关设施。化工等企业要加强有毒有害化学品污染风险防控，涉及农药、化肥生产的企业要加大绿色环保产品的研发和供给力度，助力农业面源污染治理。涉核企业要努力提升核设施安全水平，加快老旧核设施退役，提升放射性废物处置能力。

三是抓好污染物减排重点工程实施，维护重点区域生态安全。中央企业要以打好污染防治攻坚战为目标任务，着力加强京津冀、长三角、祁连山等重点区域的污染防治和生态保护工作，加快清理自然保护区、水源地保护区内的违法项目和排污口。发电企业

要力争在全面实现东部、中部地区燃煤电厂超低排放的基础上，提前完成西部地区超低排放改造，钢铁、建材企业也要抓紧启动生产设施超低排放改造工作。石油化工企业要加快燃油质量升级进程，重点推进车用柴油质量升级，有条不紊布局推广国Ⅵ标准车用汽、柴油。要着力推进挥发性有机物治理、加油站地下油罐防渗漏改造等重点工作。煤炭、钢铁、有色金属等企业要持续加强绿色矿山建设。建筑、港口等企业要进一步强化扬尘综合治理。同时，各中央企业要积极配合地方政府推进北方地区冬季清洁取暖，按时完成天然气管网互联互通，保障天然气稳定供应；落实好燃煤小锅炉小窑炉淘汰、煤炭清洁能源替代等重点工作任务；协同做好河流、湖泊治理和城市垃圾、污水处理。

四是夯实环境风险防控管理基础，提高应急处置能力。中央企业要结合自身功能和行业特点，建立完善环境风险防控和应急响应体系。加强环境监测和风险评估，构建覆盖生产、运输、贮存、处置环节的环境风险监测预警网络，强化重污染天气、饮用水水源地等环境风险预警工作，制定相应的防范、化解和处置预案。健全突发环境事件报告和信息公开机制，加强与所在地人民政府、相关部门、其他企业之间的应急联动，提高突发事件应急处置效能。加强环境应急管理队伍、专家队伍建设，做好环境应急救援物资储备，定期组织开展应急预案演练，提高服务保障人员的应急处置能力。

三、切实加强对环境污染风险防控工作的组织领导

中央企业要认真落实环境保护主体责任，企业主要负责人要在思想上高度重视污染防治工作，把加强环境污染风险防控放在与企业经营发展同等重要的位置。强化考核奖惩约束，将生态文明建设和节能环保工作真正纳入企业主要负责人经营业绩考核体系，严肃领导干部生态环境损害责任追究，对发生重大环境违法违规事件的，实行“一票否决”。各中央企业要全面梳理本企业污染防治工作重点，制订切实可行的环境污染风险排查治理工作方案，明确任务，狠抓落实，将环境污染风险防控与规范生产经营相结合，不走过场、不留死角，形成任务层层分解、压力层层传递、责任层层落实的环境污染风险防控长效机制。

各中央企业要进一步强化环境保护责任意识，全面部署所属各级单位做好环境污染风险排查治理工作，认真总结成效经验。我委将适时组织对重点企业环境污染风险排查治理工作进行检查。

其 他

国务院国有资产监督管理委员会关于印发《国务院国资委行业协会工作暂行办法》的通知

2004年8月30日　国资研究〔2004〕834号

各厅局、委管各协会：

现将《国务院国有资产监督管理委员会行业协会工作暂行办法》印发你们，请认真贯彻执行。委内有关厅局要按照本办法规定的职责和要求制定工作实施细则。请直管协会商代管协会制定代管办法，报国资委批准后实施。

附件：国务院国有资产监督管理委员会行业协会工作暂行办法

附件：

国务院国有资产监督管理委员会行业协会工作暂行办法

第一章　总　　则

第一条　为规范国务院国有资产监督管理委员会（以下简称国资委）联系行业协会的工作，更好地发挥行业协会的作用，依照《社会团体登记管理条例》（国务院令第250号）等有关规定，制定本办法。

第二条　国务院交由国资委联系的行业协会适用本办法。

第三条　国资委联系行业协会主要采用以下形式：国资委直接联系一部分行业协会（以下简称直管协会）；国资委委托直管协会联系其他行业协会、学会、基金会（以下简称代管协会）。

第四条　国资委履行行业协会主管单位的管理职责，为行业协会开展业务、发挥作用提供服务和创造条件，引导和促进行业协会按照市场化原则推进改革和规范发展，加快实现自主、自立、自养、自强。

第五条　行业协会要自觉遵守国家法律、法规、规章和有关政策，按照《社会团体登记管理条例》和协会章程以及本办法的有关规定履行义务和开展工作。

第二章　国资委联系行业协会工作的主要职责和义务

第六条　国资委联系行业协会工作主要履行以下职责：

（一）负责传达党中央、国务院有关方针、政策和其他重要精神。

（二）负责行业协会党的建设和思想政治工作。

（三）指导和支持行业协会推进改革和规范发展。

（四）负责行业协会及其分支机构、代表机构的筹备申请和设立、变更、注销登记前的审查及年检的初审，承担应由主管单位审查的有关重要事项。

（五）负责行业协会的人事管理。

（六）负责指导行业协会的外事工作。

（七）负责行业协会公开出版物的指导与监督。

（八）负责行业协会财务、国有资产管理工作的指导、协调和监督。

（九）监督检查行业协会遵守国家法律、法规和有关政策的情况，协助有关部门查处行业协会的违规行为，受理国资委党委管理的干部及其他副局级以上干部违反党纪政纪的重要案件。

（十）负责向国务院报告行业协会反映的重大问题和提出的重要建议。

（十一）承担国家规定的行业协会主管单位应履行的其他职责。

第七条 国资委支持行业协会依据法律法规和协会章程自主开展业务活动，鼓励行业协会接受和完成政府部门、有关机构委托的有关事项，为行业协会开展业务活动做好协调和服务工作，帮助行业协会解决调整、改革和发展中遇到的问题，履行行业协会主管单位应尽的义务。

第三章 国资委联系行业协会工作的内部分工

第八条 国资委联系行业协会工作实行委内统一协调、分工负责的责任制度。建立各有关厅局参加的联系行业协会工作联席会议制度。

（一）研究室（行业协会联系办公室）负责国资委联系行业协会工作的综合协调。负责行业协会及分支机构、代表机构的筹备申请和设立、变更、注销登记前的审查及年检的初审；负责行业协会申请社团编制的审查；监督行业协会遵守国家法律、法规、政策和依据行业协会章程开展活动；会同委内有关厅局监督直管协会对国资委委托职责的履行；指导行业协会改革、调整，促进行业协会规范发展；负责上报行业协会反映的重大问题和提出的重要建议。

（二）办公厅负责直管协会有关文件、资料的传送和有关会议、活动的通知等。

（三）宣传局负责行业协会公开出版物的指导与监督。

（四）外事局负责指导直管协会的外事工作。负责直管协会副部级以上领导人员出访、直管协会参加国际组织或召开大型国际会议及邀请国外正部级或前政要来访请示件的报批；负责无外事审批权的直管协会副部级以下人员因公出国（境）、赴台和邀请国（境）外相关人员来华的审批；负责直管协会引进国外智力、出国培训的申报工作。

（五）人事局负责行业协会的人事工作。直管协会会长（理事长）、副会长（副理事长）、秘书长根据协会章程选举产生，选举之前其人选须报国资委同意，选举之后秘书长以上协会负责人报国资委备案。属中央管理的干部兼任协会负责人，按中组部《关于审批中央管理的干部兼任社会团体领导职务有关问题的通知》（组通字〔1999〕第55号）办理。

（六）直属机关党委负责直管协会党的建设和思想政治工作。负责直管协会党委和纪委正、副书记的审批、任免；负责审议、上报直管协会局级党员领导干部违反党纪的处理决定（原由中组部管理的行业协会党员干部，按管理权限报批）；指导直管协会党员干部政治理论学习、培训和统战、工青妇组织工作。

（七）纪委监察局负责对直管协会执行党的路线方针政策和国家法律法规以及执行党中央、国务院有关指示、决定的情况进行监督检查；受理查处直管协会和国资委党委管理的直管协会负责人，以及直管协会和由直管协会代管的代管协会、事业单位中原国务院各部委、国家局党组任命的部委司局级干部违反党纪政纪的重要案件；受理对直管协会和上述人员的举报控告；受理直管协会和上述人员的申诉。

（八）机关服务管理局负责有财政预算管理关系直管协会的财务管理和监督工作，并对代管协会和事业单位实施财务指导、协调和监督。负责直管协会、代管协会及事业单位国有资产的产（股）权管理、产权登记、资产划转、评估、报废、拍卖、对外投资管理、担保、资产保值增值考核、清产核资、土地登记及资产信息报送等管理工作，以及改制、改组、股份制改造、转换机制的审核管理工作和行业协会注册资金变更登记前的审查。

第四章　直管协会的代管职责

第九条　国资委委托直管协会对代管协会履行以下职责：

（一）负责向代管协会传达党中央、国务院和国资委及有关部门的文件、会议精神等。

（二）监督检查代管协会、事业单位遵守国家法律、法规和政策情况，受理查处代管协会、事业单位及副局级以下工作人员违反党纪政纪的案件。

（三）负责代管协会、事业单位党的建设和思想政治工作。

（四）负责代管协会的设立、变更、注销和申请社团编制以及年检的前期审查并向国资委报告意见。

（五）协助国资委管理与指导代管协会、事业单位的公开出版物。

（六）负责代管协会和事业单位的人事管理。审查、批准代管协会按章程提出并报送的秘书长以上人选和法定代表人。

（七）被授予外事审批权的直管协会行使本协会及代管协会、事业单位工作人员（不含副部级以上领导人员）临时出国（境）任务审批权、护照签证自办权、邀请外国相关人员和民间组织及副部级以下官员来华签证通知权；负责本协会及代管协会、事业单位工作人员赴台的审核、报批。

（八）协助国资委做好对代管协会和事业单位的财务监督和国有资产日常监管工作。

（九）承担国资委委托的其他事项。

第十条　直管协会与代管协会之间无行政隶属关系，直管协会、代管协会各自独立承担民事责任和社团法人责任，具有平等的法律地位。直管协会在国资委委托的职责范围内对代管协会和事业单位进行管理，不干预代管协会依据章程开展的各项业务活动和依法开展的各项内部管理工作。代管协会要支持和服从直管协会在国资委委托职责范围内开展的各项管理工作。

第五章　附　　则

第十一条　本办法自公布之日起施行。

关于加强中央企业企业文化建设的指导意见

2005 年 3 月 16 日　国资发宣传〔2005〕62 号

各中央企业：

为深入贯彻“三个代表”重要思想和党的十六大精神，认真落实以人为本，全面、协调、可持续的科学发展观，充分发挥企业文化在提高企业管理水平、增强核心竞争能力、促进中央企业改革发展中的积极作用，现就加强和推进中央企业企业文化建设提出如下意见。

一、企业文化建设的重要意义、指导思想、总体目标与基本内容

1. 加强企业文化建设的重要性和紧迫性。当前，世界多极化和经济全球化趋势在曲折中发展，科技进步日新月异，综合国力竞争日趋激烈。文化与经济和政治相互交融，文化的交流与传播日益频繁，各种思想文化相互激荡，员工思想空前活跃。深化改革、扩大开放和完善社会主义市场经济体制的新形势，使中央企业既面临良好的发展机遇，又面对跨国公司和国内各类企业的双重竞争压力，迫切需要提高企业管理水平和提升企业竞争能力。先进的企业文化是企业持续发展的精神支柱和动力源泉，是企业核心竞争力的重要组成部分。建设先进的企业文化，是加强党的执政能力建设，大力发展社会主义先进文化、构建社会主义和谐社会的重要组成部分；是企业深化改革、加快发展、做强做大的迫切需要；是发挥党的政治优势、建设高素质员工队伍、促进人的全面发展的必然选择；是企业提高管理水平、增强凝聚力和打造核心竞争力的战略举措。中央企业大多是关系国民经济命脉和国家安全，在重要行业和关键领域占支配地位的国有重要骨干企业，肩负着弘扬民族精神、促进经济发展、推动社会进步的重任。中央企业必须坚持以“三个代表”重要思想、党的十六大和十六届三中、四中全会精神为指导，在提高效益、促进发展的同时，在建设先进企业文化中发挥示范和主导作用，为发展社会主义先进文化，全面建设小康社会做出应有的贡献。

中央企业在长期发展实践过程中，积累了丰厚的文化底蕴，形成了反映时代要求、各具特色的企业文化，在培育企业精神、提炼经营理念、推动制度创新、塑造企业形象、提高员工素质等方面进行了广泛的探索，取得了丰硕的成果。但是，中央企业的企业文化建设工作发展还不够平衡，有的企业对企业文化建设的重要性认识不足，企业文化建设的目标和指导思想不够明确，片面追求表层与形式而忽视企业精神内涵的提炼和相关制度的完善，企业文化建设与企业发展战略和经营管理存在脱节现象，缺乏常抓不懈的机制等。因此，中央企业的企业文化建设亟须进一步加强和规范。

2. 企业文化建设的指导思想：以邓小平理论和“三个代表”重要思想为指导，贯彻落实党的路线、方针、政策，牢固树立以人为本，全面、协调、可持续的科学发展观，在弘扬中华民族优秀传统文化和继承中央企业优良传统的基础上，积极吸收借鉴国内外现代管理和企业文化的优秀成果，制度创新与观念更新相结合，以爱国奉献为追求，以促进发展为宗旨，以诚信经营为基石，以人本管理为核心，以学习创新为动力，努力建设符合社会主义先进文化前进方向，具有鲜明时代特征、丰富管理内涵和各具特色的企业文化，促进中央企业的持续快速协调健康发展，为发展壮大国有经济，全面建设小康社会做出新贡献。

3. 企业文化建设的总体目标：力争用三年左右的时间，基本建立起适应世界经济发展趋势和我国社会主义市场经济发展要求，遵循文化发展规律，符合企业发展战略，反映企业特色的企业文化体系。通过企业文化的创新和建设，内强企业素质，外塑企业形象，增强企业凝聚力，提高企业竞争力，实现企业文化与企业发展战略的和谐统一，企业发展与员工发展的和谐统一，企业文化优势与竞争优势的和谐统一，为中央企业的改革、发展、稳定提供强有力的文化支撑。

4. 企业文化建设的基本内容：企业文化是一个企业在发展过程中形成的以企业精神和经营管理理念为核心，凝聚、激励企业各级经营管理者和员工归属感、积极性、创造性的人本管理理论，是企业的灵魂和精神支柱。企业文化建设主要包括总结、提炼和培育鲜明的企业核心价值观和企业精神，体现爱国主义、集体主义和社会主义市场经济的基本要求，构筑中央企业之魂；结合企业经营发展战略，提炼各具特色、充满生机而又符合企业实际的企业经营管理理念，形成以诚信为核心的企业道德，依法经营，规避风险，推动企业沿着正确的方向不断提高经营水平；进一步完善相关管理制度，寓文化理念于制度之中，规范员工行为，提高管理效能；加强思想道德建设，提高员工综合素质，培育“四有”员工队伍，促进人的全面发展；建立企业标识体系，加强企业文化设施建设，美化工作生活环境，提高产品、服务质量，打造企业品牌，提升企业的知名度、信誉度和美誉度，树立企业良好的公众形象；按照现代企业制度的要求，构建协调有力的领导体制和运行机制，不断提高企业文化建设水平。

二、企业文化建设的组织实施

5. 企业文化建设的工作思路。要站在时代发展前沿，认真分析企业面临的客观形势与发展趋势，以宽广的眼界和与时俱进的精神，面向世界、面向未来、面向现代化，以提升企业竞争力和提高经济效益为中心，确保国有资产保值增值和促进员工全面发展，将企业文化建设纳入企业发展战略，作为企业经营管理的重要组成部分，与党的建设、思想政治工作和精神文明建设等相关工作有机结合，加强领导，全员参与，统筹规划，重点推进，既体现先进性，又体现可操作性，注重在继承、借鉴中创新，在创新、完善中提高。

6. 企业文化建设的规划。根据本企业的行业特征和自身特点，确定企业的使命、愿景和发展战略；总结本企业多年形成的优良传统，挖掘企业文化底蕴，了解企业文化现状，在广泛调研、充分论证的基础上，制定符合企业实际、科学合理、便于操作、长远目标与阶段性目标相结合的企业文化建设规划。在制定规划时要着眼于企业文化的长远发展，避免走过场。在实施过程中必须与时俱进，常抓常新，随着企业内外部环境的变化，及时对企业文化建设的具体内容和项目进行充实和完善，促进企业文化的巩固与发展。

7. 企业文化建设的实施步骤。要根据企业文化建设的总体规划，制定工作计划和目标；深入进行调查研究，根据企业实际，找准切入点和工作重点，确定企业文化建设项目；提炼企业精神、核心价值观和经营管理理念，进一步完善企业规章制度，优化企业内部环境，导入视觉识别系统，进行企业文化建设项目的具体设计；采取学习培训、媒体传播等多种宣传方式，持续不断地对员工进行教育熏陶，使全体员工认知、认同和接受企业精神、经营理念、价值观念，并养成良好的自律意识和行为习惯；在一定时间内对企业文化建设进行总结评估，及时修正，巩固提高，促进企业文化的创新。各中央企业可结合本企业实际，确定企业文化建设的具体步骤。

8. 企业文化载体与队伍建设。要进一步整合企业文化资源，完善职工培训中心、企业新闻媒体、传统教育基地、职工文化体育场所、图书馆等企业文化设施。创新企业文化建设手段，丰富和优化企业文化载体设计，注重利用互联网络等新型传媒和企业报刊、广播、闭路电视等媒体，提供健康有益的文化产品，提高员工文化素养，扩大企业文化建设的有效覆盖面。重视和加强对摄影、书法、美术、文学、体育等各种业余文化社团的管理引导，组织开展健康向上、特色鲜明、形式多样的群众性业余文化活动，传播科学知识，弘扬科学精神，提高广大员工识别和抵制腐朽思想、封建迷信、伪科学的能力，营造健康、祥和、温馨的文化氛围，满足员工求知、求美、求乐的精神文化需求。注意培养企业文化建设的各类人才，加强引导和培训，建立激励机制，充分发挥他们在企业文化建设中的骨干带头作用。注重发挥有关职能部门和工会、共青团、妇女组织的作用，形成企业文化建设的合力，依靠全体员工的广泛参与，保持企业文化旺盛的生机与活力。

三、企业文化建设的基本要求

9. 以人为本，全员参与。要牢固树立以人为本的思想，坚持全心全意依靠职工群众办企业的方针，尊重劳动、尊重知识、尊重人才、尊重创造，用美好的愿景鼓舞人，用宏伟的事业凝聚人，用科学的机制激励人，用优美的环境熏陶人。搭建员工发展平台，提供员工发展机会，开发人力资源，挖掘员工潜能，增强员工的主人翁意识和社会责任感，激发员工的积极性、创造性和团队精神，达到员工价值体现与企业蓬勃发展的有机统一。坚持为增强综合国力做贡献，为社会提供优质商品和优良服务，妥善处理各方面的利益关系，实现报效祖国、服务社会、回报股东、关爱员工的和谐一致。

在企业文化建设过程中，要坚持把领导者的主导作用与全体员工的主体作用紧密结合。尊重群众的首创精神，在统一领导下，有步骤地发动员工广泛参与，从基层文化抓起，集思广益，群策群力，全员共建。努力使广大员工在主动参与中了解企业文化建设的内容，认同企业的核心理念，形成上下同心、共谋发展的良好氛围。

10. 务求实效，促进发展。在企业文化建设中，要求真务实，重实际、办实事、求实效，反对形式主义，避免急功近利，使企业文化建设经得起历史和实践的检验。要立足企业实际，符合企业定位，将企业文化建设与生产经营管理紧密结合，企业文化的创新与企业改革的深化紧密结合，按照系统、科学、实用的要求，创建特色鲜明的企业文化体系。要坚持把发展作为第一要务，牢固树立抓住机遇、加快发展的战略思想，围绕中心、服务大局，开拓发展思路，丰富发展内涵。要落实科学发展观，把物质文明、政治文明和精神文明统一起来，既追求经济效益的增长，又注重社会效益的提高，实现政治上和谐稳定，经济上持续增长，文化上不断进步，切实保障员工合法权益，促进经济效益、社会效益、员工利益的协调发展。

11. 重在建设，突出特色。要制定切实可行的企业文化建设方案，借助必要的载体和抓手，系统思考，重点突破，着力抓好企业文化观念、制度和物质三个层面的建设。要把学习、改革、创新作为企业的核心理念，大力营造全员学习、终身学习的浓厚氛围，积极创建学习型企业、学习型团队。围绕企业深化改革的重点和难点，鼓励大胆探索、勇于实践，坚决破除一切妨碍发展的观念和体制机制弊端，增强企业活力，提高基层实力。注重把文化理念融入到具体的规章制度中，渗透到相关管理环节，建立科学、规范的内部管理体系。并采取相应的奖惩措施，在激励约束中实现价值导向，引导和规范员工行为。要从企业特定的外部环境和内部条件出发，把共性和个性、一般和个别有机地结合起来，总结出本企业的优良传统和经营风格，在企业精神提炼、理念概括、实践方式上体现出鲜明的特色，形成既具有时代特征又独具魅力的企业文化。

大型企业集团要处理好集团文化与下属企业文化的关系，注重在坚持共性的前提下体现个性化。要以统一的企业精神、核心理念、价值观念和企业标识规范集团文化，保持集团内部文化的统一性，增强集团的凝聚力、向心力，树立集团的整体形象。同时允许下属企业在统一性指导下培育和创造特色文化，为下属企业留有展示个性的空间。在企业兼并重组和改制的过程中，要采取多种有效措施，促进文化融合，减少文化冲突，求同存异，优势互补，实现企业文化的平稳对接，促进企业文化的整合与再造，推动兼并、重组、改制企业的创新发展。

12. 继承创新，博采众长。要注意继承发扬中华民族的优秀传统文化，挖掘整理本企业长期形成的宝贵的文化资源，并适应社会主义市场经济的需要，用发展的观点和创新的思维对原有的企业精神、经营理念进行整合和提炼，赋予新的时代内涵，在继承中创新、在弘扬中升华。要将弘扬中华优秀传统文化与借鉴国外先进文化相结合，一方面从当代中国国情和中央企业实际出发，正确制定和调整企业文化战略，充分体现民族精神、优秀传统文化的精髓和中央企业的特点，有效抵御外来文化的消极影响，避免照抄照搬；另一方面要紧紧把握先进文化的前进方向，以开放、学习、兼容、整合的态度，坚持以我为主、博采众长、融合创新、自成一家的方针，广泛借鉴国外先进企业的优秀文化成果，大胆吸取世界新文化、新思想、新观念中的先进内容，取其精华，去其糟粕，扬长避短，为我所用。在开展国际合作业务的过程中，要注意学习和借鉴合作方的先进文化，尊重文化差异，增进文化沟通，注重取长补短，促进共同发展。

13. 深度融合，优势互补。企业文化来源于企业实践又服务于企业实践，使企业的经营管理活动更富思想性和人性化，更具时代特色和人文精神。要强化企业文化建设在企业经营管理中的地位，发挥企业文化的作用，促进企业文化与企业战略、市场营销和人力资源管理等经营管理工作的深度融合，把全体员工认同的文化理念用制度规定下来，渗透到企业经营管理的全过程。在管理方法上要注意强调民主管理、自主管理和人本管理，在管理方式上要使员工既有价值观的导向，又有制度化的约束，制度标准与价值准则协调同步，激励约束与文化导向优势互补，通过加强企业文化建设，不断提高经营管理水平。

14. 有机结合，相融共进。要通过企业文化建设，不断改进和创新思想政治工作的方式方法，提高思想政治工作的针对性、实效性和时代感，增强思想政治工作的说服力和感召力，促进思想政治工作与企业生产经营管理的有机结合。避免把企业文化建设与思想政治工作割裂开来。加强理想信念教育，弘扬以爱国主义为核心的民族精神和以改革创新为核心的时代精神，弘扬集体主义、社会主义思想，使中央企业广大员工始终保持昂扬向上的精神风貌。发掘思想政治工作的资源优势，既鼓励先进又照顾多数，既统一思想又尊重差异，既解决思想问题又解决实际问题，营造良好的思想文化环境。

要把企业文化建设与精神文明建设有机结合起来，用社会主义的意识形态和价值取向牢固占领中央企业文化主阵地，通过良好的文化养成，不断提升员工整体素质。坚持依法治企和以德治企相结合，加强员工思想道德建设，倡导公民道德规范，深入开展诚信教育，引导员工恪守社会公德、职业道德和家庭美德，自觉抵制各种错误思潮和腐朽思想文化的侵蚀。按照贴近实际、贴近生活、贴近群众的原则，创新内容、形式和手段，广泛开展各类群众性精神文明创建活动，大力选树与宣传企业先进典型和英模人物，营造团结进取的企业氛围和健康向上的社会风气，展示中央企业的良好形象。

四、加强对企业文化建设的领导

15. 企业领导要高度重视和积极抓好企业文化建设。企业领导要站在促进企业长远发展的战略高度重视企业文化建设，对企业文化建设进行系统思考，出思想、出思路、出对策，确定本企业企业文化建设的目标和内容，提出正确的经营管理理念，并身体力行，率先垂范，带领全体员工通过企业文化建设不断提高企业核心竞争能力，促进企业持续快速协调健康发展。

16. 建立和健全企业文化建设的领导体制。建设先进的企业文化是企业党政领导的共同职责，要把企业文化建设作为一项重要的工作纳入议事日程，与其他工作同部署、同检查、同考核、同奖惩。企业文化建设的领导体制要与现代企业制度和法人治理结构相适应，发挥好党委（党组）、董事会和主要经营者在企业文化建设中的决策作用。各企业要明确企业文化建设的主管部门，安排专（兼）职人员负责此项工作，形成企业文化主管部门负责组织、各职能部门分工落实、员工广泛参与的工作体系。在企业文化建设过程中，要注意发挥基层党组织和群众组织的作用，广大党员要做好表率，带领全体员工积极投身企业文化建设。

17. 完善企业文化建设的运行机制。要建立企业文化建设的长效管理机制，包括建立科学的管理制度、完善的教育体系以及制定严格的绩效评估办法。要明确工作职责，建立分工负责、关系协调的企业文化建设责任体系，保证企业文化建设工作的顺畅运行。要建立考核评价和激励机制，定期对企业文化建设的成效进行考评和奖惩。要建立保障机制，设立企业文化建设专项经费并纳入企业预算。加大企业文化建设软硬件投入，为企业文化建设提供必要的资金支持和物质保障。

18. 加强对企业文化建设的指导。国资委要加强对中央企业企业文化建设的指导，针对中央企业的不同情况进行专题调研，不断总结和推广中央企业开展企业文化建设的先进经验，用丰富鲜活的案例启发、引导企业开展企业文化建设。要定期组织企业经营管理者和企业文化建设专职人员的培训，帮助他们掌握企业文化专业知识。要加强企业文化的理论研究与实践研究，认真探索企业文化建设的理论体系、操作方法和客观规律，搞好分类指导。各中央企业要加强对基层单位企业文化建设的领导，定期开展检查，促进基层单位企业文化建设的规范有序进行。企业文化建设是一项长期的任务，是一个逐步形成和发展的过程，各中央企业要加强实践探索，逐步完善提高，推动企业文化建设的深入开展。

国务院国有资产监督管理委员会关于印发《国务院国有资产监督管理委员会规范行业协会运作暂行办法》的通知

2007 年 11 月 15 日　国资发研究〔2007〕199 号

委管各协会：

现将《国务院国有资产监督管理委员会规范行业协会运作暂行办法》印发给你们，请认真贯彻执行。

附件：国务院国有资产监督管理委员会规范行业协会运作暂行办法

附件：

国务院国有资产监督管理委员会规范行业协会运作暂行办法

第一章　总　　则

第一条　为加强对国务院国有资产监督管理委员会（以下简称国资委）所联系行业协会的管理，促进所联系行业协会规范运作和健康发展，根据《社会团体登记管理条例》、《社会团体分支机构、代表机构登记办法》等有关法律法规和《国务院办公厅关于加快推进行业协会商会改革和发展的若干意见》，特制定本办法。

第二条　国资委负责联系的行业协会，包括联合会、协会、学会、研究会、促进会等（以下统称协会），适用本办法。

第三条　国资委负责联系的基金会参照本办法执行。

第二章　协会章程执行

第四条　协会应当按照《社会团体章程示范文本》制订、修订章程。

协会章程修订草案在提交会员大会（会员代表大会）讨论之前，应当将草案及修订说明报送国资委；会员大会（会员代表大会）对章程修订草案作出修改的，应当在新章程核准备案的报告中予以特别说明。

第五条　协会因故不能按章程规定如期召开会员大会（会员代表大会）、理事会和常务理事会，应当提前30日向参会人员说明原因及延期的时间，并报告国资委。

第六条　协会因故推迟换届的，应当告知全体会员，并向国资委报告推迟原因和延期的时间，国资委审查后由协会报民政部批准。无合理原因推迟换届一年以上的，视为严重违规，按本规定第四十条相关规定处理。

第七条　担任协会副会长的成员单位应当为行业骨干企事业单位。

第八条　协会设立和调整内设机构，选举理事、常务理事、副会长、会长，及事关行业和会员利益的重要决策等需经会员大会（会员代表大会）、理事会、常务理事会表决通过的事项，应当以无记名投票方式进行表决。选票的设计应当规范、明确。以通讯方式表决的事项，应当以表决人书面回复为准，不回复视为弃权。

第三章　协会业务管理

第九条　行业协会的重要事项应当及时向国资委报告。重要事项主要包括：党中央、国务院领导同志对协会工作的重要批示；协会重大业务活动；重大违规违纪问题；协会年度工作总结和年度工作安排等。

第十条　协会开展活动和对外宣传应当使用登记注册的名称，不得冠以“国务院国有资产监督管理委员会”字样。未经同意，不得以拟邀请名义将有关单位或个人作为支持、协办单位或专家、特邀（聘）人员进行对外宣传。协会制作非公益性活动的宣传品和证书，不得带有国旗、国徽图案。

第十一条　协会开展各种活动，应当符合协会章程，不得超出本协会业务范围，不得以营利为目的，不得违反有关财务规定滥发钱物。

第十二条　协会应当加强对所办公开出版物及内部刊物的管理。未取得公开发行刊号的出版物，不得对外公开发行。内部刊物及未取得广告经营许可证的公开出版物，不得刊登广告。

第四章　协会分支机构管理

第十三条　协会不得以未经登记的分支机构（代表机构，下同）名称进行宣传或者开展与筹备成立分支机构无关的活动。

第十四条　协会应当专门制定有关规定，加强对分支机构的管理。分支机构对外联络和开展活动，应当符合协会章程规定的业务范围以及理事会的有关决议，其财务、资产应当纳入协会统一管理。分支机构使用名称应当与登记证书一致，不得使用易产生歧义、误解的简称。

第十五条　协会分支机构不得以任何形式承包给非会员单位或者个人。

第十六条　分支机构开展涉外活动应当经协会负责人批准，并由协会统一对外行文。

第五章　协会外事管理

第十七条　协会的外事工作应当按照《国务院国有资产监督管理委员会外事工作管理办法》（国资外事〔2003〕44号）的有关规定和程序进行。

第十八条　协会的外事工作应当立足于为行业和会员单位对外交流合作服务，不得脱离行业或者专业工作、违背服务宗旨，不得从事营利性活动。

第十九条　协会组团和协会人员出国（境）考察、参加会议和培训，邀请国（境）外有关行业、专业组织和人士来访，举办国际会议、展览和交流活动等，应当严格遵守国家有关法律法规及相关规定，并注意有关敏感问题。需报批的事项，应当在规定时间内按程序履行报批手续。

第二十条　协会加入国际组织，应当按程序报批。协会人员未经批准不得以协会名义参加国（境）外组织的活动。协会负责人应当自觉控制出国（境）次数。

第二十一条　协会不得组织以营利为目的的出国（境）团组；不得超过国家规定收取出国（境）费用；团组人员中不得包含与出国（境）任务无关的人员。

第六章　协会财务和资产管理

第二十二条　协会财务管理工作在会长（或者主持工作的副会长、秘书长）的领导和上级财务部门的指导下进行，严格遵守国家财经制度。协会应当设置财务机构，配备财务人员，建立健全各种规章制度，如实反映协会财务状况，建立健全审计稽核制度和内部控制制度。

协会财务工作应当接受会员大会（会员代表大会）和上级财务部门的监督。

第二十三条 协会应当按年度编制预算和决算，向会员大会（会员代表大会）报告财务收支情况。

第二十四条 协会业务活动的收费项目，应当严格执行国家收费政策，按《收费许可证》规定的范围和标准收费，协会的各项收入全部纳入单位预算，统一核算，统一管理。

协会的支出应当严格执行国家有关财务规章制度和规定，用于协会章程规定范围内的活动。

协会不得以财政资金开展对外借款和投资活动。

第二十五条 直管协会应当根据国资委的授权和委托，履行国有资产管理职责，贯彻执行国有资产管理政策规定，建立健全管理制度，协助国资委监督指导代管单位规范资产管理工作。协会应当按照国有资产管理有关规定的要求，加强对外投资、资产处置、基建项目的管理工作。

第二十六条 协会发生经济担保、资产抵押、资产风险等重大经济事项，应当及时报告上级资产管理部门。对可能引起资产流失的问题，应当及时采取措施予以防范。

第七章　协会公文、印章管理和保密制度

第二十七条 协会应当制定人事、资产、财务、档案、保密、公文处理、证书印章使用、对外联络等内部管理制度。协会内部管理制度执行情况应当接受理事会监督。

第二十八条 协会应当完善会员大会（会员代表大会）、理事会、常务理事会和会长办公会会议文件以及协会重要事项的档案管理。

第二十九条 协会对外行文，应当由协会会长或者会长委托的副会长、秘书长签发。

第三十条 协会证照、印章应当由专人保管。使用协会证照、印章应当经有签字权的协会负责人签字批准。

第三十一条 协会内部岗位薪酬标准和完成目标任务的奖惩办法及标准，应当经理事会或常务理事会批准。

第三十二条 协会应当严格遵守国家保密制度，自觉维护国家安全和产业安全，严格保守会员单位的商业秘密。

第八章　协会党的工作

第三十三条 协会应当按照《中国共产党章程》的规定建立党组织，并正常开展工作。

第三十四条 符合建立工会、共青团、妇联等群众组织条件的协会，应当按有关法律法规或组织章程，建立相应的组织，在直管协会党委的领导下，独立自主地履行工作

职责，并正常开展活动。

第三十五条 协会各级党组织接受上级党组织的领导，并定期汇报党的工作和群众工作情况。直管协会党委要发挥政治核心作用，加强对代管协会党的工作的领导。

第三十六条 协会各级党组织应当加强对本单位党风廉政建设和反腐败工作的领导，并按照《中国共产党章程》规定建立党的纪检机构。

第三十七条 协会各级纪检监察机构要在党组织领导下认真履行职责，检查协会贯彻执行党的路线、方针、政策和国家法律、法规的情况；抓好协会党员领导干部廉洁自律工作；受理相关举报和申诉，严肃查处违纪违法案件；纠正损害群众利益的行为和不正之风。

第九章 国资委的监督

第三十八条 国资委每年选择部分协会，按照国家和国资委对协会的管理规定，组织有关单位进行全面检查。接受检查的协会应当予以配合，并提供相关资料。

第三十九条 协会主要负责人失职导致工作不能正常开展、对行业造成不利影响、会员不满意，协会自身无法解决的，由国资委按照有关规定和程序予以协调。

第四十条 对违反国家和国资委管理规定的协会，国资委应当进行处理。在年度之内，初次违规的，予以批评；再次违规的，予以通报；违规三次或者严重违规的，给予年检初审不合格、暂停相关业务活动进行整改的处理，并视情节严重程度建议登记管理机关分别予以年检不合格、撤销相关机构的处理。

第十章 附　　则

第四十一条 代管协会按照本办法向国资委报送材料或备案等事项，应当按照《国资委行业协会工作暂行办法》有关规定，由直管协会转报。

第四十二条 本办法由国资委行业协会联系办公室负责解释。

第四十三条 本办法自 2007 年 11 月 15 日起施行。

国务院国有资产监督管理委员会关于加强中央企业班组建设的指导意见

2009 年 3 月 30 日　国资发群工〔2009〕52 号

各中央企业：

为加强企业基础管理，切实推进班组建设健康发展，提高班组管理水平，培育高素质、高技能员工队伍，提升企业核心竞争力，推动中央企业科学发展，结合中央企业实际，提出以下意见。

一、指导思想

班组是企业从事生产经营活动或管理工作最基层的组织单元，是激发职工活力的细胞，是提升企业管理水平，构建和谐企业的落脚点。加强班组建设要以邓小平理论、“三个代表”重要思想为指导，深入贯彻落实科学发展观，坚持改革创新，不断完善加强班组建设管理机制，坚持以落实岗位责任制为核心，以高效安全完成各项生产（工作）指标（任务）为目标，以不断提升班组管理水平和员工队伍素质为重点，增强班组团队的学习能力、创新能力、实践能力，切实加强中央企业基层组织基础管理，实现员工与企业的和谐发展、共同进步，为提高中央企业核心竞争力打牢坚实的基础，推动中央企业又好又快发展。

二、总体目标

适应建立现代企业制度的总体要求，在班组建设和班组长队伍建设中，做到工作内容指标化、工作要求标准化、工作步骤程序化、工作考核数据化、工作管理系统化，奠定企业扎实的管理基础。把班组长培养成为政治强、业务精、懂技术、会管理和具有现代意识的企业基层管理者；提升班组成员的综合素质，把班组员工培育成为有理想、有道德、有纪律、有文化，敬业、勤奋、创新、踏实，热爱本职岗位的劳动者。把中央企业班组建设成为“安全文明高效、培养凝聚人才、开拓进取创新、团结学习和谐”的企业基层组织，为职工搭建不断提升技能水平，充分展示自身能力和抱负的平台。

三、基本原则

（一）坚持班组建设与企业发展战略相统一的原则。班组建设是企业发展的基础工作，通过加强班组建设夯实企业基础管理，促进企业实现发展战略目标。

（二）坚持员工发展与企业发展相统一的原则。营造员工工作、学习的良好环境，拓展员工发展空间，充分调动和发挥员工的积极性、主动性、创造性，激发员工的活力，促进员工全面发展，努力为企业发展贡献智慧和力量，实现员工发展与企业发展的和谐统一。

（三）坚持积极推进与分类指导相统一的原则。坚持以生产经营为中心，紧密结合企业改革发展和班组建设的实际，分类指导，分步实施，积极推进，务求实效。

（四）坚持继承与改革创新相统一的原则。总结国内外优秀企业的优秀班组建设与管理经验，赋予新的内涵，适应建立现代企业制度，提高企业核心竞争力的需要。

四、主要内容

（一）班组基础建设。要根据生产（工作）需要，坚持人力资源合理配置、精干高效的原则，科学合理设置班组。建立健全以岗位责任制为主要内容的生产管理、安全环保与职业健康管理、劳动管理、质量管理、设备管理、成本管理、5S 管理、操作规程、学习培训与思想教育管理等班组标准化作业和管理制度。完善和加强信息记录、标准规范、定额计量工具及职工行为养成等基础工作。加强班组基本设施建设，加大资源保障力度，努力改善员工工作、学习和休息条件，适时推进班组信息化建设，不断提高班组现代科学管理水平。

（二）班组组织建设。完善以班组长为核心的生产指挥、组织协调、岗位协作等职能，理顺运行机制，整合、优化班组各项资源，实现班组目标。

（三）班组创新建设。要把组织员工学习创造作为班组持续创新建设的重要内容，通过建立攻关团队、创新小组、专业技术协会等形式，增强员工的创新意识和节能减排意识，完善班组创新成果奖励机制，开展提合理化建议、技术革新、发明创造、“五小”（小改进、小发明、小设计、小建议、小革新）、QC小组、班组劳动竞赛和降本增效等活动，提高班组自主创新能力，班组主要技术经济指标持续进步，不断增强企业核心竞争力。

（四）班组技能建设。要以培养高素质、高技能、适应性强的员工队伍为目标，通过读书自学、岗位培训、技术比武等活动，激发员工的学习热情，增强学习的紧迫性和自觉性，充实和更新员工的科学技术和文化知识，全面提升员工的技能水平、服务水平、协作能力和自主创新能力。

（五）班组思想建设。要以构建社会主义核心价值体系为主线，用中国特色社会主义理论体系武装职工头脑，加强社会主义、爱国主义、集体主义教育，遵纪守法教育、社会主义荣辱观教育及企业精神教育，增强员工的主人翁责任感。要紧紧围绕完成企业生产经营任务、提高经济效益等中心工作，结合班组实际做好深入细致的思想政治工作，培养员工良好的职业道德和社会公德。

（六）班组民主建设。要尊重员工的主人翁地位，坚持和完善班务公开、班组民主生活会、对话会等民主管理形式，保障员工享有对企业改革发展、班组生产目标任务和各项规章制度的知情权、参与权，对班组经济责任制、奖金分配、先进评选等事项的参与权、监督权，以及平等享有教育、培训、职业健康等权利。

（七）班组文化建设。要根据本企业文化特点努力塑造独具特色、凝聚员工精神内涵和价值取向的班组理念。要通过大力弘扬改革创新的时代精神，培育个人愿景，加强爱岗敬业、诚实守信、遵章守纪、团结和谐、开拓创新和提升执行力为主要内容的班组文化建设，制订和完善员工行为规范，推行与传播班组文化，塑造班组良好整体形象。

（八）班组团队建设。要以企业愿景为平台，把员工的个人愿景融入团队的使命中，培育员工共同价值理念和团队意识，建立班组良好的沟通氛围与沟通平台，构建和睦的人际关系，形成班组团队精神，加强班组间的协作配合，努力把班组建设成为一支精干高效的团队。

（九）班组健康安全环保建设。要坚持以人为本，关爱员工生命，结合企业和岗位的特点，大力开展班组健康、安全、环保宣传教育活动，增强员工的健康、安全、环保意识；组织员工学习国家相关法律法规，增强员工遵章守纪的自觉性；加强安全操作技能培训，增强员工自我防范能力。认真落实健康、安全、环保责任，严格执行各项规章制度和操作规程。建立健全各项应急预案，开展应急预案的培训和演练，加强对危险源、污染源的控制。

五、班组长队伍建设

（一）班组长的任职条件：思想政治素质好、责任意识强，具有良好的职业道德；熟悉生产，懂业务，技术精；了解现代管理知识，具有一定的管理水平和分析问题、解决问题的能力；以身作则，坚持原则，办事公道，关心爱护和团结员工，有较好的群众基础，身心健康；经过岗位培训。

（二）班组长的选拔和培训。班组长的产生由企业根据实际情况，可以采取公开招聘、行政任命和民主选举等方式。建立班组长的培训制度及培训规划，结合本行业、本企业的实际，以参加企业组织的培训与有关培训机构组织的培训相结合的方式开展班组长培训，要保证班组长能完成规定内容的培训，提高班组长的综合素质。有计划组织班组长外出学习和与国内外知名企业开展对口交流，学习班组建设的先进经验与管理理念。

（三）班组长的管理和使用。要对班组长岗位从工作内容、工作职责和工作关系等方面进行分析与设计，根据时代与企业发展的需要，科学制定班组长岗位任职资格标准和岗位规范，建立班组长培养、选拔、使用、评价等机制，做好班组长职业生涯设计，促进班组长成长。各企业可根据实际情况，建立领导干部与班组长沟通交流制度和班组长活动日制度，也可组建班组长联谊会，加强领导干部与班组长及班组长之间的沟通交流。注重把优秀班组长选拔到各级管理、技术或领导岗位上来。

（四）班组长的待遇。建立完善对班组长的考核、奖励、晋升等机制，设立班组长岗位工资或岗位津贴，使班组长获得与其贡献相适应的经济报酬和精神鼓励。

六、工作要求

（一）提高认识，加强领导。各中央企业要从贯彻落实科学发展观和企业发展战略的高度，深刻认识加强班组建设的重要性、必要性。企业党委要把班组建设列入重要议事日程，加强思想政治领导；行政部门要把班组建设纳入企业管理重要组成部分，指定职责部门负责组织实施；工会（政工部或党群部）要积极协助党政推进班组建设；各相关部门各司其职、各负其责，形成工作合力，有序、有力、有效地推进班组建设。

（二）建立机制，加大投入。各中央企业要认真研究制订加强班组建设的工作目标、实施方案和主要措施，建立班组长的培养选拔、考核激励机制和班组建设管理机制，明确班组建设的工作考核标准，有重点、分步骤地加强和改进班组建设。要加大班组建设投入力度，保证班组建设和班组长培训费用。

（三）抓好载体，创建品牌。各中央企业要从本企业的实际出发，开展多种形式、多种类型的班组创建活动。要及时总结经验和树立宣传典型，推动创建活动持续开展。要在总结班组建设经验的基础上，着力分析与解决班组建设中存在的主要问题，探索加强与改进班组建设的新方式与途径，使班组建设更加适应中央企业发展战略的需要，努力建设制度健全、创新力强、能打硬仗、业绩突出的一流班组，推动班组建设工作不断迈上新台阶，为中央企业实现科学发展、和谐发展、又好又快发展奠定坚实的基础。

国务院国有资产监督管理委员会关于印发《中央企业商业秘密保护暂行规定》的通知

2010 年 3 月 25 日　国资发〔2010〕41 号

各中央企业：

《中央企业商业秘密保护暂行规定》已经国务院国有资产监督管理委员会第 87 次主任办公会议审议通过，现印发给你们，请遵照执行。

各中央企业要高度重视商业秘密保护工作，加快研究制订相关实施细则，切实保障企业利益不受侵害，促进企业又好又快发展。

附件：中央企业商业秘密保护暂行规定

附件：

中央企业商业秘密保护暂行规定

第一章　总　　则

第一条　为加强中央企业商业秘密保护工作，保障中央企业利益不受侵害，根据《中华人民共和国保守国家秘密法》和《中华人民共和国反不正当竞争法》等法律法规，制定本规定。

第二条　本规定所称的商业秘密，是指不为公众所知悉、能为中央企业带来经济利益、具有实用性并经中央企业采取保密措施的经营信息和技术信息。

第三条　中央企业经营信息和技术信息中属于国家秘密范围的，必须依法按照国家秘密进行保护。

第四条　中央企业商业秘密中涉及知识产权内容的，按国家知识产权有关法律法规进行管理。

第五条　中央企业商业秘密保护工作，实行依法规范、企业负责、预防为主、突出重点、便利工作、保障安全的方针。

第二章　机构与职责

第六条　中央企业商业秘密保护工作按照统一领导、分级管理的原则，实行企业法定代表人负责制。

第七条 各中央企业保密委员会是商业秘密保护工作的工作机构，负责贯彻国家有关法律、法规和规章，落实上级保密机构、部门的工作要求，研究决定企业商业秘密保护工作的相关事项。

各中央企业保密办公室作为本企业保密委员会的日常办事机构，负责依法组织开展商业秘密保护教育培训、保密检查、保密技术防护和泄密事件查处等工作。

第八条 中央企业保密办公室应当配备专职保密工作人员，负责商业秘密保护管理。

第九条 中央企业科技、法律、知识产权等业务部门按照职责分工，负责职责范围内商业秘密的保护和管理工作。

第三章 商业秘密的确定

第十条 中央企业依法确定本企业商业秘密的保护范围，主要包括：战略规划、管理方法、商业模式、改制上市、并购重组、产权交易、财务信息、投融资决策、产购销策略、资源储备、客户信息、招投标事项等经营信息；设计、程序、产品配方、制作工艺、制作方法、技术诀窍等技术信息。

第十一条 因国家秘密范围调整，中央企业商业秘密需要变更为国家秘密的，必须依法定程序将其确定为国家秘密。

第十二条 中央企业商业秘密及其密级、保密期限和知悉范围，由产生该事项的业务部门拟定，主管领导审批，保密办公室备案。

第十三条 中央企业商业秘密的密级，根据泄露会使企业的经济利益遭受损害的程度，确定为核心商业秘密、普通商业秘密两级，密级标注统一为“核心商密”、“普通商密”。

第十四条 中央企业自行设定商业秘密的保密期限。可以预见时限的以年、月、日计，不可以预见时限的应当定为“长期”或者“公布前”。

第十五条 中央企业商业秘密的密级和保密期限一经确定，应当在秘密载体上作出明显标志。标志由权属（单位规范简称或者标识等）、密级、保密期限三部分组成。

第十六条 中央企业根据工作需要严格确定商业秘密知悉范围。知悉范围应当限定到具体岗位和人员，并按照涉密程度实行分类管理。

第十七条 商业秘密需变更密级、保密期限、知悉范围或者在保密期限内解密的，由业务部门拟定，主管领导审批，保密办公室备案。保密期限已满或者已公开的，自行解密。

第十八条 商业秘密的密级、保密期限变更后，应当在原标明位置的附近作出新标志，原标志以明显方式废除。保密期限内解密的，应当以能够明显识别的方式标明“解密”的字样。

第四章 保护措施

第十九条 中央企业与员工签订的劳动合同中应当含有保密条款。

中央企业与涉密人员签订的保密协议中，应当明确保密内容和范围、双方的权利与义务、协议期限、违约责任。

中央企业应当根据涉密程度等与核心涉密人员签订竞业限制协议，协议中应当包含经济补偿条款。

第二十条 中央企业因工作需要向各级国家机关，具有行政管理职能的事业单位、社会团体等提供商业秘密资料，应当以适当方式向其明示保密义务。所提供涉密资料，由业务部门拟定，主管领导审批，保密办公室备案。

第二十一条 中央企业涉及商业秘密的咨询、谈判、技术评审、成果鉴定、合作开发、技术转让、合资入股、外部审计、尽职调查、清产核资等活动，应当与相关方签订保密协议。

第二十二条 中央企业在涉及境内外发行证券、上市及上市公司信息披露过程中，要建立和完善商业秘密保密审查程序，规定相关部门、机构、人员的保密义务。

第二十三条 加强中央企业重点工程、重要谈判、重大项目的商业秘密保护，建立保密工作先期进入机制，关系国家安全和利益的应当向国家有关部门报告。

第二十四条 对涉密岗位较多、涉密等级较高的部门（部位）及区域，应当确定为商业秘密保护要害部门（部位）或者涉密区域，加强防范与管理。

第二十五条 中央企业应当对商业秘密载体的制作、收发、传递、使用、保存、销毁等过程实施控制，确保秘密载体安全。

第二十六条 中央企业应当加强涉及商业秘密的计算机信息系统、通信及办公自动化等信息设施、设备的保密管理，保障商业秘密信息安全。

第二十七条 中央企业应当将商业秘密保护工作纳入风险管理，制定泄密事件应急处置预案，增强风险防范能力。发现商业秘密载体被盗、遗失、失控等事件，要及时采取补救措施，发生泄密事件要及时查处并报告国务院国资委保密委员会。

第二十八条 中央企业应当对侵犯本单位商业秘密的行为，依法主张权利，要求停止侵权，消除影响，赔偿损失。

第二十九条 中央企业应当保证用于商业秘密保密教育、培训、检查、奖励及保密设施、设备购置等工作的经费。

第五章 奖励与惩处

第三十条 中央企业在商业秘密保护工作中，对成绩显著或作出突出贡献的部门和个人，应当给予表彰和奖励。

第三十一条 中央企业发生商业秘密泄密事件，由本企业保密委员会负责组织有关部门认定责任，相关部门依法依规进行处理。

第三十二条 中央企业员工泄露或者非法使用商业秘密，情节较重或者给企业造成较大损失的，应当依法追究相关法律责任。涉嫌犯罪的，依法移送司法机关处理。

第六章 附 则

第三十三条 中央企业应当结合企业实际，依据本规定制定本企业商业秘密保护实施办法或者工作细则。

第三十四条　本规定自发布之日起施行。

国务院国有资产监督管理委员会关于印发《国务院国有资产监督管理委员会行业协会换届选举暂行办法》的通知

2010年10月15日　国资发研究〔2010〕154号

各委管协会：

为规范委管协会的换届选举工作，加强协会民主建设和民主管理，促进协会规范健康发展，根据《社会团体登记管理条例》（国务院令第250号）、《国务院办公厅关于加快推进行业协会商会改革和发展的若干意见》（国办发〔2007〕36号）和民政部有关规定，特制定《国务院国有资产监督管理委员会行业协会换届选举暂行办法》。现印发给你们，请认真贯彻执行。

附件：国务院国有资产监督管理委员会行业协会换届选举暂行办法

附件：

国务院国有资产监督管理委员会行业协会换届选举暂行办法

第一章　总　　则

第一条　为规范国务院国有资产监督管理委员会（以下简称国资委）负责联系的行业协会（以下简称协会）换届选举工作，加强协会民主建设和民主管理，促进协会健康发展，根据《社会团体登记管理条例》（国务院令第250号）、《国务院办公厅关于加快推进行业协会商会改革和发展的若干意见》（国办发〔2007〕36号）和民政部有关规定，制定本办法。

第二条　本办法适用于国资委直接联系的协会（简称直管协会）和国资委委托直管协会代为联系的协会（简称代管协会）的理事、常务理事和负责人的换届选举。

本办法所称负责人是指协会理事长（会长）、副理事长（副会长）、秘书长。

第三条　协会换届选举应当遵循“公开、民主、规范”的工作原则，并按照规定或批准的期限进行。

第四条 依照职责分工和管理权限，国资委负责直管协会换届选举工作的审查、指导和监督，直管协会负责代管协会换届选举工作的审查、指导和监督。

第二章 换届选举的组织筹备

第五条 协会理事会（或常务理事会）负责换届选举的组织筹备工作。协会应当成立换届选举筹备工作组，提前半年以上开始落实换届选举的各项筹备工作。

第六条 换届选举筹备工作组应在充分征求会员意见的基础上，研究提出换届选举方案，提交理事会（或常务理事会）审议通过后，按程序报批实施。

第七条 筹备换届选举应当根据会员数量的多少，确定召开会员大会或会员代表大会。会员数量少于500个的，原则上可以直接召开会员大会；会员数量多于500个的，原则上应当选举会员代表，召开会员代表大会。会员代表的资格条件、产生办法等由理事会（或常务理事会）依据协会章程规定制定。

第八条 协会制订换届选举方案时，对拟推荐的协会理事、常务理事、负责人人数应根据会员数量，并遵循以下原则进行科学合理的确定：

（一）理事人数原则上控制在会员数量的30%以内；会员数量较少且团体会员所占比重较大的协会，理事人数可以适当放宽，但最多不得超过会员数量的50%。

（二）常务理事人数不得超过理事人数的三分之一。理事人数少于50人的，原则上不设立常务理事会。

（三）负责人人数原则上不得超过常务理事人数的三分之一（不设常务理事会的协会，负责人人数原则上不得超过理事人数的四分之一），驻会专职负责人人数原则上不得超过9人，不驻会负责人人数原则上不得超过30人。

第九条 拟推荐的协会负责人人选应当符合中组部、民政部有关规定，最高任职年龄不得超过70周岁，连任最长不得超过两届。

第十条 协会应当按照职责分工和管理权限，在换届选举两个月前将换届选举方案报送国资委或者直管协会。报送的主要内容包括：会议名称、届次、形式（会员大会、会员代表大会、理事会）、议程；选举形式（等额选举、差额选举）；参会会员或会员代表人数；候选理事、常务理事数量、姓名及其所在单位名称、职务；负责人候选人选的提名和产生办法及其姓名、年龄、任期届数、简历等。

第十一条 直管协会的换届选举方案经国资委审查批复后，按规定程序进行选举；代管协会的换届选举方案经直管协会审查批复后，按规定程序进行选举。换届选举方案未获批复之前，协会不得正式印发换届选举会议通知。

第三章 换届选举的方式和程序

第十二条 协会换届选举应分别召开会员大会（会员代表大会）、理事会。不得采用通讯方式召开换届选举会议。

会员大会（或会员代表大会）选举产生理事。理事会选举产生常务理事、负责人。鼓励常务理事、负责人通过会员大会（会员代表大会）选举产生。

第十三条 会员大会（或会员代表大会）必须有三分之二以上会员（会员代表）出席方可召开。理事会必须有三分之二以上理事出席方可召开。

第十四条 协会换届选举一律采用无记名投票方式进行。有条件的协会也可以采用电子表决器即时显示选举结果的方式进行。

第十五条 协会换届选举理事、常务理事、负责人可以实行等额选举，也可以实行差额选举，鼓励实行差额选举。

第十六条 理事应获得有选举权的到会会员（或会员代表）二分之一以上赞成票方可当选；常务理事、协会负责人应获得有选举权的到会理事三分之二以上赞成票方可当选。

第十七条 协会换届选举应当制作选票，选票须载明会议名称、届次、形式（会员大会、会员代表大会、理事会）以及选举形式（等额选举、差额选举）、被选举人姓名和选举意见（赞成、反对、弃权）等内容。

第十八条 换届选举大会需设总监票人一人、监票人若干人、计票人若干人。总监票人、监票人的人选应当在候选单位（或人员）之外的单位（或人员）中选定。

第十九条 协会换届选举应当按照以下程序进行：

（一）大会主持人向大会报告选举办法和总监票人、监票人、计票人名单，并提交大会表决通过。

（二）总监票人负责组织清点确认有选举权的到会人数并向大会报告有选举权的应到人数和实到人数，确认会议召开有效。

（三）大会主持人向大会宣布候选人产生原则、条件、办法及候选名额、名单等。

（四）监票人当场检查票箱并组织分发选票。总监票人向大会说明填写选票的注意事项。

（五）选举人按照规定要求填写选票、进行投票。选举人可以对候选人填写赞成、反对、弃权意见，也可以另选他人，但所选实际人数不得超过规定的应选人数。

（六）投票结束后，由总监票人、监票人进行验票、点票，计票人进行计票。

（七）计票完毕，由总监票人履行确认和签字手续，并提交大会主持人当场宣布选举结果。

第二十条 国资委应当派人参加直管协会换届选举大会，并进行监督指导；直管协会应当派人参加代管协会换届选举大会，并进行监督指导。

第四章 换届选举结果的登记备案

第二十一条 直管协会应在换届选举结束后30日之内将所需登记备案材料报送国资委；代管协会应在换届选举结束后30日之内将所需登记备案材料报送直管协会。直管协会自收到代管协会登记备案材料之日起30日之内完成审查，并将符合规定要求的登记备案材料报送国资委。国资委自收到有关登记备案材料之日起30日之内完成审查并出具意见后，将材料退直管协会，由直管协会（或转退代管协会）自行报民政部进行登记备案。

第二十二条　登记备案材料包括：备案申请、会议纪要、协会负责人变更申请表、协会负责人备案表。其中，会议纪要须载明：会议名称、时间、地点、形式（会员大会、会员代表大会、理事会）；选举形式（等额选举、差额选举）、实有会员数量、应到人数、实到人数；发出票数、收回票数、有效票数；监票人、计票人名单；选举产生的理事、常务理事、理事长（会长）、副理事长（副会长）、秘书长名单及其得票数。会议纪要应当由协会理事长（会长）或者法定代表人签名并加盖协会公章。

第五章　其他事项

第二十三条　特殊情况下，届中确需调整理事，可以由理事会通过无记名投票表决方式进行调整，但调整人数不得突破规定的总名额数量，且不得超过规定的总名额数量的三分之一。

届中确需调整常务理事、负责人，参照调整理事的规定执行。其中调整负责人，应按照本办法的规定履行调整方案的报审和调整后的登记备案手续。

第二十四条　实行骨干企业轮值理事长（会长）的协会，可以按照协会章程规定或者会员大会（或会员代表大会）的决议进行选举，一次性选出本届轮值的几位理事长（会长），并按规定进行备案。

秘书长采用聘任制的，由理事会聘任，但应按规定履行聘前报审和聘后备案手续。

第二十五条　不属国资委主管但由直管协会代管人、财、物事项的协会，可参照执行本办法。

第六章　附　　则

第二十六条　本办法规定的内容，民政部另有规定的，从其规定。

第二十七条　本办法由国资委行业协会联系办公室负责解释。

第二十八条　本办法自公布之日起施行。

关于加强中央企业财务信息化工作的通知

2011年7月28日　国资发评价〔2011〕99号

各中央企业：

近年来，中央企业积极贯彻国家信息化发展战略，深入推进财务信息化建设和应用，财务信息化水平明显提高。但随着中央企业经营规模快速扩大，产业链条不断延伸，经营业态逐步多元化，多数企业目前的财务信息化水平难以满足业务发展需要和集团管理要求，成为制约企业做强做优的重要因素。为培育具有国际竞争力的世界一流企业，认真贯彻落实国资委关于中央企业信息化工作的要求和部署，推动中央企业更好地利用信息技术提升管理水平，建立规范、高效、稳健的财务管理体系，现就加强中央企业财务信息化工作的有关事项通知如下：

一、加强财务信息化工作组织领导。企业财务信息化作为企业信息化的基础和重要组成部分，是一项复杂的系统工程，贯穿企业经营管理各个方面和环节，需要对企业的制度体系、管理框架、业务流程等进行梳理与优化，涉及范围广，工作任务重。各中央企业主要负责人要高度重视，充分认识财务信息化对变革企业管理、增强企业核心竞争力所产生的推动作用，切实加强组织领导，将财务信息化作为集团信息化的先导和突破口，由集团统一规划和组织实施，明确工作任务和要求，落实机构人员和资金，建立健全财务信息化工作组织体系。企业总会计师或分管财务工作负责人是财务信息化工作的直接责任人，在企业信息化总体框架下，与集团首席信息官或分管信息化工作负责人共同推动财务信息化各项工作深入开展。企业财务部门应当与信息化职能部门等相关部门密切配合，分工协作，组织做好规划编制、项目实施、运行维护和应用培训等工作，有效发挥财务信息化对规范企业管理、优化资源配置、防范财务风险、提升经营绩效的促进作用，不断提高企业经营管理水平。

二、科学制定财务信息化整体规划。中央企业应根据集团“十二五”发展规划，结合集团信息化纲要，按照财务管理体系建设和集团化管控需求，坚持整体规划、科学适用、成本效益、财务业务一体化等原则，统一制定集团财务信息化建设规划，明确财务信息化总体目标和分阶段任务，有计划分步骤组织实施，做到与集团整体信息化规划同步、系统集成、标准统一、信息共享。对于财务信息化水平较高的企业，应当与国际先进企业对标，结合企业实施“走出去”战略，持续优化财务信息系统功能，推进全球业务信息化、财务服务集中化；对于财务信息化水平一般、尚处于建设和完善过程中的企业，应当加强信息资源整合和不同信息系统的集成，力争在“十二五”期间建成功能完善、财务与业务相统一、运行高效安全、覆盖集团全部子企业和所有业务领域的财务信息系统；对于财务信息化基础较为薄弱的企业，应当制定适合企业经营管理特点的系统框架、软件平台和实施方案，兼顾技术先进性和操作实用性，考虑未来扩展性和系统兼容性，做好软件系统选型和网络布局，力争在“十二五”末建立满足企业经营管理需要、功能较为完善的财务信息系统。

三、夯实财务信息化基础工作。财务信息化基础工作是关系财务信息化成败的关键。中央企业应当高度重视，并认真做好制度统一、流程梳理和分类编码等标准化建设基础工作。一是应当建立健全集团统一、完善的货币资金、应收账款、存货、固定资产、在建工程、长期投资等各项资产管理制度；二是应当根据国家发布的会计准则和财务制度，统一集团会计政策、会计核算、内部交易、财务报告等各项财务会计制度；三是应当对采购、生产、销售等各个经营环节进行业务流程梳理与再造，加快财务业务一体化进程，优化和完善资金、投融资、预算、成本控制、风险预警、考核评价等管理程序；四是应当对会计科目、物资、产品、职工、客户、供应商、合同等信息进行分类整理，明确编码规则，实现统一规范编码，并形成编码手册，实施动态维护与管理。同时应当建立财务信息系统功能模块、数据存储、系统集成等标准体系，为软件集成、信息共享等系统建设奠定基础。

四、加快建设功能完善的财务信息系统。功能完善的财务信息系统至少应当包括但不限于会计集中核算、财务合并报告、资金集中管理、资产动态管理、全面预算管理、成本费用管理、财务分析与决策支持、风险管控等功能模块和子系统，各子系统之间应当实现无缝对接和信息集成，并将关键控制环节和控制要求固化于系统中，实现财务信息系统的内部控制。会计集中核算系统主要指根据集团统一的会计制度和会计科目编码，由业务驱动自动生成会计凭证、会计账簿和会计报表，并能灵活适应国家会计准则及企业会计政策变更，具备条件的企业应当在集团层面探索开展会计集中核算和共享会计服务。财务合并报告系统主要指根据内部交易抵销、投资股权折算等合并规则，提取核算系统中的会计信息，自动编制合并报告，生成各类分析统计报表，满足各部门工作报表需要，并能根据国家发布的可扩展商业报告语言（XBRL）技术规范生成报告。资金集中管理系统主要指通过与预算、核算等业务系统的有效集成，对企业现金、票据、存贷款、外汇等实施统一管控和调配，控制预算外资金支付，促进企业加快内部资金融通，提高使用效率，降低资金成本，防范资金风险。资产动态管理系统主要指对固定资产、在建工程、存货、股权投资、应收款项、无形资产等资产项目进行全流程管控，实现资产购建、财务入账、流转运行、价值变化、产权变动、报废回收、损益核算等全生命周期的动态管理。全面预算管理系统主要指对经营预算、投融资预算、资金预算、薪酬预算、财务预算等预算编制、预算审批、预算调整、预算执行监控以及预算考核评价等全过程的管理。成本费用管理系统主要指以产品、服务、项目等管理及生产运营流程为中心，通过成本费用的归集、分摊、结转、核算等过程监控，实现成本费用的计划、分析、预测、考核等控制管理。财务分析与决策支持系统主要指通过对业务部门和各级子企业财务信息的跨账簿、跨区域、跨年度等多维度的穿透查询和数据钻取，实现财务分析、行业对标、风险预警、趋势预测、绩效评价等决策支持功能，并以“仪表盘”“驾驶舱”等图文并茂方式进行数据展现和分析报告。风险管控系统主要指根据职责分离和风险控制的要求，实现在线审计、内部控制与评价、风险防范与评估等功能。

五、深化财务信息系统应用管理。财务信息系统只有投入使用才能有效发挥促进企业规范管理、提升管理能力、提高管理效率的作用。各中央企业应当克服“重建设、轻应用”的倾向，切实抓好系统的应用管理。对已经具备上线运行条件的系统或模块，应当组织力量及时投入使用，做好数据迁移和系统初始化工作，确保数据资料连续完整和系统正常运行，并加强系统的应用培训和运行维护，定期对系统的软硬件及网络环境进行检测，对数据进行同城和异地灾备，并根据运行中出现的新情况、新问题及新需求，持续改进与优化，增强系统的适应性、扩展性和安全性。系统应用过程中，应当做到财务系统与业务系统的深度融合，防止信息孤岛和业务系统外循环。

六、强化财务信息化人才队伍建设。财务信息化是现代信息技术与企业财务管理的有机结合，跨专业领域的复合型人才是做好财务信息系统建设实施、稳定运行与深化应用的重要保障。中央企业在推进财务信息化工作中，应当高度重视财务信息化人才队伍建设，有条件的企业应当设立相应机构和专门岗位，配备既懂财务又掌握信息技术的专业人才，充实人才队伍力量，并建立激励约束机制，创建有利于人才发展的良好环境，确保人才队伍稳定。

七、认真做好财务信息系统安全保密工作。财务信息系统存储了企业经营活动形成的大量财务与业务数据，安全保密至关重要。中央企业要高度重视，切实做好国家秘密和企业商业秘密的保护工作，严格执行国家及我委有关信息安全保密规定及技术规范，要从管理制度、操作流程和安全技术等方面，在系统规划设计、建设实施与运行维护全过程中，贯彻安全保密要求，加强安全保密管理，做到保密工作与信息系统同步规划、同步设计、同步实施。对于涉及国家秘密的信息系统，企业应当选择具有国家有关部门认定的相关安全保密资质的单位进行系统开发、项目实施和运行维护，并签订保密协议，信息系统在投入使用前应当通过国家有关部门的安全保密测评。

国资委将开展对中央企业财务信息化工作的分类指导，加强交流与培训，建立中央企业财务信息化工作年度报告制度和财务信息化水平评价体系，逐步开展中央企业财务信息化评价工作，评价结果通报中央企业，并纳入国资委信息化水平评价体系。各中央企业应当结合本企业财务信息化工作开展情况，进行自我评价和总结，并于每年1月31日前向国资委（财务监督与考核评价局）报送评价总结报告，同时抄送派驻本企业监事会。

关于印发《关于进一步深化中央企业青年创新创效活动的意见》的通知

2011年8月19日　国资发群工〔2011〕109号

各中央企业，各省、自治区、直辖市及计划单列市和新疆生产建设兵团国资委、团委：

现将《关于进一步深化中央企业青年创新创效活动的意见》印发给你们，请结合实际，认真贯彻落实。

附件：关于进一步深化中央企业青年创新创效活动的意见

附件：

关于进一步深化中央企业青年创新创效活动的意见

为深入贯彻落实科学发展观，动员和引导中央企业广大青年进一步增强创新意识，提升创新能力，投身创新实践，在做强做优中央企业、培育具有国际竞争力的世界一流企业中发挥生力军和突击队作用，国务院国资委、共青团中央就进一步深化中央企业青年创新创效活动提出如下意见：

一、重要意义

当前，全球已经进入空前的创新密集和产业变革时代，《国民经济和社会发展第十二个五年规划纲要》提出，以科学发展为主题，以转变经济发展方式为主线，坚持把科技进步和创新作为加快转变经济发展方式的重要支撑。加快转变经济发展方式，赢得发展先机和主动权，最根本的是要靠科技的力量，最关键的是要大幅提高自主创新能力。中央企业是国民经济的重要支柱，在转变经济发展方式、建设创新型国家、实现全面建设小康社会目标的进程中担负着重要使命。要实现做强做优中央企业、培育具有国际竞争力的世界一流企业的目标，必须在新一轮科技创新和技术进步浪潮中抓住机遇，加大自主创新力度，建立健全企业创新体制机制，努力突破一批关键技术，打造一批知名品牌，培育一批创新人才队伍，不断提升企业核心竞争力，在科技进步和经济发展中发挥骨干和排头兵作用。

青年是中央企业职工队伍的重要力量，是推动企业创新的生力军和突击队。中央企业青年创新创效活动自开展以来，企业高度重视，共青团精心组织，青年积极参与，已经成为推动企业创新的重要载体和有效途径，创造了显著的经济效益、社会效益和人才效益。面对新形势新任务，进一步深化中央企业青年创新创效活动，对于激发青年的创新热情和创造潜能，提升创新能力，培育高素质的青年职工队伍，推进企业加快转变发展方式、提升核心竞争力具有重要意义。

二、指导思想和基本原则

进一步深化中央企业青年创新创效活动的指导思想是：以青年为主体，以学习为基础，以创新实践为平台，以项目化运作为主要手段，结合企业发展需要，培养“四个一流”（一流职业素养、一流业务技能、一流工作作风、一流岗位业绩）高素质青年人才，努力创造经济效益和社会效益，为做强做优中央企业、培育具有国际竞争力的世界一流企业作出积极贡献。其基本原则是：

（一）市场导向、效益优先原则。要把适应市场需求作为活动的出发点，把创造效益作为活动的落脚点。要着眼国际国内两个市场，学习市场知识，研究市场需求，把握市场规律。要结合企业经营、产品和服务的特点，从市场中寻找创新课题，在市场中结出创效硕果。

（二）实践锻炼、培养人才原则。要积极搭建青年创新平台，组织青年学习创新理念，提升创新思维能力，激发青年创新热情和创造潜能。要引导青年立足岗位，注重实践，不断提高自身科技文化水平，改善知识结构，提升技能等级，增强对新知识、新技术、新方法的掌握和运用能力，加快培养一批复合型青年创新人才。

（三）结合实际、注重实效原则。要围绕国家重点领域、重点工程和战略性新兴产业的需求，以及影响企业发展的关键技术和重点项目，结合不同行业、不同层次和不同岗位的青年特点，选择基础条件好、需求迫切、带动作用强、青年力所能及的领域和项目，组织青年大胆创新、力求实效。

三、主要内容

（一）开展科技创新活动，为培育企业核心技术和产品服务。科技创新活动要以青年技术、技能人员为骨干，大力开展技术技能培训，努力提高青年职工的科技创新素养；鼓励青年积极参与重大科研攻关、应用基础研究；围绕新技术的引入、新产品的开发、新设备的应用、工艺流程的改进等进行技术开发、技术攻关；推动青年技术人员转化科研成果，培育新的效益增长点；推动院校、科研机构和企业间的联系与合作，为青年技术人员开展技术交流与合作创造条件；吸引海内外高层次青年科技人才，服务企业科技创新。

（二）开展管理创新活动，为提高企业管理水平服务。管理创新活动要以青年业务经理、班组长为基础，以青年管理者为骨干，加强管理培训，丰富管理知识，创新管理理念，提高管理水平；围绕战略管理、质量管理、安全管理、成本管理、风险管理和商业模式等方面，找准问题和不足，不断优化管理流程，推动建立与企业科学发展相适应的管理制度；积极运用现代管理知识和信息技术手段，不断提高管理的信息化和精益化水平；积极开展青年自主管理活动，充分发挥青年潜能，鼓励青年立足岗位，自主发现问题，自主改进提高。

（三）开展营销创新活动，为提高企业市场占有率和培育知名品牌服务。营销创新活动要以青年营销人员为骨干，加强营销技能培训，增强营销创新意识，提高营销能力；要服务企业发展战略和品牌战略，引导青年营销人员以市场需求为导向，做好市场分析，跟踪市场变化，研究营销策略，创新营销模式，提高营销质量，扩大营销效果，不断拓宽企业产品的市场空间，提升企业品牌形象。

（四）开展服务创新活动，为提升企业社会形象服务。服务创新活动要以在服务岗位上工作的青年为骨干，强化服务意识，转变服务理念，改进服务态度，提高服务技能；要以客户需求为导向，优化服务流程，改善服务环境，提供优质服务；促进科技创新和服务创新的融合，建立服务创新技术支撑体系，实现服务产品和服务模式创新；引导青年树立“大服务”理念，强化上道工序为下道工序服务、二线为一线服务、一线为市场服务的意识，立足岗位干好本职工作，不断提高企业产品质量和整体服务水平。

四、推进措施

（一）营造氛围，强化意识。要充分利用各种传统媒体和新兴传播手段，大力宣传青年创新创效活动的目的和意义，帮助青年认识参与创新实践对于个人成长、企业发展的重要作用和价值，引导青年踊跃投身创新创效实践。积极培育青年创新文化，努力营造“时时可以创新、事事可以创新、人人可以创新”的良好氛围，鼓励创新，宽容失败，充分调动广大青年参与创新创效活动的积极性和主动性，进一步掀起青年职工创新创效热潮。

（二）学习培训，提升能力。加大青年学习培训力度，采用青年大讲堂、科技论坛、职工夜校等方式，组织青年学习技术、管理、营销、服务等方面知识，不断优化青年知识结构、提高青年科技文化水平和创新思维能力。通过开展岗位练兵、技能竞赛、导师带徒等活动，促进青年学习新知识、掌握新技术、运用新方法，不断提升青年业务水平和创新能力。

（三）立足实际，选题立项。要结合企业科技发展规划，围绕企业中心任务，特别是国家重点工程、重大专项和企业重点工作进行选题立项，项目内容可以包括安全生产、质量管理、节能环保、技术改造、流程优化等。要引导广大青年结合实际提出或积极领办创新项目。要明确项目目标、责任人、参与人、时间进度和实施方案，增强青年创新创效活动的可操作性。

（四）丰富载体，拓展平台。要深化青年“五小”（小发明、小革新、小改造、小设计、小建议）活动、持续改进改善活动、青年技能竞赛、青年QC小组、青年创新基金、青年创新论坛等载体建设。要在依托青年文明号、青年岗位能手、青年安全生产示范岗、青年突击队等品牌活动的同时，不断探索新平台，充分发挥青年群体在创新创效活动中的积极作用。

（五）科学评估，转化成果。积极邀请行业内的专家和本企业的专业人员，从科技含量、创新性、经济效益、社会效益和可推广价值等方面，对创新成果进行科学评估和认定。要结合市场、行业和企业的需求，通过青年创新成果推介会等形式，促进成果的共享、推广和应用。对有价值的创新成果要进行知识产权保护。

（六）总结经验，推广交流。要及时总结推广创新创效活动中的经验和做法，持续提高青年创新创效活动水平。要坚持“以评促创”，广泛开展青年创新奖评选等活动，挖掘、选树、宣传先进典型，促进青年创新创效活动不断深入，进一步创出氛围，创出成果，创出效益，创出人才。

五、保障机制

（一）加强组织领导。国务院国资委牵头成立中央企业青年创新创效活动指导委员会。各中央企业要建立健全以党政领导牵头，团组织具体协调，有关部门共同参与的领导机构，加强对本企业青年创新创效活动的组织领导。各中央企业可根据实际需要，成立青年科技工作者协会、青年管理者协会等机构，形成创新创效活动的组织管理网络。

（二）强化活动管理。要把青年创新创效活动纳入企业创新体系和科技创新整体规划，统筹推进实施。要加强活动过程控制，完善项目管理，抓好项目的选题、立项、实施、评价、推广和后评估等环节。要注重活动的规范性、科学性和实效性，不断提高活动管理水平。

（三）健全工作机制。要建立健全青年创新创效活动的效果评估、成果转化、奖励激励、人才培养和资金保障等机制，确保活动长效开展。要本着精神鼓励与物质奖励相结合的原则，制订青年创新创效活动的奖励政策，将表彰奖励纳入企业职工奖励体系。

各省、自治区、直辖市及计划单列市和新疆生产建设兵团国资委、团委可参照本意见，结合自身实际，制订加强省属及以下国有及国有控股企业青年创新创效活动的意见并抓好落实。

国务院国有资产监督管理委员会　工业和信息化部关于印发《企业经营管理人才素质提升工程实施方案》的通知

2011年9月27日　国资发干一〔2011〕143号

各中央企业，各省、自治区、直辖市国资委、工业和信息化主管部门、中小企业主管部门：

《企业经营管理人才素质提升工程实施方案》已经中央人才工作协调小组审议并报党中央、国务院同意，现印发给你们，请认真贯彻执行。

附件：企业经营管理人才素质提升工程实施方案

附件：

企业经营管理人才素质提升工程实施方案

为深入贯彻落实《国家中长期人才发展规划纲要（2010—2020年）》，推动企业经营管理人才素质提升工程有效实施，按照中央人才工作协调小组的部署和要求，制定本实施方案。

一、指导思想

以邓小平理论和“三个代表”重要思想为指导，深入贯彻落实科学发展观，以培养造就优秀企业家为重点，遵循企业经营管理人才成长规律，创新人才培养开发模式，坚持高标准、高层次，突出专业化、国际化，加大人才培养培训力度，有效提高经营管理人才的职业素养和企业管理能力，为我国企业加快转变发展方式、实现又好又快发展提供强有力的人才支持。

二、总体目标

着眼于提高我国企业现代经营管理水平和国际竞争力，到2020年，培养500名具有世界眼光、战略思维、创新精神和经营能力的企业家；培养1万名精通战略规划、资本运作、人力资源管理、财会、法律等专业知识的企业经营管理人才。

三、基本原则

（一）高端引领。

坚持把培养开发高层次经营管理人才作为工程实施的重点，充分发挥国家重大人才工程的示范效应，引领带动我国企业经营管理人才队伍素质能力的全面提升。

（二）统筹推进。

坚持统筹不同所有制企业、不同层次、不同专业领域经营管理人才的培养开发，积极推进公有制和非公有制企业人才的协调发展，不断优化经营管理人才队伍的梯次结构和专业结构。

（三）注重实效。

坚持知识更新与实践锻炼相结合、境内培训与境外研修相结合、整合优化现有培训资源与开发利用新资源相结合，形成特色鲜明、优势互补的教育培训体系，确保素质提升工程的实施效果。

四、专项计划

（一）企业领军人才培养计划。

以培养一批具有全球战略眼光、开拓创新精神、管理创新能力和社会责任感的优秀企业家为目标，以中国500强企业主要负责人及其后备人员为重点，分期分批开展境内、境外集中培训，重点强化现代管理理念，拓宽国际视野，提高战略思维和变革创新能力。到2020年，完成3000人次领军人才的培训任务，其中境外培训不少于1000人次。

（二）企业经营管理人才专项培养计划。

1. 高管人员培训项目。着眼于培养一批优秀企业家，主要选调中央企业、规模较大地方国有和非公有制企业负责人参加，重点强化现代管理理念，提高领导力和系统思维、战略决策能力。每年培训不少于100人。

2. 中青年管理人才培训项目。着眼于企业经营管理人才梯队建设和战略性开发，主要选调中央企业、规模较大地方国有和非公有制企业的45岁以下后备领导人员参加，重点提高领导力、组织协调能力和经营管理水平。每年培训不少于200人。

3. 专业管理人才培训项目。着眼于加快重点专业领域急需紧缺人才的培养，主要选调中央企业、规模较大地方国有和非公有制企业中层以上管理人员参加，强化战略规划、资本运作、人力资源管理、财会、法律等专业知识培训。每年培训不少于500人。

4. 企业高级管理人员工商管理硕士（EMBA）培训项目。着眼于改善企业高级管理人才的知识结构，提高其综合素质和能力，主要选调中央企业中层以上管理人员、规模较大地方国有和非公有制企业高级管理人员参加境内外知名大学和商学院的EMBA班。每年培训不少于200人。

5. 境外专题培训项目。着眼于人才国际化发展，择优选调中高级管理人员赴国际知名跨国公司、境外知名大学和专业性教育机构进行专题培训或研修，重点提高跨文化经营管理能力。每年培训不少于200人。

（三）中小企业经营管理人才培养计划。

依托工业和信息化部组织实施的“国家中小企业银河培训工程”，以提高中小企业现代经营管理水平和企业竞争力为核心，以培养高素质企业家和职业经理人为重点，统筹推进中小企业发展所需的各类经营管理人才培训。每年培训不少于 50 万名中小企业经营管理人才，到 2020 年完成 500 万名中小企业经营管理人才的全面培训。

五、保障措施

（一）整合培训资源。

充分开发利用国际国内不同教育培训资源，加强与高水平教育培训机构的战略合作。综合发挥中央党校、国家行政学院等理论培训优势，大连高级经理学院、国家会计学院等专业培训优势，国内外知名大学前沿知识培训优势，以及国际知名跨国公司先进管理实践培训优势，形成促进素质提升工程有效实施的合力。

（二）推动培训创新。

注重调查了解不同培养对象的培训需要，科学制定培训计划，创新设计培训内容，突出与企业经营管理紧密相关的专题性深度培训，满足差异化培训需求。创新培训方式，实现培训手段的现代化。根据不同培训内容和不同培养对象的特点，采取研究式、互动式、案例式、体验式、模拟式等教学方法，组织举办专题论坛，有效提高培训质量和效果。

（三）强化岗位锻炼。

积极推进培养对象跨企业、跨行业、跨地区的工作交流，注重推荐或选派优秀经营管理人才到具有开拓性、挑战性、经营难度大的企业任职或挂职，积极推荐合适人选到国有企业和国有控股上市公司担任外部董事、独立董事等职务，使其进一步开阔视野、丰富阅历、锤炼作风、增长才干。

（四）落实经费保障。

国家财政设立“企业经营管理人才素质提升工程”专项，主要用于支持企业经营管理领军人才的培养、培训工作；领军人才以外的人才培养、培训工作所需经费，由企业和培训对象个人分别承担。加强对财政专项经费的全过程监管，明确支付范围，严格拨付程序，强化审计监督，保证专款专用。

六、组织实施

（一）加强组织领导。

在中央人才工作协调小组的领导下，成立由国务院国资委牵头，中央组织部、中央统战部、工业和信息化部、全国工商联等部门和单位参加的企业经营管理人才素质提升工程领导小组，负责工程实施的组织领导和协调推进工作，领导小组办公室设在国务院国资委。各省（区、市）党委组织部和国资监管机构会同有关部门和单位，负责本地区企业参与素质提升工程的相关组织、协调和服务工作。

（二）加强基础管理工作。

建立健全培养对象的培训信息档案，为培养对象后续教育培训和使用提供重要参考。开展培训项目后评估工作，从课程设置、师资力量、组织管理等方面对各期培训班进行评估，及时总结经验，提高培训质量。加强培训机构之间的工作交流，推广先进经验和有效做法，不断提高素质提升工程的实施效果。

附件：1. 企业领军人才培养计划实施办法

2. 企业经营管理人才专项培养计划实施办法

3. 中小企业经营管理人才培养计划实施办法

附件 1：

企业领军人才培养计划实施办法

按照《企业经营管理人才素质提升工程实施方案》的要求，特制定企业领军人才培养计划实施办法

一、总体目标

适应提高我国企业现代经营管理水平和国际竞争力的要求，以中国 500 强企业主要负责人及其后备人员为重点，通过分期分批开展国（境）内外培训，到 2020 年完成 3000 人次领军人才的培训任务，培养 500 名具有世界眼光、战略思维、创新精神和经营能力的企业家，包括 100 名能够引领中国企业跻身世界 500 强的优秀企业家，400 名能够引领企业名列国内同行业前茅的优秀企业家。

二、主要原则

（一）立足高端。

培训对象定位为经营业绩优良企业的最高层次管理者，培训内容以现代企业经营管理实践前沿问题为主，培训合作机构在国内以国家级干部教育培训机构为主，在国（境）外以国际知名跨国公司和世界知名大学为主，努力打造企业经营管理人才素质提升工程的顶级品牌项目。

（二）科学培训。

科学制定培训实施计划，创新培训内容和方式，加强评估，及时改进工作，不断提升教育培训的质量和水平。

（三）育用结合。

在加强教育培训的同时，注重对培养对象的跟踪了解和后续培养，择优选派培养对象进行跨企业、跨行业、跨地区的交流挂职或任职，进一步提升培养对象的素质能力。

三、人员遴选

（一）培养对象。

培养对象应同时符合以下条件：

1. 所在企业条件：

培养对象所在企业总体规模（主要是资产总额、营业收入）在国内同行业处于领先地位，具有较强的行业影响力，原则上应为中国 500 强企业。

2. 个人应具条件：

（1）担任企业董事长、总经理或党委（党组）书记职务，或为上述职务的后备人选；

（2）年龄一般在55岁以下，身体健康；

（3）无不良从业记录。

（二）遴选程序。

培训对象的推荐和审批，采取“个人申请、企业推荐、组织审核”的程序。

符合上述条件的企业经营管理人才，可由个人提出申请，经所在企业党委（党组）或董事会同意后，由企业按下述程序分别推荐：

1. 中央企业向国务院国资委推荐；

2. 省级及以下国有（含国有控股）企业，经省级国资监管机构同意后，向国务院国资委推荐；

3. 非公有制企业，经省级工业和信息化部门同意后，向工业和信息化部推荐。

对各方面推荐的人选，由国务院国资委汇总并征求有关部门意见，提出建议人选名单，报企业经营管理人才素质提升工程领导小组审定。

四、培训安排

（一）培训内容。

主要是现代企业最新管理理念、跨国经营重大实践问题、企业转变发展方式重大问题、企业管理变革重大问题等方面。

（二）培训合作机构。

国内培训，主要依托中央党校、国家行政学院、中国浦东干部学院、中国井冈山干部学院、中国延安干部学院、大连高级经理学院等国家级干部培训机构；国（境）外培训，主要依托美国哈佛大学、斯坦福大学、英国牛津大学等世界知名大学，美国通用电气公司、德国西门子公司等国际知名跨国公司，以及其他知名专业培训机构。

（三）培训方式。

根据企业领军人才的特点和培训内容，发挥培训合作机构的优势，主要采取互动式、案例教学式、体验式等培训方式，每期培训班至少组织1次专题论坛，邀请国际知名跨国公司高级管理者、世界知名大学教授、社会知名人士参加，与培训班成员进行交流互动。

（四）培训班次。

国内培训每年安排4期，每期50人，学制1个月，总培训量不少于200人。

国（境）外培训每年安排6期，总培训量不少于100人。其中，赴境外知名大学培训每年安排3期，学制15天，培训人数不少于50人；赴国际知名跨国公司交流考察每年安排3期，学制10天，培训人数不少于50人。

五、组织实施

（一）组织领导。

企业经营管理人才素质提升工程领导小组负责统一领导、统筹协调有关工作。国务院国资委负责具体组织实施工作。

（二）加强培训对象的档案管理和后续培养工作。

建立健全领军人才培训对象的信息档案，加强了解跟踪，实行定期回访。从培训对象中选择部分有发展潜力的优秀人才进行跨行业、跨企业、跨地区的挂职锻炼或任职交流。

（三）加强培训后评估和改进工作。

加强对培训的后评估工作，每期培训期间和培训结束后都听取培训对象和合作机构的意见，从课程设置、师资力量、组织管理、资源利用、实际效果等进行全面评估，及时完善培训内容，改进培训方式，拓展培训资源，不断提高培训质量和水平。

附件 2：

企业经营管理人才专项培养计划实施办法

按照《企业经营管理人才素质提升工程实施方案》的要求，特制定企业经营管理人才专项培养计划实施办法

一、总体目标

加快培养一大批经营理念新、职业素养好、开拓能力强、管理水平高的企业经营管理人才，到 2020 年，培养 1 万名精通战略规划、资本运作、人力资源管理、财会、法律等专业知识的优秀企业经营管理人才。

二、主要原则

（一）平等开放、统筹兼顾。

培养计划面向公有制企业和非公有制企业平等开放、一视同仁，统筹兼顾企业高层和中层经营管理人员的培训培养。

（二）梯次开发、定向强化。

突出培训的专业化和国际化，合理安排培训项目，不断优化企业经营管理人才队伍的梯次结构、专业结构和知识结构。

三、企业高级管理人员培训项目（简称高管班）

（一）培训对象。

中央企业领导班子成员和二级企业的董事长、总经理或党委（党组）书记，规模较大地方国有企业、非公有制企业的主要负责人。年龄一般不超过 50 岁，身体健康，无

不良从业记录。

（二）培训内容。

企业现代经营管理战略研究、企业管理变革研究、企业跨国经营和跨文化管理研究等。

（三）培训合作机构。

中央党校、国家行政学院、中国浦东干部学院、中国井冈山干部学院、中国延安干部学院、大连高级经理学院等国家级干部培训机构，北京大学、清华大学等知名大学，以及国际知名跨国公司、国外知名大学和其他知名专业培训机构。

（四）培训方式。

以案例分析、交流研讨为主，培训期间至少组织 2 次参观考察活动或专题论坛，加强培训对象与国内外知名企业家的交流互动。

（五）培训班次。

每年安排 2 期，每期 50 人，学制 1 个月，总培训量不少于 100 人。

四、中青年管理人才培训项目（简称中青班）

（一）培训对象。

中央企业领导人员的后备人选和二级企业主要负责人的后备人选，规模较大的地方国有企业、非公有制企业的主要负责人及其后备人选。年龄一般在 45 岁以下，身体健康，无不良从业记录。

（二）培训内容。

现代企业领导方法和领导艺术、现代企业管理理论与实践前沿问题研究、中青年企业领导人员职业操守等。

（三）培训合作机构。

中央党校、国家行政学院、中国浦东干部学院、中国井冈山干部学院、中国延安干部学院、大连高级经理学院等国家级干部培训机构，北京大学、清华大学等知名大学，以及国际知名跨国公司、国外知名大学和其他知名专业培训机构。

（四）培训方式。

以案例分析、交流研讨、模拟学习为主，培训期间至少组织 2 次参观考察活动或专题论坛。

（五）培训班次。

每年安排 3 期，每期 60～70 人，学制 2 个月，总培训量不少于 200 人。

五、专业管理人才培训项目（简称专题班）

（一）培训对象。

中央企业部门主要负责人、二级企业负责人及其部门主要负责人，规模较大地方国有企业、非公有制企业的部门以上负责人。一般应具有 3 年（含 3 年）以上从业经历，身体健康，无不良从业记录。

（二）培训内容。

战略规划、资本运作、人力资源管理、财会、法律等专业知识培训。

（三）培训合作机构。

北京国家会计学院、上海国家会计学院、厦门国家会计学院、普华永道会计师事务所等国内外知名专业培训机构，北京大学、清华大学、中国政法大学等知名大学，以及国际知名跨国公司、国外知名大学和其他知名专业培训机构。

（四）培训方式。

以课堂授课、专题研讨、案例教学为主，培训期间至少组织 1 次对国内知名企业的参观考察活动。

（五）培训班次。

每年分别举办战略规划、资本运作、人力资源管理、财会、法律等 5 个专题培训班次，总培训量不少于 500 人。

资本运作班、人力资源管理班和财会班每年各安排 1 期，每期 100 人，学制 1 个月；战略规划培训班和法律培训班每年各安排 2 期，每期 50 人，学制 1 个月。

六、境外专题培训项目（简称走出去班）

（一）培训对象。

从高管班、中青班、专题班中择优选调培训对象。

（二）培训内容。

跨国经营管理实践研究、跨国并购重要问题研究、跨文化管理问题研究等。

（三）合作机构。

美国哈佛大学、斯坦福大学、杜克大学、英国牛津大学、剑桥大学、法国巴黎高等商学院等世界知名大学，美国通用电气公司、德国西门子公司、英国石油公司、芬兰诺基亚公司等国际知名跨国公司，以及法国精英企业协会、英国普华永道会计师事务所、英国特许公认会计师协会等其他知名专业培训机构。

（四）培训方式。

以大学课堂集中授课、专题研讨、案例教学、企业考察为主。

（五）培训班次。

每年确定不同专题，安排 7 期，每期 25 到 30 人，学制 28 天，总培训量不少于 200 人。

七、企业高级管理人员工商管理硕士培训项目（简称 EMBA 班）

（一）培训对象。

中央企业负责人及其部门负责人、二级企业领导班子成员，规模较大地方国有企业、非公有制企业领导班子成员，身体健康，无不良从业记录。

（二）培训内容。

现代企业管理前沿理论研究，专业管理知识与实践研究，跨国经营管理和跨文化经营管理问题研究等工商管理硕士培训的必修课程。

（三）合作机构。

清华大学、美国杜克大学、美国德克萨斯大学、法国巴黎高等商学院等境内外知名大学，国际知名跨国公司、其他知名专业培训机构。

（四）培训方式。

以课堂授课、专题研讨、案例分析为主，培训期间组织对国际知名企业进行参观考察。

（五）培训班次。

每年培训人数、学制按照合作培训机构的教学安排确定，总培训量不少于200人。目前可开展的班次为：与清华大学联办班每年培训70人，学制18个月；与美国杜克大学联办班每年培训20人，学制16个月；与美国德克萨斯大学联办班每年培训40人，学制12个月；与法国巴黎高等商学院联办班，每年培训70人，学制18个月。具体培训班次和合作培训机构可根据实际工作进行调整完善。

八、组织实施

（一）组织领导。

企业经营管理人才素质提升工程领导小组，负责统一领导、统筹协调有关工作。国务院国资委负责具体组织实施工作。

（二）加强培训对象的档案管理和后续培养工作。

建立健全培训对象的信息档案，加强了解跟踪，实行定期回访，并择优从培训对象中选择部分有发展潜力的优秀人才到国有企业和国有控股上市公司担任外部董事、监事等职务。

（三）加强培训后评估和改进工作。

加强对培训的后评估工作，每期培训期间和培训结束后都听取培训对象和合作机构的意见，从课程设置、师资力量、组织管理、资源利用、实际效果等进行全面评估，及时完善培训内容，改进培训方式，拓展培训资源，不断提高培训质量和水平。

附件3：

中小企业经营管理人才培养计划实施办法

按照《企业经营管理人才素质提升工程实施方案》的要求，特制定中小企业经营管理人才培养计划实施办法

一、总体目标

建立和完善政府引导、优质培训资源广泛参与的中小企业经营管理人才培训体系。以提高中小企业现代经营管理水平为核心，以培养高素质的企业家和职业经理人为重点，统筹推进中小企业发展所需的各类经营管理人才培训。按每年培训不少于50万人

安排，到2020年，完成对500万名中小企业经营管理人才的全面培训。

二、主要原则

（一）政府引导、市场运作。

加强统筹规划，加大政策支持力度，充分发挥市场机制优化资源配置，鼓励和引导各类培训机构开展中小企业经营管理者培训。

（二）面向企业、讲求实效。

围绕中小企业经营管理的重点领域和薄弱环节开展培训，通过培训促进企业经营管理过程中实际问题的有效解决。

（三）整合资源、共建共享。

充分整合各类优势培训资源，搭建培训资源共建共享平台，加强培训能力建设和培训质量管理，为中小企业科学发展提供坚强的人才保证和智力支持。

三、培训安排

（一）培训对象。

主要包括中小企业负责人、高级职业经理人、中层经营管理人员以及中小企业创业人员，身体健康，无不良从业记录。培训重点是成长性好、拥有自主知识产权、容纳就业能力强、在行业中处于龙头骨干地位的中小企业经营管理者，特别是领军人才和骨干人才，兼顾创业者、中小企业服务机构从业人员和各级中小企业管理部门的工作人员。

（二）培训内容。

围绕转变发展方式，开展中小企业相关政策法规、节能减排、淘汰落后、安全生产、知识产权等方面的培训；围绕提高中小企业经营管理水平，促进经营管理人员知识更新和能力提升，开展战略管理、财务管理、资本经营、人力资源管理、市场营销、品牌管理、绩效管理等方面的经营管理能力培训；围绕鼓励创业和提高创业成功率，开展创业培训，引导中小企业创业人员提高创业技能，增强自主创业意识。

（三）合作机构。

以高等院校、行业组织、企业和其他社会培训机构作为开展中小企业经营管理人才培训的主体，择优选择一批特色优势突出、教育质量高、社会信誉好、管理制度完备的培训机构作为重点合作单位。设立一批中小企业教育培训基地，逐步形成布局合理、功能完备、特色鲜明、优势互补的中小企业经营管理人才培训基地网络。

（四）培训方式。

综合采取远程网络培训、案例教学、讲座、专题研讨、参观考察等多种培训方式。鼓励中小企业经营管理者自主参加各类学历学位教育。以境内培训为主，积极拓展境外培训渠道，采取走出去、引进来的办法，大力引进国际智力，学习借鉴国外先进管理经验。

（五）培训班次。

中小企业经营管理领军人才培训班每年安排10期，每期100人，学制1年或6个月，总培训量不少于1000人；中小企业经营管理骨干人才培训班每年安排10期，每期1000人，学制3个月，总培训量不少于1万人；中小企业中层经营管理人才培训班采取短期面授的形式，每年安排1000期，平均每个省（区、市）安排30期，每期100人，学制5天，每年培训10万人；中小企业经营管理人才远程教育培训班，每年安排1000期，平均每个省（区、市）安排30期，每期400人，学制1年，每年培训约40万人。

四、组织实施

（一）组织领导。

企业经营管理人才素质提升工程领导小组，负责统一领导、统筹协调有关工作。工业和信息化部负责并指导各省（区、市）中小企业管理部门做好具体组织实施工作。

（二）加强培训对象的档案管理和后续培养工作。

建立健全培训对象的信息档案，加强了解跟踪，实行定期回访，并择优从培训对象中选择部分有发展潜力的优秀人才到国有大型企业实习和锻炼。

（三）加强培训后评估和改进工作。

加强对培训的后评估工作，每期培训期间和培训结束后都听取培训对象和合作机构的意见，从课程设置、师资力量、组织管理、资源利用、实际效果等进行全面评估，及时完善培训内容，改进培训方式，拓展培训资源，不断提高培训质量和水平。

关于印发《关于中央企业深入开展劳动竞赛的指导意见》的通知

2012年3月19日　国资发群工〔2012〕24号

各中央企业：

现将《关于中央企业深入开展劳动竞赛的指导意见》印发给你们，请结合实际抓好落实。

附件：关于中央企业深入开展劳动竞赛的指导意见

附件：

关于中央企业深入开展劳动竞赛的指导意见

广泛开展群众性劳动竞赛活动，是激发职工工作热情、促进企业生产经营、推动企业持续稳定发展的重要途径。近年来，中央企业围绕中心工作和重点任务广泛开展了科技攻关、降本增效、比学赶帮超等各种形式的劳动竞赛，充分发挥广大职工的主人翁责任感，引导广大职工群众立足岗位创先争优，为做强做优中央企业作出了重要贡献。为进一步加强中央企业职工队伍建设，提高职工素质，增强中央企业的核心竞争力，根据国资委党委《关于中央企业建设“四个一流”职工队伍的实施意见》（国资党委群工〔2010〕91号），现就中央企业深入开展劳动竞赛，提出以下指导意见。

一、指导思想

以邓小平理论和“三个代表”重要思想为指导，深入贯彻落实科学发展观，坚持以人为本，围绕中央企业整体发展战略和生产经营科研中心任务，进一步激发广大职工活力，充分调动广大职工的积极性和创造性，广泛深入开展劳动竞赛活动，团结动员广大职工立足岗位，创先争优，提高企业核心竞争力，为做强做优中央企业、培育具有国际竞争力的世界一流企业作出积极贡献。

二、基本原则

（一）争创一流，增强活力。围绕企业生产、经营、科研中心工作，广泛开展劳动竞赛，努力提高企业经济效益、管理水平和自主创新能力。

（二）突出主题，把握重点。结合本行业、本企业实际，确定劳动竞赛的主题和重点，充分调动广大职工参与劳动竞赛的积极性和主动性。

（三）结合实际，注重实效。结合企业生产经营和改革发展实际，抓好过程跟踪，搞好结果评价，及时表彰激励。特别要注重解决实际问题，确保取得实实在在的效果。

（四）立足班组，夯实基础。以班组为基本单元，引导班组成员广泛参与，强化团队建设，全面提升员工的专业技能和综合素质，加强班组建设，夯实企业发展基础。

（五）遵规守纪，安全生产。认真贯彻国家相关法律法规，严格执行企业各项规章制度，消除违章作业，着力提高企业安全生产管理水平。

（六）以人为本，和谐发展。坚持以人为本，克服不顾质量标准抢工期，以及单纯比劳动时间、增加劳动强度等做法，实现职工和企业的共同发展，不断提高职工对构建和谐企业的认同度、参与度和支持度。

三、竞赛内容

（一）围绕中心比效益。围绕企业中心任务，以提高安全管理、产品质量、劳动效率、促进企业发展为目标，强化职工的效益意识，全面落实绩效责任。通过质量攻关、技术攻关、安全健康等主题突出的多种竞赛形式，切实解决企业生产、安全、技术、质量、环保等方面的重点和难点问题，提高经济效益，增强发展质量，为实现中央企业科学发展作出积极贡献。

（二）立足岗位比技能。围绕建设“四个一流”职工队伍目标，根据产业结构调整和企业发展需要，结合职工岗位职责要求，有针对性地开展岗位练兵、名师带徒、技术比武等活动，鼓励职工学习技术、钻研技能、岗位成才，充分调动职工立足岗位钻研技术的积极性，促进提高岗位技能和职业技术等级。

（三）促进发展比质量。认真学习贯彻《质量发展纲要（2011～2020年）》，深入研究同行业国际和国内质量标准，努力把握本行业和企业质量发展方针和目标。以落实岗位质量管理与控制责任制为基础，引导职工牢固树立全员参与质量管理与质量全过程管理的理念，不断提高产品质量和服务质量，推动企业建立和完善企业质量保证体系，树立和维护良好的企业品牌，提高中央企业产品和服务的社会美誉度。

（四）推动学习比创新。广泛开展学习型组织创建活动和职工岗位创新活动，进一步推动广大职工学习科技知识，投身创新实践，加快新技术、新工艺、新材料、新设备的推广和应用，推动企业技术进步。鼓励职工在消化、吸收新工艺、新技术中发挥聪明才智，不断提高产品的科技含量和经济增加值，进一步增强企业核心竞争力。

（五）节能减排比效果。进一步树立职工的节约意识和环保意识，把“六小”（小革新、小发明、小建议、小节约、小核算、小经验）作为劳动竞赛的重要内容，积极开发应用先进的技术成果，控制成本，降低消耗，大力发展循环经济，高效利用资源，保护生态环境，推动资源节约型、环境友好型企业建设。

（六）履行责任比贡献。要进一步增强职工的责任意识和大局意识，积极履行企业社会责任，积极推进和谐企业建设。组织动员职工积极投身企业改革、发展、稳定的各项工作之中，实现国有资产保值增值。鼓励和动员职工积极参加扶贫帮困、志愿者服务等社会公益活动。

四、评比表彰

各企业要完善劳动竞赛考核评价办法，坚持科学合理、客观公正、紧贴实际的原则，以安全质量和经济效益为中心，突出技术创新，明确考核评价标准和表彰奖励标准，建立评价考核制度和定期表彰机制，授予相应荣誉称号，并给予一定物质奖励。

为推动劳动竞赛活动深入开展，国资委将适时开展表彰，对中央企业劳动竞赛中涌现的先进集体和先进个人授予相应荣誉称号。

五、劳动竞赛经费

劳动竞赛经费包括劳动竞赛的组织费用、培训费用和表彰奖励费用。各企业应当严格依照有关规定提取和使用劳动竞赛经费，为开展劳动竞赛创造必要条件。劳动竞赛经费预算应当纳入企业年度财务预算，并于实际发生时在预算额度内据实列支。

六、工作要求

（一）加强领导，落实责任。各企业要高度重视劳动竞赛工作，切实加强领导，落实工作责任，明确工作任务。成立劳动竞赛工作机构，形成党政统一领导，工会牵头组织，生产、人力资源、财务、技术等相关部门配合协调的工作机制，建立相应的评比机制、奖励机制和劳动竞赛成果推广机制，并将开展劳动竞赛情况向职代会报告，接受职代会的监督检查。

（二）制定方案，精心组织。各企业要结合实际，制定切实可行的劳动竞赛方案，要做好劳动竞赛活动的组织发动和检查指导，统筹协调好本系统的劳动竞赛活动，企业各基层单位积极配合，抓好劳动竞赛活动的具体实施，确保员工参赛的广泛性。

（三）广泛宣传，不断推进。各企业要做好劳动竞赛活动的宣传工作，营造客观公正、积极向上的氛围，要及时总结提炼企业开展劳动竞赛的成功经验，推出一批在劳动竞赛中成绩突出的先进典型，广泛宣传、扩大影响，带动企业职工队伍素质的整体提高，推动中央企业科学发展上水平。

国资委关于印发《关于加强中央企业品牌建设的指导意见》的通知

2013 年 12 月 17 日　国资发综合〔2013〕266 号

各中央企业：

为全面贯彻党的十八大、十八届三中全会精神，深入落实科学发展观，提高中央企业品牌建设水平，推动中央企业转型升级，实现做强做优中央企业、培育具有国际竞争力的世界一流企业的目标，我们研究制定了《关于加强中央企业品牌建设的指导意见》，现印发给你们，请认真贯彻落实。

附件：关于加强中央企业品牌建设的指导意见

附件：

关于加强中央企业品牌建设的指导意见

为提高中央企业品牌建设水平，推动中央企业转型升级，实现做强做优中央企业、培育具有国际竞争力的世界一流企业的目标，特制定本指导意见。

一、充分认识加强中央企业品牌建设的重要意义

（一）加强品牌建设是培育世界一流企业的战略选择。世界一流企业不仅要有一流的产品和一流的服务，更要有一流的品牌。一流品牌是企业竞争力和自主创新能力的标志，是高品质的象征，是企业知名度、美誉度的集中体现，更是高附加值的重要载体。中央企业虽然进入世界 500 强企业的数量逐年增多，但“大而不强”的问题一直存在，尤其是缺少在全球叫得响的知名品牌。中央企业要实现“做强做优、世界一流”的目标就必须努力打造世界一流的品牌。

（二）加强品牌建设是赢得新竞争优势的必由之路。品牌是企业竞争力和可持续发

展能力的重要基础保障。随着新一轮科技和产业革命加快演进，特别是以互联网为核心的信息技术广泛应用，拥有差异化和高品质的品牌优势，日益成为企业赢得市场竞争的关键。中央企业要赢得新的竞争优势，就必须通过打造一批具有核心知识产权的自主品牌，实现由规模扩张向质量效益转变，由价值链低端向价值链高端转变。

（三）加强品牌建设是提高国际化经营水平的现实需要。品牌国际化是实施“走出去”战略的重要手段。随着经济全球化进程加快，拥有国际知名品牌已经成为引领全球资源配置和开拓市场的重要手段。知名跨国公司利用品牌影响力在全球组织研发、采购和生产，实施并购重组，主导国际标准制定，赢得了更大的发展空间。目前，我国企业在国际分工体系中多处于价值链的中低端，缺少国际话语权，全球配置资源能力和开拓国际市场能力亟待提高。中央企业作为参与国际竞争的主力军，要通过积极打造国际知名品牌，带动我国成熟的产品、技术和标准走出国门、走向世界，在更宽领域和更高层次与跨国公司开展竞争合作，努力构建与经济实力相匹配的品牌实力。

（四）加强品牌建设是实现国有资产保值增值的内在要求。品牌作为一项无形资产，是企业价值的重要组成部分。世界一流企业都善用品牌资产，并将品牌作为核心资产加以严格管理和保护，使得品牌溢价大幅高于同行业平均水平，并在兼并收购过程中获得高额品牌溢价收益。而多数中央企业还没有关注到品牌资产的保值增值，品牌资产的管理和保护水平远远落后于跨国公司。有些企业在并购重组时支付了较高的品牌溢价，但出售转让时却忽略了品牌资产，导致了品牌资产被低估或流失。中央企业要更好地实现国有资产保值增值，就必须高度重视品牌资产管理，努力提升品牌价值。

二、中央企业加强品牌建设的指导思想、基本原则和主要目标

（五）指导思想。认真贯彻落实党的十八大、十八届三中全会精神，坚持以科学发展观为指导，以转变经济发展方式为主线，以自主创新为内核，以高品质为基石，以精致管理为保障，以诚信为命脉，逐步建立健全中央企业品牌培育、保护和发展的体制机制，实现“做强做优、世界一流”的目标。

（六）基本原则。

坚持整体规划原则。品牌建设是一项复杂的系统工程，要综合设计、统筹谋划，实现设计、研发、生产、营销、售后服务等环节的相互协同，形成合力。

坚持突出重点原则。要遵循品牌建设规律，结合中央企业实际，突出抓好“创新、品质、管理、诚信”等重点环节，找准品牌建设的突破口和着力点。

坚持分类实施原则。中央企业分处在不同的行业和领域，要探索符合本企业特色的品牌建设路径，既要坚持统一规范，又要兼顾多样性。

坚持循序渐进原则。品牌建设是一项长期工程，要制订中长期品牌战略规划，确定阶段性目标和行动方案，持之以恒，分步实施，扎实推进。

（七）主要目标。到2020年末，涌现一批品牌战略明晰、品牌管理体系健全、品牌建设成果显著的企业；形成一批产品优质、服务上乘、具有广泛影响力的知名品牌；培育一批拥有自主知识产权和国际竞争力的自主品牌。

三、中央企业加强品牌建设的主要内容

（八）大力实施品牌战略。中央企业要结合企业总体发展战略、内外资源禀赋、企业文化传承等因素，加强顶层设计，制定或完善适合本企业的、具有独创性和吸引力的品牌战略，并与企业发展战略同步实施、系统推进。要将品牌战略作为最高竞争战略，渗透到公司运营管理的各个层面，建立以客户为中心、培育差异化竞争优势的品牌战略导向机制和流程，围绕品牌战略，优化资源配置，促进品牌建设与业务发展的协同。要保持品牌战略的稳定性，加强对品牌战略落实情况的督促检查和评价考核，持续加强品牌战略的贯彻执行。

（九）准确把握品牌定位。要聚焦企业战略和客户价值，在充分了解市场需求和研究比较优势的基础上，根据行业特点、企业实际和产品特性，科学确立品牌定位。要把握规律性，根据目标市场塑造品牌形象，防止贪多求全导致品牌定位模糊，防止盲目扩张给品牌带来损害。要突出差异性，精心提炼品牌核心价值理念，树立品牌在消费者心目中有别于竞争对手的独特地位。要保持稳定性，企业的设计、生产、营销和服务等都要始终紧紧围绕品牌定位，准确体现品牌核心价值理念。要正确处理好企业品牌和产品品牌的关系，根据战略需要明确品牌架构及发展模式，做到既相得益彰，又合理规避相互背书带来的风险。

（十）加强自主创新。中央企业要把自主创新作为培育品牌的内核，把品牌价值作为衡量创新成效的重要标准。要抓住标准、设计、集成、服务等关键环节，强化技术攻关，形成自主知识产权和品牌优势。要坚持以市场为导向，以发掘和引领需求为追求，瞄准国际一流先进水平，通过引进、消化、吸收再创新，大力增强集成创新能力，培育原始创新能力，加快拥有一批核心关键技术，努力实现从“中国制造”向“中国创造”的转变。要紧盯客户需求，加强服务创新和商业模式创新，提高精细化管理水平，敏锐把握市场变革的趋势和关键，快速有效地响应需求变化，持续为客户创造价值。要大力改造提升传统产业，有序进入高新技术产业和战略性新兴产业，通过自主创新在若干关键领域形成以自主知识产权为主导的技术标准体系，将国内标准上升为国际标准，增强国际标准制定的话语权，抢占产业发展的制高点。

（十一）努力追求高品质。中央企业要把高品质作为品牌的基石，坚持客户至上，重视客户感知，把不断提升产品和服务的质量作为最高追求，以更高的品质使客户感到物超所值。要建立健全全面质量管理体系，加强全员、全过程、全方位、全寿命周期的质量管理，规范生产流程，细化管理标准，确保产品质量，生产出经得起客户挑剔的产品。要从大局着眼，细微处着手，高度关注客户诉求，完善服务体系，有效应对客户投诉，提供令消费者感动的人性化服务。要坚持精益求精，使产品、服务和工程经得住历史检验，努力打造一流品牌和国际知名品牌。

（十二）提高精致管理水平。中央企业要把精致管理作为创建品牌的保障，持续提高品牌管理的专业化水平。要严格辨识各类品牌要素，统筹规划、分类管理，系统集成。要完善品牌架构，有效整合集团公司和所属企业品牌资源，优化品牌名称、标识、

符号等要素，聚焦消费者的关注，通过品牌要素将品牌核心价值理念准确传递给消费者，并形成牢固的品牌记忆；要积极探索将品牌资产纳入价值管理范畴，逐步规范品牌资产评估、流转和授权行为；要加强舆情监测，建立品牌危机预警机制、风险规避机制和紧急事件应对机制，有效维护品牌声誉，持续提升品牌危机处置水平。要开展经常性的品牌管理成效“回头看”工作，及时总结经验，发现问题，持续改进。要积极开展国际对标，不断提升品牌国际化水平。要做好并购品牌的管理工作，并购前要严格尽职调查、反复论证，可以采取联合品牌或过渡品牌等多种并购方式，并购后要做好并购品牌的维护，实现并购品牌与原有品牌的有机融合。

（十三）拓展品牌营销传播渠道。要抓住各种有利时机，充分利用各种媒体媒介，特别是有效运用新媒体，做好形象公关，讲好自己的故事，广泛传播品牌形象，传递品牌价值。要紧跟市场变化，增强品牌传播的及时性、有效性，凝聚品牌传播的正能量。要通过建立品牌联盟、借助国际媒体资源和主动参与具有全球影响力的活动，提升品牌的全球知名度。在加强品牌本土培育和推广的同时，要根据国外文化习俗、市场竞争状态、消费者习惯及法律法规等特点，开展品牌国际化工作，要自觉遵守当地法律法规，善于融入当地社会，承担相应社会责任，有效提高品牌的知名度和美誉度。

（十四）严格开展品牌保护。要坚持品牌建设与知识产权保护工作相结合，完善商标战略，及时规范注册商标、商号等商业标识，防止恶意抢注；要通过对专利、商标、商业秘密、著作权等的综合运用，建立完善的品牌保护体系；要实时监控、调查、评估品牌资产保护状态，运用协商沟通、舆论维权、法律武器等手段打击各种侵权行为，坚决维护品牌资产的权益不受侵犯。要做好商标、专利等方面的国外注册工作，防范各种侵权行为，加强自主品牌在国外的保护力度。

（十五）坚持诚信合规经营。中央企业要把诚信作为品牌的命脉，依法经营、诚实守信，严守商业道德操守，严格兑现承诺，坚决杜绝“店大欺客”的行为发生，努力打造“百年老店”；要真诚面对消费者，及时跟踪和回应客户诉求，出现信誉危机时，不回避、不掩盖、不敷衍，将客户投诉的压力转化为塑造品牌的动力。要加强公共关系建设，积极维护投资者、债权人、供应商等相关方的利益，完善信息披露制度，营造良好的品牌建设环境。要坚持以人为本，切实抓好资源节约、环境保护、安全生产，构建和谐企业，塑造良好形象。要继续做好服务国家战略、保障市场供应、维护公共安全、促进物价稳定、参与援疆援藏援青扶贫等工作，踊跃参加社会公益活动和应急救援，发挥中央企业的表率作用，努力成为被全社会广泛认可的负责任的企业。

四、中央企业加强品牌建设的主要措施

（十六）加强组织领导。中央企业是品牌建设的主体，要把品牌建设作为“一把手”工程来抓，一以贯之、持之以恒。主要负责人要切实认识到品牌建设的重要性和紧迫性，将品牌建设工作摆上重要议事日程，统筹谋划，精心组织，对品牌建设中的重大问题，要加强调查研究，对确定的重点工作，要亲自过问、督促落实。要落实组织机构，明确各部门的工作职责，配备专业团队或专职人员，有条件的企业要建立品牌建设工作

委员会。

（十七）加强制度建设。中央企业要以做强做优为目标，以市场为导向，逐步建立健全品牌战略、品牌识别、品牌传播、品牌危机、品牌资产、品牌应用等一系列品牌管理制度和管理流程，使品牌管理工作有章可循。要将品牌制度和流程渗透到设计、研发、采购、生产、营销、售后服务等企业生产经营的各个环节，形成协同效应。要建立完善品牌资产和品牌建设工作的评估体系，对所属企业品牌建设工作和成果进行评价。有条件的企业可以积极探索将品牌建设工作纳入业绩考核体系，采取相应的激励约束措施。

（十八）加强资金和人才保障。中央企业要根据品牌建设的战略目标和实施步骤，加大资金投入，并将品牌建设所需资金纳入年度预算，为品牌建设提供坚实的资金保障。要加强品牌专业人才的引进、培养、使用，尽快建立一支素质高、专业精、能力强、负责任的品牌建设专业队伍。要充分发挥专业机构、行业组织和媒体的作用，凝聚品牌建设的内外合力。

（十九）加强品牌文化建设。中央企业要把“做企业就是做品牌，一流企业要有一流品牌”、“品牌也是生产力，自主品牌是企业的核心竞争力”和“品牌是企业的无形资产，是实现保值增值的重要途径”三大理念作为企业文化建设的重要内容，凝聚核心文化，光大品牌形象。要不断增强全员品牌意识，丰富品牌文化内涵，营造“人人塑造品牌、人人维护品牌、人人传播品牌”的浓厚氛围。

（二十）加强交流合作与培训。中央企业要加强与世界一流企业的交流，有针对性地学习借鉴先进的品牌理念和品牌建设方法。要高度重视智力引进工作，积极开展与国内外品牌设计、咨询、管理机构的合作。要加强中央企业之间的合作，充分发挥协同效应，共同打造好“中央企业”这一大品牌。要积极开展内部品牌建设的学习和培训，培养品牌专业人才，不断提高品牌建设能力。

关于推进中央企业信息公开的指导意见

2016 年 12 月 30 日　国资发〔2016〕315 号

各中央企业：

为贯彻落实《中共中央国务院关于深化国有企业改革的指导意见》（中发〔2015〕22 号），完善公司治理体系，主动接受社会监督，现就推进中央企业信息公开提出如下意见。

一、总体要求

（一）指导思想。

全面贯彻党的十八大和十八届三中、四中、五中、六中全会，全国国有企业党的建设工作会议精神，深入学习贯彻习近平总书记系列重要讲话精神，紧紧围绕统筹推进“五位一体”总体布局和协调推进“四个全面”战略布局，牢固树立新发展理念，落实国有企业改革总体部署，以促进中央企业依法合规经营、提高公司治理水平为目标，以建立完善中央企业信息公开体制机制为重点，积极稳妥推进中央企业信息公开工作，努力打造适应市场化、现代化、国际化发展需要的法治央企、阳光央企。

（二）基本原则。

坚持依法合规。严格遵循法律、法规和相关规定，建立健全中央企业信息公开制度体系，推动中央企业信息公开工作制度化、规范化。根据不同企业类型，依法确定信息公开的内容、方式、范围和程序，严格保护国家秘密和商业秘密安全。

内容真实准确。确保中央企业公开的信息内容真实、数据准确，公开及时，不得有虚假记载、误导性陈述，或者重大遗漏。

积极稳妥推进。立足回应监管机构、社会公众等各方面关切，积极探索中央企业信息公开有效工作途径，坚持试点先行、总结经验、稳步推进，确保取得实效。

严格落实责任。按照“谁形成谁公开，谁公开谁负责”的要求，建立中央企业信息公开责任制。中央企业作为本企业信息公开的责任主体，负责组织开展本企业及所属企业信息公开工作。国务院国资委负责指导督促中央企业信息公开工作。

（三）工作目标。

到 2020 年，中央企业信息公开制度体系和工作体制机制基本健全，信息公开工作流程规范有序，制度化、标准化、信息化水平明显提升，自觉接受社会监督意识普遍增强，社会公众对中央企业国有资本保值增值的知情权、监督权得到保障。

二、主要任务

（四）全面梳理企业信息公开要求。依照公司法、证券法、企业国有资产法、企业信息公示暂行条例等法律法规和国有企业改革文件，结合本企业性质和所处行业特点，全面梳理对不同企业信息公开的规定要求。中央企业所属上市公司，按照上市公司信息披露的相关制度规定进行信息公开；非上市企业，对提供社会公共服务、涉及公众切身利益的企业信息，以及法律法规明确规定应当公开的企业信息，按有关规定公开。

（五）依法确定主动公开的信息内容。中央企业信息公开的内容应当包括：工商注册登记等企业基本信息；公司治理及管理架构、重要人事变动、企业负责人薪酬水平情况；企业主要财务状况和经营成果、国有资本保值增值情况；企业重大改制重组结果；通过产权市场转让企业产权和企业增资等信息；有关部门依法要求公开的监督检查问题整改情况、重大突发事件事态发展和应急处置情况；企业履行社会责任情况；其他依照法律法规规定应当主动公开的信息。

（六）严格规范信息公开工作程序。建立健全中央企业信息公开工作制度和流程，明确企业对外公开信息的形成、审查、批准等相关部门的工作职责和工作程序；细化信息公开的内容、范围、形式、时限和归档要求，规范有序地公开企业信息。

（七）加强信息公开工作保密审查。重视加强中央企业信息公开前保密审查，明确保密审查责任和程序，妥善处理好信息公开与保守秘密的关系。企业公开的信息，不得涉及国家秘密、商业秘密和个人隐私，不得危及国家安全、公共安全、经济安全和社会稳定。对依法应当保密的，必须切实做好保密工作。

（八）开展信息公开风险评估工作。认真开展中央企业信息公开的风险评估工作，对公开信息的影响和风险提前进行研判，制定相应的防范、化解和回应预案。结合企业实际，研究确定信息公开与信息共享边界范围，依法界定本企业不予公开（豁免公开）信息内容。对公开后可能损害第三方合法权益的，公开前须征得第三方同意；但不公开可能对公众利益造成重大影响的，应当予以公开，并将决定公开的信息内容和理由书面通知第三方。

（九）完善信息公开载体和形式。结合中央企业实际，针对不同的信息选择适合的公开形式，包括本企业网站、报刊、微博微信和客户端等新媒体，有关主管部门政府网站，新闻发布会，企业社会责任报告等。中央企业门户网站应当适时设置信息公开栏目，按要求做好与有关主管部门政府网站的链接，增强信息发布的时效性和权威性。

三、保障措施

（十）加强组织领导。充分认识中央企业信息公开的重要性和必要性，增强信息公开意识，加强组织领导，确定一名企业负责人分管信息公开工作，将信息公开纳入重要议事日程，定期研究信息公开工作的重大问题，积极稳妥地部署推进有关工作。

（十一）健全工作机制。建立完善中央企业信息公开工作机制，明确工作牵头部门和主要职责，配备相应的工作人员，企业办公室、董事会办公室、人力资源、新闻宣传、财务、保密、法律、信息化等部门要密切配合，采取切实有效措施，形成工作合力，确保信息公开工作规范有序开展。

（十二）提高队伍素质。组织开展多种形式的信息公开教育培训和业务研究，不断增强中央企业信息公开工作人员的专业素养，培养提高其政策把握能力、信息发布能力、解疑释惑能力、舆情研判能力和回应引导能力。

（十三）推进载体建设。加强中央企业门户网站、微博微信和客户端等新媒体建设，畅通公开信息渠道，完善功能，增强内容和技术保障；完善新闻发言人制度，不断提高网站主动公开、新闻发布会、企业社会责任报告的质量和水平。

（十四）重视宣传引导。加强中央企业信息公开工作的宣传引导，组织开展业务培训和研讨交流，提高企业相关工作人员依法主动对外公开信息意识。国务院国资委加强对中央企业信息公开工作的指导和引导，组织开展信息公开工作试点和经验交流，典型引路，以点带面。

（十五）强化监督问责。对中央企业信息公开工作开展情况适时进行督导，对不履行主动公开义务或未按规定进行公开的，严肃批评、公开通报；对弄虚作假、隐瞒实情、欺骗公众，造成严重社会影响的，责令其纠正，消除负面影响，并依法追究相关单位和人员责任。

各省（区、市）国资委可参照本意见，指导所出资企业开展信息公开工作。

关于进一步加强中央企业网络安全工作的通知

2017 年 5 月 16 日　国资厅发综合〔2017〕33 号

各中央企业：

为深入学习贯彻习近平总书记关于网络安全和信息化工作系列重要讲话精神，落实党中央、国务院有关工作部署，进一步提高中央企业网络安全服务水平，保障中央企业信息化健康发展，现就进一步加强中央企业网络安全的有关事项通知如下：

一、充分认识网络安全工作的重要性

党中央、国务院对网络安全高度重视，特别是党的十八大以来，习近平总书记针对网络安全多次发表重要讲话，为中央企业做好网络安全工作指明了方向。中央企业在军工、能源、电力、通信、交通等重要领域承担着国家关键信息基础设施的运行保障任务，工作艰巨、责任重大。当前，中央企业面临的网络安全形势复杂严峻，网络安全意识不强、重点防护不到位、监测预警能力不足、应急演练能力不够以及协作共享不充分等问题较为突出。同时，随着信息化与工业化的深度融合，工业控制系统、智能技术应用、云计算等领域面临的网络安全风险进一步加大，网络威胁与风险、隐患交织叠加联动，影响力和破坏力显著增强。各中央企业要深刻认识到网络安全工作的重要性、复杂性和艰巨性，牢固树立以安全保发展、以发展促安全的思想观念，进一步增强责任感和使命感，按照全面排查风险、增强重点防护、实时发现预警、强力有效处置、确保平稳运行的工作目标，抓好网络安全工作。

二、全面深入开展《中华人民共和国网络安全法》宣传教育

《中华人民共和国网络安全法》（以下简称《网络安全法》）将于 2017 年 6 月 1 日起实施。各中央企业要高度重视《网络安全法》的宣传教育工作，将经常性网络安全宣传教育纳入议事日程，组织领导干部和广大员工认真学习《网络安全法》及相关法律法规，增强全体工作人员的网络安全法治观念。开展专题宣传和教育培训，动员全员共同参与，普及网络安全常识、增进网络安全知识、提高网络安全意识。

三、强化关键信息基础设施保护

各中央企业要依据本企业管理和运营的关键信息基础设施名录，明确重点防护对象，按照关键信息基础设施保护有关要求，采取有效措施保护关键信息基础设施运营安全及其重要数据安全，做到安全技术措施与关键信息基础设施同步规划、同步建设、同步使用。抓好云计算、大数据、人工智能等新兴技术在关键信息基础设施应用的安全管控，重视工控系统安全，提高核心信息系统安全可控程度。坚持管理和技术并重，做好识别、防护、监测、预警、响应、处置等环节的技术支撑和管理衔接，提高服务保障专业水准，充实人才队伍，综合统筹实施，切实增强关键信息基础设施的保护能力。

四、加强网络安全自查和风险防范

各中央企业要在做好日常网络安全监测的同时，定期开展网络安全自查工作和风险评估，进一步摸清本企业信息系统的风险状况，及时发现和处置高危风险。以防攻击、防病毒、防篡改、防瘫痪、防泄密为重点，深入查找薄弱环节，及时核查整改，加强对系统间、业务间关联风险的评估。加强对服务供应商及核心技术人员的安全风险排查，防范外来服务和产品带来的风险隐患。根据国家网络安全产品和服务有关要求，加强采购和使用过程中的风险管理。

五、提高网络安全态势感知和预警处置能力

各中央企业要按照国家有关部门要求，完善本单位网络安全监测预警和信息通报机制，及时通报监测预警信息，加强与有关部门的协作沟通，及时掌握和运用预警信息，提前做好应对工作。要按照国家有关要求，结合本单位实际情况制定完善应急机制和应急预案，定期组织开展应急演练，做好信息系统管理和运维在职人员的应急支援工作，提高服务保障人员的应急处置能力。

六、做好重大会议活动期间网络安全保障

2017 年，我国将迎来党的十九大、金砖国家领导人会晤等重大会议活动，各中央企业要建立健全重大会议活动期间的网络安全保障方案和保障机制，明确岗位职责，开展保障演练，切实提高保障能力。要强化包括纵深防御、监测预警、运维保障、应急处置等各方面安全要求，加强物理、网络、应用和数据等层面的技术防护。加强重大会议活动期间的日常值守和运维巡检，建立全天候工作机制，及时堵漏洞、补短板、降风险，严防连锁连片式网络安全事故，确保本企业信息系统在重大会议活动期间的平稳有序运行。

七、增进企业间合作共享

各中央企业之间要加大网络安全协同与合作力度，创新合作机制，积极开展经验交流和互帮互助，共享网络安全基础资源。有基础、有条件的中央企业要充分发挥自身优势，加大网络安全核心技术研发力度，提高自主创新能力，提供可靠的安全服务。国资委鼓励中央企业以网络安全需求为核心，加强产学研用资源紧密结合，积极承担国家网络空间安全专项、示范工程和国家重点实验室等重大项目，支撑国家网络安全防护体系建设。

八、加强领导和组织落实

各中央企业是网络安全的责任主体，要加强网络安全工作管理，建立“一把手”负责制，层层落实推进。涉及国家关键信息基础设施的中央企业，要设立专门的网络安全主责机构，建立健全网络安全工作考核制度、管理制度和标准规范。加大人才培养力度，改进人才培养机制，加强工作人员的技能培训和考核，开展网络安全关键岗位人员资格认证，提高网络安全人才的配置能力。将网络安全工作经费纳入企业年度预算，加强资金保障，提高网络安全保障的专业化、规范化、集约化水平。

请各中央企业将学习贯彻《网络安全法》的有关情况于5月28日前以电子邮件形式报送至国资委综合局（电子邮箱：xxh@sasac.gov.cn）。

联系人及电话：国资委综合局杨春尧（010）63192535

关于加强中央企业质量品牌工作的指导意见

2017年11月17日　国资发综合〔2017〕191号

各中央企业：

品牌是企业竞争能力和国家综合实力的集中体现。质量是品牌的生命线，是品牌建设的基础。加强质量品牌工作是提高有效中高端供给和全要素生产率的重要手段，是塑造企业形象、提高品牌溢价能力的有效途径。为加强中央企业质量品牌工作，推动转型升级提质增效，加快培育具有全球竞争力的世界一流企业，特制定本指导意见。

一、总体要求

（一）指导思想。

深入贯彻党的十九大精神和习近平新时代中国特色社会主义思想，全面落实党中央、国务院关于质量品牌工作的有关部署要求，大力推动中央企业增品种、提品质、创品牌，加快实现“中国制造向中国创造转变、中国速度向中国质量转变、中国产品向中国品牌转变”。到2020年，中央企业质量管理和品牌建设能力显著增强，产品、服务和工程质量水平明显提升，有效中高端供给大幅增加，高附加值和优质服务供给比重进一步提高，打造一批质量水平世界一流的公司，培育一批世界知名的自主品牌。

（二）基本原则。

坚持企业主体。强化企业在质量品牌建设中的主体地位和作用，激发企业内生动力，运用新技术、新业态、新模式，提高企业质量品牌建设能力。

坚持分类指导。遵循质量品牌发展内在规律，结合生产制造、运营服务、工程建筑等行业企业特点，找准突破口和着力点，对质量品牌建设工作进行分类推进。

坚持统筹推进。统筹推进质量和品牌工作，注重质量和品牌的系统性、整体性、协调性，发挥合力，多措并举，实现叠加效应。

坚持循序渐进。立足当前，谋划长远，加强质量品牌建设工作前瞻性战略部署，循序渐进，分步实施，形成长效机制。

二、主要任务

（三）提升生产制造业质量管控水平。

落实“中国制造2025”战略，深化互联网与制造业融合发展，加快推动智能制造，运用云计算、大数据、物联网、移动互联网等信息技术，开展质量风险分析与控制、质量成本管理、质量管理体系升级等活动，提高产品质量在线监测、在线控制和全生命周期质量追溯能力。运用卓越绩效、精益管理等管理方法，建立持续追求卓越的质量经营和改进体系，提升质量管控水平。

军工企业要加强军民融合，建设完善的军品、民品质量控制共用平台，提升产品和系统的可靠性、一致性、稳定性。石油化工企业要加快装置升级，淘汰落后产能，提升油品、化工品供给质量。电子企业要着力提升集成电路、基础电子和工控软件等软硬件产品的质量水平。装备制造企业要提高工业机器人、高档数控机床的加工精度和精度保持能力，全面提升国产大飞机、高铁、核电、工程机械、汽车、特种设备等的质量水平。钢铁、有色金属、建材等企业要加快高端材料创新，提高质量稳定性，形成高性能、功能化、差别化的先进基础材料供给能力。

（四）提升运营服务业服务质量水平。

健全质量治理和促进机制，持续优化服务流程，完善服务标准化体系，打造优质服务品牌。加快模式创新，推进“互联网+服务”等，拓展服务方式，创新服务措施。开展生产性服务业和生活性服务业服务升级，提高个性化、人性化、专业化服务能力，提升服务价值。实施服务标准自我声明公开，提升服务质量水平，壮大代表“央企服务”形象的优质企业。

电网企业要全面提高配电网供电能力和供电服务质量，提供社会满意的服务供给。电信企业要落实“宽带中国”战略，提升移动、宽带网络服务水平。航运企业要大力推进江海河、“公铁水”多式联运，打造门到门服务链。航空企业要加快从传统航空承运商向现代航空服务集成商转型，建立全球化、多元化国际航空服务体系。旅游企业要以客户为中心，推广实施优质服务承诺标识，提升旅游服务质量。商贸企业要转变外贸发展方式，加快成为具有专业品牌优势、增值服务能力和重大影响力、带动力的产业组织服务商、供应链综合服务商、商产融结合服务商。

（五）提升工程建筑业质量管理水平。

建立标准化制度，提升工程质量标准化水平，健全质量管控体系。应用建筑信息模型（BIM）等信息技术，促进工程项目全生命周期数据共享，提高数字化、智能化管理水平。运用工程建设新技术、新工法，提升建筑质量保障能力。加快先进建造设备和智能设备的研发、制造和推广应用，提升各类施工机具的性能和效率，提高机械化施工程度。

工业建筑企业要结合国家重大工程，提升建设质量和运营管理质量，打造百年工程。民用建筑企业要加强前期工作质量，坚持科学论证、科学决策，健全质量监督管理机制，强化对工程建设全过程的质量监管。

（六）夯实品牌建设基础。

树立以质量为核心的品牌理念，筑牢计量、标准、检验检测、认证认可等质量基础，加强全员、全过程、全方位的质量管理，全面提升质量和信誉，打造值得信赖的品牌形象。根据企业规模、组织结构、行业性质等特点，制定差异化品牌战略，发挥品牌引领作用，将品牌战略融入企业发展。实施创新驱动发展，加强自主创新、协同创新和“双创”，培育一批高附加值的尖端产品，助力“中国制造”向“中国创造”和“中国设计”转变，在新一轮更高层次的国际竞争中抢占制高点和主动权。统筹协调质量管理、生产、研发、销售、宣传等相关部门，统领质量管理、科技创新、诚信体系建设、企业文化建设和社会责任等工作，建设有持久生命力、广泛影响力和高附加值的品牌。积极履行社会责任，成为绿色、安全、诚信经营的表率，打造责任央企的品牌形象。

（七）提高品牌建设能力。

建立全面品牌管理体系，关注品牌定位、品牌架构、品牌识别、品牌管理与维护、品牌传播、品牌评估等关键过程的建立、实施与改进，培育品牌建设环境，培养全员品牌意识，全面提升品牌管理水平。追求卓越品质，弘扬精益求精的工匠精神，培育具有国际竞争力的自主品牌。加快老字号创新发展，提升品牌附加值和软实力。落实“一带一路”倡议等走出去战略，对标国际一流企业，提高国际竞争力和国际化经营能力，通过培育具有国际竞争力的品牌，掌握国际产业领域话语权、有效整合国际产业链、优化配置国际资源、提升出口竞争优势，增强国有经济控制力和影响力。

三、组织保障

（八）加强交流宣传。

推动开展分级、分类质量管理和品牌建设培训、座谈和交流，提高质量品牌管理能力。组织质量管理小组活动和全面质量管理知识竞赛等，普及质量管理知识，强化全员质量意识。举办品牌故事大赛等，挖掘品牌故事，展示品牌建设成果，整体提升品牌形象。加大对相关工作的宣传力度，全面提升舆论宣传的引导力和影响力，营造积极参与质量品牌建设的良好氛围。

（九）加强标杆引领。

积极开展标杆示范工作，推行卓越绩效模式、精益管理等先进质量管理方法，树立生产制造、运营服务、工程建筑企业质量标杆，积极发挥示范效应，全面提升质量管理水平。开展品牌建设有效性研究，培育品牌建设示范企业，积极推广品牌建设典型模式。

（十）强化考核评价。

国资委将进一步完善考核制度，引导企业加强科技创新，对专利创造、国际标准制定等成绩突出的企业给予奖励。研究制定中央企业质量和品牌相关评价指标体系，发布中央企业质量品牌年度发展报告，推动企业加强质量品牌工作。开展品牌建设任期评价，对取得显著成效的前 10 家企业给予奖励，推动企业加快品牌建设。

（十一）加强组织领导。

中央企业要加强质量品牌建设的组织领导和机构建设，配备专业团队和专职人员。加大质量品牌资金投入，确保质量品牌建设专项经费并纳入企业预算。强化专业人才体系建设，打造一支能力强、水平高的质量品牌建设专业队伍。

国资委成立由委领导和相关厅局负责同志等参加的推进中央企业质量品牌工作领导小组，统筹协调，督促落实工作任务，指导中央企业开展工作。小组办公室设在国资委综合局，负责具体开展指导督促工作。

附　录

中华人民共和国企业国有资产法

（2008年10月28日第十一届全国人民代表大会常务委员会第五次会议通过）

目　录

第一章　总　则

第一条　为了维护国家基本经济制度，巩固和发展国有经济，加强对国有资产的保护，发挥国有经济在国民经济中的主导作用，促进社会主义市场经济发展，制定本法。

第二条　本法所称企业国有资产（以下称国有资产），是指国家对企业各种形式的出资所形成的权益。

第三条　国有资产属于国家所有即全民所有。国务院代表国家行使国有资产所有权。

第四条　国务院和地方人民政府依照法律、行政法规的规定，分别代表国家对国家出资企业履行出资人职责，享有出资人权益。

国务院确定的关系国民经济命脉和国家安全的大型国家出资企业，重要基础设施和重要自然资源等领域的国家出资企业，由国务院代表国家履行出资人职责。其他的国家出资企业，由地方人民政府代表国家履行出资人职责。

第五条　本法所称国家出资企业，是指国家出资的国有独资企业、国有独资公司，以及国有资本控股公司、国有资本参股公司。

第六条 国务院和地方人民政府应当按照政企分开、社会公共管理职能与国有资产出资人职能分开、不干预企业依法自主经营的原则，依法履行出资人职责。

第七条 国家采取措施，推动国有资本向关系国民经济命脉和国家安全的重要行业和关键领域集中，优化国有经济布局和结构，推进国有企业的改革和发展，提高国有经济的整体素质，增强国有经济的控制力、影响力。

第八条 国家建立健全与社会主义市场经济发展要求相适应的国有资产管理与监督体制，建立健全国有资产保值增值考核和责任追究制度，落实国有资产保值增值责任。

第九条 国家建立健全国有资产基础管理制度。具体办法按照国务院的规定制定。

第十条 国有资产受法律保护，任何单位和个人不得侵害。

第二章 履行出资人职责的机构

第十一条 国务院国有资产监督管理机构和地方人民政府按照国务院的规定设立的国有资产监督管理机构，根据本级人民政府的授权，代表本级人民政府对国家出资企业履行出资人职责。

国务院和地方人民政府根据需要，可以授权其他部门、机构代表本级人民政府对国家出资企业履行出资人职责。

代表本级人民政府履行出资人职责的机构、部门，以下统称履行出资人职责的机构。

第十二条 履行出资人职责的机构代表本级人民政府对国家出资企业依法享有资产收益、参与重大决策和选择管理者等出资人权利。

履行出资人职责的机构依照法律、行政法规的规定，制定或者参与制定国家出资企业的章程。

履行出资人职责的机构对法律、行政法规和本级人民政府规定须经本级人民政府批准的履行出资人职责的重大事项，应当报请本级人民政府批准。

第十三条 履行出资人职责的机构委派的股东代表参加国有资本控股公司、国有资本参股公司召开的股东会会议、股东大会会议，应当按照委派机构的指示提出提案、发表意见、行使表决权，并将其履行职责的情况和结果及时报告委派机构。

第十四条 履行出资人职责的机构应当依照法律、行政法规以及企业章程履行出资人职责，保障出资人权益，防止国有资产损失。

履行出资人职责的机构应当维护企业作为市场主体依法享有的权利，除依法履行出资人职责外，不得干预企业经营活动。

第十五条 履行出资人职责的机构对本级人民政府负责，向本级人民政府报告履行出资人职责的情况，接受本级人民政府的监督和考核，对国有资产的保值增值负责。

履行出资人职责的机构应当按照国家有关规定，定期向本级人民政府报告有关国有资产总量、结构、变动、收益等汇总分析的情况。

第三章　国家出资企业

第十六条　国家出资企业对其动产、不动产和其他财产依照法律、行政法规以及企业章程享有占有、使用、收益和处分的权利。

国家出资企业依法享有的经营自主权和其他合法权益受法律保护。

第十七条　国家出资企业从事经营活动，应当遵守法律、行政法规，加强经营管理，提高经济效益，接受人民政府及其有关部门、机构依法实施的管理和监督，接受社会公众的监督，承担社会责任，对出资人负责。

国家出资企业应当依法建立和完善法人治理结构，建立健全内部监督管理和风险控制制度。

第十八条　国家出资企业应当依照法律、行政法规和国务院财政部门的规定，建立健全财务、会计制度，设置会计账簿，进行会计核算，依照法律、行政法规以及企业章程的规定向出资人提供真实、完整的财务、会计信息。

国家出资企业应当依照法律、行政法规以及企业章程的规定，向出资人分配利润。

第十九条　国有独资公司、国有资本控股公司和国有资本参股公司依照《中华人民共和国公司法》的规定设立监事会。国有独资企业由履行出资人职责的机构按照国务院的规定委派监事组成监事会。

国家出资企业的监事会依照法律、行政法规以及企业章程的规定，对董事、高级管理人员执行职务的行为进行监督，对企业财务进行监督检查。

第二十条　国家出资企业依照法律规定，通过职工代表大会或者其他形式，实行民主管理。

第二十一条　国家出资企业对其所出资企业依法享有资产收益、参与重大决策和选择管理者等出资人权利。

国家出资企业对其所出资企业，应当依照法律、行政法规的规定，通过制定或者参与制定所出资企业的章程，建立权责明确、有效制衡的企业内部监督管理和风险控制制度，维护其出资人权益。

第四章　国家出资企业管理者的选择与考核

第二十二条　履行出资人职责的机构依照法律、行政法规以及企业章程的规定，任免或者建议任免国家出资企业的下列人员：

（一）任免国有独资企业的经理、副经理、财务负责人和其他高级管理人员；

（二）任免国有独资公司的董事长、副董事长、董事、监事会主席和监事；

（三）向国有资本控股公司、国有资本参股公司的股东会、股东大会提出董事、监事人选。

国家出资企业中应当由职工代表出任的董事、监事，依照有关法律、行政法规的规定由职工民主选举产生。

第二十三条 履行出资人职责的机构任命或者建议任命的董事、监事、高级管理人员，应当具备下列条件：

（一）有良好的品行；

（二）有符合职位要求的专业知识和工作能力；

（三）有能够正常履行职责的身体条件；

（四）法律、行政法规规定的其他条件。

董事、监事、高级管理人员在任职期间出现不符合前款规定情形或者出现《中华人民共和国公司法》规定的不得担任公司董事、监事、高级管理人员情形的，履行出资人职责的机构应当依法予以免职或者提出免职建议。

第二十四条 履行出资人职责的机构对拟任命或者建议任命的董事、监事、高级管理人员的人选，应当按照规定的条件和程序进行考察。考察合格的，按照规定的权限和程序任命或者建议任命。

第二十五条 未经履行出资人职责的机构同意，国有独资企业、国有独资公司的董事、高级管理人员不得在其他企业兼职。未经股东会、股东大会同意，国有资本控股公司、国有资本参股公司的董事、高级管理人员不得在经营同类业务的其他企业兼职。

未经履行出资人职责的机构同意，国有独资公司的董事长不得兼任经理。未经股东会、股东大会同意，国有资本控股公司的董事长不得兼任经理。

董事、高级管理人员不得兼任监事。

第二十六条 国家出资企业的董事、监事、高级管理人员，应当遵守法律、行政法规以及企业章程，对企业负有忠实义务和勤勉义务，不得利用职权收受贿赂或者取得其他非法收入和不当利益，不得侵占、挪用企业资产，不得超越职权或者违反程序决定企业重大事项，不得有其他侵害国有资产出资人权益的行为。

第二十七条 国家建立国家出资企业管理者经营业绩考核制度。履行出资人职责的机构应当对其任命的企业管理者进行年度和任期考核，并依据考核结果决定对企业管理者的奖惩。

履行出资人职责的机构应当按照国家有关规定，确定其任命的国家出资企业管理者的薪酬标准。

第二十八条 国有独资企业、国有独资公司和国有资本控股公司的主要负责人，应当接受依法进行的任期经济责任审计。

第二十九条 本法第二十二条第一款第一项、第二项规定的企业管理者，国务院和地方人民政府规定由本级人民政府任免的，依照其规定。履行出资人职责的机构依照本章规定对上述企业管理者进行考核、奖惩并确定其薪酬标准。

第五章　关系国有资产出资人权益的重大事项

第一节　一般规定

第三十条　国家出资企业合并、分立、改制、上市，增加或者减少注册资本，发行债券，进行重大投资，为他人提供大额担保，转让重大财产，进行大额捐赠，分配利润，以及解散、申请破产等重大事项，应当遵守法律、行政法规以及企业章程的规定，不得损害出资人和债权人的权益。

第三十一条　国有独资企业、国有独资公司合并、分立，增加或者减少注册资本，发行债券，分配利润，以及解散、申请破产，由履行出资人职责的机构决定。

第三十二条　国有独资企业、国有独资公司有本法第三十条所列事项的，除依照本法第三十一条和有关法律、行政法规以及企业章程的规定，由履行出资人职责的机构决定的以外，国有独资企业由企业负责人集体讨论决定，国有独资公司由董事会决定。

第三十三条　国有资本控股公司、国有资本参股公司有本法第三十条所列事项的，依照法律、行政法规以及公司章程的规定，由公司股东会、股东大会或者董事会决定。由股东会、股东大会决定的，履行出资人职责的机构委派的股东代表应当依照本法第十三条的规定行使权利。

第三十四条　重要的国有独资企业、国有独资公司、国有资本控股公司的合并、分立、解散、申请破产以及法律、行政法规和本级人民政府规定应当由履行出资人职责的机构报经本级人民政府批准的重大事项，履行出资人职责的机构在作出决定或者向其委派参加国有资本控股公司股东会会议、股东大会会议的股东代表作出指示前，应当报请本级人民政府批准。

本法所称的重要的国有独资企业、国有独资公司和国有资本控股公司，按照国务院的规定确定。

第三十五条　国家出资企业发行债券、投资等事项，有关法律、行政法规规定应当报经人民政府或者人民政府有关部门、机构批准、核准或者备案的，依照其规定。

第三十六条　国家出资企业投资应当符合国家产业政策，并按照国家规定进行可行性研究；与他人交易应当公平、有偿，取得合理对价。

第三十七条　国家出资企业的合并、分立、改制、解散、申请破产等重大事项，应当听取企业工会的意见，并通过职工代表大会或者其他形式听取职工的意见和建议。

第三十八条　国有独资企业、国有独资公司、国有资本控股公司对其所出资企业的重大事项参照本章规定履行出资人职责。具体办法由国务院规定。

第二节　企业改制

第三十九条　本法所称企业改制是指：

（一）国有独资企业改为国有独资公司；

（二）国有独资企业、国有独资公司改为国有资本控股公司或者非国有资本控股公司；

（三）国有资本控股公司改为非国有资本控股公司。

第四十条 企业改制应当依照法定程序，由履行出资人职责的机构决定或者由公司股东会、股东大会决定。

重要的国有独资企业、国有独资公司、国有资本控股公司的改制，履行出资人职责的机构在作出决定或者向其委派参加国有资本控股公司股东会会议、股东大会会议的股东代表作出指示前，应当将改制方案报请本级人民政府批准。

第四十一条 企业改制应当制定改制方案，载明改制后的企业组织形式、企业资产和债权债务处理方案、股权变动方案、改制的操作程序、资产评估和财务审计等中介机构的选聘等事项。

企业改制涉及重新安置企业职工的，还应当制定职工安置方案，并经职工代表大会或者职工大会审议通过。

第四十二条 企业改制应当按照规定进行清产核资、财务审计、资产评估，准确界定和核实资产，客观、公正地确定资产的价值。

企业改制涉及以企业的实物、知识产权、土地使用权等非货币财产折算为国有资本出资或者股份的，应当按照规定对折价财产进行评估，以评估确认价格作为确定国有资本出资额或者股份数额的依据。不得将财产低价折股或者有其他损害出资人权益的行为。

第三节 与关联方的交易

第四十三条 国家出资企业的关联方不得利用与国家出资企业之间的交易，谋取不当利益，损害国家出资企业利益。

本法所称关联方，是指本企业的董事、监事、高级管理人员及其近亲属，以及这些人员所有或者实际控制的企业。

第四十四条 国有独资企业、国有独资公司、国有资本控股公司不得无偿向关联方提供资金、商品、服务或者其他资产，不得以不公平的价格与关联方进行交易。

第四十五条 未经履行出资人职责的机构同意，国有独资企业、国有独资公司不得有下列行为：

（一）与关联方订立财产转让、借款的协议；

（二）为关联方提供担保；

（三）与关联方共同出资设立企业，或者向董事、监事、高级管理人员或者其近亲属所有或者实际控制的企业投资。

第四十六条 国有资本控股公司、国有资本参股公司与关联方的交易，依照《中华人民共和国公司法》和有关行政法规以及公司章程的规定，由公司股东会、股东大会或者董事会决定。由公司股东会、股东大会决定的，履行出资人职责的机构委派的股东代表，应当依照本法第十三条的规定行使权利。

公司董事会对公司与关联方的交易作出决议时，该交易涉及的董事不得行使表决权，也不得代理其他董事行使表决权。

第四节 资产评估

第四十七条 国有独资企业、国有独资公司和国有资本控股公司合并、分立、改制，转让重大财产，以非货币财产对外投资，清算或者有法律、行政法规以及企业章程规定应当进行资产评估的其他情形的，应当按照规定对有关资产进行评估。

第四十八条 国有独资企业、国有独资公司和国有资本控股公司应当委托依法设立的符合条件的资产评估机构进行资产评估；涉及应当报经履行出资人职责的机构决定的事项的，应当将委托资产评估机构的情况向履行出资人职责的机构报告。

第四十九条 国有独资企业、国有独资公司、国有资本控股公司及其董事、监事、高级管理人员应当向资产评估机构如实提供有关情况和资料，不得与资产评估机构串通评估作价。

第五十条 资产评估机构及其工作人员受托评估有关资产，应当遵守法律、行政法规以及评估执业准则，独立、客观、公正地对受托评估的资产进行评估。资产评估机构应当对其出具的评估报告负责。

第五节 国有资产转让

第五十一条 本法所称国有资产转让，是指依法将国家对企业的出资所形成的权益转移给其他单位或者个人的行为；按照国家规定无偿划转国有资产的除外。

第五十二条 国有资产转让应当有利于国有经济布局和结构的战略性调整，防止国有资产损失，不得损害交易各方的合法权益。

第五十三条 国有资产转让由履行出资人职责的机构决定。履行出资人职责的机构决定转让全部国有资产的，或者转让部分国有资产致使国家对该企业不再具有控股地位的，应当报请本级人民政府批准。

第五十四条 国有资产转让应当遵循等价有偿和公开、公平、公正的原则。

除按照国家规定可以直接协议转让的以外，国有资产转让应当在依法设立的产权交易场所公开进行。转让方应当如实披露有关信息，征集受让方；征集产生的受让方为两个以上的，转让应当采用公开竞价的交易方式。

转让上市交易的股份依照《中华人民共和国证券法》的规定进行。

第五十五条 国有资产转让应当以依法评估的、经履行出资人职责的机构认可或者由履行出资人职责的机构报经本级人民政府核准的价格为依据，合理确定最低转让价格。

第五十六条 法律、行政法规或者国务院国有资产监督管理机构规定可以向本企业的董事、监事、高级管理人员或者其近亲属，或者这些人员所有或者实际控制的企业转让的国有资产，在转让时，上述人员或者企业参与受让的，应当与其他受让参与者平等竞买；转让方应当按照国家有关规定，如实披露有关信息；相关的董事、监事和高级管理人员不得参与转让方案的制定和组织实施的各项工作。

第五十七条 国有资产向境外投资者转让的，应当遵守国家有关规定，不得危害国家安全和社会公共利益。

第六章　国有资本经营预算

第五十八条　国家建立健全国有资本经营预算制度，对取得的国有资本收入及其支出实行预算管理。

第五十九条　国家取得的下列国有资本收入，以及下列收入的支出，应当编制国有资本经营预算：

（一）从国家出资企业分得的利润；

（二）国有资产转让收入；

（三）从国家出资企业取得的清算收入；

（四）其他国有资本收入。

第六十条　国有资本经营预算按年度单独编制，纳入本级人民政府预算，报本级人民代表大会批准。

国有资本经营预算支出按照当年预算收入规模安排，不列赤字。

第六十一条　国务院和有关地方人民政府财政部门负责国有资本经营预算草案的编制工作，履行出资人职责的机构向财政部门提出由其履行出资人职责的国有资本经营预算建议草案。

第六十二条　国有资本经营预算管理的具体办法和实施步骤，由国务院规定，报全国人民代表大会常务委员会备案。

第七章　国有资产监督

第六十三条　各级人民代表大会常务委员会通过听取和审议本级人民政府履行出资人职责的情况和国有资产监督管理情况的专项工作报告，组织对本法实施情况的执法检查等，依法行使监督职权。

第六十四条　国务院和地方人民政府应当对其授权履行出资人职责的机构履行职责的情况进行监督。

第六十五条　国务院和地方人民政府审计机关依照《中华人民共和国审计法》的规定，对国有资本经营预算的执行情况和属于审计监督对象的国家出资企业进行审计监督。

第六十六条　国务院和地方人民政府应当依法向社会公布国有资产状况和国有资产监督管理工作情况，接受社会公众的监督。

任何单位和个人有权对造成国有资产损失的行为进行检举和控告。

第六十七条　履行出资人职责的机构根据需要，可以委托会计师事务所对国有独资企业、国有独资公司的年度财务会计报告进行审计，或者通过国有资本控股公司的股东会、股东大会决议，由国有资本控股公司聘请会计师事务所对公司的年度财务会计报告进行审计，维护出资人权益。

第八章　法律责任

第六十八条　履行出资人职责的机构有下列行为之一的，对其直接负责的主管人员和其他直接责任人员依法给予处分：

（一）不按照法定的任职条件，任命或者建议任命国家出资企业管理者的；

（二）侵占、截留、挪用国家出资企业的资金或者应当上缴的国有资本收入的；

（三）违反法定的权限、程序，决定国家出资企业重大事项，造成国有资产损失的；

（四）有其他不依法履行出资人职责的行为，造成国有资产损失的。

第六十九条　履行出资人职责的机构的工作人员玩忽职守、滥用职权、徇私舞弊，尚不构成犯罪的，依法给予处分。

第七十条　履行出资人职责的机构委派的股东代表未按照委派机构的指示履行职责，造成国有资产损失的，依法承担赔偿责任；属于国家工作人员的，并依法给予处分。

第七十一条　国家出资企业的董事、监事、高级管理人员有下列行为之一，造成国有资产损失的，依法承担赔偿责任；属于国家工作人员的，并依法给予处分：

（一）利用职权收受贿赂或者取得其他非法收入和不当利益的；

（二）侵占、挪用企业资产的；

（三）在企业改制、财产转让等过程中，违反法律、行政法规和公平交易规则，将企业财产低价转让、低价折股的；

（四）违反本法规定与本企业进行交易的；

（五）不如实向资产评估机构、会计师事务所提供有关情况和资料，或者与资产评估机构、会计师事务所串通出具虚假资产评估报告、审计报告的；

（六）违反法律、行政法规和企业章程规定的决策程序，决定企业重大事项的；

（七）有其他违反法律、行政法规和企业章程执行职务行为的。

国家出资企业的董事、监事、高级管理人员因前款所列行为取得的收入，依法予以追缴或者归国家出资企业所有。

履行出资人职责的机构任命或者建议任命的董事、监事、高级管理人员有本条第一款所列行为之一，造成国有资产重大损失的，由履行出资人职责的机构依法予以免职或者提出免职建议。

第七十二条　在涉及关联方交易、国有资产转让等交易活动中，当事人恶意串通，损害国有资产权益的，该交易行为无效。

第七十三条　国有独资企业、国有独资公司、国有资本控股公司的董事、监事、高级管理人员违反本法规定，造成国有资产重大损失，被免职的，自免职之日起五年内不得担任国有独资企业、国有独资公司、国有资本控股公司的董事、监事、高级管理人员；造成国有资产特别重大损失，或者因贪污、贿赂、侵占财产、挪用财产或者破坏社会主义市场经济秩序被判处刑罚的，终身不得担任国有独资企业、国有独资公司、国有资本控股公司的董事、监事、高级管理人员。

第七十四条 接受委托对国家出资企业进行资产评估、财务审计的资产评估机构、会计师事务所违反法律、行政法规的规定和执业准则，出具虚假的资产评估报告或者审计报告的，依照有关法律、行政法规的规定追究法律责任。

第七十五条 违反本法规定，构成犯罪的，依法追究刑事责任。

第九章　附　　则

第七十六条 金融企业国有资产的管理与监督，法律、行政法规另有规定的，依照其规定。

第七十七条 本法自2009年5月1日起施行。

企业国有资产监督管理暂行条例

（2003年5月27日中华人民共和国国务院令第378号公布
根据2011年1月8日《国务院关于废止和修改部分行政法规的决定》第一次修订
根据2019年3月2日《国务院关于修改部分行政法规的决定》第二次修订）

第一章　总　　则

第一条 为建立适应社会主义市场经济需要的国有资产监督管理体制，进一步搞好国有企业，推动国有经济布局和结构的战略性调整，发展和壮大国有经济，实现国有资产保值增值，制定本条例。

第二条 国有及国有控股企业、国有参股企业中的国有资产的监督管理，适用本条例。

金融机构中的国有资产的监督管理，不适用本条例。

第三条 本条例所称企业国有资产，是指国家对企业各种形式的投资和投资所形成的权益，以及依法认定为国家所有的其他权益。

第四条 企业国有资产属于国家所有。国家实行由国务院和地方人民政府分别代表国家履行出资人职责，享有所有者权益，权利、义务和责任相统一，管资产和管人、管事相结合的国有资产管理体制。

第五条 国务院代表国家对关系国民经济命脉和国家安全的大型国有及国有控股、国有参股企业，重要基础设施和重要自然资源等领域的国有及国有控股、国有参股企业，履行出资人职责。国务院履行出资人职责的企业，由国务院确定、公布。

省、自治区、直辖市人民政府和设区的市、自治州级人民政府分别代表国家对由国务院履行出资人职责以外的国有及国有控股、国有参股企业，履行出资人职责。其中，省、自治区、直辖市人民政府履行出资人职责的国有及国有控股、国有参股企业，由省、自治区、直辖市人民政府确定、公布，并报国务院国有资产监督管理机构备案；其他由设区的市、自治州级人民政府履行出资人职责的国有及国有控股、国有参股企业，由设区的市、自治州级人民政府确定、公布，并报省、自治区、直辖市人民政府国有资产监督管理机构备案。

国务院，省、自治区、直辖市人民政府，设区的市、自治州级人民政府履行出资人职责的企业，以下统称所出资企业。

第六条 国务院，省、自治区、直辖市人民政府，设区的市、自治州级人民政府，分别设立国有资产监督管理机构。国有资产监督管理机构根据授权，依法履行出资人职责，依法对企业国有资产进行监督管理。

企业国有资产较少的设区的市、自治州，经省、自治区、直辖市人民政府批准，可以不单独设立国有资产监督管理机构。

第七条 各级人民政府应当严格执行国有资产管理法律、法规，坚持政府的社会公共管理职能与国有资产出资人职能分开，坚持政企分开，实行所有权与经营权分离。

国有资产监督管理机构不行使政府的社会公共管理职能，政府其他机构、部门不履行企业国有资产出资人职责。

第八条 国有资产监督管理机构应当依照本条例和其他有关法律、行政法规的规定，建立健全内部监督制度，严格执行法律、行政法规。

第九条 发生战争、严重自然灾害或者其他重大、紧急情况时，国家可以依法统一调用、处置企业国有资产。

第十条 所出资企业及其投资设立的企业，享有有关法律、行政法规规定的企业经营自主权。

国有资产监督管理机构应当支持企业依法自主经营，除履行出资人职责以外，不得干预企业的生产经营活动。

第十一条 所出资企业应当努力提高经济效益，对其经营管理的企业国有资产承担保值增值责任。

所出资企业应当接受国有资产监督管理机构依法实施的监督管理，不得损害企业国有资产所有者和其他出资人的合法权益。

第二章 国有资产监督管理机构

第十二条 国务院国有资产监督管理机构是代表国务院履行出资人职责、负责监督管理企业国有资产的直属特设机构。

省、自治区、直辖市人民政府国有资产监督管理机构，设区的市、自治州级人民政府国有资产监督管理机构是代表本级政府履行出资人职责、负责监督管理企业国有资产的直属特设机构。

上级政府国有资产监督管理机构依法对下级政府的国有资产监督管理工作进行指导和监督。

第十三条 国有资产监督管理机构的主要职责是：

（一）依照《中华人民共和国公司法》等法律、法规，对所出资企业履行出资人职责，维护所有者权益；

（二）指导推进国有及国有控股企业的改革和重组；

（三）依照规定向所出资企业委派监事；

（四）依照法定程序对所出资企业的企业负责人进行任免、考核，并根据考核结果对其进行奖惩；

（五）通过统计、稽核等方式对企业国有资产的保值增值情况进行监管；

（六）履行出资人的其他职责和承办本级政府交办的其他事项。

国务院国有资产监督管理机构除前款规定职责外，可以制定企业国有资产监督管理的规章、制度。

第十四条 国有资产监督管理机构的主要义务是：

（一）推进国有资产合理流动和优化配置，推动国有经济布局和结构的调整；

（二）保持和提高关系国民经济命脉和国家安全领域国有经济的控制力和竞争力，提高国有经济的整体素质；

（三）探索有效的企业国有资产经营体制和方式，加强企业国有资产监督管理工作，促进企业国有资产保值增值，防止企业国有资产流失；

（四）指导和促进国有及国有控股企业建立现代企业制度，完善法人治理结构，推进管理现代化；

（五）尊重、维护国有及国有控股企业经营自主权，依法维护企业合法权益，促进企业依法经营管理，增强企业竞争力；

（六）指导和协调解决国有及国有控股企业改革与发展中的困难和问题。

第十五条 国有资产监督管理机构应当向本级政府报告企业国有资产监督管理工作、国有资产保值增值状况和其他重大事项。

第三章 企业负责人管理

第十六条 国有资产监督管理机构应当建立健全适应现代企业制度要求的企业负责人的选用机制和激励约束机制。

第十七条 国有资产监督管理机构依照有关规定，任免或者建议任免所出资企业的企业负责人：

（一）任免国有独资企业的总经理、副总经理、总会计师及其他企业负责人；

（二）任免国有独资公司的董事长、副董事长、董事，并向其提出总经理、副总经理、总会计师等的任免建议；

（三）依照公司章程，提出向国有控股的公司派出的董事、监事人选，推荐国有控股的公司的董事长、副董事长和监事会主席人选，并向其提出总经理、副总经理、总会计师人选的建议；

（四）依照公司章程，提出向国有参股的公司派出的董事、监事人选。

国务院，省、自治区、直辖市人民政府，设区的市、自治州级人民政府，对所出资企业的企业负责人的任免另有规定的，按照有关规定执行。

第十八条 国有资产监督管理机构应当建立企业负责人经营业绩考核制度，与其任命的企业负责人签订业绩合同，根据业绩合同对企业负责人进行年度考核和任期考核。

第十九条 国有资产监督管理机构应当依照有关规定，确定所出资企业中的国有独资企业、国有独资公司的企业负责人的薪酬；依据考核结果，决定其向所出资企业派出的企业负责人的奖惩。

第四章 企业重大事项管理

第二十条 国有资产监督管理机构负责指导国有及国有控股企业建立现代企业制度，审核批准其所出资企业中的国有独资企业、国有独资公司的重组、股份制改造方案和所出资企业中的国有独资公司的章程。

第二十一条 国有资产监督管理机构依照法定程序决定其所出资企业中的国有独资企业、国有独资公司的分立、合并、破产、解散、增减资本、发行公司债券等重大事项。其中，重要的国有独资企业、国有独资公司分立、合并、破产、解散的，应当由国有资产监督管理机构审核后，报本级人民政府批准。

国有资产监督管理机构依照法定程序审核、决定国防科技工业领域其所出资企业中的国有独资企业、国有独资公司的有关重大事项时，按照国家有关法律、规定执行。

第二十二条 国有资产监督管理机构依照公司法的规定，派出股东代表、董事，参加国有控股的公司、国有参股的公司的股东会、董事会。

国有控股的公司、国有参股的公司的股东会、董事会决定公司的分立、合并、破产、解散、增减资本、发行公司债券、任免企业负责人等重大事项时，国有资产监督管理机构派出的股东代表、董事，应当按照国有资产监督管理机构的指示发表意见、行使表决权。

国有资产监督管理机构派出的股东代表、董事，应当将其履行职责的有关情况及时向国有资产监督管理机构报告。

第二十三条 国有资产监督管理机构决定其所出资企业的国有股权转让。其中，转让全部国有股权或者转让部分国有股权致使国家不再拥有控股地位的，报本级人民政府批准。

第二十四条 所出资企业投资设立的重要子企业的重大事项，需由所出资企业报国有资产监督管理机构批准的，管理办法由国务院国有资产监督管理机构另行制定，报国务院批准。

第二十五条 国有资产监督管理机构依照国家有关规定组织协调所出资企业中的国

有独资企业、国有独资公司的兼并破产工作，并配合有关部门做好企业下岗职工安置等工作。

第二十六条 国有资产监督管理机构依照国家有关规定拟订所出资企业收入分配制度改革的指导意见，调控所出资企业工资分配的总体水平。

第二十七条 国有资产监督管理机构可以对所出资企业中具备条件的国有独资企业、国有独资公司进行国有资产授权经营。

被授权的国有独资企业、国有独资公司对其全资、控股、参股企业中国家投资形成的国有资产依法进行经营、管理和监督。

第二十八条 被授权的国有独资企业、国有独资公司应当建立和完善规范的现代企业制度，并承担企业国有资产的保值增值责任。

第五章　企业国有资产管理

第二十九条 国有资产监督管理机构依照国家有关规定，负责企业国有资产的产权界定、产权登记、资产评估监管、清产核资、资产统计、综合评价等基础管理工作。

国有资产监督管理机构协调其所出资企业之间的企业国有资产产权纠纷。

第三十条 国有资产监督管理机构应当建立企业国有资产产权交易监督管理制度，加强企业国有资产产权交易的监督管理，促进企业国有资产的合理流动，防止企业国有资产流失。

第三十一条 国有资产监督管理机构对其所出资企业的企业国有资产收益依法履行出资人职责；对其所出资企业的重大投融资规划、发展战略和规划，依照国家发展规划和产业政策履行出资人职责。

第三十二条 所出资企业中的国有独资企业、国有独资公司的重大资产处置，需由国有资产监督管理机构批准的，依照有关规定执行。

第六章　企业国有资产监督

第三十三条 国有资产监督管理机构依法对所出资企业财务进行监督，建立和完善国有资产保值增值指标体系，维护国有资产出资人的权益。

第三十四条 国有及国有控股企业应当加强内部监督和风险控制，依照国家有关规定建立健全财务、审计、企业法律顾问和职工民主监督等制度。

第三十五条 所出资企业中的国有独资企业、国有独资公司应当按照规定定期向国有资产监督管理机构报告财务状况、生产经营状况和国有资产保值增值状况。

第七章　法律责任

第三十六条 国有资产监督管理机构不按规定任免或者建议任免所出资企业的企业

负责人，或者违法干预所出资企业的生产经营活动，侵犯其合法权益，造成企业国有资产损失或者其他严重后果的，对直接负责的主管人员和其他直接责任人员依法给予行政处分；构成犯罪的，依法追究刑事责任。

第三十七条 所出资企业中的国有独资企业、国有独资公司未按照规定向国有资产监督管理机构报告财务状况、生产经营状况和国有资产保值增值状况的，予以警告；情节严重的，对直接负责的主管人员和其他直接责任人员依法给予纪律处分。

第三十八条 国有及国有控股企业的企业负责人滥用职权、玩忽职守，造成企业国有资产损失的，应负赔偿责任，并对其依法给予纪律处分；构成犯罪的，依法追究刑事责任。

第三十九条 对企业国有资产损失负有责任受到撤职以上纪律处分的国有及国有控股企业的企业负责人，5 年内不得担任任何国有及国有控股企业的企业负责人；造成企业国有资产重大损失或者被判处刑罚的，终身不得担任任何国有及国有控股企业的企业负责人。

第八章 附 则

第四十条 国有及国有控股企业、国有参股企业的组织形式、组织机构、权利和义务等，依照《中华人民共和国公司法》等法律、行政法规和本条例的规定执行。

第四十一条 国有及国有控股企业、国有参股企业中中国共产党基层组织建设、社会主义精神文明建设和党风廉政建设，依照《中国共产党章程》和有关规定执行。

国有及国有控股企业、国有参股企业中工会组织依照《中华人民共和国工会法》和《中国工会章程》的有关规定执行。

第四十二条 国务院国有资产监督管理机构，省、自治区、直辖市人民政府可以依据本条例制定实施办法。

第四十三条 本条例施行前制定的有关企业国有资产监督管理的行政法规与本条例不一致的，依照本条例的规定执行。

第四十四条 政企尚未分开的单位，应当按照国务院的规定，加快改革，实现政企分开。政企分开后的企业，由国有资产监督管理机构依法履行出资人职责，依法对企业国有资产进行监督管理。

第四十五条 本条例自公布之日起施行。